제3판 중세 국어 강독

제3판

# 중세 국어 강독

나찬연

머리말

　『중세 국어 강독』은 15세기와 16세기의 중세 국어 시기에 간행된 문헌의 텍스트를 강독함으로써, 학습자들이 중세 국어의 언어 현상을 문헌을 통하여 확인하고, 중세와 근대 국어의 언어 자료를 분석하는 능력을 기르기 위한 책이다. 이 책을 통하여 독자들이 15세기 중엽의 중세 국어로부터 16세기 말의 중세 국어에 이르기까지 국어가 변화하는 모습을 확인할 수 있고, 나아가 국어사에 대한 안목을 기를 수 있을 것으로 기대한다.

　이 책에 실린 15세기와 16세기에 간행된 중세 국어 문헌을 소개하면 다음과 같다.

　제1부에서는 15세기의 문헌으로서 『용비어천가』, 『훈민정음 언해본』, 『석보상절』, 『월인천강지곡』, 『월인석보』, 『두시언해』, 『악학궤범』을 실었다. 제2부에서는 16세기의 문헌으로서 『번역노걸대』, 『번역박통사』, 『번역소학』, 『소학언해』, 『언간과 교서』, 『악장가사』를 실었다. 끝으로 [부록]에서는 한문으로 저술된 『훈민정음 해례본』을 첨부했다.

　이 책에서는 국어사적으로 의의가 있는 문헌의 텍스트뿐만 아니라 국문학사적으로 의의가 있는 문헌의 텍스트도 함께 수록하였다. 곧, 이 책에 수록된 작품 중에서 『악학궤범』과 『악장가사』에 실린 텍스트는 국어학뿐만 아니라 국문학사적 의의도 매우 커서, 고전문학을 공부하는 독자들에게 도움이 될 것으로 생각한다.

　지은이는 『중세 국어 강독』과 함께 『근대 국어 강독』도 발간하였는데, 이 책에는 17세기, 18세기, 19세기의 근대 국어 시기에 간행된 문헌의 텍스트를 실었다. 먼저 17세기의 문헌으로 『동국신속삼강행실도』, 『노걸대언해』, 『첩해신어』, 『송강가사』를 수록하였으며, 18세기의 문헌으로 『어제경민음』, 『동명일기』, 『한중만록』, 『오륜행실도』를 수록하였다. 끝으로 19세기 문헌으로 『규합총서』, 『태상감응편도설언해』, 『사민필지』, 『독립신문』을 수록하였다.

　독자들은 『중세 국어 강독』과 『근대 국어 강독』을 학습함으로써 국어의 통시적 변화 과정을 실제 문헌을 통하여 확인할 수 있으며, 국어에 대한 통시적인 학습을 통하여 현대 국어가 형성된 과정을 정확하게 이해할 수 있을 것이다.

이 책은 '제7차 교육과정'에 따른 『고등학교 문법』(2010)과 '2015 개정 교육과정'에 따른 『언어와 매체』(2019) 등의 학교 문법 교과서에 기술된 문법 교육의 내용에 기반하여 집필되었다. 그리고 허웅 선생님의 『우리 옛말본』(1975)과 『국어학』(1984), 이기문 교수의 『국어사 개설』(2006), 고영근 교수의 『표준 중세국어 문법론』(2010)에 기술된 문법의 내용과 용어도 이 책에 반영하였다.

지은이는 『중세 국어 강독』, 『근대 국어 강독』과 함께 중세 국어의 표기·음운·형태·통사·어휘·의미의 이론을 종합적으로 풀이한 『중세 국어의 이해』를 간행하였다. 독자들은 먼저 『중세 국어의 이해』를 학습하여 중세 국어의 문법 이론을 익힌 후에, 『중세 국어 강독』과 『근대 국어 강독』으로 중세와 근대 국어의 텍스트를 강독하기 바란다. 이러한 학습을 통하여 중세 국어와 근대 국어의 공시적인 모습과 함께 국어사의 통시적인 맥락을 이해하는 데에 크게 도움이 될 것이다.

『중세 국어의 이해』, 『중세 국어 강독』, 『근대 국어 강독』이 나오기까지 여러 사람의 도움이 있었다. 우선 '학교 문법 연구회'의 권영환, 김문기, 박성호 회원은 이 책에 기술된 중세 문법 이론을 검토하고 오류를 수정하는 데에 큰 도움을 주었다. 또한 부산대학교 대학원의 국어국문학과에서 「중세국어 문법상 체계의 변화 연구」(2024)로 박사학위를 취득한 나벼리 군은 이 책에 실린 문법 내용과 체제를 개정하는 작업을 맡아 주었다. 그리고 수많은 독자들이 '학교 문법 교실(http://scammar.com)' 홈페이지의 문답방에 문법에 관련한 질문을 올려서, 이 책의 내용을 다듬는 데에 큰 도움이 되었다. 끝으로 책을 발간해 주신 '경진출판'의 양정섭 대표님께 고마운 뜻을 전한다.

지은이에게 평생의 스승으로 남아서 큰 가르침을 주신, 고(故) 나진석 선생님께 이 책을 바친다.

2020. 3. 1
지은이 씀

차례

일러두기

1. 이 책에서 형태소 분석에 사용하는 문법적 단위에 대한 약어는 다음과 같다.

| 범주 | 약칭 | 본디 명칭 | 범주 | 약칭 | 본디 명칭 |
|---|---|---|---|---|---|
| 품사 | 의명 | 의존 명사 | 조사 | 보조 | 보격 조사 |
| | 인대 | 인칭 대명사 | | 관조 | 관형격 조사 |
| | 지대 | 지시 대명사 | | 부조 | 부사격 조사 |
| | 형사 | 형용사 | | 호조 | 호격 조사 |
| | 보용 | 보조 용언 | | 접조 | 접속 조사 |
| | 관사 | 관형사 | 어말 어미 | 평종 | 평서형 종결 어미 |
| | 감사 | 감탄사 | | 의종 | 의문형 종결 어미 |
| 불규칙 용언 | ㄷ불 | ㄷ 불규칙 용언 | | 명종 | 명령형 종결 어미 |
| | ㅂ불 | ㅂ 불규칙 용언 | | 청종 | 청유형 종결 어미 |
| | ㅅ불 | ㅅ 불규칙 용언 | | 감종 | 감탄형 종결 어미 |
| 어근 | 불어 | 불완전(불규칙) 어근 | | 연어 | 연결 어미 |
| 파생 접사 | 접두 | 접두사 | | 명전 | 명사형 전성 어미 |
| | 명접 | 명사 파생 접미사 | | 관전 | 관형사형 전성 어미 |
| | 동접 | 동사 파생 접미사 | 선어말 어미 | 주높 | 주체 높임의 선어말 어미 |
| | 조접 | 조사 파생 접미사 | | 객높 | 객체 높임의 선어말 어미 |
| | 형접 | 형용사 파생 접미사 | | *상높 | 상대 높임의 선어말 어미 |
| | 부접 | 부사 파생 접미사 | | 과시 | 과거 시제의 선어말 어미 |
| | 사접 | 사동사 파생 접미사 | | 현시 | 현재 시제의 선어말 어미 |
| | 피접 | 피동사 파생 접미사 | | 미시 | 미래 시제의 선어말 어미 |
| | 강접 | 강조 접미사 | | 회상 | 회상 표현의 선어말 어미 |
| | 복접 | 복수 접미사 | | 확인 | 확인 표현의 선어말 어미 |
| | 높접 | 높임 접미사 | | 원칙 | 원칙 표현의 선어말 어미 |
| 조사 | 주조 | 주격 조사 | | 감동 | 감동 표현의 선어말 어미 |
| | 서조 | 서술격 조사 | | 화자 | 화자 표현의 선어말 어미 |
| | 목조 | 목적격 조사 | | 대상 | 대상 표현의 선어말 어미 |

---

\* '상대 높임법'의 등분에 대한 약어로서 '아주 높임'은 '아높'으로, '예사 높임'은 '예높'으로, '예사 낮춤'은 '예낮'으로, '아주 낮춤'은 '아낮'으로 표기한다.

2. 이 책의 형태소 분석에서 사용되는 약호는 다음과 같다.

| 부호 | 기능 | 용례 |
|---|---|---|
| # | 어절의 경계 표시. | 철수가 # 국밥을 # 먹었다. |
| + | 한 어절 내에서의 형태소 경계 표시. | 철수+ -가 # 먹- + -었- + -다 |
| ( ) | 언어 단위의 문법 명칭과 기능 설명. | 먹(먹다) - + -었(과시)- + -다(평종) |
| [ ] | 파생어의 내부 짜임새 표시. | 먹이[먹(먹다)- + -이(사접)-]- + -다(평종) |
| | 합성어의 내부 짜임새 표시. | 국밥[국(국) + 밥(밥)] + -을(목조) |
| -a | a의 앞에 다른 말이 실현되어야 함. | -다, -냐 ; -은, -을 ; -음, -기 ; -게, -으면 |
| a- | a의 뒤에 다른 말이 실현되어야 함. | 먹(먹다)-, 자(자다)-, 예쁘(예쁘다)- |
| -a- | a의 앞뒤에 다른 말이 실현되어야 함. | -으시-, -었-, -겠-, -더-, -느-- |
| a(← A) | 기본 형태 A가 변이 형태 a로 변함. | 지(← 짓다, ㅅ불)- + -었(과시)- + -다(평종) |
| a(⟵ A) | A 형태를 a 형태로 잘못 적음(오기) | 국빱(⟵ 국밥) + -을(목) |
| Ø | 무형의 형태소나 무형의 변이 형태 | 예쁘- + -Ø(현시)- + -다(평종) |

3. 다음은 문장을 1과 2의 약어와 약호를 사용하여 어절 단위로 분석한 예이다.

> 불휘 기픈 남ᄀᆞᆫ ᄇᆞᄅᆞ매 아니 뮐씨 곶 됴코 여름 하ᄂᆞ니  [용가 2장]

① 불휘 : 불휘(뿌리, 根) + -Ø(← -이 : 주조)
② 기픈 : 깊(깊다, 深)- + -Ø(현시)- + -은(관전)
③ 남ᄀᆞᆫ : 낡(← 나모 : 나무, 木) + -은(-은 : 보조사)
④ ᄇᆞᄅᆞ매 : ᄇᆞᄅᆞᆷ(바람, 風) + -애(-에 : 부조, 이유)
⑤ 아니 : 아니(부사, 不)
⑥ 뮐씨 : 뮈(움직이다, 動)- + -ㄹ씨(-으므로 : 연어)
⑦ 곶 : 곶(꽃, 花)
⑧ 됴코 : 둏(좋아지다, 좋다, 好)- + -고(연어, 나열)
⑨ 여름 : 여름[열매, 實 : 열(열다, 結)- + -음(명접)]
⑩ 하ᄂᆞ니 : 하(많아지다, 많다, 多)- + -ᄂᆞ(현시)- + -니(평종, 반말)

4. 단, 아래의 경우에는 예외적으로 다음과 같은 방법으로 어절의 짜임새를 분석한다.

　가. 명사, 동사, 형용사는 특별한 경우가 아니면 품사의 명칭을 표시하지 않는다. 단, 의존 명사와 보조 용언은 예외적으로 '의명'과 '보용'으로 표시한다. 그리고 자동사와 타동사를 구분할 필요가 있을 때에는 각각 '자동'과 '타동'으로 표시한다.

　　① 부톄 : 부텨(부처, 佛) + -ㅣ(← -이 : 주조)
　　② 괴오쇼셔 : 괴오(사랑하다, 愛)- + -쇼셔(-소서 : 명종)
　　③ 올ᄒᆞ시이다 : 옳(옳다, 是)- + -ᄋᆞ시(주높)- + -이(상높)- + -다(평종)
　　④ 밍ᄀᆞᄂᆞ니 : 밍ᄀᆞ(← 밍ᄀᆞᆯ다, 製 : 만들다, 타동)- + -ᄂᆞ(현시)- + -니(연어)
　　⑤ 니거늘 : 니(가다, 다니다, 行 : 자동)- + -거늘(연어)

　나. 한자말로 된 복합어는 더 이상 분석하지 않는다.

　　① 中國에 : 中國(중국) + -에(부조, 비교)
　　② 無上涅槃을 : 無上涅槃(무상열반) + -을(목조)

　다. 특정한 어미가 다른 어미의 내부에 끼어들어서 실현될 때에는 다음과 같이 표기한다. 이때 단일 형태소의 내부가 분리되는 현상은 '…'로 표시한다.

　　① 어리니잇가 : 어리(어리석다, 愚 : 형사)- + -ᄋᆞᆺ(← -이- : 상높)- + -니…가(의종)
　　② 자거시늘 : 자(자다, 宿 : 동사)- + -시(주높)- + -거…늘(-거늘 : 연어)

　라. 형태가 유표적으로 존재하지 않으면서도 문법적 기능을 나타내는 '무형의 형태소'나 '무형의 변이 형태'는 다음과 같이 'Ø'로 표시한다.
　　① <u>ᄀᆞᄆᆞ라</u> 비 아니 오ᄂᆞᆫ 짜히 잇거든
　　　• ᄀᆞᄆᆞ라 : [가물다(동사) : ᄀᆞᄆᆞᆯ(가뭄, 旱 : 명사) + -Ø(동접)-]- + -아(연어)
　　② <u>바ᄅᆞ</u> 自性을 ᄉᆞ뭇 아ᄅᆞ샤
　　　• 바ᄅᆞ : [바로(부사) : 바ᄅᆞ(바르다, 正 : 형사)- + -Ø(부접)]
　　③ <u>불휘</u> 기픈 남ᄀᆞᆫ
　　　• 불휘(뿌리, 根) + -Ø(← -이 : 주조)
　　④ 내 ᄒᆞ마 <u>命終호라</u>
　　　• 命終ᄒᆞ(명종하다 : 동사)- + -Ø(과시)- + -오(화자)- + -라(← -다 : 평종)

마. 무형의 형태소로 실현되는 시제 표현의 선어말 어미는 다음과 같이 표기한다.

① 동사나 형용사의 종결형과 관형사형에서 나타나는 '과거 시제 표현'의 무형의
   선어말 어미는 '-∅(과시)-'로, '현재 시제 표현'의 무형의 선어말 어미는 '-∅
   (현시)-'로 표시한다.

   ㉠ 아들들히 아비 죽다 듣고
     • 죽다 : 죽(죽다, 死 : 동사)- + -∅(과시)- + -다(평종)
   ㉡ 엇던 行業을 지서 惡德애 뻐러딘다
     • 뻐러딘다 : 뻐러디(떨어지다, 落 : 동사)- + -∅(과시)- + -ㄴ다(의종)
   ㉢ 獄은 罪 지은 사룸 가도는 짜히니
     • 지은 : 짓(짓다, 犯 : 동사)- + -∅(과시)- + -ㄴ(관전)
   ㉣ 닐굽 히 너무 오라다
     • 오라(오래다, 久 : 형사)- + -∅(현시)- + -다(평종)
   ㉤ 여슷 大臣이 힝뎌기 왼 둘 제 아라
     • 왼(외다, 그르다, 誤 : 형사)- + -∅(현시)- + -ㄴ(관전)

② 동사나 형용사의 연결형에 나타나는 과거 시제나 현재 시제 표현의 무형의 선
   어말 어미는 표시하지 않는다.

   ㉠ 몸앳 필 뫼화 그르세 다마 男女를 내ᅀᆞᄫᆞ니
     • 뫼화 : 뫼호(모으다, 集 : 동사)- + -아(연어)
   ㉡ 고히 길오 놉고 고ᄃᆞ며
     • 길오 : 길(길다, 長 : 형사)- + -오(← -고 : 연어)
     • 놉고 : 높(높다, 高 : 형사)- + -고(연어, 나열)
     • 고ᄃᆞ며 : 곧(곧다, 直 : 형사)- + -ᄋᆞ며(-으며 : 연어)

③ 합성어나 파생어의 내부에서 실현되는 과거 시제나 현재 시제 표현의 무형의
   선어말 어미는 표시하지 않는다.

   ㉠ 왼녁 : [왼쪽, 左 : 외(왼쪽이다, 右)- + -ㄴ(관전▷관접) + 녁(녘, 쪽 : 의명)]
   ㉡ 늘그니 : [늙은이 : 늙(늙다, 老)- + -은(관전) + 이(이, 者 : 의명)]

# 15세기 국어의 옛글 1부

'학교 문법 교실(http://scammar.com)'에서는 이 책의 내용에 대한 '유튜브 동영상 강의'와 '참고 자료', 그리고 문답방을 통한 '피드백'을 제공합니다. 첫째로 학교 문법 교실의 '강의실'에서는 이 책의 전체 내용에 대한 동영상 강의를 제공합니다. 둘째로 '자료실'에서는 중세 국어와 관련한 학습 자료를 제공합니다. 셋째로 '문답방'에서는 독자들이 제기하는 질문에 대하여 지은이가 직접 답변함으로써 피드백을 제공합니다.

# 1. 용비어천가

『용비어천가』(龍飛御天歌)는 조선 왕조의 창업을 송영(頌詠)한 노래로서, 1445년(세종 27) 4월에 편찬되어 1447년(세종 29) 5월에 간행되었다.

[ 용비어천가 ]

모두 125장에 달하는 서사시인데, 1443년(세종 25)에 창제된 훈민정음(訓民正音)을 사용하여 간행한 첫 작품이다. 정인지(鄭麟趾), 안지(安止), 권제(權踶) 등이 내용을 짓고, 성삼문(成三問), 박팽년(朴彭年), 이개(李塏) 등이 주석(註釋)하였으며, 정인지가 서문(序文)을 쓰고 최항(崔恒)이 발문(跋文)을 썼다.

『용비어천가』의 내용은 조선 건국의 유래가 유구함과 '목조(穆祖), 익조(翼祖), 도조(度祖), 환조(桓祖), 태조(太祖), 태종(太宗)' 등 조상(祖上)들의 성덕을 찬송하였다. 특히 태조(太祖) 이성계(李成桂)의 창업이 천명에 따른 것임을 밝힌 다음에, 후세의 왕들에게 경계하여 왕조가 보존되고 영원히 번성하기를 비는 뜻으로 이루어져 있다.

이 작품에 나타난 표기상의 특징을 살펴보면 다음과 같다.

첫째, 세종 당시에 쓰였던 'ㆆ, ㅸ, ㆅ ; ㆁ, ㅿ' 등의 글자가 쓰였다.

둘째, 사잇소리나 관형격 조사를 표기하는 데에, 'ㅿ, ㄱ, ㄷ, ㅂ, ㅅ, ㆆ' 등의 다양한 글자를 사용했다.

셋째, 소리나는 대로 적는 것이 일반적이었으나, 일부의 종성(終聲) 표기에서는 용언의 어간과 체언의 기본 형태를 밝혀서 표기하기도 하였다.

넷째, 모음 조화의 규칙이 잘 지켜졌다.

이 작품은 한글로 기록된 최고(最古)의 문헌으로서 15세기의 언어와 문학 연구에 중요한 사료(史料)가 되고 있다. 하지만 이 작품은 전통적인 시의 형식을 무시하고 충분한 표현과 운율을 얻지 못하여, 시가(詩歌)로서의 내용이나 형식에 미흡한 점이 없지 않다. 그러나 주석(註釋) 중의 여진(女眞), 왜(倭) 등에 관한 기록은 역사 연구에 귀중한 자료를 제공하고 있다.

『용비어천가』는 1447년에 간행된 초간본은 그 전질(全帙)이 전해지지 않으며, 1612년(광해군 4), 1659년(효종 10), 1765년(영조 41)에 나온 중간본(重刊本)이 있다. 현재의 영인본(影印本)은 광해군 연간의 중간본(重刊本)을 대본으로 하여 1938년에 경성제국대학에서 찍어낸 것인데, 목판본(木板本)으로 10권 5책으로 구성되어 있다.

## 第一章

> 海東 六龍<sup>1)</sup>이 ㄴᄅ샤<sup>2)</sup> 일마다 天福이시니<sup>3)</sup> 古聖이<sup>4)</sup> 同符ᄒ시니<sup>5)</sup>

海東(해동)의 六龍(육룡)이 나(飛)셔서 일마다 天福(천복)이시니, (이는) 古聖(고성)과 同符(동부)하시니.

**【내용 풀이】** 임금은 반드시 하늘의 명을 받아야 천자의 자리에 오를 수 있다. 조선의 창업도 중국의 옛 임금들과 마찬가지로 하늘의 명을 받은 일이기 때문에, 중국의 옛 임금과 조선을 창업한 임금의 역사적 사실이 서로 맞는다는 것이다.

## 第二章

> 불휘<sup>6)</sup> 기픈 남ᄀ<sup>7)</sup> ᄇᄅ매<sup>8)</sup> 아니 뮐ᄊ<sup>9)</sup> 곶<sup>10)</sup> 됴코<sup>11)</sup> 여름<sup>12)</sup> 하ᄂ니<sup>13)</sup>
>
> 시미<sup>14)</sup> 기픈 므른 ᄀᄆ래<sup>15)</sup> 아니 그츨ᄊ<sup>16)</sup> 내히<sup>17)</sup> 이러<sup>18)</sup> 바ᄅ래<sup>19)</sup> 가ᄂ니

---

1) 海東 六龍 : 해동 육룡. 세종의 선조인 '목조(穆祖), 익조(翼祖), 도조(度祖), 환조(桓祖), 태조(太祖), 태종(太宗)' 여섯 분을 용에 비유한 것이다.

2) ㄴᄅ샤 : 놀(날다, 飛)- + -ᄋ샤(←-ᄋ시- : 주높)- + -Ø(←-아 : 연어)

3) 天福이시니 : 天福(천복) + -이(서조)- + -시(주높)- + -니(연어, 이유)

4) 古聖이 : 古聖(고성, 옛 성인) + -이(-과 : 부조, 비교)

5) 同符ᄒ시니 : 同符ᄒ[동부하다, 똑같다 : 同符(동부 : 명사) + -ᄒ(형접)-]- + -시(주높)- + -Ø(현시)- + -니(평종, 반말) ※ '同符(동부)'는 부절(符節)을 합친 것처럼 꼭 맞는 것이다.

6) 불휘 : 불휘(뿌리, 根) + -Ø(←-이 : 주조)

7) 남ᄀ : 낡(← 나모 : 나무, 木) + -ᄋ(보조사, 주제)

8) ᄇᄅ매 : ᄇᄅᆷ(바람, 風) + -애(-에 : 부조, 위치, 원인)

9) 뮐ᄊ : 뮈(움직이다, 動)- + -ㄹᄊ(-ᄆᄅ로 : 연어, 이유)

10) 곶 : 꽃, 花.

11) 됴코 : 둏(좋아지다, 좋다, 好) + -고(연어, 나열) ※ '둏다'는 동사와 형용사로 통용되는데, 각각 '좋아지다(동사)'와 '좋다(형용사)'의 뜻으로 쓰인다.

12) 여름 : [열매, 實(명사) : 열(열다, 實)- + -음(명접)]

13) 하ᄂ니 : 하(많다, 많아지다, 多)- + -ᄂ(현시)- + -니(평종, 반말) ※ '하다'도 동사(많아지다)와 형용사(많다)로 통용된다. '-ᄂ-'가 실현된 것을 감안하면 동사인 '많아지다'로 옮긴다.

14) 시미 기픈 물 : 이 구절은 "源遠之水(근원이 깊은 물)"을 의역한 표현인데, 여기서 '심'은 '源(근원)'을 뜻한다.

15) ᄀᄆ래 : ᄀᄆᆯ(가뭄, 가뭄, 旱) + -애(-에 : 부조, 위치, 원인)

뿌리가 깊은 나무는 바람에 아니 움직이므로, 꽃이 좋아지고 열매가 많아지느니.

샘이 깊은 물은 가뭄에 아니 그치므로, 내가 이루어져서 바다에 가느니.

【 내용 풀이 】 모든 일은 일시에 우연으로 되는 것이 아니라 반드시 깊은 까닭이 있는 것이다. 태조 이성계가 나라를 세운 것도 절대로 우연으로 이루어진 것이 아니라, 그 이전의 여러 조상들이 공덕을 쌓은 결과로 이루어진 것이다. 이러한 사실을 '뿌리 깊은 나무'와 '샘이 깊은 물'에 비유하여서 우회적으로 표현했다.

## 第四章

狄人ㅅ[20] 서리예[21] 가샤[22] 狄人이 굴외어늘[23] 岐山 올ᄆ샴도[24] 하ᄂᆞᆶ[25] ᄠᆮ디시니[26]

野人ㅅ[27] 서리예 가샤 野人이 굴외어늘 德源 올ᄆ샴도 하ᄂᆞᆶ ᄠᆮ디시니

(주나라의 태왕이) 狄人(적인)의 사이에 가시어 狄人(적인)이 침범하거늘, (태왕이) 岐山(기산)으로 옮으신 것도 하늘의 뜻이시니.

(익조가) 野人(야인)의 사이에 가시어 野人(야인)이 침범하거늘, (익조가) 德源(덕원)으로 옮으신 것도 하늘의 뜻이시니.

---

16) 그츨씨 : 긏(그치다, 止)-+-을씨(-으므로 : 연어, 이유)

17) 내히 : 내ㅎ(시내, 川)+-이(주조)

18) 이러 : 일(이루어지다, 되다, 成)-+-어(연어)

19) 바ᄅ래 : 바ᄅᆞᆯ(바다, 海)+-애(-에 : 부조, 위치)

20) 狄人ㅅ : 狄人(적인, 북쪽 오랑캐)+-ㅅ(-의 : 관조) ※ 관형격 조사 '-ㅅ'은 원칙적으로 높임의 대상인 유정 명사에 실현된다. 그런데 '狄人ㅅ'과 '野人ㅅ'에는 예외적으로 높임의 대상이 아닌 유정 명사에 관형격 조사가 '-ㅅ'으로 실현되었다.

21) 서리예 : 서리(사이, 가운데, 間, 中)+-예(←-에 : 부조, 위치)

22) 가샤 : 가(가다, 行)-+-샤(←-시- : 주높)-+-Ø(←-아 : 연어)

23) 굴외어늘 : 굴외(덤비다, 침범하다, 함부로 행동하다, 侵)-+-어늘(←-거늘 : 연어, 상황)

24) 올ᄆ샴도 : 옮(옮다, 移 : 자동)-+-ᄋᆞ샤(←-ᄋᆞ시- : 주높)-+-ㅁ(←-옴 : 명전)+-도(보조사, 마찬가지) ※ 약어인 '자동'은 '자동사'를 나타내며, '타동'은 '타동사'를 나타낸다.

25) 하ᄂᆞᆶ : 하늘(←하늘ㅎ : 하늘, 天)+-ㅎ(-의 : 관조)

26) ᄠᆮ디시니 : ᄠᆮᆮ(뜻, 意)+-이(서조)-+-시(주높)-+-Ø(현시)-+-니(평종, 반말)

27) 野人ㅅ : 野人(야인)+-ㅅ(-의 : 관조) ※ '野人(야인)'은 압록강과 두만강 유역에 거주하던 여진족이다.

**【 내용 풀이 】** 은나라(殷)의 말기에 '공류(公劉)'가 빈곡(山西 또는 陝西省)에 터전을 닦았고, 그 9세손인 태왕(太王)이 이곳에서 그 업을 이어 가고 있었다. 그때에 외적(外敵)이 침범해 왔으므로 태왕은 선물을 계속 주어 달래었으나, 외적들은 그치지 않고 계속 침범하였다. 태왕은 할 수 없이 살던 땅인 빈곡을 떠나서, 칠수(漆水)와 저수(沮水)의 두 강을 건너고, 양산(梁山)을 넘어서, 기산(岐山) 밑에 살게 되었다. 이에 빈곡의 사람들은 태왕의 덕을 기려서 모두 태왕을 따라 갔는데, 태왕을 따르는 사람이 많아서 칠수와 저수 두 강가가 마치 시장과 같았다. 태왕이 이처럼 인심을 얻은 결과, 훗날에 그의 자손인 문왕(文王)이 은왕조(殷王朝)에 대항할 수 있는 세력으로 성장하였고, 문왕의 아들인 무왕(武王)은 아버지의 뜻을 계승하여 주왕을 쳐서 은나라를 멸망시키고 주(周) 왕조를 세웠다.

　고려 말에 이성계의 고조 할아버지인 목조(穆祖)가 경흥에서 원나라의 벼슬을 하였다. 그리고 목조의 아들인 익조(翼祖)는 이를 이어받아 사람들로부터 더욱 존경을 받게 되었는데, 야인들은 이를 시기하여 익조를 죽이려고 했다. 익조는 경흥부 동쪽에 있는 붉은섬(赤島)으로 피하고, 뒤에 다시 덕원부(德源府)로 가서 살게 되었다. 이때에 경흥의 백성들이 익조를 따르는 사람이 많아서 그 모양이 시장을 이루듯 했다.

# 第七章

---

불근 새 그를 므러²⁸⁾ 寢室 이페²⁹⁾ 안즈니³⁰⁾ 聖子革命³¹⁾에 帝祜³²⁾를 뵈ᅀᆞᄫᅵ니³³⁾

ᄇᆞᅀᅡ미³⁴⁾ 가칠³⁵⁾ 므러 즘겟가재³⁶⁾ 연즈니³⁷⁾ 聖孫將興³⁸⁾에 嘉祥³⁹⁾이 몬졔시니⁴⁰⁾

---

28) 므러 : 믈(물다, 銜)− + −어(연어)

29) 이페 : 잎(지게문, 어귀, 戶) + −에(부조, 위치)

30) 안즈니 : 앉(앉다, 坐)− + −ᄋᆞ니(−ᄋᆞ니 : 연어, 설명 계속)

31) 聖子革命 : 성자 혁명. 성자(= 주나라의 무왕)가 혁명을 일으키는 것이다.

32) 帝祜 : 제호. 하늘이 내린 황제의 복이다.

33) 뵈ᅀᆞᄫᅵ니 : 뵈[보이다, 示 : 보(보다, 見 : 타동)− + − ㅣ(←−이− : 사접)]− + −ᅀᆞᇦ(←−ᅀᆞᆸ− : 객높)− + −Ø(과시)− + −ᄋᆞ니(평종, 반말)

34) ᄇᆞᅀᅡ미 : ᄇᆞᅀᅡᆷ(뱀, 蛇) + −이(주조)

35) 가칠 : 가치(까치, 鵲) + −ㄹ(←−를 : 목조)

36) 즘겟가재 : 즘겟갖[나뭇가지 : 즘게(나무, 木) + −ㅅ(관조, 사잇) + 갖(← 가지, 枝)] + −애(−에 : 부조, 위치)

37) 연즈니 : 엱(엱다, 眞)− + −ᄋᆞ니(−ᄋᆞ니 : 연어, 상황, 설명 계속)

38) 聖孫將興 : 성손 장흥. 성스런 손자(= 태조 이성계)가 장차 일어나는 것이다.

39) 嘉祥 : 가상. 아름다운 징조이다.

40) 몬졔시니 : 몬져(먼저, 先) + − ㅣ(←−이− : 서조)− + −시(주높)− + −Ø(현시)− + −니(평종, 반말)

붉은 새가 글을 물어 (주나라 文王의) 寢室(침실)의 어귀에 앉으니, 聖子革命(성자
혁명)에 帝祜(제호)를 보였으니.

뱀이 까치를 물어 나뭇가지에 얹으니, 聖孫將興(성손 장흥)에 嘉祥(가상)이 먼저이
시니.

【내용 풀이】 주나라의 문왕(文王)이 집 안에 있는데, 붉은 새가 글을 물고 문왕의 침실
의 문에 앉았다. 그 글은 '의리를 지키는 자는 흥하고 사욕을 탐하는 자는 망한다.'는 뜻이었
다. 이것이 곧 그의 아들인 무왕(武王)이 은나라를 멸하고 새로운 나라를 일으키리라는 것을
하늘이 보여 주는 것이었다.

고려 말에 이성계의 할아버지인 도조(度祖)가 군영에 주둔하고 있을 때였다. 두 마리의 까
치가 군영 안에 있는 큰 나무에 앉았는데, 도조는 멀리 떨어져 한 개의 화살로 두 마리의 까
치를 떨어뜨렸다. 그때에 큰 뱀이 나타나 떨어진 까치를 물고 다른 나무에 얹어 놓고 먹지 않
았다. 주위 사람들이 모두 이를 신기하게 생각했는데, 이것은 도조의 손자인 이성계가 나라를
세울 징조가 먼저 나타난 것이다.

# 第二十章

四海를 녀글⁴¹⁾ 주리여⁴²⁾ ᄀᆞᄅᆞ매⁴³⁾ 빅⁴⁴⁾ 업거늘⁴⁵⁾ 얼우시고⁴⁶⁾ ᄯᅩ⁴⁷⁾ 노기시니⁴⁸⁾

三韓을 ᄂᆞ믈⁴⁹⁾ 주리여 바ᄅᆞ래⁵⁰⁾ 빅 업거늘 녀토시고⁵¹⁾ ᄯᅩ 기피시니⁵²⁾

41) 녀글 : 녀(← 녀느 : 남, 다른 사람, 他) + -을(목조, 보조사적 용법, 의미상 부사격)
42) 주리여 : 주(주다, 授)- + -리(미시)- + -여(-느냐 : 의종, 판정)
43) ᄀᆞᄅᆞ매 : ᄀᆞᄅᆞᆷ(강, 江) + -애(-에 : 부조, 위치)
44) 빅 : 빅(배, 舟) + -Ø(←-이 : 주조)
45) 업거늘 : 업(← 없다 : 없다, 無)- + -거늘(연어, 상황)
46) 얼우시고 : 얼우[얼리다 : 얼(얼다, 氷 : 자동)- + -우(사접)-]- + -시(주높)- + -고(연어, 게
    기, 繼起)
47) ᄯᅩ : 또, 又(부사)
48) 노기시니 : 노기[녹이다 : 녹(녹다, 融 : 자동)- + -이(사접)-]- + -시(주높)- + -Ø(과시)- +
    -니(평종, 반말)
49) ᄂᆞ믈 : 눔(남, 他人) + -을(←-이 긔/게 : 목조, 보조사적 용법, 의미상 부사격)
50) 바ᄅᆞ래 : 바ᄅᆞᆯ(바다, 海) + -애(-에 : 부조, 위치)
51) 녀토시고 : 녀토[얕게 하다 : 녙(얕다, 淺 : 형사)- + -오(사접)-]- + -시(주높)- + -고(연어,
    계기)
52) 기피시니 : 기피[깊게 하다 : 깊(깊다, 深 : 형사)- + -이(사접)-]- + -시(주높)- + -Ø(과시)-
    + -니(평종, 반말)

四海(사해 : 천하)를 남에게 주겠느냐? 강에 배가 없거늘 (하늘이 그 강을) 얼리시고 또 녹이셨으니.

三韓(삼한 : 우리나라)을 남에게 주겠느냐? 바다에 배가 없거늘 (하늘이 그 바다를) 얕게 하시고 또 깊게 하셨으니.

**【내용 풀이】** 후한(後漢)을 세운 광무제(光武帝)인 '유수(劉秀)'가 싸움에 쫓기어 가다가 강에 이르게 되었다. 군사를 안내하는 길잡이가 '배가 없어서 강을 건너지 못할 것이라'고 했으나, 유수는 사람을 시켜 강에 가 보라고 했다. 그 사람은 군사들을 놀래지 않기 위해서 얼음이 얼어 있다고 거짓말을 했다. 그런데 강에 이르니 놀랍게도 얼음이 얼어 있어서 군사들이 모두 무사히 강을 건넜는데, 강을 건너고 나서는 곧장 얼음이 다시 녹았다고 한다.

고려 말에 태조 이성계의 증조 할아버지인 '익조(翼祖)'가 야인들에게 쫓기어 붉은섬(赤島)으로 건너가려고 바닷가에 다다라 보니, 배가 없어 궁지에 빠졌다. 그때 마침 바닷물이 줄어져서 익조는 따르는 사람들과 다 건널 수 있었다. 익조의 군사가 바다를 건너고 난 뒤에 물이 다시 불어서 적은 건너지 못했다.

# 第三十一章

전[53] 모리[54] 현[55] 버늘 딘들[56] 三十年 天子ㅣ어시니[57] 모딘 쇠를 일우리잇가[58]

石壁이 흔 잣[59] 스싀들[60] 數萬里ㅿ[61] 니미어시니[62] 百仞虛空[63]애 ᄂᆞ리시리잇가[64]

---

53) 전 : 저(← 졀다 : 절다, 跛)- + -Ø(과시)- + -ㄴ(관전)

54) 모리 : 몰(말, 馬) + -이(주조)

55) 현 : 몇(幾 : 관사)

56) 딘들 : 디(넘어지다, 떨어지다, 轉, 落)- + -ㄴ들(-ㄴ들 : 연어, 양보)

57) 天子ㅣ어시니 : 天子(천자) + -ㅣ(← -이- : 서조)- + -어(← -거- : 확인)- + -시(주높)- + -니(연어, 이유)

58) 일우리잇가 : 일우[이루다, 成 : 일(이루어지다 : 자동) + -우(사접)-]- + -리(미시)- + -잇(← -이- : 상높, 아높)- + -가(-까 : 의종, 판정)

59) 잣 : 자(자, 尺) + -ㅅ(-의 : 관조)

60) 스싀들 : 스싀(사이, 間) + -Ø(← -이- : 서조)- + -ㄴ들(-ㄴ들 : 연어, 양보)

61) 數萬里ㅿ : 數萬里(수만 리) + -ㅿ(-의 : 관조)

62) 니미어시니 : 님(임, 主) + -이(서조)- + -어(← -거- : 확인)- + -시(주높)- + -니(연어, 이유)

63) 百仞虛空 : 백인 허공. 백 길이나 되는 허공 절벽이다.

64) ᄂᆞ리시리잇가 : ᄂᆞ리(내리다, 떨어지다, 降)- + -시(주높)- + -리(미시)- + -잇(← -이- : 상높, 아높)- + -가(-까 : 의종, 판정)

(다리를) 전 말이 몇 번을 넘어진들, (당나라 태종은) 삼십 년의 天子(천자)이시니 (적들이) 모진 꾀를 이루겠습니까?

돌 절벽이 한 자(尺)의 사이인들, (태조 이성계는) 數萬里(수만 리)의 임(임금)이시니, 百仞虛空(백인 허공)에 떨어지시겠습니까?

【내용 풀이】 당나라의 고조(高祖)의 아들인 이세민(李世民)이 덕이 높았으므로 그 형은 이를 시기하여 이세민을 해치려 했다. 하루는 이세민이 형과 함께 사냥을 갔는데, 이때 형이 이세민에게 잘 넘어지는 말을 주어 여러 번 넘어지게 했으나 세민은 다치지 않았다. 곧 이세민은 삼십 년 동안 중국을 다스릴 천자(天子)로 미리 정해진 것이니, 형의 모진 꾀가 이루어질 리가 없었다는 것이다.

고려 말에 이성계가 젊어서 산기슭에서 사냥을 할 때에, 돼지 한 마리를 쏘려다가 문득 백 길이나 되는 절벽에 다다르게 되었다. 이때 이성계가 급히 말 뒤로 뛰어 내리니 돼지와 말은 함께 떨어지고 말았다. 또 이성계가 절벽 위에서 노루를 쫓다가 절벽에 다다라 노루를 쏘고 급히 말을 세웠는데, 그때는 절벽에서 몇 걸음 거리가 있을 뿐이었다.

## 第三十四章

> 믈 깊고 비 업건마른<sup>65)</sup> 하늘히<sup>66)</sup> 命ᄒ실씨<sup>67)</sup> 믈 톤 자히<sup>68)</sup> 건너시니이다<sup>69)</sup>
> 城 높고 ᄃ리<sup>70)</sup> 업건마른 하늘히 도ᄫᆞ실씨<sup>71)</sup> 믈 톤 자히 ᄂᆞ리시니이다

물이 깊고 배가 없건마는 하늘이 命(명)하시므로, (금나라 태조가) 말을 탄 채로 (강

---

65) 업건마른 : 업(← 없다 : 없다, 無)- + -건마른(-건마는 : 연어, 대조)

66) 하늘히 : 하늘ㅎ(하늘, 天) + -이(주조)

67) 命ᄒ실씨 : 命ᄒ[명하다 : 命(명 : 명사) + -ᄒ(동접)-]- + -시(주높)- + -ㄹ씨(-므로 : 연어, 이유)

68) 믈 톤 자히 : 믈(말, 馬) # ㅌ(← ᄐ다 : 타다, 乘)- + -Ø(과시)- + -오(대상)- + -ㄴ(관전) # 자히(채 : 의명)

69) 건너시니이다 : 건너(건너다, 渡)- + -시(주높)- + -Ø(과시)- + -니(원칙)- + -이(상높, 아높)- + -다(평종)

70) ᄃ리 : ᄃ리(다리, 橋) ※ 이때의 'ᄃ리'의 성조가 [평성-평성]이므로, 주격 조사의 변이 형태인 '-Ø'가 실현된 것이 아니라, 주격 조사가 자체가 생략된 것이다. 만일 '-Ø'가 실현되었다면 'ᄃ리'가 [평성-거성]의 성조로 실현되어야 한다.(김유범, 2007 : 117 참조.)

71) 도ᄫᆞ실씨 : 돌(← 돕다, ㅂ불 : 돕다, 助)- + -ᄋᆞ시(주높)- + -ㄹ씨(-므로 : 연어, 이유)

올) 건너셨습니다.

城(성)이 높고 다리 없건마는 하늘이 도우시므로, (태조 이성계는) 말을 탄 채로 (그 높은 성에서) 내리셨습니다.

【내용 풀이】 금(金)나라 태조가 요(遼)나라를 치러 갔다. 금 태조의 군사들이 강에 다다라 건너지 못하고 있었는데, 태조는 말을 타고 건너면서 자기를 따르라고 했다. 군사가 다 건너고 난 뒤에 물의 깊이를 재게 했더니 강물이 아주 깊어서 밑에 닿지를 못했다. 이렇게 이들이 깊은 물을 말 탄 채로 건넜으니 이것은 하늘이 시킨 일이란 뜻이다.

고려 말에 이성계가 홍건적과 싸웠다. 밤중에 적과 성문을 다투어 싸우고 있었는데, 적이 이성계의 뒤에서 창으로 귀를 찔렀다. 이때 이성계는 다급해서 말을 달려 높은 성을 무사히 뛰어넘어 어려움을 면했는데, 사람들이 보고 모두들 신기하게 여겼다.

## 第三十五章

> 셔볼<sup>72)</sup> 긔벼를<sup>73)</sup> 알씨 ᄒᆞᄫᅡᅀᅡ<sup>74)</sup> 나ᅀᅡ가샤<sup>75)</sup> 모딘<sup>76)</sup> 도ᄌᆞᄀᆞᆯ<sup>77)</sup> 믈리시니이다<sup>78)</sup>
>
> 스ᄀᆞᄫᆞᆯ<sup>79)</sup> 軍馬를 이길씨 ᄒᆞᄫᅡᅀᅡ 믈리조치샤<sup>80)</sup> 모딘 도ᄌᆞᄀᆞᆯ 자ᄇᆞ시니이다<sup>81)</sup>

(돌궐이 당나라) 서울의 기별을 알므로(= 알고서 침입하므로), (당나라 태종은) 혼자서 나아가시어 모진 도적을 물리치셨습니다.

---

72) 셔볼 : 셔블(서울, 京) + -ㅅ(-의 : 관조)

73) 긔벼를 : 긔별(기별, 奇別) + -을(목조)

74) ᄒᆞᄫᅡᅀᅡ : 혼자, 獨(부사)

75) 나ᅀᅡ가샤 : 나ᅀᅡ가[나아가다, 進 : 났(← 낫다, ㅅ불 : 나아가다, 進)- + -아(연어) + 가(가다, 去)-]- + -샤(←-시- : 주높)- + -Ø(←-아 : 연어)

76) 모딘 : 모디(← 모딜다 : 모질다, 暴) + -Ø(현시)- + -ㄴ(관전)

77) 도ᄌᆞᄀᆞᆯ : 도죽(도적, 賊) + -ᄋᆞᆯ(목조)

78) 믈리시니이다 : 믈리[불리치다, 退 : 믈르(← 므르다 : 물러나다, 退 : 자동)- + -이(사접)-]- + -시(주높)- + -Ø(과시)- + -니(원칙)- + -이(상높, 아높)- + -다(평종)

79) 스ᄀᆞᄫᆞᆯ : 스ᄀᆞᄫᆞᆯ(시골, 村) + -ㅅ(-의 : 관조)

80) 믈리조치샤 : 믈리조치[쫓기어 물러나다 : 믈리(← 므르다 : 물러나다, 退, 동사)- + -이(부접) + 좇(쫓다, 從 : 타동)- + -이(피접)-]- + -샤(←-시- : 주높)- + -Ø(←-아 : 연어) ※ '믈리조치다'는 파생 부사인 '믈리'와 피동사인 '조치다'의 두 단어로 처리할 가능성도 있다.

81) 자ᄇᆞ시니이다 : 잡(잡다, 捕)- + -ᄋᆞ시(주높)- + -Ø(과시)- + -니(원칙)- + -이(상높, 아높)- + -다(평종)

(원나라 군사가) (고려의) 시골 軍馬(군마)를 이기므로, (한번은 태조가) 혼자 물러나 쫓기시어 모진 도적을 잡으셨습니다.

**【내용 풀이】** 당나라 태종(이세민)이 그 형제를 죽이고 임금의 자리에 즉위하였다. 이에 돌궐이 당나라 서울이 내란으로 약해진 줄 알고 쳐들어왔으나, 태종은 군용(軍容)을 정비하여 혼자 말을 타고 나아가서 위세를 보였다. 이에 돌궐이 그 위세에 놀라서 겁을 먹고 이세민에게 화해할 것을 청했다.

고려 공민왕 때에 원나라 군사가 우리 북쪽 땅을 침범해 왔다. 이에 공민왕은 이성계로 하여금 가서 원나라 군사를 막게 했는데, 태조는 여러 번 접전하여 번번이 이겼다. 그러던 중 한번은 이성계가 혼자서 뛰어가니 적의 장수 세 사람이 쫓아왔다. 태조는 거짓으로 달아나는 척 하다가 갑자기 옆으로 비켜 나니, 적장들이 졸지에 이성계에 앞서 달리게 되었다. 그 틈을 이용하여 이성계는 적장을 뒤에서 쏘아서 넘어뜨렸다.

## 第四十八章

> 굴허에[82] ᄆᆞᄅᆞᆯ 디내샤[83) 도ᄌᆞ기 다 도라가니 ꟙ 길 노ᄑᆡᆫᄃᆞᆯ[84) 년기[85)
> 디나리잇가[86)
>
> 石壁에 ᄆᆞᄅᆞᆯ 올이샤[87) 도ᄌᆞᄀᆞᆯ 다 자ᄇᆞ시니 현 번 ᄲᅱ운ᄃᆞᆯ[88) ᄂᆞ미 오ᄅᆞ리잇가[89)

---

82) 굴허에 : 굴헝(골목, 巷) + -에(부조, 위치)

83) 디내샤 : 디내[지나게 하다 : 디나(지나다, 過 : 자동)- + -ㅣ(←-이- : 사접)-]- + -샤(←-시- : 주높)- + -∅(←-아 : 연어)

84) 노ᄑᆡᆫᄃᆞᆯ : ① 노ᄑᆡ[높이(명사) : 높(높다, 高 : 형사)- + -이(명접)] + -ㄴᄃᆞᆯ(←-인ᄃᆞᆯ : 보조사, 양보) ② 노ᄑᆡ[높이(명사) : 높(높다, 高 : 형사)- + -이(명접)] + -∅(←-이- : 서조)- + -ㄴᄃᆞᆯ(연어, 양보) ※ '노ᄑᆡᆫᄃᆞᆯ'을 ①로 분석하면 'ꟙ 길 노ᄑᆡᆫᄃᆞᆯ'은 서술어인 '디나리잇가'에 대하여 목적어로 쓰인 것으로 보아야 한다. 반면에 ②로 분석하면 'ꟙ 길 노ᄑᆡᆫᄃᆞᆯ'은 그 앞에서 생략된 주어인 '어니(← 언 + -이)'에 대하여 서술어로 쓰인 것으로 보아야 한다.(어니 ꟙ 길 노ᄑᆡᆫᄃᆞᆯ 년기 어늘 디나리잇가) 참고로 '언'은 '언덕(堰)'이나 '둑(堤)'의 뜻을 나타낸다.

85) 년기 : 녀ㄱ(← 녀느 : 다른 사람, 他) + -이(주조)

86) 디나리잇가 : 디나(지나다, 過)- + -리(미시)- + -잇(←-이- : 상높, 아높)- + -가(-까 : 의종, 판정)

87) 올이샤 : 올이[올리다 : 올(← 오ᄅᆞ다 : 오르다, 登, 자동)- + -이(사접)-]- + -샤(←-시- : 주높)- + -∅(←-아 : 연어)

88) ᄲᅱ운ᄃᆞᆯ : ᄲᅱ우[뛰어오르게 하다 : ᄲᅱ(뛰어오르다, 躍 : 자동)- + -우(사접)-]- + -ㄴᄃᆞᆯ(-ㄴᄃᆞᆯ : 연어, 양보)

89) 오ᄅᆞ리잇가 : 오ᄅᆞ(오르다, 登)- + -리(미시)- + -잇(←-이- : 상높, 아높)- + -가(-까 : 의

(금나라 태조가) 골목에 말을 지나게 하시어 도둑이 다 돌아가니, 半(반) 길의 높이 인들 다른 사람이 지나겠습니까?

(태조 이성계가) 石壁(석벽)에 말을 올리시어 도적을 다 잡으시니, 몇 번을 튀어 오르게 한들 남이 오르겠습니까?

【 내용 풀이 】 금나라 태조가 적에게 쫓기어 골목길에서 길을 잃었다. 그때 금 태조의 앞에 한 길이나 되는 언덕이 가로막고 있었으나 태조의 말은 한 번에 이 언덕을 뛰어 넘어갔다. 따라오던 적들은 금 태조를 쫓지 못하고 그냥 돌아갔다.

고려 말에 왜적이 이성계에게 쫓기어서, 산으로 올라가서 절벽 위에서 칼을 뽑고 창을 세웠는데 그 모양이 고슴도치와 같았다. 이성계는 다른 사람을 보내어 보았으나 도무지 오르지 못하였다. 이에 이성계를 자신이 칼등으로 말을 쳐서 바로 뛰어 오르게 하니, 군사들이 이성계를 쫓아 왜적들을 무찔렀다.

## 第六十七章

> ᄀᆞᄅᆞᆷ ᄀᆞᅀᆡ⁹⁰⁾ 자거늘⁹¹⁾ 밀므리 사ᄋᆞ리로ᄃᆡ⁹²⁾ 나거ᅀᅡ⁹³⁾ ᄌᆞᄆᆞ니이다⁹⁴⁾
> 셤⁹⁵⁾ 안해⁹⁶⁾ 자싫 제⁹⁷⁾ 한비⁹⁸⁾ 사ᄋᆞ리로ᄃᆡ 뷔어ᅀᅡ⁹⁹⁾ ᄌᆞᄆᆞ니이다

(백안이) 강가에 자거늘, 밀물이 사흘이되(물에 잠기지 않더니), (백안이) 나가야 (강가가) 잠기었습니다.

---

종, 판정)

90) ᄀᆞᅀᆡ : ᄀᆞᆺ(←ᄀᆞᆽ : 가, 邊) + -애(-에 : 부조, 위치)

91) 자거늘 : 자(자다, 宿)- + -거늘(연어, 상황)

92) 사ᄋᆞ리로ᄃᆡ : 사ᄋᆞᆯ(사흘, 三日) + -이(서조)- + -로ᄃᆡ(←-오ᄃᆡ : -되, 연어, 설명 계속)

93) 나거ᅀᅡ : 나(나다, 出)- + -거(확인)- + -ᅀᅡ(←-어ᅀᅡ : -어야, 연어, 필연적 조건)

94) ᄌᆞᄆᆞ니이다 : ᄌᆞᄆᆞ(잠기다, 沈)- + -∅(과시)- + -니(원칙)- + -이(상높, 아높)- + -다(평종)
    ※ 15세기 국어에서는 'ᄌᆞᄆᆞ다'와 'ᄌᆞᆷ다'가 모두 현대어의 '잠기다'의 뜻으로 쓰였다.

95) 셤 : 섬, 島.

96) 안해 : 안ㅎ(안, 內) + -애(-에 : 부조, 위치)

97) 자싫 제 : 자(자다, 宿)- + -시(주높)- + -ㅭ(관전) # 제(제, 때, 時 : 의명) ※ '제'는 [적(적, 時 : 의명) + -의(-에 : 부조▷명접)]로 분석되는 파생 명사이다.

98) 한비 : 한비[큰비, 大雨 : 하(크다, 大) - + -ㄴ(관전) + 비(비, 雨)] + -∅(←-이 : 주조)

99) 뷔어ᅀᅡ : 뷔(비다, 空)- + -어(←-거- : 확인)- + -ᅀᅡ(←-어ᅀᅡ : -어야, 연어, 필연적 조건)
    ※ 반모음 /j/ 뒤에서 확인 표현의 선어말 어미인 '-거-'의 /ㄱ/이 탈락했다.

(태조 이성계의 군사가) 섬 안에 자실 때, 큰비가 사흘이되(섬이 물에 잠기지 않더니), (섬이) 비어야 비로소 (섬이 물에) 잠기었습니다.

【 내용 풀이 】 원(元)나라의 세조가 신하인 백안(伯顔)으로 하여금 송(宋)나라를 치게 하였다. 이에 백안은 군사를 전당강 가에 주둔시켰는데, 원나라 사람들은 곧 밀물이 들어 백안의 군사가 물에 잠길 것이라고 생각했다. 그러나 밀물은 사흘 동안이나 이르지 않았고, 백안의 군사가 강가를 떠나고 나서야 강가가 잠기었다.

고려 말에 이성계가 위화도에 진군하였다. 군사가 위화도에 주둔한 후 장마가 며칠이나 내렸으나 물이 붇지 않다가, 태조의 군대가 회군하고 나니 섬이 완전히 물에 잠겼다.

## 第一百章

> 믈 우흿¹⁾ 龍이 江亭²⁾을 向ᄒᆞᅀᆞᄫᆞ니³⁾ 天下ㅣ 定홀⁴⁾ 느지르샷다⁵⁾
>
> 집 우흿 龍이 御床⁶⁾을 向ᄒᆞᅀᆞᄫᆞ니 寶位 ᄐᆞ실⁷⁾ 느지르샷다

물 위에 있는 龍(용)이 (송나라 태조가 있는) 江亭(강정)을 向(향)하니, 天下(천하)가 정해질 조짐이시구나.

집 위에 있는 龍(용)이 (태종 이방원이 타고 있는) 御床(어상)을 向(향)하니, (이것은

---

1) 우흿 : 우ㅎ(위, 上) + -의(-에 : 부조, 위치) + -ㅿ(-의 : 관조) ※ '우흿'은 '위에 있는'으로 의역하여 옮긴다.
2) 江亭 : 강정. 강가에 있는 정자이다.
3) 向ᄒᆞᅀᆞᄫᆞ니 : 向ᄒᆞ[향하다 : 向(향 : 불어) + -ᄒᆞ(동접)-]- + -ᅀᆞᄫᆞ(←-ᅀᆞᆸ- : 객높)- + -ᄋᆞ니(-으니 : 연어, 설명 계속)
4) 定홀 : 定ᄒᆞ[정해지다 : 定(정 : 불어) + -ᄒᆞ(동접)-]- + -ㄹ(관전)
5) 느지르샷다 : 늦(조짐, 兆) + -이(서조)- + -르(←-더- : 회상)- + -샤(←-시- : 주높)- + -ㅅ(←-옷- : 감동)- + -다(평종) ※ '-르-'의 형태와 기능이 미상이다. 허웅(1977 : 162)에서는 '-르-'를 '-러-(←-더- : 회상)'의 변이 형태로 보았다. 반면에 안병희(1987)와 고영근(2004 : 335)에서는 '느지르샷다'를 '늦(조짐) + -일(←-이- : 서조) + -으샤(←-으시- : 주높)- + -ㅅ(←-옷- : 감동)- + -다(평종)'로 분석하면서, '-일-'은 서술격 조사의 어간인 '-이-'의 불규칙한 변이 형태로 다루었다. 여기서는 안병희와 고영근의 견해에 따라서 '느지르샷다'를 '조짐이시구나'로 옮긴다.
6) 御床 : 어상. 임금이 앉는 평상이다.
7) 寶位 ᄐᆞ실 : 寶位(보위, 임금의 자리) # ᄐᆞ(타다, 乘)- + -시(주높)- + -ㄹ(관전) ※ '寶位 ᄐᆞ다'는 '임금의 자리에 오르다.'의 뜻이다.

태종 이방원이) 寶位(보위)를 타실 조짐이시구나.

【내용 풀이】 송나라의 태조인 조광윤(趙匡胤)이 강가에 있는 정자에서 적과 싸울 때에 용이 물 안에서 조광윤을 향해서 뛰었다. 이를 보고서 모두들 놀라서, 이것은 조광윤이 훗날에 임금이 될 조짐이라고 하였다.

이성계의 아들인 이방원이 아직 임금이 되기 전의 일이었다. 어느 날 흰 용이 나타나서 이방원이 거처하는 곳을 바로 향했는데, 사람들은 이것을 그가 훗날에 임금이 될 조짐으로 생각하였다.

## 第一百十章

四祖<sup>8)</sup>ㅣ 便安히 몯 겨샤<sup>9)</sup> 현<sup>10)</sup> 고들<sup>11)</sup> 올마시뇨<sup>12)</sup> 몃<sup>13)</sup> 間ㄷ 지븨 사르시리잇고<sup>14)</sup>

九重<sup>15)</sup>에 드르샤<sup>16)</sup> 太平을 누리싫<sup>17)</sup> 제 이 ᄠᅳ들 닛디<sup>18)</sup> 마ᄅ쇼셔<sup>19)</sup>

四祖(사조)가 便安(편안)히 못 계시어 몇 곳을 옮으셨느냐? 몇 간(間)의 집에 사셨겠습니까?

九重(구중)에 드셔서 太平(태평)을 누리실 적에 이 뜻을 잊지 마소서.

---

8) 四祖 : 사조. '목조(穆槽), 익조(翼祖), 도조(度祖), 환조(桓祖)'의 네 할아버지이다.

9) 겨샤 : 겨샤(← 겨시다 : 계시다, 在)- + -Ø(←-아 : 연어)

10) 현 : 몇, 幾(관사)

11) 고들 : 곧(곳, 處 : 의명) + -올(←-ᄋ로 : 목조, 보조사적 용법)

12) 올마시뇨 : 옮(옮다, 이동하다, 移)- + -아(확인)- + -시(주높)- + -Ø(과시)- + -뇨(-느냐 : 의종, 설명)

13) 몃 間ㄷ : 몃(← 몇 : 몇, 관사) # 間(간 : 명사) + -ㄷ(-의 : 관조)

14) 사르시리잇고 : ① 살(살다, 住)- + -ᄋ시(주높)- + -리(미시)- + -잇(←-이- : 상높, 아높)- + -고(-까 : 의종, 설명) ② 살(살다, 住)- + -ᄋ시(주높)- + -Ø(과시)- + -리(추측)- + -잇(←-이- : 상높, 아높)- + -고(-니까 : 의종, 설명)

15) 九重 : 구중. 겹겹이 문으로 막은 깊은 궁궐이라는 뜻으로, 임금이 있는 대궐 안을 이른다.

16) 드르샤 : 들(들다, 入)- + -ᄋ샤(←-ᄋ시- : 주높)- + -Ø(←-아 : 연어)

17) 누리싫 : 누리(누리다, 享)- + -시(주높)- + -ㅭ(관전)

18) 닛디 : 닛(← 닛다 : 잊다, 忘)- + -디(-지 : 연어, 부정)

19) 마ᄅ쇼셔 : 말(말다, 勿 : 보용, 부정)- + -ᄋ쇼셔(-으소서 : 명종, 아높)

**【내용 풀이】** 네 할아버지는 임금의 자리에 오르지 못한 '목조(穆祖), 익조(翼祖), 도조(度祖) 환조(桓祖)'를 가리킨다. 이 네 분의 할아버지가 한 곳에 살지 못하고 떠돌아다니며 고생한 일을 설명한 것이다. 아울러 이들 할아버지들이 훗날 왕업을 이루기 위하여 고생한 일을 후대의 왕들은 결코 잊지 말아야 할 것을 주지시키고 있다.

## 第一百二十五章

千世[20] 우희[21] 미리 定ㅎ샨[22] 漢水北[23]에 累仁開國ㅎ샤[24] ᅡ年[25]이 ᄀ곳업스시니[26]

聖神[27]이 니ᅀ샤도[28] 敬天勤民ㅎ샤ᅀ[29] 더욱 구드시리이다[30]

님금하[31] 아ᄅᆞ쇼셔[32] 洛水예 山行[33] 가 이셔[34] 하나빌[35] 미드니잇가[36]

---

20) 千世 : 천세. 많은 대(代)라는 뜻으로, '영원(永遠)'을 이르는 말이다.

21) 우희 : 우ㅎ(위, 前) + -의(-에 : 부조, 위치)

22) 定ㅎ샨 : 定ㅎ[정하다 : 定(정 : 불어) + -ㅎ(동접)-]- + -샤(←-시- : 주높)- + -Ø(←-오- : 대상)- + -Ø(과시)- + -ㄴ(관전)

23) 漢水北 : 한수북. 한강의 북쪽이다.

24) 累仁開國ㅎ샤 : 累仁開國ㅎ[누인 개국하다 : 累仁開國(누인 개국 : 명사구) + -ㅎ(동접)-]- + -샤(←-시- : 주높)- + -Ø(←-아 : 연어) ※ '累仁開國(누인 개국)'은 어진 일을 쌓아서 나라를 여는 것이다.

25) ᅡ年 : 복년. 점쳐 정한 햇수라는 뜻으로, 왕조(王朝)의 운명을 이르는 말이다.

26) ᄀ곳업스시니 : ᄀ곳없[가없다, 끝없다 : ᄀ곳(←ᄀᆞᆺ : 가, 邊, 명사) + 없(없다, 無 : 형사)-]- + -으시(주높)- + -Ø(현시)- + -니(평종, 반말)

27) 聖神 : 성신. 거룩한 신이다.

28) 니ᅀ샤도 : 닝(← 닛다, ㅅ불 : 잇다, 繼)- + -ᅌᆞ샤(←-ᅌᆞ시- : 주높)- + -도(←-아도 : 연어, 양보)

29) 敬天勤民ㅎ샤ᅀ : 敬天勤民ㅎ[경천근민하다 : 敬天勤民(경천 근민 : 명사구) + -ㅎ(동접)-]- + -샤(←-시- : 주높)- + -ᅀ(←-아ᅀ : 연어, 필연적 조건) ※ '敬天勤民(경천 근민)'은 하늘을 공경하고 백성을 위하여 힘쓰는 것이다.

30) 구드시리이다 : 굳(굳다, 堅)- + -으시(주높)- + -리(미시)- + -이(상높, 아높)- + -다(평종)

31) 님금하 : 님금(임금, 王) + -하(-이시여 : 호조, 아높)

32) 아ᄅᆞ쇼셔 : 알(알다, 知)- + -ᄋᆞ쇼셔(-소서 : 명종, 아높)

33) 山行 : 산행. 山行(← 산힝 : 사냥, 獵) '산힝(獵)'을 한자말인 '山行'으로 표기한 것이다.

34) 가 이셔 : 가(가다, 行)- + -아(연어) # 이시(있다 : 보용, 완료 지속)- + -어(연어)

35) 하나빌 : 하나비[할아버지, 祖父 : 하(크다, 大)- + -ㄴ(관전) + 아비(아버지 : 父)]- + -ㄹ(← -를 : 목조)

36) 미드니잇가 : 믿(믿다, 信)- + -Ø(과시)- + -잇(←-이- : 상높, 아높)- + -으니…가(-니까 : 의종, 판정)

千世(천세) 전에 미리 定(정)하신 漢水北(한수북)에, 累仁開國(누인개국)하시어, 卜年(복년)이 가없으시니.

聖神(성신)이 (왕위를) 이으셔도 敬天勤民(경천근민)하셔야 (나라가) 더욱 굳으시겠습니다.

임금님이시여, 아소서. (하나라 태강왕처럼) 洛水(낙수)에 山行(산행) 가 있으면서 할아버지를 믿었습니까?

【 **내용 풀이** 】 중국 하(夏)나라 태강왕(太康王)이 놀음에 빠져서 덕을 잃으니 백성들이 모두 다른 마음을 품었다. 그런데도 태강왕은 민심을 읽지 못한 채로 할아버지인 우왕(禹王)의 덕만 믿고 놀음의 버릇을 고치지 못하였다. 마침내는 태강왕은 낙수(洛水)란 곳에 사냥간 지 백일이 넘어도 돌아오지 않았다. 이에 유궁(有窮) 땅을 다스리던 제후인 예(羿)가 참을 수 없어 백성을 위해 태강왕을 폐위시켜 버렸다.

# 2. 훈민정음 언해본

〈세종 어제 훈민정음〉(世宗御製訓民正)은 1459년(세조 5)에 간행된 『월인석보』(月印釋譜)(서강대 소장본)의 첫째 권의 책 머리에 실려 있다.

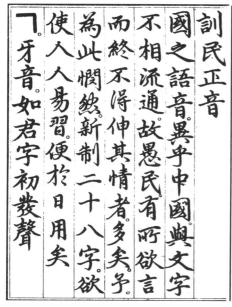

[훈민정음 해례본]

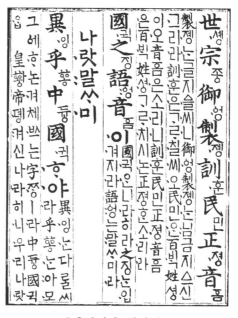

[훈민정음 언해본]

이 책은 한문본인 『훈민정음 해례본』(訓民正音, 解例本)에 있는 〈어제 서〉(御製 序)와 〈예의〉(例義)만을 언해하고, 거기에 중국의 치두음(齒頭音)과 정치음(正齒音)에 대한 설명을 덧붙인 것이다. 이 글은 흔히 『훈민정음 해례본』에 대하여 『훈민정음 언해본』이라고 불린다.

이 글은 『석보상절』과 『월인석보』가 훈민정음으로 적혀 있기 때문에, 훈민정음에 익숙하지 못했던 당대의 독자들에게 훈민정음 각 글자의 음가와 기본적인 사용법을 간략하게 소개하려는 목적으로 쓰인 것으로 보인다.

이 글의 내용은 다음과 같은 체제로 구성되어 있다.

| 체제 | 세부 내용 |
|---|---|
| 세종의 서문 | 훈민정음의 창제 목적 기술 |
| 글자의 음가 | 초성 17 글자와 중성 11 글자의 음가 설명 |
| 글자의 운용 | 종성법, 연서법, 합용법, 부서법, 성음법, 사성법, 치두음과 정치음의 구별 |

『훈민정음 언해본』을 제작한 연대나 번역자는 알려지지 않았다. 그러나 '이영보래
법(以影補來法)'과 '치두음, 정치음'의 구별을 규정한 점 등을 보면,『동국정운』(東國正韻)
이 완성된 때(1448, 세종 30)로부터『석보상절』이 간행되기까지 사이(1450년 경)에, 집현
전 학자들이『훈민정음 해례본』의 〈어제서〉와 〈예의〉를 번역한 것으로 추정한다.

이 글은 세종 때에 발간된『석보상절』의 앞에도 실렸을 것으로 짐작되는데,『석보
상절』제1권이 발견되지 않아서 그 사실을 확인할 수는 없다. 그러나 그 간의 사정을
종합해 볼 때에,『훈민정음 언해본』은 원래『석보상절』에 실렸던 것인데, 세조 5년
에 발간된『월인석보』의 제1권의 맨 앞에 옮겨서 수록했을 것으로 추측된다.

이 작품에 나타난 표기상의 특징을 살펴보면 다음과 같다.

첫째, 세종 당시에 쓰였던 'ㆆ, ㅸ, ㆅ ; ㆁ, ㅿ' 등의 글자가 쓰였다.

둘째, 사잇소리나 관형격 조사를 표기하는 데에, 'ㅿ, ㄱ, ㄷ, ㅂ, ㅅ, ㆆ' 등의 다양
한 글자를 사용했다.

셋째, 소리나는 대로 적는 것이 일반적이었다.

넷째, 모음 조화의 규칙이 잘 지켜졌다.

다섯째, 한자음은 동국정운식(東國正韻式) 표기법에 따라서 중국의 원음에 가깝게
표기하였다.

『훈민정음 해례본』과『훈민정음 언해본』에 대한 종합적인 설명은『제2판 훈민정
음의 이해』(나찬연 저, 월인, 2013)를 참조하기 바란다.

# 世<sub>솅</sub>宗<sub>종</sub> 御<sub>엉</sub>製<sub>졩</sub> 訓<sub>훈</sub>民<sub>민</sub>正<sub>졍</sub>音<sub>흠</sub>

国之語音이 異乎中國ᄒᆞ야 與文字로 不相流通ᄒᆞᆯᄊᆡ 故로 愚民이 有所
欲言ᄒᆞ야도 而終不得伸其情者ㅣ多矣라 予ㅣ爲此憫然ᄒᆞ야 新制二十八字ᄒᆞ
노니 欲使人人ᄋᆞ로 易習ᄒᆞ야 便於日用耳니라

나랏 말ᄊᆞ미¹⁾ 中<sub>듕</sub>國<sub>귁</sub>에²⁾ 달아³⁾ 文<sub>문</sub>字<sub>ᄍᆞᆼ</sub>와로⁴⁾ 서르 ᄉᆞᄆᆞᆺ디⁵⁾ 아니ᄒᆞᆯᄊᆡ⁶⁾
이런⁷⁾ 젼ᄎᆞ로⁸⁾ 어린⁹⁾ 百<sub>ᄇᆡᆨ</sub>姓<sub>셩</sub>이 니르고져¹⁰⁾ 홀 배¹¹⁾ 이셔도¹²⁾ ᄆᆞ᷁᷀ᄎᆞᆷ내¹³⁾
제¹⁴⁾ ᄠᅳ들 시러¹⁵⁾ 펴디 몯ᄒᆞᆶ 노미¹⁶⁾ 하니라¹⁷⁾ 내¹⁸⁾ 이ᄅᆞᆯ 爲<sub>윙</sub>ᄒᆞ야

---

1) 말ᄊᆞ미 : 말쏨[말(말, 言 : 명사) + -쏨(접미 : '-씨'의 뜻)] + -이(주조) ※ 접미사 '-쏨'은 '태
도' 또는 '모양'의 뜻을 더하는 접미사이다.
2) 中國에 : 中國(중국) + -에(-과 : 부조, 위치, 비교)
3) 달아 : 달(← 다ᄅᆞ다 : 다르다, 異)- + -아(-아 : 연어)
4) 文字와로 : 文字(문자, 한자) + -와로(← -과로 : -와, 부조, 비교)
5) ᄉᆞᄆᆞᆺ디 : ᄉᆞᄆᆞᆺ(← ᄉᆞᄆᆞ다 : 통하다, 通)- + -디(-지 : 연어, 부정)
6) 아니ᄒᆞᆯᄊᆡ : 아니ᄒᆞ[아니하다, 不(보용, 부정) : 아니(아니, 不 : 부사, 부정) + -ᄒᆞ(동접)-]- + -
ᄅᆞᆯᄊᆡ(-므로 : 연어, 이유)
7) 이런 : [이런(형사, 관사) : 이러(불어) + -∅(←-ᄒᆞ- : 형접) + -ㄴ(관전, 관접)] ※ '이런, 그
런, 뎌런'은 각각 '이러ᄒᆞ다, 그러ᄒᆞ다, 뎌러ᄒᆞ다'의 관형사형인 '이러ᄒᆞᆫ, 그러ᄒᆞᆫ, 뎌러ᄒᆞᆫ'이
줄어져서 된 말이다. 그런데 '이런, 그런, 뎌런'을 형용사의 활용형으로 보지 않고, 형용사에
서 파생된 관형사로 처리할 가능성도 있다.
8) 젼ᄎᆞ로 : 젼ᄎᆞ(까닭, 故) + -로(부조, 방편)
9) 어린 : 어리(어리석다, 愚)- + -∅(현시)- + -ㄴ(관전)
10) 니르고져 : 니르(이르다, 言)- + -고져(-고자 : 연어, 의도)
11) 홀 배 : ᄒᆞ(← ᄒᆞ다 : 하다, 爲 : 보용, 의도)- + -오(대상)- + -ᄚ(관전) # 바(바, 것 : 의명) + -
ㅣ(←-이 : 주조)
12) 이셔도 : 이시(있다, 有)- + -어도(연어, 양보)
13) ᄆᆞᆺᄎᆞᆷ내 : [마침내, 終(부사) : 몿(마치다, 終 : 동사)- + -ᄋᆞᆷ(명접) + -내(부접)]
14) 제 : 저(저, 자기, 其 : 인대, 재귀칭) + -ㅣ(←-의 : 관조)
15) 시러 : [능히, 得(부사) : 실(← 싣다, ㄷ불 : 얻다, 得, 동사)- + -어(연어▷부접)] ※ '시러'에
대응되는 '得'은 한문에서 가능성을 나타내는 조동사로 쓰인다. 따라서 '시러'를 파생 부사로
보고 '능히… 할 수 있다'로 의역할 수 있다.
16) 몯ᄒᆞᆶ 노미 : 몯ᄒᆞ[못하다, 不得(보용, 부정) : 몯(못, 不能 : 부사, 부정)- + -ᄒᆞ(동접)-]- + -ᄚ
(-을 : 관전) # 놈(사람, 者 : 의명) + -이(주조)
17) 하니라 : 하(많다, 多)- + -∅(현시)- + -니(원칙)- + -라(←-다 : 평종)
18) 내 : 나(나, 予 : 인대, 1인칭) + -ㅣ(←-이 : 주조)

어엿비<sup>19)</sup> 너겨 새로<sup>20)</sup> 스믈여듧 字<sub>쭝</sub>를 밍ㄱ노니<sup>21)</sup> 사름마다 히여<sup>22)</sup> 수빙<sup>23)</sup> 니겨<sup>24)</sup> 날로<sup>25)</sup> 뿌메<sup>26)</sup> 便<sub>뼌</sub>安<sub>한</sub>킈<sup>27)</sup> ᄒᆞ고져 홇<sup>28)</sup> ᄯᆞᄅᆞ미니라<sup>29)</sup>

우리나라의 말이 中國(중국)과 달라서 文字(문자 : 한자, 漢字)와 서로 통하지 아니하므로, 이런 까닭으로 어리석은 百姓(백성)이 이르고자 할 바가 있어도, 마침내 제 뜻을 능히 펴지 못할 사람이 많으니라. 내가 이를 爲(위)하여 불쌍히 여겨 새로 스물여덟 字(자)를 만드니, 사람마다 시키어 쉽게 익혀서 날마다 쓰는 데에 便安(편안)케 하고자 할 따름이니라.

ㄱᄂᆞᆫ 牙音<sup>30)</sup>이니 如<sup>31)</sup>君<sub>군</sub>ㄷ字<sup>32)</sup>初發聲<sup>33)</sup>ᄒᆞ니 竝書<sup>34)</sup>ᄒᆞ면 如虯<sub>끃</sub>ㅸ字初發聲ᄒᆞ니라

ㄱᄂᆞᆫ 엄쏘리니<sup>35)</sup> 君<sub>군</sub>ㄷ 字<sub>쭝</sub> 처섬<sup>36)</sup> 펴아<sup>37)</sup> 나는<sup>38)</sup> 소리<sup>39)</sup> ᄀᆞ트니<sup>40)</sup>

---

19) 어엿비 : [불쌍히, 가엾이, 憐(부사) : 어엿ㅂ(← 어엿브다 : 불쌍하다, 가엾다, 憐, 형사)- + -이(부접)]

20) 새로 : [새로, 新(부사) : 새(새것, 新 : 명사) + -로(부조▷부접)]

21) 밍ㄱ노니 : 밍ㄱ(← 밍글다 : 만들다, 制)- + -ㄴ(←-ᄂᆞ- : 현시)- + -오(화자)- + -니(연어, 설명 계속)

22) 히여 : 히[시키다, 使(동사) : ᄒᆞ(하다, 爲 : 타동) + -ㅣ(←-이- : 사접)-]- + -여(←-어 ←-어 : 연어)

23) 수빙 : [쉽게, 易(부사) : 슇(← 쉽다, ㅂ불 : 쉽다, 易, 형사)- + -이(부접)]

24) 니겨 : 니기[익히다, 習 : 닉(익다, 習 : 자동)- + -이(사접)-]- + -어(연어)

25) 날로 : [날로, 날마다, 於日(부사) : 날(날, 日 : 명사) + -로(부조▷부접)]

26) 뿌메 : ㅄ(← 쓰다 : 쓰다, 用)- + -움(명전) + -에(부조, 위치)

27) 便安킈 : 便安ᄒᆞ[← 便安ᄒᆞ다(편안하다) : 便安(편안 : 명사) + -ᄒᆞ(형접)-]- + -긔(-게 : 연어, 사동)

28) 홇 : ᄒᆞ(하다, 使 : 보용, 사동)- + -ㅭ(관전)

29) ᄯᆞᄅᆞ미니라 : ᄯᆞ름(따름 : 의명) + -이(서조)- + -Ø(현시)- + -니(원칙)- + -라(←-다 : 평종)

30) 牙音 : 아음. 어금닛소리이다.

31) 如 : 여. 같다.

32) 君ㄷ 字 : 君(군) + -ㄷ(-의 : 관조, 사잇) # 字(자, 글자)

33) 初發聲 : 초발성. 처음 펴서 나는 소리(= 초성)이다.

34) 竝書 : 병서. 나란히 쓰다.

35) 엄쏘리니 : 엄쏘리[어금닛소리 : 엄(어금니, 牙) + -ㅅ(관조, 사잇) + 소리(소리, 音)] + -Ø(← -이- : 서조)- + -니(연어, 설명 계속) ※ /ㅁ/ 아래에 쓰이는 원칙적인 관형격 조사(사잇소리 글자)는 '-ㅂ'이다.

글바 쓰면<sup>41)</sup> 虯<sub>뀰</sub>ㅸ 字<sub>쭝</sub><sup>42)</sup> 처섬 펴아 나는 소리 ᄀᆞᄐ니라<sup>43)</sup>

ㄱ은 어금닛소리니 君(군)의 字(자) 처음 펴서 나는 소리와 같으니, 나란히 쓰면 虯(뀨)字가 처음 펴서 나는 소리와 같으니라.

ㅋᄂᆞᆫ 牙音이니 如快<sub>쾡</sub>ㆆ字初發聲ᄒᆞ니라

ㅋᄂᆞᆫ 엄쏘리니 快<sub>쾡</sub>ㆆ 字<sub>쭝</sub><sup>44)</sup> 처섬 펴아 나는 소리 ᄀᆞᄐ니라

ㅋ은 어금닛소리니 快(쾌)의 字(자) 처음 펴서 나는 소리와 같으니라.

ㆁᄂᆞᆫ 牙音이니 如業<sub>업</sub>字初發聲ᄒᆞ니라

ㆁᄂᆞᆫ 엄쏘리니 業<sub>업</sub> 字<sub>쭝</sub> 처섬 펴아 나는 소리 ᄀᆞᄐ니라

ㆁ은 어금닛소리니 業(업)의 字(자) 처음 펴서 나는 소리와 같으니라.

ㄷᄂᆞᆫ 舌音<sup>45)</sup>이니 如斗<sub>듛</sub>ㅸ字初發聲ᄒᆞ니 竝書ᄒᆞ면 如覃<sub>땀</sub>ㅂ字初發聲ᄒᆞ니라

ㄷᄂᆞᆫ 혀쏘리니<sup>46)</sup> 斗<sub>듛</sub>ㅸ 字<sub>쭝</sub> 처섬 펴아 나는 소리 ᄀᆞᄐ니 글바 쓰면

---

36) 처섬 : [처음(명사) : 첫(← 첫 : 첫, 初, 관사) + -엄(명접)]
37) 펴아 : 펴(펴다, 發)- + -아(←-어 : 연어) ※ 모음 조화에 맞는 표기는 '펴(←펴- + -어)'이다. 연결 어미인 '-아'의 문법적 기능을 분명하게 드러내려고 형태를 바꾼 '이화(異化) 현상'에 해당한다.
38) 나는 : 나(나다, 發)- + -ᄂᆞ(현시)- + -ㄴ(관전)
39) 소리 : 소리(소리, 音) + -∅(←-이 : -와, 부조, 비교)
40) ᄀᆞᄐ니 : ᄀᆞᇀ(← ᄀᆞᆮᄒᆞ다 : 같다, 如)- + -ᄋᆞ니(-으니 : 연어, 설명 계속)
41) 글바 쓰면 : 굷[← 굷다, ㅂ붏(나란히 하다, 竝) : 굷(갈피, 겹, 重 : 명사)- + -∅(동접)-]- + -아(연어) ※ '굷다'는 명사인 '굷(겹, 層)'에 동사 파생 접미사 '-∅'가 붙어서 형성된 단어이다.(허웅, 1975 : 207)
42) 虯ㅸ 字 : 虯(뀨) + -ㅸ(관조, 사잇) # 字(자, 글자)
43) ᄀᆞᄐ니라 : ᄀᆞᇀ(← ᄀᆞᆮᄒᆞ다 : 같다, 如)- + -∅(현시)- + -ᄋᆞ니(원칙)- + -라(←-다 : 평종)
44) 快ㆆ字 : 快(쾡) + -ㆆ(-의 : 관조, 사잇) # 字(자, 글자)
45) 舌音 : 설음. 혓소리이다.
46) 혀쏘리니 : 혀쏘리[혓소리 : 혀(혀, 舌) + -ㅅ(관조, 사잇) + 소리(소리, 音)] + -∅(←-이- :

覃<sub>땀</sub>ㅂ 字<sub>쫑</sub> 처섬 펴아 나는 소리 ᄀᄐ니라

ㄷ은 혓소리니 斗(둘)의 字(자) 처음 펴서 나는 소리와 같으니, 나란히 쓰면 覃(땀)의 字(자) 처음 펴서 나는 소리와 같으니라.

---

ㅌ는 舌音이니 如呑<sub>튼</sub>ㄷ字初發聲ᄒ니라

ㅌ는 혀쏘리니 呑<sub>튼</sub>ㄷ 字<sub>쫑</sub> 처섬 펴아 나는 소리 ᄀᄐ니라

---

ㅌ은 혓소리니 呑(튼)의 字(자) 처음 펴서 나는 소리와 같으니라.

---

ㄴ는 舌音이니 如那<sub>낭</sub>ㆆ字初發聲ᄒ니라

ㄴ는 혀쏘리니 那<sub>낭</sub>ㆆ 字<sub>쫑</sub> 처섬 펴아 나는 소리 ᄀᄐ니라

---

ㄴ은 혓소리니 那(낭)의 字(자) 처음 펴서 나는 소리와 같으니라.

---

ㅂ는 脣音<sup>47)</sup>이니 如彆<sub>볋</sub>字初發聲ᄒ니 竝書ᄒ면 如步<sub>뽕</sub>ㆆ字初發聲ᄒ니라

ㅂ는 입시울쏘리니<sup>48)</sup> 彆<sub>볋</sub> 字<sub>쫑</sub><sup>49)</sup> 처섬 펴아 나는 소리 ᄀᄐ니 글바 쓰면 步<sub>뽕</sub>ㆆ 字<sub>쫑</sub> 처섬 펴아 나는 소리 ᄀᄐ니라

---

ㅂ은 입술소리니 彆(볋)의 字(자) 처음 펴서 나는 소리와 같으니, 나란히 쓰면 步(뽕)의 字(자) 처음 펴서 나는 소리와 같으니라.

---

서조)−ㆍ+−니(연어, 설명 계속) ※ 모음 아래에는 원칙적으로 '−ㆆ'이 관형격 조사로 쓰였다.
47) 脣音 : 순음. 입술소리이다.
48) 입시울쏘리니 : 입시울쏘리[입술소리, 脣音 : 입(입, 口)+시울(가장자리 : 명사)+−ㅅ(관조, 사잇)+소리(소리, 音)]+−∅(←−이− : 서조)−ㆍ+−니(연어, 설명 계속) ※ /ㄹ/ 아래에는 원칙적으로 'ㆆ'이 관형격 조사로 쓰였다.
49) 彆字 : 별자. ※ '彆(볋)字(자)'에서 '볋'의 표기는 동국정운식 한자음의 표기법인 '이영보래(以影補來)'를 따른 것이다. 곧 종성이 /ㄹ/인 한자음의 표기에 'ㆆ' 글자를 붙여서 적음으로써 그 음절을 입성으로 발음하게 하는 표기 방법이다.

ㅍ는  脣音이니  如漂<sub>퓽</sub>ㅸ字初發聲ᄒᆞ니라

ㅍ는  입시울쏘리니  漂<sub>퓽</sub>ㅸ 字<sub>쭝</sub>  처엄  펴아  나는  소리  ᄀᆞᄐᆞ니라

ㅍ은 입술소리니 漂(푤)의 字(자) 처음 펴서 나는 소리와 같으니라.

---

ㅁ는  脣音이니  如彌<sub>밍</sub>ㆆ字初發聲ᄒᆞ니라

ㅁ는  입시울쏘리니  彌<sub>밍</sub>ㆆ 字<sub>쭝</sub>  처엄  펴아  나는  소리  ᄀᆞᄐᆞ니라

ㅁ은 입술소리니 彌(밍)의 字(자) 처음 펴서 나는 소리와 같으니라.

---

ㅈ는  齒音[50]이니  如卽<sub>즉</sub>字初發聲ᄒᆞ니  竝書ᄒᆞ면  如慈<sub>쭝</sub>ㆆ字初發聲ᄒᆞ니라

ㅈ는  니쏘리니[51]  卽<sub>즉</sub> 字<sub>쭝</sub>  처엄  펴아  나는  소리  ᄀᆞᄐᆞ니  글바  쓰면
慈<sub>쭝</sub>ㆆ 字<sub>쭝</sub>  처엄  펴아  나는  소리  ᄀᆞᄐᆞ니라

ㅈ은 잇소리니 卽(즉)의 字(자) 처음 펴서 나는 소리와 같으니, 나란히 쓰면 慈(쫑)의 字(자) 처음 펴서 나는 소리와 같으니라.

---

ㅊ는  齒音이니  如侵<sub>침</sub>ㅂ字初發聲ᄒᆞ니라

ㅊ는  니쏘리니  侵<sub>침</sub>ㅂ 字<sub>쭝</sub>  처엄  펴아  나는  소리  ᄀᆞᄐᆞ니라

ㅊ은 잇소리니 侵(침)의 字(자) 처음 펴서 나는 소리와 같으니라.

---

ㅅ는  齒音이니  如戌<sub>슗</sub>字初發聲ᄒᆞ니  竝書ᄒᆞ면  如邪<sub>썅</sub>ㆆ字初發聲ᄒᆞ니라

ㅅ는  니쏘리니  戌<sub>슗</sub>[52] 字<sub>쭝</sub>  처엄  펴아  나는  소리  ᄀᆞᄐᆞ니  글바  쓰면

---

50) 齒脣: 치음. 잇소리이다.
51) 니쏘리니 : 니쏘리[잇소리 : 니(이, 齒) + -ㅅ(관조, 사잇) + 소리(소리, 音)] + -Ø(←-이- : 서조)- + -니(연어, 설명 계속) ※ 모음 아래에는 원칙적으로 'ㆆ'이 관형격 조사로 쓰였다.

邪<sub>쌍</sub>ᅘ 字<sub>쭝</sub> 처엄 펴아 나는 소리 ᄀᆞᑦᄂᆞ니라

ㅅ은 잇소리니 戌(슗)의 字(자) 처음 펴서 나는 소리와 같으니, 나란히 쓰면 邪(쌍)의 字(자) 처음 펴서 나는 소리와 같으니라.

---

ㆆ는 喉音[53]이니 如挹<sub>ᅙᅳᆸ</sub>字初發聲ᄒᆞ니라

ㆆ는 목소리니 挹<sub>ᅙᅳᆸ</sub> 字<sub>쭝</sub> 처엄 펴아 나는 소리 ᄀᆞᑦᄂᆞ니라

ㆆ은 목소리니 挹(흡)의 字(자) 처음 펴서 나는 소리와 같으니라.

---

ㅎ는 喉音이니 如虛<sub>헝</sub>ᅙ字初發聲ᄒᆞ니 竝書ᄒᆞ면 如洪<sub>뽕</sub>ㄱ字初發聲ᄒᆞ니라

ㅎ는 목소리니 虛<sub>헝</sub>ᅙ 字<sub>쭝</sub> 처엄 펴아 나는 소리 ᄀᆞᑦᄂᆞ니 글바 쓰면 洪<sub>뽕</sub>ㄱ 字<sub>쭝</sub> 처엄 펴아 나는 소리 ᄀᆞᑦᄂᆞ니라

ㅎ은 목소리니 虛(헝)의 字(자) 처음 펴서 나는 소리와 같으니, 나란히 쓰면 洪(뽕)의 字(자) 처음 펴서 나는 소리와 같으니라.

---

ㅇ는 喉音이니 如欲<sub>욕</sub>字初發聲ᄒᆞ니라

ㅇ는 목소리니 欲<sub>욕</sub> 字<sub>쭝</sub> 처엄 펴아 나는 소리 ᄀᆞᑦᄂᆞ니라

ㅇ은 목소리니 欲(욕)의 字(자) 처음 펴서 나는 소리와 같으니라.

---

ㄹ는 半舌音[54]이니 如閭<sub>령</sub>ᅙ字初發聲ᄒᆞ니라

ㄹ는 半<sub>반</sub>혀쏘리니 閭<sub>령</sub>ᅙ 字<sub>쭝</sub> 처엄 펴아 나는 소리 ᄀᆞᑦᄂᆞ니라

---

52) 戌 : 술. '戌(슗)'에서 음절의 끝에 쓰인 'ᅙ' 글자는 '이영보래'의 글자이다.
53) 喉音 : 후음. 목소리이다.
54) 半舌音 : 반설음. 반혓소리이다.

ㄹ은 半(반)혓소리니 閭(령)의 字(자) 처음 펴서 나는 소리와 같으니라.

△는 半齒音[55]이니 如穰샹ㄱ字初發聲ㅎ니라

△는 半반니쏘리니 穰샹ㄱ 字쭝 처섬 펴아 나는 소리 ᄀ트니라

△은 반잇소리니 穰(샹)의 字(자) 처음 펴서 나는 소리와 같으니라.

·는 如呑튼ㄷ字中聲ㅎ니라

·는 呑튼ㄷ 字쭝 가온딧소리[56] ᄀ트니라

·는 呑(튼)의 字(자) 가운뎃소리와 같으니라.

一는 如卽즉字中聲ㅎ니라

一는 卽즉 字쭝 가온딧소리 ᄀ트니라

一는 卽(즉)의 字(자) 가운뎃소리와 같으니라.

ㅣ는 如侵침ㅂ字中聲ㅎ니라

ㅣ는 侵침ㅂ 字쭝 가온딧소리 ᄀ트니라

ㅣ는 侵(침)의 字(자) 가운뎃소리와 같으니라.

ㅗ는 如洪ᅘᆼㄱ字中聲ㅎ니라

---

55) 半齒音 : 반치음. 반잇소리이다.
56) 가온딧소리 : 가온딧소리[가운뎃소리, 中聲 : 가온딘(가운데, 中 ) + -ㅅ(관조, 사잇) + 소리
(소리, 音)] + -Ø(←-이 : -와 : 부조, 비교) ※ '가온딘'를 [가온(中 : 접두)- + 딘(데, 處 : 의
명)]로 분석하기도 한다.(허웅, 1975 : 143) 그리고 '가온딘'는 '가봃딘'로 표기되기도 했는데,
'가봃딘'가 '가온딘'보다 옛 형태이다.

ㅗ는  洪<sub>뽕</sub>ㄱ 字<sub>쭝</sub>  가온뒷소리  ▽트니라

ㅗ는 洪(뽕)의 字(자) 가운뎃소리와 같으니라.

ㅏ는  如覃<sub>땀</sub>ㅂ字中聲ᄒ니라

ㅏ는 覃<sub>땀</sub>ㅂ 字<sub>쭝</sub>  가온뒷소리  ▽트니라

ㅏ는 覃(땀)의 字(자) 가운뎃소리와 같으니라.

ㅜ는  如君<sub>균</sub>ㄷ字中聲ᄒ니라

ㅜ는 君<sub>균</sub>ㄷ 字<sub>쭝</sub>  가온뒷소리  ▽트니라

ㅜ는 君(군)의 字(자) 가운뎃소리와 같으니라.

ㅓ는  如業<sub>업</sub>字中聲ᄒ니라

ㅓ는 業<sub>업</sub> 字<sub>쭝</sub>  가온뒷소리  ▽트니라

ㅓ는 業(업)의 字(자) 가운뎃소리와 같으니라.

ㅛ는  如欲<sub>욕</sub>字中聲ᄒ니라

ㅛ는 欲<sub>욕</sub> 字<sub>쭝</sub> 가온뒷소리  ▽트니라

ㅛ는 欲(욕)의 字(자) 가운뎃소리와 같으니라.

ㅑ는  如穰<sub>샹</sub>ㄱ字中聲ᄒ니라

ㅑ는 穰<sub>샹</sub>ㄱ 字<sub>쭝</sub>  가온뒷소리  ▽트니라

ㅑ는 穰(샹)의 字(자) 가운뎃소리와 같으니라.

ㅠ는 如戌<sub>슗</sub>字中聲ᄒ니라

ㅠ는 戌<sub>슗</sub> 字<sub>쫑</sub> 가온딧소리 ᄀᄐ니라

ㅠ는 戌(슗)의 字(자)가 가운뎃소리와 같으니라.

ㅕ는 如彆<sub>볋</sub>字中聲ᄒ니라

ㅕ는 彆<sub>볋</sub> 字<sub>쫑</sub> 가온딧소리 ᄀᄐ니라

ㅕ는 彆(볋)의 字(자) 가운뎃소리와 같으니라.

終聲 復用初聲ᄒᄂ니라

乃<sub>냉</sub>終<sub>즁</sub>ㄱ<sup>57)</sup> 소리는 다시 첫 소리를 쓰ᄂ니라<sup>58)</sup>

나중의 소리는 다시 첫소리를 쓰느니라.

ㅇ를 連書脣音之下ᄒ면 則爲脣輕音ᄒᄂ니라

ㅇ를 입시울쏘리 아래 니서<sup>59)</sup> 쓰면 입시울 가비야ᄫᆞᆯ<sup>60)</sup> 소리 ᄃ외ᄂ니라<sup>61)</sup>

ㅇ를 입술소리 아래 이어 쓰면 입술 가벼운 소리가 되느니라.

初聲을 合用홇 디면 則竝書ᄒ라 終聲同ᄒ니라

첫 소리를 어울워<sup>62)</sup> ᄡᅩᇙ<sup>63)</sup> 디면<sup>64)</sup> 글바 쓰라<sup>65)</sup> 乃<sub>냉</sub>終<sub>즁</sub>ㄱ 소리도 ᄒᆞᆫ가지라<sup>66)</sup>

---

57) 乃終ㄱ : 乃終(내종, 나중) + −ㄱ(−의 : 관조)
58) 쓰ᄂ니라 : 쓰(쓰다, 사용하다, 用)− + −ᄂ(현시)− + −니(원칙)− + −라(← −다 : 평종)
59) 니서 : 닛(← 닛다, ㅅ불 : 잇다, 連)− + −어(연어)
60) 가비야ᄫᆞᆯ : 가비얍(← 가비얍다, ㅂ불 : 가볍다, 輕)− + −Ø(현시)− + −은(관전)
61) ᄃ외ᄂ니라 : ᄃ외(← ᄃ뵈다 : 되다, 爲)− + −ᄂ(현시)− + −니(원칙)− + −라(← −다 : 평종)
62) 어울워 : 어울우[어우르다 : 어울(어울리다, 合 : 자동)− + −우(사접)−]− + −어(연어)

첫소리를 어울러 쓸 것이면 나란히 쓰라. 나중 소리도 한가지라.

---

· ㅡ ㅗ ㅜ ㅛ ㅠ란 附書初聲之下ᄒᆞ고 ㅣ ㅏ ㅓ ㅑ ㅕ란 附書於右ᄒᆞ라

· 와 ㅡ와 ㅗ와 ㅜ와 ㅛ와 ㅠ와란[67] 첫소리 아래 브텨[68] 쓰고 ㅣ와 ㅏ와 ㅓ와 ㅑ와 ㅕ와란 올ᄒᆞᆫ녀긔[69] 브텨 쓰라

---

· 와 ㅡ와 ㅗ와 ㅜ와 ㅛ와 ㅠ는 첫소리 아래 붙여 쓰고, ㅣ와 ㅏ와 ㅓ와 ㅑ와 ㅕ는 오른쪽에 붙여 쓰라.

---

凡字ㅣ 必合而成音ᄒᆞᄂᆞ니

믈읫[70] 字ᄍᆞᆼㅣ 모로매[71] 어우러ᅀᅡ[72] 소리[73] 이ᄂᆞ니[74]

---

무릇(모든) 글자는 반드시 어울려야 소리가 이루어지느니.

---

左加一點ᄒᆞ면 則去聲이오 二則上聲이오 無則平聲이오 入聲加點이 同而促急ᄒᆞ니라

---

63) 뿛 : ㅄ(←쓰다 : 쓰다, 사용하다, 用)-+-우(대상)-+-ㅭ(관전)
64) 디면 : ㄷ(←ᄃᆞ : 것, 者, 의명)+-ㅣ(←-이- : 서조)-+-면(연어, 조건)
65) 글봐 쓰라 : 굻[←굻다, ㅂ불(나란히 하다) : 굻(갈피, 겹, 重 : 명사)+-Ø(동접)]-+-아(연어) # 쓰(쓰다, 書)-+-라(명종)
66) ᄒᆞᆫ가지라 : ᄒᆞᆫ가지[한가지, 마찬가지, 同 : ᄒᆞᆫ(한, 一 : 관사) # 가지(가지, 類 : 의명)]+-Ø(← -이- : 서조)-+-Ø(현시)-+-라(←-다 : 평종)
67) ㅠ와란 : ㅠ(명사)+-와(접조)+-란(-는 : 보조사, 주제, 대조)
68) 브텨 : 브티[붙이다 : 븥(붙다, 附 : 자동)-+-이(사접)-]-+-어(연어)
69) 올ᄒᆞᆫ녀긔 : 올ᄒᆞᆫ녁[오른쪽, 右 : 옳(옳다, 오른쪽이다, 是, 右)-+-ᄋᆞᆫ(관전▷관접)+녁(녁, 쪽, 便 : 의명)]+-의(-에 : 부조, 위치)
70) 믈읫 : ① 무릇, 대체로 보아서, 凡(부사) ② 모든, 全(관사)
71) 모로매 : 반드시, 모름지기, 必(부사)
72) 어우러ᅀᅡ : 어울(어울리다, 合)-+-어ᅀᅡ(-어야 : 연어, 필연적 조건) ※ '-아ᅀᅡ/-어ᅀᅡ'는 연결 어미인 '-아/-어'에 보조사인 '-ᅀᅡ'가 붙어서 형성된 연결 어미이다.
73) 소리 : 소리(소리, 音)+-Ø(←-이 : 주조)
74) 이ᄂᆞ니 : 이(← 일다 : 이루어지다, 成)-+-ᄂᆞ(현시)-+-니(연어, 설명 계속)

왼녀긔[75] 흔 點뎜을 더으면[76] 뭇[77] 노픈 소리오 點뎜이 둘히면[78]
上쌍聲셩이오[79] 點뎜이 업스면 平뼝聲셩이오 入십聲셩은 點뎜 더우믄[80] 흔가지로
딕[81] 색ᄅᆞ니라[82]

왼쪽에 한 點(점)을 더하면 가장 높은 소리고, 點(점)이 둘이면 上聲(상성)이고, 點(점)이 없으면 平聲(평성)이고, 入聲(입성)은 점(點)을 더하는 것은 한가지이되 빠르니라.

漢音齒聲은 有齒頭正齒之別ᄒᆞ니 ㅈㅊㅉㅅㅆ字ᄂᆞᆫ 用於齒頭ᄒᆞ고 ㅈㅊ
ㅉㅅㅆ字ᄂᆞᆫ 用於正齒ᄒᆞᄂᆞ니 牙舌唇喉之字ᄂᆞᆫ 通用於漢音ᄒᆞᄂᆞ니라

中듕國귁 소리옛[83] 니쏘리ᄂᆞᆫ 齒칭頭뚤와[84] 正졍齒칭왜[85] 굴히요미[86] 잇ᄂᆞ니
ㅈㅊㅉㅅㅆ 字ᄍᆞᆼᄂᆞᆫ 齒칭頭뚤ㅅ 소리예 쓰고【 이 소리ᄂᆞᆫ 우리 나랏 소리예셔[87]
열브니[88] 혓그티[89] 웃닛[90] 머리예 다ᄂᆞ니라[91] 】ㅈㅊㅉㅅㅆ 字ᄍᆞᆼᄂᆞᆫ 正졍齒칭ㅅ 소리

---

75) 왼녀긔 : 왼녁[왼쪽, 左便 : 외(그르다, 왼쪽이다, 誤, 左)- + -ㄴ(관전▷관접) + 녁(녘, 쪽, 便 : 의명)] + -의(-에 : 부조, 위치)

76) 더으면 : 더으(더하다, 加)- + -면(연어, 조건)

77) 뭇 : 제일, 가장, 最(부사)

78) 둘히면 : 둘ㅎ(둘, 二 : 수사, 양수) + -이(서조)- + -면(연어, 조건)

79) 上聲이오 : 上聲(상성) + -이(서조)- + -오(← -고 : 연어, 나열)

80) 더우믄 : 더(← 더으다 : 더하다, 加)- + -움(명전) + -은(보조사, 주제)

81) 흔가지로딕 : 흔가지[한가지, 同 : 흔(한, 一 : 관사) + 가지(가지, 類 : 의명)] + -∅(← -이- : 서조)- + -로딕(← -오딕 : -되, 연어, 설명 계속)

82) 색ᄅᆞ니라 : 색ᄅᆞ(빠르다, 急)- + -∅(현시)- + -니(원칙)- + -라(← -다 : 평종)

83) 소리옛 : 소리(소리, 音) + -예(← -에 : 부조, 위치) + -ㅅ(-의 : 관조) ※ '소리옛'은 '소리에 있는'으로 의역하여 옮긴다.

84) 齒頭와 : 齒頭(치두) + -와(접조) ※ '齒頭音(치두음)'은 중국어에서 혀끝을 윗니 뒤에 가까이 하고 내는 치음(齒音)의 하나이다.

85) 正齒왜 : 正齒(정치) + -와(접조) + -ㅣ(← -이 : 관조, 의미상 목적어) ※ '齒頭와 正齒왜 굴히요미'는 '齒頭와 正齒의 분별함이'로 직역된다. 여기서는 서술어인 '굴히다'가 타동사이므로, '齒頭와 正齒왜'를 의미상의 목적어로 보아서 '齒頭와 正齒를 구별함이'로 의역하여 옮긴다. 참고로 이 언해문에 대응되는 한문 원문이 "漢音齒聲은 有齒頭正齒之別ᄒᆞ니"인 것도 '-ㅣ'가 주격이 아니고 관형격인을 알 수 있다. ※ '正齒音(정치음)'은 중국어에서 혀를 말아 아래 잇몸에 가까이 하고 내는 치음(齒音), 곧, 권설음(捲舌音)이다.

86) 굴히요미 : 굴히(가리다, 구분하다, 選)- + -욤(← -옴 : 명전) + -이(주조)

87) 소리예셔 : 소리(소리, 音) + -예(← -에 : 부조, 위치, 비교) + -셔(-서 : 보조사, 위치 강조)

예 쓰ᄂᆞ니[92] 【 이 소리는 우리 나랏 소리예셔 두터ᄫᆞ니[93] 혓그티 아랫 닛므유메[94] 다ᄂᆞ니라 】 엄과[95] 혀와 입시울와 목소리옛[96] 字ᄍᆞᆼᄂᆞᆫ 中ᄃᆈᆼ國귁 소리예 通ᄐᆞᆼ히[97] 쓰ᄂᆞ니라[98]

중국 소리에 있는 잇소리는 齒頭(치두)와 正齒(정치)를 구별함이 있으니, ㅈ ㅊ ㅉ ㅅ ㅆ 字(자)는 齒頭(치두) 소리에 쓰고, 【 이 소리는 우리나라의 소리에서 엷으니 혀끝이 윗니 머리에 닿느니라. 】 ㅈ ㅊ ㅉ ㅅ ㅆ 字(자)는 正齒(정치)의 소리에 쓰니, 【 이 소리는 우리나라의 소리에서 두터우니 혀끝이 아래의 잇몸에 닿느니라. 】 어금니와 혀와 입술과 목소리에 속하는 字(자)는 中國(중국)의 소리에 두루 쓰느니라.

---

88) 열ᄫᆞ니 : 엷(← 엷다, ㅂ불 : 엷다, 薄)- + -으니(연어, 이유)
89) 혓그티 : 혓긑[혀끝, 舌端 : 혀(혀, 舌) + -ㅅ(-의 : 관조, 사잇) + 긑(끝, 端)] + -이(주조)
90) 웃닛 : 웃니[윗니 : 우(← 우ㅎ : 위, 上) + -ㅅ(관조, 사잇) + 니(이, 齒)] + -ㅅ(-의 : 관조)
91) 다ᄂᆞ니라 : 단(← 닫다 ← 닿다 : 닿다, 接)- + -ᄂᆞ(현시)- + -니(원칙)- + -라(← -다 : 평종)
　　 ※ '닿ᄂᆞ니라 → 다ᄂᆞ니라'의 변동은 평파열음화와 비음화가 적용된 형태이다.
92) 쓰ᄂᆞ니 : 쓰(쓰다, 用)- + -ᄂᆞ(현시)- + -니(연어, 설명 계속)
93) 두터ᄫᆞ니 : 두텁(← 두텁다, ㅂ불 : 두텁다, 厚)- + -으니(연어, 설명 계속)
94) 닛므유메 : 닛므윰[잇몸, 齒莖 : 니(이, 齒) + -ㅅ(관조, 사잇) + 므윰(몸, 莖)] + -에(부조, 위치)
95) 엄과 : 엄(어금니, 牙) + -과(접조)
96) 목소리옛 : 목소리[후음(喉音) : 목(목, 喉) + 소리(소리, 音)] + -예(← -에 : 부조, 위치) + -ㅅ(-의 : 관조) ※ '목소리옛'는 '목소리에 속하는'으로 의역하여서 옮긴다.
97) 通히 : [두루, 통하게(부사) : 通(통 : 불어) + -ㅎ(← -ᄒᆞ- : 동접)- + -이(부접)]
98) 쓰ᄂᆞ니라 : 쓰(쓰다, 用)- + -ᄂᆞ(현시)- + -니(원칙)- + -라(← -다 : 평종)

# 3. 석보상절

『석보상절』(釋譜詳節)은 석가모니의 일대기와 주요 설법을 뽑아 한글로 편역한 서적이다. 이 책은 수양대군이 세종의 명에 따라 소헌왕후 심씨의 명복을 빌기 위하여 지은 책으로 세종 29년(1447)에서 세종 31년(1449) 사이에 간행된 것으로 추정된다.

[ 석보상절 ]

『석보상절』이라는 제목에서 '석보(釋譜)'는 석가모니의 전기(傳記)를 의미하고, '상절(詳節)'은 중요로운 내용은 자세히(詳) 쓰고, 그렇지 않은 내용은 줄여서(節) 쓴다는 뜻이다. 따라서 '석보상절'은 석가모니의 일생의 일 중에서 중요한 것을 가려서 자세히 기록한 것이라는 뜻이다.

훈민정음을 반포하던 해인 1446년(세종 28)에 세종의 왕비인 소헌왕후(昭憲王后) 심씨(沈氏)가 사망했다. 세종은 그녀의 명복을 빌기 위하여 수양대군(훗날의 세조)에게 명하여 석가모니불의 연보인 『석보상절』(釋譜詳節)을 엮게 하였다. 이에 수양대군은 김수온 등과 더불어 『석가보』(釋迦譜), 『석가씨보』(釋迦氏譜), 『법화경』(法華經), 『지장경』(地藏經), 『아미타경』(阿彌陀經), 『약사경』(藥師經) 등의 여러 불경에서 뽑아 모은 글을 훈민정음으로 옮겨서 만들었다.

　이 책이 언제 간행되었는지는 확실하지 않다. 하지만 수양대군이 지은 〈석보상절서(序)〉가 세종 29년(1447)에 지어진 것으로 기록되어 있고, 또 권 9의 표지 안에 '正統拾肆年 貳月初肆日(정통십사년 이월초사일, 1449년)'이란 글귀가 적혀 있어서, 이 책이 세종 29년(1447)에서 세종 31년(1449) 사이에 만들어졌다는 것을 확인할 수 있다. 이러한 사실을 정리하면 1447년(세종 29)에 책의 내용이 완성되었고, 1449년(세종 31)에 책으로 간행된 것으로 볼 수 있다.

　『석보상절』은 세종이 생존해 있는 당시에 지어졌기 때문에, 『석보상절』에 나타난 표기상의 특징도 『용비어천가』나 『월인천강지곡』 등에 나타나는 것과 동일하다. 다만 『용비어천가』에는 한자어를 한자로만 표기한 데에 반해서 『석보상절』에는 한자를 주로 표기하고 동국정운식 한자음을 부기한 것이 특징이다. 이 책에 나타난 표기상의 특징은 앞의 『용비어천가』의 작품 해제를 참조하기 바란다.

　『석보상절』은 다른 불경 언해서(諺解書)와는 달리 문장이 매우 유려하여 15세기 당시의 국어와 불교 문학을 대표하는 작품으로 꼽히고 있다. 곧 중국의 한문으로 기록된 내용을 바탕으로 쉽고 아름다운 국어의 문장으로 개작한 것이어서, 15세기 중엽의 국어 연구에 대단히 중요한 역할을 할 뿐만 아니라 국어로 된 산문 문학의 첫 작품이자 최초의 번역 불경이라는 가치가 있다.

　『석보상절』은 초간본 8권과 복간본 2권만 남아있다. 초간본(동활자본)으로는 국립중앙도서관에 소장된 권 6, 9, 13, 19의 초간본 4책(보물 523호)과 동국대학교 도서관에 소장된 권 23, 24의 초간본 2책이 있다. 그리고 삼성전자 회장인 이건희 씨가 소유하고 있다가 2021년에 국가에 기증하여 국립중앙박물관이 소장한 초간본 2권 2책(권20, 21)이 남아 있다. 그리고 복각본으로는 호암미술관에 소장된 복각 중간본 권 11의 1책, 1979년 천병식(千炳植) 교수가 발견한 복각 중간본 권 3의 1책 등이 있다.

# 釋<sub>셕</sub>譜<sub>봉</sub>詳<sub>썅</sub>節<sub>졇</sub> 第<sub>뗑</sub>六<sub>륙</sub>

## 〈 나후라가 출가하다 〉

## [ 6:1~ 6:11 ]

世<sub>솅</sub>尊<sub>존</sub>이 象<sub>썅</sub>頭<sub>뚷</sub>山<sub>산</sub>애<sup>1)</sup> 가샤<sup>2)</sup> 龍<sub>룡</sub>과 鬼<sub>귕</sub>神<sub>씬</sub>과 위ᄒᆞ야 說<sub>쉃</sub>法<sub>법</sub>ᄒᆞ더시다<sup>3)</sup>【龍<sub>룡</sub>鬼<sub>귕</sub> 위ᄒᆞ야 說<sub>쉃</sub>法<sub>법</sub>ᄒᆞ샤미<sup>4)</sup> 부톗<sup>5)</sup> 나히<sup>6)</sup> 셜흔둘히러시니<sup>7)</sup> 穆<sub>목</sub>王<sub>왕</sub><sup>8)</sup> 여슷찻<sup>9)</sup> ᄒᆡ 乙<sub>읋</sub>酉<sub>읗</sub>ㅣ라 】

世尊(세존)이 象頭山(상두산)에 가시어 龍(용)과 鬼神(귀신)을 위하여 說法(설법)하시더라.【龍(용)과 鬼神(귀신)을 위하여 說法(설법)하신 것이 부처의 나이가 서른 둘이시더니, 穆王(목왕) 여섯 째의 해 乙酉(을유)이다.】

부톄<sup>10)</sup> 目<sub>목</sub>連<sub>련</sub>이ᄃᆞ려<sup>11)</sup> 니ᄅᆞ샤ᄃᆡ<sup>12)</sup> 네 迦<sub>강</sub>毗<sub>삥</sub>羅<sub>랑</sub>國<sub>귁</sub>에 가아<sup>13)</sup> 아바닚긔

---

1) 象頭山애 : 象頭山(상두산) + -애(-에 : 부조, 위치) ※ '象頭山(상두산)'은 인도 중부에 있는 석가모니가 수행하던 산인데, 산의 모양이 코끼리 머리와 닮았다고 해서 붙여진 이름이다.

2) 가샤 : 가(가다, 去)- + -샤(← -시- : 주높)- + -Ø(← -아 : 연어)

3) 說法ᄒᆞ더시다 : 說法ᄒᆞ[설법하다 : 說法(설법 : 명사) + -ᄒᆞ(동접)-] + -더(회상)- + -시(주높)- + -다(평종)

4) 說法ᄒᆞ샤미 : 說法ᄒᆞ[설법하다 : 說法(설법 : 명사) + -ᄒᆞ(동접)-] + -샤(← -시- : 주높)- + -ㅁ(← -옴 : 명전)- + -이(주조)

5) 부톗 : 부텨(부처, 佛) + -ㅅ(-의 : 관조)

6) 나히 : 나ᄒᆞ(나이, 歲) + -이(주조)

7) 셜흔둘히러시니 : 셜흔둘ᄒᆞ[서른둘, 三十二(수사, 양수) : 셜흔(서른, 三十 : 수사, 양수) + 둘ᄒᆞ(둘, 二 : 수사, 양수] + -이(서조)- + -러(← -더- : 회상)- + -시(주높)- + -니(연어, 설명 계속)

8) 穆王 : 목왕. BC 10세기 경 주(周)나라의 제5대 왕이며, 소왕의 아들이다. 견융 토벌의 실패로 제후의 이반을 초래, 이때부터 주나라의 덕이 쇠퇴하였다고 한다.

9) 여슷찻 : 여슷차[여섯째(수사) : 여슷(여섯, 六 : 수사, 양수) + -차(-째, 番 : 접미, 서수)] + -ㅅ(-의 : 관조)

10) 부톄 : 부텨(부처, 佛) + -ㅣ(← -이 : 주조)

11) 目連이ᄃᆞ려 : 目連이[목련이 : 目連(목련) + -이(명접, 어조 고름)] + -ᄃᆞ려(-에게 : 부조, 상대) ※ '-이'는 사람 이름 뒤에 붙여서 어조를 고르는 접미사이다. '-ᄃᆞ려'는 동사 'ᄃᆞ리다'에

와[14] 아<ᄌ>마님ᄭ긔와[15] 【아<ᄌ>마니ᄂᆞᆫ 大ᅟᅢᆼ愛ᅟᅵᆼ道뜰ᇦ[16]ᄅᆞᆯ 니르시니 大ᅟᅢᆼ愛ᅟᅵᆼ道뜰ᇦ ㅣ 摩망耶양夫붕人ᅀᅵᆫ[17]ㅅ 兄ᅘᅧᆼ니미시니[18] 양<ᄌ>ㅣ[19] 摩망耶양夫붕人ᅀᅵᆫ 만[20] 몯ᄒᆞ실ᄊᆡ[21] 버근[22] 夫붕人ᅀᅵᆫ이 ᄃᆞ외시니라[23] 】 아자바님내ᄭᅴ[24] 다 安ᅙᅡᆫ否ᇦᄒᆞᅀᆞᆸ고[25] ᄯᅩ[26] 耶양輪ᅀᅲᆫ陀땅羅랑[27]ᄅᆞᆯ 달애야 恩ᅙᅳᆫ愛ᅟᅵᆼ[28]ᄅᆞᆯ 그쳐[29] 羅랑睺ᅘᅮᇦ羅랑[30]ᄅᆞᆯ 노하 보내야 샹재[31] ᄃᆞ외에[32]

---

서 파생된 부사격 조사인데, [-더러, -에게(부조, 상대) : ᄃᆞ리(데리다)- + -어(연어 ▷ 조접)]으로 분석된다. ※ '目連(목련)'의 본 이름은 '마우드갈리아야나(Maudgalyayana)'로서, 석가모니의 십대 제자 가운데 한 사람이다. 마가다의 브라만 출신으로, 부처의 교화를 펼치고 신통(神通) 제일의 성예(聲譽)를 얻었다. '大目健連(대목건련)'이라고도 한다.

12) 니르샤ᄃᆡ : 니르(이르다, 말하다, 曰)- + -샤(←-시- : 주높)- + -ᄃᆡ(← 오ᄃᆡ : 연어, 설명 계속)

13) 가아 : 가(가다, 去)- + -아(연어)

14) 아바닚긔와 : 아바님[아버님, 父親 : 아바(← 아비 : 아버지, 父) + -님(높접)] + -ᄭᅴ(-께 : 부조, 상대, 높임) + -와(접조) ※ '-ᄭᅴ'는 어원적인 측면에서 보면 높임의 유정 명사에 붙는 관형격 조사인 '-ㅅ'과 장소를 나타내는 의존 명사인 '긔(거기)'로 분석된다. 여기서는 상대를 나타내는 높임의 부사격 조사로 굳은 것으로 처리한다.

15) 아<ᄌ>마닚긔와 : 아<ᄌ>마님[아주머님, 叔母 : 아<ᄌ>마(← 아<ᄌ>미 : 아주머니, 叔母) + -님(높접)] + -ᄭᅴ(-께 : 부조, 상대, 높임) + -와(접조)

16) 大愛道 : 대애도. 본명은 마하프라자파티(Mahaprajapati)이며 석가 세존의 이모이다. 석가모니의 어머니인 마하마야(摩訶摩耶, 마아부인)가 죽은 뒤 석가모니를 양육하였고, 뒤에 맨 처음으로 비구니가 되었다.

17) 摩耶夫人 : 마야(Māyā)부인. 석가모니의 어머니이다. 인도 카필라바스투(Kapilavastu)의 슈도다나의 왕비로서, 석가모니를 낳고 7일 후에 죽었다.

18) 兄니미시니 : 兄님[형님, 兄 : 兄(형) + -님(높접)] + -이(서조)- + -시(주높)- + -니(연어, 설명 계속)

19) 양<ᄌ> : 양<ᄌ>(모습, 樣子) + -ㅣ(←-이 : 주조)

20) 만 : 만, 만큼(의명)

21) 몯ᄒᆞ실ᄊᆡ : 몯ᄒᆞ[몯ᄒᆞ다, 劣 : 몯(못, 不能 : 부사) + -ᄒᆞ(형접)-]- + -시(주높)- + -ㄹᄊᆡ(-므로 : 연어, 이유)

22) 버근 : 벅(버금가다, 두 번째 가다 : 동사)- + -Ø(과시)- + -은(관전) ※ '두 번째의'로 의역한다.

23) ᄃᆞ외시니라 : ᄃᆞ외(되다, 爲)- + -시(주높)- + -Ø(과시)- + -니(원칙)- + -라(←-다 : 평종)

24) 아자바님내ᄭᅴ : 아자바님내[아주버님네 : 아자바(← 아자비 : 아주버니, 叔) + -님(높접) + -내(복접, 높임)] + -ᄭᅴ(-께 : 부조, 상대, 높임)

25) 安否ᄒᆞᅀᆞᆸ고 : 安否ᄒᆞ[안부를 묻다 : 安否(안부 : 명사) + -ᄒᆞ(동접)-]- + -ᅀᆞᆸ(객높)- + -고(연어, 나열)

26) ᄯᅩ : 또, 又(부사)

27) 耶輸陀羅 : 야수다라(yaśodharā). 석가모니가 출가하기 전의 부인이다. 원래는 석가모니의 외사촌으로서 석가모니가 도를 깨달은 후 출가하여 비구니가 되었다.

28) 恩愛 : 은애. 불교 용어로서 어버이와 자식, 또는 부부의 은정(恩情)에 집착하여 떨어지기 어려운 일이다.

29) 그쳐 : 그치[끊다, 斷(타동) : 긏(끊어지다 : 자동)- + -이(사접)-]- + -어(연어)

호라 羅<sub>랑</sub>睺<sub>흫</sub>羅<sub>랑</sub>ㅣ 得<sub>득</sub>道<sub>뚱</sub>ㅎ야 도라가사<sup>33)</sup> 어미를 濟<sub>젱</sub>渡<sub>똥</sub>ㅎ야 涅<sub>녏</sub>槃<sub>빤</sub><sup>34)</sup> 得<sub>득</sub>호물<sup>35)</sup> 나 고게<sup>36)</sup> ㅎ리라

부처가 目蓮(목련)에게 이르시되, "네가 迦毗羅國(가비라국)에 가서 아버님께와 아주머님께와【아주머니는 大愛道(대애도)를 이르시니, 大愛道(대애도)가 摩耶夫人(마야부인)의 兄(형)님이시니, 모습이 摩耶夫人(마야부인)만 못하시므로 두 번째 夫人(부인)이 되셨니라.】아주버님네께 다 安否(안부)를 묻고, 또 耶輸陀羅(야수다라)를 달래어 恩愛(은애)를 끊어서, 羅睺羅(나후라)를 놓아 보내어 上佐(상좌)가 되게 하라. 羅睺羅(나후라)가 得道(득도)하여 돌아가야, (나후라가) 어미를 濟渡(제도)하여 涅槃(열반)을 얻는 것을 나와 같게 하리라."

目<sub>목</sub>連<sub>련</sub>이 그 말 듣줍고<sup>37)</sup> 즉자히<sup>38)</sup> 入<sub>십</sub>定<sub>뗭</sub><sup>39)</sup>ㅎ야 펴엣던<sup>40)</sup> 불홀<sup>41)</sup> 구필<sup>42)</sup> 쓰이예<sup>43)</sup>【샐론 주를<sup>44)</sup> 니르니라<sup>45)</sup>】迦<sub>강</sub>毗<sub>삥</sub>羅<sub>랑</sub>國<sub>귁</sub>에 가아 淨<sub>쪙</sub>飯<sub>빤</sub>王<sub>왕</sub><sup>46)</sup>끠 安<sub>한</sub>否

---

30) 羅睺羅 : 나후라(Rahula). 석가모니의 아들로서, 아버지의 권유로 출가하여 계율을 엄격히 지켜 밀행(密行)의 일인자로 불리었다. 사미(沙彌)의 시조이며, 후에 석가모니의 십대 제자 가운데 한 사람이 되었다.

31) 샹재 : 샹자(상좌, 上佐)+-ㅣ(←-이 : 보조) ※ '상좌(上佐)'는 승려가 되기 위하여 출가한 사람으로서 아직 계(誡)를 받지 못한 사람이다. 혹은 스승의 대를 이을 여러 승려 가운데에서 가장 높은 사람을 이른다.

32) 두외에 : 두외(되다, 爲)-+-에(←-게 : 연어, 사동)

33) 도라가사 : 도라가[돌아가다, 歸 : 돌(돌다, 回)-+-아(연어)+가(가다, 去)-]-+-사(←-아사 : -아야, 연어, 필연적 조건)

34) 涅槃 : 열반(nirvana). 불교에서 수행에 의해 진리를 체득하여 미혹(迷惑)과 집착(執着)을 끊고 일체의 속박에서 해탈(解脫)한 최고의 경지이다.

35) 得호물 : 得ㅎ[←(得ㅎ다 : 득하다, 얻다) : 得(득 : 불어)+-ㅎ(동접)-]-+-옴(명전)-+-을 (목조)

36) 고게 : 곧(←같다←곧ㅎ다 : 같다, 如)-+-게(연어, 사동)

37) 듣줍고 : 듣(듣다, 聞)-+-줍(객높)-+-고(연어, 나열)

38) 즉자히 : 그때에, 바로 즉시, 卽(부사)

39) 入定 : 입정. 수행하기 위하여 방 안에 들어앉는 것이다.

40) 펴엣던 : 펴(펴다, 伸)-+-어(연어)+잇(←이시다 : 있다, 보용, 완료 지속)-+-더(회상)-+-ㄴ(관전) ※ '펴엣던'은 '펴어 잇던'이 축약된 형태이다. 이렇게 '-어 잇-'이 축약되어서 '-엣-'의 형태가 되면 '완료 지속'의 의미를 나타낸다.

41) 불홀 : 불ㅎ(팔, 臂)+-올(목조) ※ 현대어 '발(足)'에 대응되는 15세기 국어의 단어는 '발'이다.

42) 구필 : 구피[굽히다, 曲 : 굽(굽다, 曲 : 자동)-+-히(사접)-]-+-ㄹ(관전)

43) 쓰이예 : 쓰이(←스이 : 사이, 間)+-예(←-에 : 부조, 위치)

블  솗더니[47] 耶<sub>양</sub>輸<sub>슝</sub>ㅣ 부텻 使<sub>숭</sub>者<sub>쟝</sub> 왯다[48] 드르시고[49]【使<sub>숭</sub>者<sub>쟝</sub>ᄂᆞᆫ 브리신[50] 사르미라】靑<sub>쳥</sub>衣<sub>ᅙᅴᆼ</sub>[51]를 브려 긔별 아라 오라 ᄒᆞ시니 羅<sub>랑</sub>睺<sub>뚱</sub>羅<sub>랑</sub> 드려다가[52] 沙<sub>상</sub>彌<sub>밍</sub>[53] 사모려[54] ᄒᆞᆫ다 ᄒᆞᆯᄊᆡ【沙<sub>상</sub>彌<sub>밍</sub>ᄂᆞᆫ 새[55] 出<sub>츓</sub>家<sub>강</sub>ᄒᆞᆫ 사르미니 世<sub>솅</sub>間<sub>간</sub>앳[56] ᄠᅳ들[57] 그치고[58] 慈<sub>쭝</sub>悲<sub>빙</sub>ㅅ 힝뎌글[59] ᄒᆞ다[60] ᄒᆞᄂᆞᆫ[61] ᄠᅳ디니 처ᅀᅥᆷ 佛<sub>뿛</sub>法<sub>법</sub>에 드러 世<sub>솅</sub>俗<sub>쑉</sub>앳 ᄠᅳ디 한[62] 젼ᄎᆞ로[63] 모로매[64] 모딘 ᄠᅳ들 그치고 慈<sub>쭝</sub>悲<sub>빙</sub>ㅅ 힝뎌글 ᄒᆞ야ᅀᅡ[65] ᄒᆞ릴ᄊᆡ[66] 沙<sub>상</sub>彌

---

44) 샐른 주를 : 샐ᄅᆞ(← 샏ᄅᆞ다 : 빠르다, 速)- + -Ø(현시)- + -오(대상)- + -ㄴ(관전) # 줄(것, 者 : 의명) + -을(목조)

45) 니르니라 : 니르(이르다, 말하다, 曰)- + -Ø(과시)- + -니(원칙)- + -라(← -다 : 평종)

46) 淨飯王 : 정반왕(śuddhodana). 고대 중인도 가비라위국의 왕이다. 구리성의 왕인 선각왕의 누이동생 마야를 왕비로 맞았다. 마야왕비가 싯다르타(석가)를 낳고 죽자, 그녀의 동생을 후계 왕비로 맞아들여 싯다르타를 기르게 하였으며, 그 후에 그녀에게서 난타(難陀)가 태어났다.

47) 솗더니 : 솗(솗다 : 사뢰다, 아뢰다, 奏)- + -더(회상)- + -니(연어, 설명 계속)

48) 왯다 : 오(오다, 來)- + -아(연어) + 잇(← 이시다 : 있다, 보용, 완료 지속)- + -다(평종)
    ※ '왯다'는 '와 잇다'가 축약된 형태이다.

49) 드르시고 : 들(← 듣다, ㄷ불 : 듣다, 聞)- + -ᄋᆞ시(주높)- + -고(연어, 계기, 繼起)

50) 브리신 : 브리(부리다, 使)- + -시(주높)- + -Ø(과시)- + -ㄴ(관전) ※ 관형절의 수식을 받는 '사람'이 관형절 속의 서술어인 '브리다'에 대하여 목적어로 기능하므로, '브리신'은 '브리샨'을 오각한 것으로 보인다. '브리샨'은 '브리- + -샤(← -시- : 주높)- + -Ø(과시)- + -Ø(대상)- + -ㄴ(관전)'으로 분석된다.

51) 靑衣 : 청의. 천한 사람을 이르는 말인데, 이 말은 예전에 천한 사람이 푸른 옷을 입었던 데서 유래한다.

52) 드려다가 : 드리(데리다, 더불다, 伴)- + -어(연어) + -다가(보조사 : 동작의 유지, 강조)
    ※ '-다가'는 어떠한 위치나 동작, 상태를 꼭 유지하고서 붙들어 두는 뜻(강조)을 나타내는 보조사이다. 체언에는 바로 붙지 않으나, 격조사나 용언의 연결형, 부사 등에 붙는다.

53) 沙彌 : 사미. 출가하여 십계(十戒)를 받은 남자로서 비구(比丘)가 되기 전의 수행자이다.

54) 사모려 : 삼(삼다, 爲)- + -오려(-ᄋᆞ려 : 연어, 의도)

55) 새 : 새로, 新(부사)

56) 世間앳 : 世間(세간, 세상) + -애(-에 : 부조, 위치) + -ㅅ(-의 : 관조) ※ '世間앳'은 '世間에 있는'으로 의역하여 옮긴다.

57) ᄠᅳ들 : ᄠᅳᆮ(뜻, 意) + -을(목조)

58) 그치고 : 그치[끊다, 切(타동) : 긏(끊어지다, 切 : 자동)- + -이(사접)-]- + -고(연어, 계기)

59) 힝뎌글 : 힝뎍(행적, 行績) + -을(목조)

60) ᄒᆞ다 : ᄒᆞ(하다, 爲)- + -Ø(과시)- + -다(평종)

61) ᄒᆞᄂᆞᆫ : ᄒᆞ(하다, 謂)- + -ㄴ(← -ᄂᆞ- : 현시)- + -오(대상)- + -ㄴ(관전)

62) 한 : 하(많다, 多)- + -Ø(현시)- + -ㄴ(관전)

63) 젼ᄎᆞ로 : 젼ᄎᆞ(까닭, 由) + -로(부조, 이유)

64) 모로매 : 모름지기, 必(부사)

65) ᄒᆞ야ᅀᅡ : ᄒᆞ(하다, 爲)- + -야ᅀᅡ(← -아ᅀᅡ : -아야, 연어, 필연적 조건)

66) ᄒᆞ릴ᄊᆡ : ᄒᆞ(하다, 爲)- + -리(미시)- + -ㄹᄊᆡ(-므로 : 연어, 이유)

미라<sup>67)</sup> ᄒᆞ니라<sup>68)</sup> 】 耶<sub>양</sub>輸<sub>슝</sub> ㅣ 그 긔별 드르시고 羅<sub>랑</sub>睺<sub>뚷</sub>羅<sub>랑</sub> 더브러 노픈 樓<sub>를</sub> 우희 오ᄅᆞ시고【 樓<sub>를</sub>는 다라기라<sup>69)</sup> 】 門<sub>몬</sub>들 홀<sup>70)</sup> 다 구디<sup>71)</sup> ᄌᆞᆷ겨<sup>72)</sup> 뒷더시니<sup>73)</sup>

目連(목련)이 그 말을 듣고 즉시로 入定(입정)하여서, 폈던 팔을 굽힐 사이에【 빠른 것을 일렀니라.】 迦毗羅國(가비라국)에 가서 淨飯王(정반왕)께 安否(안부)를 여쭈더니, 耶輸(야수)가 부처의 使者(사자)가 와 있다고 들으시고【 使者(사자)는 부리신 사람이다.】, 하인을 시켜서 "기별을 알아 오라." 하시니, (하인들이 전하되) "羅睺羅(나후라)를 데려다가 沙彌(사미)를 삼으려고 한다." 하므로【 沙彌(사미)는 새로 出家(출가)한 사람이니, "世間(세간)에 있는 뜻을 끊고 慈悲(자비)로운 행적(行績)을 하였다." 하는 뜻이니, 처음 佛法(불법)에 들어서 世俗(세속)에 있는 뜻이 많은 까닭으로, 모름지기 모진 뜻을 끊고 자비로운 行績(행적)을 하여야 하겠으므로 沙彌(사미)라 하였느니라.】, 耶輸(야수)가 그 기별을 들으시고, 羅睺羅(나후라)와 더불어 높은 樓(누) 위에 오르시고【 樓(누)는 다락집이다.】, 門(문)들을 모두 다 굳게 잠그게 하여 두고 있으시더니

目<sub>목</sub>連<sub>련</sub>이 耶<sub>양</sub>輸<sub>슝</sub>ㅅ 宮<sub>궁</sub>의 가 보니 門<sub>몬</sub>을 다 ᄌᆞᄆᆞ고<sup>74)</sup> 유무<sup>75)</sup> 드륧<sup>76)</sup> 사ᄅᆞᆷ도 업거늘<sup>77)</sup> 즉자히 神<sub>씬</sub>通<sub>통</sub>力<sub>륵</sub>으로 樓<sub>를</sub> 우희 ᄂᆞ라 올아<sup>78)</sup> 耶<sub>양</sub>輸<sub>슝</sub>ㅅ 알픽<sup>79)</sup> 가 셔니 耶<sub>양</sub>輸<sub>슝</sub> ㅣ 보시고 ᄒᆞ녀ᄀᆞ론<sup>80)</sup> 분별ᄒᆞ시고<sup>81)</sup> ᄒᆞ녀ᄀᆞ론

---

67) 沙彌라 : 沙彌(사미) + -Ø(← -이- : 서조)- + -Ø(현시)- + -라(← -다 : 평종)
68) ᄒᆞ니라 : ᄒᆞ(하다, 謂)- + -Ø(과시)- + -니(원칙)- + -라(← -다 : 평종)
69) 다라기라 : 다락(다락집, 樓) + -이(서조)- + -Ø(현시)- + -라(← -다 : 평종)
70) 門둘 홀 : 門둘 ᄒ[문들 : 門(문) + -둘ᄒ(-들 : 복접)] + -올(목조)
71) 구디 : [굳게, 堅(부사) : 굳(굳다, 堅 : 형사)- + -이(부접)]
72) ᄌᆞᆷ겨 : ᄌᆞᆷ기[잠그게 하다, 使閉 : ᄌᆞᆷᄀ(← ᄌᆞᄆᆞ다 : 잠그다, 타동)- + -이(사접)-]- + -어(연어)
    ※ 'ᄌᆞᄆᆞ다(閉)'는 모음으로 시작하는 어미나 파생 접사와 결합하면, 끝 모음인 /ㆍ/가 탈락하고 /ㄱ/이 첨가된다.(불규칙 용언)
73) 뒷더시니 : 두(두다 : 보용, 동작의 결과를 유지)- + -Ø(← -어 : 연어) + 잇(← 이시다 : 있다, 보용, 완료 지속)- + -더(회상)- + -시(주높)- + -니(연어, 설명 계속) ※ '뒷더시니'는 '두어 잇더시니'가 축약된 형태이다.
74) ᄌᆞᄆᆞ고 : ᄌᆞᄆᆞ(잠그다, 閉)- + -고(연어, 계기, 繼起)
75) 유무 : 소식(消息)
76) 드륧 : 드리[아뢰다, 奏 : 들(들다, 入 : 자동)- + -이(사접)-]- + -우(대상)- + -ㅭ(관전)
77) 업거늘 : 업(← 없다 : 없다, 無)- + -거늘(연어, 상황)
78) 올아 : 올(← 오ᄅᆞ다 : 오르다, 登)- + -아(연어)
79) 알픽 : 앒(앞, 前) + -익(-에 : 부조, 위치)

깃거[82] 구쳐[83] 니러[84] 절ᄒ시고 안ᄌᆞ쇼셔[85] ᄒ시고 世셍尊존ㅅ 安한否ᄫᅳᆼ
묻ᄌᆞᆸ고[86] 니ᄅᆞ샤ᄃᆡ 므스므라[87] 오시니잇고[88]

目連(목련)이 耶輸(야수)의 宮(궁)에 가 보니, 門(문)을 다 잠그고 소식을 아뢸 사람도 없거늘, 즉시 神通力(신통력)으로 樓(누) 위로 날아 올라 耶輸(야수)의 앞에 가서 서니, 耶輸(야수)가 보시고, 한편으로는 염려하시고 한편으로는 기뻐, 억지로 일어나 절하시고 "앉으소서." 하시고, 世尊(세존)의 안부를 묻고 (나서) 말씀하시되, "무슨 까닭으로 오셨습니까?"

目목連련이 슬ᄫᅩᄃᆡ[89] 太탱子ᄌᆞ 羅랑睺ᅘᅮᇂ羅랑ㅣ 나히[90] ᄒ마[91] 아호빌씨[92]
出ᄎᆡᆨ家강히여[93] 聖셩人ᅀᅵᆫㅅ 道ᄯᅩᇢ理링 빈화ᅀᅡ[94] ᄒ리니 어버ᅀᅵ[95] 子ᄌᆞ息식 ᄉᆞ랑호

---

80) ᄒ녀ᄀᆞ론 : ᄒ녁[← ᄒ녁(한 녘, 一便) : ᄒ(← ᄒ : 한, 一, 관사, 양수) + 녁(녘, 쪽, 便 : 의명)] + -ᄋᆞ로(부조, 방향) + -ㄴ(← -ᄂᆞᆫ : 보조사, 주제, 대조)

81) 분별ᄒ시고 : 분별ᄒ[염려하다, 愁 : 분별(염려 : 명사) + -ᄒ(동접)-] + -시(주높)- + -고(연어, 나열)

82) 깃거 : 깄(기뻐하다, 歡)- + -어(연어)

83) 구쳐 : [억지로, 구태어, 일부러, 愁(부사) : 궂(궂다, 惡 : 형사)- + -히(사접)- + -어(연어 ▷ 부접)]

84) 니러 : 닐(일어나다, 起)- + -어(연어)

85) 안ᄌᆞ쇼셔 : 앉(앉다, 坐)- + -ᄋᆞ쇼셔(-으소서 : 명종, 아높)

86) 묻ᄌᆞᆸ고 : 묻(묻다, 問)- + -ᄌᆞᆸ(객높)- + -고(연어, 계기) ※ '-ᄌᆞᆸ-'은 형식적으로는 목적어인 '安否'를 높임으로써 실제로는 관형어인 '世尊'을 높였다.(간접 높임법)

87) 므스므라 : [무슨 까닭으로, 왜, 何(부사) : 므슴(무엇, 何 : 지대, 미지칭) + -으라(부접)]

88) 오시니잇고 : 오(오다, 來)- + -시(주높)- + -Ø(과시)- + -잇(← -이- : 상높, 아높)- + -니…고(-니까 : 의종, 설명)

89) 슬ᄫᅩᄃᆡ : 솗(← 솗다, ㅂ불 : 사뢰다, 아뢰다, 奏)- + -오ᄃᆡ(-되 : 연어, 설명 계속)

90) 나히 : 나ᄒ(나이, 歲) + -이(주조)

91) ᄒ마 : 벌써, 既(부사)

92) 아호빌씨 : 아홉(아홉, 九 : 수사, 양수) + -이(서조)- + -ㄹ씨(-므로 : 연어, 이유)

93) 出家히여 : 出家히[출가시키다 : 出家(출가 : 명사) + -ᄒ(동접)- + -ㅣ(← -이- : 사접)-]- + -여(← -어 : 연어)

94) 빈화ᅀᅡ : 빈호(배우다, 學 : 빛(버릇이 되다, 길들다, 習 : 자동)- + -오(사접)-] + -아ᅀᅡ(-아야 : 연어, 필연적 조건) ※ 참고로 '빈ᄒᆞ(버릇, 習)'은 [빛(習 : 자동)- + -웃(명접)]으로 분석된다.

95) 어버ᅀᅵ : 어버ᅀᅵ[어버이, 父母 : 업(← 어비 ← 아비 : 아버지, 父) + 어ᅀᅵ(어머니, 母)] + -Ø(← -이 : 주조)

문<sup>96)</sup> 아니한<sup>97)</sup> 스시어니와<sup>98)</sup> ᄒᆞᄅᆞᆺ아ᄎᆞ미<sup>99)</sup> 命<sub>몡</sub>終<sub>즁</sub>ᄒᆞ야【 命<sub>몡</sub>終<sub>즁</sub>은 목숨 ᄆᆞ출 씨라<sup>1)</sup> 】 모딘 길헤<sup>2)</sup> ᄠᅥ러디면<sup>3)</sup> 恩<sub>ᅙᅳᆫ</sub>愛<sub>ᅙᆡᆼ</sub><sup>4)</sup>ᄅᆞᆯ 머리<sup>5)</sup> 여희여 어즐코<sup>6)</sup> 아득ᄒᆞ야 어미도 아ᄃᆞᄅᆞᆯ 모ᄅᆞ며 아ᄃᆞᆯ도 어미ᄅᆞᆯ 모ᄅᆞ리니 羅<sub>랑</sub>睺<sub>ᅘᅮᇢ</sub>羅<sub>랑</sub>ㅣ 道<sub>ᄄᆛᇢ</sub>理<sub>링</sub>ᄅᆞᆯ 得<sub>득</sub>ᄒᆞ야ᅀᅡ<sup>7)</sup> 도라와 어마니ᄆᆞᆯ<sup>8)</sup> 濟<sub>곙</sub>渡<sub>똥</sub>ᄒᆞ야 네 가짓 受<sub>쓩</sub>苦<sub>콩</sub>ᄅᆞᆯ 여희여 涅<sub>ᄂᆞᆶ</sub>槃<sub>빤</sub> 得<sub>득</sub>호ᄆᆞᆯ 부텨 ᄀᆞᄐᆞ시긔<sup>9)</sup> ᄒᆞ리이다<sup>10)</sup>【 네 가짓 受<sub>쓩</sub>苦<sub>콩</sub>ᄂᆞᆫ 生<sub>ᄉᆡᆼ</sub>과 老<sub>ᄅᆛᇢ</sub>와 病<sub>뼝</sub>과 死<sub>ᄉᆞᆼ</sub>왜라<sup>11)</sup> 】

目連(목련)이 사뢰되 "太子(태자) 羅睺羅(나후라)가 나이가 벌써 아홉이므로, 出家(출가)하게 하여 聖人(성인)의 道理(도리)를 배워야 하겠으니, 어버이가 子息(자식)을 사랑하는 것은 길지 않은 사이이지만, 하루 아침에 命終(명종)하여【 命終(명종)은 목숨이 마치는 것이다.】 모진 길에 떨어지면, 恩愛(은애)를 멀리 떠나 어지럽고 아득하여, 어머니도 아들을 모르며 아들도 어머니를 모르겠으니, 羅睺羅(나후라)가 道理(도리)를

---

96) ᄉᆞ랑호ᄆᆞᆫ : ᄉᆞ랑ᄒᆞ[← ᄉᆞ랑ᄒᆞ다(사랑하다, 愛) : ᄉᆞ랑(사랑, 愛 : 명사) + -ᄒᆞ(동접)-] + -옴(명전) + -ᄋᆞᆫ(보조사, 주제)

97) 아니한 : 아니하[많지 않은(관사) : 아니(아니, 不 : 부사, 부정) + 하(많다, 多 : 형사)- + -ㄴ(관전▷관접)]

98) 스시어니와 : 스시(사이, 間) + -Ø(←-이- : 서조)- + -어니와(←-거니와 : -지만, 연어, 대조)

99) ᄒᆞᄅᆞᆺ아ᄎᆞ미 : ᄒᆞᄅᆞᆺ아ᄎᆞᆷ[하루아침 : ᄒᆞᄅᆞ(하루, 一日) + -ㅅ(관조, 사잇) + 아ᄎᆞᆷ(아침, 朝)] + -이(-에 : 부조, 위치) ※ 'ᄒᆞᄅᆞᆺ아ᄎᆞᆷ'은 갑작스러울 정도의 짧은 시간을 이른다.

1) ᄆᆞ출 씨라 : 및[마치다, 終)- + -올(관전) # ᄊᆞ(← ᄉᆞ : 것, 者, 의명) + -이(서조)- + -Ø(현시)- + -라(←-다 : 평종)

2) 길헤 : 길ㅎ(길, 路) + -에(부조, 위치)

3) ᄠᅥ러디면 : ᄠᅥ러디[떨어지다, 落 : ᄠᅥᆯ(떨다, 離)- + -어(연어) + 디(지다 : 보용, 피동)-] + -면(연어, 조건)

4) 恩愛 : 은애. 어버이와 자식, 또는 부부의 은정(恩情)에 집착하여 떨어지기 어려운 일이다.

5) 머리 : [멀리(부사) : 멀(멀다, 遠 : 형사)- + -이(부접)]

6) 어즐코 : 어즐ᄒᆞ[← 어즐ᄒᆞ다(어지럽다, 紛) : 어즐(어찔 : 불어) + -ᄒᆞ(형접)-] + -고(연어, 나열)

7) 得ᄒᆞ야ᅀᅡ : 得ᄒᆞ[득하다, 얻다 : 得(득 : 불어) + -ᄒᆞ(동접)-] + -야ᅀᅡ(←-아ᅀᅡ : -아야, 연어, 필연적 조건)

8) 어마니ᄆᆞᆯ : 어마님[어머님, 母親 : 어마(← 어미 : 어머니, 母) + -님(높접)] + -ᄋᆞᆯ(목조)

9) ᄀᆞᄐᆞ시긔 : ᄀᆞᇀ(← ᄀᆞᇀᄒᆞ다 : 같다, 如)- + -ᄋᆞ시(주높)- + -긔(-게 : 연어, 사동)

10) ᄒᆞ리이다 : ᄒᆞ(하다, 使)- + -리(미시)- + -이(상높, 아높)- + -다(평종)

11) 死왜라 : 死(사, 죽음) + -와(←-과 : 접조) + -ㅣ(←-이- : 서조)- + -Ø(현시)- + -라(←-다 : 평종)

得(득)하여야 돌아와 어머님을 濟渡(제도)하여, 네 가지의 수고로움을 떠나서 涅槃(열반)을 得(득)하는 것을 부처와 같으시게 하겠습니다.【 네 가지의 受苦(수고)는 生(생)과 老(노)와 病(병)과 死(사)이다.】

---

耶<sub>양</sub>輸<sub>슝</sub>ㅣ 니르샤딕 如<sub>셩</sub>來<sub>링</sub><sup>12)</sup> 太<sub>탱</sub>子<sub>중</sub>ㅅ 時<sub>씽</sub>節<sub>졇</sub>에 나를 겨집 사무시니<sup>13)</sup> 내 太<sub>탱</sub>子<sub>중</sub>를 셤기ᅀᆞᆸ보딕<sup>14)</sup> 하늘 셤기ᅀᆞᆸ듯<sup>15)</sup> ᄒᆞ야 ᄒᆞᆫ 번도 디만ᄒᆞᆫ<sup>16)</sup> 일 업수니<sup>17)</sup> 妻<sub>쳉</sub>眷<sub>권</sub><sup>18)</sup> ᄃᆞ외얀 디<sup>19)</sup> 三<sub>삼</sub>年<sub>년</sub>이 몯 차 이셔<sup>20)</sup> 世<sub>솅</sub>間<sub>간</sub><sup>21)</sup> ᄇᆞ리시고<sup>22)</sup> 城<sub>쎵</sub> 나마<sup>23)</sup> 逃<sub>뚱</sub>亡<sub>망</sub>ᄒᆞ샤 車<sub>챵</sub>匿<sub>닉</sub>이<sup>24)</sup> 돌아보내샤<sup>25)</sup> 盟<sub>명</sub>誓<sub>쎙</sub>ᄒᆞ샤딕 道<sub>똘</sub>理<sub>링</sub> 일워ᅀᅡ<sup>26)</sup> 도라오리라<sup>27)</sup> ᄒᆞ시고 鹿<sub>록</sub>皮<sub>삥</sub><sup>28)</sup> 옷 니브샤 미친 사름 ᄀᆞ티<sup>29)</sup> 묏고래<sup>30)</sup> 수머 겨샤<sup>31)</sup> 여슷 ᄒᆡ를 苦<sub>콩</sub>行<sub>헹</sub>ᄒᆞ샤 부텨 ᄃᆞ외야

---

12) 如來: 如來(여래)+-Ø(←-이:주조) ※ '如來(여래)'는 부처의 공덕을 기리는 열 가지 칭호의 하나이다. 진리로부터 나서 진리를 따라서 온 사람이라는 뜻으로 '부처'의 딴 이름이다.

13) 사무시니: 삼(삼다, 爲)-+-ᄋᆞ시(주높)-+-니(연어, 설명 계속)

14) 셤기ᅀᆞᆸ보딕: 셤기(섬기다, 捧)-+-ᅀᆞ(←-ᅀᆞᆸ-:객높)-+-오(화자)-+-딕(←-오딕:-되, 연어, 설명 계속) ※ 용언의 연결형에서는 화자 표현의 '-오-'가 수의적으로 실현된다.

15) 셤기ᅀᆞᆸ듯: 셤기(섬기다, 捧)-+-ᅀᆞᆸ(객높)-+-듯(-듯:연어, 흡사)

16) 디만ᄒᆞᆫ: 디만ᄒᆞ[태만하다, 怠: 디만(태만: 불어)+-ᄒᆞ(형접)-]-+-Ø(현시)-+-ㄴ(관전)

17) 업수니: 없(없다, 無)-+-우(화자)-+-니(연어, 설명 계속)

18) 妻眷: 처권. 아내와 친족을 통틀어 이르는 말인데, 여기서는 '아내'의 뜻으로 쓰였다.

19) ᄃᆞ외얀 디: ᄃᆞ외(되다, 爲)-+-야(←-아-:확인)-+-Ø(과시)-+-ㄴ(관전) # 디(지: 의명, 시간의 경과)+-Ø(←-이:주조)

20) 몯 차 이셔: 몯(못, 不能:부사, 부정) # 차(←ᄎ다: 차다, 滿)-+-아(연어) # 이시(있다: 보용, 완료 지속)-+-어(연어)

21) 世間: 세간. 세상 일반을 이른다.

22) ᄇᆞ리시고: ᄇᆞ리(버리다, 捨)-+-시(주높)-+-고(연어, 계기)

23) 나마: 남(넘다, 越: 동사)-+-아(연어)

24) 車匿이: [차닉이: 車匿(명사)+-이(접미, 어조 고름)] ※ '車匿(차닉)'은 삿다르타 태자(太子)가 출가(出家)할 때에, 흰 말인 '건특(蹇特)'을 끌고 간 마부(馬夫)의 이름이다.

25) 돌아보내샤: 돌아보내[돌려보내다: 돌(돌다, 回)-+-ᄋᆞ(사접)-+-아(연어)+보내(보내다, 遣)-]-+-샤(←-시-:주높)-+-Ø(←-아:연어)

26) 일워ᅀᅡ: 일우[이루다, 成(타동): 일(이루어지다: 자동)-+-우(사접)-]-+-어ᅀᅡ(-어야:연어, 필연적 조건)

27) 도라오리라: 도라오[돌아오다, 歸: 돌(돌다, 回)-+-아(연어)+오(오다, 來)-]-+-Ø(←-오-:화자)-+-리(미시)-+-라(←-다:평종)

28) 鹿皮: 녹피. 사슴 가죽이다.

29) ᄀᆞ티: [같이, 如(부사): ᄀᆞᇀ(←ᄀᆞᆮᄒᆞ다: 같다, 如, 형사)-+-이(부접)]

나라해 도라오샤도[32] ᄌᆞ올아ᄫᅵ[33] 아니 ᄒᆞ샤 아랫[34] 恩ᅙᅳᆫ惠ᅘᅰᆼ를 니저ᄇᆞ리샤[35] 길 녀ᇙ[36] 사ᄅᆞᆷ과 ᄀᆞᄐᆡ 너기시니

耶輸(야수)가 이르시되, "如來(여래)가 太子(태자)의 時節(시절)에 나를 아내로 삼으시니, 내가 太子(태자)를 섬기되 하늘을 섬기듯 하여 한 번도 태만한 일이 없으니, 妻眷(처권)이 된 지 三年(삼 년)이 못 차 있어 世間(세간)을 버리시고 城(성)을 넘어 逃亡(도망)하시어, 車匿(차닉)이를 돌려보내시어 盟誓(맹서)하시되, "道理(도리)를 이루어야 돌아오리라." 하시고, 鹿皮(녹피) 옷을 입으시어 미친 사람같이 산골에 숨어 계시어 여섯 해를 苦行(고행)하시어, 부처가 되어 나라에 돌아오셔도 친밀하게 아니하시어, 예전의 恩惠(은혜)를 잊어버리시어 (나를) 길 가는 사람과 같이 여기시니

나ᄂᆞᆫ 어버ᅀᅵ 여희오[37] ᄂᆞᄆᆡ 그에[38] 브터사로ᄃᆡ[39] 우리 어ᅀᅵ아ᄃᆞ리[40] 외ᄅᆞᆸ고[41] 입게[42] ᄃᆞ외야 人신生ᄉᆡᆼ 즐거ᄫᅳᆫ[43] ᄠᅳ디 업고 주구믈[44] 기드리노

30) 묏고래 : 묏골[산골짜기, 谷 : 뫼(← 뫼ㅎ : 산, 山) + -ㅅ(관조, 사잇) + 골(골짜기, 谷)] + -애(-에 : 부조, 위치)

31) 겨샤 : 겨샤(← 겨시다 : 계시다, 居, 보용)- + -Ø(← -아 : 연어)

32) 도라오샤도 : 도라오[돌아오다, 歸 : 돌(돌다, 回)- + -아(연어) + 오(오다, 來)-]- + -샤(← -시- : 주높)- + -도(← -아도 : 연어, 양보)

33) ᄌᆞ올아ᄫᅵ : [친밀하게, 親(부사) : ᄌᆞ올아ᇦ(← ᄌᆞ올압다, ㅂ불 : 친밀하다, 親, 형사)- + -이(부접)] ※ 'ᄌᆞ올압다'는 [ᄌᆞ올(불어) + -압(← -갑-, ㅂ불 : 형접)]으로 분석할 수 있다.

34) 아랫 : 아래(예전, 昔) + -ㅅ(-의 : 관조)

35) 니저ᄇᆞ리샤 : 니저ᄇᆞ리[잊어버리다 : 닞(잊다, 忘)- + -어(연어) + ᄇᆞ리(버리다 : 보용, 완료)-]- + -샤(← -시- : 주높)- + -Ø(← -아 : 연어)

36) 녀ᇙ : 녀(가다, 다니다, 行)- + -ᇙ(관전)

37) 여희오 : 여희(여의다, 이별하다, 別)- + -오(← -고 : 연어, 계기)

38) ᄂᆞᄆᆡ 그에 : ᄂᆞᆷ(남, 他) + -ᄋᆡ(-의 : 관조) # 그에(거기에, 所 : 의명) ※ 'ᄂᆞᄆᆡ 그에'는 '남에게'로 의역하여 옮긴다.

39) 브터사로ᄃᆡ : 브터살[붙어살다, 寄生 : 븥(붙다, 寄)- + -어(연어) + 살(살다, 生)-]- + -오ᄃᆡ(-되 : 연어, 설명 계속)

40) 어ᅀᅵ아ᄃᆞ리 : 어ᅀᅵ아ᄃᆞᆯ[어머니와 아들, 母子 : 어ᅀᅵ(어머니, 母) + 아ᄃᆞᆯ(아들, 子)] + -이(주조) ※ '어ᅀᅵ'는 '어버이(父母)'와 '어머니(母)'의 두 가지 뜻으로 쓰인다.

41) 외ᄅᆞᆸ고 : 외ᄅᆞᆸ[외롭다, 孤 : 외(외, 孤 : 관사) + -ᄅᆞᆸ(형접)-]- + -고(연어, 나열)

42) 입게 : 입(괴롭다, 고달프다, 苦)- + -게(연어, 피동)

43) 즐거ᄫᅳᆫ : ① 즐거ᇦ[← 즐겁다, ㅂ불(즐겁다, 喜) : 즑(즐거워하다, 歡 : 자동)- + -업(형접)-]- + -Ø(현시)- + -은(관전) ② 즐거ᇦ[즑(← 즐기다 : 즐겁게 하다)- + -업(형접)- + -Ø(현시)- + -은(관전)

니<sup>45)</sup> 목수미 므거븐<sup>46)</sup> 거실씨<sup>47)</sup> 손소<sup>48)</sup> 죽디 몯ᄒᆞ야 셟고 애와븐<sup>49)</sup> ᄠᅳ들 머거 갓가스로<sup>50)</sup> 사니노니<sup>51)</sup> 비록 사ᄅᆞ미 무레<sup>52)</sup> 사니고도<sup>53)</sup> 즁ᄉᆡᆼ 마도<sup>54)</sup> 몯호이다<sup>55)</sup> 셜븐<sup>56)</sup> 人<sub>ᅀᅵᆫ</sub>生<sub>ᄉᆡᆼ</sub>이 어듸던<sup>57)</sup> 이 ᄀᆞᄐᆞ니<sup>58)</sup> 이시리잇고<sup>59)</sup>

나는 어버이를 여의고 남에게 붙어살되, 우리 모자가 외롭고 괴롭게 되어 人生(인생)에 즐거운 뜻이 없고 죽는 것을 기다리니, 목숨이 무거운(소중한) 것이므로 스스로 죽지 못하여 서럽고 애달픈 뜻을 먹어 가까스로 살고 있으니, 비록 사람의 무리에 살고도 짐승 만도 못합니다. 서러운 人生(인생)이 어찌 이와 같은 것이 있겠습니까?

이제 ᄯᅩ 내 아ᄃᆞᆯ 드려가려<sup>60)</sup> ᄒᆞ시ᄂᆞ니 眷<sub>권</sub>屬<sub>쑉</sub> ᄃᆞ외ᅀᆞᄫᅡ셔<sup>61)</sup> 셜븐

44) 주구믈 : 죽(죽다, 死)- + -움(명전) + -을(목조) ※ '주굼'은 동사인 '죽다'의 명사형이다.
45) 기드리노니 : 기드리(기다리다, 待)- + -ㄴ(←-ᄂᆞ- : 현시)- + -오(화자)- + -니(연어, 설명 계속)
46) 므거븐 : ① 므겁[← 므겁다, ㅂ불(무겁다, 重) : 므기(무겁게 하다 : 동사)- + -업(형접)-]- + -Ø(현시)- + -은(관전) ② '므겁다'를 '므긔(무게 : 믁- + -의)'와 관련지어서 [*믁- + -업- + -다]로 분석하기도 하는데, 불완전 어근인 '*믁다'는 '무거워지다'의 뜻을 나타내는 동사 이다.(고영근, 2010 : 186)
47) 거실씨 : 것(것, 者 : 의명) + -이(서조)- + -ㄹ씨(-므로 : 연어, 이유)
48) 손소 : [손수, 스스로, 自(부사) : 손(손, 手 : 명사) + -소(부접)]
49) 애와븐 : 애와브[애닯다, 悲(형사) : 애완(불어) + -브(형접)-]- + -Ø(현시)- + -ㄴ(관전) ※ '애와브다'는 '애받브다'의 형태로도 나타난다. 이러한 점을 고려하면 '애와브다'는 [애(명 사) + 완(← 받다 ← 받다 : 치받다, 타동)- + -브(형접)- + -다]로 분석할 가능성이 있다.
50) 갓가스로 : [가까스로, 겨우, 僅(부사) : 갓갓(여러가지, 種種 : 명사) + -ᄋᆞ로(부조▷부접)]
51) 사니노니 : 사니[살고 있다, 活 : 사(← 살다, 生)- + 니(가다, 다니다, 行)-]- + -ㄴ(←-ᄂᆞ- : 현시)- + -오(화자)- + -니(연어, 설명 계속, 이유)
52) 무레 : 물(무리, 衆) + -에(부조, 위치)
53) 사니고도 : 사니[살아가다, 生活 : 사(← 살다 : 살다)- + 니(가다, 行)]- + -고도(연어, 양보, 불구)
54) 즁ᄉᆡᆼ 마도 : 즁ᄉᆡᆼ(짐승, 獸) # 마(← 만, 만큼 : 의명) + -도(보조사, 강조)
55) 몯호이다 : 몯ᄒᆞ[← 몯ᄒᆞ다(못하다, 劣) : 몯(못, 不能 : 부사, 부정) + -ᄒᆞ(형접)-]- + -Ø(현 시)- + -오(화자)- + -이(상높, 아높)- + -다(평종)
56) 셜븐 : 셟(← 셟다, ㅂ불 : 셟다, 서럽다, 哀)- + -Ø(현시)- + -은(관전)
57) 어듸던 : [← 어듸션(어찌, 何 : 부사) : 어듸(어디 : 지대, 미지칭) + -션(부접, 강조)]
58) 이 ᄀᆞᄐᆞ니 : 이(이, 此 : 지대, 정칭) + -Ø(←-이 : -와, 부조, 비교) # ᄀᆞᇀ(← ᄀᆞᆮᄒᆞ다 : 같다, 同)- + -Ø(현시)- + -은(관전) # 이(것, 者 : 의명) + -Ø(←-이 : 주조)
59) 이시리잇고 : 이시(있다, 有)- + -리(미시)- + -잇(←-이- : 상높, 아높)- + -고(-까 : 의종, 설명)

일도 이러홀쎠<sup>62)</sup>【眷<sub>권</sub>屬<sub>쑉</sub>은 가시며<sup>63)</sup> 子<sub>중</sub>息<sub>씩</sub>이며 죵이며 집앗사롬<sub>물</sub><sup>64)</sup> 다 眷<sub>권</sub>屬<sub>쑉</sub>이라 ᄒᆞᄂᆞ니라<sup>65)</sup>】 太<sub>탱</sub>子<sub>중</sub>ㅣ 道<sub>똘</sub>理<sub>링</sub>ᄅᆞᆯ 일우샤<sup>66)</sup> ᄌᆞ개<sup>67)</sup> 慈<sub>쭝</sub>悲<sub>빙</sub>호라<sup>68)</sup> ᄒᆞ시ᄂᆞ니 慈<sub>쭝</sub>悲<sub>빙</sub>ᄂᆞᆫ 衆<sub>즁</sub>生<sub>ᄉᆡᆼ</sub>을 便<sub>뼌</sub>安<sub>한</sub>케 ᄒᆞ시ᄂᆞᆫ 거시어늘<sup>69)</sup> 이제 도ᄅᆞ혀<sup>70)</sup> ᄂᆞ미 어시아ᄃᆞᄅᆞᆯ 여희에<sup>71)</sup> ᄒᆞ시ᄂᆞ니 셜븐 일 中<sub>듕</sub>에도 離<sub>링</sub>別<sub>볋</sub> ᄀᆞᄐᆞ니<sup>72)</sup> 업스니【離<sub>링</sub>別<sub>볋</sub>은 여흴 씨라<sup>73)</sup>】 일로<sup>74)</sup> 혜여<sup>75)</sup> 보건덴<sup>76)</sup> 므슴<sup>77)</sup> 慈<sub>쭝</sub>悲<sub>빙</sub> 겨시거뇨<sup>78)</sup> ᄒᆞ고 目<sub>목</sub>連<sub>련</sub>이ᄃᆞ려<sup>79)</sup> 니ᄅᆞ샤ᄃᆡ<sup>80)</sup> 도라가 世<sub>솅</sub>尊<sub>존</sub>ᄭᅴ 내 ᄠᅳ들 펴아 ᄉᆞᆲᄫᆞ쇼셔<sup>81)</sup>

60) ᄃᆞ려가려 : ᄃᆞ려가[데리가다 : ᄃᆞ리(데리다, 伴)- + -어(연어) + 가(가다, 去)-]- + -려(←-오려 : -으려, 연어, 의도)

61) ᄃᆞ외ᅀᆞᄫᅡ셔 : ᄃᆞ외(되다, 爲)- + -ᅀᆞᆸ(←-ᅀᆞᆸ : 객높)- + -아셔(-아셔 : 연어, 동작의 유지, 강조) ※ '-아셔'는 연결 어미인 '-아'에 보조사인 '-셔'가 붙어서 형성된 연결 어미로 처리한다.

62) 이러홀쎠 : 이러ᄒᆞ[이러하다, 然 : 이러(이러 : 불어, 부사) + -ᄒᆞ(형접)-]- + -Ø(현시)- + -ㄹ쎠(-구나 : 감종)

63) 가시며 : 갓(아내, 妻)- + -이며(접조)

64) 집앗사롬ᄆᆞᆯ : 집앗사롬[집안사람 : 집(집, 家) + 안(← 안ㅎ : 안, 內) + -ㅅ(관조, 사잇) + 사롬(사람, 人)] + -ᄋᆞᆯ(목조)

65) ᄒᆞᄂᆞ니라 : ᄒᆞ(하다, 謂)- + -ᄂᆞ(현시)- + -니(원칙)- + -라(←-다 : 평종)

66) 일우샤 : 일우[이루다, 成(타동) : 일(이루어지다, 成 : 자동)- + -우(사접)-]- + -샤(←-시- : 주높)- + -Ø(←-아 : 연어)

67) ᄌᆞ개 : ᄌᆞ갸(자기, 당신, 己 : 인대, 재귀칭, 높임) + -ㅣ(←-이 : 주조) ※ 'ᄌᆞ갸'는 '저'의 높임 말이다.

68) 慈悲호라 : 慈悲ᄒᆞ[← 慈悲ᄒᆞ다(자비하다) : 慈悲(자비 : 명사) + -ᄒᆞ(형접)-]- + -Ø(현시)- + -오(화자)- + -라(←-다 : 평종)

69) 거시어늘 : 것(의명) + -이(서조)- + -어늘(←-거늘 : 연어, 상황)

70) 도ᄅᆞ혀 : [도리어, 猶(부사) : 돌(돌다, 回 : 자동)- + -ᄋᆞ(사접)- + -혀(강접)- + -어(연어▷부접)]

71) 여희에 : 여희(이별하다, 別)- + -에(←-게 : 연어, 사동)

72) ᄀᆞᄐᆞ니 : ᄀᆞᇀ(← ᄀᆞᆮᄒᆞ다 : 같다, 同)- + -Ø(현시)- + -은(관전) # 이(것 : 의명) + -Ø(←-이 : 주조)

73) 여흴 씨라 : 여희(여의다, 이별하다, 떠나다, 別)- + -ㄹ(관전) # ᄊ(← ᄉ : 것, 者, 의명) + -이(서조)- + -Ø(현시)- + -라(←-다 : 평종)

74) 일로 : 일(← 이 : 이, 此, 지대, 정칭) + -로(부조, 방편)

75) 혜여 : 혜(헤아리다, 생각하다, 量)- + -여(←-어 : 연어)

76) 보건덴 : 보(보다, 見 : 보용, 시도)- + -건덴(-건대, -면 : 연어, 조건)

77) 므슴 : 무슨(관사), 어찌(부사) 何. ※ '므슴'은 대명사(=무엇), 관형사(=무슨), 부사(=어찌)로 통용되는 단어인데, 여기서는 문맥상 관형사와 부사로 두루 해석할 수 있다.

78) 겨시거뇨 : 겨시(계시다, 있으시다, 有)- + -Ø(현시)- + -거(확인)- + -뇨(-냐 : 의종, 설명)

79) 目連이ᄃᆞ려 : 目連이[목련이 : 目連(목련) + -이(접미, 어조 고룸)] + -ᄃᆞ려(-에게, -더러 : 부조, 상대) ※ '-ᄃᆞ려'는 [ᄃᆞ리(데리다, 伴)- + -어(연어▷조접)]과 같이 분석된다.

80) 니ᄅᆞ샤ᄃᆡ : 니ᄅᆞ(이르다, 曰)- + -샤(←-시- : 주높)- + -ᄃᆡ(←-오ᄃᆡ : -되, 연어, 설명 계속)

이제 또 내 아들을 데려가려 하시니 眷屬(권속)이 되어서 서러운 일도 이러하구나. 【眷屬(권속)은 아내며 子息(자식)이며 종이며 집안사람을 다 眷屬(권속)이라 하느니라.】 太子(태자)가 道理(도리)를 이루시어 자기가 慈悲(자비)하다 하시니, 慈悲(자비)는 衆生(중생)을 便安(편안)하게 하시는 것이거늘, (태자가) 이제 도리어 남의 모자(母子)를 이별하게 하시니, 서러운 일의 中(중)에도 離別(이별) 같은 것이 없으니 【離別(이별)은 헤어지는 것이다.】, 이것으로 헤아려 보건대 (태자에게) 무슨(어찌) 慈悲(자비)가 있으시냐." 하고, 目連(목련)이에게 이르시되 "돌아가 世尊(세존)께 나의 뜻을 펴서 사뢰소서."

> 그 ᄢᅴ[82) 目목連련이 種종種종83) 方방便뼌으로 다시곰84) 술바도 耶양輸슝ㅣ 잠ᄭᅡᆫ도85) 듣디 아니ᄒᆞ실ᄊᆡ 目목連련이 淨쪙飯뼌王왕ᄭᅴ 도라가 이 辭ᄊᆞ緣원을 술ᄫᆞᆫ대86) 王왕이 大땡愛ᄒᆡᆼ道뚤ᄅᆞᆯ 블러 니ᄅᆞ샤ᄃᆡ 耶양輸슝ᄂᆞᆫ 겨지비라87) 法법을 모ᄅᆞᆯ씨 즐급드리워88) 듯온89) ᄠᅳ들 몯 ᄡᅥ러90) ᄇᆞ리ᄂᆞ니 그듸91) 가아 아라듣게 니르라

그때에 目連(목련)이 여러 方便(방편)으로 다시금 사뢰어도 耶輸(야수)가 잠깐도 듣지 아니하시므로, 目連(목련)이 淨飯王(정반왕)께 돌아가 이 辭緣(사연)을 사뢰는데, 王(왕)이 大愛道(대애도)를 불러 이르시되, "耶輸(야수)는 여자라서 法(법)을 모르므로

---

81) 술ᄫᅡ쇼셔 : 솗(← 숣다, ㅂ불 : 사뢰다, 아뢰다, 奏)- + -ᄋᆞ쇼셔(-으소서 : 명종, 아높)
82) ᄢᅴ : ᄢᅵ시(← ᄢᅵ : 때, 時) + -의(-에 : 부조, 위치)
83) 種種 : 종종. 여러 가지이다.
84) 다시곰 : [다시금, 復(부사) : 다시(다시, 復 : 부사) + -곰(보조사, 강조)]
85) 잠ᄭᅡᆫ도 : 잠ᄭᅡᆫ[잠깐(명사) : 잠(잠시, 暫) + -ㅅ(관조, 사잇) + 간(사이, 間)] + -도(보조사, 강조)
86) 술ᄫᆞᆫ대 : 숧(← 숣다, ㅂ불 : 사뢰다, 아뢰다, 奏)- + -ᄋᆞᆫ대(-는데, -니 : 연어, 설명, 반응)
87) 겨지비라 : 겨집(여자, 계집, 女) + -이(서조)- + -라(← -아 : 연어)
88) 즐급드리워 : 즐급드리우(애착하다, 愛着)- + -어(연어) ※ '즐급드리우다'는 '즑다(즐거워하다)'와 '드리우다(드리우다)'가 합성하여 형성된 동사일 가능성이 있다.
89) 듯온 : 둧(←ᄃᆞᇂ-, ㅅ불 : 애틋이 사랑하다, 愛)- + -Ø(과시)- + -오(대상)- + -ㄴ(관전) ※ 'ᄃᆞᇂ다'가 'ㅅ' 불규칙 용언이므로 'ᄃᆞ손'으로 활용하는 것이 원칙이나, '듯온'이나 'ᄃᆞᆼ온' 등으로도 실현된 예가 보인다. 그리고 'ᄃᆞᇂ다'에 대상법 선어말 어미 '-오-'가 실현된 것은 'ᄃᆞᇂ다'가 피한정어인 'ᄠᅳᆮ'과 동격의 관계에 있기 때문이다.
90) ᄡᅥ러 : ᄡᅳᆯ(쓸다, 없애다, 掃)- + -어(연어)
91) 그듸 : 그듸[그대(인대, 2인칭, 예높) : 그(지대) + -듸(높접)] + -Ø(← -이 : 주조)

애착하여 애틋하게 사랑하는 뜻을 못 쓸어 버리니 그대가 가서 알아듣게 이르라."

大땡愛힁道똠ㅣ 五ᅌᅩ百ᄇ힊 靑쳥衣힁 더브르시고 耶양輸슈씌 가아 種죵種죵 方방便뼌
으로 두서 번<sup>92)</sup> 니르시니 耶양輸슈ㅣ 순지<sup>93)</sup> 듣디 아니ᄒᆞ시고 大땡愛힁道똠씌
ᄉᆞᆯ보샤ᄃᆡ<sup>94)</sup> 내<sup>95)</sup> 지븨 이싫 저긔 여듧 나랏 王왕이 난겻기로<sup>96)</sup> ᄃᆞ토거늘
우리 父뿡母몰ㅣ 듣디 아니ᄒᆞ샨<sup>97)</sup> 고ᄃᆞᆫ<sup>98)</sup> 釋셕迦강 太탱子ᄌᆞᆼㅣ 지죄<sup>99)</sup> 奇킁特뜩ᄒᆞ
실ᄊᆡ【奇킁ᄂᆞᆫ 神씬奇킁ᄒᆞᆯ 씨오 特뜩은 ᄂᆞ미 므리예<sup>1)</sup> ᄠᆞ로<sup>2)</sup> 다ᄅᆞᆯ 씨라】 우리 父뿡母몰ㅣ
太탱子ᄌᆞᆼ씌 드리ᅀᆞᄫᅵ시니<sup>3)</sup> 夫붕人ᅀᅵᆫ이 며느리 어드샤ᄆᆞᆫ<sup>4)</sup> 溫ᅙᅩᆫ和ᅘᅪᆼ히 사라
千쳔萬먼 뉘예<sup>5)</sup> 子ᄌᆞᆼ孫손이 니ᅀᅥ 가ᄆᆞᆯ<sup>6)</sup> 위ᄒᆞ시니 太탱子ᄌᆞᆼㅣ ᄒᆞ마 나가시고
ᄯᅩ 羅랑睺ᅘᅮᇢ羅랑ᄅᆞᆯ 出ᄎᆔᆶ家강히샤<sup>7)</sup> 나라 니ᅀᅳ리를<sup>8)</sup> 긋게<sup>9)</sup> ᄒᆞ시ᄂᆞ니<sup>10)</sup> 엇더ᄒᆞ니

---

92) 두서 번 : 두어[두어, 二三(관사, 양수) : 두(← 둘 : 둘, 二, 관사, 양수) + 서(← 서 : 세, 三, 관사, 양수)] # 번(番 : 의명)
93) 순지 : 오히려, 猶(부사)
94) ᄉᆞᆯ보샤ᄃᆡ : ᄉᆞᆲ(← ᄉᆞᆲ다, ㅂ불 : 사뢰다, 아뢰다, 奏)- + -오샤(←-ᄋᆞ샤- : 주높)- + -ᄃᆡ(← -오ᄃᆡ : 연어, 설명 계속) ※ 'ᄉᆞᆯ보샤ᄃᆡ'는 'ᄉᆞᆯᄫᅡ샤ᄃᆡ'를 오기한 형태이다.
95) 내 : 나(나, 我 : 인대, 1인칭) + -ㅣ(←-이 : 주조) ※ 원문에 '내'의 방점이 거성(去聲)으로 표기되어 있으므로, '-ㅣ'는 주격 조사이다.
96) 난겻기로 : 난겻기(겨루기, 경쟁, 競) + -로(부조, 방편)
97) 아니ᄒᆞ샨 : 아니ᄒᆞ[아니하다, 不 : 보용, 부정) : 아니(아니, 不 : 부사, 부정) + -ᄒᆞ(동접)-]- + -샤(←-시- : 주높)- + -Ø(과시)- + -Ø(←-오- : 대상)- + -ㄴ(관전)
98) 고ᄃᆞᆫ : 곧(것, 者 : 의명) + -ᄋᆞᆫ(보조사, 주제)
99) 지죄 : 지조(재주, 才) + -ㅣ(←-이 : 주조)
1) 므리예 : 므리(← 무리 : 무리, 衆) + -예(←-에 : 부조, 비교)
2) ᄠᆞ로 : 따로, 別途(부사)
3) 드리ᅀᆞᄫᅵ시니 : 드리[드리다, 獻 : 들(들다, 入 : 자동)- + -이(사접)-]- + -ᅀᆞᆸ(←-ᅀᆞᆸ- : 객높)- + -ᄋᆞ시(주높)- + -니(연어, 설명 계속)
4) 어드샤ᄆᆞᆫ : 얻(얻다, 得)- + -ᄋᆞ샤(←-ᄋᆞ시- : 주높)- + -ㅁ(←-옴 : 명전) + -ᄋᆞᆫ(보조사, 주제)
5) 뉘예 : 뉘(누리, 세상, 世) + -예(←-에 : 부조, 위치)
6) 가ᄆᆞᆯ : 가(가다 : 보용, 진행)- + -ㅁ(←-옴 : 명전) + -ᄋᆞᆯ(목조)
7) 出家히샤 : 出家히[출가시키다 : 出家(출가 : 명사) + -ᄒᆞ(동접)- + -ㅣ(←-이- : 사접)-]- + -샤(←-시- : 주높)- + -Ø(←-아 : 연어)
8) 니ᅀᅳ리를 : 닛(← 닛다, ㅅ불 : 잇다, 繼)- + -을(관전) # 이(이, 人 : 의명) + -를(목조)
9) 긋게 : 긋(← 긏다 : 끊어지다, 斷)- + -게(연어, 사동)
10) ᄒᆞ시ᄂᆞ니 : ① ᄒᆞ(하다, 爲)- + -시(주높)- + -ᄂᆞ(현시)- + -ㄴ(관전) # 이(것 : 의명) + -Ø(←-이 : 주조) ② ᄒᆞ(하다, 爲)- + -시(주높)- + -ᄂᆞ(현시)- + -니(연어, 설명 계속)

잇고[11] 大땡愛ᄒᆡᆼ道똘ㅣ 드르시고 ᄒᆞᆫ 말도 몯ᄒᆞ야 잇더시니[12]

　　大愛道(대애도)가 五百(오백) 靑衣(청의)를 데리고 耶輸(야수)께 가서 여러 方便(방편)으로 두어 번 이르시니, 耶輸(야수)가 오히려 듣지 아니하시고 大愛道(대애도)께 사뢰시되, "내가 집에 있을 적에 여덟 나라의 王(왕)이 경쟁하여 다투거늘, 우리 父母(부모)가 듣지 아니하신 것은 釋迦(석가) 太子(태자)가 재주가 奇特(기특)하시므로【奇(기)는 신기한 것이요, 特(특)은 남의 무리와 따로 다른 것이다.】, 우리 父母(부모)가 (나를) 太子(태자)께 드리시니, 夫人(부인)이 며느리를 얻으시는 것은 溫和(온화)하게 살아서 千萬(천만) 누리에 子孫(자손)이 이어감을 위하시니, 太子(태자)가 이미 나가시고 또 羅睺羅(나후라)를 出家(출가)하게 하시어 나라를 이을 사람을 끊어지게 하시는 것이 (과연) 어떠합니까?" 大愛道(대애도)가 들으시고 한 말도 못하고 있으시더니,

　　그 ᄢᅴ 世셍尊존이 즉자히 化황人ᅀᅵᆫ[13]을 보내샤【化황人ᅀᅵᆫ은 世셍尊존ㅅ 神씬力륵으로 ᄃᆞ외의[14] ᄒᆞ샨[15] 사ᄅᆞ미라 】 虛헝空콩애셔 耶양輸슝ㅅ긔 니ᄅᆞ샤ᄃᆡ 네 디나건[16] 녜[17] 닛[18] 時씽節졇에 盟ᄆᆡᆼ誓쎙 發벓願원[19]ᄒᆞᆫ 이를 혜ᄂᆞᆫ다[20] 모ᄅᆞᄂᆞᆫ다 釋셕迦강如셩來링 그 ᄢᅴ 菩뽕薩삻ㅅ 道똘理링ㄹ ᄒᆞ노라[21] ᄒᆞ야 네 손ᄃᆡ[22] 五옹百ᄇᆡᆨ

---

11) 엇더ᄒᆞ니잇고 : 엇더ᄒᆞ[어떠하다 : 엇더(어찌 : 불어,　부사) + -ᄒᆞ(형접)-]- + -잇(←-이- : 상높, 아높)- + -니…고(-니까 : 의종, 설명)

12) 잇더시니 : 잇(← 이시다 : 보용, 완료 지속)- + -더(회상)- + -시(주높)- + -니(연어, 설명 계속)

13) 化人 : 화인. 불보살이 중생을 교화하기 위하여 사람의 몸으로 나타남. 또는 그런 사람이다.

14) ᄃᆞ외의 : ᄃᆞ외(되다, 爲)- + -의(←-긔 : -게, 연어, 사동)

15) ᄒᆞ샨 : ᄒᆞ(하다, 使 : 보용, 사동)- + -샤(←-시- : 주높)- + -Ø(과시)- + -Ø(←-오- : 대상)- + -ㄴ(관전)

16) 디나건 : 디나(지나다, 過)- + -Ø(과시)- + -거(확인)- + -ㄴ(관전)

17) 녜 : 예전, 昔(명사)

18) 닛 : 뉘(세상, 누리, 때, 世) + -ㅅ(-의 : 관조)

19) 發願 : 발원. 신이나 부처에게 소원을 비는 것이나, 그 소원이다.

20) 혜ᄂᆞᆫ다 : 혜(헤아리다, 생각하다, 量)- + -ᄂᆞ(현시)- + -ㄴ다(-는가 : 의종, 2인칭)

21) ᄒᆞ노라 : ᄒᆞ(하다, 爲)- + -ㄴ(←-ᄂᆞ- : 현시)- + -오(화자)- + -라(←-다 : 평종) ※ 이 문장의 주어는 '釋迦如來'인데, 석가 여래의 분신인 화인(化人)이 말을 하므로 실제로는 주어가 화자이다. ※ '-노라'를 목적을 나타내는 연결 어미로 보아서 'ᄒᆞ(하다, 爲)- + -노라(-느라 : 연어, 목적)'로 분석할 수도 있다.

22) 네 손ᄃᆡ : 너(너, 汝 : 인대, 2인칭) + -ㅣ(←-의 : 관조) # 손ᄃᆡ(거기에 : 의명, 위치, 장소) ※ '-ㅣ 손ᄃᆡ'는 '-의 거기에'라는 뜻으로 쓰이는데, 현대어로는 '-에게'로 옮긴다.

銀은도ᄂᆞ로 다ᄉᆞᆺ 줄깃 蓮련花황를 사아 錠뎡光광佛뿛씌 받ᄌᆞ볼 쩌긔²³⁾ 네
發벓願원을 호ᄃᆡ 世솅世솅²⁴⁾예 妻쳉眷권이 ᄃᆞ외져²⁵⁾ ᄒᆞ거늘

그때에 世尊(세존)이 즉시 化人(화인)을 보내시어【化人(화인)은 世尊(세존)의 神力(신력)으로 되게 하신 사람이다.】, 虛空(허공)에서 耶輸(야수)께 이르시되, "네가 지난 옛날 세상의 時節(시절)에 盟誓(맹서)하고 發願(발원)한 일을 헤아리는가, 모르는가? 釋迦(석가) 如來(여래)가 그때 菩薩(보살)의 道理(도리)를 한다 하여, 너에게 五百(오백) 銀(은)돈으로 다섯 줄기의 蓮花(연화)를 사서 錠光佛(정광불)께 바칠 적에, 네가 發願(발원)을 하되 '世世(세세)에 妻眷(처권)이 되자.' 하거늘,

내 닐오ᄃᆡ²⁶⁾ 菩뽕薩삻²⁷⁾이 ᄃᆞ외야²⁸⁾ 劫겁劫겁²⁹⁾에 發벓願원 行ᄒᆡᇰ노라³⁰⁾
ᄒᆞ야 一힗切촁 布봉施싀를 ᄂᆞ미 ᄠᅳᆮ 거스디³¹⁾ 아니ᄒᆞ거든³²⁾ 네 내 마를
다 드를따³³⁾ ᄒᆞ야ᄂᆞᆯ³⁴⁾ 네 盟ᄆᆡᇰ誓쎙를 호ᄃᆡ 世솅世솅예 난 ᄯᅡ마다 나라히며³⁵⁾
자시며³⁶⁾ 子ᄌᆞᆼ息식이며 내 몸 니르리³⁷⁾ 布봉施싀ᄒᆞ야도 그딋³⁸⁾ ᄒᆞᆫ³⁹⁾ 조초⁴⁰⁾

---

23) 받ᄌᆞ볼 쩌긔 : 받(바치다, 獻)- + -ᄌᆞᇦ(← -ᄌᆞᆸ- : 객높)- + -ᄋᆞᆯ(관전) # 쩍(← 적 : 적, 때, 時, 의명) + -의(-에 : 부조, 위치)

24) 世世 : 세세. 태어나는 각각의 세상이다.

25) ᄃᆞ외져 : ᄃᆞ외(되다, 爲)- + -져(-자 : 청종, 낮춤)

26) 닐오ᄃᆡ : 닐(← 니ᄅᆞ다 : 이르다, 曰)- + -오ᄃᆡ(-되 : 연어, 설명 계속)

27) 菩薩 : 보살. 부처가 전생에서 수행하던 시절, 수기를 받은 이후의 몸이다.

28) ᄃᆞ외야 : ᄃᆞ외(되다, 爲)- + -야(← -아 : 연어)

29) 劫 : 겁. 어떤 시간의 단위로도 계산할 수 없는 무한히 긴 시간이다. 흔히 하늘과 땅이 한 번 개벽한 때에서부터 다음 개벽할 때까지의 동안이라는 뜻이다.

30) 行ᄒᆡᇰ노라 : 行ᄒᆡᇰ[행하다 : 行(행 : 불어) + -ᄒᆡᇰ(동접)-] + -ᄂᆞ(← -ᄂᆞᆫ- : 현시)- + -오(화자)- + -라(← -다 : 평종) ※ '-노라'를 목적을 나타내는 연결 어미로 보아서 '行ᄒᆡᇰ(행하다)- + -노라(-느라 : 연어, 목적)'로 분석할 수도 있다.

31) 거스디 : 거스(← 거슬다 : 거스르다, 逆)- + -디(-지 : 연어, 부정)

32) 아니ᄒᆞ거든 : 아니ᄒᆞ[아니하다, 不(보용, 부정) : 아니(아니, 不 : 부사, 부정) + -ᄒᆞ(동접)-]- + -거든(-거든 : 연어, 조건)

33) 드를따 : 들(← 듣다, ㄷ불 : 듣다, 聞)- + -을따(의종, 2인칭, 미시)

34) ᄒᆞ야ᄂᆞᆯ : ᄒᆞ(하다, 謂)- + -야ᄂᆞᆯ(← -아ᄂᆞᆯ : -거늘, 연어, 상황)

35) 나라히며 : 나라ㅎ(나라, 國) + -이며(접조)

36) 자시며 : 잣(성, 城) + -이며(접조)

37) 니르리 : [이르도록, 이르게, 至(부사) : 니를(이르다, 至 : 동사)- + -이(부접)]

ᄒᆞ야 뉘읏븐[41] ᄆᆞᅀᆞᄆᆞᆯ 아니 호리라[42] ᄒᆞ더니 이제 엇뎨 羅랑睺흫羅랑ᄅᆞᆯ 앗기ᄂᆞ다[43]

내가 이르되 "菩薩(보살)이 되어 劫劫(겁겁)에 發願(발원)을 行(행)한다 하여서, 一切(일체) 布施(보시)를 남의 뜻 거스르지 아니하거든, 네가 나의 말을 다 듣겠는가?" 하거늘, 네가 盟誓(맹서)를 하되, '世世(세세)에 난 땅마다 나라이며 城(성)이며 子息(자식)이며 나의 몸에 이르도록 布施(보시)하여도, 그대가 한 바를 좇아서 뉘우쁜 마음을 아니 하리라.' 하더니, 이제 어찌 羅睺羅(나후라)를 아끼는가?"

耶양輸슝ㅣ 이 말 드르시고 ᄆᆞᅀᆞ미 훤ᄒᆞ샤[44] 前쪈生ᄉᆡᆼ앳[45] 이리 어제 본 ᄃᆞᆺ[46] ᄒᆞ야 즐굽ᄃᆞᄫᅵᆫ[47] ᄆᆞᅀᆞ미 다 스러디거늘[48] 目목連련이ᄅᆞᆯ[49] 블러 懺참悔횡ᄒᆞ시고【懺참ᄋᆞᆫ ᄎᆞᄆᆞᆯ 씨니 내 罪쬥ᄅᆞᆯ ᄎᆞᄆᆞ ᄇᆞ리쇼셔[50] ᄒᆞ논 ᄠᅳ디오 悔횡ᄂᆞᆫ 뉘으ᄎᆞᆯ 씨니[51] 아ᄅᆡᆺ[52] 이ᄅᆞᆯ 외오[53] 호라[54] ᄒᆞᆯ 씨라】羅랑睺흫羅랑ᄋᆡ 소ᄂᆞᆯ 자바 目목連련

38) 그딋 : 그듸[그대(인대, 2인칭, 예높) : 그(그, 彼 : 지대, 정칭) + -듸(높접)] + -ㅅ(-의 : 관전) ※ '그듸'는 관형절 속에서 'ᄒᆞ다'의 주체로 쓰였으므로 주격으로 해석한다.
39) 혼 : ㅎ(← ᄒᆞ다 : 하다, 爲)- + -오(대상)- + -Ø(과시)- + -ㄴ(관전, 명사적 용법) ※ 이때의 '-ㄴ'은 명사적 용법으로 쓰인 관형사형 전성 어미이다. 따라서 '혼'은 '한 것'으로 옮긴다.
40) 조초 : [좇아, 따라, 從(부사) : 좇(좇다, 從)- + -오(부접)]
41) 뉘읏븐 : 뉘읏브[뉘우쁘다, 후회스럽다, 悔(형사) : 뉘읏(← 뉘웆다 : 뉘우치다, 동사)- + -브(형접)-]- + -Ø(현시)- + -ㄴ(관전)
42) 아니 호리라 : 아니(아니, 不 : 부사, 부정) # ㅎ(← ᄒᆞ- : 하다, 爲)- + -오(화자)- + -리(미시)- + -라(← -다 : 평종)
43) 앗기ᄂᆞ다 : 앗기(아끼다, 惜)- + -ᄂᆞ(현시)- + -ㄴ다(-는가 : 의종, 2인칭)
44) 훤ᄒᆞ샤 : 훤ᄒᆞ[훤하다, 시원하다, 밝다, 快 : 훤(훤 : 불어) + -ᄒᆞ(형접)-]- + -샤(← -시- : 주높)- + -Ø(← -아 : 연어)
45) 前生앳 : 前生(전생) + -애(-에 : 부조, 위치) + -ㅅ(-의 : 관조) ※ '前生앳'은 '전생에 있은'으로 의역하여 옮긴다.
46) ᄃᆞᆺ : 듯(의명, 흡사)
47) 즐굽ᄃᆞᄫᅵᆫ : 즐굽ᄃᆞᄫᅵ(애착스럽다, 愛着)- + -Ø(현시)- + -ㄴ(관전)
48) 스러디거늘 : 스러디[스러지다, 사라지다, 消 : 슬(스러지게 하다)- + -어(연어) + 디(지다 : 보용, 피동)-]- + -거늘(연어, 상황)
49) 目連이ᄅᆞᆯ : 目連이[목련이 : 目連(목련 : 명사) + -이(명접, 어조 고름)] + -ᄅᆞᆯ(목조)
50) ᄇᆞ리쇼셔 : ᄇᆞ리(버리다 : 보용, 완료)- + -쇼셔(-소서 : 명종, 아높)
51) 뉘으ᄎᆞᆯ 씨니 : 뉘읓(뉘우치다, 悔)- + -을(관전) # ᄊᆞ(← ᄉᆞ : 것, 의명) + -ㅣ(← -이- : 서조)- + -니(연어, 설명, 이유)

일<sup>55)</sup> 맛디시고<sup>56)</sup> 울며 여희시니라<sup>57)</sup>

耶輸(야수)가 이 말을 들으시고, 마음이 훤하시어 前生(전생)에 있은 일이 어제 본 듯하여 애착스러운 마음이 다 없어지거늘, 目連(목련)이를 불러 懺悔(참회)하시고【懺(참)은 참는 것이니, 내 罪(죄)를 참아 버리소서 하는 뜻이요, 悔(회)는 뉘우치는 것이니 예전의 일을 그르게 했다고 하는 것이다.】, 羅睺羅(나후라)의 손을 잡아 目連(목련)이에게 맡기시고 울며 이별(離別)하셨느니라.

淨<sub>쪙</sub>飯<sub>뻔</sub>王<sub>왕</sub>이 耶<sub>양</sub>輸<sub>슝</sub>의 뜨들 누규리라<sup>58)</sup> ᄒᆞ샤 즉자히 나랏 어비ᄆᆞ내ᄅᆞᆯ<sup>59)</sup> 모도아<sup>60)</sup> 니ᄅᆞ샤ᄃᆡ 金<sub>금</sub>輪<sub>륜</sub>王<sub>왕</sub><sup>61)</sup> 아ᄃᆞ리 出<sub>츯</sub>家<sub>강</sub>ᄒᆞ라 가ᄂᆞ니 그듸내<sup>62)</sup> 各<sub>각</sub>各<sub>각</sub> ᄒᆞᆫ 아ᄃᆞᆯ옴<sup>63)</sup> 내야 내 孫<sub>손</sub>子<sub>ᄌᆞ</sub> 조차 가게 ᄒᆞ라 ᄒᆞ시니 즉자히 쉰 아히<sup>64)</sup> 몯거늘<sup>65)</sup> 羅<sub>랑</sub>睺<sub>흫</sub>羅<sub>랑</sub> 조차 부텨의 가아 禮<sub>롕</sub>數<sub>숭</sub>ᄒᆞᅀᆞᄫᆞᆫ대<sup>66)</sup>

---

52) 아랫 : 아래(예전, 昔) + −ㅅ(−의 : 관조)

53) 외오 : [그릇, 그르게, 잘못, 誤(부사) : 외(그르다, 誤 : 형사)− + −오(부접)]

54) 호라 : ㅎ(← ᄒᆞ− : 하다, 爲)− + −∅(과시)− + −오(화자)− + −라(←−다 : 평종)

55) 目連(목련)일 : 目連이[목련이 : 目連(목련) + −이(접미, 어조 고름)] + −ㄹ(←−를 : −에게, 목조, 보조사적 용법, 의미상 부사격) ※ 이때의 '目連이'는 서술어인 '맛디다'를 고려해 볼 때에, 문맥상 부사어인 '目連이의 게'나 '目連이의 그에' 등의 뜻으로 해석된다.

56) 맛디시고 : 맛디[맡기다, 託 : 맜(맡다 : 타동)− + −이(사접)−] + −시(주높)− + −고(연어, 계기)

57) 여희시니라 : 여희(이별하다, 여의다, 別)− + −시(주높)− + −∅(과시)− + −니(원칙)− + −라(←−다 : 평종)

58) 누규리라 : 누기[눅이다, 누그러뜨리다(타동) : 눅(눅다 : 자동)− + −이(사접)−] + −우(화자)− + −리(미시)− + −라(←−다 : 평종) ※ 이때의 '누규리라'는 淨飯王(정반왕)이 발화한 문장의 서술어이다. 그러므로 실질적으로는 '내 … 耶輸의 뜨들 누규리라'의 문장과 같으므로, 서술어로 쓰인 '눅다'에 화자 표현의 선어말 어미인 '−우−'를 실현한 것이다.

59) 어비ᄆᆞ내ᄅᆞᆯ : 어비ᄆᆞ내[귀족들, 고관들 : 어비(← 아비 : 아버지, 父) + ᄆᆞᆫ(맏, 昆) + −내(복접, 높임)] + −ᄅᆞᆯ(목조)

60) 모도아 : 모도[모으다(타동) : 몯(모이다, 集 : 자동)− + −오(사접)−] + −아(연어)

61) 金輪王 : 금륜왕. 사륜왕(四輪王) 중의 하나이다. 사륜왕에는 金輪王(금륜왕), 은륜왕(銀輪王), 동륜왕(銅輪王), 철륜왕(鐵輪王) 등이 있다. 이 중에서 금륜왕(金輪王)은 금륜(金輪)을 굴리면서 네 주(洲)를 다스리는 왕인데, 여기서는 석가 세존을 이른다.

62) 그듸내 : 그듸내[그대들(인대, 2인칭, 예높) : 그(그, 彼 : 지대, 정칭) + −듸(높접) + −내(복접, 높임)] + −∅(←−이 : 주조)

63) 아ᄃᆞᆯ옴 : 아ᄃᆞᆯ(아들, 子) + −옴(←−곰 : −씩, 보조사, 각자)

64) 아히 : 아히(아이, 兒) + −∅(←−이 : 주조)

65) 몯거늘 : 몯(모이다, 會)− + −거늘(연어, 상황)

부톄 阿<sub>항</sub>難<sub>난</sub>일<sup>67)</sup> 시기샤<sup>68)</sup> 羅<sub>랑</sub>睺<sub>흏</sub>羅<sub>랑</sub>ㅣ 머리 갓기시니<sup>69)</sup> 녀느<sup>70)</sup> 쉰
아히도 다 出<sub>츓</sub>家<sub>강</sub>ᄒ니라<sup>71)</sup>

淨飯王(정반왕)이 耶輸(야수)의 뜻을 누그러뜨리리라 하시어, 즉시 나라의 귀족들을 모아 이르시되, "金輪王(금륜왕)의 아들이 出家(출가)하러 가니, 그대네들이 各各(각각) 한 아들씩 내어 내 孫子(손자)를 좇아가게 하라." 하시니, 즉시 쉰 (명의) 아이가 모이거늘, 羅睺羅(나후라)를 좇아 부처께 가서 禮數(예수)하는데, 부처가 阿難(아난)이를 시키시어 羅睺羅(나후라)의 머리를 깎이시니, 다른 쉰 (명의) 아이도 다 出家(출가)하였느라.

부톄 命<sub>명</sub>ᄒ샤 舍<sub>샹</sub>利<sub>링</sub>弗<sub>붏</sub>을<sup>72)</sup> 和<sub>ᅘᅪᇂ</sub>尙<sub>쌍</sub><sup>73)</sup>이 ᄃᆞ외오<sup>74)</sup>【和<sub>ᅘᅪᇂ</sub>尙<sub>쌍</sub>은 갓가비<sup>75)</sup>
이셔 외오다<sup>76)</sup> ᄒᆞ논 마리니 弟<sub>똉</sub>子<sub>ᄌᆞᇰ</sub>ㅣ 샹녜<sup>77)</sup> 갓가비 이셔 經<sub>경</sub> 비호아 외올 씨니<sup>78)</sup>
和<sub>ᅘᅪᇂ</sub>尙<sub>쌍</sub>은 스스을 니르니라<sup>79)</sup>】目<sub>목</sub>連<sub>련</sub>이 闍<sub>쌍</sub>梨<sub>롕</sub><sup>80)</sup> ᄃᆞ외야【闍<sub>쌍</sub>梨<sub>롕</sub>ᄂᆞᆫ 法<sub>법</sub>이라

---

66) 禮數ᄒᆞᅀᆞᄫᆞᆯ대 : 禮數ᄒᆞ[예수하다 : 禮數(예수 : 명사) + -ᄒᆞ(동접)-]- + -ᅀᆞᆸ(←-ᄉᆞᆸ- : 객높)- + -ᄋᆞᆫ대(-는데, -니 : 연어, 반응) ※ '禮數(예수)'는 주인과 손님이 서로 만나 인사하는 것이다.

67) 阿難일 : 阿難이[아난이 : 阿難(인명) + -이(명접, 어조 고름)] + -ㄹ(←-를 : -에게, 목조, 보조사적 용법)

68) 시기샤 : 시기(시키다, 使)- + -샤(←-시- : 주높)- + -아(연어)

69) 갓기시니 : 갓기[깎이다 : 갂(깎다, 削 : 자동)- + -이(사접)-]- + -시(주높)- + -니(연어, 설명, 이유)

70) 녀느 : 다른, 他(관사)

71) 出家ᄒ니라 : 出家ᄒᆞ[출가하다 : 出家(출가 : 명사) + -ᄒᆞ(동접)-]- + -∅(과시)- + -니(원칙)- + -라(←-다 : 평종)

72) 舍利弗을 : 舍利弗(사리불) + -을(-이 : 목조, 보조사적 용법) ※ 문맥상으로는 '舍利佛이 和尙이 ᄃᆞ외오'로 표현하여야 하는데, 주격 조사 대신에 목적격 조사인 '-을'을 사용하였다. 이는 목적격 조사의 보조사적인 용법으로 볼 수 있다.

73) 和尙 : 화상. 수행을 많이 한 승려이다.

74) ᄃᆞ외오 : ᄃᆞ외(되다, 爲)- + -오(←-고 : 연어, 나열)

75) 갓가비 : [가까이, 近(부사) : 갓갈(← 갓갑다, ㅂ불 : 가깝다, 近, 형사)- + -이(부접)]

76) 외오다 : 외오(외우다, 誦)- + -∅(과시)- + -다(평종)

77) 샹녜 : 늘, 항상, 常(부사)

78) 외올 씨니 : 외오(외우다, 誦)- + -ㄹ(관전) # 씨(←ᄉᆞ : 것, 의명) + -이(서조)- + -니(연어, 설명 계속)

79) 니르니라 : 니르(이르다, 曰)- + -∅(과시)- + -니(원칙)- + -라(←-다 : 평종)

80) 闍梨 : 闍梨(사리/도리) + -∅(←-이 : 보조) ※ '闍梨(사리/도리)'는 제자를 가르치고 제자의

혼 마리니 弟<sub>뗑</sub>子<sub>중</sub>이 힝뎌글 正<sub>정</sub>케<sup>81)</sup> 홀 씨라<sup>82)</sup> 】 열 가짓 戒<sub>갱</sub><sup>83)</sup>를 ᄀᆞᄅ치라 ᄒᆞ시니【 열 가짓 戒<sub>갱</sub>ᄂᆞᆫ 산 것 주기디 마롬과<sup>84)</sup> 도ᅌᅮᆨ<sup>85)</sup> 마롬과 婬<sub>음</sub>亂<sub>롼</sub><sup>86)</sup> 마롬과 거즛말 마롬과 수을<sup>87)</sup> 고기 먹디 마롬과 모매 香<sub>향</sub> 기름 ᄇᆞᄅ며 花<sub>황</sub>鬘<sub>만</sub><sup>88)</sup> 瓔<sub>ᅙᅧᆼ</sub>珞<sub>락</sub><sup>89)</sup> 빗이기<sup>90)</sup> 마롬과 놀애<sup>91)</sup> 춤 마롬과 노ᄑᆞᆫ 平<sub>뼝</sub>床<sub>쌍</sub>애 안띠<sup>92)</sup> 마롬과 時<sub>씽</sub>節<sub>졇</sub> 아닌 저긔 밥 먹디 마롬과 金<sub>금</sub>銀<sub>은</sub> 보ᄇᆡ<sup>93)</sup> 잡디 마롬괘라<sup>94)</sup> 】

부처가 命(명)하시어 舍利弗(사리불)이 和尙(화상)이 되고【和尙(화상)은 가까이 있어 외웠다 하는 말이니, 弟子(제자)가 늘 가까이 있어 經(경) 배워 외우는 것이니, 和尙(화상)은 스승을 일렀니라.】, 目連(목련)이 闍梨(도리)가 되어【闍梨(도리)는 法(법)이라 한 말이니, 弟子(제자)의 행적(行績)을 正(정)케 하는 것이다.】, 열 가지의 戒(계)를 가르치라 하시니【 열 가지의 戒(계)는 산 것을 주기지 말 것과, 도적질을 말 것과 婬亂(음란)한 짓을 말 것과, 거짓말을 말 것과, 술과 고기를 먹지 말 것과, 몸에 香(향)과 기름을 바르며 花鬘(화만) 瓔珞(영락)으로 아름답게 꾸미기를 말 것과, 노래와 춤을 말 것과, 높은 平床(평상)에 앉지 말 것과, 時節(시절) 아닌 적에 밥을 먹지 말 것과, 金銀(금은)과 보배를 잡지 마는 것이다.】

---

행위를 바르게 지도하여 그 모범이 될 수 있는 승려를 이르는 말이다.
81) 正케 : 正ᄒᆞ[← 正ᄒᆞ다(바르다) : 正(정, 바른 일 : 명사) + -ᄒᆞ(형접)-]- + -게(연어, 사동)
82) 홀 씨라 : ᄒᆞ(하다 : 보용, 사동)- + -ㄹ(관전) # ᄊᆞ(← ᄉᆞ : 것, 者, 의명) + -이(서조)- + -Ø(현시)- + -라(← -다 : 평종)
83) 戒 : 계. 죄를 금하고 제약하는 것으로서, 소극적으로는 그른 일을 막고 나쁜 일을 멈추게 하는 힘이 되고, 적극적으로는 모든 선을 일으키는 근본이 된다.
84) 마롬과 : 말(말다, 勿 : 보용, 부정)- + -옴(명전) + -과(접조)
85) 도ᅌᅮᆨ : 도둑질, 도적, 盜(명사) ※ 여기서 '도ᅌᅮᆨ'은 '도둑질'의 의미로 쓰였다.
86) 婬亂 : 음란. 음탕하고 난잡한 것이다.
87) 수을 : 술, 酒.
88) 花鬘 : 화만. ① 승방이나 불전(佛前)을 장식하는 장신구의 하나로서 본디 인도의 풍속에서 행하던 일이다. ② 옛날 인도 사람들이 몸을 꾸미던 제구이다.
89) 瓔珞 : 영락. 구슬을 꿰어 만든 장신구로서, 목이나 팔 따위에 두른다.
90) 빗이기 : 빗이[← 빗이다(아름답게 꾸미게 하다, 粧) : 비스(꾸미다 : 타동)- + -이(사접)-]- + -기(명전) ※ '비스다'는 또다시 '비스[꾸미다(동사) : 빗(← 빗다, 불 : 아름답다, 麗, 형사)- + -으(사접)-]- + -다'로 분석된다. 그리고 '빗이기'는 '빗이기'와 임의로 교체된다.
91) 놀애 : [노래, 歌 : 놀(놀다, 遊 : 동사)- + -애(명접)]
92) 안띠 : 앉(← 앉다 : 앉다, 坐)- + -디(-지 : 연어, 부정)
93) 보ᄇᆡ : 보배, 寶.
94) 마롬괘라 : 말(말다, 勿 : 보용, 부정)- + -옴(명전) + -과(접조) + -ㅣ(← -이- : 서조)- + -Ø(현시)- + -라(← -다 : 평종)

羅<sub>랑</sub>雲<sub>운</sub>이 져머<sup>95)</sup> 노릇슬<sup>96)</sup> 즐겨<sup>97)</sup> 法<sub>법</sub> 드로믈<sup>98)</sup> 슬히<sup>99)</sup> 너겨 ᄒ거든 부톄 ᄌᆞ로<sup>1)</sup> 니ᄅ샤도<sup>2)</sup> 從<sub>쭝</sub>흡디<sup>3)</sup> 아니ᄒᆞ더니 後<sub>ᅘᅮᇢ</sub>에 부톄 羅<sub>랑</sub>雲<sub>운</sub>이ᄃᆞ려<sup>4)</sup> 니ᄅ샤ᄃᆡ 부텨 맛나미<sup>5)</sup> 어려ᄫᅳ며<sup>6)</sup> 法<sub>법</sub> 드로미 어려ᄫᅳ니 네 이제 사ᄅᆞ미 모믈 得<sub>득</sub>ᄒᆞ고 부텨를 맛나 잇ᄂᆞ니 엇뎨 게을어<sup>7)</sup> 法<sub>법</sub>을 아니 듣ᄂᆞᆫ다<sup>8)</sup> 羅<sub>랑</sub>雲<sub>운</sub>이 ᄉᆞᆲ보ᄃᆡ 부텻 法<sub>법</sub>이 精<sub>졍</sub>微<sub>밍</sub><sup>9)</sup>ᄒᆞ야 져믄 아히 어느<sup>10)</sup> 듣ᄌᆞᄫᅳ리잇고<sup>11)</sup> 아래<sup>12)</sup> ᄌᆞ조<sup>13)</sup> 듣ᄌᆞᄫᅡ마ᄅᆞᆫ<sup>14)</sup> 즉자히 도로<sup>15)</sup> 니저 ᄀᆞᆺ블<sup>16)</sup> ᄲᅮ니니<sup>17)</sup> 이제 져믄 저그란<sup>18)</sup> 안즉 ᄆᆞᅀᆞᆷ장<sup>19)</sup> 노다가 ᄌᆞ라면 어루<sup>20)</sup> 法<sub>법</sub>을 ᄇᆡ호ᅀᆞᄫᅩ리이

---

95) 져머 : 졈(어리다, 젊다, 幼)- + -어(연어)

96) 노릇슬 : 노릇[놀이, 遊 : 놀(놀다, 遊)- + -옷(명접)] + -을(목조)

97) 즐겨 : 즐기[즐기다, 樂(타동) : 즑(즐거워하다, 歡 : 자동)- + -이(사접)-] + -어(연어)

98) 드로믈 : 들(← 듣다, ㄷ블 : 듣다, 聞)- + -옴(명전) + -을(목조)

99) 슬히 : [싫게, 厭(부사) : 슳(싫다, 厭 : 형사)- + -이(부접)]

1) ᄌᆞ로 : 자주, 頻(부사)

2) 니ᄅ샤도 : 니ᄅ(이르다, 曰)- + -샤(← -시- : 주높)- + -도(← -아도 : 연어, 양보)

3) 從흡디 : 從ᄒᆞ[종하다, 따르다 : 從(종 : 불어) + -ᄒᆞ(동접)-] + -ᅀᆞᆸ(객높)- + -디(-지 : 연어, 부정)

4) 羅雲이ᄃᆞ려 : 羅雲이[나운이 : 羅雲(나운 : 명사) + -이(접미, 어조 고름)] + -ᄃᆞ려(-에게 : 부조, 상대) ※ 부사격 조사 '-ᄃᆞ려'는 [ᄃᆞ리(데리다, 동사)- + -어(연어▷조접)]으로 분석할 수 있다.

5) 맛나미 : 맛나[← 맛나다(만나다, 遇) : 맛(← 맞다 : 맞다, 迎)- + 나(나다, 出)-] + -ㅁ(← -옴 : 명전) + -이(주조)

6) 어려ᄫᅳ며 : 어령(← 어렵다, ㅂ블 : 어렵다, 難)- + -으며(연어, 나열)

7) 게을어 : 게을(← 게으르다 : 게으르다, 怠)- + -어(연어)

8) 듣ᄂᆞᆫ다 : 듣(듣다, 聞)- + -ᄂᆞ(현시)- + -ㄴ다(-ㄴ가 : 의종, 2인칭)

9) 精微 : 정미. 정밀하고 자세한 것이다.

10) 어느 : 어찌, 何(부사)

11) 듣ᄌᆞᄫᅳ리잇고 : 듣(듣다, 聞)- + -ᄌᆞᇦ(← -ᄌᆞᆸ- : 객높)- + -오(화자)- + -리(미시)- + -잇(← -이- : 상높, 아높)- + -고(-니까 : 의종, 설명)

12) 아래 : 아래(예전, 昔 : 명사) + -∅(← -애 : -에, 부조, 위치)

13) ᄌᆞ조 : [자주, 頻(부사) : 좆(잦다, 頻 : 형사)- + -오(부접)]

14) 듣ᄌᆞᄫᅡ마ᄅᆞᆫ : 듣(듣다, 聞)- + -ᄌᆞᇦ(← -ᄌᆞᆸ- : 객높)- + -안마ᄅᆞᆫ(-건마는 : -지만, 연어, 대조)

15) 도로 : [도로, 반대로, 逆(부사) : 돌(돌다, 回 : 동사)- + -오(부접)]

16) ᄀᆞᆺ블 : ᄀᆞᆺᄇᆞ[가쁘다, 힘들다, 捲(형사) : ᄀᆞᆺ(← ᄀᆞᆺ다 : 애쓰다, 가빠하다, 동사)- + -ᄇᆞ(형접)-]- + -ㄹ(관전)

17) ᄲᅮ니니 : ᄲᅮᆫ(뿐 : 의명) + -이(서조)- + -니(연어, 설명, 이유)

18) 저그란 : 적(적, 때, 時 : 의명) + -으란(-은 : 보조사, 주제, 대조)

다<sup>21)</sup> 부톄 니르샤디 자본<sup>22)</sup> 이리 無<sub>뭉</sub>常<sub>썅</sub>ᄒ야 므믈<sup>23)</sup> 몯 미들 거시니 네<sup>24)</sup> 목수믈 미더 주랋<sup>25)</sup> 時<sub>씽</sub>節<sub>졇</sub>을 기드리ᄂ다<sup>26)</sup> ᄒ시고 다시 說<sub>쉃</sub>法<sub>법</sub>ᄒ시니 羅<sub>랑</sub>雲<sub>운</sub>의 ᄆᅀᆞ미 여러<sup>27)</sup> 아니라<sup>28)</sup>【羅<sub>랑</sub>雲<sub>운</sub>은 이 出<sub>츓</sub>家<sub>강</sub>호미 부텻 나히<sup>29)</sup> 설흔세히러시니<sup>30)</sup> 穆<sub>목</sub>王<sub>왕</sub> 닐굽찻<sup>31)</sup> 히 丙<sub>병</sub>戌<sub>슗</sub>이라 】

羅雲(나운)이 어려서 놀이를 즐겨 法(법)을 듣는 것을 싫게 여기니, 부처가 자주 이르셔도 從(종)하지 아니하더니, 後(후)에 부처가 羅雲(나운)이에게 이르시되, "부처를 만나는 것이 어려우며 法(법)을 듣는 것이 어려우니, 네가 이제 사람의 몸을 得(득)하고 부처를 만나 있으니, 어찌 게을러 法(법)을 아니 듣는가?" 羅雲(나운)이 사뢰되 "부처의 法(법)이 精微(정미)하여 어린 아이가 어찌 듣겠습니까? 예전에 자주 들었건마는 즉시 도로 잊어 힘들 뿐이니, 이제 어린 적에는 아직 마음껏 놀다가 자라면 가히 法(법)을 배우겠습니다." 부처께서 이르시되 "잡은 일이 無常(무상)하여 몸을 못 믿을 것이니, 너의 목숨을 믿어 자랄 時節(시절)을 기다리는가?" 하시고 다시 說法(설법)하시니, 羅雲(나운)의 마음이 열리어 알았니라. 【羅雲(나운)이 出家(출가)한 것이 부처의 나이 설흔 셋이시더니, 穆王(목왕)의 일곱째 해 丙戌(병술)이다.】

---

19) ᄆᆞᅀᆞᆷᄀᆞ장 : ᄆᆞᅀᆞᆷᄀᆞ장[마음껏(부사) : ᄆᆞᅀᆞᆷ(마음, 心) + -ㅅ(관조, 사잇) + ᄀᆞ장(만큼, 끝까지 : 의명)]

20) 어루 : 가히, 넉넉히, 충분히, 可(부사)

21) 빈호ᅀᆞᄫᅩ리이다 : 빈호[배우다, 學 : 빛(버릇이 되다, 길들다, 習 : 자동)- + -오(사접)-] + -ᅀᆞᇦ(←-ᅀᆞᆸ- : 객높)- + -오(화자)- + -리(미시)- + -이(상높, 아높)- + -다(평종)

22) 자본 : 잡(잡다, 執)- + -Ø(과시)- + -은(-은 : 관전)

23) 므믈 : 믐(←몸 : 몸, 身) + -을(목조) ※ '므믈'은 '모믈'을 오각한 형태이다.

24) 네 : 너(너, 汝 : 인대, 2인칭) + -ㅣ(-의 : 관조) ※ 원문의 '네'에 방점이 쓰이지 않아서 성조가 평성으로 실현되므로, '-ㅣ'는 관형격 조사이다.

25) 주랋 : 주라(자라다, 長)- + -ㅭ(관전)

26) 기드리ᄂ다 : 기드리(기다리다, 待)- + -ᄂ(현시)- + -ㄴ다(-ㄴ가 : 의종, 2인칭)

27) 여러 : 열(열리다, 開 : 자동)- + -어(연어) ※ '열다'는 자동사(= 열리다)와 타동사(= 열다)로 두루 쓰이는 능격 동사인데, 여기서는 자동사로 쓰였다.

28) 아니라 : 아(← 알다 : 알다, 知)- + -Ø(과시)- + -니(원칙)- + -라(←-다 : 평종)

29) 나히 : 나ㅎ(나이, 歲) + -이(주조)

30) 설흔세히러시니 : 설흔세ㅎ(서른셋, 三十三 : 수사, 양수) + -이(서조)- + -러(←-더- : 회상)- + -시(주높)- + -니(연어, 설명, 이유)

31) 닐굽찻 : 닐굽차[일곱째, 第七(수사, 서수) : 닐굽(일곱, 七 : 수사, 양수) + -차(-째, 番 : 접미, 서수)] + -ㅅ(-의 : 관조)

# 〈 수달이 세존께 귀의하다 〉

## [ 6:13 ~ 6:21 ]

---

舍<sub>샹</sub>衛<sub>윙</sub>國<sub>귁</sub>1) 大<sub>땡</sub>臣<sub>씬</sub> 湏<sub>슝</sub>達<sub>딿</sub>이 가ᅀᆞ며러2) 쳔랴이3) 그지업고4) 布<sub>봉</sub>施<sub>싱</sub>ᄒ
기를 즐겨 艱<sub>간</sub>難<sub>난</sub>ᄒᆞ며 어엿븐5) 사ᄅᆞ믈 쥐주어6) 거리칠씨7) 號<sub>ᅘᅭᇢ</sub>8)를
給<sub>급</sub>孤<sub>공</sub>獨<sub>똑</sub>이라 ᄒᆞ더라【給<sub>급</sub>은 줄 씨오9) 孤<sub>공</sub>ᄂᆞᆫ 져머셔10) 어버ᅀᅵ11) 업슨 사ᄅᆞ미오
獨<sub>똑</sub>ᄋᆞᆫ 늘구디12) 子<sub>ᄌᆞᆼ</sub>息<sub>식</sub> 업서 ᄒᆞ옷모민13) 사ᄅᆞ미라 】

舍衛國(사위국)의 大臣(대신)인 湏達(수달)이 부유하여 재물이 그지없고, 布施(보시)
하기를 즐겨 艱難(가난)하며 불쌍한 사람을 쥐여 주어 구제하므로, 號(호)를 給孤獨(급
고독)이라 하더라. 【給(급)은 주는 것이요, 孤(고)는 젊어서 어버이가 없는 사람이요, 獨
(독)은 늙되 子息(자식)이 없어 홑몸인 사람이다.】

---

給<sub>급</sub>孤<sub>공</sub>獨<sub>똑</sub> 長<sub>댱</sub>者<sub>쟝</sub>14) ㅣ 닐굽 아ᄃᆞ리러니15) 여슷 아ᄃᆞᆯ란16) ᄒᆞ마 갓얼이

---

1) 舍衛國 : 사위국. 원 지명은 슈라바스티(Śrāvastī)로서, 북인도의 교통로가 모이는 장소이며
   상업상으로도 중요한 곳이었다. 성 밖에는 석가가 오래 지냈다는 기원정사(祇園精舍)가 있다.
2) 가ᅀᆞ며러 : 가ᅀᆞ멸(부유하다, 富)- + -어(연어)
3) 쳔랴이 : 쳔량(재물, 財) + -이(주조)
4) 그지업고 : 그지업[← 그지없다(無限) : 그지(끝, 限 : 명사) + 없(없다, 無)-]- + -고(연어, 나열)
5) 어엿븐 : 어엿브(불쌍하다, 憐)- + -Ø(현시)- + -ㄴ(관전)
6) 쥐주어 : 쥐주[쥐여 주다 : 쥐(쥐다, 握)- + 주(주다, 受)-]- + -어(연어)
7) 거리칠씨 : 거리치(구제하다, 濟)- + -ㄹ씨(-므로 : 연어, 이유)
8) 號 : 호, 남들이 허물없이 쓰게 하기 위하여 본명이나 자 이외에 따로 지은 이름이다.
9) 줄 씨오 : 주(주다, 授)- + -ㄹ(관전) # 씨(← ᄉᆞ : 것, 의명) + -이(서조)- + -오(← -고 : 연어,
   나열)
10) 져머셔 : 졈(어리다, 젊다, 幼)- + -어셔(-어서 : 연어, 상태 유지, 강조) ※ '-아셔/-어셔'는
    연결 어미인 '-어'에 보조사인 '-셔'가 붙어서 형성된 연결 어미로 처리한다.
11) 어버ᅀᅵ : 어버ᅀᅵ[어버이, 父母 : 업(← 어비 ← 아비 : 아버지, 父) + 어ᅀᅵ(어머니, 母)] + -Ø(←
    -이 : 주조)
12) 늘구디 : 늙(늙다, 老)- + -우디(-되 : 연어, 설명 계속)
13) ᄒᆞ옷모민 : ᄒᆞ옷몸[홑몸, 獨身 : ᄒᆞ옷(← ᄒᆞ옷 : 홑, 獨, 명사) + 몸(몸, 身)] + -이(서조)- + -Ø
    (현시)- + -ㄴ(관전)
14) 長者 : 장자. ① 덕망이 뛰어나고 경험이 많아 세상일에 익숙한 어른이다. ② 큰 부자를 점잖

고[17] 아기아ᄃᆞ리[18] 양ᄌᆡ[19] 곱거늘 各각別볋히 ᄉᆞ랑ᄒᆞ야 아ᄆᆞ례나[20] ᄆᆞᆺᄃᆞᆰᄒᆞᆫ[21] 며느리ᄅᆞᆯ 어두리라[22] ᄒᆞ야 婆빵羅랑門몬[23]ᄋᆞᆯ ᄃᆞ려[24] 닐오ᄃᆡ[25] 어듸ᅀᅡ[26] 됴ᄒᆞᆫ ᄯᆞ리 양ᄌᆞ ᄀᆞᄌᆞ니[27] 잇거뇨[28] 내[29] 아기 위ᄒᆞ야 어더 보고려[30] 婆빵羅랑門몬이 그 말 듣고 고ᄫᆞᆫ[31] ᄯᆞᆯ 얻니노라[32] ᄒᆞ야 빌머거[33] 摩망竭껋陁땅國귁[34] 王왕舍샹城쎵[35]의 가니

---

게 이르는 말이다.

15) 아ᄃᆞ리러니 : 아ᄃᆞᆯ(아들, 子) + -이(서조)- + -러(← -더- : 회상)- + -니(연어, 설명, 상황)

16) 아ᄃᆞᆯ란 : 아ᄃᆞᆯ(아들, 子) + -란(-은 : 보조사, 대조)

17) 갓얼이고 : 갓얼이[장가들이다, 아내를 맞이하다 : 갓(아내, 妻) + 얼(교합하다, 결혼하다, 婚 : 자동)- + -이(사접)-]- + -고(연어, 나열)

18) 아기아ᄃᆞ리 : 아기아ᄃᆞᆯ[막내아들 : 아기(아기, 乳兒) + 아ᄃᆞᆯ(아들, 子)] + -이(주조)

19) 양ᄌᆡ : 양ᄌᆞ(모습, 樣子) + -ㅣ(← -이 : 주조)

20) 아ᄆᆞ례나 : [어쨌든, 아무렇든, 아무튼(부사) : 아ᄆᆞ례(아무렇게 : 부사) + -나(보조사, 선택, 강조)] ※ '아ᄆᆞ례(부사) + -나(보조사, 선택, 강조)'로 분석할 수도 있다.

21) ᄆᆞᆺᄃᆞᆰᄒᆞᆫ : ᄆᆞᆺᄃᆞᆰᄒᆞ[마뜩하다, 제법 마음에 들 만하다 : ᄆᆞᆺᄃᆞᆰ(마뜩함, 愜 : 명사) + -ᄒᆞ(형접)-]- + -Ø(현시)- + -ㄴ(관전)

22) 어두리라 : 얻(얻다, 得)- + -우(화자)- + -리(미시)- + -라(← -다 : 평종) ※ 이때의 '아ᄆᆞ례나…어두리라'는 須達(수달)이 생각한 문장이므로 실질적으로는 '내 아ᄆᆞ례나 ᄆᆞᆺᄃᆞᆰᄒᆞᆫ 며느리ᄅᆞᆯ 어두리라'의 문장과 같다. 따라서 이 문장의 서술어인 '얻다'에 화자 표현의 선어말 어미인 '-오-'가 실현된 것이다.

23) 婆羅門 : 바라문. 인도 카스트 제도에서 가장 높은 지위인 승려 계급(브라만)이다.

24) ᄃᆞ려 : ᄃᆞ리(데리다, 同伴 : 동사)- + -어(연어) ※ '婆羅門ᄋᆞᆯ ᄃᆞ려'는 '바라문에게'로 의역하여 옮긴다.

25) 닐오ᄃᆡ : 닐(← 니ᄅᆞ다 : 이르다, 曰)- + -오ᄃᆡ(-되 : 연어, 설명 계속)

26) 어듸ᅀᅡ : 어듸(어디, 何處 : 지대) + -ᅀᅡ(-야말로 : 보조사, 한정 강조)

27) ᄀᆞᄌᆞ니 : ᄀᆞᆽ(갖추고 있다, 持 : 형사)- + -Ø(현시)- + -ᄋᆞᆫ(관전) # 이(이, 사람, 者 : 의명) + -Ø(← -이 : 주조)

28) 잇거뇨 : 잇(← 이시다 : 있다, 有)- + -Ø(현시)- + -거(확인)- + -뇨(-느냐 : 의종, 설명)

29) 내 : 나(나, 我 : 인대, 1인칭) + -ㅣ(관조) ※ 여기서 '내'는 원문에 방점이 찍히지 않아서 평성의 성조인 것으로 보아야 한다. 따라서 '내'의 '-ㅣ'는 관형격 조사이다.

30) 보고려 : 보(보다 : 보용, 경험)- + -고려(-구려 : 명종, 반말) ※ '-고려'는 반말의 명령형 어미인 '-고라'보다 약간 공손한 뜻이 포함된 듯한 명령형 어미인데, 그 용례가 아주 드물다. (허웅, 1975 : 518 참조.)

31) 고ᄫᆞᆫ : 고ᇦ(← 곱다, ㅂ불 : 곱다, 麗)- + -Ø(현시)- + -ᄋᆞᆫ(관전)

32) 얻니노라 : 얻니[얻으러 다니다 : 얻(얻다, 得)- + 니(가다, 다니다, 行)-]- + -ㄴ(← -ᄂᆞ- : 현시)- + -오(화자)- + -라(← -다 : 평종)

33) 빌머거 : 빌먹[빌어먹다, 乞食 : 빌(빌다, 乞)- + 먹(먹다, 食)-]- + -어(연어)

34) 摩竭陁國 : 마갈타국. 기원전 6세기에서 기원전 1세기에 인도의 갠지스 강 중류에 있었던 고대 왕국, 또는 그 지역의 옛 이름이다. '마가다국'이라고도 한다.

給孤獨(급고독) 長者(장자)가 일곱 아들이더니, 여섯 아들은 이미 장가들이고 막내 아들이 모습이 곱거늘, 各別(각별)히 사랑하여 어떻게 해서든지 마뜩한 며느리를 얻으리라 하여, 婆羅門(바라문)을 데리어 이르되 "어디야말로 좋은 딸이 (좋은) 모습을 갖춘 이가 있느냐? 나의 아기를 위하여 (그런 사람을) 얻어 보구려." 婆羅門(바라문)이 그 말을 듣고 "고운 딸을 얻으러 다닌다." 하여, 빌어먹어 摩竭陁國(마갈타국)의 王舍城(왕사성)에 가니

그 城쎵 안해[36] ᄒᆞᆫ 大땡臣씬 護홍彌밍라 호리[37] 가ᅀᆞ멸오 發벓心심ᄒᆞ더니[38] 婆빵羅랑門몬이 그 지븨 가 糧량食씩 빈대[39] 그 나랏 法법에 布봉施싱호ᄃᆡ 모로매[40] 童똥女녕[41]로 내야 주더니 그 짓[42] ᄯᆞ리 ᄡᆞᆯ 가져 나오나ᄂᆞᆯ[43] 婆빵羅랑門몬이 보고 깃거[44] 이 각시ᅀᅡ[45] 내[46] 얻니논[47] ᄆᆞᅀᆞ매 맛도다[48] ᄒᆞ야 그 ᄯᆞᆯᄃᆞ려[49] 무로ᄃᆡ[50] 그듸[51] 아바니미[52] 잇ᄂᆞ닛가[53] 對됭答답호ᄃᆡ

---

35) 王舍城 : 왕사성. 석가모니가 살던 시대의 강국인 마가다의 수도이다. 석가모니가 중생을 제도한 중심지로서, 불교에 관한 유적이 많다. '라자그리하'라고도 한다.

36) 안해 : 안ㅎ(안, 內) + -애(-에 : 부조, 위치)

37) 護彌라 호리 : 護彌(호미) + -Ø(← -이- : 서조)- + -Ø(현시)- + -라(← -다 : 평종) # ㅎ(← ᄒᆞ- : 하다, 謂)- + -오(대상)- + -ㄹ(관전) # 이(이, 사람 : 의명) + -Ø(← -이 : 주조) ※ '護彌라 호리'는 '護彌라고 하는'으로 의역한다.

38) 發心ᄒᆞ더니 : 發心ᄒᆞ[발심하다 : 發心(발심 : 명사) + -ᄒᆞ(동접)-]- + -더(회상)- + -니(연어) ※ '발심(發心)은 '발보리심(發菩提心)'의 준말로서, 불도의 깨달음을 얻고 중생을 제도하려는 마음을 일으키는 일이다.

39) 빈대 : 비(← 빌다 : 빌다, 乞)- + -ㄴ대(-는데, -니 : 연어, 반응)

40) 모로매 : 모름지기, 반드시, 必(부사)

41) 童女 : 동녀. 여자 아이이다.

42) 짓 : 지(← 집 : 집, 家) + -ㅅ(-의 : 관조) ※ '짓'은 '짒'에서 /ㅂ/이 탈락한 형태이다.

43) 나오나ᄂᆞᆯ : 나오[나오다, 出 : 나(나다, 出)- + -Ø(← -아 : 연어) # 오(오다, 來)-]- + -나ᄂᆞᆯ(← -거ᄂᆞᆯ ← -아ᄂᆞᆯ : -거늘, 연어, 상황)

44) 깃거 : 기ᇧ(기뻐하다, 歡)- + -어(연어)

45) 각시ᅀᅡ : 각시(각시, 어린 여자, 아내, 女) + -Ø(← -이 : 주조)- + -ᅀᅡ(-야말로 : 보조사, 한정 강조)

46) 내 : 나(나, 我 : 인대, 1인칭) + -ㅣ(-의 : 관조, 의미상 주격)

47) 얻니논 : 얻니[얻으러 다니다 : 얻(얻다, 得)- + 니(다니다, 行)-]- + -ㄴ(← -ᄂᆞ- : 현시)- + -오(대상)- + -ㄴ(관전)

48) 맛도다 : 맛(← 맞다 : 맞다, 꼭 들어맞다, 當)- + -Ø(현시)- + -도(감동)- + -다(평종)

49) ᄯᆞᆯᄃᆞ려 : ᄯᆞᆯ(딸, 女) + -ᄃᆞ려(-에게, -더러 : 부조) ※ '-ᄃᆞ려'는 [ᄃᆞ리(데리다, 同伴)- + -어(연어 ▹ 조접)]으로 분석된다.

잇ᄂ니이다[54] 婆뺑羅랑門몬이 닐오ᄃᆡ 내 보아져[55] ᄒᆞᄂ다 슬ᄫᅡ쎠[56]

　　그 城(성) 안에 한 大臣(대신)인 護彌(호미)라 하는 사람이 부유하고 發心(발심)하더니, 婆羅門(바라문)이 그 집에 가 糧食(양식)을 비는데, 그 나라의 法(법)에 布施(보시)하되 모름지기 童女(동녀)로 내어 주더니, 그 집의 딸이 쌀을 가져 오거늘 婆羅門(바라문)이 보고 기뻐 "이 각시야말로 내가 얻으러 다니는 마음에 맞구나." 하여, 그 딸에게 묻되 "그대의 아버님이 있소?" (딸이) 對答(대답)하되 "있습니다." 婆羅門(바라문)이 이르되 "내가 보자 한다고 사뢰오."

　　그 ᄯᆞ리 드러 니른대[57] 護홍彌밍 長댱者쟝ㅣ 나아오나ᄂ[58] 婆뺑羅랑門몬이 安한否ᄫᅮᆼ 묻고 닐오ᄃᆡ 舍샹衛윙國귁에 ᄒᆞᆫ 大땡臣씬 湏슝達딿이라 호리[59] 잇ᄂ니 아ᄅᆞ시ᄂ니잇가[60] 護홍彌밍 닐오ᄃᆡ 소리 ᄲᅮᆫ[61] 듣노라[62] 婆뺑羅랑門몬이 닐오ᄃᆡ 舍샹衛윙國귁 中듕에 뭇[63] 벼슬 놉고 가ᅀᆞ며루미[64] 이 나라해

---

50) 무로ᄃᆡ : 물(← 묻다, ㄷ불 : 묻다, 問)- + -오ᄃᆡ(-되 : 연어, 설명 계속)
51) 그ᄃᆳ : 그ᄃᆡ[그대(인대, 2인칭, 예높) : 그(지대) + -ᄃᆡ(높접)] + -ㅅ(-의 : 관조)
52) 아바니미 : 아바님[아버님 : 아바(← 아비 : 아버지, 父) + -님(높접)] + -이(주조)
53) 잇ᄂ닛가 : 잇(← 이시다 : 있다, 在)- + -ᄂ(현시)- + -ㅅ(상높, 예높)- + -니…가(-니까 : 의종, 판정) ※ 안병희(1992 : 112), 고영근(2010 : 315)에서는 '-닛가'로 실현되는 의문문은 듣는 이를 보통으로 낮추거나 보통으로 높이는 중간 등분의 'ᄒᆞ야쎠체'로 보았다.
54) 잇ᄂ니이다 : 잇(← 이시다 : 있다, 在)- + -ᄂ(현시)- + -이(상높, 아높)- + -니… 다(평종, 보수) ※ '잇ᄂ니이다'를 개인적인 사실에 대한 발화로 보고, '니…다'를 보수적인 평서형 종결 어미로 분석하였다.
55) 보아져 : 보(보다, 見)- + -아(확인)- + -져(-자 : 청종, 낮춤)
56) 슬ᄫᅡ쎠 : 슯(← 슯다, ㅂ불 : 사뢰다, 아뢰다, 奏)- + -아쎠(-으소 : 명종, 예높)
57) 니른대 : 니른(이르다, 曰)- + -ㄴ대(-ㄴ데, -니 : 연어, 반응, 설명 계속)
58) 나아오나ᄂ : 나아오[나오다 : 나(나다, 出)- + -아(연어) + 오(오다, 來)-]- + -나ᄂ(← -아ᄂ : -거늘, 연어, 상황)
59) 湏達이라 호리 : 湏達(수달) + -이(서조)- + -Ø(현시)- + -라(← -다 : 평종) # ᄒᆞ(← ᄒᆞ- : 하다, 曰)- + -오(대상)- + -ㄹ(관전) # 이(이, 사람 : 의명) + -Ø(← -이 : 주조)
60) 아ᄅᆞ시ᄂ니잇가 : 알(알다, 知)- + -ᄋᆞ시(주높)- + -ᄂ(현시)- + -잇(← -이- : 상높, 아높)- + -니…가(-니까 : 의종, 판정)
61) 소리 ᄲᅮᆫ : 소리(소리, 소문) # ᄲᅮᆫ(뿐 : 의명, 한정)
62) 듣노라 : 듣(듣다, 聞)- + -ㄴ(← -ᄂ- : 현시)- + -오(화자)- + -라(← -다 : 평종)
63) 뭇 : 제일, 가장, 最(부사)
64) 가ᅀᆞ며루미 : 가ᅀᆞ멸(부유하다, 富)- + -움(명전)- + -이(주조)

그듸<sup>65)</sup> ᄀᆞᄐᆞ니<sup>66)</sup> ᄒᆞᆫ 스랑ᄒᆞᄂᆞᆫ 아기아ᄃᆞ리 양ᄌᆞ며<sup>67)</sup> 지죄<sup>68)</sup> ᄒᆞᆫ 그티니<sup>69)</sup> 그뒷 ᄯᆞᄅᆞᆯ 맛고져<sup>70)</sup> ᄒᆞ더이다 護<sub>ᅘᅩᇰ</sub>彌<sub>밍</sub> 닐오ᄃᆡ 그리<sup>71)</sup> 호리라<sup>72)</sup> ᄒᆞ야ᄂᆞᆯ<sup>73)</sup> 마초아<sup>74)</sup> 흥정바지<sup>75)</sup> 舍<sub>샤ᇰ</sub>衛<sub>ᅙᅱᇰ</sub>國<sub>귁</sub>으로 가리<sup>76)</sup> 잇더니 婆<sub>빠</sub>羅<sub>랑</sub>門<sub>몬</sub>이 글왈<sup>77)</sup> ᄒᆞ야<sup>78)</sup> 須<sub>슝</sub>達<sub>딿</sub>이 손ᄃᆡ<sup>79)</sup> 보내야ᄂᆞᆯ<sup>80)</sup> 須<sub>슝</sub>達<sub>딿</sub>이 깃거 波<sub>방</sub>斯<sub>ᄉᆞᇰ</sub>匿<sub>닉</sub>王<sub>왕</sub>ᄭᅴ<sup>81)</sup> 가아 【 그 나랏 王<sub>왕</sub> 일후미 波<sub>방</sub>斯<sub>ᄉᆞᇰ</sub>匿<sub>닉</sub>이라 】 말ᄆᆡ<sup>82)</sup> 엳ᄌᆞᆸ고<sup>83)</sup> 쳔랴ᇰ 만히<sup>84)</sup> 시러 王<sub>왕</sub>舍<sub>샤ᇰ</sub>城<sub>쎠ᇰ</sub>으로 가며 길헤 艱<sub>간</sub>難<sub>난</sub>ᄒᆞᆫ 사ᄅᆞᆷ 보아ᄃᆞᆫ<sup>85)</sup> 다 布<sub>보ᇰ</sub>施<sub>시ᇰ</sub>ᄒᆞ더라

　　그 딸이 들어가 이르니, 護彌(호미) 長者(장자)가 나오거늘, 婆羅門(바라문)이 安否(안부)를 묻고 이르되 "舍衛國(사위국)에 한 大臣(대신)인 須達(수달)이라 하는 이가 있으니 (그를) 아십니까?" 護彌(호미)가 이르되 "소리(소문)만 듣는다." 婆羅門(바라문)이

---

65) 그듸 : 그듸[그대(인대, 2인칭, 예높) : 그(지대) + −듸(높접)] + −Ø(←−이 : 부조, 비교)

66) ᄀᆞᄐᆞ니 : ᄀᆞᇀ(같다, 同)− + −Ø(현시)− + −은(관전) # 이(이, 사람, 人 : 의명) + −Ø(←−이 : 주조)

67) 양ᄌᆞ며 : 양ᄌᆞ(모습, 樣子) + −ㅣ며(← −이며 : 접조)

68) 지죄 : 지조(재주, 才) + −ㅣ(←−이 : 주조)

69) ᄒᆞᆫ 그티니 : ᄒᆞᆫ(한, 一 : 관사) # 귿(끝, 末) + −이(서조)− + −니(연어 : 설명 계속) ※ 'ᄒᆞᆫ 귿(끝, 末)'은 '최고의 경지'를 이른다.

70) 맛고져 : 맛(← 맞다 : 맞이하다, 迎)− + −고져(연어, 의도)

71) 이리 : [이리, 此(부사) : 이(지대, 此) + −리(부접)]

72) 호리라 : ᄒᆞ(← ᄒᆞ− : 하다, 爲)− + −오(화자)− + −리(미시)− + −라(←−다 : 평종)

73) ᄒᆞ야ᄂᆞᆯ : ᄒᆞ(하다, 謂)− + −야ᄂᆞᆯ(−거늘 : 연어, 상황)

74) 마초아 : [때마침, 適(부사) : 맞(맞다, 適當)− + −호(사접)− + −아(연어 ▷ 부접)]

75) 흥정바지 : 흥정바지[흥정바치, 상인 : 흥정(흥정, 물건을 사고 팖, 商) + 바지(기술을 가진 사람, 匠)] + −Ø(←−이 : 주조)

76) 가리 : 가(가다, 去)− + −ㄹ(관전) # 이(이, 사람 : 의명) + −Ø(←−이 : 주조)

77) 글왈 : [글월, 文 : 글(글, 文) + −왈(−월 : 접미)]

78) ᄒᆞ야 : ᄒᆞ(하다, 만들다, 짓다, 爲)− + −야(←−아 : 연어)

79) 須達이 손ᄃᆡ : 須達(수달) + −이(−의 : 관조) # 손ᄃᆡ(거기에 : 의명, 위치) ※ '−이 손ᄃᆡ'는 '−에게'로 의역한다.

80) 보내야ᄂᆞᆯ : 보내(보내다, 遣)− + −야ᄂᆞᆯ(←−아ᄂᆞᆯ : −거늘, 연어, 상황)

81) 波斯匿王ᄭᅴ : 波斯匿王(바사닉왕) + −ᄭᅴ(−께 : 부조, 상대, 높임) ※ '−ᄭᅴ'는 [−ㅅ(−의 : 관조) + 긔(거기에 : 의명)]로 분석되는 파생 조사이다.

82) 말ᄆᆡ : 말미. 일정한 직업이나 일 따위에 매인 사람이 다른 일로 말미암아 얻는 겨를이다.

83) 엳ᄌᆞᆸ고 : 엳ᄌᆞᆸ(여쭙다, 請)− + −고(연어, 나열)

84) 만히 : [많이(부사) : 많(← 만ᄒᆞ다 : 많다, 多, 형사)− + −이(부접)]

85) 보아ᄃᆞᆫ : 보(보다, 見)− + −아ᄃᆞᆫ(−거든, −면 : 연어, 조건)

이르되 "舍衛國(사위국) 中(중)에 제일 벼슬이 높고 부유함이 이 나라에 그대와 같은 이가, (자기가) 사랑하는 한 막내아들이 모습이며 재주가 한 끝이니, 그대의 딸을 맞이하고자 하더이다." 護彌(호미)가 이르되 "그렇게 하리라." 하거늘, 때마침 상인이 舍衛國(사위국)으로 갈 사람이 있더니, 婆羅門(바라문)이 글월을 지어 湏達(수달)에게 보내거늘, 湏達(수달)이 기뻐하여, 波斯匿王(바사닉왕)께 가 【그 나라의 王(왕)의 이름이 波斯匿(바사닉)이다.】 말미를 여쭙고, 재물을 많이 실어 王舍城(왕사성)으로 가며 길에 艱難(간난)한 사람을 보면 다 布施(보시)하더라.

---

湏<sub>슗</sub>達<sub>딿</sub>이 護<sub>휳</sub>彌<sub>밍</sub> 지븨 니거늘 護<sub>휳</sub>彌<sub>밍</sub> 깃거 나아 迎<sub>영</sub>逢<sub>뽕</sub>ᄒᆞ야<sup>86)</sup> 지븨 드려<sup>87)</sup> 재더니<sup>88)</sup> 그 지븨셔<sup>89)</sup> 차반<sup>90)</sup> 밍글 쏘리<sup>91)</sup> 워즈런ᄒᆞ거늘<sup>92)</sup> 湏<sub>슗</sub>達<sub>딿</sub>이 護<sub>휳</sub>彌<sub>밍</sub>ᄃ려 무로ᄃᆡ 主<sub>중</sub>人<sub>ᅀᅵᆫ</sub>이 므슴<sup>93)</sup> 차바ᄂᆞᆯ 손소<sup>94)</sup> ᄃᆞᆮ녀<sup>95)</sup> 밍ᄀᆞ노닛가<sup>96)</sup> 太<sub>탱</sub>子<sub>중</sub>ᄅᆞᆯ 請<sub>쳥</sub>ᄒᆞᅀᄫᅡ 이받ᄌᆞᄫᆞ려<sup>97)</sup> ᄒᆞ노닛가<sup>98)</sup> 大<sub>땡</sub>臣<sub>씬</sub>을 請<sub>쳥</sub>ᄒᆞ야 이바도려

---

86) 迎逢ᄒᆞ야 : 迎逢ᄒᆞ[영봉하다, 맞이하다 : 迎逢(영봉 : 명사) + -ᄒᆞ(동접)-]- + -야(←-아 : 연어)

87) 드려 : 드리[들이다, 들게 하다 : 들(들다, 入 : 자동)- + -이(사접)-]- + -어(연어)

88) 재더니 : 재[재우다 : 자(자다, 眠 : 자동)- + -ㅣ(←-이- : 사접)-]- + -더(회상)- + -니(연어, 설명 계속)

89) 지븨셔 : 집(집, 家)- + -의(-에 : 부조, 위치) + -셔(-서 : 보조사, 위치 강조)

90) 차반 : 음식(飮食)

91) 밍글 쏘리 : 밍ᄀ(← 밍글다 : 만들다, 製)- + -ㄹ(관전) # 쏘리(← 소리 : 소리, 聲) + -Ø(←-이 : 주조)

92) 워즈런ᄒᆞ거늘 : 워즈런ᄒᆞ[어수선하다, 수선스럽다, 亂 : 워즈런(어수선 : 불어) + -ᄒᆞ(형접)-]- + -거늘(연어, 상황)

93) 므슴 : 무슨, 어찌, 何 (관사, 부사) ※ '므슴'은 대명사(= 무엇), 관형사(= 무슨), 부사(= 어찌)의 뜻으로 통용되는 단어인데, 여기서는 관형사와 부사로 양쪽으로 쓰일 수 있다.

94) 손소 : [손수, 스스로, 自(부사) : 손(손, 手 : 명사) + -소(부접)]

95) ᄃᆞᆮ녀 : ᄃᆞᆮ니[다니다 : ᄃᆞᆮ(닫다, 달리다, 走)- + 니(가다, 行)-]- + -어(연어)

96) 밍ᄀᆞ노닛가 : 밍ᄀ(← 밍글다 : 만들다, 作)- + -ᄂᆞ(현시)- + -오(의도)- + -ㅅ(상높, 예높)- + -니-가(의종, 판정) ※ 이 문장의 주체가 '主人(비화자, 실제로는 청자)'이므로 화자 표현의 선어말 어미가 실현될 근거가 없다. 따라서 이 문장에서 '-오-'를 화자 표현과 관계 없이 '의도 표현'의 선어말 어미로 보기도 한다. ※ 상대 높임의 선어말 어미가 예사 높임의 '-ㅅ-'이므로, 문장 속에 의문사(= 므슴)가 실현되어 있어도 의문형 어미가 '-니…고'가 아니라 '-니…가'의 형태로 실현되었다.

97) 이받ᄌᆞᄫᆞ려 : 이받(대접하다, 봉양하다, 奉)- + -줗(←-줍- : 객높)- + -ᄋᆞ려(-려 : 연어, 의도)

98) ᄒᆞ노닛가 : ᄒᆞ(하다 : 보용, 의도)- + -ㄴ(←-ᄂᆞ- : 현시)- + -오(의도)- + -ㅅ(상높, 예높)- + -니…가(-니까 : 의종, 판정)

ᄒᆞ노닛가 護ᅘᅩᆼ彌ᄆᆡᆼ 닐오ᄃᆡ 그리⁹⁹⁾ 아닝다¹⁾ 湏ᄉᆛᆼ達ᄄᆞᇙ이 ᄯᅩ 무로ᄃᆡ 婚ᅙᆫ姻ᅙᆫ 위ᄒᆞ야 아ᅀᆞ미²⁾ 오나ᄃᆞᆫ³⁾ 이바도려 ᄒᆞ노닛가【 사회⁴⁾ 녀겨셔⁵⁾ 며느리 녁 지블 婚ᅙᆫ이라⁶⁾ 니르고 며느리 녀겨셔 사회 녁 지블 姻ᅙᆫ이라 니르ᄂᆞ니 댱가들며⁷⁾ 셔방마조믈⁸⁾ 다 婚ᅙᆫ姻ᅙᆫᄒᆞ다⁹⁾ ᄒᆞᄂᆞ니라】護ᅘᅩᆼ彌ᄆᆡᆼ 닐오ᄃᆡ 그리 아니라¹⁰⁾ 부텨와 즁과를¹¹⁾ 請쳥ᄒᆞᅀᆞᄫᅩ려¹²⁾ ᄒᆞ뇡다¹³⁾

湏達(수달)이 護彌(호미) 집에 가거늘 護彌(호미)가 기뻐하여 나와 (湏達을) 迎逢(영봉)하여 집에 들여 재우더니, 그 집에서 음식 만드는 소리가 어수선하거늘 湏達(수달)이 護彌(호미)에게 묻되 "主人(주인)이 무슨(어찌) 음식을 손수 다녀 만드오? 太子(태자)를 請(청)하여 대접하려 하오? 大臣(대신)을 請(청)하여 대접하려 하오?" 護彌(호미)가 이르되 "그런 것이 아니오." 湏達(수달)이 또 묻되 "婚姻(혼인)을 위하여 친척이

---

99) 그리 : [그리(부사) : 그(그것 : 지대) + -리(부접)] ※ 문맥상 '그리'는 '그런 것이'로 의역한다.

1) 아닝다 : 아니(아니다, 非 : 형사) + -ㅇ(상높, 예높)- + -다(평종) ※ 안병희(1992)와 고영근 (2010 : 306)에서는 '-ㅇ-'으로 실현되는 평서문은 듣는 이를 보통으로 낮추거나 보통으로 높이는 'ᄒᆞ야쎠체'의 결어법(結語法)으로 보았다. 반면에 허웅(1975 : 661)과 고등학교 문법 (2010 : 300)에서는 'ᄒᆞ야쎠체'를 인정하지 않고 있는데, 허웅(1975 : 661)에서는 이를 예사 높임의 등분으로 보았다.

2) 아ᅀᆞ미 : 아ᅀᆞᆷ(친척, 친족, 겨레, 戚) + -이(주조)

3) 오나ᄃᆞᆫ : 오(오다, 來)- + -나ᄃᆞᆫ(-거든, -면 : 연어, 조건)

4) 사회 : 사위, 壻.

5) 녀겨셔 : 녁(녘, 쪽 : 의명) + -의(-에 : 부조, 위치) + -셔(-서 : 보조사, 위치 강조)

6) 婚이라 : 婚(혼, 결혼) + -이(서조)- + -Ø(현시)- + -라(←-다 : 평종)

7) 댱가들며 : 댱가들[장가들다 : 댱가(장가 : 杖家) + 들(들다, 入)-] + -며(연어, 나열)

8) 셔방마조믈 : 셔방맞[시집가다 : 셔방(서방, 書房) + 맞(맞다, 迎)-] + -옴(명전) + -울(목조)

9) 婚姻ᄒᆞ : 婚姻ᄒᆞ[혼인하다 : 婚姻(혼인 : 명사) + -ᄒᆞ(동접)-] + -Ø(과시)- + -다(평종)

10) 아니라 : ① 아니(아니다, 非 : 형사)- + -라(←-아 : 연어) ② 아니(아닌 것 : 명사) + -Ø(서조)- + -라(←-아 : 연어) ※ ①의 분석은 고등학교 문법(2010)을 따른 방법이며, ②의 분석은 안병희·이광호(1990 : 210)와 고영근(2010 : 241)을 따른 방법이다. 이 책에서는 현행의 학교 문법에 따라서 '아니다'를 형용사로 보고 ①의 분석 방법에 따라서 분석한다.

11) 즁과를 : 즁(중, 僧) + -과(접조) + -를(목조)

12) 請ᄒᆞᅀᆞᄫᅩ려 : 請ᄒᆞ[청하다 : 請(청 : 명사) + -ᄒᆞ(동접)-] + -ᅀᆞᇦ(←-ᅀᆞᆸ- : 객높)- + -ᄋᆞ려(-으려 : 연어, 의도)

13) ᄒᆞ뇡다 : ᄒᆞ(하다 : 보용, 의도)- + -ㄴ(←-ᄂᆞ- : 현시)- + -오(화자)- + -ㅇ(상높, 예높)- + -다(평종) ※ 'ᄒᆞ노이다 → ᄒᆞ뇌이다 → ᄒᆞ뇡다'의 변동 과정을 거치는데, '-노-'는 '-이-'로부터 '모음 동화('ㅣ' 모음 역행 동화)'를 겪은 결과 '-뇌-'로 변동하였다.

오거든 대접하려 하오?"【 사위 쪽에서 며느리 쪽 집을 婚(혼)이라 이르고 며느리 쪽에서 사위 쪽 집을 姻(인)이라 이르나니, 장가들며 시집가는 것을 다 '婚姻(혼인)하였다.' 하느니라.】 護彌(호미)가 이르되 "그런 것이 아니라 부처와 중을 請(청)하려 하오."

須<sub>슿</sub>達<sub>딿</sub>이 부텨와 즁꽛<sup>14)</sup> 마를 듣고 소홈<sup>15)</sup> 도텨<sup>16)</sup> 自<sub>쫑</sub>然<sub>션</sub>히 ᄆᅀᆞ매 깃븐<sup>17)</sup> ᄠᅳ디 이실ᄊᆡ 다시 무로ᄃᆡ 엇뎨 부톄라<sup>18)</sup> ᄒᆞᄂᆞ닛가<sup>19)</sup> 그 ᄠᅳ들 닐어쎠<sup>20)</sup> 對<sub>됭</sub>答<sub>답</sub>호ᄃᆡ 그듸는 아니 듣ᄌᆞᄫᅢ더시닛가<sup>21)</sup> 淨<sub>쪙</sub>飯<sub>뻔</sub>王<sub>왕</sub> 아ᄃᆞ님<sup>22)</sup> 悉<sub>싏</sub>達<sub>딿</sub>이라 ᄒᆞ샤리<sup>23)</sup> 나실 나래 하ᄂᆞᆯ로셔<sup>24)</sup> 셜흔두 가짓<sup>25)</sup> 祥<sub>쌍</sub>瑞<sub>쒱</sub><sup>26)</sup> ᄂᆞ리며 一<sub>힗</sub>萬<sub>먼</sub> 神<sub>씬</sub>靈<sub>령</sub>이 侍<sub>씽</sub>衛<sub>윙</sub>ᄒᆞᅀᆞᄫᅡ며<sup>27)</sup> 자ᄇᆞ리<sup>28)</sup> 업시 닐굽 거르믈 거르샤<sup>29)</sup> 니ᄅᆞ샤ᄃᆡ 하ᄂᆞᆯ 우<sup>30)</sup> 하ᄂᆞᆯ 아래 나 ᄲᅮᆫ<sup>31)</sup> 尊<sub>존</sub>호라<sup>32)</sup> ᄒᆞ시며

---

14) 즁꽛 : 즁(중, 僧) + -과(접조) + -ㅅ(-의 : 관조)
15) 소홈 : 소름.
16) 도텨 : 도티[돋치다 : 돋(돋다, 出 : 자동)- + -티(강접)-]- + -어(연어)
17) 깃븐 : 깃브[기쁘다, 喜 : 깃(← 짔다 : 기뻐하다, 歡, 자동)- + -브(형접)-]- + -Ø(현시)- + -은(관전)
18) 부톄라 : 부텨(부처, 佛) + -ㅣ(←-이- : 서조)- + -Ø(현시)- + -라(←-다 : 평종)
19) ᄒᆞᄂᆞ닛가 : ᄒᆞ(하다, 謂)- + -ᄂᆞ(현시)- + -ㅅ(상높, 예높)- + -니⋯가(의종) ※ 상대 높임의 선어말 어미가 예사 높임의 '-ㅅ-'이므로, 문장 속에 의문사(= 엇뎨)가 실현되어 있어도 의문형 어미가 '-니⋯고'가 아니라 '-니⋯가'의 형태로 실현되었다.
20) 닐어쎠 : 닐(←니ᄅᆞ다 : 이르다, 曰)- + -어쎠(-오 : 명종, 예높) ※ 안병희(1992)와 고영근(2010 : 323)에서는 '-어쎠'로 실현되는 명령문을 듣는 이를 보통으로 낮추거나 보통으로 높이는 중간 등분의 'ᄒᆞ야쎠체'의 결어법으로 보았다.
21) 듣ᄌᆞᄫᅢ더시닛가 : 듣(듣다, 聞)- + -ᄌᆞᇦ(←-ᄌᆞᆸ- : 객높)- + -아(연어) + 잇(←이시다 : 있다, 보용, 완료 지속)- + -더(회상)- + -시(주높)- + -ㅅ(상높, 예높)- + -니⋯가(-니까 : 의종, 판정) ※ '듣ᄌᆞᄫᅢ더시닛가'는 '듣ᄌᆞᄫᅡ 잇더시닛가'가 축약된 형태이다.
22) 아ᄃᆞ님 : [아드님, 子 : 아ᄃᆞ(←아ᄃᆞᆯ : 아들, 子) + -님(높접)]
23) ᄒᆞ샤리 : ᄒᆞ(하다, 謂)- + -샤(←-시- : 주높)- + -Ø(←-오- : 대상)- + -ㄹ(관전) # 이(이, 사람, 者 : 의명) + -Ø(←-이 : 주조)
24) 하ᄂᆞᆯ로셔 : 하ᄂᆞᆯ(←하ᄂᆞᆯㅎ : 하늘, 天) + -로(부조, 위치, 방향) + -셔(-서 : 보조사, 위치 강조)
25) 가짓 : 가지(가지, 類 : 의명) + -ㅅ(-의 : 관조)
26) 祥瑞 : 祥瑞(상서) + -Ø(←-이 : 주조) ※ '祥瑞(상서)'는 복되고 길한 일이 일어날 조짐이다.
27) 侍衛ᄒᆞᅀᆞᄫᅡ며 : 侍衛ᄒᆞ[시위하다 : 侍衛(시위 : 명사) + -ᄒᆞ(동접)-]- + -ᅀᆞᇦ(←-ᅀᆞᆸ- : 객높)- + -ᄋᆞ며(-으며 : 연어, 나열) ※ '侍衛'는 임금이나 우두머리를 모시어 호위하는 것이다.
28) 자ᄇᆞ리 : 잡(잡다, 依)- + -ᄋᆞᆯ(관전) # 이(이, 사람 : 의명) + -Ø(←-이 : 주조)
29) 거르샤 : 걸(←걷다, ㄷ불 : 걷다, 步)- + -ᄋᆞ샤(←-ᄋᆞ시- : 주높)- + -Ø(-아 : 연어)
30) 우 : 우(← 우ㅎ : 위, 上)

모미 金<sub>금</sub>ㅅ비치시며<sup>33)</sup> 三<sub>삼</sub>十<sub>씹</sub>二<sub>싱</sub>相<sub>샹</sub><sup>34)</sup> 八<sub>밣</sub>十<sub>씹</sub>種<sub>죵</sub>好<sub>흫</sub>ㅣ<sup>35)</sup> ᄀᆞᆺ더시니<sup>36)</sup>

金<sub>금</sub>輪<sub>륜</sub>王<sub>왕</sub>이 ᄃᆞ외샤<sup>37)</sup> 四<sub>ᄉᆞᆼ</sub>天<sub>텬</sub>下<sub>행</sub><sup>38)</sup>를 ᄀᆞᅀᆞᆷ아ᄅᆞ시련마른<sup>39)</sup> 늘그니<sup>40)</sup> 病<sub>뼝</sub>ᄒᆞ

니<sup>41)</sup> 주근 사ᄅᆞᆷ 보시고 世<sub>셍</sub>間<sub>간</sub> 슬히<sup>42)</sup> 너기샤<sup>43)</sup> 出<sub>츓</sub>家<sub>강</sub>ᄒᆞ샤 道<sub>뚷</sub>理<sub>링</sub>

닷ᄀᆞ샤<sup>44)</sup> 六<sub>륙</sub>年<sub>년</sub> 苦<sub>콩</sub>行<sub>ᅘᅢᆼ</sub>ᄒᆞ샤 正<sub>졍</sub>覺<sub>각</sub>을 일우샤 魔<sub>망</sub>王<sub>왕</sub><sup>45)</sup>ㅅ 兵<sub>병</sub>馬<sub>망</sub>

十<sub>씹</sub>八<sub>밣</sub>億<sub>흑</sub>萬<sub>먼</sub>을 降<sub>ᅘᅢᆼ</sub>服<sub>뽁</sub>히오샤<sup>46)</sup> 光<sub>광</sub>明<sub>명</sub>이 世<sub>셍</sub>界<sub>갱</sub>를 ᄉᆞᄆᆞᆺ<sup>47)</sup> 비취샤<sup>48)</sup>

三<sub>삼</sub>世<sub>셍</sub>옛<sup>49)</sup> 이를 아ᄅᆞ실ᄊᆡ 부톄시다<sup>50)</sup> ᄒᆞᄂᆞ닝다<sup>51)</sup>

---

31) 나 ᄲᆞᆫ : 나(나, 我 : 인대, 1인칭) # ᄲᆞᆫ(뿐 : 의명, 한정)

32) 尊ᄒᆞ라 : 尊ᄒᆞ[← 尊ᄒᆞ다(존하다, 높다) : 尊(존 : 불어) + -ᄒᆞ(형접)-]- + -오(화자)- + -Ø(현시)- + -라(←-다 : 평종)

33) 金ㅅ비치시며 : 金ㅅ빛[금빛 : 金(금 : 명사) + -ㅅ(관조, 사잇) + 빛(빛, 光 : 명사)] + -이(서조)- + -시(주높)- + -며(연어, 나열)

34) 三十二相 : 삼십이 상. 부처의 몸에 갖춘 서른두 가지의 독특한 모양이다. 발바닥이나 손바닥에 수레바퀴 같은 무늬가 있는 것, 손가락이나 발가락이 가늘고 긴 것, 정수리에 살이 상투처럼 불룩 나와 있는 것, 미간에 흰 털이 나와서 오른쪽으로 돌아 뻗은 것 등이 있다.

35) 八十種好ㅣ : 八十種好(팔십 종호) + -ㅣ(←-이 : 주조) ※ '八十種好(팔십 종호)'는 부처의 몸에 갖추어진 훌륭한 용모와 형상이다. 부처의 화신에는 뚜렷해서 보기 쉬운 32가지의 상과 미세해서 보기 어려운 80가지의 호가 있다.

36) ᄀᆞᆺ더시니 : ᄀᆞᆺ(← ᄀᆞᆺ다 : 갖추어져 있다, 具)- + -더(회상)- + -시(주높)- + -니(연어, 설명 계속)

37) ᄃᆞ외샤 : ᄃᆞ외(되다, 爲)- + -샤(←-시- : 주높)- + -Ø(←-아 : 연어)

38) 四天下 : 사천하. 수미산을 중심으로 한 사방의 세계이다. 남쪽의 섬부주(贍部洲), 동쪽의 승신주(勝神洲), 서쪽의 우화주(牛貨洲), 북쪽의 구로주(俱盧洲)이다.

39) ᄀᆞᅀᆞᆷ아ᄅᆞ시련마른 : ᄀᆞᅀᆞᆷ알[주관하다, 관리하다 : ᄀᆞᅀᆞᆷ(재료, 材 : 명사) + 알(알다, 知 : 동사)-]- + -ᄋᆞ시(주높)- + -리(미시)- + -언마른(-건마는, -지만 : 연어, 대조)

40) 늘그니 : 늘그니[늙은이(명사) : 늙(늙다, 老)- + -은(관전) + 이(이, 사람 : 의명)]

41) 病ᄒᆞ니 : 病ᄒᆞ[병하다, 병나다 : 病(병 : 명사) + -ᄒᆞ(동접)-]- + -Ø(과시)- + -ㄴ(관전) # 이(이, 사람, 者 : 의명)

42) 슬히 : [싫게(부사) : 슳(싫다, 厭 : 형사)- + -이(부접)]

43) 너기샤 : 너기(여기다, 念)- + -샤(←-시- : 주높)- + -Ø(←-아 : 연어)

44) 닷ᄀᆞ샤 : 닦(닦다, 修)- + -ᄋᆞ샤(←-ᄋᆞ시- : 주높)- + -Ø(←-아 : 연어)

45) 魔王 : 마왕. 천마(天魔)의 왕으로서, 정법(正法)을 해치고 중생이 불도에 들어가는 것을 방해하는 귀신이다.

46) 降服히오샤 : 降服히오[항복시키다, 항복하게 하다 : 降服(항복 : 명사) + -ᄒᆞ(동접)- + -ㅣ(←-이- : 사접)- + -오(사접)-]- + -샤(←-시- : 주높)- + -Ø(←-아 : 연어)

47) ᄉᆞᄆᆞᆺ : [꿰뚫어, 투철하게(부사) : ᄉᆞᄆᆞᆺ(← ᄉᆞᄆᆞᆾ다 : 꿰뚫다, 통하다, 通 : 동사) + -Ø(부접)]

48) 비취샤 : 비취(비추다, 照)- + -샤(←-시- : 주높)- + -Ø(←-아 : 연어) ※ '비취다'는 자동사(= 비치다)와 타동사(= 비추다)로 두루 쓰이는 능격 동사이다.

49) 三世옛 : 三世(삼세) + -예(←-에 : 부조, 위치) + -ㅅ(-의 : 관조) ※ '三世(삼세)'는 과거(전세), 현재(현세), 미래(내세)를 이르는 말이다.

須達(수달)이 부처와 중의 말을 듣고 소름이 돋혀 自然(자연)히 마음에 기쁜 뜻이 있으므로, 다시 묻되 "어찌 부처라 하오? 그 뜻을 이르오."(護彌가) 對答(대답)하되 "그대는 아니 들으셨소? 淨飯王(정반왕)의 아드님인 悉達(실달)이라 하시는 이가 나신 날에, 하늘로부터서 서른 두 가지의 祥瑞(상서)가 내리며, 一萬(일만) 神靈(신령)이 侍衛(시위)하며, 잡는 이가 없이 일곱 걸음을 걸으시어 이르시되 "하늘 위 하늘 아래 나만이 尊(존)하다." 하시며, 몸이 金(금) 빛이시며, 三十二相(삼십이 상) 八十種好(팔십 종호)가 갖추어져 있으시더니, 金輪王(금륜왕)이 되시어 四天下(사천하)를 주관하시건마는, 늙은이, 病(병)든 이, 죽은 사람을 보시고 世間(세간)을 싫게 여기시어 出家(출가)하시어 道理(도리)를 닦으시어, 六年(육 년) (동안) 苦行(고행)하시어 正覺(정각)을 이루시어, 魔王(마왕)의 兵馬(병마) 十八億萬(십팔억만)을 降服(항복)시키시어, 光明(광명)이 世界(세계)를 꿰뚫어 비추시어, 三世(삼세)에 있는 일을 아시므로 '부처이시다' 하오."

須<sub>슝</sub>達<sub>딿</sub>이 쏘 무로딕 엇뎨 쥬이라<sup>52)</sup> ᄒᆞᄂᆞ닛가<sup>53)</sup> 對<sub>됭</sub>答<sub>답</sub>호딕 부톄 成<sub>쎵</sub>道<sub>뚷</sub>ᄒᆞ야시ᄂᆞᆯ<sup>54)</sup> 梵<sub>뻠</sub>天<sub>텬</sub><sup>55)</sup>이 轉<sub>둳</sub>法<sub>법</sub>ᄒᆞ쇼셔<sup>56)</sup> 請<sub>쳥</sub>ᄒᆞᅀᆞᄫᅡᄂᆞᆯ<sup>57)</sup>【轉<sub>둳</sub>法<sub>법</sub>은 法<sub>법</sub>을 그우릴 씨니<sup>58)</sup> 부톄 說<sub>쉃</sub>法<sub>법</sub>ᄒᆞ샤 世<sub>솅</sub>間<sub>간</sub>애 法<sub>법</sub>이 펴디여<sup>59)</sup> 갈씨 그우리다 ᄒᆞᄂᆞ니 說<sub>쉃</sub>法<sub>법</sub>호ᄆᆞᆯ 轉<sub>둳</sub>法<sub>법</sub>이라 ᄒᆞᄂᆞ니라】波<sub>빙</sub>羅<sub>랑</sub>㮈<sub>냉</sub>國<sub>귁</sub><sup>60)</sup> 鹿<sub>록</sub>野<sub>양</sub>苑<sub>훤</sub><sup>61)</sup>에 가샤 僑<sub>끃</sub>陳<sub>띤</sub>

---

50) 부톄시다 : 부텨(부처, 佛) + -ㅣ(←-이- : 서조)- + -시(주높)- + -Ø(현시)- + -다(평종)

51) ᄒᆞᄂᆞ닝다 : ᄒᆞ(하다, 謂)- + -ᄂᆞ(현시)- + -니(원칙)- + -ᅌ(상높, 예높)- + -다(평종)

52) 쥬이라 : 즁(중, 僧) + -이(서조)- + -Ø(현시)- + -라(←-다 : 평종)

53) ᄒᆞᄂᆞ닛가 : ᄒᆞ(하다, 謂)- + -ᄂᆞ(현시)- + -ㅅ(상높, 예높)- + -니…가(의종) ※ 상대 높임의 선어말 어미가 예사 높임의 '-ㅅ-'이므로, 문장 속에 의문사인 '엇뎨'가 실현되어 있어도 의문형 어미가 '-니…고'가 아니라 '-니…가'의 형태로 실현되었다.

54) 成道ᄒᆞ야시ᄂᆞᆯ : 成道ᄒᆞ[성도하다, 도를 이루다 : 成道(성도 : 명사) + -ᄒᆞ(동접)-]- + -시(주높)- + -야…ᄂᆞᆯ(←-아…ᄂᆞᆯ : -거늘, 연어, 상황)

55) 梵天 : 범천. 색계(色界) 초선천(初禪天)의 우두머리이다. 제석천(帝釋天)과 함께 부처를 좌우에서 모시는 불법 수호의 신이다.

56) 轉法ᄒᆞ쇼셔 : 轉法ᄒᆞ[전법하다 : 轉法(전법 : 명사) + -ᄒᆞ(동접)-]- + -쇼셔(-소서 : 명종, 아높) ※ '轉法(전법)'은 부처님이 설법하여 중생을 널리 구제하는 것이다.

57) 請ᄒᆞᅀᆞᄫᅡᄂᆞᆯ : 請ᄒᆞ[청하다 : 請(청 : 명사) + -ᄒᆞ(동접)-]- + -ᅀᆞᇦ(←-ᅀᆞᆸ- : 객높)- + -아ᄂᆞᆯ(-거늘 : 연어, 상황)

58) 그우릴 씨니 : 그우리[굴리다 : 그울(구르다, 轉)- + -이(사접)-]- + -ㄹ(관전) # ᄊ(←ᄉ : 것, 의명) + -이(서조)- + -니(연어, 설명 계속)

59) 펴디여 : 펴디[펴지다 : 펴(펴다, 伸)- + -어(연어) + 디(지다 : 보용, 피동)-]- + 여(←-어 : 연어)

如<sub>셩</sub>들<sup>62)</sup> 다숫 사ᄅᆞᄆᆞᆯ 濟<sub>졩</sub>渡<sub>똥</sub>ᄒᆞ시며 버거<sup>63)</sup> 鬱<sub>??</sub>卑<sub>빙</sub>迦<sub>강</sub>葉<sub>셥</sub><sup>64)</sup> 三<sub>삼</sub>兄<sub>?</sub>弟<sub>똉</sub>의 무<sup>65)</sup> 一<sub>??</sub>千<sub>쳔</sub> 사ᄅᆞᄆᆞᆯ 濟<sub>졩</sub>渡<sub>똥</sub>ᄒᆞ시며 버거 舍<sub>샹</sub>利<sub>링</sub>弗<sub>??</sub><sup>66)</sup> 目<sub>목</sub>犍<sub>껀</sub>連<sub>련</sub><sup>67)</sup>의 무 五<sub>옹</sub>百<sub>빅</sub>을 濟<sub>졩</sub>渡<sub>똥</sub>ᄒᆞ시니 이 사ᄅᆞᆷ들히<sup>68)</sup> 다 神<sub>씬</sub>足<sub>죡</sub><sup>69)</sup>이 自<sub>쫑</sub>在<sub>찡</sub><sup>70)</sup>ᄒᆞ야 衆<sub>즁</sub>生<sub>ᄉᆡᆼ</sub>이 福<sub>복</sub>田<sub>뎐</sub><sup>71)</sup>이 ᄃᆞ욀씨<sup>72)</sup> 쥬이라 ᄒᆞᄂᆞ닝다【福<sub>복</sub>田<sub>뎐</sub>은 福<sub>복</sub> 바티니 衆<sub>즁</sub>生<sub>ᄉᆡᆼ</sub>이 福<sub>복</sub>이 쥬의 그에셔<sup>73)</sup> 남과<sup>74)</sup> 나디<sup>75)</sup> 바티셔<sup>76)</sup> 남과 ᄀᆞᄐᆞᆯ씨 福<sub>복</sub> 바티라 ᄒᆞ니라<sup>77)</sup>】

---

60) 波羅㮈國 : 바라내국. 바라나시(Varanasi)이다. 중인도 마가다국의 서북쪽에 있는 나라로서 지금의 베나레스 시에 해당한다. 부처님께서 성도한 21일 후, 이 나라의 녹야원(綠野園)에서 처음으로 설법하여 '교진여(僑陳如)' 등 다섯 비구를 제도한 것으로 유명하다.

61) 鹿野苑 : 녹야원. 사르나트(Sarnath)이다. 인도 북부 우타르푸라데시 주(州)의 남동쪽에 바라나 시(市)가 있는데, 바라나 시의 북쪽에 있는 사르나트의 불교 유적이다. 석가모니가 교진여 등 다섯 비구를 위하여 처음으로 설법한 곳이다.

62) 僑陳如 둘 : 僑陳如(교진여 : 인명) # 둘(← 둟ㅎ : 들, 等, 의명) ※ '둟ㅎ(等)'은 명사 뒤에 쓰여서 두 개 이상의 사물을 나열할 때, 그 열거한 사물 모두를 가리키거나, 그 밖에 같은 종류의 사물이 더 있음을 나타내는 의존 명사이다. ※ '僑陳如(교진여)'의 본 이름은 안나콘단냐(阿若憍陳如)이다. 그는 녹야원(鹿野苑)에서 석가의 초전법륜을 듣고 가장 먼저 깨달음을 얻어서 그 자리에서 아라한(阿羅漢)이 되었다.

63) 버거 : ① 벅(버금가다, 다음가다, 次)- + -어(연어) ② [다음으로, 이어서, 次(부사) : 벅(버금가다, 다음가다 : 동사)- + -어(연어 ▷ 부접)]

64) 鬱卑迦葉 : 울비가섭. 마하카시아파(Mahā Kāsyapa)이다. 마하가섭(摩訶迦葉)이라고도 하며 석가모니의 십대 제자 중 한 사람이다. 석가가 죽은 뒤 제자들의 집단을 이끌어 가는 영도자 역할을 해냄으로써 '두타제일(頭陀第一)'이라 불린다.

65) 무 : 무리, 衆(명사)

66) 舍利弗 : 사리불. 사리푸트라(Sāriputra)이다. 석가모니의 십대 제자 가운데 한 사람( ? ~B.C. 486)이다. 십육 나한의 하나로 석가모니의 아들 라훌라의 수계사(授戒師)로 유명하다.

67) 目犍連 : 목건련. 마우드갈리아야나(Maudgalyayana)이다. 석가모니의 십대 제자 가운데 한 사람이다. 마가다의 브라만 출신으로 부처의 교화를 펼치고 신통(神通) 제일의 성예(聲譽)를 얻었다.

68) 사ᄅᆞᆷ들히 : 사ᄅᆞᆷ들ㅎ[사람들 : 사ᄅᆞᆷ(사람, 人) + -들ㅎ(-들 : 복접)] + -이(주조)

69) 神足 : 신족. 신족통(神足通)을 뜻하는데, 자기의 마음대로 날아다닐 수 있는 신통한 힘이다.

70) 自在 : 자재. 저절로 갖추어 있는 것이다. 혹은 속박이나 장애가 없이 마음대로인 것이다.

71) 福田 : 복전. 복을 거두는 밭이라는 뜻으로, '삼보(三寶)'와 '부모'와 '가난한 사람'을 비유적으로 이르는 말이다. 곧, 삼보(佛, 法, 僧)를 공양하고 부모의 은혜에 보답하며 가난한 사람에게 재물을 베풀면 복이 생긴다고 한다.

72) ᄃᆞ욀씨 : ᄃᆞ외(되다, 爲)- + -ㄹ씨(-므로 : 연어, 이유)

73) 쥬의 그에셔 : 쥬(중, 僧) + -의(관조) # 그에(거기에 : 의명) + -셔(-서 : 보조사, 위치 강조) ※ '쥬의 그에셔'는 '중에게서'로 의역한다. ※ '-셔'는 위치, 출발점, 비교를 나타내는 말에 붙어서, 그 뜻을 강조하는 보조사이다.

74) 남과 : 나(나다, 出)- + -ㅁ(←-옴 : 명전) + -과(부조, 비교)

75) 나디 : 낟(곡식, 穀) + -이(주조)

湏達(수달)이 또 묻되, "어찌하여 중이라 하오?"(護彌가) 對答(대답)하되 "부처가 成道(성도)하시거늘, 梵天(범천)이 '轉法(전법)하소서.'라고 請(청)하거늘【轉法(전법)은 法(법)을 굴리는 것이니, 부처가 說法(설법)하시어 世間(세간)에 法(법)이 퍼지어 가므로 '굴렸다'라고 하나니, 說法(설법)하는 것을 轉法(전법)이라고 하느니라.】, 波羅㮈國(바라내국)의 鹿野苑(녹야원)에 가시어, 僑陳如(교진여) 등 다섯 사람을 濟渡(제도)하시며, 다음으로 鬱卑迦葉(울비가섭) 三兄弟(삼형제)의 무리 一千(일천) 사람을 濟渡(제도)하시며, 다음으로 舍利弗(사리불)과 目揵連(목건련)의 무리 五百(오백)을 濟渡(제도)하시니, 이 사람들이 다 神足(신족)이 自在(자재)하여, 衆生(중생)의 福田(복전)이 되므로 중이라고 하오."【福田(복전)은 福(복) 밭이니, 衆生(중생)의 福(복)이 중에게서 나는 것과 곡식이 밭에서 나는 것과 같으므로, 福(복) 밭이라고 하였느니라.】

湏<sub>슝</sub>達<sub>딿</sub>이 이 말 듣고 부텻긔<sup>78)</sup> 發<sub>벓</sub>心<sub>심</sub><sup>79)</sup>을 니르와다<sup>80)</sup> 언제 새어든<sup>81)</sup> 부텨를 가 보ᅀᆞ오려뇨<sup>82)</sup> ᄒ더니 精<sub>졍</sub>誠<sub>쎵</sub>이 고죽ᄒ니<sup>83)</sup> 밤누니<sup>84)</sup> 번ᄒ거늘<sup>85)</sup> 길ᄒᆞᆯ ᄎ자 부텻긔로<sup>86)</sup> 가ᄂᆞᆫ 저긔 城<sub>쎵</sub>門<sub>몬</sub>애 내ᄃᆞ라<sup>87)</sup> 하ᄂᆞᆯ 祭<sub>곙</sub>ᄒ던<sup>88)</sup> ᄯᅡ홀<sup>89)</sup> 보고 절ᄒ다가 忽<sub>훓</sub>然<sub>션</sub>히<sup>90)</sup> 부텨 向<sub>향</sub>ᄒᆞᆫ ᄆᆞᅀᆞ믈 니즈니<sup>91)</sup> 누니

---

76) 바ᄐᆡ셔 : 밭(밭, 田) + -ᄋᆡ(-에 : 부조, 위치) + -셔(-서 : 보조사, 위치 강조)

77) ᄒᆞ니라 : ᄒᆞ(하다, 曰)- + -Ø(과시)- + -니(원칙)- + -라(←-다 : 평종)

78) 부텻긔 : 부텨(부처, 佛)- + -ᄭᅴ(-께 : 부조, 상대, 높임) ※ '-ᄭᅴ'는 [-ㅅ(관조) + 긔(거기에 : 의명)]로 분석되는 파생 조사이다.

79) 發心 : 發心 : 발심. 발보리심(發菩提心)의 준말이다. 불도의 깨달음을 얻고 중생을 제도하려는 마음을 일으키는 것이다.

80) 니르와다 : 니르완[일으키다 : 닐(일어나다, 起)- + -ᄋᆞ(사접)- + -완(강접)-]- + -아(연어)

81) 새어든 : 새(날이 새다, 밝아지다, 明)- + -어든(←-거든 : -거든, 연어, 조건)

82) 보ᅀᆞ오려뇨 : 보(보다, 見)- + -ᅀᆞ(←-ᅀᆞᆸ- : 객높)- + -오(화자)- + -리(미시)- + -어(확인)- + -뇨(-느냐 : 의종, 설명)

83) 고죽ᄒ니 : 고죽ᄒ[올곧다, 골똘하다 : 고죽(불어) + -ᄒ(형접)-]- + -니(연어, 이유)

84) 밤누니 : 밤눈[밤눈 : 밤(밤, 夜) + 눈(눈, 目)] + -이(주조)

85) 번ᄒ거늘 : 번ᄒ[번하다 : 번(번 : 불어) + -ᄒ(형접)-]- + -거늘(연어, 상황) ※ '번ᄒᆞ다'는 어두운 가운데 밝은 빛이 비치어 조금 훤한 것을 이르는 말이다.

86) 부텻긔로 : 부텨(부처, 佛)- + -ᄭᅴ(-께 : 부조, 상대, 높임) + -로(부조, 방향)

87) 내ᄃᆞ라 : 내ᄃᆞᆮ[←내ᄃᆞᆮ다, ᄃᆞᆮ(내닫다) : 나(나다, 現)- + -ㅣ(←-이- : 사접)- + ᄃᆞᆮ(닫다, 달리다, 走)-]- + -아(연어)

88) 祭ᄒ던 : 祭ᄒ[제사하다 : 際(제, 제사 : 명사) + -ᄒ(동접)-]- + -더(회상)- + -ㄴ(관전)

89) ᄯᅡ홀 : ᄯᅡᇂ(땅, 地) + -올(목조)

90) 忽然히 : [홀연히, 뜻하지 않게 갑자기(부사) : 忽然(홀연 : 부사) + -ᄒ(←-ᄒᆞ- : 형접)- + -

도로⁹²⁾ 어듭거늘 제⁹³⁾ 너교딕⁹⁴⁾ 바미 가다가 귓것과⁹⁵⁾ 모딘⁹⁶⁾ 즁싱이⁹⁷⁾ 므싀엽도소니⁹⁸⁾ 므스므라⁹⁹⁾ 바미 나오나뇨¹⁾ ᄒ야 뉘으처²⁾ 도로 오려 ᄒ더니³⁾

須達(수달)이 이 말 듣고 부처께 發心(발심)을 일으켜 "언제쯤 (날이) 새거든 부처를 가서 보겠느냐?" 하더니, 精誠(정성)이 올곧으니 밤눈이 번하거늘 길을 찾아 부처께로 가는 때에, 城門(성문)에 내달아 하늘에 祭(제)하던 땅을 보고 절하다가 忽然(홀연)히 부처를 向(향)한 마음을 잊으니 눈이 도로 어둡거늘, 자기(= 須達)가 여기되 "밤에 가다가 귀신과 모진 짐승이 무서우니 (내가) 무엇 때문에 밤에 나왔느냐?" 하여, 후회하여서 도로 (집으로) 오려 하더니

아래⁴⁾ 제 버디⁵⁾ 주거 하늘해 갯다가⁶⁾ ᄂ려와⁷⁾ 須達ᄋ일⁸⁾ ᄃ려⁹⁾

---

이(부접)]
91) 니즈니 : 닞(잊다, 忘)- + -으니(연어, 이유)
92) 도로 : [도로, 반대로, 逆(부사) : 돌(돌다, 回)- + -오(부접)]
93) 제 : 저(자기, 己 : 인대, 재귀칭) + -ㅣ(←-이 : 주조)
94) 너교딕 : 너기(여기다, 念)- + -오딕(-되 : 연어, 설명 계속)
95) 귓것과 : 귓것[귀신, 鬼 : 귀(귀신, 鬼) + -ㅅ(관조, 사잇) + 것(의명)] + -과(접조)
96) 모딘 : 모디(← 모딜다 : 모질다, 惡)- + -Ø(현시)- + -ㄴ(관전)
97) 즁싱이 : 즁싱(짐승, 獸) + -이(주조)
98) 므싀엽도소니 : 므싀엽[무섭다 : 므싀(무서워하다 : 동사)- + -엽(←-업- : 형접)-]- + -돗(감동)- + -오(화자)- + -니(연어, 설명 계속)
99) 므스므라 : [무슨 까닭으로, 왜, 何(부사) : 므슴(무엇, 何 : 지대) + -으라(부접)]
 1) 나오나뇨 : 나오[나오다 : 나(나다, 出)- + -Ø(←-아 : 연어) + 오(오다, 來)-]- + -Ø(과시)- + -Ø(←-오- : 화자)- + -나(←-거- : 확인)- + -뇨(-느냐 : 의종, 설명)
 2) 뉘으처 : 뉘읓(후회하다, 뉘우치다, 悔)- + -어(연어)
 3) 오려 ᄒ더니 : 오(오다, 來)- + -려(←-오려 : 연어, 의도) # ᄒ(하다, 爲 : 보용, 의도)- + -더(회상)- + -니(연어, 설명 계속)
 4) 아래 : 아래(예전, 昔 : 명사) + -Ø(←-애 : -에, 부조, 위치)
 5) 버디 : 벋(벗, 友) + -이(주조)
 6) 갯다가 : 가(가다, 去)- + -Ø(←-아 : 연어) + 잇(← 이시다 : 보용, 완료 지속)- + -다가(연어, 전환) ※ '갯다가'는 '가 잇다가'가 축약된 형태이다.
 7) ᄂ려와 : 나려오[내려오다 : ᄂ리(내리다, 降)- + -어(연어) + 오(오다, 來)-]- + -아(연어)
 8) 須達일 : 須達이[수달이 : 須達(수달 : 인명) + -이(접미, 어조 고름)] + -ㄹ(←-를 : -에게, 목조, 보조사적 용법) ※ '須達일 ᄃ려'는 '須達(수달)이에게'로 의역하여 옮긴다.
 9) ᄃ려 : ᄃ리(데리다, 同伴)- + -어(연어)

닐오디 須<sub>슝</sub>達<sub>딿</sub>이<sup>10)</sup> 뉘웃디<sup>11)</sup> 말라<sup>12)</sup> 내 아랫 네 버디라니<sup>13)</sup> 부텻 法<sub>법</sub> 들ᄌᆞᄫᆞᆫ<sup>14)</sup> 德<sub>득</sub>으로 하늘해 나아<sup>15)</sup> 門<sub>몬</sub>神<sub>씬</sub>이<sup>16)</sup> ᄃᆞ외야 잇노니<sup>17)</sup> 【門<sub>몬</sub>神<sub>씬</sub>은 門<sub>몬</sub>ㅅ 神<sub>씬</sub>靈<sub>령</sub>이라】 네 부텨를<sup>18)</sup> 가 보ᅀᆞᄫᆞ면<sup>19)</sup> 됴ᄒᆞᆫ 이리 그지업스리라<sup>20)</sup> 四<sub>ᄉᆞᆼ</sub>天<sub>텬</sub>下<sub>행</sub><sup>21)</sup>애 ᄀᆞ득ᄒᆞᆫ 보ᄇᆡ를 어더도<sup>22)</sup> 부텨 向<sub>향</sub>ᄒᆞᅀᆞᄫᅡ<sup>23)</sup> ᄒᆞᆫ 거름<sup>24)</sup> 나소<sup>25)</sup> 거룸 만<sup>26)</sup> 몯ᄒᆞ니라 須<sub>슝</sub>達<sub>딿</sub>이 그 말 듣고 더욱 깃거 다시 ᄭᆡᄃᆞ라<sup>27)</sup> 世<sub>솅</sub>尊<sub>존</sub>을 念<sub>념</sub>ᄒᆞᅀᆞᄫᆞ니<sup>28)</sup> 누니 도로 ᄇᆞᆰ거늘<sup>29)</sup> 길흘<sup>30)</sup> ᄎᆞ자 世<sub>솅</sub>尊<sub>존</sub>ᄭᅴ 가니라<sup>31)</sup>

---

10) 須達이 : 須達이[수달이 : 須達(인명 : 명사) + -이(접미, 어조 고름)] + -∅(←-이 : 주조)

11) 뉘웃디 : 뉘웃(← 뉘웇다 : 후회하다, 뉘우치다, 悔)- + -디(-지 : 연어, 부정)

12) 말라 : 말(말다, 勿 : 보용, 부정)- + -라(명종)

13) 버디라니 : 벋(벗, 友) + -이(서조)- + -라(←-다 ← -더- : 회상)- + -∅(←-오- : 화자)- + -니(연어, 설명 계속)

14) 들ᄌᆞᄫᆞᆫ : 들(듣다, 聞)- + -ᄌᆞᇦ(←-ᄌᆞᆸ- : 객높)- + -∅(과시)- + -은(←-ᄋᆞᆫ : 관전) ※ '들ᄌᆞᄫᆞᆫ'은 '들ᄌᆞᄫᆞᆫ'을 오기한 형태이다.

15) 나아 : 나(나다, 出)- + -아(연어)

16) 門神이 : 門神(문신) + -이(보조) ※ '門神(문신)'은 문을 지키는 귀신이다.

17) 잇노니 : 잇(← 이시다 : 있다, 보용, 완료 지속)- + -ᄂᆞ(←-ᄂᆞ- : 현시)- + -오(화자)- + -니(연어, 설명 계속)

18) 부텨를 : 부텨(부처, 佛) + -를(-에게 : 목조, 보조사적 용법)

19) 보ᅀᆞᄫᆞ면 : 보(보다, 見)- + -ᅀᆞᇦ(←-ᅀᆞᆸ- : 객높)- + -ᄋᆞ면(연어, 조건)

20) 그지업스리라 : 그지없[그지없다, 끝이 없다 : 그지(끝, 限 : 명사) + 없(없다, 無 : 형사)-]- + -으리(미시)- + -라(←-다 : 평종)

21) 四天下 : 사천하. 수미산을 중심으로 한 사방의 세계이다. 남쪽의 섬부주(贍部洲), 동쪽의 승신주(勝神洲), 서쪽의 우화주(牛貨洲), 북쪽의 구로주(俱盧洲)이다.

22) 어더도 : 얻(얻다, 得)- + -어도(연어, 양보)

23) 向ᄒᆞᅀᆞᄫᅡ : 向ᄒᆞ[향하다 : 向(향 : 불어) + -ᄒᆞ(동접)-]- + -ᅀᆞᇦ(←-ᅀᆞᆸ- : 객높)- + -아(연어)

24) 거름 : [걸음 : 걸(← 걷다, ㄷ불 : 걷다, 步, 동사)- + -음(명접)]

25) 나소 : [나아가서(부사) : 낫(← 낫다, ㅅ불 : 나아가다, 進)- + -오(사접)- + -∅(부접)]

26) 거룸 만 : 걸(← 걷다, ㄷ불 : 걷다, 步)- + -움(명전) # 만(의명, 비교)

27) ᄭᆡᄃᆞ라 : ᄭᆡᄃᆞᆯ(← ᄭᆡᄃᆞᆮ다, ㄷ불 : 깨닫다, 悟)- + -아(연어)

28) 念ᄒᆞᅀᆞᄫᆞ니 : 念ᄒᆞ[염하다, 깊이 생각하다 : 念(염 : 명사) + -ᄒᆞ(동접)-]- + -ᅀᆞᇦ(←-ᅀᆞᆸ- : 객높)- + -ᄋᆞ니(연어, 이유)

29) ᄇᆞᆰ거늘 : ᄇᆞᆰ(밝아지다, 밝다 : 동사, 형사)- + -거늘(연어, 상황) ※ 'ᄇᆞᆰ다'는 동사(= 밝아지다)와 형용사(= 밝다)로 두루 쓰이는데, 여기서는 문맥상 '밝아지다'로 옮긴다.

30) 길흘 : 길ㅎ(길, 路) + -을(목조)

31) 가니라 : 가(가다, 去)- + -∅(과시)- + -니(원칙)- + -라(←-다 : 평종)

예전에 자기(= 湏達)의 벗이 죽어 하늘에 가 있다가 내려와, 湏達(수달)이에게 이르되, "湏達(수달)이 후회하지 마라. 내가 예전의 너의 벗이더니 부처의 法(법)을 들은 德(덕)으로 하늘에 나서 門神(문신)이 되어 있으니【門神(문신)은 門(문)의 神靈(신령)이다.】, 네가 부처께 가 (부처를) 보면 좋은 일이 그지없으리라. 四天下(사천하)에 가득한 보배를 얻어도 부처를 향하여 한 걸음을 나아가 걷는 것만 못하니라. 湏達(수달)이 그 말을 듣고 더욱 기뻐하여 다시 깨달아 世尊(세존)을 念(염)하니 눈이 도로 밝아지거늘, 길을 찾아 世尊(세존)께 갔나라.

---

世솅尊존이 湏숭達땋이 올 뜰³²⁾ 아르시고 밧긔³³⁾ 나아 걷니더시니³⁴⁾ 湏숭達땋이 브라숩고³⁵⁾ 몯내³⁶⁾ 과ᄒᆞᅀᄫᅡ³⁷⁾ ᄒᆞᄃᆡ 부텨 뵈ᅀᆞᆫᄂᆞᆫ³⁸⁾ 禮롕數숭³⁹⁾를 몰라 바ᄅᆞ⁴⁰⁾ 드러⁴¹⁾ 묻ᄌᆞᄫᅩᄃᆡ 瞿꿍曇땀⁴²⁾ 安ᅙᅡᆫ否뿔ㅣ 便뼌安ᅙᅡᆫᄒᆞ시니잇가⁴³⁾ ᄒᆞ더니 世솅尊존이 방석 주어 안치시니라⁴⁴⁾ 그 ᄢᅴ 首슐陁땅會ᅘᅬᆼ天텬⁴⁵⁾이【首슐陁땅會ᅘᅬᆼ天텬은 淨쪙居겅天텬이라】湏숭達땋이 버릇업순 주를⁴⁶⁾ 보고 네 사ᄅᆞ미 ᄃᆞ외야 와 世솅尊존ᄭᅴ

---

32) 올 뜰 : 오(오다, 來)- + -ㄹ(관전) # ᄠ(← ᄃᆞ : 것, 줄, 의명) + -을(목조)

33) 밧긔 : 밧(밖, 外) + -의(-에 : 부조, 위치)

34) 걷니더시니 : 걷니[거닐다, 걸어다니다, 步行 : 걷(걷다, 步)- + 니(다니다, 가다, 行)-]- + -더(회상)- + -시(주높)- + -니(연어, 설명 계속)

35) 브라숩고 : 브라(바라보다, 쳐다보다, 望)- + -숩(객높)- + -고(연어, 나열)

36) 몯내 : [못내, 이루다 말할 수 없이(부사) : 몯(못, 不 : 부사, 부정) + -내(접미)]

37) 과ᄒᆞᅀᄫᅡ : 과ᄒᆞ(칭찬하다, 讚)- + -ᅀᆞᇦ(← -ᅀᆞᆸ- : 객높)- + -아(연어)

38) 뵈ᅀᆞᆫᄂᆞᆫ : 뵈[뵙다, 謁見 : 보(보다, 見 : 타동)- + -ㅣ(← -이- : 사접)]- + -ᅀᆞᇦ(객높)- + -ᄂᆞ(현시)- + -ㄴ(관전)

39) 禮數 : 예수. 명성이나 지위에 알맞은 예의와 대우이다.

40) 바ᄅᆞ : [바로, 直(부사) : 바ᄅᆞ(바르다, 直 : 형사)- + -Ø(부접)]

41) 드러 : 들(들다, 入)- + -어(연어)

42) 瞿曇 : 구담. 석가모니의 전생의 성씨이다.

43) 便安ᄒᆞ시니잇가 : 便安ᄒᆞ[편안하다 : 便安(편안 : 명사) + -ᄒᆞ(형접)-]- + -시(주높)- + -잇(← -이- : 상높, 아높)- + -니…가(-니까 : 의종, 판정)

44) 안치시니라 : 안치[앉히다 : 앉(앉다, 坐)- + -히(사접)-]- + -시(주높)- + -Ø(과시)- + -니(원칙)- + -라(← -다 : 평종)

45) 首陁會天 : 수타회천. 색계(色界)의 제사(第四) 선천(禪天)에 구천(九天)이 있는데, 이 구천 중에서 불환과(不還果)를 증득(證得)한 성인(聖人)이 나는 하늘이다. 무번천(無煩天), 무열천(無熱天), 선현천(善現天), 선견천(善見天), 색구경천(色究竟天)의 다섯 하늘, 곧 오정거천(五淨居天)이라고도 한다. 여기서는 수타회천(首陁會天)을 주관하는 천신을 이른다.

46) 버릇업순 주를 : 버릇없[버릇없다, 無禮 : 버릇(버릇, 禮) + 없(없다, 無)-]- + -Ø(현시)- + -

禮롕數숭ᄒᆞ숩고 ᄭᅮ러[47] 安한否불 묻ᄌᆞᆸ고 올ᄒᆞ녀그로[48] 세 븐[49] 값도숩고[50] ᄒᆞ녀긔[51] 앉거늘 그제ᅀᅡ[52] 湏슝達ᅇᅩᆯ이 섫우ᅀᆞᄫᅡ[53] 恭공敬경ᄒᆞ숩논 法법이 이러ᄒᆞᆫ 거시로다[54] ᄒᆞ야 즉자히 다시 니러 네 사ᄅᆞᆷ ᄒᆞ논 양ᄋᆞ로[55] 禮롕數숭ᄒᆞ숩고 ᄒᆞ녀긔 안ᄌᆞ니라[56] 그 ᄢᅴ[57] 世솅尊존이 湏슝達ᅇᅩᆯ이 위ᄒᆞ야 四ᄉᆞᆼ諦뎽法법[58]을 니르시니 듣ᄌᆞᆸ고 깃ᄉᆞᄫᅡ[59] 湏슝陁땅洹ᅘᅯᆫ[60]을 일우니라[61]

世尊(세존)이 湏達(수달)이 올 것을 아시고 밖에 나와 거니시더니 湏達(수달)이 바라보고 못내 칭찬하여 하되, (수달이) 부처를 뵙는 禮數(예수)를 몰라서 바로 들어가서 묻되, "瞿曇(구담)이 安否(안부)가 便安(편안)하십니까?" 하더니, 世尊(세존)이 방석을

---

우(대상)- + -ㄴ(관전) # 줄(줄, 것 : 의명) + -을(목조)

47) ᄭᅮ러 : ᄭᅮᆯ(꿇다, 屈)- + -어(연어)

48) 올ᄒᆞ녀그로 : 올ᄒᆞ녁[오른쪽, 右 : 옳(옳다, 오른쪽이다, 是, 右 : 형사)- + -ᄋᆞᆫ(관전▷관접) + 녁(녘, 쪽 : 의명)] + -ᄋᆞ로(부조, 방향)

49) 세 븐 : 세(세, 三 : 관사, 양수) # 븐(번, 차례 : 의명)

50) 값도숩고 : 값도[← 값돌다(감돌다) : 값(← 감다 : 감다)- + -도(← 돌다 : 돌다, 回)-]- + -ᄉᆞᆸ(객높)- + -고(연어, 나열)

51) ᄒᆞ녀긔 : ᄒᆞ녁[← ᄒᆞ녁(한쪽) : ᄒᆞ(← ᄒᆞᆫ : 한, 一, 관사) + 녁(녘, 쪽 : 의명)] + -의(-에 : 부조, 위치)

52) 그제ᅀᅡ : 그제[그때에(부사) : 그(그, 彼 : 관사) + 제(제, 때 : 의명)] + -ᅀᅡ(-야 : 보조사, 한정 강조) ※ '제'는 '때'를 나타내는 의존 명사인데, [적(적, 時 : 의명) + -의(부조, 위치)]이 줄어진 형태이다.

53) 섫우ᅀᆞᄫᅡ : 섫우(부끄러워하다, 서러워하다, 恥)- + -ᅀᆞᆸ(← -ᅀᆞᆸ- : 객높)- + -아(연어) ※ '섫우다'는 문맥상 '부끄러워하다'로 옮긴다.

54) 거시로다 : 것(것 : 의명) + -이(서조)- + -Ø(현시)- + -로(← -도- : 감동)- + -다(평종)

55) ᄒᆞ논 양ᄋᆞ로 : ᄒᆞ(하다, 爲)- + -ㄴ(← -ᄂᆞ- : 현시)- + -오(대상)- + -ㄴ(관전) # 양(양 : 의명) + -ᄋᆞ로(부조, 방편)

56) 안ᄌᆞ니라 : 앉(앉다, 坐)- + -Ø(과시)- + -ᄋᆞ니(원칙)- + -라(← -다 : 평종)

57) ᄢᅴ : ᄢᅴ(← ᄢᅳ : 때, 時) + -의(-에 : 부조, 위치)

58) 四諦法 : 사제법. 부처님께서 녹야원에서 처음 설법하실 때 하신 가르침으로서, 영원히 변하지 않는 네 가지 성스러운 진리이다. 네 가지 진리는 '고제(苦諦), 집제(集諦), 멸제(滅諦), 도제(道諦)'를 이른다.

59) 깃ᄉᆞᄫᅡ : 깄(← 깄다 : 기뻐하다, 歡)- + -ᄉᆞᆸ(← -ᄉᆞᆸ- : 객높)- + -아(연어)

60) 湏陁洹 : 수타환. 성문 사과(聲聞四果)의 첫째로서, 무루도(無漏道)에 처음 참례하여 들어간 증과(證果)이다. 곧 사제(四諦)를 깨달아 욕계(欲界)의 '탐(貪), 진(瞋), 치(癡)'의 삼독(三毒)을 버리고 성자(聖者)의 무리에 들어가는 성문(聲聞)의 지위이다.

61) 일우니라 : 일우[이루다(타동) : 일(이루어지다, 成 : 자동)- + -우(사접)-]- + -Ø(과시)- + -니(원칙)- + -라(← -다 : 평종)

주어 앉히셨느니라. 그때에 首陁會天(수타회천)이 【首陁會天(수타회천)은 淨居天(정거천)이다.】 湏達(수달)이 버릇없는 것을 보고, 네 사람이 되어 와서 世尊(세존)께 禮數(예수)하고 (무릎을) 꿇어 安否(안부) 묻고 오른쪽으로 세 번 감돌고 한쪽에 앉거늘, 그제야 湏達(수달)이 부끄러워하여 "恭敬(공경)하는 法(법)이 이러한 것이구나." 하여, 즉시 다시 일어나 네 사람이 하는 양으로 禮數(예수)하고 한쪽에 앉았느니라. 그때 世尊(세존)이 湏達(수달)이를 위하여 四諦法(사제법)을 이르시니, (湏達이) 듣고 기뻐하여 湏陁洹(수타환)을 이루었느니라.

# 4. 월인천강지곡

　1446년(세종 28)에 세종의 왕비인 소헌왕후(昭憲王后)가 사망했다. 세종은 그녀의 명복을 빌기 위하여 수양대군(훗날의 세조)에게 명하여 석가모니불의 연보인 『석보상절』(釋譜詳節)을 엮게 하였다. 세종은 수양대군이 지어 올린 『석보상절』을 읽고서 석보상절의 내용에 맞추어서 석가모니 찬가를 지었는데, 이 책이 『월인천강지곡』(月印千江之曲)이다. 이 책의 제목인 『월인천강지곡』은 부처가 나서 교화한 자취를 칭송한 노래라는 뜻이다.

[ 월인천강지곡 ]

　『월인천강지곡』은 세종 29년에서 세종 30년 사이에 간행된 것으로 추정하고 있다. 이 책은 원래 상·중·하 3권에 580여 수의 노래가 수록되어 있었는데, 현재 상권 1책과 중권의 낙장만 전한다.

　이 책의 표기법과 관련하여 몇 가지 특징적인 것을 들어 보면 다음과 같다.

　첫째, 이 책은 '형태 음소적인 표기법'이 많이 나타난다. 당시의 문헌에 실린 글은 거의 대부분 소리나는 대로 적는 것이 일반적이었다. 그러나 『월인천강지곡』에는 형태소의 기본 형태를 밝혀서 적거나 형태소의 경계를 구분하여 적은 예가 많았다.

(1) ㄱ. 눈에, 손ᄋ로 ; 일울, 믈이 ; 꿈을, 몸이 ; 좋울, 딮동울 ; 줌을
ㄴ. 안아, 안ᄋ시니이다 ; 담아, 감아늘

(2) 낮과, 곶우휜, 곶비, 맞나며, 깊거다

결과적으로 『월인천강지곡』에서는 현대의 〈한글 맞춤법〉에서 채택하고 있는 '형태 음소적 표기법'을 일부 적용한 것으로 볼 수 있다.

둘째, 다른 문헌이 한자로만 적거나 한자를 앞세우고 그 밑에 한글로 음을 단 것에 반하여 이 책은 한글을 앞세우고 그 밑에 한자를 다는 표기법을 택했다.

(3) 셰$_{世}$존$_{尊}$ㅅ 일 술보리니 먼$_{萬}$리$_{里}$ 외$_{外}$ㅅ 일이시나 눈에 보논가 너기ᅀᄫᆞ쇼셔

셋째, 한자음을 표기할 때 종성(終聲)이 없는 자리에 소리값이 없는 'ㅇ' 글자를 붙이던 당시의 일반적인 한자음 표기법을 볼 수 없다.

(4) 셰$_{世}$존$_{尊}$ㅅ 일 술보리니 먼$_{萬}$리$_{里}$ 외$_{外}$ㅅ 일이시나 눈에 보논가 너기ᅀᄫᆞ쇼셔

넷째, 평서형이나 의문형으로 실현되는 서술어가 반말의 종결 어미인 '-으니'나 '-으리'로 끝맺는 경우가 많다.

(5) ㄱ. 오$_{五}$빅$_{百}$ 젼$_{前}$셰$_{世}$ 윈$_{怨}$슝$_{讐}$ㅣ 나랏 쳔 일버사 정$_{精}$샤$_{舍}$룰 디나아가니
ㄴ. 외$_{巍}$외$_{巍}$ 셕$_{釋}$가$_{迦}$뿅$_{佛}$ 무$_{無}$량$_{量}$무$_{無}$변$_{邊}$ 공$_{功}$득$_{德}$을 겁$_{劫}$겁$_{劫}$에 어느 다 슬ᄫᅳ리

(5)의 (ㄱ)에서 '디나아가니'는 반말의 평서형 종결 어미인 '-니'로 문장을 끝맺었으며, (ㄴ)에서 '슬ᄫᅳ리'는 반말의 의문형 종결 어미인 '-리'로 문장을 끝맺었다. 이러한 종결 형식은 '-이다'나 '-잇가' 등이 생략된 표현으로 볼 수도 있다.

# 웛<sub>月</sub>힌<sub>印</sub>쳔<sub>千</sub>강<sub>江</sub>지<sub>之</sub>콕<sub>曲</sub> 샹<sub>上</sub>

## 끠<sub>其</sub>힗<sub>一</sub>

---

외<sub>巍</sub>외<sub>巍</sub><sup>1)</sup> 셕<sub>釋</sub>가<sub>迦</sub>뿛<sub>佛</sub> 무<sub>無</sub>량<sub>量</sub>무<sub>無</sub>변<sub>邊</sub><sup>2)</sup> 공<sub>功</sub>득<sub>德</sub><sup>3)</sup>을 겁<sub>劫</sub>겁<sub>劫</sub><sup>4)</sup>에 어느<sup>5)</sup> 다 슬븅리<sup>6)</sup>

---

巍巍(외외) 석가불(釋迦佛)의 무량무변(無量無邊) 공덕(功德)을 겁겁(劫劫)에 어찌 다 사뢰리?

【 내용 풀이 】 높고 높은 석가불(釋迦佛)의 헤아릴 수 없이 많고 가없이 넓은 공덕(功德)을 아무리 오랜 시간일지라도 어찌 다 사뢰리? '기일(其一)'은 석가모니의 큰 공덕을 기리고자 하여 글 머리에 적은 부분이다.

## 끠<sub>基</sub>싀<sub>二</sub>

---

세<sub>世</sub>존<sub>尊</sub>ㅅ 일 슬보리니<sup>7)</sup> 먼<sub>萬</sub>리<sub>里</sub> 외<sub>外</sub>ㅅ<sup>8)</sup> 일이시나<sup>9)</sup> 눈에 보논가<sup>10)</sup>

---

1) 외외 : 외외(巍巍). 산 따위가 높고 우뚝하다. 인격이 높고 뛰어난 것을 비유하는 말이다.
2) 무량무변 : 무량무변(無量無邊). 헤아릴 수 없이 많고 가없이 넓은 것이다.
3) 공득 : 공덕(功德). 좋은 일을 행한 덕으로 훌륭한 결과를 가져오게 하는 능력이다.
4) 겁 : 겁(劫). 하늘과 땅이 한 번 개벽할 때부터 다음 개벽할 때까지의 동안이란 뜻으로, '지극히 길고 오랜 시간을 일컫는 말. ※ '겁겁(劫劫)'은 아주 오랜 시간을 이른다.
5) 어느 : 어찌, 何(부사) ※ '어느'는 문맥에 따라서 부사, 관형사, 대명사로 쓰이는데, 여기서는 '어느'가 동사구인 '다 슬븅리'를 수식하므로 부사로 쓰였다.
6) 슬븅리 : 숣(← 숣다, ㅂ불 : 사뢰다, 아뢰다, 奏)- + -ㅇ리(의종, 반말, 미시)
7) 슬보리니 : 숣(← 숣다, ㅂ불 : 사뢰다, 奏)- + -오(화자)- + -리(미시)- + -니(연어, 설명 계속)
8) 먼리 외ㅅ : 먼리(만리, 萬里) # 외(외, 外 : 밖) + -ㅅ(-의 : 관조)
9) 일이시나 : 일(일, 事) + -이(서조)- + -시(주높)- + -나(연어, 대조)
10) 보논가 : 보(보다, 見)- + -ㄴ(← -ᄂ- : 현시)- + -오(화자)- + -ㄴ가(-ㄴ가 : 의종, 판정) ※ 보는 행위의 주체는 2인칭인 '그디' 혹은 '너'이지만 이 문장에 화자 표현의 선어말 어미인 '-오-'가 실현되었다. 이는 말하는 이가 듣는 이의 입장에서 일을 표현한 것이다. 곧 '네 세존ㅅ 일을 네 눈에 보논가'의 문장에서 '너'를 '나'로 바꾸어서 '내 세존ㅅ 일을 내 눈에 보논가'로 표현한 것이다.

너기ᅀᆞᄫᆞ쇼셔[11]

　셰世존尊ㅅ 말 ᄉᆞᆯᄫᅩ리니 쳔千지載 썅上ㅅ[12] 말이시나 귀예 듣ᄂᆞᆫ가 너기ᅀᆞᄫᆞ
쇼셔

세존의 일을 사뢰리니 만 리 밖의 일이시나 (그 일을 내) 눈에 보는가 여기소서.
세존의 말을 사뢰리니 천 년 전의 말이시나 (그 말을 내) 귀에 듣는가 여기소서.

【 내용 풀이 】 월인천강지곡의 이 글은 우리나라에서 수천 리 떨어져 있는 인도에서 태어
나신 석가 세존이 수천 년 전에 말씀하신 것을 기록하였다. 석가 세존의 공덕이 너무나 크고
생생하여서, 마치 듣는 이 자신이 직접 보고 직접 듣는 것처럼 여겨야 한다.

# 끠其삼三

　하阿ᄉᆞᆼ僧끠祇[13] 쪈前셰世 겁劫에 님금 위位ㄹ ᄇᆞ리샤 졍精샤舍[14]애 안잿더시
니[15]

　오五ᄇᆡᆨ百 쪈前셰世 훤怨ᄲᅮᆸ讐ㅣ 나랏 쳔[16] 일버ᅀᅡ[17] 졍精샤舍ᄅᆞᆯ 디나아가니[18]

아승기(阿僧祇) 전세(前世)의 겁(劫)에 임금의 자리(位)를 버리시어 정사(精舍)에 앉
아 있으시더니.
오백 전세(前世)의 원수(怨讐)가 나라의 재물을 훔치어 정사(精舍)를 지나갔으니.

【 내용 풀이 】 석가모니가 이 세상에 태어나기 몇 수십만 겁(劫) 이전 세상에 있을 때의

---

11) 너기ᅀᆞᄫᆞ쇼셔 : 너기(여기다, 思)＋－ᅀᆞᇦ(←－ᇫᆸ－ : 객높)－＋－ᄋᆞ쇼셔(－ᄋᆞ소서 : 명종, 아높)
12) 쳔지 썅ㅅ : 쳔지(천재, 千載 : 천년)＃썅(상, 上 : 위)＋－ㅅ(－의 : 관조)
13) 하ᄉᆞᆼ끠 : 아승기(阿僧祇). 엄청나게 많은 수로서 10의 64승의 수에 해당한다.
14) 졍샤 : 정사(精舍). 학문을 가르치기 위하여 마련한 집이나 정신을 수양하는 곳(절)이다.
15) 안잿더시니 : 앉(앉다, 坐)－＋－아(연어)＋잇(← 이시다 : 있다, 보용, 완료 지속)－＋－더(회
　　상)－＋－시(주높)－＋－니(평종, 반말) ※ '안잿더시니'는 '안자 잇더시니'가 축약된 형태이다.
16) 나랏 쳔 : 나라(← 나라ㅎ : 나라, 國)＋－ㅅ(－의 : 관조)＃쳔(재물, 財)
17) 일버ᅀᅡ : 일벗(← 일벗다, ㅅ불 : 훔치다, 竊)－＋－아(연어)
18) 디나아가니 : 디나아가[지나가다 : 디나(지나다, 過)－＋－아(연어)＋가(가다, 去)－]－＋－∅(과
　　시)－＋－니(평종, 반말)

이야기이다. 한 보살(菩薩)[19]이 임금이 되었다가 그 나라를 자기 동생에게 맡기고 구담(瞿曇) 바라문(婆羅門)에게서 도를 배웠다. 그 보살이 구담씨와 옷을 바꿔 입고 있었으므로, 다른 사람들이 그 전의 임금인 줄 모르고 소구담(小瞿曇)이라 불렀다. 소구담은 성 밖의 감자원(甘蔗園)에 정사(亭舍)를 짓고 혼자 도를 닦느라 앉아 있었다.

때마침 도둑 오백 명이 나라의 재물을 훔쳐서 정사 앞으로 지나간 일이 있었는데, 이 도둑들은 바로 보살과 오백 겁 전 세상의 원수였다. 그 이튿날 관청에서 도둑의 뒤를 밟아 감자원의 정사까지 와서 소구담을 도둑인 줄 알고 소구담을 잡아서 나무에 매어 두었다.

## 其[其]수[四]

> 형[兄]님을 모를씨[20] 발자쵤[21] 바다[22] 남기[23] 뻬여[24] 셩[性]명[命][25]을 ᄆᆞᄎᆞ시니[26]
>
> ᄌᆞ식[子息] 업스실씨[27] 몸앳[28] 필[29] 뫼화[30] 그르세 담아 남[男]녀[女]를 내ᅀᆞᄫᅵ니[31]

(보살의 동생이) 형(兄)님을 모르므로 (도적의) 발자취를 쫓아 (소구담이) 나무에 꿰여 성명(性命)을 마치셨으니.

(소구담이) 자식(子息)이 없으시므로 몸에 있는 피를 모아 그릇에 담아 남녀(男女)를 내었으니.

---

19) 보살 : 보살(菩薩). 범어로 '보리살타(Bodhisattva)'라고 이른다. 대승 불교의 이상적 수행자 상으로서, 위로 보리를 구하고 아래로 중생을 제도하는 수행자이다.

20) 모를씨 : 모ᄅᆞ(모르다, 不知)- + -ㄹ씨(-므로 : 연어, 이유)

21) 발자쵤 : 발자쵀[발자취 : 발(발, 足) + 자쵀(자취, 跡)] + -ㄹ(←-를 : 목조)

22) 바다 : 받(따르다, 쫓다, 從)- + -아(연어)

23) 남기 : 낡(←나모 : 나무, 木) + -이(-에 : 부조, 위치)

24) 뻬여 : 뻬(꿰이다, 꿰어지다, 貫)- + -여(←-어 : 연어) ※ '뻬다'는 자동사(= 꿰이다)와 타동사(= 꿰다)로 두루 쓰이는 능격 동사인데, 여기서는 자동사(= 꿰이다)로 쓰였다.

25) 셩명 : 성명(性命). 이미 내려진 천명(天命)이다.

26) ᄆᆞᄎᆞ시니 : 몿(마치다, 終)- + -ᄋᆞ시(주높)- + -Ø(과시)- + -니(평종, 반말)

27) 업스실씨 : 없(없다, 無)- + -으시(주높)- + -ㄹ씨(-므로 : 연어, 이유)

28) 몸앳 : 몸(몸, 身) + -애(-에 : 부조, 위치) + -ㅅ(-의 : 관조) ※ '몸앳'은 '몸에 있는'으로 의역하여 옮긴다.

29) 필 : 피(피, 血) + -ㄹ(←-를 : 목조)

30) 뫼화 : 뫼호(모으다, 集)- + -아(연어)

31) 내ᅀᆞᄫᅵ니 : 내[내다, 만들어내다, 製 : 나(나다, 出)- + -ㅣ(←-이- : 사접)-]- + -ᅀᆞ(←-ᅀᆞᆸ- : 객높)- + -Ø(과시)- + -ᄋᆞ니(평종, 반말)

【 내용 풀이 】 보살의 동생이 보살의 뒤를 이어 임금이 되었다. 보살이 스승인 구담(瞿曇) 바라문(婆羅門)과 옷을 바꾸어 입었으므로, 새 임금(보살의 동생)이 형님인 보살을 관청 물건을 훔친 도둑인 줄 잘못 알고 신하를 보내어 쏘아 죽였다.

보살의 스승인 대구담(大瞿曇)이 이러한 사실을 신통력으로써 알았다. 대구담은 보살이 자식도 없이 억울하게 죽은 것을 불쌍하게 여겨서, 죽은 보살의 피를 한 그릇은 오른쪽에 또 한 그릇은 왼쪽에 담아 놓고 신통한 재주를 부렸다. 그랬더니 열 달 만에 왼쪽 피는 남자가 되고, 오른쪽 피는 여자가 되었다. 이 두 남녀를 구담씨(瞿曇氏)라는 성(姓)을 붙여 불렀는데, 구담씨는 곧 석가씨의 전 세상의 성(姓)이다.

# 끠<sub>其</sub>오<sub>五</sub>

---

어엿브신<sup>32)</sup> 명<sub>命</sub>죵<sub>終</sub> <sup>33)</sup>에 감<sub>甘</sub>쟈<sub>蔗</sub>씨<sub>氏</sub> <sup>34)</sup> 니ᅀᅳ샤ᄆᆞᆯ<sup>35)</sup> 때<sub>大</sub>꾸<sub>瞿</sub>땀<sub>曇</sub> <sup>36)</sup>이 일우니이다<sup>37)</sup>

아ᄃᆞᆨᄒᆞᆫ 훙<sub>後</sub>셰<sub>世</sub>예 셕<sub>釋</sub>가<sub>迦</sub>뿛<sub>佛</sub> ᄃᆞ외싫 둘<sup>38)</sup> 포<sub>普</sub>광<sub>光</sub>뿛<sub>佛</sub> <sup>39)</sup>이 니ᄅᆞ시니이다<sup>40)</sup>

---

불쌍하신 명종(命終)에 감자씨(甘蔗氏)가 (代를) 이으심을 대구담(大瞿曇)이 이루었습니다.

아득한 후세(後世)에 석가불(釋迦佛)이 되실 것을 보광불(普光佛)이 이르셨습니다.

---

32) 어엿브신 : 어엿브(불쌍하다, 가엾다, 憐)- + -시(주높)- + -Ø(현시)- + -ㄴ(관전)

33) 명죵 : 명종(命終). 목숨을 마치는 것이다.

34) 감쟈씨 : 감쟈씨(감자씨, 甘蔗氏) + -Ø(←-이 : 주조) ※ '감쟈씨(甘蔗氏)'는 아주 오래 전의 세상에 석가 종족의 조상인 소구담(小瞿曇)의 피가 변화하여 되었다는 남자의 성(姓)이다. 소구담이 감자원(사탕수수 밭)에서 살았으므로 '감자씨'라고 한다.

35) 니ᅀᅳ샤ᄆᆞᆯ : 닝(←닛다, ㅅ불 : 잇다, 承)- + -ᄋᆞ샤(←-ᄋᆞ시- : 주높)- + -ㅁ(←-옴 : 명전) + -ᄋᆞᆯ(목조)

36) 때꾸땀 : 대구담(大瞿曇). 석가모니의 전신인 보살(菩薩)이 정사(精舍)에서 수도할 때에, 보살에게 가르침을 주던 구담(瞿曇) 바라문(婆羅門)이다.

37) 일우니이다 : 일우[이루다, 成(타동) : 일(이루어지다 : 자동)- + -우(사접)-]- + -Ø(과시)- + -니(원칙)- + -이(상높, 아높)- + -다(평종)

38) ᄃᆞ외싫 둘 : ᄃᆞ외(되다, 爲)- + -시(주높)- + -ᄚ(관전) # ᄃᆞ(것, 者 : 의명) + -ㄹ(←-를 : 목조)

39) 포광뿛 : 보광불(普光佛). 연등불(燃燈佛), 정광불(錠光佛)이라고도 하는데, 불교에서 말하는 과거 칠불(過去 七佛)의 하나이다. '보광(普光)'은 넓은 광명(光明)이란 말이다.

40) 니ᄅᆞ시니이다 : 니ᄅᆞ(이르다, 說)- + -시(주높)- + -Ø(과시)- + -니(원칙)- + -이(상높, 아높)- + -다(평종)

**【내용 풀이】** 도둑으로 지목받아 억울하게 죽은 소구담의 피가 대구담(大瞿曇)의 정성으로 남자와 여자가 되었다. 그 중 남자는 소구담(小瞿曇), 감자씨(甘蔗氏) 들로 성(姓)을 삼았으니 이 사람이 석가불의 전 세상의 조상이다.

소구담이 아득한 후세에 석가모니 부처가 될 것을 보광불(寶光佛)이 예언하였다.

## 끠其륙六

외도인(外道人) 오백(五百)이 션혜(善慧)ㅅ 득(德) 닙스바[41] 뎨弟즈子ㅣ 드외야 은銀돈을 받즈ᄫᅵ[42][43][44]

매화녀(賣花女) 구俱이夷[45] 션혜(善慧)ㅅ ᄠᅳᆮ 아스바[46][47] 부夫체妻원願으로 고ᄌᆞᆯ 받즈ᄫᅵ시니[48][49]

외도인(外道人) 오백(五百)이 선혜(善慧)의 덕(德)을 입어서 제자(弟子)가 되어 은(銀)돈을 바쳤으니.

매화녀(賣花女) 구이(俱夷)가 선혜(善慧)의 뜻을 알아 부처원(夫妻願)으로 꽃을 바치셨으니.

**【내용 풀이】** 까마득한 전 세상에 등조왕(燈照王)의 시절에, 선혜(善慧)라는 도인이 도리에 어긋난 일을 하는 사람을 올바르게 가르쳤다. 오백 명이나 되는 그 제자가 은돈(銀錢)을 선혜에게 바치어 고마움을 표하였다.

---

41) 외똘신 : 외도인(外道人). 불가에서 불도 이외의 도를 따르는 사람들을 가리키는 말이다.

42) 션혜 : 선혜(善慧). 전세의 등조왕(燈照王) 때에 구이(俱夷)에게서 꽃을 얻어 보광불(普光佛)께 바친 선인(仙人)인데, 후세에 석가모니(釋迦牟尼)로 태어났다.

43) 닙스바 : 닙(입다, 받다, 受)-+-ᅀᅳᆸ(←-ᇹᇦ-: 객높)-+-아(연어)

44) 받즈ᄫᅵ니 : 받(바치다, 獻)-+-ᄌᆞᇦ(←-ᄌᆞᆸ-: 객높)-+-Ø(과시)-+-ᄋᆞ니(-으니 : 평종, 반말)

45) 매화녀 : 매화녀(賣花女). 꽃을 파는 여자이다.

46) 구이 : 구이(俱夷). 아주 오래 전인 보광불 시절에 석가모니의 전신인 선혜보살에게 꽃을 팔아서 보광불에게 바치게 한 여인이다. 그 인연으로 먼 훗날에 구이는 석가모니가 태자인 시절에 '야수다라'로 환생하여 석가모니와 결혼하였는데, 둘 사이에서 아들인 나후라(羅睺羅)를 낳게 된다.

47) 아스바 : 아(← 알다 : 知)-+-ᅀᅳᆸ(←-ᇹᇦ-: 객높)-+-아(연어)

48) 부체원 : 부처원(夫妻願). 부부가 되고자 하는 소원이다.

49) 받즈ᄫᅵ시니 : 받(바치다, 獻)-+-ᄌᆞᇦ(←-ᄌᆞᆸ : 객높)-+-ᄋᆞ시(주높)-+-Ø(과시)-+-니(평종, 반말)

등조왕이 보광불(寶光佛)께 공양할 좋은 꽃을 구한다는 소식을 선혜가 듣고 꽃을 구하러 가다가 구이(俱夷)를 만났다. 선혜의 정성이 지극하여 구이가 병 속에 감추었던 꽃이 저절로 솟아나왔다. 선혜가 오백 개의 은돈으로 그 꽃 다섯 송이를 사려 할 때 구이가 그 용처(用處)를 물었다. 이에 선혜가 "부처께 바치어 일체(一切) 중생(衆生)을 제도(濟度)하겠다."라고 하였다. 구이가 그 뜻을 아름답게 여기어 "뒷세상에 부부의 인연을 맺게 한다면 꽃을 바치겠다."라고 하였다. 이러한 약속을 맺음으로써, 선혜가 구이에게서 꽃을 얻어서 보광불께 바쳤다.

## 끼其칠七

> 다섯 곳<sup>50)</sup> 두 고지 콩空듕中에 머믈어늘<sup>51)</sup> 텬天룡龍밠八뿛部ㅣ 잔讚탄歎ᄒᅌᆞᆸ니<sup>53)</sup>
>
> 옷과 마리<sup>54)</sup>를 로路듕中에<sup>55)</sup> 펴아시늘<sup>56)</sup> 포普광光뿛佛이 쏘 슝授긔記ᄒᆞ시니<sup>57)</sup>

다섯 꽃과 두 꽃이 공중(空中)에 머물거늘 천룡팔부(天龍八部)가 찬탄(讚歎)하였으니.

옷과 머리를 노중(路中)에 펴시거늘 보광불(普光佛)이 또 수기(授記)하셨으니.

【 내용 풀이 】 선혜가 구이에게서 얻은 꽃 일곱 송이 중 먼저 다섯 송이를 (보광불께 공양하려고) 공중에 뿌렸는데, 이 다섯 송이가 모두 공중에 머물러 꽃받침이 되었다. 그리고 나머지 두 송이를 공중에 뿌리니, 이 꽃마저 흩어지지 않고 공중에 머물러 있었다. 이곳에 모였던 팔부 대중들이 이 일을 보고 나서는 옛날에는 없던 신기한 일이라고 칭찬하였다.

보광불이 선혜가 던진 꽃의 기적을 보시고 매우 감격하여 찬탄하였다. 보광불이 아승기겁

---

50) 곳 : 꽃, 花.

51) 머믈어늘 : 머믈(머물다, 留)- + -어늘(← -거늘 : 연어, 상황)

52) 텬룡밠뿛 : 천룡팔부(天龍八部). 사천왕(四天王)에 딸려서 불법을 지키는 여덟 신장(神將)이다. '천(天), 용(龍), 야차(夜叉), 건달바(乾闥婆), 아수라(阿修羅), 가루라(迦樓羅), 긴나라(緊那羅), 마후라가(摩睺羅迦)' 등이다.

53) 잔탄ᄒᅌᆞᆸ니 : 잔탄ᄒ[찬탄하다 : 잔탄(찬탄, 讚嘆 : 명사) + -ᄒ(동접)-]- + -ᅌᆞᆸ(← -ᅀᆞᆸ : 객높)- + -Ø(과시)- + -아(확인)- + -니(평종, 반말)

54) 마리 : 머리(頭), 또는 머리카락(髮)이다. 여기서는 '머리카락'의 뜻으로 쓰였다.

55) 로듕 : 노중(路中). 길 가운데이다.

56) 펴아시늘 : 펴(펴다, 伸)- + -시(주높)- + -아 … 늘(-거늘 : 연어, 상황)

57) 슝긔ᄒᆞ시니 : 슝긔ᄒ[수기하다 : 슝긔(수기, 授記 : 명사) + -ᄒ(동접)-]- + -시(주높)- + -Ø(과시)- + -니(평종, 반말) ※ '수기(授記)'는 부처가 그 제자에게 내생(來生)에 부처가 되리라는 사실을 예언하는 것이다. 또는 그러한 교설(敎說)이다.

을 지나면 선혜가 석가모니라는 부처가 될 것을 수기(授記)하고 돌아가시는데 그 길이 질었다. 이에 선혜가 자기가 입고 있던 녹피(鹿皮) 옷을 벗어 깔고 머리를 땅에 조아렸다. 보광불이 이 옷을 밟고 지나가시고, 또 다짐하는 수기를 써서, 이 뒤에 선혜가 부처가 되어 오탁악세(五濁惡世)에서 천인(天人)을 제도하기를 마치 나와 같을 것이라고 하였다.

끼<sub>其</sub>밣<sub>八</sub>

---

닐굽 고줄 힌<sub>因</sub>ᄒᆞ야 신<sub>信</sub>쎼<sub>誓</sub> <sup>58)</sup> 기프실씨<sup>59)</sup> 셰<sub>世</sub>셰<sub>世</sub>예<sup>60)</sup> 쳬<sub>妻</sub>권<sub>眷</sub>이<sup>61)</sup> 드외시니<sup>62)</sup>

다ᄉᆞᆺ 쑴을<sup>63)</sup> 힌<sub>因</sub>ᄒᆞ야 슣<sub>授</sub>긔<sub>記</sub> 붉ᄀᆞ실씨 금<sub>今</sub>싏<sub>日</sub>에 셰<sub>世</sub>존<sub>尊</sub>이 드외시니

---

일곱 꽃을 인(因)하여 신서(信誓)가 깊으시므로 세세(世世)에 처권(妻眷)이 되셨으니.

다섯 꿈을 인(因)하여 수기(授記)가 밝으시므로 오늘날에 세존(世尊)이 되셨으니.

【 내용 풀이 】 선혜는 구이의 꽃을 은돈 오백 개와 바꾸자고 구이에게 부탁하였다. 이에 구이는 선혜의 부처를 위하는 정성에 감동하여, 뒷세상에 태어날 때마다 부부가 될 것을 조건으로 꽃을 선혜에게 주었다. 그리고 선혜도 구이의 청을 들어줄 것을 맹세하였는데, 이 맹세로 인해서 구이는 태어나는 세상마다 선혜의 처가 되었다.

선혜가 보광불로부터 수기를 받은 뒤에 부처께 가서 출가(出家)하여 중이 되었다. 하루는 선혜가 부처님께 자기가 꾼 다섯 가지의 꿈에 대한 이야기를 하였다. 꿈에서 선혜는 첫째는 자신이 바다에 누웠었고, 둘째는 수미산(須彌山)을 베고 누웠었고, 셋째는 모든 중생(衆生)들이 선혜의 몸 안에 들어오며, 넷째는 해를 손으로 잡으며, 다섯째는 손으로 달을 잡았다 하였다. 이 꿈 이야기를 들은 보광불은 이것은 모두 장차 네가 부처가 될 징조라 하였다. 이는 보광불의 수기한 사실과 일치하였는데, 이로 말미암아서 선혜는 그 뒤의 세상에서 여러 차례 부처가 되었다.

---

58) 신쎼 : 신쎼(신서, 信誓) + -Ø(← -이 : 주조) ※ '신쎼(信誓)'는 성심으로 하는 맹세이다.
59) 기프실씨 : 깊(깊다, 深)- + -으시(주높)- + -ㄹ씨(-므로 : 연어, 이유)
60) 셰셰예 : 셰셰(세세, 世世) + -예(← -에 : 부조) ※ '셰셰(世世)'는 몇 번이든지 다시 환생하는 일이나 그런 때이다. 중생이 나서 죽고 죽어서 다시 태어나는 윤회의 형태이다.
61) 쳬권이 : 쳬권(처권, 妻眷) + -이(보조) ※ '쳬권(妻眷)'은 처가 쪽의 친척을 뜻하는 말인데, 여기서는 '아내(妻)'의 뜻으로 쓰였다.
62) 드외시니 : 드외(되다, 爲)- + -시(주높)- + -Ø(과시)- + -니(평종, 반말)
63) 쑴을 : 쑴[꿈, 夢 : 쑤(꾸다, 夢 : 동사)- + -ㅁ(명접)] + -을(목조)

# 5. 월인석보

세종이 승하한 후에 문종(文宗), 단종(端宗)에 이어서 세조(世祖)가 즉위하였는데, 1458년(세조 3)에 세조의 맏아들인 의경세자(懿敬世子)가 요절하였다. 이에 세조는 1459년(세조 4)에 부왕인 세종(世宗)과 세종의 정비인 소헌왕후(昭憲王后) 심씨(沈氏), 그리고 요절한 의경세자(懿敬世子)의 명복을 빌기 위하여 『월인석보』(月印釋譜)를 편찬하였다. 그리고 어린 조카 단종을 폐위하고 왕위에 오른 후에, 단종을 비롯하여 자신의 집권에 반기를 든 수많은 신하를 죽인 업보에 대한 인간적인 고뇌를 불법의 힘으로 씻어 보려는 것도 『월인석보』를 편찬한 동기가 되었다.

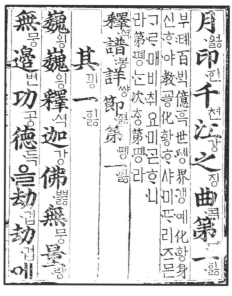

[ 월인석보 ]

이 책은 세종이 지은 『월인천강지곡』(月印千江之曲)의 내용을 본문으로 먼저 싣고, 그에 대응되는 『석보상절』(釋譜詳節)의 내용을 붙여 합편하였다. 합편하는 과정에서 책을 구성하는 방법이나 한자어 표기법, 그리고 내용도 원본인 『월인천강지곡』이나 『석보상절』과 부분적으로 차이를 보인다. 예를 들어서 『월인천강지곡』에서는 한자음을 표기할 때에 '씨時'처럼 한글을 큰 글자로 제시하고, 한자를 작은 글자로써 한글의 오른쪽에 병기하였다. 반면에 『월인석보』에서는 '時씽'처럼 한자를 큰 글자로써 제시하고 한글을 작은 글자로써 한자의 오른쪽에 병기하였다. 그리고 종성이 없는 한자음을 한글로 표기할 때에 『월인천강지곡』에서는 '씨時'처럼 종성 글자를 표기하지 않았는데, 『월인석보』에서는 '時씽'처럼 종성의 자리에 음가가 없는 불청불탁의 후음 'ㅇ'을 종성의 위치에 달았다.

『월인석보』는 원본이 완전히 전하지 않아 당초 몇 권으로 편찬하였는지 명확하지 않은데, 원간본(原刊本)인 1, 2, 7, 8, 9, 10, 12, 13, 14, 15, 17, 18, 23권과 중간본(重刊本)인 4, 21, 22권 등이 남아 있다.

『석보상절』, 『월인천강지곡』, 『월인석보』의 편찬은 세종 말엽에서 세조 초엽까지약 13년 동안에 이룩된 사업이다. 따라서 그 최종 사업인 『월인석보』는 석가모니의일대기를 완결짓는 결정판일 뿐만 아니라, 『석보상절』, 『월인천강지곡』과 더불어훈민정음(訓民正音)이 창제된 이후 제일 먼저 나온 불경 언해서이다. 그리고 세종과세조 당대의 말과 글자를 그대로 보전하고 있어 국어사적로도 매우 귀중한 문헌이다.

# 月<sub>윓</sub>印<sub>힌</sub>千<sub>쳔</sub>江<sub>강</sub>之<sub>징</sub>曲<sub>콕</sub>　第<sub>똉</sub>一<sub>힗</sub>

# 釋<sub>셕</sub>譜<sub>봉</sub>詳<sub>쌍</sub>節<sub>졇</sub>　第<sub>똉</sub>一<sub>힗</sub>

## 〈 선혜보살이 보광불에게서 수기를 받다 〉

## [ 1:4 ~ 1:21 ]

녯<sup>1)</sup> 阿<sub>항</sub>僧<sub>승</sub>祇<sub>낑</sub> 劫<sub>겁</sub> <sup>2)</sup> 時<sub>씽</sub>節<sub>졇</sub>에【阿<sub>항</sub>僧<sub>승</sub>祇<sub>낑</sub>는 그지업슨<sup>3)</sup> 數<sub>숭</sub> ㅣ라 ᄒᆞ논<sup>4)</sup> 마리라 劫<sub>겁</sub>은 時<sub>씽</sub>節<sub>졇</sub>이라 ᄒᆞ논 ᄠᅳ디라】ᄒᆞᆫ 菩<sub>뽕</sub>薩<sub>삻</sub>이 王<sub>왕</sub> ᄃᆞ외야 겨샤<sup>5)</sup>【菩<sub>뽕</sub>薩<sub>삻</sub>은 菩<sub>뽕</sub>提<sub>똉</sub>薩<sub>삻</sub>埵<sub>둏</sub><sup>6)</sup> ㅣ라 혼 마ᄅᆞᆯ 조려<sup>7)</sup> 니ᄅᆞ니 菩<sub>뽕</sub>提<sub>똉</sub>는 부텻 道<sub>뚱</sub>理<sub>링</sub>오 薩<sub>삻</sub>埵<sub>둏</sub>는 衆<sub>즁</sub>生<sub>ᄉᆡᆼ</sub>을 일울 씨니<sup>8)</sup> 부텻 道<sub>뚱</sub>理<sub>링</sub>로 衆<sub>즁</sub>生<sub>ᄉᆡᆼ</sub> 濟<sub>곙</sub>渡<sub>똥</sub>ᄒᆞ시는 사ᄅᆞ믈 菩<sub>뽕</sub>薩<sub>삻</sub>이시다 ᄒᆞᄂᆞ니라<sup>9)</sup>】나라홀<sup>10)</sup> 아ᅀᆞ<sup>11)</sup> 맛디시고<sup>12)</sup> 道<sub>뚱</sub>理<sub>링</sub> 빅호라<sup>13)</sup> 나아가샤<sup>14)</sup> 瞿<sub>꿍</sub>曇<sub>땀</sub> 婆<sub>뺑</sub>羅<sub>랑</sub>門

---

1) 녯 : 녜(예전, 예날, 昔) + -ㅅ(-의 : 관조)
2) 阿僧祇 劫 : 아승기 겁. 불교에서 사용하는 시간의 단위 중 하나이다. 아승기(阿僧祇)는 무한히 긴 시간 또는 수를 뜻하는 불교 용어로서 이를 수로 나타내면 $10^{64}$이다. 그리고 '겁(劫)'은 천지가 한번 개벽한 뒤부터 다음 개벽할 때까지의 기간을 말한다.
3) 그지업슨 : 그지없[그지없다, 끝이 없다 : 그지(끝, 限) + 없(없다, 無)-] + -Ø(현시)- + -은 (관전)
4) ᄒᆞ논 : ᄒᆞ(하다, 謂)- + -ㄴ(←-ᄂᆞ- : 현시)- + -오(대상)- + -ㄴ(관전)
5) 겨샤 : 겨샤(← 겨시다 : 계시다 : 보용, 완료 지속)- + -Ø(←-아 : 연어)
6) 菩提薩埵 : 보리살타. 불교 최고의 이상인 불타 정각의 지혜를 '보리(菩提)'라고 하는데, 위로 보리를 구하고 아래로 중생을 제도하는, 대승 불교의 이상적 수행자상이다.
7) 조려 : 조리[줄이다 : 졸(줄다, 縮 : 자동)- + -이(사접)-] + -어(연어)
8) 일울 씨니 : 일우[이루다(타동) : 일(이루어지다, 成 : 자동)- + -우(사접)-] + -ㄹ(관전) # ᄊ (← ᄉ : 것, 의명) + -이(서조)- + -니(연어, 설명 계속)
9) ᄒᆞᄂᆞ니라 : ᄒᆞ(하다, 謂)- + -ᄂᆞ(현시)- + -니(원칙)- + -라(← -다 : 평종)
10) 나라홀 : 나라ㅎ(나라, 國) + -올(목조)
11) 아ᅀᆞ : 아우, 弟.
12) 맛디시고 : 맛디[맡기다 : 맜(맡다, 任 : 자동)- + -이(사접)-] + -시(주높)- + -고(연어, 계기)
13) 빅호라 : 빅호[배우다, 學 : 빛(버릇이 되다, 길들다, 習 : 자동)- + -오(사접)-] + -라(-러 : 연어, 목적)
14) 나아가샤 : 나아가[나가다, 出 : 나(나다, 出)- + -아(연어) + 가(가다, 行)-] + -샤(←-시- : 주높)- + -Ø(←-아 : 연어) ※ 여기서 '나아가다'는 문맥상 '출가(出家)하다'로 옮길 수 있다.

<sup>15)</sup>을 맛나샤<sup>16)</sup>【瞿<sub>꿍</sub>曇<sub>땀</sub>은 姓<sub>셩</sub>이라 婆<sub>뻥</sub>羅<sub>랑</sub>門<sub>몬</sub>은 조흔<sup>17)</sup> 힝뎌기라<sup>18)</sup> ᄒᆞ논 마리니 뫼해 드러 일업시<sup>19)</sup> 이셔 힝뎌기 조흔 사ᄅᆞ미라】 ᄌᆞ걋<sup>20)</sup> 오ᄉᆞ란<sup>21)</sup> 밧고 瞿<sub>꿍</sub>曇<sub>땀</sub>ᄋᆡ 오ᄉᆞᆯ 니브샤 深<sub>심</sub>山<sub>산</sub>애 드러 果<sub>광</sub>實<sub>씷</sub>와 믈와<sup>22)</sup> 좌시고<sup>23)</sup>【深<sub>심</sub>山<sub>산</sub>ᄋᆞᆫ 기픈 뫼히라<sup>24)</sup>】 坐<sub>쫭</sub>禪<sub>쎤</sub>ᄒᆞ시다가【坐<sub>쫭</sub>禪<sub>쎤</sub>은 안자 이셔 기픈 道<sub>똘</sub>理<sub>링</sub>ᄅᆞᆯ ᄉᆞ랑ᄒᆞᆯ 씨라<sup>25)</sup>】 나라해<sup>26)</sup> 빌머그라<sup>27)</sup> 오시니 다 몰라보ᅀᆞᆸ더니<sup>28)</sup> 小<sub>숗</sub>瞿<sub>꿍</sub>曇<sub>땀</sub>이라<sup>29)</sup> ᄒᆞ더라【小<sub>숗</sub>ᄂᆞᆫ 져글 씨라】

옛날의 阿僧祇(아승기) 劫(겁)의 時節(시절)에【阿僧祇(아승기)는 '그지없는 數(수)이다.' 하는 말이다. 劫(겁)은 '時節(시절)이다.' 하는 뜻이다.】한 菩薩(보살)이 王(왕)이 되어 계시어【菩薩(보살)은 '菩提薩埵(보리살타)이다.' 하는 말을 줄여 이르니, 菩提(보리)는 부처의 道理(도리)이고 薩埵(살타)는 衆生(중생)을 이루는 것이니, 부처의 道理(도리)로 衆生(중생)을 制度(제도)하시는 사람을 '菩薩(보살)이시다.' 하느니라.】, 나라를 아우에게 맡기시고 道理(도리)를 배우러 나아가시어, 瞿曇(구담) 婆羅門(바라문)을 만나시어【瞿曇(구담)은 姓(성)이다. 婆羅門(바라문)은 '깨끗한 행적이다.' 하는 말이니, 산에 들어가 (세속의) 일 없이 있어서 행적이 깨끗한 사람이다.】, 당신의 옷은 벗고 瞿曇(구담)의 옷을 입으시어, 깊은

---

15) 婆羅門 : 바라문. 인도 카스트 제도에서 가장 높은 지위인 승려 계급(브라만)이다.

16) 맛나샤 : 맛나[← 맛나다(만나다, 遇) : 맛(← 맞다 : 迎)- + 나(出, 現)-]- + -샤(← -시- : 주높)- + -Ø(← -아 : 연어)

17) 조흔 : 좋(깨끗하다, 맑다, 淨)- + -Ø(현시)- + -은(관전)

18) 힝뎌기라 : 힝뎍(행적, 行績) + -이(서조)- + -Ø(현시)- + -라(← -다 : 평종)

19) 일업시 : [초연하게, 초연히, 超然(부사) : 일(일, 事) + 없(없다, 無 : 형사)- + -이(부접)]

20) ᄌᆞ걋 : ᄌᆞ갸(자기, 당신, 己 : 인대, 재귀칭, 높임) + -ㅅ(-의 : 관조)

21) 오ᄉᆞ란 : 옷(옷, 衣) + -ᄋᆞ란(-은 : 보조사, 주제, 대조)

22) 믈와 : 믈(물, 水) + -와(← -과 : 접조)

23) 좌시고 : 좌시(자시다, 드시다, 食)- + -고(연어, 계기)

24) 뫼히라 : 뫼ㅎ(산, 山) + -이(서조)- + -Ø(현시)- + -라(← -다 : 평종)

25) ᄉᆞ랑ᄒᆞᆯ 씨라 : ᄉᆞ랑ᄒᆞ[생각하다 : ᄉᆞ랑(생각 : 명사) + -ᄒᆞ(동접)-]- + -ㄹ(관전) # 씨(← ᄉᆞ : 것, 者, 의명) + -이(서조)- + -Ø(현시)- + -라(← -다 : 평종)

26) 나라해 : 나라ㅎ(나라, 國) + -애(-에 : 부조, 위치)

27) 빌머그라 : 빌먹[빌어먹다 : 빌(빌다, 乞)- + 먹(먹다, 食)-]- + -으라(-으러 : 연어, 목적)

28) 몰라보ᅀᆞᆸ더니 : 몰라보[몰라보다 : 몰ᄅᆞ(← 모ᄅᆞ다 : 無知)- + -아(연어) + 보(보다, 見)-]- + -ᅀᆞᆸ(객높)- + -더(회상)- + -니(연어, 상황, 이유)

29) 小瞿曇이라 : 小瞿曇(소구담 : 인명) + -이(서조)- + -Ø(현시)- + -라(← -다 : 평종)

산에 들어 果實(과실)과 물을 자시고【深山(심산)은 깊은 산이다.】 坐禪(좌선)하시다가 【坐禪(좌선)은 앉아서 깊은 道理(도리)를 생각하는 것이다.】, 나라에 빌어먹으러 오시니 다 몰라보더니 小瞿曇(소구담)이라 하더라. 【小(소)는 작은 것이다.】

菩<sub>뽕</sub>薩<sub>삻</sub>이 城<sub>쎵</sub> 밧<sup>30)</sup> 甘<sub>감</sub>蔗<sub>쟝</sub>園<sub>원</sub>에【城<sub>쎵</sub>은 자시라<sup>32)</sup> 甘<sub>감</sub>蔗<sub>쟝</sub>는 프리니 시믄<sup>33)</sup> 두서<sup>34)</sup> 힛자히<sup>35)</sup> 나딕<sup>36)</sup> 대 근고<sup>37)</sup> 기리 열 자 남죽ᄒᆞ니<sup>38)</sup> 그 汁<sub>집</sub>으로 粆<sub>상</sub>糖<sub>땅</sub><sup>39)</sup>을 밍ᄀᆞᄂᆞ니라<sup>40)</sup> 園<sub>원</sub>은 東<sub>동</sub>山<sub>산</sub>이라 】 精<sub>졍</sub>舍<sub>샹</sub><sup>41)</sup> 밍글오<sup>42)</sup>【精<sub>졍</sub>舍<sub>샹</sub>는 조심ᄒᆞᄂᆞ 지비라 】 ᄒᆞ오ᅀᅡ<sup>43)</sup> 안자 잇더시니<sup>44)</sup> 도즉 五<sub>옹</sub>百<sub>ᄇᆡᆨ</sub>이【五<sub>옹</sub>는 다ᄉᆞ시오 百<sub>ᄇᆡᆨ</sub>은 오니라<sup>45)</sup> 】 그윗<sup>46)</sup> 거슬 일버ᅀᅥ<sup>47)</sup> 精<sub>졍</sub>舍<sub>샹</sub>ㅅ 겨트로 디나가니 그 도ᄌᆞ기 菩<sub>뽕</sub>薩<sub>삻</sub>ㅅ 前<sub>쪈</sub>世<sub>솅</sub>生<sub>ᄉᆡᆼ</sub><sup>48)</sup>ㅅ 怨<sub>훤</sub>讐<sub>쓩</sub>ㅣ러라<sup>49)</sup>【前<sub>쪈</sub>世<sub>솅</sub>生<sub>ᄉᆡᆼ</sub>은 아랫<sup>50)</sup> 뉘옛<sup>51)</sup> 生<sub>ᄉᆡᆼ</sub>이라 】

---

30) 밧 : 밧(← 밨 : 밖, 外)

31) 甘蔗園 : 감자원. 사탕수수밭.

32) 자시라 : 잣(성, 城) + -이(서조)- + -Ø(현시)- + -라(← -다 : 평종)

33) 시믄 : 시므(심다, 植)- + -Ø(과시)- + -ㄴ(관전)

34) 두서 : [두어, 二三, 수량이 두 개쯤의(관사, 양수) : 두(두, 二 : 관사) + 서(← 서 : 세, 三 : 관사)]

35) 힛자히 : [해째 : 히(해, 年) + -ㅅ(관조, 사잇) + -자히(-째 : 접미)] ※ 현대 국어에서 '-째'는 접미사로 처리되고 있으나, 중세 국어에서 '자히'는 의존 명사의 성격이 있다.

36) 나딕 : 나(나다, 生)- + -딕(← -오딕 : -되, 연어, 설명 계속)

37) 근고 : 근(← 곹다 ← 곹ᄒᆞ다 : 같다, 如)- + -고(연어, 나열)

38) 남죽ᄒᆞ니 : 남죽ᄒᆞ[남짓하다, 餘(형사) : 남죽(남짓 : 의명) + -ᄒᆞ(형접)-]- + -니(연어, 설명 계속)

39) 粆糖 : 사탕. '설탕'이다.

40) 밍ᄀᆞᄂᆞ니라 : 밍ᄀᆞ(← 밍글다 : 만들다, 製)- + -ᄂᆞ(현시)- + -니(원칙)- + -라(← -다 : 평종)

41) 精舍 : 정사. 승려가 불상을 모시고 불도(佛道)를 닦으며 교법을 펴는 집이다.( = 촁, 절)

42) 밍글오 : 밍글(만들다, 製)- + -오(← -고 : 연어, 계기)

43) ᄒᆞ오ᅀᅡ : 혼자, 獨(부사)

44) 잇더시니 : 잇(← 이시다 : 있다, 보용, 완료 지속)- + -더(회상)- + -시(주높)- + -니(연어, 설명 계속)

45) 오니라 : 온(백, 百) + -이(서조)- + -Ø(현시)- + -라(← -다 : 평종)

46) 그윗 : 그위(관청, 官) + -ㅅ(-의 : 관조)

47) 일버ᅀᅥ : 일벙(← 일벗다, ㅅ불 : 훔치다, 盜)- + -어(연어)

48) 前世生 : 전세생. ※ '前世生(전세생)'은 삼세(前世, 現世, 來世)의 하나로서 이 세상에 태어나기 이전의 세상(前世)에서 누린 삶을 이른다.

49) 怨讐ㅣ러라 : 怨讐(원수) + -ㅣ(←-이- : 서조)- + -러(←-더- : 회상)- + -라(←-다 : 평종)

50) 아랫 : 아래(이전, 예전, 昔) + -ㅅ(-의 : 관조)

菩薩(보살)이 城(성) 밖 甘蔗園(감자원)에 【城(성)은 잣이다. 甘蔗(감자)는 풀이니, 심은 두어 해째 나되, 대와 같고 길이가 열 자 남짓하니, 그 汁(즙)으로 粆糖(사탕)을 만드느니라. 園(원)은 東山(동산)이다.】 精舍(정사)를 만들고 【精舍(정사)는 조심하는 집이다.】 혼자 앉아 있으시더니, 도적 五百(오백)이 【五(오)는 다섯이고 百(백)은 온이다.】 관청의 것을 훔치어 精舍(정사)의 곁으로 지나가니, 그 도적이 菩薩(보살)의 前世生(전세생)의 원수이더라. 【前世生(전세생)은 예전 세상의 生(생)이다.】

---

이틄나래[52] 나라해 이셔[53] 도즈기 자최[54] 바다[55] 가아 그 菩뽕薩삻을 자바 남기[56] 모믈 뻬ᅀᆞ바[57] 뒷더니[58] 【菩뽕薩삻이 前쪈生싱애 지손[59] 罪쬥로 이리[60] 受쓯苦콩ᄒᆞ시니라[61]】 大땡瞿꿍曇땀이 天텬眼ᅌᅡᆫ[62]ᄋᆞ로 보고 【菩뽕薩삻을 小숗瞿꿍曇땀이시다 ᄒᆞᆯ씨 婆뼁羅랑門몬[63]을 大땡瞿꿍曇땀이라 ᄒᆞ니 大땡ᄂᆞᆫ 클 씨라 天텬眼ᅌᅡᆫ은 하ᄂᆞᇙ누니라[64] ᄒᆞ논 마리라】 虛헝空콩애 ᄂᆞ라와 묻ᄌᆞᄫᅩᄃᆡ[65] 그디[66] 子ᄌᆞ息식 업더니

---

51) 뉘옛 : 뉘(세상, 세대, 때, 世) + -예(←-에 : 부조, 위치) + -ㅅ(-의 : 관조)
52) 이틄나래 : 이틄날[이틄날 : 이틀(이틀, 翌) + -ㅅ(관조, 사잇) + 날(날, 日)] + -애(-에 : 부조, 위치) ※ '이틄날'은 '이틄날〉이틋날〉이튼날'의 과정을 거쳐서 현대어에서 '이튼날'이 되었다.
53) 나라해 이셔 : 나라ㅎ(나라, 國) + -애(-에 : 부조, 위치) # 이시(있다) + -어(연어) ※ '나라해 이셔'는 '나라에서'로 번역할 수 있는데, 이때 '나라해 이셔'는 의미상 주어의 역할을 한다.
54) 자최 : 자취, 蹟.
55) 바다 : 받(쫓다, 따르다, 從)- + -아(연어)
56) 남기 : 낡(← 나모 : 나무, 木) + -익(-에 : 부조, 위치)
57) 뻬ᅀᆞ바 : 뻬(꿰다, 貫 : 타동)- + -ᅀᆞᆸ(←-ᅀᆞᆸ- : 객높)- + -아(연어)
58) 뒷더니 : 두(두다 : 보용, 완료 유지)- + -Ø(←-어 : 연어) + 잇(← 이시다 : 있다, 보용, 완료 지속)- + -더(회상)- + -니(연어, 설명 계속) ※ '뒷더니'는 '두어 잇더니'가 축약된 형태로서, '-어 잇-'은 '완료 지속'의 뜻을 나타낸다.
59) 지손 : 짓(← 짓다, ㅅ불 : 짓다, 作)- + -Ø(과시)- + -오(대상)- + -ㄴ(관전)
60) 이리 : [이리, 이렇게(부사) : 이(이, 此 : 지대, 정칭) + -리(부접)]
61) 受苦ᄒᆞ시니라 : 受苦ᄒᆞ[수고하다 : 受苦(수고 : 명사) + -ᄒᆞ(동접)-]- + -시(주높)- + -Ø(과시)- + -니(원칙)- + -라(←-다 : 평종)
62) 天眼 : 천안. 육안으로 볼 수 없는 것을 환히 보는 신통한 마음의 눈이다.
63) 婆羅門 : 바라문. '브라만(Brahman)'의 음역어로, 인도 카스트 제도에서 가장 높은 지위인 승려 계급이다.
64) 하ᄂᆞᇙ누니라 : 하ᄂᆞᇙ눈[하늘눈, 天眼 : 하늘(← 하늘ㅎ : 하늘, 天) + -ㅅ(관조, 사잇) + 눈(눈, 眼)] + -이(서조)- + -Ø(현시)- + -라(←-다 : 평종)
65) 묻ᄌᆞᄫᅩᄃᆡ : 묻(묻다, 問)- + -ᄌᆞᇦ(←-ᄌᆞᇦ- : 객높)- + -오ᄃᆡ(-되 : 연어, 설명 계속)
66) 그디 : 그디[그대, 汝(인대, 2인칭, 예높) : 그(그, 彼 : 지대) + -디(높접)] + -Ø(←-이 : 주조)

므슷 罪<sub>쬥</sub>오<sup>67)</sup> 菩<sub>뽕</sub>薩<sub>삻</sub>이 對<sub>됭</sub>答<sub>답</sub>ᄒ샤ᄃᆡ<sup>68)</sup> ᄒ마<sup>69)</sup> 주글 내어니<sup>70)</sup> 子<sub>즁</sub>孫<sub>손</sub>ᄋᆞᆯ 議<sub>읭</sub>論<sub>론</sub>ᄒ리여<sup>71)</sup>【子<sub>즁</sub>ᄂᆞᆫ 아ᄃᆞ리오 孫<sub>손</sub>ᄋᆞᆫ 孫<sub>손</sub>子<sub>즁</sub>ㅣ니 子<sub>즁</sub>孫<sub>손</sub>ᄋᆞᆫ 아ᄃᆞ리며 孫<sub>손</sub>子<sub>즁</sub>ㅣ며 後<sub>흫</sub>ㅅ 孫<sub>손</sub>子<sub>즁</sub>ᄅᆞᆯ 無<sub>뭉</sub>數<sub>숭</sub>히 ᄂᆞ리<sup>72)</sup> 닐온<sup>73)</sup> 마리라】 그 王<sub>왕</sub>이 사ᄅᆞᆷ 브려<sup>74)</sup> 쏘아 주기ᅀᆞᄫᅵ니라<sup>75)</sup>

이튿날에 나라에서 도적의 자취를 쫓아가 그 菩薩(보살)을 잡아 나무에 몸을 꿰어 두었더니【菩薩(보살)이 前生(전생)에 지은 罪(죄)로 이렇게 受苦(수고)하셨느니라.】, 大瞿曇(대구담)이 天眼(천안)으로 보고【菩薩(보살)을 '小瞿曇(소구담)이시다.' 하므로 婆羅門(바라문)을 '大瞿曇(대구담)이다.' 하니, 大(대)는 큰 것이다. 天眼(천안)은 '하늘의 눈이다.' 하는 말이다.】 虛空(허공)에 날아와서 묻되, "그대가 子息(자식)이 없더니, 무슨 罪(죄)인고?" 菩薩(보살)이 對答(대답)하시되, "곧 죽을 나이니 (어찌) 子孫(자손)을 議論(의논)하리요?"【子(자)는 아들이요 孫(손)은 손자이니, 子孫(자손)은 아들이며 孫子(손자)이며 그 後(후)의 孫子(손자)를 無數(무수)히 내리 이른 말이다.】 그 王(왕)이 사람을 부려 쏘아 죽였느니라.

大<sub>땡</sub>瞿<sub>꿍</sub>曇<sub>땀</sub>이 슬허<sup>76)</sup> ᄣᆡ리여<sup>77)</sup> 棺애 녀ᅀᆞᆸ고<sup>78)</sup> 피 무든 ᄒᆞᆯᄀᆞᆯ 파 가져 精<sub>졍</sub>舍<sub>샹</sub>애 도라와 왼녁<sup>79)</sup> 피 닫<sup>80)</sup> 담고 올ᄒᆞᆫ녁<sup>81)</sup> 피 닫 다마 두고

---

67) 므슷 罪오 : 므슷(무슨, 何 : 관사, 미지칭) # 罪(죄 : 명사) + -오(←-고 : 보조사, 의문, 설명)

68) 對答ᄒ샤ᄃᆡ : 對答ᄒ[대답하다 : 對答(대답 : 명사) + -ᄒ(동접)-] + -샤(←-시- : 주높) + -ᄃᆡ(←-오ᄃᆡ : -되, 연어, 설명 계속)

69) ᄒ마 : 곧, 卽(부사)

70) 내어니 : 나(나, 我 : 인대, 1인칭) + -ㅣ(←-이- : 서조) + -어(←-거- : 확인) + -니(연어, 설명, 이유)

71) 議論ᄒ리여 : 議論ᄒ[의논하다 : 議論(의논 : 명사) + -ᄒ(동접)-] + -리(미시) + -여(-느냐 : 의종, 판정)

72) ᄂᆞ리 : [내리, 降(부사) : ᄂᆞ리(내리다, 降 : 자동)- + -Ø(부접)]

73) 닐온 : 닐(←니ᄅᆞ다 : 이르다, 말하다, 曰)- + -Ø(과시)- + -오(대상)- + -ㄴ(관전)

74) 브려 : 브리(부리다, 시키다, 使)- + -어(연어)

75) 주기ᅀᆞᄫᅵ니라 : 주기[죽이다, 殺 : 죽(죽다, 死 : 자동)- + -이(사접)-] + -ᅀᆞᆸ(←-ᅀᆞᆸ- : 객높)- + -Ø(과시)- + -ᄋᆞ니(원칙)- + -라(←-다 : 평종)

76) 슬허 : 슳(슬퍼하다, 哀)- + -어(연어)

77) ᄣᆡ리여 : ᄣᆡ리(꾸리다, 싸다, 包)- + -여(←-어 : 연어)

78) 녀ᅀᆞᆸ고 : 녀(← 넣다 ← 넣다, 棺)- + -ᅀᆞᆸ(←-ᅀᆞᆸ- : 객높)- + -고(연어, 계기)

닐오딕 이 道<sub>똠</sub>士<sub>쌍</sub>ㅣ 精<sub>졍</sub>誠<sub>쎵</sub>이 至<sub>징</sub>極<sub>끅</sub>ᄒ단 디면<sup>82)</sup>【 道<sub>똠</sub>士<sub>쌍</sub>ᄂᆞᆫ 道<sub>똠</sub>理<sub>링</sub> 빈호ᄂᆞᆫ<sup>83)</sup>

사ᄅᆞ미니 菩<sub>뽕</sub>薩<sub>삻</sub>ᄋᆞᆯ 술ᄫᅵᄂ니라<sup>84)</sup>】 하ᄂᆞᆯ히 당다이<sup>85)</sup> 이 피를 사ᄅᆞᆷ 드외에<sup>86)</sup>

ᄒ시리라 열 듨<sup>87)</sup> 마내<sup>88)</sup> 왼녁 피ᄂᆞᆫ 男<sub>남</sub>子<sub>중</sub>ㅣ 드외오【男<sub>남</sub>子<sub>중</sub>ᄂᆞᆫ 남지니라<sup>89)</sup>】

올ᄒᆞᆫ녁 피ᄂᆞᆫ 女<sub>녕</sub>子<sub>중</sub>ㅣ 드외어늘<sup>90)</sup>【女<sub>녕</sub>子<sub>중</sub>ᄂᆞᆫ 겨지비라】 姓<sub>셩</sub>을 瞿<sub>꿍</sub>曇<sub>땀</sub>氏<sub>씨</sub>라

ᄒᆞ더니【氏<sub>씽</sub>ᄂᆞᆫ 姓<sub>셩</sub> ᄀᆞ튼<sup>91)</sup> 마리라】 일로브터<sup>92)</sup> 子<sub>중</sub>孫<sub>손</sub>이 니ᅀᅳ시니<sup>93)</sup> 瞿<sub>꿍</sub>曇<sub>땀</sub>氏<sub>씨</sub>

다시 니러나시니라<sup>94)</sup>【小<sub>숗</sub>瞿<sub>꿍</sub>曇<sub>땀</sub>이 甘<sub>감</sub>蔗<sub>쟝</sub>園<sub>원</sub>에 사ᄅᆞ실ᄊᆡ<sup>95)</sup> 甘<sub>감</sub>蔗<sub>쟝</sub>氏<sub>씽</sub>라도<sup>96)</sup>

ᄒᆞ더니라 】

大瞿曇(대구담)이 슬퍼하여 (小瞿曇을) 싸서 棺(관)에 넣고, 피 묻은 흙을 파 가지고

---

79) 왼녁 : [왼쪽, 左 : 외(그르다, 왼쪽이다, 誤, 左 : 형사)- + -ㄴ(관전▷관접) + 녁(녘, 쪽, 便 : 의명)]

80) 달 : 따로, 別(부사)

81) 올ᄒᆞᆫ녁 : [오른쪽, 右 : 옳(옳다, 오른쪽이다, 是, 右 : 형사)- + -은(관전▷관접) + 녁(녘, 쪽, 便 : 의명)]

82) 至極ᄒ단 디면 : 至極ᄒ[지극하다 : 至極(지극 : 명사) + -ᄒ(형접)-]- + -다(←-더- : 회상)- + -Ø(←-오- : 대상)- + -ㄴ(관전) # ᄃ(← ᄃᆞ : 것, 의명)- + -이(서조)- + -면(연어, 조건)

83) 빈호ᄂᆞᆫ : 빈호[배우다, 學 : 빛(버릇이 되다, 길들다, 習 : 자동)- + -오(사접)-]- + -ᄂᆞ(현시)- + -ㄴ(관전)

84) 술ᄫᅵᄂ라 : 숣(← 숣다, ㅂ불 : 사뢰다, 아뢰다, 奏)- + -Ø(과시)- + -ᄋᆞ니(원칙)- + -라(← -다 : 평종)

85) 당다이 : [반드시, 마땅히, 必(부사) : 당당(마땅, 當 : 불어) + -Ø(←-ᄒ- : 형접)- + -이(부접)]

86) 드외에 : 드외(되다, 爲)- + -에(←-게 : 연어, 사동)

87) 열 듨 : 열(열, 十 : 관사) # 둘(달, 月 : 의명) + -ㅅ(-의 : 관조)

88) 마내 : 만(만 : 의명, 시간의 경과) + -애(←-에 : 부조, 위치)

89) 남지니라 : 남진(남자, 男) + -이(서조)- + -Ø(현시)- + -라(← -다 : 평종)

90) 드외어늘 : 드외(되다, 爲)- + -어늘(←-거늘 : 연어, 상황)

91) ᄀᆞ튼 : ᄀᆞᇀ(← ᄀᆞᇀᄒ다 : 같다, 如)- + -Ø(현시)- + -은(관전)

92) 일로브터 : 일(← 이, 此 : 지대, 정칭) + -로(부조, 방편) + -브터(-부터 : 보조사, 비롯함) ※ '-브터'는 [븥(붙다, 着)- + -어(연어▷조접)]으로 분석되는 파생 보조사이다.

93) 니ᅀᅳ시니 : 닝(← 닛다, ㅅ불 : 잇다, 承)- + -으시(주높)- + -니(연어, 설명 계속, 이유)

94) 니러나시니라 : 니러나[일어나다 : 닐(일다, 起)- + -어(연어) + 나(나다, 現, 出)-]- + -시(주높)- + -Ø(과시)- + -니(원칙)- + -라(←-다 : 평종)

95) 사ᄅᆞ실ᄊᆡ : 살(살다, 居)- + -ᄋᆞ시(주높)- + -ㄹᄊᆡ(-므로 : 연어, 이유)

96) 甘蔗氏라도 : 甘蔗氏(감자씨) + -Ø(←-이- : 서조)- + -Ø(현시)- + -라(←-다 : 평종) + -도(보조사, 마찬가지)

精舍(정사)에 돌아와, 왼쪽 피를 따로 담고 오른쪽 피를 따로 담아 두고 이르되, "이 道士(도사)가 精誠(정성)이 至極(지극)하던 것이면【道士(도사)는 道理(도리)를 배우는 사람이니, 菩薩(보살)을 사뢰었니라.】하늘이 마땅히 이 피를 사람이 되게 하시리라." 열 달 만에 왼쪽 피는 男子(남자)가 되고【男子(남자)는 남진이다.】오른쪽 피는 女子(여자)가 되거늘【女子(여자)는 계집이다.】, 姓(성)을 瞿曇氏(구담씨)라 하더니【氏(씨)는 姓(성)과 같은 말이다.】이로부터 子孫(자손)이 이으시니 瞿曇氏(구담씨)가 다시 일어나셨니라.【小瞿曇(소구담)이 甘蔗園(감자원)에 사시므로 '甘蔗氏(감자씨)이다.'라고도 하더니라.】

普퐁光광佛뿛이[97]【普퐁光광은 너븐 光광明명이라 이 부톄 나싫 저긔 몺 ᄀᆞᅀᅢ[98] 光광이 燈ᄃᆞᆼ ᄀᆞᆮ실ᄊᆡ 燃ᅌᅧᆫ燈ᄃᆞᆼ佛뿛이시다도[99] ᄒᆞᄂᆞ니 燃ᅌᅧᆫ은 블 혈 씨라[1] ᄯᅩ 錠뎡光광佛뿛이시다도 ᄒᆞᄂᆞ니 錠뎡은 발 잇ᄂᆞᆫ[2] 燈ᄃᆞᆼ이라 佛뿛은 알 씨니 나 알오 ᄂᆞᆷ 조쳐[3] 알욀 씨니[4] 부텨를 佛뿛이시다 ᄒᆞᄂᆞ니라】世셰界갱예 나거시ᄂᆞᆯ[5]【하ᄂᆞᆯ히며[6] 사ᄅᆞᆷ 사ᄂᆞᆫ 싸ᄒᆞᆯ 다 뫼호아[7] 世셰界갱라 ᄒᆞᄂᆞ니라】그 ᄢᅴ 善쎤慧ᅘᅱᆼ라[8] 홇[9] 仙션人ᅀᅵᆫ이【仙션人ᅀᅵᆫ은 제 몸 구텨[10] 오래[11] 사ᄂᆞᆫ 사ᄅᆞ미니 뫼해 노니ᄂᆞ니라[12]】五ᅌᅩᆼ百ᄇᆡᆨ 外ᅌᅬᆼ道뚀ᇢ이 그르[13] 아논

---

97) 普光佛: 보광불. 석가여래(釋迦如來) 전생중 제2 아승기겁(阿僧祇劫)이 되었을 때에 만난 부처인데, 석가모니에게 미래에 성불(成佛)한다는 예언을 하였다고 한다.

98) 몺 ᄀᆞᅀᅢ: 몸(몸, 身) + -ㅅ(-의 : 관조) # ᄀᆞᆽ(←ᄀᆞᆺ : 가, 邊) + -애(-에 : 부조, 위치)

99) 燃燈佛이시다도: 燃燈佛(연등불) + -이(서조) + -시(주높)- + -Ø(현시) + -다(평종) + -도(보조사, 첨가)

1) 블 혈 씨라: 블(불, 火) # 혀(켜다, 點火)- + -ㄹ(관전) # ᄊᆞ(←ᄉᆞ : 것, 의명) + -이(서조) + -Ø(현시) + -라(←-다 : 평종)

2) 잇ᄂᆞᆫ: 잇(←이시다 : 있다, 有)- + -ᄂᆞ(현시)- + -ㄴ(관전)

3) 조쳐: 조치[아우르거나 겸하다, 兼 : 좇(좇다, 從 : 타동)- + -이(사접)-]- + -어(연어)

4) 알욀 씨니: 알외[알게 하다, 告 : 알(알다, 知 : 타동)- + -오(사접)- + -ㅣ(←-이- : 사접)-]- + -ㄹ(관전) # ᄊᆞ(←ᄉᆞ : 것, 의명) + -이(서조)- + -니(연어, 이유, 설명 계속)

5) 나거시ᄂᆞᆯ: 나(나다, 現)- + -시(주높)- + -거…ᄂᆞᆯ(-거늘 : 연어, 상황)

6) 하ᄂᆞᆯ히며: 하ᄂᆞᆯㅎ(하늘, 天) + -이며(접조)

7) 뫼호아: 뫼호(모으다, 集)- + -아(연어)

8) 善慧라: 善慧(선혜) + -Ø(←-이- : 서조)- + -Ø(현시)- + -라(←-다 : 평종)

9) 홇: ㅎ(←ᄒᆞ다 : 하다, 曰)- + -오(대상)- + -ᇙ(관전)

10) 구텨: 구티[굳히다 : 굳(굳다, 堅 : 형사)- + -히(사접)-]- + -어(연어)

11) 오래: [오래, 久(부사) : 오라(오래다, 久 : 형사)- + -ㅣ(←-이 : 부접)]

12) 노니ᄂᆞ니라: 노니[←노닐다(노닐다, 遊) : 노(←놀다 : 놀다, 遊)- + 니(가다, 다니다, 行)-]- + -ᄂᆞ(현시)- + -니(원칙)- + -라(←-다 : 평종)

이를[14] 【外ᅌᅱᆼ道똘ᄂᆞᆫ 밧[15] 道똘理링니 부텻 道똘理링예 몯 든[16] 거시라】 ᄀᆞᄅᆞ쳐 고텨시ᄂᆞᆯ[17] 그 五ᅌᅩᆼ百ᄇᆡᆨ 사ᄅᆞ미 弟똉子ᄌᆞᆼㅣ ᄃᆞ외아 지이다[18] ᄒᆞ야 銀은돈 ᄒᆞᆫ 낟곰[19] 받ᄌᆞᄫᆞ니라[20] 【法법 ᄀᆞᄅᆞ치ᄂᆞ닌[21] 스ᇰ이오 ᄇᆡ호ᄂᆞᆫ[22] 弟똉子ᄌᆞᆼㅣ라】 그 저긧[23] 燈드ᇰ照죻王와ᇰ이 普퐁光광佛뿛을 請ᄎᆞ리ᇰᄒᆞᅀᄫᅡ[24] 供고ᇰ養야ᇰᄒᆞ오리라[25] ᄒᆞ야 나라해 出츓令려ᇰᄒᆞ오ᄃᆡ[26] 됴ᄒᆞᆫ 고ᄌᆞ란[27] ᄑᆞ디 말오[28] 다 王와ᇰᄯᆡ 가져오라

普光佛(보광불)이 【普光(보광)은 넓은 光明(광명)이다. 이 부처가 나실 적에 몸의 가에 빛이 燈(등)과 같으시므로 '燃燈佛(연등불)이시다.'라고도 하ᄂᆞ니, 燃(연)은 불을 켜는 것이다. 또 '錠光佛(정광불)이시다.'라고도 하나니, 錠(정)은 발이 있는 燈(등)이다. 佛(불)은 아는 것이

---

13) 그르 : [잘못, 그릇되게, 誤(부사) : 그르(그르다, 誤 : 형사)- + -∅(부접)]

14) 아논 이를 : 아(← 알다 : 알다, 知)- + -ㄴ(← -ᄂᆞ- : 현시)- + -오(대상)- + -ㄴ(관전) # 일(일, 事) + -을(목조)

15) 밧 : 밧(← 밧 : 밖, 外)

16) 몯 든 : 몯(못, 不能 : 부사, 부정) # 드(← 들다 : 들다, 入)- + -∅(과시)- + -ㄴ(관전)

17) 고텨시ᄂᆞᆯ : 고티[고치다, 改 : 곧(곧다, 直 : 형사)- + -히(사접)-]- + -시(주높)- + -어…ᄂᆞᆯ(- 거늘 : 연어, 상황)

18) ᄃᆞ외아 지이다 : ᄃᆞ외(되다, 爲)- + -아(← -가- : 확인, 화자)- + -∅(← -아 : 연어) # 지(싶다 : 보용, 희망)- + -∅(현시)- + -이(상높, 아높)- + -다(평종) ※ '-아-'는 '-가-'에서 /ㄱ/이 탈락한 형태이다.

19) 낟곰 : 낟(← 낱 : 개, 個, 의명) + -곰(-씩 : 보조사, 각자)

20) 받ᄌᆞᄫᆞ니라 : 받(바치다, 獻)- + -ᄌᆞᇦ(← -ᄌᆞᆸ- : 객높)- + -∅(과시)- + -ᄋᆞ니(원칙)- + -라(← -다 : 평종)

21) ᄀᆞᄅᆞ치ᄂᆞ닌 : ᄀᆞᄅᆞ치(가르치다, 敎)- + -ᄂᆞ(현시)- + -ㄴ(관전) # 이(이, 사람, 者 : 의명) + -ㄴ(← -ᄂᆞᆫ : 보조사, 주제, 대조)

22) ᄇᆡ호ᄂᆞᆫ : ᄇᆡ호[배우다, 學 : ᄇᆡᆼ(버릇이 되다, 習 : 자동)- + -오(사동)-]- + -ᄂᆞ(현시)- + -ㄴ(관전) # 이(이, 사람, 者)- + -ㄴ(← -ᄂᆞᆫ : 보조사, 주제, 대조)

23) 그 저긧 : 그(관사, 지시) # 적(적, 때, 時 : 의명) + -의(-에 : 부조, 위치) + -ㅅ(-의 : 관조)

24) 請ᄎᆞ리ᇰᄒᆞᅀᄫᅡ : 請ᄒᆞ[청하다 : 請(청, 부탁 : 명사) + -ᄒᆞ(동접)-]- + -ᅀᆞᇦ(← -ᄉᆞᆸ- : 객높)- + -아(연어)

25) 供養ᄒᆞ오리라 : 供養ᄒᆞ[공양하다 : 供養(공양 : 명사) + -ᄒᆞ(동접)-]- + -오(화자)- + -리(미시)- + -라(← -다 : 평종) ※ 비화자(非話者) 주어인 등조왕(燈照王)의 행위에 화자 표현의 선어말 어미 '-오-'가 쓰였는데, 이는 서술자가 등조왕의 관점으로 감정 이입하여 '供養ᄒᆞ다'라는 행위를 화자의 행위로 기술한 것이다.

26) 出令ᄒᆞ오ᄃᆡ : 出令ᄒᆞ[명령을 내리다 : 出令(출령 : 명사) + -ᄒᆞ(동접)-]- + -오ᄃᆡ(-되 : 연어, 설명 계속)

27) 고ᄌᆞ란 : 곶(꽃, 花) + -ᄋᆞ란(-은 : 보조사, 주제)

28) 말오 : 말(말다, 勿 : 보용, 부정)- + -오(← -고 : 연어, 계기)

니, 내가 알고 남을 겸하여 알게 하는 것이니, 부처를 '佛(불)이시다.' 하느니라.】 世界(세계)
에 나시거늘【하늘이며 사람이 사는 땅을 다 모아서 '世界(세계)이다.' 하느니라.】, 그때에
'善惠(선혜)이다.' 하는 仙人(선인)이【仙人(선인)은 자기의 몸을 굳혀 오래 사는 사람이니,
산에서 노니느니라.】 外道(외도) 五百人(오백인)의 잘못 아는 일을【外道(외도)는 밖의
道理(도리)이니, 부처의 道理(도리)에 못 든 것이다.】 가르쳐 고치시거늘, 그 五百(오백)
사람이 "弟子(제자)가 되고 싶습니다." 하여 銀(은)돈 한 낱(個)씩 바쳤느니라.【法(법)
가르치는 이는 스승이요, 배우는 이는 제자이다.】 그때에 燈照王(등조왕)이 "普光佛(보광
불)을 請(청)하여 供養(공양)하리라." 하여 나라에 出令(출령)하되, "좋은 꽃은 팔지 말
고 다 王(왕)께 가져오라."

---

善쎤慧쀙 드르시고 츠기²⁹⁾ 너겨 곳³⁰⁾ 잇는 싸홀³¹⁾ 근가³²⁾ 가시다가
俱궁夷잉를 맛나시니³³⁾【俱궁夷잉는 붉은 녀펴니라³⁴⁾ ᄒᆞᄂᆞᆫ 뜨디니 나싫 저긔³⁵⁾ 힛³⁶⁾
디여 가ᄃᆡ³⁷⁾ 그 지븐 光광明명이 비췰씨³⁸⁾ 俱궁夷잉라 ᄒᆞ니라】 곳 닐굽 줄기를 가져
겨샤ᄃᆡ³⁹⁾ 王왕ㄱ⁴⁰⁾ 出츓令령을 저쏩뱌⁴¹⁾ 瓶뼝ㄱ 소배⁴²⁾ ᄀᆞ초아⁴³⁾ 뒷더시니⁴⁴⁾

---

29) 츠기 : [안타까이, 섭섭이(부사) : 측(측, 側 : 불어) + -Ø(←-ᄒᆞ- : 형접)-] + -이(부접)]
30) 곳 : 곳(← 곶 : 꽃, 花)
31) 싸홀 : 싸ㅎ(곳, 땅, 處) + -ᄋᆞᆯ(목조)
32) 근가 : 근가(쫓다, 따르다, 隨)- + -아(연어) ※ '근가'의 형태와 의미를 추정하기가 어렵다.
   그런데 『大方便佛報恩經』에는 『석보상절』 권11의 16장에 나타나는 "一切 衆生이 다 소리
   근가 閻浮提예 와"에 대응되는 구절을 "一切衆生皆隨聲至閻浮提(일체의 중생이 다 소리를
   따라서 염부제에 이르니)"로 기술하고 있다. 이를 감안하여, '근가'를 '따라(隨)'로 옮겼다.
33) 맛나시니 : 맛나[← 맛나다(만나다, 遇) : 맛(← 맞다 : 맞다, 迎)- + 나(나다, 出, 現)-] + -시
   (주높)- + -니(연어, 설명 계속)
34) 녀펴니라 : 녀편(여자, 아내, 女, 妻) + -이(서조)- + -Ø(현시)- + -라(←-다 : 평종)
35) 나싫 저긔 : 나(태어나다, 生)- + -시(주높)- + -ㅭ(관전) # 적(적, 때, 時 : 의명) + -의(-에 :
   부조, 위치)
36) 힛 : 히(해, 日) + -Ø(←-이 : 주조)
37) 디여 가ᄃᆡ : 디(지다, 落)- + -여(←-어 : 연어) # 가(가다 : 보용, 진행)- + -ᄃᆡ(←-오ᄃᆡ : -
   되, 연어, 설명 계속)
38) 비췰씨 : 비취(비치다, 照)- + -ㄹ씨(-므로 : 연어, 이유)
39) 겨샤ᄃᆡ : 겨샤(← 겨시다 : 계시다, 보용, 완료 지속, 높임)- + -ᄃᆡ(←-오ᄃᆡ : -되, 연어, 설명
   계속)
40) 王ㄱ : 王(왕) + -ㄱ(-의 : 관조) ※ 『용비어천가』나 『훈민정음 언해본』 등에는 사잇소리 표
   기 글자나 관형격 조사로 '-ㅅ' 이외에도 '-ㅿ, -ㄱ, -ㄷ, -ㅂ, -ㅸ, -ㆆ' 등이 쓰였다.(단
   '-ㅿ'은 『용비어천가』에만 쓰였다.) 그런데 『석보상절』이나 『월인석보』에는 이들이 거의 '-

善<sub>쎤</sub>慧<sub>휑</sub> 精<sub>졍</sub>誠<sub>쎵</sub>이 至<sub>징</sub>極<sub>끅</sub>ㅎ실씨<sup>45)</sup> 고지 소사나거늘<sup>46)</sup> 조차<sup>47)</sup> 블러<sup>48)</sup> 사아 지라<sup>49)</sup> ㅎ신대<sup>50)</sup>

善慧(선혜)가 들으시고 안타까이 여겨 꽃이 있는 곳을 쫓아서 가시다가 俱夷(구이)를 만나시니【俱夷(구이)는 '밝은 여자다.' 하는 뜻이니, 나실 적에 해가 져 가되 그 집은 光明(광명)이 비치므로 '俱夷(구이)이다.' 하였니라.】, (俱夷가) 꽃 일곱 줄기를 가져 계시되 王(왕)의 出令(출령)을 두려워하여 瓶(병)의 속에 감추어 두고 있으시더니, 善慧(선혜)의 精誠(정성)이 至極(지극)하시므로 꽃이 솟아나거늘 (善慧가) 쫓아서 불러 "사고 싶다." 하시니,

俱<sub>꿍</sub>夷<sub>잉</sub> 니ᄅ샤디 大<sub>땡</sub>闕<sub>쿓</sub>에 보내ᅀᆞᄫᅡ【大<sub>땡</sub>闕<sub>쿓</sub>은 큰 지비니 님금 겨신 지비라】 부텻긔<sup>51)</sup> 받ᄌᆞᄫᆞᆯ<sup>52)</sup> 고지라<sup>53)</sup> 몯ᄒ리라<sup>54)</sup> 善<sub>쎤</sub>慧<sub>휑</sub> 니ᄅ샤디 五<sub>옹</sub>百<sub>빅</sub> 銀<sub>은</sub>도ᄂᆞ로

ㅅ'으로 통일되어 쓰였으며, '-ㄱ, -ㄷ, -ㅂ' 등이 극히 드물게 쓰이기도 했다.

41) 저ᄊᆞᄫᅡ : 저(← 젛다 : 두려워하다, 畏)- + -ᄊᆞᆸ(← -ᅀᆞᆸ- : 객높)- + -아(연어)

42) 소배 : 솝(속, 안, 內) + -애(-에 : 부조, 위치)

43) ᄀ초아 : ᄀ초[간직하다, 감추다, 備, 藏 : 곳(갖추어져 있다, 具 : 형사)- + -호(사접)-]- + -아(연어)

44) 뒷더시니 : 두(두다 : 보용, 완료)- + -Ø(← -어 : 연어) + 잇(← 이시다 : 있다, 보용, 완료 지속)- + -더(회상)- + -시(주높)- + -니(연어, 설명 계속) ※ '뒷더시니'는 '두어 잇더시니'가 축약된 형태다.

45) 至極ᄒ실씨 : 至極ᄒ[지극하다 : 至極(지극 : 명사) + -ᄒ(형접)-]- + -시(주높)- + -ㄹ씨(-므로 : 연어, 이유)

46) 소사나거늘 : 소사나[솟아나다 : 솟(솟다, 噴出)- + -아(연어) + 나(나다, 出)-]- + -거늘(연어, 상황)

47) 조차 : 좇(좇다, 從)- + -아(연어)

48) 블러 : 블르(← 브르다, 召)- + -어(연어)

49) 사아 지라 : 사(사다, 買)- + -아(연어) # 지(싶다 : 보용, 희망)- + -Ø(현시)- + -라(← -다 : 평종)

50) ᄒ신대 : ᄒ(하다, 謂)- + -시(주높)- + -ㄴ대(-는데, -니 : 연어, 설명, 이유)

51) 부텻긔 : 부텨(부처, 佛) + -ᄭᅴ(-께 : 부조, 상대, 높임) ※ '-ᄭᅴ'는 '-ㅅ(-의 : 관조) + 긔(거기에 : 의명)'로 분석되는데, 높임의 뜻과 상대의 뜻을 나타내는 부사격 조사로 굳어졌다.

52) 받ᄌᆞᄫᆞᆯ : 받(바치다, 獻)- + -ᄌᆞᆯ(← -ᄌᆞᆸ- : 객높)- + -오(대상)- + -ᇙ(관전)

53) 고지라 : 곶(꽃, 花) + -이(서조)- + -Ø(현시)- + -라(← -아 : 연어, 이유, 근거)

54) 몯ᄒ리라 : 몯ᄒ[못하다, 不能 : 몯(못, 不能 : 부사, 부정)- + -ᄒ(동접)-]- + -리(미시)- + -라(← -다 : 평종) ※ '몯ᄒ리라'에는 화자 표현의 '-오-'가 실현되지 않았다. 곧, '네 이 고즐 사디 몯ᄒ리라(네가 이 꽃을 사지 못하리라.)'에서 '네 고즐 사디'를 생략하고 발화한 것이다.

다숫 줄기를 사아 지라 俱<sub>꿍</sub>夷<sub>잉</sub> 묻<sub></sub>샤 므스게<sup>56)</sup> 쓰시리<sup>57)</sup> 善<sub>쎤</sub>慧<sub>휑</sub>

對<sub>됭</sub>答<sub>답</sub>샤 부텻긔 받리라<sup>58)</sup> 俱<sub>꿍</sub>夷<sub>잉</sub> 쏘 묻<sub></sub>샤 부텻긔 받바

므슴<sup>59)</sup> 호려<sup>60)</sup> 시<sup>61)</sup> 善<sub>쎤</sub>慧<sub>휑</sub> 對<sub>됭</sub>答<sub>답</sub>샤 一<sub>잃</sub>切<sub>촁</sub> 種<sub>종</sub>種<sub>종</sub> 智<sub>딩</sub>慧<sub>휑</sub>를

일워<sup>62)</sup> 衆<sub>즁</sub>生<sub>>이라</sub> 濟<sub>졩</sub>渡<sub>똥</sub>코져<sup>63)</sup> 노라<sup>64)</sup> 【一<sub>잃</sub>切<sub>촁</sub> 다<sup>65)</sup> 읏<sup>66)</sup>  마리오

種<sub>종</sub>種<sub>종</sub> 여러 가지라 논 디라 衆<sub>즁</sub>生<sub></sub> 一<sub>잃</sub>切<sub>촁</sub> 世<sub>솅</sub>間<sub>간</sub>앳<sup>67)</sup> 사미며 하히며<sup>68)</sup>

긔<sup>69)</sup> 거시며 는 거시며 므렛 거시며<sup>70)</sup> 뭀<sup>71)</sup> 거시며 숨튼<sup>72)</sup> 거슬 다 衆<sub>즁</sub>生<sub></sub>이라

니라 濟<sub>졩</sub>渡<sub>똥</sub> 믈 걷낼<sup>73)</sup> 씨니 世<sub>솅</sub>間<sub>간</sub>앳 煩<sub>뻔</sub>惱<sub>>을</sub> 만호미<sup>74)</sup> 바믈<sup>75)</sup> 니 부톄<sup>76)</sup>

法<sub>법</sub> 치샤 煩<sub>뻔</sub>惱<sub></sub> 바래 걷내야 내실 씰<sup>77)</sup> 濟<sub>졩</sub>渡<sub>똥</sub>ㅣ라 니라 】

---

55) 묻샤 : 묻(묻다, 問)- + -(←-줍- : 객높)- + -으샤(←-으시- : 주높)- + -(←-오 : -되, 연어, 설명 계속)

56) 므스게 : 므슥(무엇, 何 : 지대, 미지칭) + -에(부조, 위치)

57) 쓰시리 : 쓰(쓰다, 用)- + -시(주높)- + -리(의종, 반말)

58) 받리라 : 받(바치다, 獻)- + -(←-줍- : 객높)- + -오(화자)- + -리(미시)- + -라(←-다 : 평종)

59) 므슴 : 무엇, 何(지대, 미지칭)

60) 호려 : (하다, 爲)- + -오려(-려 : 연어, 의도)

61) 시 : (하다, 爲)- + -시(주높)- + -(현시)- + -니(의종, 반말)

62) 일워 : 일우[이루다, 成(타동) : 일(이루어지다, 成 : 자동)- + -우(사접)-]- + -어(연어)

63) 濟渡코져 : 濟渡[← 濟渡다(제도하다) : 濟渡(제도 : 명사) + -(동접)-]- + -고져(-고자 : 연어, 의도)

64) 노라 : (하다, 爲)- + -ㄴ(←-- : 현시)- + -오(화자)- + -라(←-다 : 평종)

65) 다 : [다, 皆(부사) : 다(← 다다 : 다하다, 盡, 타동)- + -Ø(←-아 : 연어▷부접)]

66) 읏 : (하다, 爲)- + -읏(-듯 : 연어, 흡사)

67) 世間앳 : 世間(세간, 세상) + -애(-에 : 부조, 위치) + -ㅅ(-의 : 관조) ※ '世間앳'는 '世間에 있는'으로 의역하여 옮긴다.

68) 하히며 : 하(하늘, 天) + -이며(접조)

69) 긔 : 긔(기다, 匍)- + -(현시)- + -ㄴ(관전)

70) 므렛 거시며 : 믈(물, 水) + -에(부조, 위치) + -ㅅ(-의 : 관조) # 것(것, 者 : 의명) + -이며(접조)

71) 뭀 : 뭍(육지, 陸) + -의(-에 : 부조, 위치) + -ㅅ(-의 : 관조)

72) 숨튼 : 숨튼[숨쉬다, 목숨을 받다 : 숨(숨, 息) + 튼(타다, 받다 : 타동)-]- + -Ø(과시)- + -ㄴ(관전)

73) 걷낼 : 걷내[건너게 하다, 渡 : 걷(걷다, 步) + 나(나다, 나가다, 出)- + -ㅣ(←-이- : 사접)-]- + -ㄹ(관전)

74) 만호미 : 만(← 만다 : 많다, 多)- + -옴(명전) + -이(주조)

75) 바믈 : [바닷물, 海水 : 바(바다, 海) + -ㅅ(관조, 사잇) + 믈(물, 水)]

76) 부톄 : 부텨(부처, 佛) + -ㅣ(←-이 : 주조)

俱夷(구이)가 이르시되 "大闕(대궐)에 보내어【大闕(대궐)은 큰 집이니 임금이 계신 집이다.】부처께 바칠 꽃이라서 (네가 꽃을 사지) 못하리라." 善慧(선혜)가 이르시되 "五百(오백) 銀(은)돈으로 다섯 줄기를 사고 싶다." 俱夷(구이)가 물으시되 "무엇에 쓰시리?" 善慧(선혜)가 대답하시되 "부처께 바치리라." 俱夷(구이)가 또 물으시되 "부처께 바쳐서 무엇을 하려 하시니?" 善慧(선혜)가 대답하시되 "一切(일체)의 갖가지 智慧(지혜)를 이루어 衆生(중생)을 濟渡(제도)코자 한다."【一切(일체)는 '다' 하듯 한 말이고, 種種(종종)은 '여러 가지이다.' 하는 뜻이다. 衆生(중생)은 一切(일체)의 世間(세간)에 있는, 사람이며 하늘이며 기는 것이며 나는 것이며 물에 있는 것이며 뭍에 있는 것이며 숨을 쉬는 것을 다 '衆生(중생)이다.' 하느니라. 濟渡(제도)는 물을 건너게 한다는 것이니, 世間(세간)에 있는 煩惱(번뇌)가 많은 것이 바닷물과 같으니, 부처가 法(법)을 가르치시어 煩惱(번뇌)의 바다에 건내어 내시는 것을 '濟渡(제도)이다' 하느니라.】

俱<sub>궁</sub>夷<sub>잉</sub> 너기샤딕 이 男<sub>남</sub>子<sub>중</sub>ㅣ 精<sub>졍</sub>誠<sub>쎵</sub>이 至<sub>징</sub>極<sub>끅</sub>홀씨 보비를[78] 아니 앗기놋다[79] ᄒ야 니ᄅ샤딕 내 이 고즐 나소리니[80] 願<sub>원</sub>ᄒᆞᆫᄃᆞᆫ[81] 내[82] 生<sub>ᄉᆡᆼ</sub>生<sub>ᄉᆡᆼ</sub>애 그딧[83] 가시[84] ᄃᆞ외아 지라[85] 善<sub>쎤</sub>慧<sub>ᅘᆐ</sub> 對<sub>됭</sub>答<sub>답</sub>ᄒᆞ샤딕 내 조ᄒᆞᆫ[86] ᄒᆡᇰ뎌글 닷가 일업슨[87] 道<sub>뜰</sub>理<sub>링</sub>를 求<sub>꿀</sub>ᄒᆞ노니[88] 죽사릿[89] 因<sub>ᅙᅵᆫ</sub>緣<sub>원</sub>은

---

77) 내실 쓸 : 내[내다(보용, 완료) : 나(나다, 出現 : 자동)-+-ㅣ(←-이- : 사접)-]-+-시(주높)- +-ㄹ(관전) # ㅆ(←-스 : 것, 者, 의명)+-을(목조)

78) 보비를 : 보비(보배, 寶)+-를(목조)

79) 앗기놋다 : 앗기(아끼다, 惜)-+-ㄴ(←-ᄂᆞ- : 현시)-+-옷(감동)-+-다(평종)

80) 나소리니 : 나소[바치다, 獻 : 낫(←-낫다, ㅅ불 : 나아가다, 進, 타동)-+-오(사접)-]-+-∅ (←-오- : 화자)-+-리(미시)-+-니(연어, 설명 계속, 이유)

81) 願ᄒᆞᆫᄃᆞᆫ : 願ᄒᆞ[원하다 : 願(원 : 명사)-ᄒᆞ(동접)-]-+-ㄴᄃᆞᆫ(-건대 : 연어, 주제 제시) ※ '-ㄴᄃᆞᆫ'은 [-ㄴ(관전)+ᄃᆞ(것, 者 : 의명)+-ㄴ(←-ᄂᆞᆫ : 보조사, 주제)]으로 형성된 연결 어미이다. ※ '願ᄒᆞᆫᄃᆞᆫ(= 원하는 것은)'은 뒤 절의 내용이 화자가 보거나 듣거나 바라거나 생각하는 따위의 내용임을 미리 밝히는 동사이다.

82) 내 : 나(나, 我 : 인대, 1인칭)+-ㅣ(←-이 : 주조)

83) 그딧 : 그디[그대, 汝(인대, 2인칭, 예높) : 그(그것, 彼 : 지대)+-디(높접, 예높)]+-ㅅ(-의 : 관조)

84) 가시 : 갓(아내, 妻)+-이(보조)

85) ᄃᆞ외아 지라 : ᄃᆞ외(되다, 爲)-+-아(←-가- : 확인, 화자)+-∅(←-아 : 연어) # 지(싶다 : 보용, 희망)-+-∅(현시)-+-라(←-다 : 평종)

86) 조ᄒᆞᆫ : 조ㅎ(좋다, 깨끗하다, 淨)-+-∅(현시)-+-은(관전)

87) 일업슨 : 일없[초연하다, 超然(형사) : 일(일, 事 : 명사)+없(없다, 無)-]-+-∅(현시)-+-은 (관전)

둔디<sup>90)</sup> 몯호려다<sup>91)</sup>

俱夷(구이)가 여기시되 '이 男子(남자)가 精誠(정성)이 至極(지극)하므로 보배를 아니 아끼는구나.' 하여, 이르시되 "내가 이 꽃을 바치리니, 願(원)하건대 내가 平生(평생)에 그대의 각시(아내)가 되고 싶다." 善慧(선혜)가 대답하시되, "내가 깨끗한 행적을 닦아 초연한 道理(도리)를 求(구)하니, 죽살이의 因緣(= 부부의 인연)은 두고 있지 못하리라.

【因<sub>힌</sub>緣<sub>원</sub><sup>92)</sup>은 젼치니<sup>93)</sup> 前<sub>젼</sub>生<sub>싱</sub>앳 이릐<sup>94)</sup> 젼츠를 因<sub>힌</sub>緣<sub>원</sub>이라 ᄒᆞ고 그 이를 因<sub>힌</sub>ᄒᆞ야 後<sub>ᅘᅮᇢ</sub>生<sub>싱</sub>애 ᄃᆞ외요ᄆᆞᆯ<sup>95)</sup> 果<sub>광</sub>報<sub>ᄫᅩᇢ</sub><sup>96)</sup> ㅣ라 ᄒᆞᄂᆞ니 果<sub>광</sub>ᄂᆞᆫ 여르미오<sup>97)</sup> 報<sub>ᄫᅩᇢ</sub>ᄂᆞᆫ 가폴 씨라<sup>98)</sup> 됴ᄒᆞᆫ ᄡᅵ<sup>99)</sup> 심거든<sup>1)</sup> 됴ᄒᆞᆫ 여름 여루미<sup>2)</sup> 前<sub>젼</sub>生<sub>싱</sub>앳 이릐 因<sub>힌</sub>緣<sub>원</sub>으로 後<sub>ᅘᅮᇢ</sub>生<sub>싱</sub>애 됴ᄒᆞᆫ 몸 ᄃᆞ외어나<sup>3)</sup> 구즌 몸 ᄃᆞ외어나 호미<sup>4)</sup> ᄀᆞᄐᆞᆯᄊᆡ 果<sub>광</sub>ㅣ라 ᄒᆞ고 後<sub>ᅘᅮᇢ</sub>生<sub>싱</sub>애 ᄃᆞ외요미 前<sub>젼</sub>生<sub>싱</sub> 因<sub>힌</sub>緣<sub>원</sub>

---

88) 求ᄒᆞ노니 : 求ᄒᆞ[구하다 : 求(구 : 불어) + -ᄒᆞ(동접)-]- + -ㄴ(←-ᄂᆞ- : 현시)- + -오(화자)- + -니(연어, 이유)

89) 죽사릿 : 죽사리[죽살이, 생사, 生死 : 죽(죽다, 死)- + 살(살다, 生)- + -이(명접)] + -ㅅ(-의 : 관조)

90) 둔디 : 두(두다, 置)- + -Ø(←-어 : 연어) + 잇(← 이시다 : 있다, 보용)- + -디(-지 : 연어, 부정) ※ 뒷다('두어 잇다'의 준말)의 활용형인 '뒷디'가 '둗디'로 표기된 것이다. 이 말의 형태는 '두어 잇다 → 뒷디 → 둗디 → 둔디'와 같이 변동한다. '둗디'가 '둔디'로 표기된 것은 종성 소리로 나는 소리가 8종성 체계에서 7종성 체계로 바뀌는 초기의 예로 볼 수 있다.

91) 몯호려다 : 몯ᄒᆞ[← 몯ᄒᆞ다(몯하다, 不能 : 보용, 부정) : 몯(못, 不能 : 부사, 부정) + -ᄒᆞ(동접)-]- + -오(화자)- + -리(미시)- + -어(확인)- + -다(평종)

92) 因緣 : 인연. 인(因)과 연(緣)을 아울러 이르는 말이다. 인은 결과를 만드는 직접적인 힘이고, 연은 그를 돕는 외적이고 간접적인 힘이다.

93) 젼치니 : 젼ᄎᆞ(까닭, 이유) + -ㅣ(←-이- : 서조)- + -니(연어, 설명, 이유)

94) 이릐 : 일(일, 事) + -의(관조)

95) ᄃᆞ외요ᄆᆞᆯ : ᄃᆞ외(되다, 為)- + -욤(←-옴 : 명전) + -ᄋᆞᆯ(목조)

96) 果報 : 과보. 인과응보이다. 곧, 전생에 지은 선악에 따라 현재의 행과 불행이 있고, 현세에서의 선악의 결과에 따라 내세에서 행과 불행이 있는 일이다.

97) 여르미오 : 여름[열매, 果(명사) : 열(열다, 實)- + -음(명접)] + -이(서조)- + -오(←-고 : 연어, 나열)

98) 가폴 씨라 : 갚(갚다, 報)- + -올(관전) # ᄊᆞ(← ᄉᆞ : 의명) + -이(서조)- + -Ø(현시)- + -라(← -다 : 평종)

99) ᄡᅵ : 씨, 種.

1) 심거든 : 싦(← 시므다 : 심다, 植)- + -어든(-거든 : 연어, 조건)

2) 여루미 : 열(열다, 實 : 동사)- + -움(명전) + -이(주조)

을 가포밀씨[5] 報<sub>봉</sub>ㅣ라 ㅎᄂ니라 夫<sub>붕</sub>妻<sub>쳉</sub> ᄒ야 사로ᄆ[6] 힝뎌기 조티 몯ᄒ야 輪<sub>륜</sub>廻<sub>휑</sub>를 벗디 몯ᄒᄂ 根<sub>ᄀ</sub>源<sub>원</sub>일씨 죽사릿 因<sub>ᅙᅵᆫ</sub>緣<sub>원</sub>이라 ᄒ니라[7] 夫<sub>붕</sub>ᄂ 샤오이오[8] 妻<sub>쳉</sub>ᄂ 가시라[9] 輪<sub>륜</sub>廻<sub>휑</sub>ᄂ 술윗뻬[10] 횟돌 씨니[11] 부텨ᄂ 煩<sub>뻔</sub>惱<sub>놀</sub>ᄅ 떠러 ᄇ리실씨[12] 죽사릿 受<sub>쓩</sub>苦<sub>콩</sub>ᄅ 아니 ᄒ거시니와[13] 샹녯[14] 사ᄅᄆ 煩<sub>뻔</sub>惱<sub>놀</sub>ᄅ 몯 떠러 ᄇ릴씨 이 生<sub>싱</sub>애셔 後<sub>훃</sub>生<sub>싱</sub> 因<sub>ᅙᅵᆫ</sub>緣<sub>원</sub>을 지서 사ᄅ미 ᄃ외락[15] 벌에[16] 즁싱[17]이 ᄃ외락 ᄒ야 長<sub>땅</sub>常<sub>썅</sub>[18] 주그락 살락 ᄒ야 受<sub>쓩</sub>苦<sub>콩</sub>호ᄆ[19] 輪<sub>륜</sub>廻<sub>휑</sub>라 ᄒᄂ니라 】

【 因緣(인연)은 까닭이니 前生(전생)의 일의 까닭을 '因緣(인연)이다.' 하고, 그 일을 因(인)하여 後生(후생)에 되는 것을 '果報(과보)이다.' 하나니, 果(과)는 열매이고 報(보)는 갚는 것이다. 좋은 씨를 심으면 좋은 열매를 여는 것이 前生(전생)에 있은 일의 因緣(인연)으로 後生(후생)에 좋은 몸이 되거나 궂은 몸이 되거나 하는 것과 같으므로 '果(과)이다.' 하고, 後生(후생)에 되는 것이 前生(전생)의 因緣(인연)을 갚음이므로 '報(보)이다.' 하느니라. 부부가 되어 사는 것은 행적이 깨끗하지 못하여 輪廻(윤회)를 벗지 못하는 根源(근원)이므로 '죽살이의 因緣

---

3) ᄃ외어나 : ᄃ외(되다, 爲)- + -어나(← -거나 : 연어, 선택)

4) 호미 : ᄒ(← ᄒ다 : 하다, 爲)- + -옴(명전) + -이(-과 : 부조, 비교)

5) 가포밀씨 : 갚(갚다, 報)- + -옴(명전) + -이(서조)- + -ㄹ씨(-므로 : 연어, 이유)

6) 사로ᄆ : 살(살다, 活)- + -옴(명전) + -은(보조사, 주제)

7) ᄒ니라 : ᄒ(하다, 謂)- + -Ø(과시)- + -니(원칙)- + -라(← -다 : 평종)

8) 샤오이오 : 샤옹(남편, 夫) + -이(서조)- + -오(← -고 : 연어, 나열)

9) 가시라 : 갓(아내, 妻) + -이(서조)- + -Ø(현시)- + -라(← -다 : 평종)

10) 술윗뻬 : 술윗뻬[수렛바퀴 : 술위(수레, 車) + -ㅅ(관조, 사잇) + 뻬(바퀴, 輪)] + -Ø(← -이 : 주조)

11) 횟돌 씨니 : 횟돌[← 횟돌다(휘돌다, 旋) : 횟(접두, 강조)- + 돌(돌다, 回 : 자동)-]- + -ㄹ(관전) # 쓰(← ᄉ : 것, 의명) + -이(서조)- + -니(연어, 설명 계속)

12) 떠러 ᄇ리실씨 : 떨(떨치다, 떼어내다, 離)- + -어(연어) # ᄇ리(버리다 : 보용, 완료)- + -시(주높)- + -ㄹ씨(-므로 : 연어, 이유)

13) 아니 ᄒ거시니와 : 아니(아니, 不 : 부사, 부정) # ᄒ(하다, 爲)- + -시(주높)- + -거…니와(-거니와 : -지만, 연어, 대조)

14) 샹녯 : 샹녜(보통, 常例 : 명사) + -ㅅ(-의 : 관조)

15) ᄃ외락 : ᄃ외(되다, 爲)- + -락(연어, 서로 다른 동작의 반복)

16) 벌에 : 벌레, 蟲.

17) 즁싱 : 짐승, 獸.

18) 長常 : 장상. 늘(부사)

19) 受苦호ᄆ : 受苦ᄒ[← 受苦ᄒ다(수고하다) : 受苦(수고 : 명사) + -ᄒ(동접)-]- + -옴(명전) + -ᄋ(목조)

108 제1부 15세기 국어의 옛글

(인연)이다.' 하였니라. 夫(부)는 남편이요 妻(처)는 아내다. 輪廻(윤회)는 수레바퀴가 휘도는 것이니, 부처는 煩惱(번뇌)를 떨쳐 버리시므로 죽고 사는 受苦(수고)를 아니하시거니와, 보통의 사람은 煩惱(번뇌)를 못 떨쳐 버리므로 이 生(생)에서 後生(후생)의 因緣(인연)을 지어 사람이 되락 벌레나 짐승이 되락 하여, 항상 죽으락 살락 하여 受苦(수고)하는 것을 '輪廻(윤회)이다.' 하느니라.】

俱<sub>꿍</sub>夷<sub>잉</sub> 니르샤딕 내 願<sub>원</sub>을 아니 從<sub>쫑</sub>ᄒᆞ면 고즐 몯 어드리라 善<sub>쎤</sub>慧<sub>ᄤ</sub> 니르샤딕 그러면 네 願<sub>원</sub>을 從<sub>쫑</sub>호리니²⁰⁾ 나ᄂᆞᆫ 布<sub>붕</sub>施<sub>싱</sub>²¹⁾를 즐겨²²⁾【布<sub>붕</sub>施<sub>싱</sub>ᄂᆞᆫ 쳔랴ᄋᆞᆯ²³⁾ 펴아 내야 ᄂᆞᆷ 줄 씨라】 사ᄅᆞ미 ᄠᅳ들 거스디²⁴⁾ 아니ᄒᆞ노니 아뫼어나²⁵⁾ 와 내 머릿바기며²⁶⁾ 눉ᄌᆞᅀᆡ며²⁷⁾ 骨<sub>공</sub>髓<sub>ᄻ</sub>며 가시며 子<sub>중</sub>息<sub>식</sub>이며 도라²⁸⁾ ᄒᆞ야도【骨<sub>공</sub>髓<sub>ᄻ</sub>는 ᄲᅢᆺ²⁹⁾ 소개 잇ᄂᆞᆫ 기르미라】 네 거튫³⁰⁾ ᄠᅳᆮ ᄒᆞ야 내 布<sub>붕</sub>施<sub>싱</sub>ᄒᆞ논³¹⁾ ᄆᆞᅀᆞᄆᆞᆯ 허디³²⁾ 말라 俱<sub>꿍</sub>夷<sub>잉</sub> 니르샤딕 그딋³³⁾ 말 다히³⁴⁾ 호리니³⁵⁾ 내 겨지비라³⁶⁾ 가져가디³⁷⁾ 어려ᄫᆞᆯᄊᆡ³⁸⁾ 두 줄기를 조쳐³⁹⁾ 맛디노니⁴⁰⁾

---

20) 從호리니 : 從ᄒᆞ[← 從ᄒᆞ다(종하다, 따르다) : 從(종 : 불어) + -ᄒᆞ(동접)-]- + -오(화자)- + -리(미시)- + -니(연어, 설명 계속)

21) 報施 : 보시. 자비심으로 남에게 재물이나 불법을 베푸는 것이다.

22) 즐겨 : 즐기[즐기다, 樂 : 즑(즐거워하다, 喜 : 자동)- + -이(사접)-]- + -어(연어)

23) 쳔랴ᄋᆞᆯ : 쳔량(재물, 財, 錢粮) + -ᄋᆞᆯ(목조)

24) 거스디 : 거스(← 거슬다 : 거스르다, 逆)- + -디(-지 : 연어, 부정)

25) 아뫼어나 : 아모(아무, 某 : 인대, 부정칭) + -ㅣ어나(←-이어나 : -이거나, 보조사, 선택)

26) 머릿바기며 : 머릿박[머리통 : 머리(머리, 頭) + -ㅅ(관조, 사잇) + 박(박, 통, 桶)] + -이며(접조)

27) 눉ᄌᆞᅀᆡ며 : 눉ᄌᆞᅀᆞ[ 눈자위, 眼睛 : 눈(눈, 眼) + -ㅅ(관조, 사잇) + ᄌᆞᅀᆞ(자위, 睛)] + -ㅣ며(← -이며 : -이며, 접조)

28) 도라 : 도(달다, 남이 나에게 주다, 授)- + -라(명종)

29) ᄲᅢᆺ : ᄲᅢ(뼈, 骨) + -ㅅ(-의 : 관조)

30) 거튫 : 거티(걸리다, 거리끼다, 碍)- + -유(←-우- : 대상)- + -ㄾ(관전)

31) 布施ᄒᆞ논 : 布施ᄒᆞ[보시하다 : 布施(보시 : 명사) + -ᄒᆞ(동접)-]- + -ㄴ(←-ᄂᆞ- : 현시)- + -오(대상)- + -ㄴ(관전)

32) 허디 : 허(← 헐다 : 헐다, 毁)- + -디(-지 : 연어, 부정)

33) 그딋 : 그딕[← 그듸(그대, 汝 : 인대, 2인칭, 예높) : 그(그, 彼 : 지대, 정칭) + -듸(높접)] + -ㅅ(-의 : 관조)

34) 말 다히 : 말(말, 言) # 다히(대로, 같이 : 의명)

35) 호리니 : ᄒᆞ(하다, 爲)- + -오(화자)- + -리(미시)- + -니(연어, 설명 계속)

36) 겨지비라 : 겨집(여자, 女) + -이(서조)- + -라(←-아 : 연어, 이유, 근거)

37) 가져가디 : 가져가[가져가다 : 가지(가지다, 持)- + -어(연어) + 가(가다, 去)-]- + -디(-기 :

부텻긔[41] 받ᄌᄫᅡ[42] 生<sub>싱</sub>生<sub>싱</sub>[43]애 내 願<sub>원</sub>을 일티 아니케 ᄒᆞ고라[44]

俱夷(구이)가 이르시되, "내 願(원)을 아니 따르면 (너는) 꽃을 못 얻으리라." 善慧(선혜)가 이르시되, "그러면 너의 願(원)을 따르겠으니, 나는 布施(보시)를 즐겨【布施(보시)는 재물을 펴내어 남에게 주는 것이다.】 사람의 뜻을 거스르지 아니하니, 아무나 와서 내 머리통이며 눈동자며 骨髓(골수)며 아내며 子息(자식)이며 달라 하여도【骨髓(골수)는 뼈 속에 있는 기름이다.】, 네가 거리낄 뜻을 하여 나의 布施(보시)하는 마음을 헐지 말라." 俱夷(구이)가 이르시되, "그대의 말대로 하리니, 내가 여자라서 (꽃을) 가져가기 어려우므로 (꽃) 두 줄기를 아울러 맡기니, 부처께 바치어 生生(생생)에 나의 願(원)을 잃지 아니케 하오."

그 ᄢᅴ[45] 燈<sub>등</sub>照<sub>죻</sub>王<sub>왕</sub>이 臣<sub>씬</sub>下<sub>행</sub>와 百<sub>빅</sub>姓<sub>셩</sub>과 領<sub>령</sub>코[46]【領<sub>령</sub>은 거느릴 씨라】 種<sub>죵</sub>種<sub>죵</sub>[47] 供<sub>공</sub>養<sub>양</sub>[48] 가져 城<sub>쎵</sub>의 나아 부텨를 맛ᄌᄫᅡ[49] 저습고[50] 일훔난 고ᄌᆞᆯ 비터라[51] 녀느[52] 사ᄅᆞ미 供<sub>공</sub>養<sub>양</sub> ᄆᆞ차ᄂᆞᆯ[53] 善<sub>쎤</sub>慧<sub>ᅙᅨᆼ</sub> 다숫 고ᄌᆞᆯ 비ᄒᆞ시

---

명전) + -Ø(←-이 : 주조) ※ '-디'는 서술어가 '어렵다'일 때 쓰이는 특수한 명사형 전성 어미이다.

38) 어려볼씨 : 어렵(←어렵다, ㅂ불 : 어렵다, 難)- + -을씨(-으므로 : 연어, 이유)

39) 조쳐 : 조치[아우르다, 겸하다, 兼 : 좇(쫓다, 從 : 타동)- + -이(사접)-]- + -어(연어)

40) 맛디노니 : 맛디[맡기다 : 맜(맡다, 任 : 타동)- + -이(사접)-]- + -ㄴ(←-ᄂᆞ- : 현시)- + -오(화자)- + -니(연어, 설명 계속)

41) 부텻긔 : 부텨(부처, 佛) + -ᄭᅴ(-께 : 부조, 상대, 높임)

42) 받ᄌᄫᅡ : 받(바치다, 獻)- + -ᄌᆞᆸ(←-ᄌᆞᆸ- : 객높)- + -아(연어)

43) 生生 : 생생. 몇 번이든지 다시 환생하는 일이나 그런 때이다. 중생이 나서 죽고 죽어서 다시 태어나는 윤회의 형태이다.

44) ᄒᆞ고라 : ᄒᆞ(하다, 爲)- + -고라(-구려 : 명종, 반말) ※ '-고라'는 높임과 낮춤의 중간 등급인 명령형 종결 어미이다.

45) ᄢᅴ : ᄣᅥ(←ᄢᅴ : 때, 時) + -의(-에 : 부조, 위치)

46) 領코 : 領ᄒᆞ[←領ᄒᆞ다(거느리다) : 領(영 : 명사) + -ᄒᆞ(동접)-]- + -고(연어, 계기)

47) 種種 : 종종. 모양이나 성질이 다른 여러 가지이다.

48) 供養 : 공양. 불(佛), 법(法), 승(僧)의 삼보(三寶)나 죽은 이의 영혼에게 음식, 꽃 따위를 바치는 일이나, 또는 그 음식이다.

49) 맛ᄌᄫᅡ : 맛(←맞다, 迎)- + -ᄌᆞᆸ(←-ᄌᆞᆸ- : 객높)- + -아(연어)

50) 저습고 : 저습(저쑵다, 신이나 부처에게 절하다, 拜)- + -고(연어, 계기) ※ 어원적으로 볼 때에, '저쑵다'는 '저습[저쑵다, 拜 : 저(←절 : 절, 拜)- + -Ø(←-ᄒᆞ- : 동접)- + -습(객높)-]- + -다'로 분석된다.

니<sup>54)</sup> 다 空<sub>콩</sub>中<sub>듕</sub>에 머므러<sup>55)</sup> 곳<sup>56)</sup> 臺<sub>뗑</sub> 두외어늘【空<sub>콩</sub>中<sub>듕</sub>은 虛<sub>헝</sub>空<sub>콩</sub>ㅅ 가온ᄃᆡ
라<sup>57)</sup>】 後<sub>ᅘᆕᆼ</sub>에 두 줄기를 비흐니 ᄯᅩ 空<sub>콩</sub>中<sub>듕</sub>에 머므러 잇거늘 王<sub>왕</sub>이며
天<sub>텬</sub>龍<sub>룡</sub>八<sub>밣</sub>部<sub>뽕</sub><sup>58)</sup>ㅣ 과ᄒᆞ야<sup>59)</sup> 녜 업던 이리로다<sup>60)</sup> ᄒᆞ더니

그때에 燈照王(등조왕)이 臣下(신하)와 百姓(백성)을 領(령)하고【領(령)은 거느리는
것이다.】 種種(종종)의 供養(공양)을 가져서, 城(성)에 나아가 부처를 맞아 절하고 이
름난 꽃을 흩뿌리더라. 다른 사람이 供養(공양)을 마치거늘, 善慧(선혜)가 다섯 꽃을
흩뿌리시니 다 空中(공중)에 머물러 꽃의 臺(대)가 되거늘【空中(공중)은 虛空(허공)의
가운데이다.】, 後(후)에 두 줄기를 흩뿌리니 또 空中(공중)에 머물러 있거늘, 王(왕)이
며 天龍八部(천룡팔부)가 칭찬하여 "예전에 없던 일이로다." 하더니

【八<sub>밣</sub>部<sub>뽕</sub>는 여듧 주비니<sup>61)</sup> 天<sub>텬</sub>과 龍<sub>룡</sub>과 夜<sub>양</sub>叉<sub>창</sub>와 乾<sub>껀</sub>闥<sub>탏</sub>婆<sub>빵</sub>와 阿<sub>ᅙᅡᆼ</sub>修<sub>슣</sub>羅<sub>랑</sub>와 迦<sub>강</sub>
樓<sub>룽</sub>羅<sub>랑</sub>와 緊<sub>긴</sub>那<sub>낭</sub>羅<sub>랑</sub>와 摩<sub>망</sub>睺<sub>ᅘᅮᇢ</sub>羅<sub>랑</sub>伽<sub>꺙</sub>왜니<sup>62)</sup> 龍<sub>룡</sub>은 고기<sup>63)</sup> 中<sub>듕</sub>에 위두ᄒᆞᆫ<sup>64)</sup> 거시니
ᄒᆞᆫ 모미 크락<sup>65)</sup> 져그락 ᄒᆞ야 神<sub>씬</sub>奇<sub>끵</sub>ᄒᆞᆫ 變<sub>변</sub>化<sub>황</sub>ㅣ 몯내<sup>66)</sup> 알<sup>67)</sup> 거시라 夜<sub>양</sub>叉<sub>창</sub><sup>68)</sup>ᄂᆞᆫ 놀나

---

51) 비터라 : 빟(흩뿌리다, 散)- + -더(회상)- + -라(← -다 : 평종)
52) 녀느 : 다른, 他(관사)
53) ᄆᆞ차ᄂᆞᆯ : 몿(마치다, 終)- + -아ᄂᆞᆯ(-거늘 : 연어, 상황)
54) 비흐시니 : 빟(흩뿌리다, 散)- + -으시(주높)- + -니(연어, 설명 계속)
55) 머므러 : 머믈(머물다, 留)- + -어(연어)
56) 곳 : 곳(← 곶 : 꽃, 花)
57) 가온ᄃᆡ라 : 가온ᄃᆡ(가운데, 中) + -Ø(← -이- : 서조)- + -Ø(현시)- + -라(← -다 : 평종) ※
'가온ᄃᆡ'를 [가온(中 : 접두)- + ᄃᆡ(데, 處 : 의명)]로 분석하기도 한다. 이때 '가분-/가온-'은
'반' 또는 '중간'의 뜻을 나타내는 것으로 추정한다.(허웅, 1975 : 143 참조.)
58) 天龍八部 : 천룡팔부. 사천왕(四天王)에 딸려서 불법을 지키는 여덟 신장(神將)이다. 천(天),
용(龍), 야차(夜叉), 건달바(乾闥婆), 아수라(阿修羅), 가루라(迦樓羅), 긴나라(緊那羅), 마후
라가(摩睺羅迦)이다.
59) 과ᄒᆞ야 : 과ᄒᆞ(칭찬하다, 부러워하다, 讚)- + -야(← -아 : 연어)
60) 이리로다 : 일(일, 事) + -이(서조)- + -Ø(현시)- + -로(← -도- : 감동)- + -다(평종)
61) 주비니 : 주비(종류, 무리, 類) + -Ø(← -이- : 서조)- + -니(연어, 설명 계속)
62) 摩睺羅伽왜니 : 摩睺羅伽(마후라가) + -와(접조) + -ㅣ(← -이- : 서조)- + -니(연어, 설명 계속)
63) 고기 : 곡(← 고기 : 고기, 漁) + -의(-의 : 관조)
64) 위두ᄒᆞᆫ : 위두ᄒᆞ[으뜸가다 : 위두(爲頭, 우두머리 : 명사) + -ᄒᆞ(형접)-]- + -Ø(현시)- + -ㄴ
(관전)
65) 크락 : 크(크다, 大)- + -락(연어 : 대립되는 동작의 반복)

고<sup>69)</sup> 모디다<sup>70)</sup> 혼 뜨디니<sup>71)</sup> 虛<sub>헝</sub>空<sub>콩</sub>애 ᄂᆞ라ᄃᆞᆮ니ᄂᆞᆫ니라<sup>72)</sup> 乾<sub>껀</sub>闥<sub>턇</sub>婆<sub>빵</sub><sup>73)</sup>ᄂᆞᆫ 香<sub>향</sub>내<sup>74)</sup> 맏ᄂᆞ

다<sup>75)</sup> 혼 뜨디니 하ᄂᆞᇙ 풍류ᄒᆞᄂᆞᆫ<sup>76)</sup> 神<sub>씬</sub>靈<sub>령</sub>이니 하늘해 이셔<sup>77)</sup> 풍류호려 ᄒᆞᆯ 저기면 이

神<sub>씬</sub>靈<sub>령</sub>이 香<sub>향</sub>내 맏고 올아가ᄂᆞᆫ니라<sup>78)</sup> 阿<sub>항</sub>修<sub>슣</sub>羅<sub>랑</sub><sup>79)</sup>ᄂᆞᆫ 하늘 아니라<sup>80)</sup> ᄒᆞ논<sup>81)</sup> 뜨디니

福<sub>복</sub>과 힘과ᄂᆞᆫ 하늘콰<sup>82)</sup> ᄀᆞ토ᄃᆡ<sup>83)</sup> 하ᄂᆞᇙ 힝뎌기 업스니 嗔<sub>친</sub>心<sub>심</sub><sup>84)</sup>이 한 젼치라<sup>85)</sup> 迦<sub>강</sub>樓<sub>륳</sub>

羅<sub>랑</sub><sup>86)</sup>ᄂᆞᆫ 金<sub>금</sub> 놀개라<sup>87)</sup> 혼<sup>88)</sup> 뜨디니 두 놀개 쓰싀<sup>89)</sup> 三<sub>삼</sub>百<sub>빅</sub>三<sub>삼</sub>十<sub>씹</sub>六<sub>륙</sub>萬<sub>먼</sub> 里<sub>링</sub>오 모기<sup>90)</sup>

---

66) 몯내 : [못내, 끝내 못, 이루다 말할 수 없이(부사) : 몯(못 : 부사, 부정) + -내(접미)] ※ 원문
    의 문맥으로 보아서 '몯내'를 '몯(못, 不)'의 강조적인 의미로 보아서 '끝내 못'으로 옮긴다.
67) 앓 : 아(← 알다 : 알다, 知)- + -ᇙ(관전)
68) 夜叉 : 야차. 인도 신화 및 불교에 나오는 귀신 중 하나로, 산스크리트어 야끄샤(yakṣa)를
    음역한 것이다. 달리 약차(藥叉)라고도 쓴다. 볼 수 없고 초자연적인 힘을 지녔으며 자비롭
    지만 동시에 두려워할 요괴의 면도 있다. 공양(供養)을 잘하는 사람에게는 재보(財寶)를 얻
    게 하거나 아이를 갖게 하는 힘이 있다고 한다.
69) 놀나고 : 놀나[날래다, 速 : 놀(날다, 飛)- + 나(나다, 現)-]- + -고(연어, 계기)
70) 모디다 : 모디(← 모딜다 : 모질다, 虐)- + -Ø(현시)- + -다(평종)
71) 뜨디니 : 뜯(뜻, 意) + -이(서조)- + -니(연어, 설명 계속)
72) ᄂᆞ라ᄃᆞᆮ니ᄂᆞᆫ니라 : ᄂᆞ라ᄃᆞᆮ니[날아다니다, 飛行 : 늘(날다, 飛)- + -아(연어) + 돈(닫다, 走)- +
    니(가다, 다니다, 行)-]- + -ᄂᆞ(현시)- + -니(원칙)- + -라(← -다 : 평종)
73) 乾闥婆 : 건달바. 팔부중(八部衆)의 하나. 수미산 남쪽의 금강굴에 살며 제석천(帝釋天)의
    아악(雅樂)을 맡아보는 신으로, 술과 고기를 먹지 않고 향(香)만 먹으며 공중으로 날아다닌
    다고 한다.
74) 香내 : 香내[향내 : 香(향기) + 내(냄새, 臭)]
75) 맏ᄂᆞ다 : 맏(← 맡다 : 맡다, 嗅)- + -ᄂᆞ(현시)- + -다(평종)
76) 풍류ᄒᆞᄂᆞᆫ : 풍류ᄒᆞ[풍류하다 : 풍류(風流 : 명사) + -ᄒᆞ(동접)-]- + -ᄂᆞ(현시)- + -ㄴ(관전)
77) 하늘해 이셔 : 하늘ㅎ(하늘, 天) + -애(-에 : 부조, 위치) # 이시(있다, 在)- + -어(연어) ※ '하
    늘해 이셔'는 '하늘에서'로 의역할 수 있는데 의미상으로 주격으로 해석된다.
78) 올아가ᄂᆞᆫ니라 : 올아가[올라가다 : 올(← 오ᄅᆞ다 : 오르다, 登)- + -아(연어) + 가(가다, 去)-]-
    + -ᄂᆞ(현시)- + -니(원칙)- + -라(← -다 : 평종)
79) 阿修羅 : 아수라. 팔부중의 하나로서, 얼굴이 셋이고 팔이 여섯인 귀신(鬼神)이다. 악귀(惡
    鬼)의 세계(世界)에서 싸우기를 좋아한다.
80) 아니라 : 아니(아니다, 不 : 형사)- + -Ø(현시)- + -라(← -다 : 평종)
81) ᄒᆞ논 : ᄒᆞ(하다, 謂)- + -ㄴ(← -ᄂᆞ- : 현시)- + -오(대상)- + -ㄴ(관전)
82) 하늘콰 : 하늘ㅎ(하늘, 天) + -과(부조 : 비교)
83) ᄀᆞ토ᄃᆡ : ᄀᆞᇀ(← ᄀᆞᇀᄒᆞ다 : 같다, 如)- + -오ᄃᆡ(-되 : 연어, 설명 계속)
84) 嗔心 : 진심. 왈칵 성내는 마음이다.
85) 젼치라 : 젼ᄎᆞ(까닭, 이유, 因) + -ㅣ(← -이- : 서조)- + -Ø(현시)- + -라(← -다 : 평종)
86) 迦樓羅 : 가루라. 인도의 신화에 나오는 상상의 새로서, 수미산의 사해(四海)에 산다고 전해
    진다. 그 모습은 독수리와 비슷하고 날개는 봉황의 날개와 같은데, 한번 날개를 펴면 360리
    나 펼쳐진다고 한다.

如<sub>영</sub>意<sub>힁</sub>珠<sub>즁</sub><sup>91)</sup> ㅣ 잇고 龍<sub>룡</sub>을 밥 사마 자바먹ᄂᆞ니라 緊<sub>긴</sub>那<sub>낭</sub>羅<sub>랑</sub><sup>92)</sup>ᄂᆞᆫ 疑<sub>읭</sub>心<sub>심</sub>드뷘<sup>93)</sup> 神<sub>씬</sub>靈<sub>령</sub>이라 혼 ᄠᅳ디니 사ᄅᆞᆷ ᄀᆞ토ᄃᆡ ᄲᅳᆯ이<sup>94)</sup> 이실ᄊᆡ 사ᄅᆞᆷ인가<sup>95)</sup> 사ᄅᆞᆷ 아닌가 ᄒᆞ야 疑<sub>읭</sub>心<sub>심</sub>드뷔니 놀애 브르는 神<sub>씬</sub>靈<sub>령</sub>이니 부텨 說<sub>ᅌᅯᇙ</sub>法<sub>법</sub>ᄒᆞ신 다마다<sup>96)</sup> 다 能<sub>능</sub>히 놀애로 브르ᅀᆞᆸᄂᆞ니라<sup>97)</sup> 摩<sub>망</sub>睺<sub>ᅙᅮᇢ</sub>羅<sub>랑</sub>伽<sub>꺙</sub><sup>98)</sup>ᄂᆞᆫ 큰 빗바다ᄋᆞ로<sup>99)</sup> 긔여<sup>1)</sup> ᄒᆞ니ᄂᆞᆫ다<sup>2)</sup> 혼 ᄠᅳ디니 큰 ᄇᆞᆯᆷ<sup>3)</sup> 神<sub>씬</sub>靈<sub>령</sub>이라 變<sub>변</sub>은 常<sub>쌍</sub>例<sub>롕</sub>예셔<sup>4)</sup> 다ᄅᆞᆯ 씨오<sup>5)</sup> 化<sub>황</sub>ᄂᆞᆫ 두욀 씨라 三<sub>삼</sub>은 세히오<sup>6)</sup> 十<sub>씹</sub>은 열히오 六<sub>륙</sub>은 여스시라 열 百<sub>ᄇᆡᆨ</sub>이 千<sub>쳔</sub>이오 열 千<sub>쳔</sub>이 萬<sub>먼</sub>이라 여슷 자히<sup>7)</sup> 步<sub>뽕</sub>ㅣ오 三<sub>삼</sub>百<sub>ᄇᆡᆨ</sub> 步<sub>뽕</sub>ㅣ 里<sub>링</sub>라 珠<sub>즁</sub>는 구스리라<sup>8)</sup> 說<sub>ᅌᅯᇙ</sub>은 니ᄅᆞᆯ<sup>9)</sup> 씨라 】

---

87) 늘개라 : 늘개[날개, 翼 : 늘(날다, 飛)- + -개(명접)] + -(←-이- : 서조)- + -∅(현시)- + -라 (←-다 : 평종)

88) 혼 : ᄒᆞ(← ᄒᆞ다 : 하다, 謂)- + -∅(과시)- + -오(대상)- + -ㄴ(관전)

89) 늘개 ᄊᆞᅀᅵ : 날개(날개, 翼) + -ㅅ(-의 : 관조) # ᄉᆞᅀᅵ(사이, 間) + -∅(←-이 : 주조)

90) 모기 : 목(목, 頸) + -이(-에 : 부조, 위치)

91) 如意珠 : 여의주. 용의 턱 아래에 있는 영묘한 구슬이다. 이것을 얻으면 무엇이든 뜻하는 대로 만들어 낼 수 있다고 한다.

92) 고대 인도신화와 불교에 나오는 음악의 신.

93) 疑心드뷘 : 疑心드뷘[의심되다 : 疑心(의심 : 명사) + -드뷔(형접)-]- + -∅(현시)- + -ㄴ(관전)

94) ᄲᅳᆯ이 : ᄲᅳᆯ(뿔, 角) + -이(주조)

95) 사ᄅᆞᆷ인가 : 사ᄅᆞᆷ(사람, 人) + -이(서조)- + -∅(현시)- + -ㄴ가(-ㄴ가 : 의종, 판정)

96) 다마다 : 다(데, 곳, 것, 모든 것, 處, 事) + -마다(보조사, 각자)

97) 브르ᅀᆞᆸᄂᆞ니라 : 브르(부르다, 歌)- + -ᅀᆸ(객높)- + -ᄂᆞ(현시)- + -니(원칙)- + -라(←-다 : 평종)

98) 摩睺羅伽 : 마후라가. 본래 인도 신화에 등장하는 신으로, 산스크리트어 마호라가를 음역한 것이다. 마후라가는 큰 배와 가슴으로 기어다닌다고 해서 대흉복행(大胸腹行)이라고 번역는데, 뱀을 신격화 한 것이다. 인도 신화에서는 건달바·긴나라와 함께 음악의 신이다.

99) 빗바다ᄋᆞ로 : [뱃바닥 : 비(배, 腹) + -ㅅ(관조, 사잇) + 바당(바닥, 面)] + -ᄋᆞ로(부조, 방편)

1) 긔여 : 긔(기다, 匍)- + -여(←-어 : 연어)

2) ᄒᆞ니ᄂᆞᆫ다 : ᄒᆞ니(움직이다, 動)- + -ᄂᆞ(현시)- + -다(평종)

3) ᄇᆞᆯᆷ : ᄇᆞᆷ(뱀, 蛇) + -ㅅ(-의 : 관조)

4) 常例예셔 : 常例(상례, 보통 있는 일 : 명사) + -예(←-에 : 부조, 위치) + -셔(-서 : 보조사, 위치 강조)

5) 다ᄅᆞᆯ 씨오 : 다ᄅᆞ(다르다, 異)- + -ㄹ(관전) # 씨(← ᄉᆞ : 것, 者, 의명) + -이(서조)- + -오(←-고 : 연어, 나열)

6) 세히오 : 세ᅙᅳ(세, 三 : 수사, 양수) + -이(서조)- + -오(←-고 : 연어, 나열)

7) 자히 : 자ᅙᅳ(자, 尺 : 의명) + -이(주조)

8) 구스리라 : 구슬(구슬, 珠) + -이(서조)- + -∅(현시)- + -라(←-다 : 평종)

9) 니ᄅᆞᆯ : 니ᄅᆞ(이르다, 曰)- + -ㄹ(관전)

【八部(팔부)는 여덟 종류이니, 天(천)과 龍(용)과 夜叉(야차)와 乾闥婆(건달바)와 阿修羅(아수라)와 迦樓羅(가루라)와 緊那羅(긴나라)와 摩睺羅伽(마후라가)이니, 龍(용)은 고기 中(중)에 으뜸인 것이니 한 몸이 커졌다가 작아졌다가 하여 神奇(신기)한 變化(변화)를 끝내 못 아는 것이다. 夜叉(야차)는 '날래고 모질다.' 한 뜻이니 虛空(허공)에 날아다니느니라. 乾闥婆(건달바)는 '香(향)내를 맡는다.' 하는 뜻이니, 하늘의 풍류하는 神靈(신령)이니, 하늘에서 풍류하려 할 적이면 이 神靈(신령)이 香(향)내를 맡고 올라가느니라. 阿修羅(아수라)는 '하늘이 아니다.' 하는 뜻이니, 福(복)과 힘은 하늘과 같되 하늘의 행적이 없으니, (이는) 嗔心(진심)이 많은 까닭이다. 迦樓羅(가루라)는 '金(금) 날개이다.' 하는 뜻이니, 두 날개의 사이가 三百三十六萬(삼백삼십육만) 里(리)이고 목에 如意珠(여의주)가 있고 龍(용)을 밥으로 삼아 잡아먹느니라. 緊那羅(긴나라)는 '의심이 되는 神靈(신령)이다.' 하는 뜻이니, 사람과 같되 뿔이 있으므로 사람인가 사람이 아닌가 하여 疑心(의심)되니, (이는) 노래 부르는 神靈(신령)이니 부처가 說法(설법)하신 것마다 다 能(능)히 노래로 부르느니라. 摩睺羅伽(마후라가)는 '큰 배의 바닥으로 기어 움직인다.' 하는 뜻이니 큰 뱀의 神靈(신령)이다. 變(변)은 보통에서 다른 것이요 化(화)는 되는 것이다. 三(삼)은 셋이요 十(십)은 열이요 六(육)은 여섯이다. 열 百(백)은 千(천)이요 열 千(천)이 萬(만)이다. 여섯 자(尺)가 步(보)이요 三百 步(삼백 보)가 里(리)이다. 珠(주)는 구슬이다. 說(설)은 이르는 것이다.】

普퐁光광佛뿛이 讚잔歎탄ᄒᆞ야 니ᄅᆞ샤ᄃᆡ【讚잔歎탄ᄋᆞᆫ 기릴[10) 씨라】됴타[11) 네 阿ᅙᅡᆼ僧ᄉᆞᆼ祇낑 劫겁을 디나가 부톄[12) ᄃᆞ외야 號ᅘᅩᇢᄅᆞᆯ 釋셕迦강牟뭏尼닝라 ᄒᆞ리라【號ᅘᅩᇢᄂᆞᆫ 일훔 사마 브르는 거시라 釋셕迦강ᄂᆞᆫ 어딜며 ᄂᆞᆷ 어엿비[13) 너기실 씨니 衆즁生ᄉᆡᆼ 爲윙ᄒᆞ야 世솅間간애 나샤ᄆᆞᆯ[14) 솗고 牟뭏尼닝ᄂᆞᆫ 괴외ᄌᆞᆷᄌᆞᆷ홀[15) 씨니 智딩慧ᅘᆐᆼㅅ 根ㄱ源원을 슬ᄫᅳ니 釋셕迦강 ᄒᆞ실ᄊᆡ 涅녏槃빤[16)애 아니 겨시고 牟뭏尼닝 ᄒᆞ실ᄊᆡ 生ᄉᆡᆼ死ᄉᆞᆼ애 아니 겨시니

---

10) 기릴 : 기리(기리다, 높이 칭찬하다, 譽)- + -ㄹ(관전)
11) 됴타 : 둏(좋다, 好)- + -Ø(현시)- + -다(평종)
12) 부톄 : 부텨(부처, 佛) + -ㅣ(←-이 : 보조)
13) 어엿비 : [불쌍히, 불쌍하게, 憫(부사) : 어엿ㅂ(←어엿브다 : 불쌍하다, 憫 : 형사)- + -이(부접)]
14) 나샤ᄆᆞᆯ : 나(나다, 現, 生)- + -샤(←-시- : 주높)- + -ㅁ(←-옴 : 명전) + -ᄋᆞᆯ(목조)
15) 괴외ᄌᆞᆷᄌᆞᆷ홀 : 괴외ᄌᆞᆷᄌᆞᆷᄒᆞ[고요하고 잠잠하다(형사) : 괴외(고요 : 명사)- + ᄌᆞᆷᄌᆞᆷ(잠잠, 潛潛 : 불어)- + -ᄒᆞ(형접)-]- + -ㄹ(관전)
16) 涅槃 : 열반. 모든 번뇌의 얽매임에서 벗어나고, 진리를 깨달아 불생불멸의 법을 체득한 경지. 불교의 궁극적인 실천 목적이다. 혹은 승려가 죽는 것이다.

라 涅<sub>녕</sub>槃<sub>빤</sub>은 업다 ᄒᆞ논 ᄠᅳ디라 】

普光佛(보광불)이 讚歎(찬탄)하여 이르시되【讚歎(찬탄)은 기리는 것이다.】, "좋다. 네가 阿僧祇(아승기) 劫(겁)을 지나가서 부처가 되어 號(호)를 釋迦牟尼(석가모니)라 하리라."【號(호)는 이름 삼아 부르는 것이다. 釋迦(석가)는 어질며 남을 가엾이 여기시는 것이니, 衆生(중생)을 爲(위)하여 世間(세간)에 나신 것을 사뢰고, 牟尼(모니)는 고요하고 잠잠한 것이니 智慧(지혜)의 根源(근원)을 사뢰니, '釋迦(석가)' 하시므로 涅槃(열반)에 아니 계시고, '牟尼(모니)' 하시므로 生死(생사)에 아니 계시니라. 涅槃(열반)은 '없다.' 하는 뜻이다.】

授<sub>쓯</sub>記<sub>긩</sub>[17] 다 ᄒᆞ시고【授<sub>쓯</sub>記<sub>긩</sub>ᄂᆞᆫ 네[18] 아모[19] 저긔 부텨 ᄃᆞ외리라 미리 니ᄅᆞ실 씨라】 부텨 가시논[20] ᄯᅡ히 즐어늘[21] 善<sub>썬</sub>慧<sub>ᅘᅰᆼ</sub> 니버 잇더신[22] 鹿<sub>록</sub>皮<sub>삥</sub> 오ᄉᆞᆯ 바사 ᄯᅡ해[23] ᄭᆞᄅᆞ시고[24]【鹿<sub>록</sub>皮<sub>삥</sub>ᄂᆞᆫ 사ᄉᆞ미 가치라[25]】 마리ᄅᆞᆯ 퍼[26] 두퍼시ᄂᆞᆯ[27] 부톄 ᄇᆞᆲ바[28] 디나시고 ᄯᅩ 授<sub>쓯</sub>記<sub>긩</sub>ᄒᆞ샤ᄃᆡ[29] 네 後<sub>ᅘᅮᇢ</sub>에 부톄[30] ᄃᆞ외야 五<sub>옹</sub>濁<sub>똭</sub>[31] 惡<sub>학</sub>世<sub>솅</sub>[32]예【濁<sub>똭</sub>ᄋᆞᆫ 흐릴 씨오 惡<sub>학</sub>ᄋᆞᆫ 모딜 씨라 五<sub>옹</sub>濁<sub>똭</sub>ᄋᆞᆫ 劫<sub>겁</sub>濁<sub>똭</sub>[33]

---

17) 授記 : 수기. 부처가 그 제자에게 내생에 성불(成佛)하리라는 예언기(豫言記)를 주는 것이다.
18) 네 : 너(너, 汝 : 인대, 2인칭) + -ㅣ(←-이 : 주조)
19) 아모 : 아무, 某(관사, 지시, 부정칭)
20) 가시논 : 가(가다, 行)- + -시(주높)- + -ㄴ(←-ᄂᆞ- : 현시)- + -오(대상)- + -ㄴ(관전)
21) 즐어늘 : 즐(질다, 泥)- + -어늘(←-거늘 : 연어, 상황)
22) 니버 잇더신 : 닙(입다, 着)- + -어(연어) # 잇(← 이시다 : 있다, 보용, 완료 지속)- + -더(회상)- + -시(주높)- + -ㄴ(관전)
23) ᄯᅡ해 : ᄯᅡᇂ(땅, 地) + -애(부조, 위치)
24) ᄭᆞᄅᆞ시고 : ᄭᆞᆯ(깔다, 藉)- + -ᄋᆞ시(주높)- + -고(연어, 계기)
25) 가치라 : 갗(가죽, 皮) + -이(서조)- + -Ø(현시)- + -라(←-다 : 평종)
26) 퍼 : 퍼(← ᄑᆞ다 : 펴다, 伸)- + -어(연어)
27) 두퍼시ᄂᆞᆯ : 둪(덮다, 蔽)- + -시(주높)- + -어…ᄂᆞᆯ(-거늘 : 연어, 상황)
28) ᄇᆞᆲ바 : ᄇᆞᆲ(← ᄇᆞᆲ다, ㅂ불 : 밟다, 履)- + -아(연어)
29) 授記ᄒᆞ샤ᄃᆡ : 授記ᄒᆞ[수기하다 : 授記(수기 : 명사) + -ᄒᆞ(동접)-]- + -샤(←-시- : 주높)- + -ᄃᆡ(←-오ᄃᆡ : -되, 연어, 설명 계속) ※ '授記(수기)'는 부처가 그 제자에게 내생에 성불(成佛)하리라는 예언기(豫言記)를 주는 것이다.
30) 부톄 : 부텨(부처, 佛) + -ㅣ(←-이 : 보조)
31) 五濁 : 오탁. 세상의 다섯 가지 더러움이다. 명탁(命濁), 중생탁(衆生濁), 번뇌탁(煩惱濁), 견탁(見濁), 겁탁(劫濁)을 이른다.
32) 惡世 : 악세. 악한 일이 성행하는 나쁜 세상이다.

見곈濁똭<sup>34)</sup> 煩뻔惱놀濁똭<sup>35)</sup> 衆즁生ᄉᆡᆼ濁똭<sup>36)</sup> 命몡濁똭<sup>37)</sup>이니 本본來ᄅᆡᆼ ᄆᆞᆯ곤 性셩에 흐린 ᄆᆞᅀᆞᆷ<sup>38)</sup> 니러나미<sup>39)</sup> 濁똭이라 劫겁은 時씽節졇이니 時씽節졇에 모딘 이리 만ᄒᆞ야<sup>40)</sup> 흐리워<sup>41)</sup> 罪쬉業ᅌᅥᆸ을 니르바ᄃᆞᆯ<sup>42)</sup> 씨라 見곈은 볼 씨니 빗근<sup>43)</sup> 보미라<sup>44)</sup> 煩뻔은 만홀 씨오 惱놀ᄂᆞᆫ 어즈릴<sup>45)</sup> 씨라 주그며 살며 ᄒᆞ야 輪륜廻ᅘᅬᆼ호미<sup>46)</sup> 衆즁生ᄉᆡᆼ濁똭이라 목수믈<sup>47)</sup> 몯 여희유미<sup>48)</sup> 命몡濁똭이니 命몡은 목수미라 】 天텬人ᅀᅵᆫ 濟곙渡똥호ᄆᆞᆯ 썰비<sup>49)</sup> 아니 호미<sup>50)</sup> 당다이<sup>51)</sup> ᄀᆞᆮ ᄒᆞ리라<sup>52)</sup> 【 天텬人ᅀᅵᆫ은 하ᄂᆞᆯ콰<sup>53)</sup> 사ᄅᆞᆷ괘라<sup>54)</sup> 】

---

33) 劫濁 : 겁탁. 기근, 질병, 전쟁 따위의 여러 가지 재앙이 일어남을 이른다.

34) 見濁 : 견탁. 사악한 사상과 견해가 무성하게 일어나 더러움이 넘쳐흐름을 이른다.

35) 煩惱濁 : 번뇌탁. 애욕(愛慾)을 탐하여 마음을 괴롭히고 여러 가지 죄를 범하게 됨을 이른다.

36) 衆生濁 : 중생탁. 견탁(見濁)과 번뇌탁의 결과로 인간의 과보(果報)가 점점 쇠퇴하고 힘은 약해지며 괴로움과 질병은 많고 복은 적어짐을 이른다.

37) 命濁 : 명탁. 악한 세상에서 악업이 늘어나 8만 세이던 사람의 목숨이 점점 짧아져 백 년을 채우기 어렵게 됨을 이른다.

38) ᄆᆞᅀᆞᆷ : 마음, 心.

39) 니러나미 : 니러나[일어나다 : 닐(일어나다, 起)- + -어(연어) + 나(나다, 出, 現)-]- + -ㅁ(←-옴 : 명전) + -이(주조)

40) 만ᄒᆞ야 : 만ᄒᆞ(많다, 多)- + -야(←-아 : 연어)

41) 흐리워 : 흐리우[흐리게 하다 : 흐리(흐리다, 濁 : 형사)- + -우(사접)-]- + -어(연어)

42) 니르바ᄃᆞᆯ : 니르받[일으키다, 惹起 : 닐(일어나다, 起 : 자동)- + -으(사접)- + -받(강접)-]- + -ᄋᆞᆯ(관전)

43) 빗근 : 빗(가로지다, 비뚤어지다, 橫)- + -Ø(과시)- + -은(관전)

44) 보미라 : 보(보다, 見)- + -ㅁ(←-옴 : 명전) + -이(서조)- + -Ø(현시)- + -라(←-다 : 평종)

45) 어즈릴 : 어즈리[어지럽히다, 亂 : 어즐(어질 : 불어)- + -이(사접)-]- + -ㄹ(관전)

46) 輪廻호미 : 輪廻ᄒᆞ[←輪廻ᄒᆞ다 : 輪廻(윤회 : 명사) + -ᄒᆞ(동접)-]- + -옴(명전) + -이(주조)
    ※ '輪廻(윤회)'는 수레바퀴가 끊임없이 구르는 것과 같이, 중생이 번뇌와 업에 의하여 삼계육도(三界六道)의 생사 세계를 그치지 아니하고 돌고 도는 일이다.

47) 목수믈 : 목숨[목숨, 壽命 : 목(목, 頸) + 숨(숨, 息)] + -을(목조)

48) 여희유미 : 여희(여의다, 떠나다, 버리다, 別)- + -윰(←-움 : 명전) + -이(주조)

49) 썰비 : [어렵게, 難(부사) : 쎯(←쎯다, ㅂ불 : 어렵다, 難, 형사)- + -이(부접)]

50) 아니 호미 : 아니(아니, 不 : 부사, 부정) # ᄒᆞ(하다, 爲)- + -옴(명전) + -이(주조)

51) 당다이 : [반드시, 마땅히, 必(부사) : 당당(마땅, 當然 : 불어) + -Ø(←-ᄒᆞ- : 형접)- + -이(부접)]

52) ᄀᆞᆮᄒᆞ리라 : ᄀᆞᆮᄒᆞ(같다, 如)- + -리(미시)- + -라(←-다 : 평종)

53) 하ᄂᆞᆯ콰 : 하ᄂᆞᆯㅎ(하늘, 天) + -과(접조)

54) 사ᄅᆞᆷ괘라 : 사ᄅᆞᆷ(사람, 人) + -과(접조) + -ㅣ(←-이- : 서조)- + -Ø(현시)- + -라(←-다 : 평종)

授記(수기)를 다하시고 【授記(수기)는 “네가 아무 때에 부처가 되겠다.” 미리 이르시는 것이다.】 부처 가시는 땅이 질거늘, 善慧(선혜)가 입고 있으시던 鹿皮(녹피) 옷을 벗어 땅에 까시고 【鹿皮(녹피)는 사슴의 가죽이다.】 머리를 펴 덮으시거늘, 부처가 밟아 지나시고 또 授記(수기)하시되 “네가 後(후)에 부처가 되어 五濁(오탁) 惡世(악세)에 【濁(탁)은 흐린 것이요, 惡(악)은 모진 것이다. 五濁(오탁)은 劫濁(겁탁), 見濁(견탁), 煩惱濁(번뇌탁), 衆生濁(중생탁), 命濁(명탁)이니, 本來(본래) 맑은 性(성)에 흐린 마음이 일어나는 것이 濁(탁)이다. 劫(겁)은 時節(시절)이니, 時節(시절)에 모진 일이 많아 흐리게 하여 罪業(죄업)을 일으키는 것이다. 見(견)은 보는 것이니, 비뚤어지게 보는 것이다. 煩(번)은 많은 것이요, 惱(뇌)는 어지럽히는 것이다. 죽으며 살며 하여 輪廻(윤회)하는 것이 衆生濁(중생탁)이다. 목숨을 못 떨치는 것이 命濁(명탁)이니 命(명)은 목숨이다.】 天人(천인)을 濟渡(제도)하는 것을 어렵게 아니 하는 것이 마땅히 나와 같으리라.” 【天人(천인)은 하늘과 사람이다.】

그 ᄢᅴ[55] 善쎤慧ᅘᅰᆼ 부텻긔[56] 가아 出츓家강ᄒᆞ샤 世솅尊존ㅅ긔 ᄉᆞᆯᄫᆞ샤ᄃᆡ[57] 【出츓은 날 씨오[58] 家강ᄂᆞᆫ 지비니 집 ᄇᆞ리고 나가 머리 갓ᄀᆞᆯ[59] 씨라】 내 어저ᄭᅴ[60] 다ᄉᆞᆺ 가짓 ᄭᅮ믈[61] ᄭᅮ우니[62] ᄒᆞ나ᄒᆞᆫ[63] 바ᄅᆞ래[64] 누ᄫᅳ며[65] 둘흔 須슝彌밍山산[66]

---

55) 그 ᄢᅴ : 그(그, 彼 : 관사) # ᄢᅴ(← ᄢᅳ : 때, 時) + -의(-에 : 부조, 위치)

56) 부텻긔 : 부텨(부처, 佛) - + -ㅅ긔(-께 : 부조, 상대, 높임) ※ ‘-ㅅ긔’는 [-ㅅ(-의 : 관조) + 긔(거기에 : 의명)]로 분석되는 파생 조사이다.

57) ᄉᆞᆯᄫᆞ샤ᄃᆡ : ᄉᆞᆲ(← ᄉᆞᆲ다, ㅂ불 : 사뢰다, 아뢰다, 奏)- + -ᄋᆞ샤(← -으시- : 주높)- + -ᄃᆡ(← -오ᄃᆡ : 연어, 설명 계속)

58) 날 씨오 : 나(나다, 出)- + -ㄹ(관전) # ㅆ(← ᄉᆞ : 것, 의명) + -이(서조)- + -오(← -고 : 연어, 나열)

59) 갓ᄀᆞᆯ 씨라 : 갉(깎다, 削)- + -ᄋᆞᆯ(관전) # ㅆ(← ᄉᆞ : 것, 의명) + -이(서조)- + -∅(현시)- + -라(← -다 : 평종)

60) 어저ᄭᅴ : [어저께(명사) : 어저(← 어제 : 어제, 昨日) + -ㅅ(관조, 사잇) + 긔(거기에 : 의명)]

61) ᄭᅮ믈 : ᄭᅮᆷ[꿈, 夢 : ᄭᅮ(꾸다, 夢)- + -ㅁ(명접)] + -을(목조)

62) ᄭᅮ우니 : ᄭᅮ(꾸다, 夢)- + -우(화자)- + -니(연어, 설명, 이유)

63) ᄒᆞ나ᄒᆞᆫ : ᄒᆞ나ㅎ(하나, 一 : 수사, 양수) + -ᄋᆞᆫ(보조사, 주제) ※ 15세기 국어에서 양수사는 ‘ᄒᆞ나ㅎ, 둘ㅎ, 세ㅎ, 네ㅎ, 다ᄉᆞᆺ, 여ᄉᆞᆺ, 닐굽, 여듧, 아홉, 열ㅎ, 스믈ㅎ, 셜흔, 마ᅀᆞᆫ, 쉰, 여ᄉᆔᆫ, 닐흔, 여든, 아ᄒᆞᆫ, 온, 즈믄, …, 몇, 여러ㅎ…’ 등으로 실현된다.

64) 바ᄅᆞ래 : 바ᄅᆞᆯ(바다, 海) + -애(-에 : 부조, 위치)

65) 누ᄫᅳ며 : 누ᇦ(← 눕다, ㅂ불 : 눕다, 臥)- + -으며(연어, 나열)

66) 須彌山 : 수미산. 불교의 우주관에서, 세계의 중앙에 있다는 산이다. 꼭대기에는 제석천이, 중턱에는 사천왕이 살고 있으며, 그 높이는 물 위로 팔만 유순이고 물속으로 팔만 유순이며, 가로의 길이도 이와 같다고 한다.

올　베며[67]【湏슈彌밍는 ᄀ장 높다 ᄒ논[68] ᄠ디라】 세흔 衆ᄌᆕ生ᄉᆡᆼ돌히[69] 내 몸 안해[70] 들며 네흔 소내 히를[71] 자ᄇᆞ며 다ᄉᆞᆫ 소내 ᄃᆞᄅᆞᆯ[72] 자보니[73] 世솅尊존하[74] 날 爲윙ᄒᆞ야 니ᄅᆞ쇼셔[75]

그때에 善慧(선혜)가 부처께 가 出家(출가)하시어, 世尊(세존)께 사뢰시되【出(출)은 나는 것이요 家(가)는 집이니, (出家는) 집을 버리고 나가 머리를 깎는 것이다.】, "내가 어저께 다섯 가지의 꿈을 꾸니, 하나는 바다에 누우며, 둘은 湏彌山(수미산)을 베며【湏彌(수미)는 가장 높다 하는 뜻이다.】, 셋은 衆生(중생)들이 내 몸 안에 들며, 넷은 손에 해를 잡으며, 다섯은 손에 달을 잡으니, 世尊(세존)이시여 나를 爲(위)하여 이르소서."

부톄[76] 니ᄅᆞ샤ᄃᆡ 바ᄅᆞ래 누ᄫᅮᆫ[77] 이른 네[78] 죽사릿[79] 바ᄅᆞ래 잇논[80] 야이오[81] 湏슈彌밍山산 볘윤[82] 이른 죽사리를 버서날[83] ᄂᆞ지오[84] 衆ᄌᆕ生ᄉᆡᆼ이 모매 드로ᄆᆞᆫ[85] 衆ᄌᆕ生ᄉᆡᆼ이 歸귀依ᅙᅵᆼ홀[86] 짜히 ᄃᆞ욀 ᄂᆞ지오 히를 자보ᄆᆞᆫ

---

67) 볘며 : 볘(베다, 枕)- + -며(연어, 나열)
68) ᄒᆞ논 : ᄒᆞ(하다, 謂)- + -ㄴ(←-ᄂᆞ- : 현시)- + -오(대상)- + -ㄴ(관전)
69) 衆生돌히 : 衆生돌ㅎ[중생들 : 衆生(중생) + -돌ㅎ(-들 : 복접)] + -이(주조)
70) 안해 : 안ㅎ(안, 內) + -애(-에 : 부조, 위치)
71) 히를 : 히(해, 日) + -를(목조)
72) ᄃᆞᄅᆞᆯ : ᄃᆞᆯ(달, 月) + -ᄋᆞᆯ(목조)
73) 자보니 : 잡(잡다, 執)- + -오(화자)- + -니(연어, 설명 계속)
74) 世尊하 : 世尊(세존) + -하(-이시여 : 호조, 아높)
75) 니ᄅᆞ쇼셔 : 니ᄅᆞ(이르다, 說)- + -쇼셔(-소서 : 명종, 아높)
76) 부톄 : 부텨(부처, 佛) + -ㅣ(←-이 : 주조)
77) 누ᄫᅮᆫ : 눕(← 눕다, ㅂ불 : 눕다, 臥)- + -Ø(과시)- + -우(대상)- + -ㄴ(관전)
78) 네 : 너(너, 汝 : 인대, 2인칭) + -ㅣ(←-이 : 주조)
79) 죽사릿 : 죽사리[죽살이, 生死 : 죽(죽다, 死)- + 살(살다, 生)- + -이(명접)] + -ㅅ(-의 : 관조)
80) 잇논 : 잇(← 이시다 : 있다, 在)- + -ㄴ(←-ᄂᆞ- : 현시)- + -오(대상)- + -ㄴ(관전)
81) 야이오 : 양(모습, 모양, 樣 : 의명) + -이(서조)- + -오(←-고 : 연어, 나열)
82) 볘윤 : 볘(베다, 枕)- + -Ø(과시)- + -유(←-우- : 대상)- + -ㄴ(관전)
83) 버서날 : 버서나[벗어나다 : 벗(벗다, 脫)- + -어(연어) + 나(나다, 出)-]- + -ㄹ(관전)
84) ᄂᆞ지오 : 늦(조짐, 징조, 兆) + -이(서조)- + -오(←-고 : 연어, 나열)
85) 드로ᄆᆞᆫ : 들(들다, 入)- + -옴(명전) + -ᄋᆞᆫ(보조사, 주제)
86) 歸依홀 : 歸依ᄒᆞ[← 歸依ᄒᆞ다(귀의하다) : 歸依(귀의 : 명사) + -ᄒᆞ(동접)-]- + -오(대상)- + -ᇙ(관전) ※ '歸依(귀의)'는 부처와 불법)과 승가(僧伽)로 돌아가 의지하여 구원을 청하는 것이다.

智<sub>딩</sub>慧<sub>쀙</sub> 너비<sup>87)</sup> 비췰<sup>88)</sup> 느지오 ᄃᆞ를 자본<sup>89)</sup> 이른 ᄆᆞᆰ고 간다ᄫᆞᆫ<sup>90)</sup> 道<sub>똘</sub>理<sub>링</sub>로 衆<sub>즁</sub>生<sub>ᄉᆡᆼ</sub>을 濟<sub>졩</sub>渡<sub>똥</sub>ᄒᆞ야 더ᄫᅳᆫ<sup>91)</sup> 煩<sub>뻔</sub>惱<sub>놀</sub>를 여희의<sup>92)</sup> ᄒᆞᆯ 느지니【 더ᄫᅳᆫ 煩<sub>뻔</sub>惱<sub>놀</sub>ᄂᆞᆫ 煩<sub>뻔</sub>惱<sub>놀</sub> | 블 ᄀᆞ티<sup>93)</sup> 다라<sup>94)</sup> 나ᄂᆞᆫ<sup>95)</sup> 거실ᄊᆡ<sup>96)</sup> 덥다 ᄒᆞᄂᆞ니라 】 이 ᄭᆞ믜<sup>97)</sup> 因<sub>ᅙᅵᆫ</sub>緣<sub>ᅯᆫ</sub>은 네 쟝ᄎᆞ<sup>98)</sup> 부텨 ᄃᆞ외ᇙ 相<sub>샹</sub>이로다<sup>99)</sup> 善<sub>쎤</sub>慧<sub>쀙</sub> 듣ᄌᆞᆸ고 깃거ᄒᆞ더시다<sup>100)</sup>

부처가 이르시되 "바다에 누운 일은 네가 생사(生死)의 바다에 있는 모양이요, 須彌山(수미산)을 벤 일은 생사(生死)를 벗어날 조짐이요, 衆生(중생)이 몸에 드는 것은 (네가) 衆生(중생)이 歸依(귀의)할 땅이 될 조짐이요, 해를 잡은 것은 (너의) 智慧(지혜)가 널리 비칠 조짐이요, 달을 잡은 일은 (네가) 맑고 시원한 道理(도리)로 衆生(중생)을 濟渡(제도)하여 더운 煩惱(번뇌)를 떠나게 할 조짐이니【 더운 煩惱(번뇌)는 煩惱(번뇌)가 불 같이 달아서 나는 것이므로 덥다 하느니라.】, 이 꿈의 因緣(인연)은 네가 장차 부처가 될 相(상)이구나." 善慧(선혜)가 듣고 기뻐하시더라.

---

87) 너비 : [널리, 演(부사) : 넙(넓다, 廣 : 형사)- + -이(부접)]
88) 비췰 : 비취(비치다, 照 : 자동)- + -ㄹ(관전)
89) 자본 : 잡(잡다, 執)- + -Ø(과시)- + -오(대상)- + -ㄴ(관전)
90) 간다ᄫᆞᆫ : 간닿(← 간답다, ㅂ불 : 시원하다, 서늘하다, 凉)- + -Ø(현시)- + -은(관전)
91) 더ᄫᅳᆫ : 덯(← 덥다, ㅂ불 : 덥다, 暑)- + -Ø(현시)- + -은(관전)
92) 여희의 : 여희(이별하다, 여의다, 別)- + -의(←-긔 : -게, 연어, 사동)
93) ᄀᆞ티 : [같이, 如(부사) : ᄀᆞᇀ(← ᄀᆞᇀᄒᆞ다 : 같다, 如, 형사)- + -이(부접)]
94) 다라 : 달(달다, 뜨거워지다, 焦, 熟)- + -아(연어)
95) 나ᄂᆞᆫ : 나(나다, 出)- + -ᄂᆞ(현시)- + -ㄴ(관전)
96) 거실ᄊᆡ : 것(것, 者 : 의명) + -이(서조)- + -ㄹᄊᆡ(-므로 : 연어, 이유)
97) ᄭᆞ믜 : 쑴[꿈, 夢 : 쑤(꾸다, 夢 : 타동)- + -ㅁ(명접)] + -의(관조)
98) 쟝ᄎᆞ : 장차, 將(부사)
99) 相이로다 : 相(상, 모습) + -이(서조)- + -Ø(현시)- + -로(←-도- : 감동)- + -다(평종)
100) 깃거ᄒᆞ더시다 : 깃거ᄒᆞ[기뻐하다 : 깄(기뻐하다, 歡)- + -어(연어) + ᄒᆞ(하다, 爲 : 보용)-]- + -더(회상)- + -시(주높)- + -다(평종)

# 6. 두시언해

『두시언해』(杜詩諺解)는 1481년(성종 12)에 중국 당(唐)나라의 시인인 두보(杜甫)가 지은 시 전편을 52부(部)로 분류하여 한글로 번역한 시집(詩集)으로, 원명은 『분류두공부시언해』(分類杜工部詩諺解)이다.

[ 두시언해 ]

원(元)나라 때에 편찬된 『찬주분류두시』(纂註分類杜詩)를 원본으로 삼아, 두보의 시 1,647편 전부와 다른 사람의 시 16편에 주석을 달고 풀이한 책이다. 『두시언해』의 내용은 기행(紀行), 술회(述懷), 회고(懷古), 우설(雨雪), 산악(山嶽), 강하(江河), 문장(文章), 서화(書畵), 음악(音樂), 식물(植物), 조수(鳥獸), 충어(蟲魚), 화초(花草), 송별(送別), 경하(慶賀), 잡부(雜賦) 등 52부로 분류되어 있다.

『두시언해』의 초간본은 1443년(세종 25) 4월에 간행에 착수하여, 38년 만인 1481년(성종 12)에 비로소 간행된 한국의 첫 역시집(譯詩集)이다. 활자본으로 전 25권이 간행되었으나, 1, 2, 4, 12권 등 모두 8권은 전하지 않는다. 초간본의 현존본 중에서 3, 9, 18, 19 권은 아직 영인 작업이 이루어지 않았다.

『두시언해』 초간본에는 다음과 같은 표기상의 특징이 나타난다. 곧, 세종이나 세조 당시에 쓰였던 'ㅸ, ㅱ, ㆅ' 등이 보이지 않는다. 그리고 초성의 자리에 쓰인 'ㆁ'과 관형사형 어미 '-ㄹ' 다음에 쓰인 'ㆆ'이 보이지 않으며, 각자병서 글자인 'ㄲ, ㄸ, ㅃ, ㅆ, ㆅ' 등도 보이지 않는다. 반면에 'ㅿ'과 종성의 자리에 쓰인 'ㆁ'은 그대로 사용되었고, 비음화(鼻音化)와 구개음화(口蓋音化)의 예는 발견되지 않는다.

참고로 『두시언해』 중간본은 1632년(인조 10) 3월에 경상감사 오숙(吳翽)이 대구 부사 김상복(金尙宓)에게 시켜 관하 각 읍에서 목판본 전 25권으로 분간(分刊)한 것으로서, 초간본의 내용을 17세기 초엽의 국어로 그대로 옮긴 것이다. 초간본이 발행된 시기와 중간본이 발행된 시기는 150여 년의 차가 있는데, 중간본에서는 17세기 초기의 어음(語音)이 반영된 흔적이 곳곳에 나타나 있다. 특히 초간본에 쓰였던 'ㅿ'과 'ㆁ'의 글자가 중간본에는 쓰이지 않았고, 비음화와 구개음화 현상이 나타남에 따라서 초간본과 다르게 표기된 것이 발견된다.

『두시언해』는 조선 시대의 국어의 음운 변천 과정을 연구하는 데에 귀중한 자료이다. 인조 때의 중간본은 풍부한 어휘, 고풍(古風)의 문체, 그리고 초간본과 중간본 간의 언어적인 차이점 등으로 해서 국어국문학을 연구하는 데 중요한 문헌일 뿐만 아니라, 두보의 한시를 연구하는 데에도 좋은 자료로 인정받고 있다.

# 玉 華 宮 *

시내<sup>1)</sup> 횟돈<sup>2)</sup> 딕<sup>3)</sup> 숤ㅂㄹ미<sup>4)</sup> 기리<sup>5)</sup> 부ᄂ니

프른 쥐<sup>6)</sup> 녯<sup>7)</sup> 디샛<sup>8)</sup> 서리예<sup>9)</sup> 숨ᄂ다

아디 몯ᄒ리로다<sup>10)</sup> 어느 님긊 宮殿고<sup>11)</sup>

기튼<sup>12)</sup> 지슨 거시<sup>13)</sup> 노폰 石壁ㅅ 아래로다<sup>14)</sup>

어득ᄒ<sup>15)</sup> 房앤<sup>16)</sup> 귓거싀<sup>17)</sup> 브리 ᄑᄅ고

믈어딘<sup>18)</sup> 길헨<sup>19)</sup> 슬픈 믈리 흐르놋다<sup>20)</sup>

---

* **玉華宮(옥화궁)** : '옥화궁'은 중국 당나라 때 당나라 태종 21년(647)에 지은 궁전이다. 원래는 당 태종이 피서를 위한 행궁(行宮)으로 사용한 곳인데, 후에 현종(玄宗) 때에 일어난 안록산의 난(安史之乱) 이후로 방치되어, 현재는 3개의 석굴만이 남아있다. 이 시는 두보가 지덕(至德) 2년(757)에 가족을 만나러 부주(鄜州)로 갈 때에 옥화궁 터를 지나며 지은 한시이다. 한때 화려했으나 이제는 쇠락한 옛 궁전의 모습을 보면서 인생의 허무함을 노래했다. [6 : 1]

1) 시내 : 시내[← 시내ㅎ(시내, 溪) : 시(← 실 : 실, 絲) + 내(← 내ㅎ : 내, 川] + −∅(← −이 : 주조)
2) 횟돈 : 횟돈[← 횟돌다 : 횟(휘− : 접두, 강조)− + 도(← 돌다 : 돌다, 回)−] + −∅(과시)− + −ㄴ(관전)
3) 딕 : 딕(데, 處 : 의명) + −∅(← −이 : 부조, 위치)
4) 숤ㅂㄹ미 : 숤ㅂ람[솔바람, 松風 : 솔(솔, 松) + −ㅅ(사잇, 관전) + ㅂ람(바람, 風)] + −이(주조)
5) 기리 : [길이, 長(부사) : 길(길다, 長)− + −이(부접)]
6) 프른 쥐 : 푸른 쥐. '蒼鼠(창서)'를 직역하였는데, '털빠진 늙은 쥐'이다.
7) 녯 : 녜(옛날, 昔 : 명사) + −ㅅ(−의 : 관조)
8) 디샛 : 디새(기와, 瓦) + −ㅅ(−의 : 관조)
9) 서리예 : 서리(사이, 間) + −예(← −에 : 부조)
10) 몯ᄒ리로다 : 몯ᄒ[못하다(보용, 부정) : 몯(못, 不能 : 부사, 부정) + −ᄒ(동접−]− + −리(미시)− + −로(← −도− : 감동)− + −다(평종)
11) 宮殿고 : 宮殿(궁전) + −고(보조사, 의문, 설명)
12) 기튼 : 깉(남다, 遺)− + −∅(과시)− + −은(관전)
13) 지슨 거시 : 짛(← 짓다, ㅅ불 : 짓다, 構)− + −∅(과시)− + −은(관전) # 것(것, 者 : 의명) + −이(주조) ※ '남은 지은 것'은 '궁전의 남아 있는 건물'이다.
14) 아래로다 : 아래(아래, 下) + −∅(← −이− : 서조)− + −∅(현시)− + −로(← −도− : 감동)− + −다(평종)
15) 어득ᄒ : 어득ᄒ[어둑하다, 陰 : 어득(어둑 : 불어)− + −ᄒ(형접)−]− + −∅(현시)− + −ㄴ(관전)
16) 房앤 : 房(방) + −애(−에 : 부조) + −ㄴ(← −는 : 보조사)
17) 귓거싀 : 귓것[귀신 : 귀(귀신, 鬼) + −ㅅ(관조, 사잇) + 것(것, 者 : 의명)] + −의(관조)
18) 믈어딘 : 믈어디[무너지다, 壞 : 믈(← 므르다 : 무르다, 軟)− + −어(연어) + 디(지다, 落)−]− + −∅(과시)− + −ㄴ(관전)
19) 길헨 : 길ㅎ(길, 道) + −에(부조, 위치) + −ㄴ(← −는 : 보조사)

여러 가짓 소리 眞實ㅅ[21] 뎌와[22] 피릿 소리[23] ᄀᆞ도소니[24]

ᄀᆞ슰[25] 비치 正히[26] ᄀᆞᆺᄀᆞᆺᄒᆞ도다[27]

고온[28] 사ᄅᆞ미 누른 홀기 ᄃᆞ외니

ᄒᆞ믈며 粉黛[29]ᄅᆞᆯ 비러 쓰던 거시ᄰᅧ[30]

그 時節에 金輿[31]ᄅᆞᆯ 侍衛ᄒᆞ던[32] 녯 거슨

ᄒᆞ올로[33] 잇ᄂᆞ닌[34] 돌 ᄆᆞ리로다[35]

시름 오매[36] 프를 지즐[37] 안자셔 훤히[38] 놀애[39] 블로니[40]

눖므리[41] 소내 ᄀᆞᄃᆞᆨᄒᆞ도다[42]

---

20) 흐르놋다 : 흐르(흐르다, 瀉)- + -ㄴ(←-ᄂᆞ- : 현시)- + -옷(감동)- + -다(평종)

21) 眞實ㅅ : 眞實(진실, 진짜) + -ㅅ(-의 : 관조) ※ 문맥상 '진짜로'로 옮긴다.

22) 뎌와 : 뎌(← 뎧 : 저, 생황, 笙) + -와(접조) ※ '뎌ᇹ'는 생황으로 아악에 쓰는 관악기의 하나.

23) 소리 : 소리(소리, 聲) + -∅(←-이 : 부조, 비교)

24) ᄀᆞ도소니 : ᄀᆞᆮ(← ᄀᆞᇀ다 : 같다, 如)- + -돗(감동)- + -오니(←-ᄋᆞ니 : 연어, 설명 계속)

25) ᄀᆞ슰 : ᄀᆞ슬(가을, 秋) + -ㅅ(-의 : 관조)

26) 正히 : [정히, 진정으로(부사) : 正(정 : 명사) + -ᄒᆞ(←-ᄒᆞ- : 형접)- + -이(부접)]

27) ᄀᆞᆺᄀᆞᆺᄒᆞ도다 : ᄀᆞᆺᄀᆞᆺᄒᆞ[깨끗하다, 蕭灑 : ᄀᆞᆺᄀᆞᆺ(깨끗 : 불어) + -ᄒᆞ(형접)-]- + -∅(현시)- + -도(감동)- + -다(평종) ※ 한시의 원문에 쓰인 '蕭灑(소쇄)'는 맑고 깨끗한 것을 나타낸다.

28) 고온 : 고오(← 곱다, ㅂ불 : 곱다, 美)- + -∅(현시)- + -ㄴ(←-은 : 관전) ※ 15세기 중엽에는 '고ᄫᆞᆫ'으로 표기되었다.

29) 粉黛 : 분대. 분을 바른 얼굴과 먹으로 그린 눈썹이다. 화장한 여인들의 모습을 비유했다.

30) 거시ᄰᅧ : 것(것, 者 : 의명) + -이ᄰᆞᆫ(보조사, 강조) + -여(←-이여 : 호조, 예높, 영탄) ※ '-이ᄰᅧ'는 '반어(反語)'와 '영탄'과 설의(設疑)의 뜻을 나타낸다.

31) 金輿 : 금여. 어가(御駕). 예전에 임금이 타던 수레이다.

32) 侍衛ᄒᆞ던 : 侍衛ᄒᆞ[시위하다 : 侍衛(시위) + -ᄒᆞ(동접)-]- + -더(회상)- + -ㄴ(관전) ※ '侍衛(시위)'는 임금이나 어떤 모임의 우두머리를 모시어 호위하는 것이다.

33) ᄒᆞ올로 : [홀로, 獨(부사) : ᄒᆞ올(홀, 單 : 명사) + -로(부조▷부접)]

34) 잇ᄂᆞ닌 : 잇(있다, 有)- + -ᄂᆞ(현시)- + -ㄴ(관전) # 이(것, 者 : 의명) + -ㄴ(←-ᄂᆞᆫ : 보조사, 주제)

35) ᄆᆞ리로다 : ᄆᆞᆯ(말, 馬) + -이(서조)- + -∅(현시)- + -로(←-도- : 감동)- + -다(평종)

36) 오매 : 오(오다, 來)- + -ㅁ(←-옴 : 명전) + -애(-에 : 부조, 이유, 원인)

37) 지즐 : [지질러서, 내리눌러서(부사) : 지즐(지지르다, 壓)- + -∅(부접)]

38) 훤히 : [시원히, 호탕하게, 浩(부사) : 훤(훤 : 불어) + -ᄒᆞ(←-ᄒᆞ- : 형접)- + -이(부접)]

39) 놀애 : [노래, 歌 : 놀(놀다, 遊 : 동사)- + -애(명접)]

40) 블로니 : 블르(← 브르다 : 부르다, 歌)- + -오(화자)- + -니(연어, 설명 계속)

41) 눖므리 : 눖믈[눈물, 淚 : 눈(눈, 目) + -ㅅ(관조, 사잇) + 믈(물, 水)] + -이(주조)

42) ᄀᆞᄃᆞᆨᄒᆞ도다 : ᄀᆞᄃᆞᆨᄒᆞ[가득하다, 盈 : ᄀᆞᄃᆞᆨ(가득 : 부사) + -ᄒᆞ(형접)-]- + -∅(현시)- + -도(감

어른어른[43] 녀는 깊 스시예
뉘[44] 이[45] 나홀[46] 기리 살 사름고[47]

시내가 휘돈 데에 솔바람이 길게 부니, 푸른 쥐(倉鼠)가 옛 기와 사이에 숨는다.

알지 못하겠구나. 어느 임금의 宮殿(궁전)인가?

남아 있는, 지은 것(= 건물)이 높은 石壁(석벽)의 아래이구나.

어둑한 房(방)에는 귀신의 불이 파랗고, 무너진 길엔 슬픈 물이 흐르는구나.

여러 가지의 소리가 眞實(진실)로 저(笙)와 피리(竽)의 소리와 같으니, 가을의 빛이 正(정)히 깨끗하구나.

고운 사람이 누른 흙이 되니, 하물며 粉黛(분대)를 빌려 쓰던 것이야?

그 時節(시절)에 金輿(금여)를 侍衛(시위)하던 옛 것은, 홀로 있는 것은 돌로 만든 말(石馬)이구나.

시름(憂)이 옴에 풀을 지질러 앉아서, 훤히 노래를 부르니 눈물이 손에 가득하구나.

느릿느릿 가는 길의 사이에 누가 (이) 나이를 길이(영원히) 살 사람인가?

玉華宮

| | |
|---|---|
| 溪廻松風長 (계회송풍장) | 蒼鼠竄古瓦 (창서찬고와) |
| 不知何王殿 (부지하왕전) | 遺構絶壁下 (유구절벽하) |
| 陰房鬼火青 (음방귀화청) | 壞道哀湍瀉 (괴도애단사) |
| 萬籟眞笙竽 (만뢰진생우) | 秋色正蕭灑 (추색정소쇄) |
| 美人爲黃土 (미인위황토) | 況乃粉黛假 (황내분대가) |
| 當時侍金輿 (당시시금여) | 故物獨石馬 (고물독석마) |
| 憂來藉草坐 (우래자초좌) | 浩歌淚盈把 (호가루영파) |
| 冉冉征途間 (염염정도간) | 誰是長年者 (수시장년자) |

---

동)- + -다(평종)

43) 어른어른 : '어른어른'은 한시 원문의 '冉冉'을 번역한 것이다. 원래 '冉冉'은 나아가는 모양이 약함을 나타낸다. 따라서 언해문의 '어른어른'은 '느릿느릿'이나 '천천히'로 옮긴다.

44) 뉘 : 누(누구, 誰 : 인대, 미지칭) + - ㅣ (←-이 : 주조)

45) 이 : 한문 원문의 '是'를 직역한 것인데, 특별한 의미를 나타내지 않고 강조 용법으로 쓰였다.

46) 나홀 : 나ㅎ(나이, 年) + -올(목조) ※ 여기서 '나ㅎ'은 '세월'이나 '시간'의 뜻으로 쓰였다.

47) 사름고 : 사름(사람, 者) + -고(보조사, 의문, 설명)

# 蜀相[*]

丞相[1]이 祠堂을 어듸 가 차ᄌᆞ리오[2]

金官[3]ㅅ 잣[4] 밧긔[5] 잣남기[6] 森列ᄒᆞᆫ[7] 듸로다[8]

버텅[9]에 비취옛는[10] 프른[11] 프른[12] 절로[13] 봀비치 ᄃᆞ외옛고[14]

니플 ᄉᆞᅀᅵᄒᆞ얫는[15] 곳고리는[16] 쇽졀업시[17] 됴ᄒᆞᆫ 소리로다[18]

세 번 도라보ᄆᆞᆯ[19] 어즈러이[20] 호ᄆᆞᆫ 天下ᄅᆞᆯ 爲ᄒᆞ야 혜아료미니[21]

---

  * **蜀相(촉상)** : '蜀相(촉상)'은 촉나라의 정승이란 뜻인데 여기서는 '제갈량'을 이른다. 이 작품
    은 두보(杜甫)가 성도(成都)로 온 이듬해인 上元 元年(760년)에 지은 작품이다. [6 : 33]
  1) 丞相 : 승상. 우리나라의 정승에 해당하는 옛 중국의 벼슬이다. 여기서는 제갈량을 이른다.
  2) 차ᄌᆞ리오 : 찾(찾다, 尋)-+-ᄋᆞ리(미시)-+-오(←-고 : -느냐, 의종, 설명)
  3) 金官 : 금관. 金官城은 사천성 성도현의 서쪽에 있는 옛 성터로, 비단을 관장하는 관리가 거
    처하는 곳이라 하여 이렇게 부른다고 한다.
  4) 잣 : 성(城)
  5) 밧긔 : 밝(밖, 外)+-의(-에 : 부조, 위치) ※ '밝'이 무정 명사이므로 '-의'는 부사격 조사이다.
  6) 잣남기 : 잣남[잣나무, 柏 : 잣(잣, 伯)+남(←나모 : 나무, 木)]+-이(주조) ※ 성도의 서쪽의
    성이 금관성이고, 제갈량의 사당 옆에는 두 그루의 큰 잣나무가 있다고 한다.
  7) 森列ᄒᆞᆫ : 森列ᄒᆞ[삼렬하다 : 森列(삼렬 : 명사)+-ᄒᆞ(형접)-]-+-Ø(현시)-+-ㄴ(관전)
  8) 듸로다 : 듸(데, 處 : 의명)+-Ø(←-이- : 서조)-+-Ø(현시)-+-로(←-도- : 감동)-+-
    다(평종)
  9) 버텅 : 섬돌, 계단, 階.
  10) 비취옛는 : 비취(비치다, 映)-+-여(←-어 : 연어)+잇(←이시다 : 있다, 보용, 완료 지속)-
    +-ᄂ(현시)-+-ㄴ(관전) ※ '비취옛는'은 '비취여 잇는'이 축약된 형태이다.
  11) 프른 : 프르(푸르다, 靑)-+-Ø(현시)-+-ㄴ(관전)
  12) 프른 : 플(풀, 草)+-은(보조사, 주제)
  13) 절로 : [저절로, 自(부사) : 절(←저 : 저, 己, 인대, 재귀칭)+-로(부조▷부접)]
  14) ᄃᆞ외옛고 : ᄃᆞ외(되다, 爲)-+-여(←-어 : 연어)+잇(←이시다 : 있다, 보용, 완료 지속)-+
    -고(연어, 나열) ※ 'ᄃᆞ외옛고'는 'ᄃᆞ외여 잇고'가 축약된 형태이다.
  15) ᄉᆞᅀᅵᄒᆞ얫는 : ᄉᆞᅀᅵᄒᆞ[사이하다, 隔(동사) : ᄉᆞᅀᅵ(사이, 間 : 명사)+-ᄒᆞ(동접)-]-+-야(←-
    아 : 연어)+잇(←이시다 : 있다, 보용, 완료 지속)-+-ᄂ(현시)-+-ㄴ(관전) ※ 'ᄉᆞᅀᅵᄒᆞ얫
    는'은 'ᄉᆞᅀᅵᄒᆞ야 잇는'이 축약된 형태이다.
  16) 곳고리는 : 곳고리(꾀꼬리, 黃鸝)+-는(보조사, 주제)
  17) 쇽졀업시 : [속절없이, 헛되이, 空(부사) : 쇽졀(속절 : 불어)+없(없다, 無)-+-이(부접)]
  18) 소리로다 : 소리(소리, 音)+-Ø(←-이- : 서조)-+-Ø(현시)-+-로(←-도- : 감동)-+-
    다(평종)
  19) 도라보ᄆᆞᆯ : 도라보[돌아보다, 顧 : 돌(돌다, 回)-+-아(연어)+보(보다, 見)-]-+-ㅁ(←-옴
    : 명전)+-ᄋᆞᆯ(목조)

두 朝[22]를 거리츄믄[23] 늘근 臣下의 ᄆᅀᆞ미니라

軍師[24]를 내야 가 이긔디[25] 몯ᄒᆞ야셔[26] 모미 몬져 주그니

기리 英雄으로 ᄒᆡ여[27] 눖믈로 옷기제[28] ᄀᆞᄃᆞᆨ게[29] ᄒᆞᄂᆞ다

丞相(승상)의 祠堂(사당)을 어디 가 찾으리요?

金官(금관)의 성 밖에 잣나무가 빽빽하게 늘어선 데이구나.

섬돌에 비취어 있는 푸른 풀은 절로 봄의 빛이 되어 있고

잎을 사이하여 있는 꾀꼬리는 속절없이(헛되이) 좋은 소리구나.

세 번 돌아봄을 어지럽게 함은 天下(천하)를 爲(위)하여 헤아림이니

두 朝(조)를 구함은 늙은 신하의 마음이니라.

軍師(군사)를 내어 가 이기지 못하여서 몸이 먼저 죽으니

길이 (후대의) 英雄(영웅)으로 하여금 눈물로 옷깃에 가득하게 한다.

## 蜀相

| | |
|---|---|
| 丞相祠堂何處尋 (승상사당하처심) | 錦官城外柏森森 (금관성외백삼삼) |
| 映階碧草自春色 (영계벽초자춘색) | 隔葉黃鸝空好音 (격엽황리공호음) |
| 三顧頻煩天下計 (삼고빈번천하계) | 兩朝開濟老臣心 (양조개제로신심) |
| 出師未捷身先死 (출사미첩신선사) | 長使英雄淚滿襟 (장사영웅루만금) |

---

20) 어즈러이 : [어지러이, 어지럽게(부사) : 어즐(어질 : 불어) + -업(형접, ㅂ불)- + -이(부접)]
※ '세 번 도라보물'은 삼국지에 나오는 '삼고초려(三顧草廬)'의 고사를 인용한 것이다.

21) 혜아료미니 : 혜아리(헤아리다, 計)- + -옴(명전) + -이(서조)- + -니(연어, 설명 계속)

22) 두 朝 : 두 조. '朝(조)'는 '통치 기간' 또는 '왕조'의 뜻을 나타내는 단어이다. 여기서 '두 朝(조)'는 촉나라의 왕이었던 '유비(劉備)'와 그의 아들인 '유선(劉禪)'의 통치 기간을 이른다.

23) 거리츄믄 : 거리치(구제하다, 濟)- + -움(명전) + -은(보조사, 주제)

24) 軍師 : 군사. 사령관 밑에서 군대를 운용하며 군사 작전을 짜던 사람이다.(= 군대의 병력)

25) 이긔디 : 이긔(이기다, 勝)- + -디(-지 : 연어, 부정)

26) 몯ᄒᆞ야셔 : 몯ᄒᆞ[못하다, 不能(보용, 부정) : 몯(못, 不能 : 부사, 부정) + -ᄒᆞ(동접)-]- + -야 (←-아 : 연어) + -셔(보조사, 강조)

27) ᄒᆡ여 : ᄒᆡ[시키다, 하게 하다, 使(동사) : ᄒᆞ(하다 : 타동)- + -ㅣ(←-이- : 사접)-]- + -여(← -어 : 연어)

28) 옷기제 : 옷깃[옷깃, 襟 : 옷(옷, 衣) + 깃(깃)] + -에(부조, 위치)

29) ᄀᆞᄃᆞᆨ게 : ᄀᆞᄃᆞᆨ[← ᄀᆞᄃᆞᆨᄒᆞ다(가득하다, 滿 : 형사) : ᄀᆞᄃᆞᆨ(가득 : 부사) + -∅(←-ᄒᆞ- : 형접)-]- + -게(연어, 사동)

# 江村*

> 믈ᄀ근 ᄀᆞ룺<sup>1)</sup> ᄒᆞᆫ 고비<sup>2)</sup> ᄆᆞ슬홀<sup>3)</sup> 아나 흐르ᄂᆞ니

> 긴 녀룺<sup>4)</sup> 江村애 일마다 幽深ᄒᆞ도다<sup>5)</sup>

> 절로<sup>6)</sup> 가며 절로 오ᄂᆞ닌<sup>7)</sup> 집 우흿<sup>8)</sup> 져비오<sup>9)</sup>

> 서르 親ᄒᆞ며 서르 갓갑ᄂᆞ닌<sup>10)</sup> 믌 가온딧 ᄀᆞᆯ며기로다<sup>11)</sup>

> 늘근 겨지븐<sup>12)</sup> 죠ᄒᆡᄅᆞᆯ<sup>13)</sup> 그려 쟝긔파ᄂᆞᆯ<sup>14)</sup> 밍ᄀᆞ러늘<sup>15)</sup>

> 져믄<sup>16)</sup> 아ᄃᆞ른 바ᄂᆞᄅᆞᆯ 두드려 고기 낫글<sup>17)</sup> 낙슬<sup>18)</sup> 밍ᄀᆞᄂᆞ다<sup>19)</sup>

---

* 江村(강촌) : 〈강가의 마을〉은 두보가 49세 되던 해인 760년의 여름에 지은 작품이다. 두보가 성도(成都)에 정착하여 서쪽 교외인 완화계(浣花溪) 옆에 완화초당(浣花草堂)을 세우고, 가족과 함께 비교적 안온하게 생활하며 이전부터 앓았던 폐병을 치료할 수 있었다. 강가의 마을에서 초연한 마음으로 가족들과 자연과 벗하며 생활하면서, 자신이 늙고 병듦에 대한 회한을 짙게 표현하고 있다. [7 : 3]

1) ᄀᆞ룺 : ᄀᆞ름(강, 江) + -ㅅ(-의 : 관조)

2) 고비 : 고비[굽이, 曲 : 곱(굽다, 曲 : 동사)- + -의(명접)] + -Ø(← -이 : 주조)

3) ᄆᆞ슬홀 : ᄆᆞ슬ㅎ(마을, 村) + -ᄋᆞᆯ(목조)

4) 녀룺 : 녀름(여름, 夏) + -ㅅ(-의 : 관조) ※ '녀름'은 '농사(農事)'의 뜻으로도 쓰인다.

5) 幽深ᄒᆞ도다 : 幽深ᄒᆞ[幽深하다, 그윽하고 깊다 : 幽深(유심 : 명사) + -ᄒᆞ(형접)-]- + -Ø(현시)- + -도(감동)- + -다(평종)

6) 절로 : [절로, 저절로, 自(부사) : 절(← 저 : 己, 인대, 재귀칭) + -로(부조▷부접)]

7) 오ᄂᆞ닌 : 오(오다, 來)- + -ᄂᆞ(현시)- + -ㄴ(관전) # 이(것 : 의명) + -ㄴ(← -는 : 보조사, 주제)

8) 우흿 : 우ㅎ(위, 上 : 명사) + -의(-에 : 부조, 위치) + -ㅅ(-의 : 관조)

9) 져비오 : 져비(제비, 燕) + -Ø(← -이- : 서조)- + -오(← -고 : 연어, 나열)

10) 갓갑ᄂᆞ닌 : 갓갑(가까워지다, 近 : 동사)- + -ᄂᆞ(현시)- + -ㄴ(관전) # 이(것 : 의명) + -ㄴ(← -는 : 보조사, 주제) ※ '갓갑ᄂᆞ닌'은 '갓갑다'에 현재 시제 선어말 어미 '-ᄂᆞ-'가 실현된 동사이다.

11) ᄀᆞᆯ며기로다 : ᄀᆞᆯ며기(갈매기, 鷗) + -Ø(← -이- : 서조)- + -Ø(현시)- + -로(← -도- : 감동)- + -다(평종)

12) 겨지븐 : 겨집(아내, 妻) + -은(보조사, 주제, 대조)

13) 죠ᄒᆡᄅᆞᆯ : 죠ᄒᆡ(종이, 紙) + -ᄅᆞᆯ(-에 : 목조, 보조사적 용법, 의미상 부사격) ※ 서술어인 '그리다'와의 격 관계를 고려하면 '종이에 그림을 그려'로 의역하여 옮긴다.

14) 쟝긔파ᄂᆞᆯ : 쟝긔판[장기판, 碁局 : 쟝긔(장기, 碁) + 판(판, 板)] + -ᄋᆞᆯ(목조)

15) 밍ᄀᆞ러늘 : 밍ᄀᆞᆯ(만들다, 作)- + -어늘(-거늘 : 연어, 상황)

16) 져믄 : 졈(젊다, 어리다, 幼)- + -Ø(현시)- + -은(관전)

17) 낫글 : 났[← 낛 : 낛(낚시, 釣 : 명사) + -Ø(동접)-]- + -을(관전) ※ 동사 '낛다'는 명사 '낛'에 무형의 동사 파생 접사가 붙어서 형성된 것으로 처리한다. 그런데 명사 '낛'이 동사 '낛다'로 파생되는 과정에서 어근의 끝소리에 나타나는 겹자음이 자리를 바꾼 것이 특이하다. 이

한<sup>20)</sup> 病에 얻고져 ᄒᆞ논<sup>21)</sup> 바ᄂᆞᆫ 오직 藥物이니

져구맛<sup>22)</sup> 모미 이 밧긔<sup>23)</sup> 다시 므스글<sup>24)</sup> 求ᄒᆞ리오<sup>25)</sup>

맑은 강의 한 굽이가 마을을 안아 흐르니

긴 여름의 江村(강촌)에 일마다 幽深(유심)하구나.

저절로 가며 저절로 오는 것은 집 위에 있는 제비요

서로 親(친)하며 서로 가까워지는 것은 물 가운데에 있는 갈매기이구나.

늙은 아내는 종이를 그려 장기판을 만들거늘

젊은 아들은 바늘을 두드려 고기를 낚을 낚시를 만든다.

많은 病(병)에 얻고자 하는 바는 오직 藥物(약물)이니

조그만 몸이 이 밖에 다시 무엇을 구하리요?

## 江村

| 清江一曲抱村流 (청강일곡포촌류) | 長夏江村事事幽 (장하강촌사사유) |
| --- | --- |
| 自去自來梁上燕 (자거자래양상연) | 相親相近水中鷗 (상친상근수중구) |
| 老妻畫紙爲棋局 (노처화지위기국) | 稚子敲針作釣鉤 (치자고침작조구) |
| 多病所須唯藥物 (다병소수유약물) | 微軀此外更何求 (미구차외갱하구) |

러한 것은 명사나 동사의 원 형태가 '낛-'이었을 가능성을 보인다. 곧, 동사 '낚-'은 어근인 '낛-'의 겹받침 중 처음의 /ㄱ/이 탈락되어서 '낛다'의 어형이 형성되었고, 명사는 어근인 '낛-'의 겹받침 중 끝의 /ㄱ/이 탈락되어서 '낛'의 어형이 형성되었을 가능성이 있다. 중세 국어에서 동사의 형태가 '낛다'로 실현된 예는 다음과 같다. (보기) 반ᄃᆞ기 고기 낛굴 時節이시리라 [금강경삼가해 3 : 60], 이제 낛가 비예 ᄀᆞᄃᆞ기 ᄒᆞ야 도라가도다 [금강경삼가해 5 : 26] 錦水에셔 고기 낛구믈 時로 와 보ᄃᆡ [두시언해 초간본 24 : 21]

18) 낙술 : 낛(낚시, 釣鉤) + -울(목조) ※ 명사인 '낛'은 '낛'의 겹받침 중 끝의 /ㄱ/이 탈락되어서 '낛'으로 형성된 것으로 볼 수도 있다.

19) 딩ᄀᆞᄂᆞ다 : 딩ᄀᆞ(← 딩ᄀᆞᆯ다 : 만들다, 作)- + -ᄂᆞ(현시)- + -다(평종)

20) 한 : 하(많다, 多)- + -Ø(현시)- + -ㄴ(관전)

21) ᄒᆞ논 : ᄒᆞ(하다, 爲)- + -ㄴ(←-ᄂᆞ- : 현시)- + -오(대상)- + -ㄴ(관전)

22) 져구맛 : 져구마(조금, 微 : 명사) + -ㅅ(-의 : 관조)

23) 밧긔 : 밝(밖, 外) + -의(-에 : 부조, 위치)

24) 므스글 : 므슥(무엇, 何 : 지대, 미지칭) + -을(목조)

25) 求ᄒᆞ리오 : 求ᄒᆞ[구하다 : 求(구 : 불어) + -ᄒᆞ(동접)-] + -리(미시)- + -오(←-고 : -느냐, 의종, 설명)

# 春望*

나라히[1] 破亡ᄒᆞ니[2] 뫼콰[3] ᄀᆞᄅᆞᆷ ᄲᅮᆫ[4] 잇고
잣 안ᇇ[5] 보ᄆᆡ[6] 플와 나모 ᄲᅮᆫ 기펫도다[7]
時節을 感嘆호니[8] 고지 누ᇇ므를[9] ᄲᅳ리게[10] 코[11]
여희여슈믈[12] 슬후니[13] 새[14] ᄆᆞᅀᆞᄆᆞᆯ 놀래ᄂᆞ다[15]
烽火ㅣ 석 ᄃᆞᄅᆞᆯ 니ᅀᅦ시니[16]
지븻[17] 音書ᄂᆞᆫ[18] 萬金이 ᄉᆞ도다[19]

---

* 春望(춘망) : 〈봄에 바라다〉는 757년에 안녹산의 난으로 함락된 장안(長安)에서 지은 작품이다. 두보의 나이 46세 때 봉선현에 기식하고 있는 처자를 만나러 갔다가 백수에서 안록산군에 사로잡혀 장안에 연금되었을 때에 지은 작품이다. 안녹산의 군대에게 폐허가 된 장안의 모습과 함께 처자를 그리며 시국을 걱정하는 비통한 심정을 노래하였다. [10 : 6]

1) 나라히 : 나라ㅎ(나라, 國) + -이(주조)
2) 破亡ᄒᆞ니 : 破亡ᄒᆞ[망하다 : 破亡(파망 : 불어) + -ᄒᆞ(동접)-]- + -니(연어, 설명 계속, 이유)
3) 뫼콰 : 뫼ㅎ(산, 山)- + -과(접조)
4) ᄀᆞᄅᆞᆷ ᄲᅮᆫ : ᄀᆞᄅᆞᆷ(강, 江) # ᄲᅮᆫ(뿐, 만 : 의명)
5) 잣 안ᇇ : 잣(성, 城) # 안(← 안ㅎ : 안, 內) + -ㅅ(-의 : 관조)
6) 보ᄆᆡ : 봄(봄, 春) + -ᄋᆡ(-에 : 부조, 위치)
7) 기펫도다 : 깊(깊다, 深)- + -어(연어) + 잇(← 이시다 : 있다, 보용, 완료 지속)- + -Ø(현시)- + -도(감동)- + -다(평종) ※ '기펫도다'는 '기퍼 잇도다'가 축약된 형태이다.
8) 感嘆호니 : 感嘆ㅎ[← 感嘆ᄒᆞ다(감탄하다) : 感嘆(감탄 : 명사) + -ᄒᆞ(동접)-]- + -오(화자)- + -니(연어, 이유, 설명 계속) ※ '感嘆(감탄)'은 마음속 깊이 느끼어 탄복하는 것이다.
9) 누ᇇ므를 : 누ᇇ믈[눈물, 淚 : 눈(눈, 目) + -ㅅ(관조, 사잇) + 믈(물, 液)] + -을(목조)
10) ᄲᅳ리게 : ᄲᅳ리(뿌리다, 濺)- + -게(연어, 사동)
11) 코 : ㅎ(← ᄒᆞ다 : 하다, 爲, 보용, 사동)- + -고(연어, 나열)
12) 여희여슈믈 : 여희(이별하다, 別)- + -여(← -어 : 여어) + 시(← 이시다 : 보용, 완료 지속)- + -움(명전) + -을(목조) ※ '여희여슈믈'은 '여희여 이슈믈'이 축약된 형태이다.
13) 슬후니 : 슳(슬퍼하다, 恨)- + -우(화자)- + -니(연어, 이유, 설명 계속)
14) 새 : 새(새, 鳥) + -Ø(← -이 : 주조)
15) 놀래ᄂᆞ다 : 놀래[놀라게 하다, 驚 : 놀라(놀라다 : 형사)- + -ㅣ(← -이- : 사접)-]- + -ᄂᆞ(현시)- + -다(평종)
16) 니ᅀᅦ시니 : 니ᇫ(← 닛다, ㅅ불 : 잇다, 繼)- + -어(연어) + 이시(있다 : 보용, 완료 지속)- + -니(연어, 상황, 이유) ※ '니ᅀᅦ시니'는 '니ᅀᅥ 이시니'가 축약된 형태이다.
17) 지븻 : 집(집, 家) + -의(-에 : 부조, 위치) + -ㅅ(-의 : 관조) ※ '지븻'은 집으로 부터 오는'으로 의역하여 옮길 수 있다.
18) 音書ᄂᆞᆫ : 音書(음서, 편지, 소식) + -ᄂᆞᆫ(보조사, 주제)
19) ᄉᆞ도다 : ᄉᆞ(그 만큼의 값이 있다, 값어치에 해당하다, 抵)- + -Ø(현시)- + -도(감동)- + -다

센[20] 머리를 글구니[21] 쏘[22] 뎌르니[23]
다[24] 빈혀[25]를 이긔디[26] 몯홀[27] 듯 ᄒ도다[28]

나라가 破亡(파망)하니 산(山)과 강만 있고
성(城) 안의 봄에 풀과 나무만 깊어 있구나.
時節(시절)을 感歎(감탄)하니 꽃이 눈물을 뿌리게 하고
헤어져 있음을 슬퍼하니 새가 마음을 놀라게 한다.
烽火(봉화)가 석달을 이어 있으니
집의 편지는 萬金(만금)의 값이 있구나.
센 머리를 긁으니 또 (머리가) 짧으니
다 비녀를 이기지 못할 듯하구나.

---

### 春望

| 國破山河在 (국파산하재) | 城春草木深 (성춘초목심) |
| 感時花濺淚 (감시화천루) | 恨別鳥驚心 (한별조경심) |
| 烽火連三月 (봉화련삼월) | 家書抵萬金 (가서저만금) |
| 白頭搔更短 (백두요갱단) | 渾欲不勝簪 (혼욕부승잠) |

---

(평종)

20) 센 : 셰(머리가 희게 세다, 白)-+-Ø(과시)-+-ㄴ(관전)
21) 글구니 : 긁(긁다, 搔)-+-우(화자)-+-니(연어, 상황, 이유)
22) 쏘 : 또, 又(부사)
23) 뎌르니 : 뎌르(짧다, 短)-+-니(연어, 설명 계속, 이유)
24) 다 : 다, 皆(부사) ※ '다(皆)'는 [다(← 다ᄋ다 : 다하다, 盡, 동사)-+-아(연어 ▷ 부접)]으로 분석되는 파생 부사이다. cf. 부사 '더(益)'는 [더(← 더으다 : 더하다, 加, 동사)-+-어(연어 ▷ 부접)]으로 분석되는 파생 부사이다.
25) 빈혀 : 비녀, 簪.
26) 이긔디 : 이긔(이기다, 견디다, 勝)-+-디(-지 : 연어, 부정)
27) 몯홀 : 몯ᄒ[못하다(보용, 부정) : 몯(못, 不能 : 부사, 부정)+-ᄒ(동접)-]-+-ㄹ(관전)
28) 듯 ᄒ도다 : 듯(듯 : 의명, 흡사) # ᄒ(하다, 爲)-+-Ø(현시)-+-도(감동)-+-다(평종)

# 絶句二數 *

1. 긴 히예[1] ᄀᆞ룸과 뫼쾌[2] 빗나니[3]
   봄ᄇᆞᄅᆞ매[4] 곳과[5] 플왜[6] 곳답도다[7]
   흘기 노ᄀᆞ니[8] 져비 ᄂᆞᆯ오[9]
   몰애[10] 더우니[11] 鴛鴦이 ᄌᆞ오놋다[12]


2. ᄀᆞᄅᆞ미 프ᄅᆞ니[13] 새[14] 더욱 히오[15]
   뫼히 퍼러ᄒᆞ니[16] 곳 비치 블븓ᄂᆞᆫ[17] 듯도다[18]

---

* 絶句二數(절구이수) : '절구(絶句)'는 원래 한시(漢詩)의 근체시(近體詩) 형식의 하나이다. 기(起)·승(承)·전(轉)·결(結)의 네 구로 이루어졌는데, 한 구가 다섯 자로 된 것을 오언 절구, 일곱 자로 된 것을 칠언 절구라고 한다. 이 시는 두보가 피난지 성도에서 지은 무제(無題)의 시이다. 첫째 수는 따뜻한 봄날에 아름다운 강산을 배경으로 제비와 원앙이 한가로이 노니는 풍경을 노래하였다. 둘째 수는 눈 앞에 펼쳐진 화려한 봄의 정경 속에서 그 봄이 지나감을 아쉬워하며 고향에 대한 애틋한 그리움을 읊었다. [10 : 17]

1) 히예 : 히(날, 日) + -예(←-에 : 부조, 이유)
2) 뫼쾌 : 뫼ㅎ(산, 山) + -과(접조) + -ㅣ(←-이 : 주조)
3) 빗나니 : 빗나[빛나다, 麗 : 빗(← 빛 : 빛, 光) + 나(나다, 出)-]- + -니(연어, 이유)
4) 봄ᄇᆞᄅᆞ매 : 봄ᄇᆞ룸[봄바람, 春風 : 봄(봄, 春) + -ㅅ(관조, 사잇) + ᄇᆞ룸(바람, 風)] + -애(-에 : 부조, 이유)
5) 곳과 : 곳(← 곶 : 꽃, 花) + -과(접조)
6) 플왜 : 플(풀, 草) + -와(←-과 : 접조) + -ㅣ(←-이 : 주조)
7) 곳답도다 : 곳답[향기롭다, 香(형사) : 곳(← 곶 : 꽃, 花, 명사) + -답(형접)-]- + -Ø(현시)- + -도(감동)- + -다(평종)
8) 노ᄀᆞ니 : 녹(녹다, 融)- + -ᄋᆞ니(연어, 이유)
9) ᄂᆞᆯ오 : ᄂᆞᆯ(날다, 飛)- + -오(←-고 : 연어, 나열)
10) 몰애 : 몰애(모래, 沙) + -Ø(←-이 : 주조)
11) 더우니 : 더우(← 덥다, ㅂ불 : 덥다, 暑)- + -니(←-으니 : 연어, 이유) ※ 15세기 중엽에는 '더ᄫᅳ니'로 실현되었는데, 15세기 말의 시기에는 /ㅸ/이 소실되어서 '더우니'로 실현되었다.
12) ᄌᆞ오놋다 : ᄌᆞ오(← ᄌᆞ올다 : 졸다, 睡)- + -ㄴ(←-ᄂᆞ- : 현시)- + -옷(감동)- + -다(평종)
13) 프ᄅᆞ니 : 프ᄅᆞ(파랗다, 碧)- + -니(연어, 이유)
14) 새 : 새(새, 鳥) + -Ø(←-이 : 주조)
15) 히오 : 히(희다, 白)- + -오(←-고 : 연어, 나열)
16) 퍼러ᄒᆞ니 : 퍼러ᄒᆞ[퍼렇다, 靑 : 퍼러(퍼러 : 불어) + -ᄒᆞ(형접)-]- + -니(연어, 설명 계속, 이유)
17) 블븓ᄂᆞᆫ : 블븓[← 블븥다(불붙다, 燃) : 블(불, 火) + 븓(← 븥다 : 붙다, 着)-]- + -ᄂᆞ(현시)- + -ㄴ(관전)

올<sup>19)</sup> 보미 본딘<sup>20)</sup> 쏘 디나가ᄂᆞ니
어느 나리 이<sup>21)</sup> 도라갈 힌오<sup>22)</sup>

1. 긴 해에 강과 산이 빛나니
   봄바람에 꽃과 풀이 향기롭구나.
   흙이 녹으니 제비가 날고
   모래가 더우니 鴛鴦(원앙)이 조는구나.

2. 강이 파라니 새(鳥)가 더욱 희고
   산이 퍼러니 꽃 빛이 불붙는 듯하구나.
   올 봄이 (내가) 보건대 또 지나가니
   어느 날이 바로 그 돌아갈 해이냐?

---

### 絶句二數

一. 遲日江山麗 (지일강산려)　　春風花草香 (춘풍화초향)
　　泥融飛燕子 (이융비연자)　　沙暖睡鴛鴦 (사난수원앙)

二. 江碧鳥逾白 (강벽조유백)　　山青花欲燃 (산청화욕연)
　　今春看又過 (금춘간우과)　　何日是歸年 (하일시귀년)

---

18) 듯도다 : 듯(듯 : 의명) + Ø(← ᄒᆞ다 : 하다)- + -Ø(현시)- + -도(감동)- + -다(평종) ※ '듯도다'는 '듯 ᄒᆞ도다'에서 'ᄒᆞ도다'의 어간인 'ᄒᆞ-'가 탈락된 형태이다.

19) 옰 : 올(← 옰 : 올해, 今, 명사) + -ㅅ(-의 : 관조)

20) 본딘 : 보(보다, 看)- + -Ø(←-오- : 화자)- + -ㄴ딘(-건대, -니 : 연어, 조건)

21) 이 : 강조를 나타내는 관형사로서 한자 '是'의 직역이다. 여기서는 '바로 그'로 의역한다.

22) 힌오 : ① 힌(해, 年) + -오(←-고 : -냐, 보조사, 의문, 설명) ② 힌(해, 年) + -Ø(←-이- : 서조)- + -Ø(현시)- + -오(←-고 : -냐, 의종, 설명)

# 登高 *

보ᄅᆞ미 ᄲᆞᄅᆞ며<sup>1)</sup> 하ᄂᆞ리 놉고 나비<sup>2)</sup> 됫ᄑᆞ라미<sup>3)</sup> 슬프니<sup>4)</sup>

믌ᄀᆞᅀᅵ<sup>5)</sup> ᄆᆞᆯᄀᆞ며 몰애 힌<sup>6)</sup> ᄃᆡ<sup>7)</sup> 새 ᄂᆞ라 도라오놋다<sup>8)</sup>

ᄀᆞᆺ 업슨 디ᄂᆞᆫ<sup>9)</sup> 나못니픈<sup>10)</sup> 蕭蕭히<sup>11)</sup> ᄂᆞ리고

다�()ᅌ<sup>12)</sup> 업슨 긴 ᄀᆞᄅᆞᆷ ᄂᆞ 니엄 니ᅀᅥ<sup>13)</sup> 오놋다<sup>14)</sup>

萬里예 ᄀᆞᅀᆞᆯ ᄒᆞᆯ<sup>15)</sup> 슬허셔<sup>16)</sup> ᄉᆧ녜<sup>17)</sup> 나그내 ᄃᆞ외요니<sup>18)</sup>

百年ㅅ 한 病에 ᄒᆞ올로<sup>19)</sup> 臺예 올오라<sup>20)</sup>

艱難<sup>21)</sup>애 서리 ᄀᆞᆮᄒᆞᆫ 귀믿터리<sup>22)</sup> 어즈러우믈<sup>23)</sup> 심히<sup>24)</sup> 슬허ᄒᆞ노니<sup>25)</sup>

* **登高(등고)** : 〈높은 곳에 오르다〉는 두보가 56세 때(767년) 지은 시로서, 인생 무상과 노경(老境)의 처량한 심회를 노래했다. 원래 '등고(登高)'는 음력 9월 9일 중양절의 풍습으로서, 이 때는 사람들이 조상께 차례를 지내고 높은 곳에 올라가서 국화주를 마셨다. [10 : 35]

1) ᄲᆞᄅᆞ며 : ᄲᆞᄅᆞ(빠르다, 急)- + -며(연어, 나열)

2) 나비 : 납(원숭이, 猿) + -이(관조)

3) 됫ᄑᆞ라미 : 됫ᄑᆞ람[휘파람, 嘯 : 됫(강접)- + ᄑᆞ람(휘파람, 嘯)] + -이(주조)

4) 슬프니 : 슬프[슬프다, 哀 : 슳(슬퍼하다, 哀 : 동사)- + -ᄇ(형접)-]- + -니(연어, 설명 계속)

5) 믌ᄀᆞᅀᅵ : 믌ᄀᆞᆺ[물가, 渚 : 믈(물, 水) + -ㅅ(관조, 사잇) + ᄀᆞᆺ(← ᄀᆞᆺ : 가, 邊)] + -이(주조)

6) 힌 : 히(희다, 白)- + -Ø(현시)- + -ㄴ(관전)

7) ᄃᆡ : ᄃᆡ(데, 處 : 의명, 위치) + -Ø(←-이 : 부조, 위치)

8) 도라오놋다 : 도라오[돌아오다, 歸 : 돌(돌다, 回)- + -아(연어) + 오(오다, 來)-]- + -ㄴ(←-ᄂᆞ- : 현시)- + -옷(감동)- + -다(평종)

9) 디ᄂᆞᆫ : 디(지다, 落)- + -ᄂᆞ(현시)- + -ㄴ(관전)

10) 나못니픈 : 나못닢[나뭇잎 : 나모(나무, 木) + -ㅅ(관조, 사잇) + 닢(잎, 葉)] + -은(보조사, 주제)

11) 蕭蕭히 : [소소히(부사) : 蕭蕭(소소 : 불어) + -ᄒᆞ(←-ᄒᆞ- : 형접)- + -이(부접)] ※ '소소(蕭蕭)히'는 '바람이나 빗소리 따위가 쓸쓸하게'의 뜻이다.

12) 다ᅌᆞᆲ : 다ᅌᆞ(다ᅌᆞ다 : 다하다, 盡)- + -�む(관전 : 명사적 용법) ※ '-�む'은 관형사형 전성 어미가 명사적인 용법으로 쓰인 것이므로, '다ᅌᆞᆲ'을 '다함'으로 옮긴다.

13) 니엄 니ᅀᅥ : 닛(← 닛다, ㅅ불 : 잇다, 繼)- + -엄(-고 : 연어, 같은 동작의 반복) # 닛(← 닛다, ㅅ불 : 잇다, 連)- + -어

14) 오놋다 : 오(오다, 來)- + -ㄴ(←-ᄂᆞ- : 현시)- + -옷(감동)- + -다(평종)

15) ᄀᆞᅀᆞᆯ ᄒᆞᆯ : ᄀᆞᅀᆞᆯᄒᆞ(가을, 秋) + -ᆯ(목조)

16) 슬허셔 : 슳(슬퍼하다, 悲)- + -어셔(-어서 : 연어, 동작의 유지, 강조)

17) ᄉᆧ녜 : 늘, 常(부사)

18) ᄃᆞ외요니 : ᄃᆞ외(되다, 爲)- + -요(←-오- : 화자)- + -니(연어, 설명 계속)

19) ᄒᆞ올로 : [홀로, 獨(부사) : ᄒᆞ올(홀, 單 : 명사) + -로(부조▷부접)]

20) 올오라 : 올(← 오ᄅᆞ다 : 오르다, 登)- + -Ø(과시)- + -오(화자)- + -라(←-다 : 평종)

늙고  사오나오매<sup>26)</sup>  흐린  숤盞을  새려<sup>27)</sup>  머믈웻노라<sup>28)</sup>

바람이 빠르며 하늘이 높고 원숭이의 휘파람이 슬프니

물가가 맑으며 모래가 흰 데에 새가 날아 돌아오는구나.

끝없이 지는 나뭇잎은 蕭蕭(소소)히 내리고

다함이 없는 긴 강은 이어 이어서 오는구나.

萬里(만리)에 가을을 슬퍼하여서 늘 나그네가 되니

百年(백년)의 많은 病(병)에 홀로 臺(대)에 올랐다.

艱難(간난)에 서리 같은 구레나룻이 어지러움을 심히 슬퍼하나니

늙고 사나움에 흐린 술잔을 새로 멈추게 한다.

---

### 登高

| | |
|---|---|
| 風急天高猿嘯哀 (풍급천고원소애) | 渚淸沙白鳥飛蛔 (저청사백조비회) |
| 無邊落木蕭蕭下 (무변낙목소소하) | 不盡長江滾滾來 (부진장강곤곤내) |
| 萬里悲秋常作客 (만리비추상작객) | 百年多病獨登臺 (백년다병독등태) |
| 艱難苦恨繁霜鬢 (간난고한번상빈) | 潦倒新停濁酒杯 (요도신정탁주배) |

---

21) 艱難 : 간난. 몹시 힘들고 고생스러운 것이다. 15세기 국어의 '艱難'이 총체적인 어려움인 데 반해서, 현대 국어의 '가난'은 '경제적인 어려움'에 한정된 뜻을 나타낸다.

22) 귀밋터리 : 귀밋터리[구렛나룻, 鬢 : 귀(귀, 耳) + 밑(← 밑 : 밑, 下) + 터리(털, 髮)] + -∅(← -이 : 주조)

23) 어즈러우믈 : 어즈러우[← 어즈럽다, ㅂ불(어지럽다, 繁) : 어즐(어찔 : 불어) + -업(형접)-]- + -ㅁ(← -움 : 명전) + -을(목조)

24) 심히 : [심히, 심하게 : 甚(심 : 불어) + -ㅎ(← -ᄒ- : 형접)- + -이(부접)]

25) 슬허ᄒ노니 : 슬허ᄒ[슬퍼하다 : 슳(슬퍼하다, 恨)- + -어(연어) + ᄒ(하다 : 보용)-]- + -ㄴ(-ᄂ- : 현시)- + -오(화자)- + -니(연어, 설명 계속)

26) 사오나오매 : 사오나오(← 사오납다, ㅂ불 : 사납다, 潦倒)- + -ㅁ(← -움 : 명전) + -애(-에 : 부조, 이유) ※ 15세기 중엽에는 '사오나ᄫ매'로 표기되었다.

27) 새려 : [새로, 新(부사) : 새(새것, 新 : 명사) + -려(부접)]

28) 머믈웻노라 : 머믈우[멈추다 : 머믈(머물다, 停 : 자동)- + -우(사접)-]- + -어(연어) + 잇(← 이시다 : 있다, 보용, 완료 지속)- + -ㄴ(← -ᄂ- : 현시)- + -오(화자)- + -라(← -다 : 평종)

# 登岳陽樓 *

> 녜<sup>1)</sup>  洞庭<sup>2)</sup>ㅅ  므를<sup>3)</sup>  듣다니<sup>4)</sup>
>
> 오늘  岳陽樓<sup>5)</sup>에  올오라<sup>6)</sup>
>
> 吳와  楚왓<sup>7)</sup>  東南  녀기<sup>8)</sup>  떠뎟고<sup>9)</sup>
>
> 하늘콰<sup>10)</sup>  싸콰ᄂᆞ<sup>11)</sup>  日夜애  떳도다<sup>12)</sup>
>
> 親흔  버디<sup>13)</sup>  흔  字ㅅ  글월도<sup>14)</sup>  업스니

---

\* **登岳陽樓(등악양루)** : 〈악양루에 오르다〉는 768년 두보가 57세 때 지은 오언율시(五言律詩)이다. 동정호를 소문으로만 들어 왔는데 오늘에야 비로소 악양루에 올라 보니 그 광대하고 장려한 모습이 압도적이다. 그러나 이를 마주한 자신은 외로이 떠도는 방랑객이고, 더욱이 전쟁까지 벌어지고 있어 근심으로 하염없이 눈물이 흐른다. [14 : 13]

1) 녜 : 녜(예, 예전, 昔 : 명사) + ∅(←-예 ←-에 : 부조, 위치)

2) 洞庭 : 동정. 중국 후난 성(湖南省) 동북쪽에 있는 호수이다. 샹장(湘江) 강, 쯔수이(資水) 강, 위안장(沅江) 강 따위가 흘러 들며, 호수 안에는 웨양루(岳陽樓) 따위가 있어 아름다운 경치로 유명하다.

3) 므를 : 믈(물, 水) + -을(목조)

4) 듣다니 : 듣(듣다, 聞)- + -다(←-더- : 회상)- + -∅(←-오- : 화자)- + -니(연어, 설명 계속)

5) 岳陽樓 : 악양루. 중국(中國) 호남성(湖南省)의 악주성에 있는 성루(城壘)이다. 삼국시대 동오의 명장 노숙이 215년에 군사적 목적으로 열군루(閱軍樓)라는 이름의 누각을 만들었는데, 이것이 동정호의 시초이다. 716년 당나라 때 악주의 태수 장열(張說)이 이곳을 수리하여 다시 세우면서 악양루라고 이름을 고쳐 짓고, 그때부터 문인 재사(才士)들이 시를 읊는 유명한 장소가 되었다.

6) 올오라 : 올(← 오ᄅᆞ다 : 오르다, 上, 登)- + -∅(과시)- + -오(화자)- + -라(←-다 : 평종)

7) 楚왓 : 楚(초, 초나라) + -와(←-과 : 접조) + -ㅅ(-의 : 관조)

8) 녀기 : 녁(녘, 쪽, 便 : 의명) + -이(주조)

9) 떠뎟고 : 떠디[터지다, 갈라지다, 坼 : ᄠᅥ(← ᄣᅳ다 : 트다, 裂)- + -어(연어) + 디(지다 : 보용, 피동)-]- + -어(연어) + 잇(← 이시다 : 있다, 보용, 완료 지속)- + -고(연어, 나열) ※ '떠뎟고'는 '떠뎌 잇고'가 축약된 형태이다.

10) 하늘콰 : 하늘ㅎ(하늘, 乾, 天) + -과(접조)

11) 싸콰ᄂᆞ : 싸ㅎ(땅, 坤, 地) + -과(접조) + -ᄂᆞ(보조사, 주제)

12) 떳도다 : ᄠᅥ(← ᄣᅳ다 : 뜨다, 浮) + -어 + 잇(← 이시다 : 보용, 완료 지속)- + -∅(현시)- + -도(감동)- + -다(평종) ※ '떳도다'는 '떠 잇도다'가 축약된 형태인데, '-어 잇->-엣->-엇-'의 변화 과정을 겪었다. '완료 지속'의 의미에서 '지속'의 의미가 약화되고 '완료'의 의미가 강화되었다.

13) 버디 : 빋(벗, 友) + -이(주조) ※ '빋(중세 국어) 〉 벗(근대 국어)'의 변화 과정을 거친다. cf. 빋〉벗(友), 붇〉붓(筆), 몯〉못(不能)

14) 글월도 : 글월[글월, 文章 : 글(글, 文) + -월(접미)] + -도(보조사, 강조)

늘거 가매<sup>15)</sup> 외ᄅ왼<sup>16)</sup> 비옷<sup>17)</sup> 잇도다<sup>18)</sup>

사호맷<sup>19)</sup> ᄆ리 關山ㅅ 北녀긔<sup>20)</sup> 잇ᄂ니

軒檻을<sup>21)</sup> 비겨셔<sup>22)</sup> 눉므를 흘리노라<sup>23)</sup>

예전에 洞庭(동정)의 물을 듣더니

오늘 岳陽褸(악양루)에 올랐다.

吳(오)나라와 楚(초)나라의 東南(동남) 녘이 터져 있고

하늘과 땅은 밤낮으로 (동정호에) 떠 있구나.

親(친)한 벗이 한 자의 글도 없으니

늙어 감에 외로운 배만 있구나.

싸움의 말이 關山(관산)의 北(북)녘에 있으니

軒檻(헌함)을 의지하여 눈물을 흘린다.

---

登岳陽樓

| | |
|---|---|
| 昔聞洞庭水 (석문동정수) | 今上岳陽樓 (금상악양루) |
| 吳楚東南坼 (오초동남탁) | 乾坤日夜孚 (건곤일야부) |
| 親朋無一字 (친붕무일자) | 老病有孤舟 (노병유고주) |
| 戎馬關山北 (융마관산북) | 憑軒涕泗流 (빙헌체사류) |

---

15) 늘거 가매 : 늙(늙다, 老)- + -어(연어) # 가(가다 : 보용, 진행)- + -ㅁ(←-옴 : 명전) + -애(--에 : 부조, 이유)

16) 외ᄅ왼 : 외ᄅ외[외롭다, 孤(형사) : 외(따로 하나인, 孤 : 관사) + -ᄅ외(←-롭- : 형접)-]- + -Ø(현시)- + -ㄴ(관전)

17) 비옷 : 비(배, 舟) + -옷(←-곳 : 보조사, 한정 강조)

18) 잇도다 : 잇(← 이시다 : 있다, 有)- + -Ø(현시)- + -도(감동)- + -다(평종)

19) 사호맷 : 사홈[싸움, 전쟁, 戰(명사) : 사호(싸우다, 戰)- + -ㅁ(명접)] + -애(--에 : 부조, 위치) + -ㅅ(-의 : 관조)

20) 北녀긔 : 北녁[북녘, 북쪽 : 북(북, 北) + 녁(녘, 쪽 : 의명)] + -의(--에 : 부조, 위치)

21) 軒檻을 : 軒檻(헌함, 난간) + -을(목조)

22) 비겨셔 : 비기(의지하다, 憑)- + -어셔(-어서 : 연어, 동작의 유지, 강조)

23) 흘리노라 : 흘리[흘리다, 流 : 흘ᄅ(← 흐르다 : 흐르다, 流, 자동)- + -이(사접)-]- + -ㄴ(←-ᄂ- : 현시)- + -오(화자)- + -라(←-다 : 평종)

# 歸雁*

보미<sup>1)</sup> 왯ᄂᆞᆫ<sup>2)</sup> 萬里옛<sup>3)</sup> 나그내ᄂᆞᆫ

亂이 긋거든<sup>4)</sup> 어느 ᄒᆡ예 도라가려뇨<sup>5)</sup>

江城엣<sup>6)</sup> 그려기<sup>7)</sup> 노피 正히<sup>8)</sup>

北으로 ᄂᆞ라가매<sup>9)</sup> 애<sup>10)</sup>ᄅᆞᆯ 긋노라<sup>11)</sup>

봄에 와 있는, 萬里(만리)에 있는 나그네는
亂(난)이 그치거든 어느 해에 돌아가겠느냐?
江城(강성)에 있는 기러기가 높이 바로
北(북)으로 날아감에 (나의) 애간장을 끊는다.

---

### 歸雁

春來萬里客 (춘래만리객)　　亂定幾年歸 (난정기년귀)

腸斷江城雁 (장단강성안)　　高高正北飛 (고고정북비)

---

\* **歸雁(귀안)** : 〈북쪽으로 돌아가는 기러기〉는 두보가 53세(664년) 때 피난지인 성도에서 지은 작품이다. 봄이 되어서 북쪽으로 돌아가는 기러기를 보면서 고향에 돌아가지 못하는 자신의 아픔을 노래했다. [17 : 21]

1) 보미 : 봄(봄, 春) + -의(-에 : 부조, 위치)
2) 왯ᄂᆞᆫ : 오(오다, 來)- + -아(연어) + 잇(← 이시다 : 있다, 보용, 완료 지속)- + -ᄂᆞ(현시)- + -ㄴ(관전) ※ '왯ᄂᆞᆫ'은 '와 잇ᄂᆞᆫ'이 축약된 형태이다.
3) 萬里옛 : 萬里(만리) + -예(←-에 : 부조, 위치) + -ㅅ(-의 : 관조)
4) 긋거든 : 긋(← 긏다 : 그치다, 定, 자동)- + -거든(연어, 가정)
5) 도라가려뇨 : 도라가[돌아가다, 歸 : 돌(돌다, 回)- + -아(연어) + 가(가다, 去)-]- + -리(미시)- + -어(←-거- : 확인)- + -뇨(-느냐 : 의종, 설명)
6) 江城엣 : 江城(강성, 지명) + -에(부조, 위치) + -ㅅ(-의 : 관조)
7) 그려기 : 그려기(기러기, 雁) + -Ø(←-이 : 주조)
8) 正히 : [정히, 똑바로(부사) : 正(정 : 불어) + -ᄒᆞ(←-ᄒᆞ- : 형접)- + -이(부접)]
9) ᄂᆞ라가매 : ᄂᆞ라가[날아가다, 飛 : ᄂᆞᆯ(날다, 悲)- + -아(연어) + 가(가다, 去)-]- + -ㅁ(← 옴 : 명전) + -애(-에 : 부조, 이유)
10) 애 : 애간장이다. 腸. '초조한 마음속'을 비유적으로 표현한 말이다.
11) 긋노라 : 긋(← 긏다 : 끊다, 斷, 타동)- + -ㄴ(←-ᄂᆞ- : 현시)- + -오(화자)- + -라(←-다 : 평종)

# 江南逢李龜年*

岐王<sup>1)</sup>ㅅ 집 안해<sup>2)</sup> 샹녜<sup>3)</sup> 보다니<sup>4)</sup>

崔九<sup>5)</sup>의 집 알픽<sup>6)</sup> 몃<sup>7)</sup> 디윌<sup>8)</sup> 드러뇨<sup>9)</sup>

正히<sup>10)</sup> 이 江南애 風景이 됴ᄒ니

곳<sup>11)</sup> 디ᄂᆞᆫ 時節에 ᄯᅩ 너를 맛보과라<sup>12)</sup>

岐王(기왕)의 집 안에서 (너를) 늘 보았더니

崔九(최구)의 집 앞에서 (너의 노래를) 몇 번을 들었느냐?

참으로 이 江南(강남)에 風景(풍경)이 좋으니

꽃이 지는 時節(시절)에 또 너를 만나 보았다.

---

江南逢李龜年

岐王宅裏尋常見 (기왕택리심상견)    崔九堂前幾度聞 (최구당전기도문)

正時江南好風景 (정시강남호풍경)    洛花時節又逢君 (낙화시절우봉군)

---

* 江南逢李龜年(강남봉이구년) : 〈강남에서 이구년을 만나다〉는 두보(杜甫)가 59세(770년) 때에 지은 칠언 절구(七言絶句)이다. 그는 방랑 도중 강남의 담주(潭州)에서 옛날 서울에서 자주 만났던 '이구년'을 만났다. 이구년은 당(唐) 현종(玄宗) 때의 최고의 명창으로, 풍류를 즐기던 귀족들의 저택을 출입하며 이름을 떨쳤던 인물이다. 강남의 이 좋은 풍경 속에서 당대의 두 풍류객들이 만났건만, 둘 다 옛날 화려했던 시절은 지나고 늙어서 유락한 신세이다. [16 : 52]

1) 岐王 : 기왕. 현종의 아우인 이범(李範)으로 두보가 그의 집에 자주 출입하여 풍류를 즐겼다.

2) 안해 : 안ㅎ(안, 裏) + -애(-에 : 부조, 위치)

3) 샹녜 : 늘, 常(부사)

4) 보다니 : 보(보다, 見)- + -다(←-더- : 회상)- + -Ø(←-오- : 화자)- + -니(연어, 설명 계속)

5) 崔九 : 최구. 현종의 측근으로 비서감(秘書監)을 지낸 인물이다.

6) 알픽 : 앒(앞, 前) + -익(-에 : 부조, 위치)

7) 몃 : 몃(← 몇 : 몇, 幾, 관사)

8) 디윌 : 디위(번, 度 : 의명) + -ㄹ(←-를 : 목조)

9) 드러뇨 : 들(← 듣다, ㄷ불 : 듣다, 聞)- + -Ø(과시)- + -어(←-가- : 확인)- + -뇨(-느냐 : 의종, 설명) ※ 주체가 화자(= 나, 두보)이므로 '드러뇨'는 '듣가뇨'로 실현되어야 한다.

10) 正히 : [참으로(부사) : 正(정 : 명사) + -ᄒ(←-ᄒᆞ- : 형접)- + -이(부접)]

11) 곳 : 곳(← 곶 : 꽃, 花)

12) 맛보과라 : 맛보[만나다, 逢 : 맛(← 맞다, 迎)- + 보(보다, 見)-]- + -Ø(과시)- + -과(←-아- : 확인)- + -Ø(← -오- : 화자)- + -라(← -다 : 평종)

# 7. 악학궤범

『악학궤범』(樂學軌範)은 1493년(성종 24)에 왕명에 따라 예조판서인 성현(成俔)을 비롯하여 유자광(柳子光), 신말평(申末平), 박곤(朴棍), 김복근(金福根) 등이 엮은 악규집(樂規集)이다.(9권 3책) 당시 장악원(掌樂院)에 소장된 의궤(儀軌)와 악보(樂譜)가 파손·소략(疏略)되고, 세종(世宗) 이후의 성악유법(聲樂遺法)이 누락되어 폐지되고 있었는데, 이러한 문제를 해결하고 조선의 음악을 재정립하고자 하여 이 책을 편찬하였다.

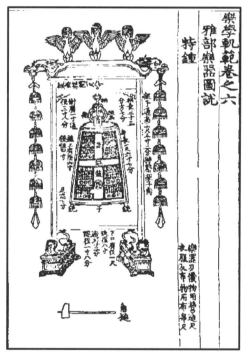

[ 악학궤범 ]

『악학궤범』에는 '동동(動動), 정읍사(井邑詞), 처용가(處容歌), 여민락(與民樂), 봉황음(鳳凰吟), 북전(北殿), 문덕곡(文德曲), 납씨가(納氏歌), 정동방곡(靖東方曲)' 등의 가사가 한글로 정착되어 실렸다. 그리고 궁중 의식에서 연주하던 아악(雅樂), 당악(唐樂), 향악(鄕樂)에 관한 여러 사항을 그림으로 풀어서 설명하였다. 그 밖에도 악기, 의상, 무대 장치 등의 제도, 무용의 방법, 음악 이론 등을 자세히 적고 있다.

조선 전기에 나온『악학궤범』,『시용향악보』,『악장가사』는 각각 특징이 있다. 곧,『악학궤범』은 음악의 이론과 제도 및 법식(法式)을 중심으로 엮였다. 이에 반해서 그 뒤에 나온『시용향악보』(時用鄕樂譜)는 음악의 곡조를 위주로 엮였으며,『악장가사』(樂章歌詞)'는 가사의 내용을 위주로 책이 편찬되었다.

『악학궤범』에는 훈민정음을 창제한 당시에 쓰였던 글자 중에서 'ㅸ, ㆆ' 등의 글자와 'ㄲ, ㄸ, ㅃ, ㅆ'와 같은 각자 병서가 쓰이지 않았다. 반면에 'ㅿ, ㆁ'의 글자가 그대로 사용되었다. 그리고 형태소의 결합 과정에서 변동이 일어났을 때에 기본 형태를 밝혀서 적지 않고 변동된 형태대로 적는 음소적 표기법이 유지되었으며, 앞 형태소의 끝 음절에 실현된 종성을 뒤 형태소의 초성으로 이어서 표기하는 이어적기(連綴) 표기법이 그대로 유지되고 있었다. 이러한 문자와 표기법의 특징으로 보면,『악학궤범』은 15세기 말의 국어의 모습을 잘 반영하고 있다는 것을 확인할 수 있다.

현재『악학궤범』의 초간본으로는 일본 나고야의 호사문고(蓬左文庫, 봉좌문고)에서 소장하고 있는 호사문고본의『악학궤범』이 있는데, 본 강독편에서는 이 호사문고본『악학궤범』을 대상으로 풀이하였다.『악학궤범』은 임진왜란 후인 1610년(광해군 2)에 다시 복간되었으며, 그 후 1655년(효종 6)과 1743년(영조 19)에 각각『악학궤범』이 중간되었다.

# 動動 *

德으란[1] 곰비예[2] 받즙고[3] 福으란 림비예[4] 받즙고

德이여[5] 福이라 호늘[6] 나ᅀᅡ라[7] 오소이다[8]

아으[9] 動動[10] 다리[11]

德(덕)은 신령님(뒤)에 바치고 福(복)은 임금님(앞)에 바치니

德(덕)이며 福(복)이라 하는 것을 진상(進上)하러 왔습니다.

아으 動動(동동) 다리.

正月ㅅ 나릿므른[12] 아으 어져[13] 녹져 ᄒ논ᄃᆡ[14]

---

\* **動動(동동)** : 고려시대부터 구전(口傳)되다가 조선시대 성종 때 지은 '악학궤범(樂學軌範)'에 가사가 실려 있다. 고려와 조선시대에 조정에서 연주, 가창되었는데, 특히 연중나례(年中儺禮) 의식을 마치고 난 뒤에 아박무(牙拍舞)라 하여 이 노래에 수반하는 독특한 무용이 공연되었다. 노래의 형식은 전편 13장으로 1장은 서사(序詞)이고, 나머지 12장은 정월부터 12월까지 남녀의 사랑을 월령체(月令體)로 엮었다. '動動(동동)'이라는 곡명은 후렴의 '아으 動動(동동) 다리'에서 따왔는데, 이때 '동동'은 북소리인 '둥둥'을 한자로 표기한 것이다.

1) 德으란 : 德(덕)+-으란(-은 : 보조사, 주제, 대조)
2) 곰비예 : 곰비(신령님, 뒤)+-예(←-에 : 부조, 위치) ※ '곰비'는 그 뜻이 정확하게 밝혀진 바가 없으나, '뒤(後)', '후배(後盃)' 혹은 '신령님'으로 해석한다.(박병채, 1994 : 57 참조.)
3) 받즙고 : 받(바치다, 獻)+-즙(객높)+-고(연어, 나열) ※ 객체인 '곰비'를 높여서 표현했다.
4) 림비예 : 림비(임금님, 앞)+-예(←-에 : 부조, 위치) ※ '림비'의 뜻도 정확하게 밝혀진 바가 없으나, '앞(前)', '전배(前盃)' 혹은 '임금님'으로 해석한다.(박병채, 1994 : 57 참조.)
5) 德이여 : 德(덕)+-이여(-이며 : 접조)
6) 호늘 : ᄒ(하다, 謂)+-Ø(과시)+-오(대상)+-ㄴ(관전, 명사적 용법)+-을(목조) ※ 여기서 '-ㄴ'은 관형사형 어미가 명사적 용법으로 쓰였으므로, '호늘'은 '하는 것'으로 옮긴다.
7) 나ᅀᅡ라 : 나ᅀ[나아가게 하다, 바치다, 獻 : 낫(←낫다, ㅅ블 : 나아가다, 進)+-ᅌ(사접)-]-+-라(-러 : 연어, 목적)
8) 오소이다 : 오(오다, 來)+-Ø(과시)+-ㅅ(감동)+-오(화자)+-이(상높, 아높)+-다(평종)
9) 아으 : 아아(감탄사)
10) 動動 : 동동. 북소리의 의성어이다.
11) 다리 : 악기 소리의 의성어이다.
12) 나릿므른 : 나릿믈[냇물 : 나리(시내, 川)+-ㅅ(관조, 사잇)+믈(물, 水)]+-은(보조사, 주제, 대조)
13) 어져 : 어(←얼다 : 얼다, 凍)+-져(-자 : 청종, 낮춤) ※ '-져'의 형태로 보아서는 청유형

누릿 가온딕 나곤[15] 몸하[16] ᄒ올로[17] 녈셔[18]

아으 動動 다리

正月(정월)의 냇물은 아으 얼자 녹자 하는데

세상의 가운데 태어나고서는, 몸(임)이여 홀로 살아갔구나.

아으 動動(동동) 다리.

二月ㅅ 보로매[19] 아으 노피 현[20] 燈ㅅ블 다호라[21]

---

종결 어미로 보아야 한다. 그런데 문맥을 고려하여 '어져 녹겨'를 '얼고 녹고'나 '얼다 녹다', '얼려 녹으려' 등으로 해석하는 이도 있다.

14) ᄒ논딕 : ᄒ(하다, 爲)- + -ᄂ(현시)- + -오(화자)- + -ㄴ딕(-은데 : 연어, 반응) ※ 화자 표현
의 선어말 어미인 '-오-'가 실현되는 것을 보면, '나릿믈'에 서정적 화자의 감정이 이입된
것으로 보아야 한다.

15) 나곤 : 나(나다, 태어나다, 生)- + -곤(-지만, -고서는 : 연어, 대조) ※ '-곤'은 '비교'의 뜻이
있는 연결 어미인데, 앞절의 내용을 인정하면서 그에 반대되는 내용이 뒤절에 실현됨을 나
타낸다.

16) 몸하 : 몸(몸, 身) + -하(-이시여 : 호조, 아높) ※ 아주 높임의 뜻이 있는 호격 조사인 '-하'가
실현된 것을 고려하면, '몸'은 서정적 화자를 지칭하기보다는 서정적 화자가 따르는 '임'으로
보아야 한다. 이와는 반대로 '몸'을 서정적 화자 자신으로 보고, '몸하'의 '-하'를 낮춤의 호
격 조사인 '-아'의 오기로 보기도 한다.(최철·박재민, 2003 : 41 참조.)

17) ᄒ올로 : [홀로, 獨(부사) : ᄒ올(獨) : 명사) + -로(부조▷부접)]

18) 녈셔 : 녀(다니다, 가다, 살아가다, 行)- + -∅(과시)- + -ㄹ셔(-구나 : 감종)

19) 보로매 : 보롬(보름) + -애(-에 : 부조, 위치) ※ 2월 보름에는 연등제(燃燈祭)가 열린다. 원래
는 정월 보름날에 불을 켜고 부처에게 복을 빌며 노는 놀이였는데, 1010년(현종 1년)부터
2월 보름으로 개최 시기를 바꾸었다.

20) 현 : 혀(켜다, 點燈)- + -∅(과시)- + -ㄴ(관전)

21) 다호라 : 닿(같다, 如)- + -∅(현시)- + -오(화자)- + -라(← -다 : 평종) ※ 이 문장의 주어를
'임'으로 볼 것인가 화자인 '나'로 볼 것인가를 결정하기 어렵다. 첫째로 그 뒤에 '비취실'과
'즈싀샷다'에 주체 높임의 선어말 어미인 '-시-'가 실현된 것을 보면 '임(= 燈ㅅ블)'이 주체
가 되어야 한다. 그런데 이처럼 '임'을 주어로 잡으면 서술어 '닿다'에 화자 표현의 선어말
어미 '-오-'가 실현될 수 없다. 따라서 이 문장의 주어가 '임'이라면 이에 대한 서술어는 이
문장에 쓰인 '다호라(닿- + -오- + -다)'라 아니라 '다타(← 닿- + -다)'로 표현되어야 하는
문제가 있다. 둘째로 만일 '다호라'의 어형이 정확하다고 본다면, 이 문장의 주어는 이 시의
화자인 '나(= 燈ㅅ블)'가 되어야 하고, '다호라'는 '닿- + -오(화자)- + -라(평종)'로 분석해
야 한다. 이러한 설명은 그 다음의 다른 연에서 실현된 '다호라'가 모두 화자의 상태를 풀이
하고 있다는 점에서 타당한 것으로 생각할 수 있다. 그러나 '다호라'를 화자의 상태를 풀이한
것으로 처리하면, 그 뒤의 '비취실'과 '즈싀샷다'에 주체 높임의 선어말 어미 '-시-'가 실현
된 것을 설명할 수 없다.

萬人  비취실²²⁾  즈싀샷다²³⁾

아으  動動  다리

---

二月(이월) 보름에 아으 높이 켠 燈(등)불과 같다.

(그 등불이) 萬人(만인)을 비추실 모습이시구나.

아으 動動(동동) 다리.

---

三月  나며  開흔  아으  滿春²⁴⁾  둘욋고지여²⁵⁾

ᄂᆞ미²⁶⁾  브롤²⁷⁾  즈슬²⁸⁾  디녀²⁹⁾  나샷다³⁰⁾

아으  動動  다리

---

三月(삼월)에 나며 핀, 아아 滿春(만춘)의 진달래꽃이여.

남이 부러워할 모습을 지니어 나셨구나.

아으 動動(동동) 다리.

---

四月  아니  니저  아으  오실셔³¹⁾  곳고리³²⁾  새여³³⁾

---

22) 비취실 : 비취(비추다, 照 : 타동)- + -시(주높)- + -ㄹ(관전)

23) 즈싀샷다 : 즞(모습, 모양, 樣)- + -이(서조)- + -∅(현시)- + -샤(←-시- : 주높)- + -ㅅ(←
   -옷- : 감동)- + -다(평종)

24) 滿春 : 만춘. 가득한 봄, 곧 무르익은 봄이다. ※ '滿春'을 문맥 그대로 해석하면 '꽉 찬 봄',
   '무르익은 봄'으로 해석할 수 있다. 그러나 '滿春'이라는 말이 잘 쓰이지 않고 일반적으로 '晩
   春'이라는 말이 널리 쓰이는 점을 고려하여, '滿春'을 '晩春'의 오기로 보기도 한다.

25) 둘욋고지여 : 둘욋곳[진달래꽃 : 둘외(← 진둘릭)- + -ㅅ(관전, 사잇) + 곳(꽃, 花)] + -이여(호
   조, 예높, 영탄) ※ 글자 그대로 '둘욋곳(달래꽃)'으로 보기도 하고, '진둘릭곳'에서 '진'이 빠
   진 것으로 보기도 하며, '오얏꽃'이나 '과(瓜)꽃'으로 보기도 한다. 그리고 이 구절을 '滿春
   둘욋 고지여'로 보아서 '늦은 봄 달(月)의 꽃이여'로 해석하기도 한다.

26) ᄂᆞ미 : 눔(남, 他人) + -익(-의 : 관조, 의미상 주격) ※ 'ᄂᆞ미'는 관형절 속에서 실현된 관형격
   이므로 의미상 주격으로 해석된다. 'ᄂᆞ미 브롤'은 '남이 부러워할'로 의역하여 옮긴다.

27) 브롤 : 블(부러워하다, 羨)- + -오(대상)- + -ㄹ(관전)

28) 즈슬 : 즞(← 즛 : 모습, 모양, 樣)- + -을(목조)

29) 디녀 : 디니(지니다, 持)- + -어(연어)

30) 나샷다 : 나(나다, 태어나다, 生)- + -샤(←-시- : 주높)- + -∅(과시)- + -ㅅ(←-옷- : 감동)-
   + -다(평종)

31) 오실셔 : 오(오다, 來)- + -시(주높)- + -∅(과시)- + -ㄹ셔(-구나 : 감종)

> 므슴다[34] 錄事니믄[35] 넷[36] 나를 닛고신뎌[37]
>
> 아으 動動 다리

四月(사월) 아니 잊어서, 아아 오셨구나 꾀꼬리 새여.
무슨 탓인지 錄事(녹사)님은 옛날의 나를 잊고 있구나.
아으 動動(동동) 다리.

> 五月 五日애 아으 수릿날[38] 아침 藥은
>
> 즈믄 힐[39] 長存ㅎ샬[40] 藥이라[41] 받줍노이다[42]
>
> 아으 動動 다리

五月(오월) 五日(오일)에, 아아 단옷날 아침 藥(약)은

---

32) 곳고리 : 꾀꼬리, 鶯.

33) 새여 : 새(새, 鳥) + -여(← -이여 : 호조, 예높, 영탄)

34) 므슴다 : 므슴(무슨, 何 : 관사) # 다(← 닷 : 탓, 의명 ?) ※ '므슴다'의 의미 해석과 형태 분석이 미상이다. 여기서는 '므슴'을 미지칭의 관형사로 보고 '다'를 '닷(탓 : 의명)'의 변이 형태로 보아서 '무슨 탓인지'나 '무슨 탓으로'로 해석한다. '므슴다'의 '-다'를 의문형 종결 어미로 보아서 '무슨 까닭인가'로 해석하거나, '-다'를 연결 어미 '-다가'의 축약형으로 보아서 '무엇하다가' 등으로 해석하는 이도 있다.

35) 錄事니믄 : 錄事님(녹사님 : 錄事(녹사, 관직명) + -님(높접)] + -은(보조사, 주제) ※ '錄事(녹사)'는 고려 때의 관직명이다. 이 단어를 통하여 서정적 화자가 여성임을 알 수 있다.

36) 녯 : 녜(예, 옛날, 昔) + -ㅅ(-의 : 관조)

37) 닛고신뎌 : 닛(← 닞다 : 잊다, 忘)- + -고(연어) + 시(← 이시다 : 있다, 보용)- + -ㄴ뎌(-구나 : 감종) ※ '닛고신뎌'는 '닛고 이신뎌'가 축약된 형태이다. 본용언인 '닛다(닞다)'의 어간에 보조적 연결 어미인 '-고'가 결합하고, 여기에 행위가 계속됨을 나타내는 보조 용언 '이시다(있다)'의 축약형인 '시다'의 감탄형이 붙은 것이다.(박병채, 1993 : 85 참조.)

38) 수릿날 : [단오날 : 수리(단오) + -ㅅ(관조, 사잇) + 날(날, 日)] ※ '수릿날'은 음력 5월 5일로서, 우리나라 명절의 하나이다. 이날에는 단오떡을 해 먹고, 여자는 창포물에 머리를 감고 그네를 뛰며 남자는 씨름을 한다.

39) 즈믄 힐 : 즈믄(천, 千 : 관사, 양수) # 히(해, 年) + -ㄹ(← -를 : 목조)

40) 長存ㅎ샬 : 長存ㅎ[장존하다, 오래 살다 : 長存(장존 : 명사) + -ㅎ(동접)]- + -샤(← -시- : 주높)- + -Ø(← -오- : 대상)- + -ㄹ(관전)

41) 藥이라 : 藥(약) + -이(서조)- + -라(← -아 : 연어, 이유, 근거) ※ 연결 어미인 '-아'는 서술격 조사의 어간인 '-이-'와 결합할 때에 '-라'로 변동한다.

42) 받줍노이다 : 받(바치다, 獻)- + -줍(객높)- + -ᄂ(현시)- + -오(화자)- + -이(상높, 아높)- + -다(평종)

천 년을 長存(장존)하실 약이라서 (임에게) 바칩니다.

아으 動動(동동) 다리.

---

六月ㅅ 보로매[43] 아으 별해[44] ᄇ룐[45] 빗 다호라[46]

도라보실 니믈 젹곰[47] 좃니노이다[48]

아으 動動 다리

---

(나는) 六月(유월) 보름에 아아 벼랑에 (내)버린 빗과 같다.

(나를) 돌아보실 임을 조금이라도(잠깐이라도) 좇아 다닙니다.

아으 動動(동동) 다리.

---

七月ㅅ 보로매[49] 아으 百種[50] 排ᄒ야[51] 두고

니믈[52] 흔ᄃᆡ[53] 녀가져[54] 願을 비ᅀᆞ노이다[55]

---

43) 六月ㅅ 보롬 : 유월 보름(유둣날)이다. 우리나라 명절의 하나로서 음력 유월 보름날이다. 신라 때부터 유래한 것으로, 나쁜 일을 떨어 버리기 위하여 동쪽으로 흐르는 물에 머리를 감는 풍속이 있었다. 근래까지 수단(水團)과 수교위 같은 음식물을 만들어 먹으며, 농사가 잘되라고 용신제(龍神祭)를 지내기도 하였다.

44) 별해 : 별ᄒ(벼랑, 崖) + -애(-에 : 부조, 위치)

45) ᄇ룐 : ᄇ리(버리다, 棄)- + -∅(과시)- + -오(대상)- + -ㄴ(관전)

46) 다호라 : 닿(같다, 如)- + -∅(현시)- + -오(화자)- + -라(← -다 : 평종)

47) 젹곰 : 젹[조금, 잠시, 少(부사) : 젹(적다, 少)- + -∅(부접)] + -곰(보조사, 강조)

48) 좃니노이다 : 좃니[좇아 다니다 : 좃(← 좇다 : 從)- + 니(가다, 다니다, 行)-]- + -ᄂ(현시)- + -오(화자)- + -이(상높, 아높)- + -다(평종)

49) 七月 보름 : 칠월 보름. 伯仲, 백중, 백종일(百種日), 망혼일(亡魂日), 중원(中元) ※ 예로부터 백중날에는 남녀가 모여 온갖 음식을 갖추어 놓고 노래하고 춤추며 즐겁게 놀았다. 지방에 따라서는 씨름 대회, 장치기(手傳) 등의 놀이로 내기를 한다.

50) 百種 : 백종. 백가지 종류, 여기서는 여러 가지 종류의 음식을 말한다.

51) 排ᄒ야 : 排ᄒ[배하다, 늘어 놓다, 차리다 : 排(배 : 불어) + -ᄒ(동접)-]- + -야(← -아 : 연어)

52) 니믈 : 님(임, 主) + -을(-과 : 목조, 보조사적 용법, 의미상 부사격) ※ 이때의 '-을'은 목적격 조사의 보조사적 용법으로 쓰였는데, 여기서는 공동을 나타내는 부사격 조사 '-과'로 옮긴다.

53) 흔ᄃᆡ : [함께, 與(부사) : 흔(한, 一 : 관사, 양수) + ᄃᆡ(데, 處 : 의명)]

54) 녀가져 : 녀가[다녀가다, 가다, 行 : 녀(다니다, 가다, 行)- + 가(가다, 去)-]- + -져(-자 : 청종, 낮춤)

55) 비ᅀᆞ노이다 : 비(← 빌다 : 빌다, 祈)- + -ᅀᆞ(객높)- + -ㄴ(← -ᄂ- : 현시)- + -오(화자)- + -이(상높, 아높)- + -다(평종)

아으 動動 다리

七月(칠월) 보름에 아아 百種(백종)을 차려 두고
'임과 함께 다녀가자.' (하고) 소원을 빕니다.
아으 動動(동동) 다리.

八月ㅅ 보로문[56] 아으 嘉俳나리마룬[57]
니믈 뫼셔[58] 녀곤[59] 오늘낤 嘉俳샷다[60]
아으 動動 다리

八月(팔월) 보름은 아아 한가윗날이건마는,
임을 모셔 가서는 (비로소) 오늘날의 한가윗날이시구나.
아으 動動(동동) 다리.

九月 九日[61]애 아으 藥이라[62] 먹논[63]
黃花[64] 고지[65] 안해 드니 새셔[66] 가만ᄒᆞ얘라[67]

---

56) 八月ㅅ 보롬 : 팔월 보름, 한가위, 추석(秋夕)
57) 嘉俳나리마룬 : 嘉俳날[가배날, 추석 : 嘉俳(가배) + 날(날, 日)] + -이(서조)- + -마룬(←-언마룬 ← -건마룬 : -건마는, -지만, 연어, 대조)
58) 뫼셔 : 뫼시(모시다, 伴)- + -어(연어)
59) 녀곤 : 녀(가다, 行)- + -곤(-고는 : 연어, 대조) ※ '-곤'은 '비교'의 뜻이 있는 연결 어미인데, 앞절의 내용을 인정하면서 그에 반대되는 내용이 뒤절에 실현됨을 나타낸다.
60) 嘉俳샷다 : 嘉俳(가배) + -∅(←-이- : 서조)- + -∅(현시)- + -샤(←-시- : 주높)- + -ㅅ(←-옷- : 감동)- + -다(평종)
61) 九月 九日 : 구월 구일. 중양절(重陽節)이다. ※ 9는 원래 양수(陽數)인데, 9월 9일에는 양수가 겹쳤다는 뜻으로 이 날을 중양이라 한다. 중양절에는 유자(柚子)를 잘게 썰어 석류알, 잣과 함께 꿀물에 타서 마시는데, 이것을 '화채(花菜)'라 하고 시식(時食)으로 조상에게 차례를 지내기도 한다. 또 이 날 서울의 선비들은 교외로 나가서 풍국(楓菊) 놀이를 하는데, 시인과 묵객들은 주식을 마련하여 황국(黃菊)을 술잔에 띄워 마시며 시를 읊거나 그림을 그리며 하루를 즐겼다. 각 가정에서는 '국화전(菊花煎)'을 부쳐 먹었다.
62) 藥이라 : 藥(약) + -이(서조)- + -라(←-아 : 연어, 이유, 근거)
63) 먹논 : 먹(먹다, 食)- + -ㄴ(←-ᄂᆞ- : 현시)- + -오(대상)- + -ㄴ(관전)
64) 黃花 : 황화. 황국(黃菊)의 별칭이다.
65) 고지 : 곶(꽃, 花) + -이(주조) ※ '고지'를 누룩을 만들 때에 쓰는 제구, 곧 술을 담는 항아리

아으 動動 다리

九月(구월) 九日(구일)에 아으, 藥(약)이라서 먹는
黃花(황화) ?고지 안에 드니 새셔 가만하구나.
아으 動動(동동) 다리.

十月애 아으 져미연[68] ᄇ릇[69] 다호라
것거[70] ᄇ리신 後에 디니실 ᄒᆞᆫ 부니[71] 업스샷다[72]
아으 動動 다리

十月(시월)에 아으 저민 바랏(?)과 같구나.
꺾어 버리신 후에 (다시) 지니실 한 분이 없으시구나.
아으 動動 다리.

十一月ㅅ 봉당[73] 자리예 아으 汗衫[74] 두퍼[75] 누워

---

로 보기도 한다.(이응백) '고지'를 이렇게 해석하면 '황국이 술 독 안에 드니'로 해석할 수
있다.

66) 새셔 : '새셔'의 의미와 형태가 미상이다. 이 구절을 '초가집이 조용하구나', '(술 향기가) 새
어 나와서 은근히 풍기는구나.' 등으로 해석하는 이도 있다.

67) 가만ᄒᆞ애라 : 가만ᄒᆞ[(← ᄀᆞ문ᄒᆞ다(고요하다, 은근하다) : 가만(ᄀᆞ문 : 불어)- + -ᄒᆞ(형접)-]-
+ -∅(현시)- + -애(←-애- : 감동)- + -라(←-다 : 평종) ※ 감동 표현의 선어말 어미인
'-애-'와 평서형 종결 어미인 '-다'가 결합하여 '-애라'의 형태로 감탄문을 형성하였다.

68) 져미연 : 져미(저미다, 削)- + -∅(과시)- + -여(←-어 : 확인)- + -ㄴ(관전) ※ '져미다'는 여
러 개의 작은 조각으로 얇게 베어 내는 것이다.

69) ᄇ릇 : 'ᄇ릇'의 어형과 의미를 알 수 없다. 대체로 '보리수'나 '보로쇠', '고로쇠' 등으로 보는
데, 이러한 해석에 대한 언어학적인 근거가 확실하지 않다.

70) 것거 : 걲(꺾다, 折)- + -어(연어)

71) 부니 : 분(분, 人 : 의명) + -이(주조)

72) 업스샷다 : 없(없다, 無)- + -으샤(←-으시- : 주높)- + -∅(현시)- + -ㅅ(←-옷- : 감동)- +
-다(평종)

73) 봉당 : 봉당(封堂). 안방과 건넌방 사이의 마루를 놓을 자리에 마루를 놓지 아니하고 흙바닥
그대로 둔 곳이다.

74) 汗衫 : 한삼. 속적삼이다. 적삼은 윗도리에 입는 홑옷으로 그 모양은 저고리와 같다. 그리고
속적삼은 적삼 속에 껴입는 적삼으로, 저고리에 땀이 배지 않게 하기 위하여 입는다.

슬홀ᄉᆞ라온뎌[76] 고우닐[77] 스싀옴[78] 녈셔[79]
아으 動動 다리

十一月(십일월)의 봉당 자리에 아으, 속적삼을 덮고 누워
슬퍼할 일이구나. 고운 이와 따로따로 다녔구나.
아으 動動(동동) 다리.

十二月ㅅ 분디남ᄀᆞ로[80] 갓곤[81] 아으 나ᅀᆞᆯ[82] 盤잇[83] 져[84] 다호라
니믜[85] 알ᄑᆡ[86] 드러[87] 얼이노니[88] 소니[89] 가재다[90] ᄆᆞᄅᆞᅀᆸ노이다[91]

---

75) 두퍼 : 둪(덮다, 蓋)- + -어(연어)

76) 슬홀ᄉᆞ라온뎌 : 슳(슬퍼하다, 悲)- + -올(관전) # ᄉᆞ(것, 일 : 의명) + -라오(←-ᄅᆸ- : 형접 ?)- + -Ø(현시)- + -ㄴ뎌(←-은뎌 : 감종) ※ '슬홀'이 '슳다(슬퍼하다)'의 활용형인 것은 분명하나, 'ㄹᄉᆞ라온뎌'의 의미와 형태를 알 수 없다. '슬픈 일인저', '슬픔을 불사라 왔구나'로도 해석한다. 여기서는 위의 분석을 토대로 '슬퍼할 일이구나'로 옮겨 둔다.

77) 고우닐 : 고우(←곱다, ㅂ불 : 곱다, 麗)- + -Ø(현시)- + -ㄴ(←-은 : 관전) # 이(이, 사람, 者 : 의명) + -ㄹ(-와 : 목조, 보조사적인 용법, 의미상 부사격) ※ '-ㄹ'은 목적격 조사이지만 여기서는 문맥상 '강조의 뜻을 나타내는 보조사적 용법으로 쓰였다.

78) 스싀옴 : 스싀(스스로, 自 : 부사) + -옴(←-곰 : 보조사, 강조) ※ '따로따로, 제각기'로 해석한다.

79) 녈셔 : 녀(다니다, 가다, 行)- + -Ø(과시)- + -ㄹ셔(-구나 : 감종)

80) 분디남ᄀᆞ로 : 분디낡[← 분디나모(분디나무, 산초나무) : 분디(산초) + 낡(← 나모, 木)] + -ᄋᆞ로(-으로 : 부조, 방편)

81) 갓곤 : 갉(깎다, 削)- + -Ø(과시)- + -오(대상)- + -ㄴ(관전)

82) 나ᅀᆞᆯ : 낫(← 낫다, ㅅ불 : 바치다, 진상하다, 獻)- + -ᄋᆞᆯ(관전)

83) 盤잇 : 盤(쟁반, 소반) + -이(-에 : 부조, 위치) + -ㅅ(-의 : 관조) ※ '盤잇'은 '쟁반에 있는'으로 의역하여 옮긴다.

84) 져 : 져(젓가락, 箸) + -Ø(←-이 : 부조, 비교)

85) 니믜 : 님(임, 主) + -의(관조)

86) 알ᄑᆡ : 앒(앞, 前) + -ᄋᆡ(-에 : 부조, 위치)

87) 드러 : 들(들다, 들어 올리다)- + -어(연어)

88) 얼이노니 : 얼이[사랑의 짝으로 삼게 하다, 배필로 삼게 하다 : 얼(교합하다, 사랑의 짝으로 삼다)- + -이(사접)-]- + -ㄴ(←-ᄂᆞ- : 현시)- + -오(화자)- + -니(연어, 설명 계속) ※ 여기서는 '남녀가 교합하듯이 두 개의 젓가락을 가지런히 놓는다는 뜻'으로 쓰였다.

89) 소니 : 손(손, 客) + -이(주조)

90) 가재다 : 가재(↚ 가지다)- + -Ø(←-어 : 연어) + -다(←-다가 : 보조사, 동작의 유지, 강조)

91) ᄆᆞᄅᆞᅀᆸ노이다 : ① ᄆᆞᆯ(물다, 咬 ?)- + -ᄋᆞᅀᆸ(객높)- + -노(↚-ᄂᆞ- : 현시)- + -이(상높, 아높)- + -다(평종) ② ᄆᆞᄅᆞ(← 무르다 : 물러나다, 退)- + -ᅀᆸ(객높)- + -노(↚-ᄂᆞ- : 현시)- +

> 아으 動動 다리

十二月(십이월)에 분지나무로 깎은, 아으 (임에게) 바칠 쟁반(錚盤)에 있는 젓가락 같구나.

임의 앞에 들어서 (그 젓가락을) 나란히 두니, (다른) 손님이 가져다가 물러납니다.

아으 動動(동동) 다리.

---

-이(상높, 아높)-＋-다(평종) ※ 이 구절의 형태 분석과 의미 해석에는 다음과 같은 문제점이 있다. 첫째, 대부분의 학자들이 ①의 분석처럼 '므르숩노이다'의 어간을 '믈다(입으로 물다)'로 처리하고 '믈다'의 어간 '믈-'에 객체 높임의 선어말 어미인 '-ᄋ숩-'이 실현된 것으로 보고 있다. 그러나 객체 높임의 선어말 어미의 '-숩-, -줍-, -ᅀᆸ-'의 앞에는 매개 모음이 들어가지 않으므로 '므르숩노이다'의 어간을 '믈다(믈다)'로 보는 데 문제가 있다. 따라서 어간의 형태를 '므르다(물러나다, 退)'로 잡아야 할 가능성이 있다. 둘째, '믈다' 혹은 '므르다'에 호응하는 주체가 문맥상 비화자인 '손(客)'이므로 화자 표현의 선어말 어미 '-오-'가 실현될 수 없다. 따라서 '므르숩노이다'는 '므르숩ᄂ이다'의 오기로 본다. 셋째, 서술어로 쓰인 '믈다' 혹은 '므르다'에 호응하는 목적어가 '져(= 화자의 분신)'이므로 객체 높임의 선어말 어미인 '-숩-'이 실현될 수 없는 것이 원칙이다. 따라서 위 구절의 형태는 '믈다(= 물다, 咬)'의 활용형인 '므ᄂ이다'나 '므르다(= 물러나다, 退)'의 활용형인 '므르ᄂ이다'로 바로잡아야 할 가능성이 있다.

# 井邑詞<sup>*</sup>

前腔<sup>1)</sup>　　들하<sup>2)</sup>　노피곰<sup>3)</sup>　도ᄃ샤<sup>4)</sup>

　　　　　어긔야<sup>5)</sup>　머리곰<sup>6)</sup>　비취오시라<sup>7)</sup>

　　　　　어긔야　어강됴리<sup>8)</sup>

小葉　　　아으<sup>9)</sup>　다롱디리<sup>10)</sup>

後腔全　　져재<sup>11)</sup>　녀러신고요<sup>12)</sup>

　　　　　어긔야　즌<sup>13)</sup>　ᄃᆡ를　드ᄃᆡ욜셰라<sup>14)</sup>

---

井邑詞(정읍사) : 『악학궤범』(樂學軌範)의 권5에 실려 전하는 노래인데, 통일신라 경덕왕(景德王) 이후 구 백제(舊 百濟) 지방의 노래로 짐작된다. 현존하는 유일한 백제 가요이며, 한글로 기록되어 전하는 가요 중 가장 오래 된 것으로, 조선시대에 궁중음악으로 쓰였다. 내용은 정읍현(井邑縣)에 사는 행상의 아내가 남편이 돌아오지 않으므로, 높은 산에 올라 먼 곳을 바라보며 남편이 밤길에 위해(危害)를 입지 않을까 하는 마음을 나타낸 노래이다.

1) 前腔 : 전강. 국악 형식에서 악곡의 처음 가락의 마디를 이른다.
2) 들하 : 들(달, 月) + -하(-이시여 : 호조, 아높)
3) 노피곰 : 노피[높이, 高(부사) : 높(높다, 高 : 형사)- + -이(부접)] + -곰(보조사, 강조, 여운감)
4) 도ᄃ샤 : 돋(돋다, 出)- + -ᄋᆞ샤(←-ᄋᆞ시- : 주높)- + -Ø(←-아 : 연어)
5) 어긔야 : 어기야(감사)
6) 머리곰 : 머리[멀리, 遠(부사) : 멀(멀다, 遠 : 형사)- + -이(부접)] + -곰(보조사, 강조, 여운감)
7) 비취오시라 : ① 비취오[비치게 하다 : 비취(비추다, 照)- + -오(사접)-]- + -시(주높)- + -라(명종) ② 비취(비치다, 照)- + -시(주높)- + -오…라(←-고라 : -구려, 명종, 반말) ③ 비취(비추다, 照)- + -오(←-고: 연어) # 시(← 이시다 : 보용, 완료 지속)- + -라(명종) ※ 일반적으로는 ①로 분석한다. 그러나 ②의 분석에 따르면 '비취오시라'는 반말의 명령형 종결 어미인 '-고라'의 중간에 주체 높임의 선어말 어미인 '-시-'가 개입된 것으로 추정한다.(김영욱, 1995 참조.) ③처럼 '시'를 보조 용언인 '-고 이시다'의 축약형으로 처리할 가능성도 있다.
8) 어강됴리 : 조흥구. 혹은 악기 소리의 의성어이다.
9) 아으 : 아아(감사)
10) 다롱디리 : 악기 소리의 의성어이다.
11) 져재 : 져재(← 져제 : 저자, 市場) + -Ø(←-애 : -에, 부조)
12) 녀러신고요 : ① 녈(←녀다 : 가다, 行)- + -어(←-거- : 확인) + -시(주높)- + -Ø(과시)- + -ㄴ고요(← -고녀 : -구나, 감종) ② 녈(←녀다 : 가다, 行)- + -어(연어) + 시(← 이시다 : 있다, 보용)- + -Ø(과시)- + -ㄴ고요(← -고녀 : -구나, 감종) ※ 일반적으로는 ①로 분석한다. 반면에 ②의 분석에 의한 '녀러신고요'는 본용언인 '녈다(← 녀다)'의 어간에 보조적 연결 어미인 '-어'가 결합하고, 여기에 보조 용언인 '이시다(있다)'의 축약형인 '시다'의 감탄형이 붙은 것이다. 『악학궤범』의 바로 다음 시기인 16세기 국어에는 감탄형 어미로서 '-고녀/-곤여/-오녀/-온여, -고야, -괴여' 등이 쓰였는데(허웅, 1989 : 140, 141), 여기서는 '-ㄴ고요'를 이들 감탄형 어미가 변이된 형태로 처리한다.

```
          어긔야   어강됴리

過篇      어느이다15)   노코시라16)

金善調    어긔야   내17)   가논   딖18)   졈그를셰라19)

          어긔야   어강됴리

小葉      아으   다롱디리
```

前腔    달이시여, 높이 높이 돋으시어.

       어기야 멀리 멀리 비치고 있으시오.

       어기야 어강도리.

小葉    아으 다롱디리.

後腔全  (임이) 시장에 가 있으시구나.

       어기야 (내가) 진 데를 디딜세라.

       어기야 어강도리.

過篇    어느 것이나(곳에나) 놓으시오.

金善調  어기야 내가 가는 데가 저물세라.

       어기야 어강도리.

小葉    아으 다롱디리.

---

13) 즌 : 즈(← 즐다 : 질다, 泥)- + -Ø(현시)- + -ㄴ(관전)

14) 드듸욜셰라 : 드듸(디디다, 履)- + -오(화자)- + -ㄹ셰라(-ㄹ라 : 평종, 경계, 두려움) ※ '-을셰라'는 아주 낮춤의 등분으로 쓰여서, '혹시 그러할까' 염려하는 뜻을 나타내는 종결 어미이다. ※ 화자 표현의 선어말 어미인 '-오-'가 실현된 것을 감안하면, '드듸욜셰라'의 행위 주체가 서정적 화자인 '나(我)'일 가능성이 높다. 이 노래를 편집자들이 남녀상열지사(男女相悅之詞)로 평가한 근거로 볼 수가 있다.

15) 어느이다 : 어느(어느 것, 어느 곳, 何 : 지대) + -이다(←-에나, -이나 : 부조, 보조사?) ※ '어느이다'의 의미와 형태 분석을 방법이 확실하지 않다. 대략 문맥을 고려하여 '어느 것이나'나 '어느 곳에나' 정도로 해석한다.

16) 노코시라 : ① 놓(놓다, 置)- + -시(주높)- + -고…라(명종, 반말) ② 놓(놓다, 置)- + -고(연어, 나열) + 시(← 이시다 : 있다, 보용)- + -라(명종)

17) 내 : 나(나, 我 : 인대, 1인칭) + -ㅣ(←-이 : 주조) ※ 이때 '나'는 시장에 간 '내 남편'으로 해석하기도 한다.

18) 가논 딖 : 가(가다, 去)- + -ㄴ(←-ᄂᆞ- : 현시)- + -오(대상)- + -ㄴ(관전) # 딖(데, 곳 : 의명) + -Ø(←-이 : 주조)

19) 졈그를셰라 : 졈글(저물다, 暮)- + -을셰라(-을셰라 : 평종, 경계, 두려움)

# 處容歌<sup>*</sup>

前腔　新羅　盛代<sup>1)</sup>　昭盛代<sup>2)</sup>　天下大平　羅侯　德<sup>3)</sup>　處容　아바<sup>4)</sup>　以是<sup>5)</sup>

人生<sup>6)</sup>애

相不語<sup>7)</sup>ᄒ시란ᄃᆡ<sup>8)</sup>　以是　人生애　相不語ᄒ시란ᄃᆡ

前腔　新羅(신라)의 盛代(성대) 昭盛代(소성대)여. 天下(천하)가 太平(태평)한 것은 羅
　　　侯(나후)의 德(덕)이다. 처용 아비야, 이로써 人生(인생)에 서로(항상) 말하지
　　　않으시면, 이로써 人生(인생)에 서로(항상) 말하지 않으시면

附葉　三災八難<sup>9)</sup>이　一時　消滅ᄒ샷다<sup>10)</sup>

---

\* 處容歌(처용가) : 고려시대의 가요(歌謠)로서 신라 때에 처용이 지은 향가를 계승한 노래이다.
　귀신을 쫓는 '나례(儺禮)'에서 처용(處容) 가면假面)을 쓰고 춤출 때에 이 노래를 불렀다고
　하며, 조선시대의 세조(世祖) 때에는 대부악(大部樂)으로 확장된 가면희에서 불렀다. 고려시
　대의 가요(歌謠)로서 신라 때에 처용이 지은 향가를 계승한 노래이다. ※ '나례(儺禮)'는 민가
　와 궁중에서, 음력 섣달 그믐날에 묵은해의 마귀와 사신(邪神)을 쫓아내려고 베풀던 의식이
　다. 본디 중국에서 시작한 것으로, 새해의 악귀를 쫓을 목적으로 행하다가 차츰 중국 칙사의
　영접, 왕의 행행(行幸), 인산(因山) 때 따위에도 가면극의 형식으로 행하였다.
1) 盛代 : 성대. 국운이 번창하고 태평한 시대이다.
2) 昭盛代 : 소성대. 빛나는 盛代(성대)이다.
3) 羅侯 德 : 나후 덕. 羅侯(나후)의 德(덕)이다. ※ 양주동은 '羅侯(나후)'를 범어인 'Ráhu'의 음
　역으로 보면서, 이 'Ráhu'는 해와 달을 가리는 '일식(日蝕)의 신'을 이른다고 보았다.
4) 아바 : 압(← 아비 : 아버지, 父) + -아(호조, 낮춤)
5) 以是 : 이시. 부사어인 '이로써'나 목적어인 '이를'로 옮긴다.
6) 人生 : 인생. 사람이 세상을 살아가는 일이다.
7) 相不語 : 상불어. 서로 말하지 않다. ※ 〈악장가사〉에 실린 '處容歌'에는 '常不語'로 표기되어
　있다. 이에 따르면 '항상 말하지 않다'로 해석된다.
8) ᄒ시란ᄃᆡ : ᄒ(하다, 爲)- + -시(주높)- + -란ᄃᆡ(-면, -다면 : 연어, 가정) ※ 연결 어미인 '-
　(으)란ᄃᆡ'는 원래 조건이나 가정의 의미를 나타낸다. 하지만 서술어로 쓰인 '消滅ᄒ샷다'의
　문맥을 고려하면 '-란ᄃᆡ'를 '-으니'로 해석할 수도 있다.
9) 三災八難 : 삼재 팔난. '삼재와 팔난'이라는 뜻으로, 모든 재앙과 곤란을 이르는 말이다. '三
　災(삼재)'는 사람에게 닥치는 세 가지 재해로서, '도병(刀兵), 기근(饑饉), 질역(疾疫)'이 있다.
　그리고 '八難(팔난)'은 여덟 가지의 괴로움이나 어려움인데, 이는 '배고픔, 목마름, 추위, 더
　위, 물, 불, 칼, 병란(兵亂)'을 이른다.
10) 消滅ᄒ샷다 : 消滅ᄒ[소멸하다 : 消滅(소멸 : 명사) + -ᄒ(동접)-]- + -샤(← -시- : 주높)- +
　-∅(과시)- + -ㅅ(← -옷- : 감동)- + -다(평종)

附葉 三災八難(삼재팔난)이 一時(일시)에 消滅(소멸)하셨구나.

---

中葉 어와[11] 아븨[12] 즈싀여[13] 處容 아븨 즈싀여

---

中葉 아아! 아비의 모습이여! 處容(처용) 아버지의 모습이여!

---

附葉 滿頭揷花[14] 계오샤[15] 기울어신[16] 머리예

---

附葉 滿頭揷花(만두삽화)가 힘겨우시어 기우신 머리에

---

小葉 아으 壽命長遠ᄒ샤[17] 넙거신[18] 니마해[19]

---

小葉 아아! 壽命長遠(수명 장원)하시어 넓으신 이마에

---

後腔 山象[20] 이슷[21] 깅어신[22] 눈섭에
　　愛人 相見ᄒ샤[23] 오ᅀᆞᆯ어신[24] 누네

---

11) 어와 : 아아(감사)
12) 아븨 : 압(← 아비 : 아버지, 父) + -의(관조)
13) 즈싀여 : 즛(모양, 모습, 樣) + -이여(호조, 예높, 영탄)
14) 滿頭揷花 : 만두삽화. 머리에 가득하게 꽂은 꽃이다.
15) 계오샤 : 계오(← 계우다 : 힘겹다, 못 이기다, 不勝) + -샤(← -시- : 주높) + -Ø(← -아 : 연어)
16) 기울어신 : 기울(기울다, 斜) + -어(← -거- : 확인) + -시(주높) + -Ø(과시) + -ㄴ(관전)
17) 壽命長遠ᄒ샤 : 壽命長遠ᄒ[수명장원하다 : 壽命長遠(수명장원 : 명사구) + -ᄒ(동접)-] + -샤(← -시- : 주높) + -Ø(← -아 : 연어) ※ '壽命長遠(수명장원)'은 수명이 끝없이 긴 것이다.
18) 넙거신 : 넙(넓다, 廣) + -거(확인) + -시(주높) + -Ø(현시) + -ㄴ(관전)
19) 니마해 : 니마ᄒ(이마, 額) + -애(-에 : 접조, 나열)
20) 山象 : 산상. 산의 모양이다.
21) 이슷 : 이슷[비슷이, 似(부사) : 이슷(비슷, 似 : 불어) + -Ø(← -ᄒ- : 형접) + -Ø(부접)] cf. 이셔지(비슷이, 비슷하게, 似 : 부사)
22) 깅어신 : 깅(← 깃다, ㅅ불 : 무성하다, 茂) + -어(← -거- : 확인) + -시(주높) + -Ø(현시)- + -ㄴ(관전)
23) 相見ᄒ샤 : 相見ᄒ[상견하다 : 相見(상견 : 명사) + -ᄒ(동접)-] + -샤(← -시- : 주높) + -Ø(← -아 : 연어) ※ '相見(상견)'은 서로 바라보는 것이다. 여기서는 '相見ᄒ샤'는 문맥에

後腔   山象(산상)과 비슷하게 무성하신 눈썹에
　　　愛人(애인)이 서로 바라보시어 온전하신 눈에

---

附葉   風入盈庭ᄒ샤[25]   우글어신[26]   귀예

---

附葉   風入盈庭(풍입영정)하시어 우글어지신 귀에

---

中葉   紅桃花   ᄀ티[27]   븕거신[28]   모야해[29]

---

中葉   紅桃花(홍도화)같이 붉으신 모양에

---

附葉   五香[30]   마ᄐ샤[31]   웅긔어신[32]   고해[33]

---

附葉   五香(오향)을 맡으시어 웅그리신 코에

---

小葉   아으   千金   머그샤[34]   어위어신[35]   이베

---

　　　따라서 '서로 바라보시듯이'로 의역하여 옮길 수 있다.
24) 오ᄋᆞᆯ어신 : 오ᄋᆞᆯ(←오올다 : 온전하다,　全)-+-어(←-거- : 확인)-+-시(주높)-+-∅(현
　　시)-+-ㄴ(관전) ※ '오ᄋᆞᆯ어신'은 '오올어신'을 오각한 형태이다.
25) 風入盈庭ᄒ샤 : 風入盈庭ᄒ[풍입영정하다 : 風入盈庭(명사구)+-ᄒ(동접)-]-+-샤(←-시-
　　: 주높)-+-∅(←-아 : 연어) ※ '風入盈庭(풍입영정)'은 바람이 들어서 뜰에 가득차는 것이다.
26) 우글어신 : 우글(우그러지다, 우묵하게 휘어지다)-+-어(←-거- : 확인)-+-시(주높)-+-∅
　　(과시)-+-ㄴ(관전)
27) ᄀ티 : [같이, 如(부사) : ᄀᆞᇀ(같다, 如 : 형사)-+-이(부접)]
28) 븕거신 : 븕(붉다, 紅)-+-거(확인)-+-시(주높)-+-∅(현시)-+-ㄴ(관전)
29) 모야해 : 모야ᇹ(모양, 樣)+-애(-에 : 부조, 접조)
30) 五香 : 오향. 밀교에서 단을 만들 때에, 오보(五寶)·오곡(五穀)과 함께 땅에 묻는 다섯 가지
　　향으로서, 침향(沈香), 백단향(白檀香), 정향(丁香), 울금향(鬱金香), 용뇌향(龍腦香)이 있다.
31) 마ᄐ샤 : 맡(냄새 맡다, 嗅)-+-ᄋᆞ샤(←-ᄋᆞ시- : 주높)-+-∅(←-아 : 연어)
32) 웅긔어신 : 웅긔(웅그리다)-+-어(←-거- : 확인)-+-시(주높)-+-∅(과시)-+-ㄴ(관전)
　　※ '웅긔다'는 몸 따위를 움츠러들이는 것이다
33) 고해 : 고ᇹ(코, 鼻)+-애(-에 : 부조, 접조)
34) 머그샤 : 먹(먹다, 食)-+-ᄋᆞ샤(←-ᄋᆞ시- : 주높)-+-∅(←-아 : 연어)
35) 어위어신 : 어위(넓고 크다, 廣大)-+-어(←-거- : 확인)-+-시(주높)-+-∅(현시)-+-ㄴ

小葉　아아! 千金(천금)을 먹으시어 넓고 크신 입에

---

大葉　白玉琉璃[36]　ᄀ티　히여신[37]　닛바래[38]

　　　人讚福盛ᄒ샤[39]　미나거신[40]　특애

　　　七寶　계우샤　숙거신[41]　엇게예[42]

　　　吉慶[43]　계우샤　늘의어신[44]　ᄉ맷[45]　길헤[46]

---

大葉　白玉(백옥)과 琉璃(유리)같이 희신 이빨에

　　　人讚福盛(인찬복성)하시어 내밀어 나오신 턱에

　　　七寶(칠보)가 힘겨우시어 숙이신 어깨에

　　　吉慶(길경)이 힘겨우시어 늘어뜨리신 소맷자락에

---

附葉　셜ᄆᆡ[47]　모도와[48]　有德ᄒ신　가ᄉ매

---

(관전)

36) 白玉琉璃 : 백옥 유리. 백옥(白玉)과 유리(琉璃)이다.

37) 히여신 : 히(희다, 白)- + -여(←-거- : 확인)- + -시(주높)- + -∅(현시)- + -ㄴ(관전)

38) 닛바래 : 닛발[이빨, 齒 : 니(이, 齒) + -ㅅ(관조, 사잇) + -발(접미)] + -애(-에 : 접조)

39) 人讚福盛ᄒ샤 : 人讚福盛ᄒ[인찬복성하다 : 人讚福盛(인찬복성 : 명사구) + -ᄒ(동접)-]- + -샤(←-시- : 주높)- + -∅(←-아 : 연어) ※ '人讚福盛(인찬복성)'은 남들이 복이 많다고 칭찬하는 것이다.

40) 미나거신 : 미나[내밀다, 밀어나오다 : 미(← 밀다 : 밀다, 推)- + 나(나다, 出)-]- + -거(확인)- + -시(주높)- + -∅(과시)- + -ㄴ(관전)

41) 숙거신 : 숙(숙이다, 伏)- + -거(확인)- + -시(주높)- + -∅(과시)- + -ㄴ(관전)

42) 엇게예 : 엇게(어깨, 肩) + -예(←-에 : 접조)

43) 吉慶 : 길경. 아주 경사스러운 일이다.

44) 늘의어신 : 늘의[늘이다, 늘어뜨리다, 長 : 늘(늘다, 長 : 자동)- + -의(←-이 : 사접)-]- + -어(확인)- + -시(주높)- + -∅(과시)- + -ㄴ(관전)

45) ᄉ맷 : ᄉ매(← ᄉ믹 : 소매, 袖) + -ㅅ(-의 : 관조)

46) 길헤 : 길ᄒ(길, 자락) + -에(접조)

47) 셜ᄆᆡ : '셜ᄆᆡ'의 의미와 형태는 미상이다. 다만 현대어의 '눈썰미'와 '귀썰미'에 나타나는 '-썰미'라는 접미사의 형태와 의미를 감안해 보면, '셜ᄆᆡ'가 지혜나 재주의 의미로 쓰인 명사일 가능성이 있다.

48) 모도와 : 모도오[← 모도다(모으다, 集) : 몬(모이다, 集 : 자동)- + 오(사접)-]- + -아(연어)

附葉　설믜(?)를 모아 有德(유덕)하신 가슴에

中葉　福智俱足<sup>49)</sup>ᄒ샤　브르거신<sup>50)</sup>　ᄇᆡ예
　　　紅鞓<sup>51)</sup>　계우샤　굽거신<sup>52)</sup>　허리예

中葉　福智俱足(복지구족)하여 부르신 배에
　　　紅鞓(홍정)이 힘겨우시어 굽으신 허리에

附葉　同樂大平<sup>53)</sup>ᄒ샤　길어신<sup>54)</sup>　허튀예<sup>55)</sup>

附葉　同樂大平(동락대평)하시어 기신 다리에

小葉　아으　界面　도ᄅ샤<sup>56)</sup>　넙거신<sup>57)</sup>　바래

小葉　아! 界面(계면) 도시어 넓으신 발에

前腔　누고<sup>58)</sup>　지ᅀᅥ<sup>59)</sup>　셰니오<sup>60)</sup>　누고　지ᅀᅥ　셰니오

---

49) 福智俱足 : 복지구족. 福(복)과 智慧(지혜)가 다 풍족한 것이다.
50) 브르거신 : 브르(배가 부르다, 飽)- + -거(확인)- + -시(주높)- + -∅(현시)- + -ㄴ(관전)
51) 紅鞓 : 홍정. 붉은 가죽 띠이다. 사품(四品)의 슬아치가 띤 홍정은 '가홍(假紅)', 삼품(三品)의
　　슬아치가 띤 것은 '진홍(眞紅)'이라 별칭했다.
52) 굽거신 : 굽(굽다, 曲)- + -거(확인)- + -시(주높)- + -∅(과시)- + -ㄴ(관전)
53) 同樂大平 : 동락대평. 태평성대를 함께 즐기는 것이다.
54) 길어신 : 길(길다, 長)- + -어(←-시- : 확인)- + -시(주높)- + -∅(현시)- + -ㄴ(관전)
55) 허튀예 : 허튀(다리의 아랫마디, 脛) + -예(←-에 : 접조)
56) 界面 돌다 : 계면 돌다. ※ '계면(界面)'은 내림굿을 하기 위하여 무당이 집집마다 돌아다니며
　　돈이나 쌀을 거둘 때에, 무당을 인도한다는 귀신이다. 따라서 본문의 '계면돌다'는 계면굿에
　　서 무당이 마을의 집을 돌아다닐 때, 귀신이 무당을 이끌고 다니는 행위를 말한다. 일부에서
　　는 '界面'을 국악의 악곡인 '계면조(界面調)'로 해석하기도 한다.
57) 넙거신 : 넙(넓다, 廣)- + -거(확인)- + -시(주높)- + -∅(현시)- + -ㄴ(관전)
58) 누고 : 누고(← 누 : 누구, 誰, 인대, 미지칭) ※ '누고/누구'는 미지칭의 화자 대명사인 '누'의
　　임의적 변이 형태로서 현대 국어에 쓰이는 '누구'에 대응된다. 위의 글에서 '누고'는 서술어
　　인 '지ᅀᅥ'에 대하여 주어로 쓰였으므로, 주격 조사가 생략된 것으로 보아서 '누가'로 옮긴다.
59) 지ᅀᅥ : 짓(← 짓다, ㅅ불 : 짓다, 만들다, 作)- + -어(연어)

바늘도 실도 어뻐<sup>61)</sup> 바늘도 실도 어뻐

前腔 누구가 (처용 아비를) 만들어 세웠느냐? 누구가 만들어 세웠느냐?
바늘도 실도 없이. 바늘도 실도 없이.

附葉 處容 어비를 누고 지서 셰니오

附葉 處容(처용) 아비를 누가 만들어 세웠느냐?

中葉 마아만 마아만ᄒ니여<sup>62)</sup>

中葉 마아만 마아만(?)하였느냐?

附葉 十二 諸國이<sup>63)</sup> 모다<sup>64)</sup> 지서 셰온<sup>65)</sup>

附葉 十二(십이) 諸國(제국)이 모여서 만들어 세운

小葉 아으 處容 아비를 마아만ᄒ니여

小葉 아! 處容(처용) 아비를 마아만(?)하였느냐?

後腔 머자<sup>66)</sup> 외야자<sup>67)</sup> 綠李야<sup>68)</sup> 샐리<sup>69)</sup> 나 내 신 고흘<sup>70)</sup> 미야라<sup>71)</sup>

---

60) 셰니오 : 셰[세우다, 建 : 셔(서다, 立 : 자동)- + -ㅣ(←-이- : 사접)-]- + -Ø(과시)- + -니오
(-느냐 : 의종, 설명)

61) 어뻐 : [없이, 無(부사) : 없(없다, 無 : 형사)- + -이(부접)]

62) 마아만ᄒ니여 : 마아만ᄒ(?)- + -Ø(과시, 현시)- + -니여(-느냐 : 의종, 판정) ※ '마아만ᄒ
다'의 의미와 형태를 확인할 수 없다.

63) 諸國이 : 諸國(제국, 여러 나라, 모든 나라) + -이(주조) ※ 십이 제국(十二 諸國)은 이 세상에
있는 모든 나라를 이르는 말이다.

64) 모다 : ① 몯(모이다, 集)- + -아(연어) ② [모두, 皆 (부사) : 몯(모이다, 集)- + -아(연어▷부접)]

65) 셰온 : 셰[세우다 : 셔(서다, 立 : 자동)- + -ㅣ(←-이- : 사접)-]- + -Ø(과시)- + -오(대상)-
+ -ㄴ(관전)

後腔　능금아, 오얏아, 綠李(녹리)야, 빨리 나와 내 신의 고(끈)를 매어라.

---

附葉　아니옷[72)] 민시면 나리어다[73)] 머즌[74)] 말

---

附葉　아니 매시면 나겠다. 흉한 말.

---

中葉　東京 불군[75)] 드래 새도록[76)] 노니다가[77)]

---

中葉　東京(동경) 밝은 달에 (날이) 새도록 노닐다가

---

附葉　드러 내 자리를[78)] 보니 가르리[79)] 네히로새라[80)]

---

附葉　(방에) 들어서 나의 자리를 보니 가랑이가 넷이로구나.

---

小葉　아으 둘흔[81)] 내[82)] 해어니와[83)] 둘흔 뉘[84)] 해어니오[85)]

---

66) 머자 : 멎(능금, 榛) + -아(호조, 낮춤)
67) 외야자 : 외얏(오얏, 자두, 李) + -아(호조, 낮춤)
68) 綠李야 : 綠李(녹리, 푸른 자두) + -야(호조, 낮춤)
69) 샐리 : [빨리, 速(부사) : 샐ᄅ(← 샌ᄅ다 : 빠르다, 速, 형사)- + -이(부접)]
70) 고홀 : 곻(고) + -올(목조) ※ '곻'은 옷고름이나 노끈 따위의 매듭이 풀리지 않도록 한 가닥을 고리처럼 맨 것이다.
71) 민야라 : 민(매다, 束)- + -야(← -아- : 확인)- + -라(명종)
72) 아니옷 : 아니(아니, 不 : 부사, 부정) + -옷(← -곳 : 보조사, 한정 강조)
73) 나리어다 : 나(나다, 나타나다, 생기다, 出)- + -리(미시)- + -어(← -거- : 확인)- + -다(평종)
74) 머즌 : 멎(궂다, 흉하다, 凶)- + -Ø(현시)- + -은(관전)
75) 불군 : 붉(밝다, 明)- + -Ø(현시)- + -은(관전)
76) 새도록 : 새(새다, 밝아지다, 曉)- + -도록(연어, 도달, 及)
77) 노니다가 : 노니[노닐다, 遊 : 노(← 놀다 : 놀다, 遊)- + 니(지내다, 行)-]- + -다가(연어, 전환)
78) 자리를 : 자리(이부자리, 잠자리, 寢室) + -를(목조)
79) 가르리 : 가를(가랑이, 脚)- + -이(주조)
80) 네히로새라 : 넿(넷, 四 : 수사, 양수) + -이(서조)- + -Ø(현시)- + -롯(← -돗- : 감동)- + -애(감동)- + -라(← -다 : 평종)
81) 둘흔 : 둘ᇂ(둘, 二 : 수사) + -은(보조사, 대조)
82) 내 : 나(나, 我 : 인대, 1인칭) + -ㅣ(← -의 : 관조)

小葉　아아, 둘은 내 것이거니와 둘은 누구의 것이냐?

---

大葉　이런 저긔 處容 아비옷[86] 보시면 熱病神이ᅀᅡ[87] 膾ㅅ가시로다[88]
　　　　千金을 주리여[89] 處容 아바[90] 七寶를 주리여 處容 아바

---

大葉　이런 적에 處容(처용) 아비야말로 (열병신을) 보시면, (그) 熱病神(열병신)이야
　　　　膾(회)감이구나. (내가 너에게) 千金(천금)을 주랴? 處容(처용) 아비야. 七寶(칠
　　　　보)를 주랴? 處容(처용) 아비야.

---

附葉　千金 七寶도 말오 熱病神를[91] 날[92] 자바 주쇼셔[93]

---

附葉　千金(천금)과 七寶(칠보)도 말고 熱病神(열병신)을 나를(나에게) 잡아 주소서.

---

中葉　산이여 미히여[94] 千里 外예

---

中葉　산이며 들이며 千里(천리) 밖에

---

83) 해어니와 : 해(것 : 의명) + -∅(←-이- : 서조)- + -어니와(←-거니와 : -지만, 연어, 대조)
84) 뉘 : 누(누구, 誰 : 인대, 미지칭) + -ㅣ(←-의 : 관조)
85) 해어니오 : 해(것, 者 : 의명) + -∅(←-이- : 서조)- + -∅(현시)- + -어(←-거- : 확인)- + -
　　　니오(-냐 : 의종, 설명)
86) 아비옷 : 아비(아버지, 父) + -옷(←-곳 : 보조사, 한정 강조) ※ '아비옷'은 주어로 쓰였다.
87) 熱病神이ᅀᅡ : 熱病神(열병신, 열병을 옮기는 신) + -이(주조) + -ᅀᅡ(-야 : 보조사, 한정 강조)
88) 膾ㅅ가시로다 : 膾ㅅ갓[횟감 : 膾(회) + -ㅅ(관조, 사잇) + 갓(것, 物 : 명사)] + -이(서조)- +
　　　-∅(현시)- + -로(←-도- : 감동)- + -다(평종) ※ '횟감'은 회를 만드는 데에 쓰는 고기나
　　　생선이다.
89) 주리여 : 주(주다, 授)- + -리(미시)- + -여(-느냐 : 의종, 판정) ※ '주리여'는 '주(주다)- + -
　　　우(화자)- + -리(미시)- + -여(의종)'으로 분석할 수 있는데, "내(화자)가 너(처용 아비)에게
　　　'천금(千金)'을 주랴?"로 의역하여 옮길 수 있다.
90) 아바 : 압(← 아비 : 아버지, 父)- + -아(호조, 아낮)
91) 熱病神를 : 熱病神(열병신) + -를(←-을 : 목조) ※ '-를'은 '-을'을 오각한 형태이다.
92) 날 : 나(나, 我 : 인대, 1인칭) + -ㄹ(-에게 : 목조, 보조사적인 용법, 의미상 부사격)
93) 주쇼셔 : 주(주다, 授)- + -쇼셔(-소서 : 명종, 아높)
94) 미히여 : 미ㅎ(들, 野) + -이여(-이며 : 접조)

附葉　處容　아비를　어여<sup>95)</sup>　려거져<sup>96)</sup>

附葉　處容(처용) 아버지를 피하여 가자.

小葉　아으　熱病大神의　發願이샷다<sup>97)</sup>

小葉　아아! 熱病大神(열병대신)의 發願(발원)이시구나.

[ 처용 가면* ]

---

95) 어여 : 어이(← 에다 : 피하다, 돌아가다, 回避)-＋-어(연어) ※ '어여'는 '에여'를 오각한 형
　　태이다.

96) 려거져 : 려(← 녀다 : 가다, 去)-＋-거(확인)-＋-져(-쟈 : 청종, 낮춤) ※ '려거져'는 '녀거
　　져'를 오각한 형태이다. 『악장가사』에는 '녀거져'로 표기되어 있다.

97) 發願이샷다 : 發願(발원)＋-이(서조)-＋-∅(현시)-＋-샤(←-시- : 주높)-＋-ㅅ(←-옷- :
　　감동)-＋-다(평종) ※ '發願(발원)'은 신이나 부처에게 소원을 비는 것이나, 또는 그 소원이다.

＊ 처용 가면 : 김현우 명인의 '처용탈방' 전시회에 출품된 작품임. 사진의 출처는 아래와 같다.
　　(https://www.ulsanpress.net/news/articleView.html?idxno=352995)

# 鄭瓜亭曲*

前腔　　내¹⁾ 님을 그리ᅀᆞ와²⁾ 우니다니³⁾

中腔　　山 졉동새⁴⁾ 난⁵⁾ 이슷ᄒᆞ요이다⁶⁾

後腔　　아니시며 거츠르신⁷⁾ 둘⁸⁾ 아으

附葉　　殘月曉星⁹⁾이 아ᄅᆞ시리이다¹⁰⁾

大葉　　넉시라도¹¹⁾ 님은 ᄒᆞᆫ듸¹²⁾ 녀져라¹³⁾ 아으

附葉　　벼기더시니¹⁴⁾ 뉘러시니잇가¹⁵⁾

---

* 정과정곡(鄭瓜亭曲) : 이 노래는 고려 의종(毅宗) 때에 정서(鄭敍)가 지은 가요이다. 정서는 1151년(의종 5)에 반대파의 참소를 받고 동래(東萊)로 귀양을 갔는데, 왕으로부터 곧 부르겠다는 약속을 받고서 20년을 기다렸다. 그러나 의종으로부터 아무런 소식이 없었고, 1170년에 정중부(鄭仲夫)의 난(亂)으로 의종이 축출된 후에야 다시 기용되었다. 이 작품은 동래 유배 시절에 10구체(十句體) 향가 형식으로 지은 노래이다. 후세 사람들이 그의 호를 따서 이 노래를 '정과정(鄭瓜亭)' 또는 '정과정곡(鄭瓜亭曲)'이라고 일컫기도 하였는데, 이 노래는 이른바 충신연주지사(忠臣戀主之詞)의 노래로 알려져 있다.

1) 내 : 나(나, 我 : 인대, 1인칭) + -ㅣ(←-이 : 주조)
2) 그리ᅀᆞ와 : 그리(그리워하다, 戀)- + -ᅀᆞ오(←-ᅀᆞᆸ- : 객높)- + -아(연어)
3) 우니다니 : 우니(울며 지내다 : 우(← 울다 : 울다, 泣)- + 니(지내다, 다니다, 行)-]- + -다(←-더- : 회상)- + -∅(←-오- : 화자)- + -니(연어, 설명 계속)
4) 졉동새 : 졉동새(졉동새, 鵑) + -∅(←-이 : 부조, 비교)
5) 난 : 나(나, 我 : 인대, 1인칭) + -ㄴ(←-ᄂᆞᆫ : 보조사, 주제)
6) 이슷ᄒᆞ요이다 : 이슷ᄒᆞ[← 이셧ᄒᆞ다(비슷하다, 似) : 이슷(← 이셧 : 비슷, 불어) + -ᄒᆞ(형접)-]- + -∅(현시)- + -요(←-오- : 화자)- + -이(상높, 아높)- + -다(평종)
7) 거츠르신 : 거츨(거짓되다, 허망하다, 妄)- + -으시(주높)- + -∅(현시)- + -ㄴ(관전)
8) 둘 : 두(것 : 의명) + -ㄹ(← 를 : 목조)
9) 殘月曉星 : 잔월효성. 殘月(잔월)은 새벽녘까지 희미하게 남아 있는 달이며, 曉星(효성)은 샛별이다. 여기서 殘月(잔월)과 曉星(효성)은 天地神明(천지 신명)을 비유적으로 표현했다.
10) 아ᄅᆞ시리이다 : 알(알다, 知)- + -ᄋᆞ시(주높)- + -리(미시)- + -이(상높, 아높)- + -다(평종)
11) 넉시라도 : 넋(넋, 魂) + -이라도(-이라도 : 보조사, 양보)
12) ᄒᆞᆫ듸 : [함께, 한데, 同(부사) : ᄒᆞᆫ(한, 一 : 관사, 양수) + 듸(데, 處 : 의명)]
13) 녀져라 : 녀(지내다, 가다, 去)- + -져라(-자 : 청종, 낮춤) ※ '-져라'는 화자의 '바람(願望)'의 뜻을 나타내는 청유형의 종결 어미이다.
14) 벼기더시니 : 벼기(다짐하다, 우기다, 拗)- + -더(회상)- + -시(주높)- + -ㄴ(관전) # 이(이, 사람, 者 : 의명) + -∅(←-이 : 주조) ※『월인석보』의 23권 66장에 "어미 마조 가 손 자바 니르혀아 盟誓를 벼기니ᅌᅵ다 내 말옷 거츨린대 닐웨를 몯 디나아 阿鼻地獄애 ᄣᅥ러디리라"의 구절을 보면 '벼기다'는 '다짐하다'의 뜻으로 쓰였다는 것을 알 수 있다. 이 말과 '뉘러시니잇가'에 주체 높임의 선어말 어미인 '-시-'가 실현된 것을 보면 '벼기다'를 '모함하다, 어기다'

二葉　過<sup>16)</sup>도 허믈도 千萬<sup>17)</sup> 업소이다<sup>18)</sup>

三葉　믈힛<sup>19)</sup> 마리신뎌<sup>20)</sup>

四葉　슬읏븐뎌<sup>21)</sup> 아으

附葉　니미 나를 ᄒᆞ마<sup>22)</sup> 니즈시니잇가<sup>23)</sup>

五葉　아소<sup>24)</sup> 님하 도람<sup>25)</sup> 드르샤<sup>26)</sup> 괴오쇼셔<sup>27)</sup>


前腔　내가 임을 그리워하여 울며 지내더니
中腔　山(산)의 접동새와 나는 비슷합니다.

---

의 뜻으로 해석하는 것은 무리이다. 여기서는 '벼기다'의 주체를 '임(= 의종)'으로 본다.

15) 뉘러시니잇가 : 누(누구, 誰 : 인대, 미지칭) + -ㅣ(←-이- : 서조)- + -러(←-더- : 회상)- + -시(주높)- + -잇(←-이- : 상높, 아높)- + -니…가(-니까 : 의종, 수사 의문) ※ 의문사인 '누'가 실현되었으므로 설명 의문문에 쓰이는 의문형 어미로 '-니…고'가 쓰이는 것이 일반적이다. 그런데 여기서는 판정 의문문에 쓰이는 '-니…가'가 쓰인 것으로 보아서 이 문장은 '강한 불만'의 뜻을 내포하는 수사 의문문으로 보아야 한다.

16) 過 : 과. '과오(過誤)'나 '잘못'이다.

17) 千萬 : 천만. 아주, 전혀(부사)

18) 업소이다 : 없(없다, 無)- + -∅(현시)- + -오(화자)- + -이(상높, 아높)- + -다(평종)

19) 믈힛 : '믈힛'을 해석하는 데에 이설이 대단히 많다. 지금까지의 이설을 소개하면 '모두, 모든 것, 모함(謀陷), 거짓말, 헐뜯는 말' 등이 있다. 여기서 그 뒤에 오는 말인 '마리신뎌'에 주체 높임의 선어말 어미인 '-시-'가 쓰인 것을 보면, '모함(謀陷), 거짓말, 헐뜯는 말' 등으로는 해석할 수 없다. 현재 경상도 방언에 쓰이는 '말키(= 조금도 남김 없이 모두 다 : 부사)'의 어휘와 연관시키면, '말짱(모조리, 모두 다)' 등으로 해석할 수 있다.

20) 마리신뎌 : 말(말, 言) + -이(서조)- + -시(주높)- + -∅(현시)- + -ㄴ뎌(-구나 : 감종) ※ '믈힛 마리신뎌'는 '말짱 말뿐이시구나'로 의역하여 옮긴다.

21) 슬읏븐뎌 : 슬읏브[애처롭다(형사) : 슬읏(애처롭게 : 부사) + -브(형접)-]- + -∅(현시)- + -ㄴ뎌(감종) ※ 여기서 '슬읏'은 '애처로이, 안타까이'의 뜻으로 쓰이는 부사인데, 여기에 형용사 파생의 접미사인 '-브-'기 붙어서 형용사가 되었다. '슬읏'의 어형은 『월인석보』 8권 87장에서 "고본 님 몰 보ᅀᆞᄫᅡ 슬읏 우니다니 오ᄂᆞᆳ날애 넉시라 마로롓다"의 구절에서 확인할 수 있다.

22) ᄒᆞ마 : 이미, 벌써, 旣(부사)

23) 니즈시니잇가 : 닞(잊다, 忘)- + -ᄋᆞ시(주높)- + -∅(과시)- + -잇(상높, 아높)- + -니…가(-니까 : 의종, 판정)

24) 아소 : 마소서(감사, 금지)

25) 도람 : 돌(돌다, 回)- + -암(연어 : 동작의 반복) ※ 여기서는 문맥상 '돌이켜서'나 '다시'의 뜻으로 해석한다.

26) 드르샤 : 들(← 듣다, ᄃᆞ불 : 듣다, 聞)- + -으샤(←-으시- : 주높)- + -∅(← 아 : 연어)

27) 괴오쇼셔 : 괴오(← 괴다 : 사랑하다, 愛)- + -쇼셔(-소서 : 명종, 아높)

| | |
|---|---|
| 後腔 | (임의 말씀이) 아니시며 거짓이신 것을, 아아, |
| 附葉 | 殘月(잔월)과 曉星(효성)이 아실 것입니다. |
| 大葉 | "넋이라도 임은 함께 가자." 아아. |
| 附葉 | (그렇게) 다짐하시던 이가 누구이셨습니까?[28] |
| 二葉 | 過(과)도 허물도 千萬(천만) 없습니다. |
| 三葉 | 말짱(= 모두 다) 말뿐이시구나. |
| 四葉 | 몹시 애절하구나. 아아. |
| 附葉 | 임이 나를 벌써 잊으셨습니까? |
| 五葉 | 마소서, 임이시여. 돌이켜서 (내 말을) 들으시어 (나를) 사랑하소서. |

---

28) 이 구절은 "그 말을 한 사람이 다름 아닌 바로 임이셨습니다."의 뜻으로 해석한다.

# 16세기 국어의 옛글

**2부**

# 1. 번역노걸대

『번역노걸대』(飜譯老乞大)는 한문본인 『노걸대』(老乞大)를 한글로 번역한 책이다. 『노걸대』는 세 명의 고려의 상인이 인삼 등 한국 특산물을 말에 싣고 중국 베이징에 가서 팔고 그곳 특산물을 사서 귀국할 때까지의 일화를 적었다. 긴 여로(旅路), 교역(交易) 등에서 벌어지는 주요 장면을 설정하고, 그에 알맞은 대화를 48장 106절로 꾸며 이를 익힘으로써 중국어를 배울 수 있도록 하였다. 활자본으로서 2권 1책이다.

[ 번역노걸대 ]

『번역노걸대』는 조선 중종 때에 최세진이 『노걸대』의 원문 한자에 한글로 중국의 정음과 속음을 달고 번역한 중국어 학습서이다.(2권 2책) 간행된 해는 분명하지 않으나 1517년(중종 12)에 발간된 『사성통해』(四聲通解)에 '번역노걸대 박통사 범례(飜譯老乞大朴通事凡例)'가 실려 있으므로, 1517년(중종 12) 이전에 발간된 것임을 알 수 있다.

『번역노걸대』는 독특한 대화체의 풍부한 자료를 담고 있다. 그리고 1670년에 발간된 『노걸대언해』(老乞大諺解)와 비교함으로써 국어의 변천 과정을 연구할 수 있으며, 원문에 달려 있는 한글 독음은 중국어의 음운사 연구에 귀중한 자료가 된다. 이 책에 나타나는 표기상의 특징을 보면 다음과 같다.

첫째, 15세기에 쓰였던 글자 가운데에서 'ㆆ', 'ㆅ', 'ㅸ'이 쓰이지 않았다.

(1) 올가(← 옳가), 쌔혀(← 쌔ᅘᅧ), 수이(← 수ᄫᅵ)

둘째, 'ㅿ'과 'ㆁ'의 글자는 대체로 15세기 문헌과 다름없이 쓰였다. 특히 'ㆁ'과 'ㅇ'은 엄격하게 구분하여 사용하였다.

(2) 흑당의셔, 스승님씌 ; 앗가ᅀᅡ예, 미ᇫᆯ

셋째, 'ㅆ'의 글자는 'ㅅ'과 혼용이 심하다.

(3) 올신(← 올씬)

넷째, 단어의 둘째 음절 이하에서 /ㆍ/가 다른 소리로 변함에 따라서, 15세기에 'ㆍ'로 표기되던 것이 간혹 'ㅡ, ㅗ, ㅜ'로 적힌 데도 있다.

(4) 다듣거든(← 다ᄃᆞᆫ거든), ; 모로리로다(← 모ᄅᆞ리로다) ; 앒푸로(← 앒ᄑᆞ로)

다섯째, 'ㅄ'계 합용 병서가 'ㅅ'계 합용 병서로 바뀐 예가 있다.

(5) ᄭᅵ(← ᄢᅵ)

여섯째, '거듭적기(重綴)'와 '끊어 적기(分綴)'를 시도한 예가 보인다.

(6) 앎픠셔(← 알픠셔), 딮프란(← 디프란) ; 돈애(← 도내), 돈앳(← 도냇)

일곱째, 'ㄷ'의 구개음화는 거의 일어나지 않았으며, 'ㄹ'의 두음 법칙에 따른 변동 현상은 극히 드물게 일어났다.

(7) ㄱ. 딕실(直日 → 직일), 디나(→ 지나) ; 티ᄂᆞ니라(→ 치ᄂᆞ니라), 저티(→ 저치)
　　 ㄴ. 류워릐(→ 유뤄릐) 릭려기(→ 니려기), 례(→ 예, 禮) cf. 니실(← 릭실)

여덟째, 비음화 현상이 간혹 눈에 띈다.

(8) 아닌ᄂᆞ니라(← 아닏ᄂᆞ니라 ← 아닣ᄂᆞ니라 ← 아니ㅎᄂᆞ니라)

아홉째, 방점이 찍혀 있어서 15세기 시대의 성조가 대체로 유지된 듯하나, 방점을 찍는 방법이 15세기와 약간 다르다.

# 老乞大 上

## [1장~ 7장]

## 고려 상인과 중국 상인이 만나 북경으로 가면서 이야기하다

〈 고려 상인과 중국 상인이 길에서 만나다 〉

中<sup>*</sup>: 큰형님<sup>1)</sup> 네 어드러로셔브터<sup>2)</sup> 온다<sup>3)</sup>

高: 내 高麗 王京으로셔브터 오라<sup>4)</sup>

中: 이제 어드러 가는다<sup>5)</sup>

高: 내 北京 향ᄒᆞ야<sup>6)</sup> 가노라<sup>7)</sup>

中: 네 언제 王京의셔<sup>8)</sup> 떠난다<sup>9)</sup>

高: 내 이 ᄃᆞᆲ 초ᄒᆞᄅᆞᆺ날<sup>10)</sup> 王京의셔 떠나라<sup>11)</sup>

中: 이믜 이 ᄃᆞᆲ 초ᄒᆞᄅᆞᆺ날 王京의셔 떠나거니<sup>12)</sup> 이제 반 ᄃᆞ리로듸<sup>13)</sup>

---

* '中'과 '高' : 대화를 나누는 인물 중에서 '中'은 중국의 상인이며, '高'는 고려의 상인이다.
1) 큰형님 : [큰형님, 大哥 : 크(크다, 大)- + -ㄴ(관전) + 형(兄) + -님(높접)] ※ 중국어 원문의 '大哥(대가)를 직역한 것이다. 청자에 대한 존칭으로 쓰인다.
2) 어드러로셔브터 : 어드러(어디로 : 부사) + -로(부조, 방향) + -셔(-서 : 보조사, 위치 강조) + -브터(-부터 : 보조사, 비롯함)
3) 온다 : 오(오다, 來)- + -∅(과시)- + -ㄴ다(-는가 : 의종, 2인칭)
4) 오라 : 오(오다, 來)- + -∅(과시)- + -∅(←-오- : 화자)- + -라(←-다 : 평종)
5) 가는다 : 가(가다, 去)- + -ᄂᆞ(현시)- + -ㄴ다(-ㄴ가 : 의종, 2인칭)
6) 향ᄒᆞ야 : 향ᄒᆞ[← 향ᄒᆞ다(向하다) : 향(向 : 불어) + -ᄒᆞ(동접)-]- + -야(-아 : 연어) ※ '향ᄒᆞ야'는 향ᄒᆞ야를 오각한 형태이다.
7) 가노라 : 가(가다, 去)- + -ㄴ(←-ᄂᆞ- : 현시)- + -오(화자)- + -라(←-다 : 평종)
8) 王京의셔 : 王京(왕경) + -의(-에 : 부조, 위치) + -셔(-서 : 보조사, 위치 강조)
9) 떠난다 : 떠나[떠나다, 離 : ㅳ(← 쓰다 : 쓰다, 사이가 벌어지다, 隔)- + -어(연어) + 나(나다, 出)]- + -∅(과시)- + -ㄴ다(-ㄴ가 : 의종, 2인칭)
10) 초ᄒᆞᄅᆞᆺ날 : [초하룻날 : 초(초, 初 : 접두)- + ᄒᆞᄅᆞ(하루, 一日) + -ㅅ(관조, 사잇) + 날(날, 日)]
11) 떠나라 : 떠나[떠나다, 離 : ㅳ(← 쓰다 : 사이가 벌어지다, 隔)- + -어(연어) + 나(나다, 出)]- + -∅(과시)- + -∅(←-오- : 화자)- + -라(←-다 : 평종)
12) 떠나거니 : 떠나[떠나다, 離 : ㅳ(← 쓰다 : 사이가 벌어지다, 隔)- + -어(연어) + 나(나다, 出)]-

잇디<sup>14)</sup> 앗가사예<sup>15)</sup> 오뇨<sup>16)</sup>

高 : 내 ᄒᆞᆫ 버디 ᄢᅵ디여<sup>17)</sup> 올시<sup>18)</sup> 내 길 조차<sup>19)</sup> 날회여<sup>20)</sup> 녀<sup>21)</sup> 기들워<sup>22)</sup>

　　오노라<sup>23)</sup> ᄒᆞ니 이런 젼ᄎᆞ로<sup>24)</sup> 오미<sup>25)</sup> 더듸요라<sup>26)</sup>

中 : 그 버디 이제 미처<sup>27)</sup> 올가<sup>28)</sup> 몯 올가

高 : 이 버디 곧 긔니<sup>29)</sup> 어재<sup>30)</sup> ᄀᆞᆺ<sup>31)</sup> 오다<sup>32)</sup>

中 : 네 이 ᄃᆞᆲ 그믐쯰<sup>33)</sup> 北京의 갈가 가디 몯홀가 모로리로다<sup>34)</sup>

---

　　+ -거(확인)- + -니(연어, 설명 계속, 이유)

13) 반 ᄃᆞ리로ᄃᆡ : 반(반, 半) # ᄃᆞᆯ(달, 月 : 의명) + -이(서조)- + -로ᄃᆡ(← -오ᄃᆡ : -되, 연어, 설명 계속)

14) 잇디 : 잇디(← 엇디 : 어찌, 何, 부사) ※ '잇디'는 '엇디'를 오각한 형태이다.

15) 앗가사예 : 앗가(← 아까, 방금 : 명사) + -사(-야 : 보조사, 한정 강조) + -예(← -애 : -에, 부조, 위치) ※ '-예'는 부사격 조사 '-애'를 오각한 형태이다.

16) 오뇨 : 오(오다, 來)- + -∅(과시)- + -뇨(← ᄂᆞ댜 : -느냐, 의종, 설명) ※ 주어가 2인칭일 때는 의문형 종결 어미로서 '-ᄂᆞ댜'가 쓰이는 것이 보통인데, 여기서는 '-뇨'가 쓰였다. 따라서 이 시기의 '-뇨'는 주어의 인칭에 관계없이 쓰이는 '비인칭의 의문형 어미'인 것을 확인할 수 있다.

17) ᄢᅵ디여 : ᄢᅵ디[← ᄢᅥ디다(떨어지다, 뒤떨어지다, 처지다, 落後) : ᄢᅳ(← ᄠᅳ다 : 사이가 벌어지다, 隙)- + -어(연어) + 디(지다 : 보용, 피동)-]- + -여(← -어 : 연어) ※ 'ᄢᅵ디여'는 'ᄢᅥ디다'의 연결형인 'ᄢᅥ디여'를 오각한 형태이다.

18) 올시 : 오(오다, 來)- + -ㄹ시(-므로 : 연어, 이유)

19) 조차 : 좇(좇다, 따르다, 沿)- + -아(연어)

20) 날회여 : 날회[늦추다, 느리게 하다 : 날호(느리다, 慢慢 : 형사)- + -ㅣ(← -이- : 사접)-]- + -여(← -어 : 연어)

21) 녀 : 녀(가다, 다니다, 行)- + -∅(← -어 : 연어)

22) 기들워 : 기들우(기다리다, 候)- + -어(연어)

23) 오노라 : 오(오다, 來)- + -노라(-느라고 : 연어, 이유) ※ '-노라'는 앞절의 일이 뒷절의 일에 목적이나 원인이 됨을 나타내는 연결 어미이다.

24) 젼ᄎᆞ로 : 젼ᄎᆞ(까닭, 이유, 因) + -로(부조, 이유)

25) 오미 : 오(오다, 來)- + -ㅁ(← -옴 : 명전) + -이(주조)

26) 더듸요라 : 더듸(더디다, 遲)- + -∅(현시)- + -요(← -오- : 화자)- + -라(← -다 : 평종)

27) 미처 : 및(미치다, 좇다, 따르다, 趕)- + -어(연어)

28) 올가 : 오(오다, 來)- + -ㄹ가(-ㄹ까 : 의종, 판정, 미시)

29) 긔니 : 그(그, 是 : 인대, 정칭) + -ㅣ(← -이- : 서조)- + -니(연어 : 설명 계속)

30) 어재 : 어재(← 어제 : 어제, 명사) ※ '어재'는 '어제'를 오각한 형태이다.

31) ᄀᆞᆺ : 갓, 이제 막(부사)

32) 오다 : 오(오다, 來)- + -∅(과시)- + -다(평종)

33) 그믐쯰 : 그믐쯰[그믐께, 晦 : 그므(← 그믈다 : 저물다, 暮)- + -ㅁ(명접) + 쯰(← ᄢᅴ : 때, 時)] + -의(-에 : 부조, 위치)] ※ 'ᄢᅴ>쯰'의 변화는 'ᄡ'계의 합용 병서가 'ㅅ'계의 합용 병서로 바뀐

高 : 그 마를 엇디 니ᄅ리오[35] 하ᄂᆞᆯ히 어엿비[36] 녀기샤[37] 모미 편안ᄒᆞ면
　　가리라

中 : 큰형님. 네가 어디에서 왔는가?

高 : 내가 高麗(고려) 王京(왕경)으로부터 왔다.

中 : 이제 어디로 가는가?

高 : 내가 北京(북경)을 향하여 간다.

中 : 네가 언제 王京(왕경)에서 떠났는가?

高 : 내가 이 달 초하룻날 王京(왕경)에서 떠났다.

中 : 이미 이 달 초하룻날 王京(왕경)에서 떠났으니, 이제 반 달(개월)이로되, 어찌
　　아까(방금 전)에야 왔느냐?

高 : 나의 한 벗이 뒤떨어져서 오므로, 내가 길을 좇아(따라) 늦추어 가서 (벗을)
　　기다려서 오느라 하여, 이런 까닭으로 오는 것이 더디다.

中 : 그 벗이 이제 따라 올까 못 올까?

高 : 이 벗이 곧 그이니 어제 막 왔다.

中 : 네가 이 달 그믐때에 北京(북경)에 갈까 가지 못할까 모르겠구나.

高 : 그 말을 어찌 이르겠느냐?
　　하늘이 불쌍히 여기시어 몸이 편안하면 (북경에) 가겠다.

## 〈 고려 상인이 학당에서 중국어를 배운 이야기 〉

中 : 너ᄂᆞᆫ 高麗ㅅ 사ᄅᆞ미어시니[38] ᄯᅩ 엇디 漢語 닐오미[39] 잘 ᄒᆞᄂᆞ뇨[40]

---

　　예다.

34) 모로리로다 : 모로(← 모ᄅᆞ다 : 모르다, 不知)- + -리(미시)- + -로(←-도- : 감동)- + -다(평
　　종) ※ 16세기 초기에 둘째 음절의 /ㆍ/가 /ㅗ/로 바뀐 형태이다.

35) 니ᄅ리오 : 니ᄅ(이르다, 말하다, 說)- + -리(미시)- + -오(←-고 : -느냐, 의종, 설명)

36) 어엿비 : 어엿비[불쌍히, 憐(부사) : 어엿ㅂ(← 어엿브다 : 불쌍하다, 憐 : 형사)- + -이(부접)]

37) 녀기샤 : 녀기(여기다, 思)- + -샤(←-시- : 주높)- + -∅(←-아 : 연어)

38) 사ᄅᆞ미어시니 : 사ᄅᆞᆷ(사람, 人) + -이(서조)- + -어(←-거 : 확인)- + -시(주높, ?)- + -니(-
　　는데 : 연어, 불구, 不拘) ※ 주어로 쓰인 '너'가 아주 낮춤의 등급이므로, 문맥상 '사ᄅᆞ미어시니'는
　　'사ᄅᆞ미어니'를 오각한 형태이다. 〈노걸대언해, 1760년〉에는 '사ᄅᆞ미어니'로 표기되었다.

39) 닐오미 : 닐(← 니ᄅᆞ다 : 이르다, 說)- + -옴(명전) + -이(←-올 : 주조)

高 : 내 漢兒人의손듸[41] 글 비호니[42] 이런 젼ᄎ로 져그나[43] 漢語 아노라[44]

中 : 네 뉘손듸[45] 글 비혼다[46]

高 : 내 되[47] 흑당의셔[48] 글 비호라[49]

中 : 네 므슴[50] 그를 비혼다

高 : 論語 孟子 小學을 닐고라[51]

中 : 네 믹실[52] 므슴 이력ᄒᆞᆫ다[53]

高 : 믹실 이른 새배[54] 니러 흑당의 가 스승님쯰[55] 글 듣줍고 흑당의
　　노하든[56] 지븨 와 밥머기[57] 믓고[58] ᄯᅩ 흑당의 가 셔품[59] 쓰기

---

40) 잘ᄒᆞ느뇨 : 잘ᄒᆞ[잘하다, 好 : 잘(잘 : 부사) + -ᄒᆞ(동접)-]- + -ᄂᆞ(현시)- + -뇨(-느냐 : 의종, 설명)

41) 漢兒人의손듸 : 漢兒人(한아인, 중국인) + -의손듸(-에게 : 부조, 상대) ※ '-의손듸'는 15세기에는 '-의(관조) + 손듸(의명)'로 분석하였으나, 16세기에서는 '-의손듸(= -에게)'가 상대를 나타내는 부사격 조사로 굳은 것으로 본다.(허웅, 1989 : 82 참조.)

42) 비호니 : ① 비호(배우다, 學)- + -니(연어, 설명 계속) ② 비호(배우다, 學)- + -∅(←-오- : 화자)- + -니(연어, 설명 계속) ※ 화자 표현의 선어말 어미 '-오-/-우-'는 연결형에서는 수의적으로 실현된다. ※ 16세기 문헌에서는 '빗다(버릇이 되다, 習)'의 어형이 발견되지 않으므로 '비호다'를 단일어로 처리한다.

43) 져그나 : [조금, 적으나(부사) : 젹(적다, 小)- + -으나(연어 ▷ 부접)]

44) 아노라 : 아(← 알다 : 알다, 知)- + -ㄴ(←-ᄂᆞ- : 현시)- + -오(화자)- + -라(← 다 : 평종)

45) 뉘손듸 : 누(누구, 誰 : 인대, 미지칭) + -ㅣ손듸(←-의손듸 : -에게, 부조, 상대)

46) 비혼다 : 비호(배우다, 學)- + -∅(과시)- + -ㄴ다(-는가 : 의종, 2인칭)

47) 되 : 중국인, 漢兒.

48) 흑당의셔 : 흑당(학당, 學堂) + -의(-에 : 부조, 위치) + -셔(-서 : 보조사, 위치 강조)

49) 비호라 : 비호(배우다, 學)- + -∅(과시)- + -∅(←-오- : 화자)- + -라(←-다 : 평종)

50) 므슴 : 무슨, 甚麽(관사)

51) 닐고라 : 닑(읽다, 讀)- + -∅(과시)- + -오(화자)- + -라(←-다 : 평종)

52) 믹실 : 매일, 每日(부사)

53) 이력ᄒᆞᆫ다 : 이력ᄒᆞ[← 이력ᄒᆞ다(공부하다) : 이력(履歷, 공부) + -ᄒᆞ-(동접)-]- + -ᄂᆞ(현시)- + -ㄴ다(-는가 : 의종, 2인칭)

54) 새배 : 새배(새벽, 晨) + -∅(←-예 : -에, 부조, 위치)

55) 스승님쯰 : [스승님 : 스승(스승, 師) + -님(높접)] + -쯰(-께 : 부조, 상대, 높임)

56) 노하든 : 놓(놓다, 파하다, 마치다, 放)- + -아든(-거든 : 연어, 조건)

57) 밥머기 : [밥먹기 : 밥(밥, 飯) + 먹(먹다, 食)- + -이(명접)] ※ '밥머기'는 '밥'과 '먹-'으로 합성된 말에 다시 명사 파생 접미사인 '-이'가 붙어서 된 파생어이다.(합성어의 파생어 되기)

58) 믓고 : 믓(← 못다 : 마치다, 罷)- + -고(연어, 나열, 계기)

59) 셔품 : 서품(글씨본, 倣書)

ᄒ고 셔품 쓰기 ᄆᆞᆺ고 년구ᄒ기[60] ᄒ고 년구ᄒ기 ᄆᆞᆺ고 글 이피[61]

ᄒ고 글 입피[62] ᄆᆞᆺ고 스승님 앏피[63] 글 강ᄒ노라[64]

中 : 므슴 그를 강ᄒᄂᆞ뇨

高 : 小學 論語 孟子를 강ᄒ노라

---

中 : 너는 高麗(고려)의 사람이신데 또 어찌 漢語(한어)를 말하는 것을 잘 하느냐?

高 : 내가 漢兒人(한아인)에게 글을 배웠으니 이런 까닭으로 조금이나 漢語(한어)를 안다.

中 : 네가 누구에게서 글을 배웠는가?

高 : 내가 오랑캐 학당(學堂)에서 글을 배웠다.

中 : 네가 무슨 글을 배웠는가?

高 : 論語(논어), 孟子(맹자), 小學(소학)을 읽었다.

中 : 네가 매일 무슨 이력(履歷)하는가?

高 : 매일 이른 새벽에 일어나, 학당에 가서 스승님께 글을 듣고, 학당에서 (학생들을) 놓거든 집에 와 밥 먹기를 마치고, 또 학당에 가 서품(글씨본) 쓰기 하고, 서품 쓰기 마치고 연구(聯句)하기 하고, 연구하기 마치고 글 읊기 하고, 글 읊기 마치고 스승님 앞에 글을 강(講)한다.

中 : 무슨 글을 강하느냐?

高 : 小學(소학), 論語(논어), 孟子(맹자)를 강한다.

---

中 : 글 사김ᄒ기[65] ᄆᆞᆺ고 므슴 공부 ᄒᆞᄂᆞ뇨

---

60) 년구ᄒ기 : 년구ᄒ[聯句하다, 한시(漢詩)를 대구(對句)하다 : 년구(연구, 聯句 : 명사) + -ᄒ(동접)-]- + -기(명전)

61) 이피 : [읊기, 吟詩(명사) : 잎(읊다, 吟)- + -이(명접)] ※ '잎다 〉 읇다(16C) 〉 읊다(17C)'로 변화하였다.

62) 입피 : [읊기, 吟詩(명사) : 입프(← 잎다 : 읊다)- + -이(명접)] ※ '입피'는 '잎-'의 종성 /ㅍ/을 'ㅂㅍ'으로 거듭 적어서(重綴) 표기한 형태이다.

63) 앏피 : 앏프(← 앒 : 앞, 前)- + -의(-에 : 부조, 위치) ※ '앏프'은 '앒'의 종성 /ㅍ/을 'ㅂㅍ'으로 거듭 적어서(重綴) 표기한 형태이다.

64) 강ᄒ노라 : 강ᄒ[강하다 : 강(강, 講 : 명사) + -ᄒ(동접)-]- + -ᄂ(←-ᄂᆞ- : 현시)- + -오(화자)- + -라(←-다 : 평종) ※ '강(講)'은 예전에, 서당이나 글방 같은 데서 배운 글을 선생이나 시관 또는 웃어른 앞에서 외던 일이다.

高: 나죄<sup>66)</sup> 다듣거든<sup>67)</sup> 스승님 앏픠셔<sup>68)</sup> 사슬<sup>69)</sup> 쌔혀<sup>70)</sup> 글 외오기

ᄒᆞ야 외오니란<sup>71)</sup> 스승님이 免帖<sup>72)</sup> ᄒᆞ나흘<sup>73)</sup> 주시고 ᄒᆞ다가<sup>74)</sup> 외오디

몯ᄒᆞ야든<sup>75)</sup> 딕실<sup>76)</sup> 션븨<sup>77)</sup> ᄒᆞ야<sup>78)</sup> 어피고<sup>79)</sup> 세 번 티ᄂᆞ니라<sup>80)</sup>

中: 엇디홀 시<sup>81)</sup> 사슬 쌔혀 글 외오기며 엇디홀 시 免帖인고<sup>82)</sup>

高: ᄆᆡ<sup>83)</sup> ᄒᆞᆫ 대똑애<sup>84)</sup> ᄒᆞᆫ 션븨<sup>85)</sup> 일훔 쓰고 모든 션븨 일후믈 다

---

65) 사김ᄒᆞ기: 사김ᄒᆞ[새김하다, 說書: 사기(새기다, 풀이하다)- + -ㅁ(명접) + -ᄒᆞ(동접)-]- + -기(명전) ※ '새김하다'는 '글의 뜻을 알기 쉽게 풀이하다.'의 뜻으로 쓰이는 말이다.

66) 나죄: 나조(← 나조ㅎ: 저녁, 夕) + -익(-에: 부조, 위치)] ※ '나죄'는 '나조희(나조ㅎ + -익)'가 줄어서 된 말인데, 문맥상 '저녁에'로 옮긴다.

67) 다듣거든: 다듣[← 다ᄃᆞᆮ다(다다르다, 到): 다(다, 悉: 부사) + 돋(닫다, 달리다, 走)-]- + -거든(연어, 조건) ※ 『번역노걸대』에는 둘째 음절 이하에서 '·'로 표기되어야 할 곳에 'ㅡ'나 'ㅗ', 'ㅜ'로 표기된 경우가 흔히 발견된다. 이러한 현상은 이 시기부터 단어의 둘째 음절 이하에서 /·/의 소리가 소멸되고, 대신에 /ㅡ/나 /ㅗ/, /ㅜ/ 등으로 바뀐 것을 나타낸다.

68) 앏픠셔: 앏프(← 앏: 앞, 前) + -의(-에: 부조, 위치) + -셔(-서: 보조사, 위치 강조) ※ '앏프'은 '앏'의 /ㅍ/을 'ㅂㅍ'으로 거듭적기(重綴)로 표기한 형태이다.

69) 사슬: 제비, 籤.

70) 쌔혀: 쌔혀[빼다: 쌔(빼다, 撤)- + -혀(강접)-]- + -∅(← 어: 연어) ※ 15세기 중엽에는 '쌔혀'의 형태로도 쓰였다.

71) 외오니란: 외오(외우다, 念)- + -∅(과시)- + -ㄴ(관전) # 이(이, 者: 의명) + -란(-는: 보조사, 대조)

72) 免帖: 면첩. 어떤 일을 면하게 하는 서류이다.

73) ᄒᆞ나흘: ᄒᆞ나ㅎ(하나, 一: 수사, 양수) + -울(목조)

74) ᄒᆞ다가: 만일, 若(부사)

75) 몯ᄒᆞ야든: 몯ᄒᆞ[못하다(보용, 부정): 몯(못, 不能: 부사, 부정) + -ᄒᆞ(동접)-]- + -야든(← -아든: -거든, 연어, 조건)

76) 딕실: 직일(直日). 숙직이나 일직을 하는 날이다.

77) 션븨: 션븨(선비, 학생, 士)

78) ᄒᆞ야: ᄒᆞ이[시키다, 하게 하다, 敎: ᄒᆞ(하다, 爲: 타동)- + -이(사집)-]- + -아(연어)

79) 어피고: 어피[엎게 하다, 엎드리게 하다: 엎(엎다, 伏: 타동)- + -이(사접)-]- + -고(연어, 계기)

80) 티ᄂᆞ니라: 티(치다, 打)- + -ᄂᆞ(현시)- + -니(원칙)- + -라(← -다: 평종)

81) 엇디홀 시: 엇디ᄒᆞ[어찌하다: 엇디(어찌, 何: 부사) + -ᄒᆞ(동접)-]- + -ㄹ(관전) # ᄉ(← ᄉᆞ: 것, 의명) + -이(주조) ※ 15세기 중엽에는 '엇디홀 시'가 '엇디홀 씨'로 표기되었다.

82) 免帖인고: 免帖(면첩) + -이(서조)- + -∅(현시)- + -ㄴ고(-ㄴ가: 의종, 설명)

83) ᄆᆡ: 매, 각각, 每(부사)

84) 대똑애: 대똑[대쪽: 대(대, 竹) + 똑(쪽, 조각)] + -애(-에: 부조, 위치) ※ '대똑애'는 체언과 조사를 분철(分綴)하여 표기한 예이다.

85) 선븨: 선븨(← 션븨: 선비, 학생) + -∅(← -의: 관조) ※ '선븨'는 '션븨'의 오각한 형태이다.

이리 써 흔 사슬 통에 다마 딕실 션븨 ᄒ야 사슬 통 가져다가⁸⁶⁾
흔드러 그 듕애 ᄒ나 쌔혀⁸⁷⁾ 쌔혀니⁸⁸⁾ 뉜고⁸⁹⁾ ᄒ야 믄득 그
사ᄅᆷ ᄒ야 글 외오요ᄃᆡ⁹⁰⁾ 외와든⁹¹⁾ 스승이 免帖 ᄒ나흘 주ᄂᆞ니
그 免帖 우희 세 번 마조믈⁹²⁾ 면ᄒ라 ᄒ야 쓰고 스승이 우희
쳐⁹³⁾ 두ᄂᆞ니라⁹⁴⁾ ᄒ다가 다시 사슬 쌔혀 외오ᄃᆡ 몯ᄒ야도 免帖
내여 히야ᄇᆞ리고⁹⁵⁾ 아릭⁹⁶⁾ 외와 免帖 타⁹⁷⁾ 잇던 공오로⁹⁸⁾ 이번
몯 외온 죄를 마초와⁹⁹⁾ 티기를 면ᄒ거니와¹⁾ ᄒ다가 免帖곳²⁾
업스면 일뎡³⁾ 세 번 마조믈 니브리라⁴⁾

中 : 글 새김하기 마치고 무슨 공부하느냐?

高 : 저녁에 다다르거든 스승님 앞에서 제비를 빼어(뽑아) 글 외우기 하여, 외운
　　 이는 스승님이 免帖(면첩) 하나를 주시고, 만일 외우지 못하거든 일직(日直)하

---

86) 가져다가 : 가지(가지다, 持)- + -어(연어) + -다가(보조사 : 동작의 유지, 강조)

87) 쌔혀 : 쌔혀[빼다 : 쌔(빼다, 撤)- + -혀(강접)-]- + -∅(←-어 : 연어)

88) 쌔혀니 : 쌔혀[빼다 : 쌔(빼다, 撤)- + -혀(강접)-]- + -∅(과시)- + -ㄴ(관전) # 이(이 : 의명)
　　 + -∅(←-이 : 주조)

89) 뉜고 : 누(누구, 誰 : 인대, 미지칭) + -ㅣ(←-이- : 서조)- + -∅(현시)- + -ㄴ고(-ㄴ가 : 의종,
　　 설명)

90) 외오요ᄃᆡ : 외오이[외우게 하다 : 외오(외우다, 誦 : 타동)- + -이(사접)-]- + -오ᄃᆡ(-되 : 연
　　 어, 설명 계속)

91) 외와든 : 외오(외우다, 背)- + -아든(-거든 : 연어, 조건)

92) 마조믈 : 맞(맞다, 被打)- + -옴(명전) + -울(목조)

93) 쳐 : 수결, 手決 ※ '수결(手決)'은 자기의 성명이나 직함 아래에 도장 대신에 자필로 글자를
　　 직접 쓰던 일 또는 그 글자를 이른다.

94) 두ᄂᆞ니라 : 두(두다, 置)- + -ᄂᆞ(현시)- + -니(원칙)- + -라(←-다 : 평종)

95) 히야ᄇᆞ리고 : 히야ᄇᆞ리(← ᄒᆞ야ᄇᆞ리다 : 헐어버리다, 망그러뜨리다, 毁)- + -고(연어, 계기)

96) 아릭 : 아릭(← 아래 : 예전, 昔) ※ 둘째 음절 이하에서 / ㆍ/가 소멸한 증거이다.

97) 타 : ᄐ(← ᄐ다 : 타다, 受)- + -아(연어)

98) 공오로 : 공(功) + -오로(←-ᄋᆞ로 : -으로, 부조, 방편) ※ / ㆍ/가 /ㅗ/로 바뀐 형태이다.

99) 마초와 : 마초오[← 마초다(맞추다) : 맞(맞다, 當 : 동사)- + -호(사접)-]- + -아(연어)

 1) 면ᄒ거니와 : 면ᄒ[면하다 : 免(면 : 불어) + -ᄒ(동접)-]- + -거니와(-거니와, -지만 : 연어,
　　 대조)

 2) 免帖곳 : 免帖(면첩) + -곳(보조사, 한정 강조)

 3) 일뎡 : 반드시, 필경, 일정, 必(부사)

 4) 니브리라 : 닙(입다, 당하다, 喫)- + -으리(미시)- + -라(←-다 : 평종)

는 선비를 시키어서 (외우지 못한 이를) 엎드리게 하고 세 번 치느니라.

中 : 어찌하는 것이 제비를 빼어 글 외우기며 어찌하는 것이 免帖(면첩)인가?

高 : 각각 한 대쪽에 한 선비의 이름을 쓰고, 모든 선비의 이름을 다 이렇게 써서 한 제비 통에 담아, 일직(日直) 선비를 시키어 제비 통 가져다가 흔들어 그 중에 하나를 빼어, "뺀 이가 누구인가?" 하여 문득 그 사람을 시키어 글을 외우게 하되, (그 사람이 글을) 외우거든 스승이 免帖(면첩) 하나를 주니, 그 免帖(면첩) 위에 "세 번 맞음을 면하라." 하여 쓰고, 스승이 위에 수결(手決)을 두느니라. 만일 다시 제비를 빼어 외우지 못하여도 면첩을 내어 헐어버리고, 예전에 외워 免帖(면첩)을 타 있던 공으로 이번 못 외운 죄를 맞추어 치기를 면하거니와, 만일 免帖(면첩)만 없으면 반드시 세 번 맞음을 당하리라.

---

中 : 너는 高麗ㅅ 사ᄅᆞ미어시니5) 漢人의 글 빈화 므슴6) ᄒᆞᆯ다7)

高 : 네 닐옴도8) 을타9) 커니와10) 각각 사ᄅᆞ미 다 읏듬으로11) 보미12) 잇ᄂᆞ니라13)

中 : 네 므슴14) 읏듬 보미 잇ᄂᆞ뇨15) 네 니ᄅᆞ라 내 드로마16)

高 : 이제 됴뎡이17) 텬하를 一統ᄒᆞ야18) 겨시니 셰간애19) 쓰노니20) 漢人의

---

5) 사ᄅᆞ미어시니 : 사ᄅᆞᆷ(사람, 人) + -이(서조)- + -어(←-거- : 확인)- + -시(주높, ?)- + -니(-ㄴ데 : 연어, 대조) ※ 주체가 아주 낮춤의 인칭 대명사인 '너'이므로 높임의 선어말 이미인 '-시-'가 실현된 것은 오각한 형태이다. 『노걸대언해』(1675년)에는 '사ᄅᆞ미어니'로 표기되었다.

6) 므슴 : 무엇, 怎(지대)

7) ᄒᆞᆯ다 : ᄒᆞ(하다, 爲)- + -ㄹ다(-ㄹ까 : 의종, 2인칭, 미시)

8) 닐옴도 : 닐(← 니ᄅᆞ다 : 이르다, 曰)- + -옴(명전)- + -도(보조사, 마찬가지)

9) 을타 : 욿(← 옳다 : 是)- + -Ø(현시)- + -다(평종) ※ '을타'는 '올타'를 오각한 형태이다.

10) 커니와 : ᄒᆞ(← ᄒᆞ다 : 하다, 謂)- + -거니와(-거니와, -지만 : 연어, 대조)

11) 읏듬으로 : 읏듬(으뜸, 主) + -으로(부조, 자격)

12) 보미 : 보(보다, 見)- + -ㅁ(←-옴 : 명전) + -이(주조)

13) 잇ᄂᆞ니라 : 잇(← 이시다 : 있다, 有)- + -ᄂᆞ(현시)- + -니(원칙)- + -라(←-다 : 평종)

14) 므슴 : 무슨, 怎(관사, 지시, 미지칭)

15) 잇ᄂᆞ뇨 : 잇(있다, 有)- + -ᄂᆞ(현시)- + -뇨(-느냐 : 의종, 설명)

16) 드로마 : 들(← 듣다, ㄷ불 : 듣다, 聽)- + -오(화자)- + -마(평종, 약속)

17) 됴뎡이 : 됴뎡(조정, 朝廷) + -이(주조)

18) 一統ᄒᆞ야 : 一統ᄒᆞ[일통하다, 하나로 합하다 : 一統(일통 : 명사) + -ᄒᆞ(동접)-]- + -야(←-아 : 연어)

19) 셰간애 : 셰간(世間 : 세간, 일반 세상) + -애(-에 : 부조, 위치)

마리니 우리 이 高麗ㅅ 말소믄<sup>21)</sup> 다믄<sup>22)</sup> 高麗ㅅ 싸해만<sup>23)</sup> 쓰는 거시오 義州 디나<sup>24)</sup> 中朝 싸해 오면 다 漢語 ᄒᆞᄂᆞ니 아뫼나<sup>25)</sup> ᄒᆞᆫ<sup>26)</sup> 마를 무러든<sup>27)</sup> ᄯᅩ 디답디<sup>28)</sup> 몯ᄒᆞ면 다른 사ᄅᆞ미 우리를다가<sup>29)</sup> 므슴 사ᄅᆞᆷᄋᆞᆯ<sup>30)</sup> 사마<sup>31)</sup> 보리오<sup>32)</sup>

中 : 너는 高麗(고려)의 사람이시니 漢人(한인)의 글을 배워 무엇을 하겠는가?

高 : 네가 말하는 것도 옳다 하거니와, 각각 사람이 다 으뜸으로 보는 것이 있느니라.

中 : 네 무슨 으뜸으로 보는 것이 있느냐? 네가 이르라. 내가 들으마.

高 : 이제 조정(朝廷)이 천하를 一統(일통)하여 있으니, 세간(世間)에 쓰는 것이 漢人(한인)의 말이니, 우리 이 高麗(고려)의 말은 다만 高麗(고려)의 땅에만 쓰는 것이요, 義州(의주)를 지나서 中朝(중조)의 땅에 오면 다 漢語(한어)를 하니, 아무나 한 (마디의) 말을 묻거든 또 대답하지 못하면, 다른 사람이 우리를 무슨(어떤) 사람으로 여기어 보겠느냐?

中 : 네 이리 漢人손ᄃᆡ<sup>33)</sup> 글 빈호거니<sup>34)</sup> 이<sup>35)</sup> 네<sup>36)</sup> ᄆᆞᆺ모로<sup>37)</sup> 빈호ᄂᆞᆫ다<sup>38)</sup>

---

20) 쓰노니 : 쓰(쓰다, 사용하다, 用)- + -ᄂ(←-ᄂᆞ- : 현시)- + -오(대상)- + -ㄴ(관전) # 이(이, 것, 者 : 의명) + -∅(←-이 : 주조)

21) 말소믄 : 말솜[← 말씀(말쏨, 言) : ᄆᆞᆯ(말, 言) + -솜(←-쏨 : 접미)] + -은(보조사, 주제)

22) 다믄 : 다믄(←다ᄆᆞᆫ : 다만, 只, 부사) ※ '다ᄆᆞᆫ'이 '다믄'으로 바뀐 것은 둘째 음절 이하에서 /·/가 /ㅡ/로 바뀐 형태이다.

23) 싸해만 : 싸ㅎ(땅, 地) + -애(-에 : 부조, 위치) + -만(보조사, 한정) ※ 15세기 국어까지는 '만'을 의존 명사로 처리했으나, 16세기의 국어부터는 현대어와 마찬가지로 보조사로 처리한다.(허웅, 1989 : 123)

24) 디나 : 디나(지나다, 過)- + -아(연어)

25) 아뫼나 : 아모(아무, 有人 : 인대, 부정칭) + -ㅣ나(←-이나 : 보조사, 선택)

26) ᄒᆞᆫ : ᄒᆞᆫ(한, 一 : 관사, 양수)

27) 무러든 : 물(← 묻다, ㄷ불 : 묻다, 問)- + -어든(-거든 : 연어, 조건)

28) 디답디 : 디답[← 디답ᄒᆞ다(대답하다, 對答하다) : 디답(대답, 對答 : 명사) + -∅(←-ᄒᆞ- : 동접)-]- + -디(-지 : 연어, 부정)

29) 우리를다가 : 우리(우리, 咱們 : 인대) + -를(목조) + -다가(보조사, 강조)

30) 사ᄅᆞᆷᄋᆞᆯ : 사ᄅᆞᆷ(사람, 人) + -ᄋᆞᆯ(-으로 : 목조, 보조사적 용법, 의미상 부사격)

31) 사마 : 삼(삼다, 여기다)- + -아(연어)

32) 보리오 : 보(보다, 看)- + -리(미시)- + -오(←-고 : -느냐, 의종, 설명)

33) 漢人손ᄃᆡ : 漢人(한인, 중국인) + -손ᄃᆡ(← -손ᄃᆡ : -에게, 부조, 상대) ※ 16세기에는 '-의손ᄃᆡ'가 부사격 조사로 기능한다.

네 어버의<sup>39)</sup> 너를 ᄒ야<sup>40)</sup> 비호라 ᄒ시ᄂ녀<sup>41)</sup>

高 : 올ᄒ니<sup>42)</sup> 우리 어버의 나를 ᄒ야 비호라 ᄒ시ᄂ다

中 : 네 빈환 디<sup>43)</sup> 언마<sup>44)</sup> 오라뇨

高 : 내 빈환 디 반 히 남즉ᄒ다<sup>45)</sup>

中 : 알리로소녀<sup>46)</sup> 아디 몯ᄒ리로소녀<sup>47)</sup>

高 : 미실<sup>48)</sup> 漢兒 션비들콰<sup>49)</sup> ᄒ야<sup>50)</sup> ᄒᄃᆡ셔<sup>51)</sup> 글 비호니 이런 젼ᄎ로<sup>52)</sup> 져기<sup>53)</sup> 아노라<sup>54)</sup>

中 : 네가 이렇게 漢人(한인)에게 글을 배우니 이것은 네 마음(뜻)으로 배우는가? 네 어버이가 너를 시키어서 "배우라." 하시느냐?

___

34) 비호거니 : 비호(배우다, 學)- + -거(←-어- : 확인)- + -니(연어, 설명 계속)
35) 이 : 이, 이것, 是(지대, 정칭)
36) 네 : 너(너, 汝 : 인대, 2인칭) + -ㅣ(-의 : 관조)
37) ᄆᆞᅀᆞ모로 : ᄆᆞᅀᆞᆷ(마음, 心) + -오로(←-ᄋᆞ로 : -으로, 부조, 방편)
38) 비호ᄂ다 : 비호(배우다, 學)- + -ᄂ(현시)- + -ㄴ다(-는가 : 의종, 2인칭)
39) 어버의 : 어버의[어버이, 父母 : 업(←어비←아비 : 아버지, 父) + 어의(어머니, 母)] + -∅(←-이 : 주조)
40) ᄒ야 : ᄒ이[시키다, 하게 하다, 使 : ᄒ(하다, 爲 : 타동)- + -이(사접)-]- + -아(연어)
41) ᄒ시ᄂ녀 : ᄒ(하다, 曰)- + -시(주높)- + -ᄂ(현시)- + -녀(-느냐 : 의종, 판정)
42) 올ᄒ니 : 옳(옳다, 是)- + -ᄋᆞ니(연어, 설명 계속)
43) 비환 디 : 비호(배우다, 學)- + -∅(과시)- + -아(확인)- + -ㄴ(관전) # 디(것, 시간의 경과 : 의명) + -∅(←-이 : 주조)
44) 언마 : 얼마, 多少(부사)
45) 남즉ᄒ다 : 남즉ᄒ[남짓하다, 有餘 : 남즉(남짓 : 의명) + -ᄒ(형접)-]- + -∅(현시)- + -다(평종)
46) 알리로소녀 : 알(알다, 省)- + -리(미시)- + -롯(←-돗 : 감동)- + -오녀(←-ᄋᆞ녀 : -냐, 의종, 판정)
47) 몯ᄒ리로소녀 : 몯ᄒ[못하다(보용, 부정) : 몯(못, 不能 : 부사, 부정) + -ᄒ(동접)-]- + -리(미시)- + -롯(←-돗- : 감동)- + -오녀(←-ᄋᆞ녀 : -냐, 의종, 판정)
48) 미실 : 매일, 每日(부사)
49) 션비들콰 : 션비들ᄒ[선비들, 學生們 : 션비(선비, 學生) + -들ᄒ(-들 : 복접)] + -과(부조)
50) ᄒ야 : ᄒ(하다, 더불다, 和)- + -야(←-아 : 연어)
51) ᄒᄃᆡ셔 : ᄒᄃᆡ[한데, 한 곳(명사) : ᄒ(한, 一 : 관사) + ᄃᆡ(데, 處)] + -셔(-서 : 보조사, 위치 강조)
52) 젼ᄎ로 : 젼ᄎ(까닭, 이유, 由) + -로(부조, 방편)
53) 져기 : [약간, 조금(부사) : 젹(적다, 少 : 형사)- + -이(부접)]
54) 아노라 : 아(←알다 : 알다, 知)- + -ㄴ(←-ᄂᆞ- : 현시)- + -오(화자)- + -라(←-다 : 평종)

高 : 옳으니, 우리 어버이가 나를 시키어 "배우라." 하신다.

中 : 네가 배운 지 얼마나 오래냐?

高 : 내가 배운 지 반 해 남짓하다.

中 : (漢語를) 알겠느냐 알지 못하겠느냐?

高 : 매일 漢兒(한아) 선비들과 더불어 한 곳에서 글을 배우니 이런 까닭으로 조금 안다.

---

中 : 네 스승이 엇던 사름고⁵⁵⁾

高 : 이⁵⁶⁾ 漢人이라

中 : 나히⁵⁷⁾ 언메나⁵⁸⁾ ᄒᆢ뇨

高 : 셜흔 다ᄉᆞ시라⁵⁹⁾

中 : 즐겨⁶⁰⁾ ᄀᆞᄅᆞ누녀⁶¹⁾ 즐겨 ᄀᆞᄅᆞ치디 아닛ᄂᆞ녀⁶²⁾

高 : 우리 스승이 셩이⁶³⁾ 온화ᄒᆞ야 ᄀᆞ장⁶⁴⁾ 즐겨 ᄀᆞᄅᆞ치ᄂᆞ다

中 : 네 모든 션비 듕에 언메나 漢兒人⁶⁵⁾이며 언메나 高麗ㅅ 사름고⁶⁶⁾

高 : 漢兒와 高麗 반이라

中 : 그 듕에 골외ᄂᆞ니⁶⁷⁾ 잇ᄂᆞ녀⁶⁸⁾

---

55) 사름고 : 사람(사람, 人) + -고(-인가 : 보조사, 의문, 설명)

56) 이 : 이(이 : 지대, 정칭, 是) + -∅(←-이 : 주조) ※ '이'는 원래는 정칭의 지시 대명사이지만, 여기서는 3인칭의 인칭 대명사로 쓰였다.

57) 나히 : 나ᅙ(나이, 歲) + -이(주조)

58) 언메나 : 언머(← 언마 : 얼마, 지대) + -ㅣ나(←-이나 : 보조사, 정도의 추측)

59) 다ᄉᆞ시라 : 다ᄉᆞᆺ(다섯, 五 : 수사) + -이(서조)- + -∅(현시)- + -라(←-다 : 평종)

60) 즐겨 : 즐기(즐기다, 樂)- + -어(연어) ※ 15세기 국어에서는 '즑다(= 즐거워하다)'의 형태가 있으므로, '즐기다'를 [즑(자동)- + -이(사접)- + -다]로 분석하였다. 그러나 16세기 이후의 문헌에서는 '즑다'의 어형이 나타나지 않으므로, '즐기다'를 단일어로 처리한다.

61) ᄀᆞᄅᆞ누녀 : ᄀᆞᆮ(← ᄀᆞᄅᆞ치다 : 가르치다, 敎)- + -ᄂᆞ(현시)- + -녀(-냐 : 의종, 판정) ※ 중국어 원문의 '敎'이므로 'ᄀᆞᆮ-'은 'ᄀᆞᄅᆞ치-'의 준말이다. 『노걸대언해』에는 'ᄀᆞᄅᆞ치ᄂᆞ뇨'로 표기되었다.

62) 아닛ᄂᆞ녀 : 아닛(← 아닣다 ← 아니ᄒᆞ다 : 아니하다, 보용, 부정)- + -ᄂᆞ(현시)- + -녀(-냐 : 의종, 판정) ※ '아닛다'는 '아니ᄒᆞ다'의 준말인 '아닣다'의 /ㅎ/을 'ㅅ'으로 표기한 것이다.

63) 셩이 : 셩(성, 性 : 성품) + -이(주조)

64) ᄀᆞ장 : 대단히, 매우, 가장(부사)

65) 漢兒人 : 한아인. 중국인이다.

66) 사름고 : 사름(사람, 人) + -고(보조사, 의문)

67) 골외ᄂᆞ니 : 골외(방종하다, 제멋대로이다, 頑)- + -ᄂᆞ(현시)- + -ㄴ(관전) # 이(이, 人 : 의명)

高 : 글외ᄂᆞ니 잇닷⁶⁹⁾ 마리ᅀᅡ⁷⁰⁾ 니ᄅᆞ려 미실 學長⁷¹⁾이 글외는 學生을다가⁷²⁾
　　　스승님씌 숩고 그리⁷³⁾ 텨도⁷⁴⁾ 다함⁷⁵⁾ 저티⁷⁶⁾ 아닌ᄂᆞ니라⁷⁷⁾ 漢兒
　　　아히들히⁷⁸⁾ ᄀᆞ장 글외거니와⁷⁹⁾ 高麗ㅅ 아히들흔 져기 어디니라⁸⁰⁾

中 : 네 스승이 어떤 사람인가?
高 : 이(＝우리 스승은)는 漢人(한인)이다.
中 : 나이가 얼마이냐?
高 : 서른 다섯이다.
中 : (네 스승이) 즐겨 가르치느냐 즐겨 가르치지 아니하느냐?
高 : 우리 스승이 성품이 온화하여 대단히 즐겨 가르친다.
中 : 너의 모든 선비(학생) 중에 얼마가 漢児人(한아인, 중국인)이며, 얼마가 高麗(고려)의 사람인가?
高 : 漢兒人(한아인)과 高麗(고려)의 사람이 반이다.
中 : 그 중에 (행동이) 제멋대로인 이가 있느냐?

---

　　　＋ -Ø(←-이 : 주조)
68) 잇ᄂᆞ녀 : 잇(← 이시다 : 있다, 有)- ＋ -ᄂᆞ(현시)- ＋ -녀(-냐 : 의종, 판정)
69) 잇닷 : 잇(← 이시다 : 있다, 有)- ＋ -Ø(과시)- ＋ -다(평종) ＋ -ㅅ(-의 : 관조) ※ 이때의 '-ㅅ'은 문장의 뒤에 실현되어서 문장 전체를 관형어로 쓰이게 하였다.
70) 마리ᅀᅡ : 말(말, 言) ＋ -이ᅀᅡ(-이야 : 보조사, 한정 강조) ※ 15세기 국어에서는 '-이ᅀᅡ'를 주격 조사인 '-이'에 보조사 '-ᅀᅡ'가 결합된 형태로 처리했다. 그러나 여기서 '말이ᅀᅡ'는 문장에서 목적어로 쓰였으므로, 이때의 '-이ᅀᅡ'는 현대 국어처럼 하나의 보조사로 처리한다. 따라서 16세기 이후에는 '-이ᅀᅡ'가 보조사로 쓰였던 것을 것으로 추정할 수 있다.
71) 學長 : 학장. 학당(學堂)에서 공부하는 학생 중의 우두머리이다.
72) 學生을다가 : 學生(학생) ＋ -을(목조) ＋ -다가(보조사, 강조)
73) 그리 : [그렇게(부사) : 그(그, 彼 : 지대, 정칭) ＋ -리(부접)]
74) 텨도 : 티(치다, 때리다, 打)- ＋ -어도(연어, 양보)
75) 다함 : 다함(← 다하 : 그래도, 도리어, 또한, 只, 부사)
76) 저티 : 젛(두려워하다, 怕)- ＋ -디(-지 : 연어, 부정)
77) 아닌ᄂᆞ니라 : 아닌[← 아니ᄒᆞ다(아니하다 : 보용, 부정) : 아니(부사, 부정) ＋ -ᄒᆞ(동접)-]- ＋ -ᄂᆞ(현시)- ＋ -니(원칙)- ＋ -라(← -다 : 평종) ※ '아니ᄒᆞᄂᆞ니라 → 아닣ᄂᆞ니라 → 아닌ᄂᆞ니라 → 아닌ᄂᆞ니라'의 순서로 형태가 변동했다. 'ㆍ' 탈락, 평파열음화, 비음화의 변동을 겪었다.
78) 아히들히 : 아히들ㅎ[아이들 : 아히(아이, 兒) ＋ -들ㅎ(-들 : 복접)] ＋ -이(주조)
79) 글외거니와 : 글외(방종하다, 사납다, 頑)- ＋ -거니와(-거니와, -지만 : 연어, 대조)
80) 어디니라 : 어디(← 어딜다 : 어질다, 순하다, 好)- ＋ -Ø(현시)- ＋ -니(원칙)- ＋ -라(← -다 : 평종)

高 : 제멋대로인 이가 있었다는 말이야 (굳이 말로써) 이르겠느냐?[81] 매일(每日) 學
　　長(학장)이 제멋대로인 學生(학생)을 스승님께 사뢰고, 그렇게 쳐도(때려도) 그
　　래도 두려워하지 아니하느니라. 漢兒(한아)의 아이들이 매우 제멋대로이거니
　　와 高麗(고려)의 아이들은 조금 어지니라.

---

81) 이 문장은 한문의 '可知有頑的(제멋대로인 학생이 있었다는 것을 능히 알 수 있다)'를 의역한
　　문장이다. 곧, '학생들 중에서 행동이 제멋대로인 학생이 있었다는 것은 말할 필요도 없다.'는
　　뜻으로 쓰인 문장이다. 『노걸대언해』에는 '그리어니 ᄀ래ᄂ니 잇ᄂ니라'로 표기되었다.

# 2. 번역박통사

『박통사』(朴通事)는 『노걸대』(老乞大)와 함께 대표적인 중국어 학습서이다. 여기서 '박통사(朴通事)'는 역관의 직책을 말하므로 이 책의 제목은 '박씨'의 성을 가진 역관이라는 뜻이다. 『노걸대』가 상인의 무역 활동을 주제로 하는 상업용 회화에 가깝다면, 『박통사』는 중국인 귀족들의 일상생활에 관련한 생활 회화에 가깝다. 특히 『노걸대』보다 고급 단계의 언어를 다루고 있어서, 중국어와 우리말의 생생한 모습과 함께 풍속 및 문물 제도까지 접할 수 있는 자료이다.

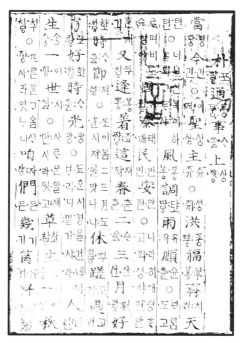

[ 번역박통사 ]

『번역박통사』(飜譯朴通事)는 역자와 간행에 관한 기록이 없으나, 『번역노걸대』(飜譯老乞大)와 마찬가지로 최세진이 『박통사』를 번역하여 간행한 책으로 추정한다. 다만, 1517년(중종 12)에 발간된 『사성통해』(四聲通解)에 '번역노걸대박통사범례(飜譯老

乞大朴通事凡例'가 실려 있는 점을 보면, 『번역박통사』가 1517년(중종 12) 이전에 발간되었음을 알 수 있다. 『번역박통사』는 권상 1책만 전하나, 1677년에 간행된 『박통사언해』(朴通事諺解)를 보면, 이 책이 상, 중, 하의 3권 3책으로 구성되었음을 알 수 있다.

『번역박통사』는 16세기 초의 국어사 연구에 귀중한 자료가 될 뿐만 아니라 원문 한자에 달려 있는 한글 독음은 중국어의 음운사를 연구하는 데에 이용될 수 있다. 또한 후대에 발간된 『박통사언해』(1677)와 비교할 수 있다는 점에서도 귀중한 자료이다.

이 책에서 나타나는 표기상의 특징은 『번역노걸대』와 동일한데, 그 특징을 간추리면 다음과 같다.

이 책에 나타나는 표기상의 특징을 보면 다음과 같다.

첫째, 15세기에 쓰였던 글자 가운데에서 'ㆆ', 'ㆅ', 'ㅸ'이 쓰이지 않았다.

둘째, 'ㅿ'과 'ㆁ'의 글자는 대체로 15세기 문헌과 다름없이 쓰였다. 특히 'ㆁ'과 'ㅇ'은 엄격하게 구분하여 사용하였다.

셋째, 'ㅆ'의 글자는 'ㅅ'과 혼용이 심하다.

넷째, 'ㆍ'의 쓰임은 15세기 때의 것과 대체로 같다. 그러나 둘째 음절 이하에서 /ㆍ/가 다른 소리로 변함에 따라서, 15세기에 'ㆍ'로 표기되던 것이 간혹 'ㅡ, ㅗ, ㅜ'로 적힌 데도 있다.

다섯째, 'ㅄ'계 합용 병서가 'ㅅ'계 합용 병서로 바뀐 예가 있다.

여섯째, '거듭적기(重綴)'와 '끊어 적기(分綴)'를 시도한 예가 보인다.

일곱째, 'ㄷ'의 구개음화는 거의 일어나지 않았으며, 'ㄹ'의 두음 법칙에 따른 변동 현상은 극히 드물게 일어났다.

여덟째, 비음화 현상이 간혹 눈에 띈다.

아홉째, 방점이 찍혀 있어서 15세기 시대의 성조가 대체로 유지된 듯하나, 방점을 찍는 방법이 15세기와 약간 다르다.

# 朴通事 上

## [ 1장~7장 ]

## 봄에 잔치를 벌이다

### 〈 서사 〉 잔치하는 이유

---

이제 셩쥐<sup>1)</sup> 너브신 복이 하늘히<sup>2)</sup> ᄀᆞᄐᆞ샤<sup>3)</sup> ᄇᆞ름도 고르며 비도
슌ᄒᆞ야 나라히 대평ᄒᆞ고 ᄇᆡᆨ셩이<sup>4)</sup> 편안ᄒᆞᆫ 저긔 ᄯᅩ 이 봄 二三月 됴ᄒᆞᆫ
시져를 맛나니<sup>5)</sup> 됴ᄒᆞᆫ 시경<sup>6)</sup>을 건네텨<sup>7)</sup> ᄇᆞ리디 말 거시라<sup>8)</sup>.

---

이제 성주(聖主)의 넓으신 복이 하늘과 같으시어, 바람도 고르며 비도 순(順)하여
나라가 태평하고 백성이 편안한 때에, 또 이 봄 二三月(이삼월) 좋은 시절을 만나니
좋은 시경(時景)을 지나쳐 버리지 말 것이라.

---

사ᄅᆞᆷ 일셰만<sup>9)</sup> 사라 잇고 프른 흔 ᄀᆞ슐ᄭ장<sup>10)</sup> 사라 잇ᄂᆞ니 우리

---

1) 셩쥐 : 셩쥬(성주, 聖主) + -ㅣ (-의 : 관조) ※ '聖主(성주)'는 어질고 덕이 뛰어난 임금이다.
2) 하늘히 : 하늘ㅎ(하늘, 天) + -이(부조, 비교)
3) ᄀᆞᄐᆞ샤 : ᄀᆞᇀ(같다, 如)- + -ᄋᆞ샤(←-ᄋᆞ시- : 주높)- + -Ø(←-아 : 연어) ※ '복'을 높임으로써
   '셩쥬'를 간접적으로 높였다.
4) ᄇᆡᆨ셩이 : ᄇᆡᆨ셩(백성, 百姓) + -이(←-이 : 주조) ※ 거듭적기(重綴)로 표기한 형태이다.
5) 맛나니 : 맛나[← 맛나다(만나다, 逢) : 맛(← 맞다 : 맞다, 迎)- + 나(나다, 出)]- + -니(연어,
   설명, 이유)
6) 시경 : 時景. 한 철의 경치이다.
7) 건네텨 : 건네티[지나치다, 蹉過 : 건네(건너다, 지나다, 過)- + -티(-치- : 강접)-]- + -어(연어)
8) 말 거시라 : 말(말다, 休 : 보용, 부정)- + -ㄹ(관전) # 것(것, 者 : 의명)- + -이(서조)- + -Ø
   (현시)- + -라(←-다 : 평종)
9) 일셰만 : 일셰(일세, 한 세상, 一世) + -만(보조사, 한정)
10) ᄀᆞ슐ᄭ장 : ᄀᆞ슐(가을, 秋) + -ᄭ장(-까지 : 보조사, 미침, 도달) ※ 15세기에는 'ᄭ장'을 '-ㅅ
    (-의 : 관조) # 장(만큼 다, 끝까지 : 의명)'으로 분석하였으나, 16세기에는 'ᄭ장'을 '-까지'
    의 뜻을 나타내는 보조사로 굳은 것으로 처리한다.

여러 무슴 됴히[11] 너기는 형뎨[12] ᄀᆞᄐᆞ니들히[13] 뎌 일홈난[14] 화원[15]의
가 ᄒᆞᆫ 샹화ᄒᆞ논[16] 이바디를[17] ᄒᆞ야 우리 시름을 슬우며[18] 답답ᄒᆞᆫ
ᄆᆞᅀᆞᄆᆞᆯ 헤와도ᄃᆡ[19] 엇더ᄒᆞ뇨 모든[20] 형뎨들히[21] 의론ᄒᆞ져라[22]。

사람은 일세(一世)만 살아 있고 풀은 한 가을까지 살아 있나니, 우리 여러 마음
좋게 여기는 형제(兄弟)와 같은 이들이 저 이름난 화원(花園)에 가서, 한 상화(賞花)하
는 잔치를 하여 우리의 시름을 사라지게 하며 답답한 마음을 풀어헤치되, (그것이)
어떠하냐? 모든 형제들이 의논하자.

### 〈 본사 1 〉 잔치에 쓸 돈과 음식을 마련하기

우리 셜흔 사ᄅᆞ미 각각 돈 일빅곰[23] 내면 대도히[24] 돈이 삼쳔
나치로소니[25] 유예[26] 쓰리로다[27]。 張三이[28] ᄒᆞ야[29] 양 사라 가게 호ᄃᆡ

---

11) 됴히 : [좋게, 好(부사) : 둏(좋다, 好 : 형사)- + -이(부접)]
12) 형뎨 : 형뎨(형제, 兄弟) + -∅(←-이 : 부조, 비교)
13) ᄀᆞᄐᆞ니들히 : 곹(같다, 如)- + -∅(현시)- + -은(관전) # 이들ㅎ[이들 : 이(이, 人 : 의명) + -들
ㅎ(-들 : 복접)] + -이(주조)
14) 일홈난 : 일홈나[이름나다, 有名 : 일홈(이름, 名) + 나(나다, 現)-]- + -∅(현시)- + -ㄴ(관전)
15) 화원 : 화원(花園), 꽃을 심은 동산이다.
16) 샹화ᄒᆞ논 : 샹화ᄒᆞ[상화하다, 꽃을 감상하다, 賞花 : 샹화(상화, 賞花 : 명사) + -ᄒᆞ(동접)-]-
+ -ㄴ(←-ᄂᆞ- : 현시)- + -오(대상)- + -ㄴ(관전)
17) 이바디를 : 이바디[잔치, 筵席(명사) : 이받(대접하다, 봉양하다, 奉)- + -이(명접)] + -를(목조)
18) 슬우며 : 슬우[스러지게 하다, 없어지게 하다, 消 : 슬(스러지다, 없어지다, 消 : 자동)- + -우
(사접)-]- + -며(연어, 나열)
19) 헤와도ᄃᆡ : 헤완[헤치다, 풀다, 解 : 헤(헤치다 : 타동)- + -완(강접)-]- + -오ᄃᆡ(-되 : 연어, 설
명 계속)
20) 모든: [모든, 全: 몯(모이다, 集)- + -은(관전▷관접)]
21) 형뎨들히 : 형뎨들ㅎ[형제들 : 형뎨(兄弟) + -들ㅎ(복접)] + -이(주조)
22) 의론ᄒᆞ져라 : 의론ᄒᆞ[의논하다, 商量 : 의론(의논, 議論 : 명사) + -ᄒᆞ(동접)-]- + -져라(-자 :
청종, 願望의 의미, 낮춤)
23) 일빅곰 : 일빅(일백, 一百 : 수사, 양수) + -곰(-씩 : 보조사, 각자)
24) 대도히 : [대체로, 통틀어, 共通(부사) : 대도(대체로 : 부사) + -ᄒᆞ(←-ᄒᆞ- : 동접)- + -이(부
접)]
25) 나치로소니 : 낯(낱, 개, 箇 : 의명) + -이(서조)- + -롯(←-돗- : 감동)- + -오니(←-ᄋᆞ니 :
연어, 이유)

스므 낫³⁰⁾ 됴흔 슬진³¹⁾ 양을 사게 호라. 암호란³²⁾ 사디 말오 다 악대로³³⁾ 호라. 쏘 됴흔 슬진 쇼 호나 사며 도틱고기³⁴⁾ 쉰 근만 사며 李四³⁵⁾ 호야 과실와 拖爐쾌³⁶⁾ 隨食과를³⁷⁾ 사라 가게 호라。

우리 서른 사람이 각각 돈 일백씩 내면 대체로 돈이 삼천 냥이니 여유 있게 쓰겠구나. 張三(장삼)이를 시키어 양을 사러 가게 하되, 스무 냥짜리 좋은 살진 양을 사게 하라. 암놈은 사지 말고 다 악대로 하라. 또 좋은 살진 소 하나를 사며 돼지고기 쉰 근만 사며 李四(이사)를 시키어 과실과 拖爐(타로)와 隨食(수식)을 사러 가게 하라.

### 〈 본사 2 〉 좋은 술 구하기

수리 셔욿 술집들해³⁸⁾ 비록 하나 져젯³⁹⁾ 수를 호야 온들⁴⁰⁾ 엇디 머글고⁴¹⁾。 우리 光祿寺⁴²⁾예 가 무러 남경의셔⁴³⁾ 온 密林檎燒酒⁴⁴⁾ 一桶⁴⁵⁾과

---

26) 유예 : [유여히, 여유 있게, 有餘(부사) : 유여(유여, 有餘 : 명사) + -∅(←-ᄒ- : 형접)- + -ㅣ (←-이 : 부접)]

27) 쓰리로다 : 쓰(쓰다, 用)- + -리(미시)- + -로(←-도- : 감동)- + -다(평종)

28) 張三이 : [장삼이 : 張三(장삼 : 명사) + -이(명접, 어조 고름)] ※ '-이'는 자음으로 끝나는 인명뒤에 붙어서 어조를 고르는 접미사이다. ※ 원래 '장삼이사(張三李四)'는 장씨(張氏)의 셋째 아들과 이씨(李氏)의 넷째 아들이라는 뜻인데, 보통은 이름이나 신분이 특별하지 아니한 평범한 사람들을 이르는 말로 쓰인다. 여기서는 '아무개'나 '모씨(某氏)'의 뜻으로 쓰였다.

29) 호야 : 호이[시키다, 하게 하다, 使 : 호(하다, 爲 : 타동)- + -이(사접)-]- + -아(연어)

30) 낫 : 낫(← 낯 : 개, 箇, 마리, 의명) ※ 이때의 '스므 낫'은 '스무 냥짜리'로 옮긴다.

31) 슬진 : 슬지[살지다, 살이 많다, 肥(형사) : 슬(살, 肉) + 지(지다, 肥)-]- + -∅(현시)- + -ㄴ (관전) cf. 슬지다(← 삻지다: 살지다, 형용사)와 슬지다(← 슬씨다: 살찌다, 동사)

32) 암호란 : 암ᄒ(암, 암놈, 母 : 명사) + -으란(-은 : 보조사, 주제)

33) 악대로 : 악대(불간 짐승, 羯) + -로(부조, 방편, 자격)

34) 도틱고기 : [돼지고기, 猪肉 : 돝(돼지, 猪) + -익(-의 : 관조, 사잇) + 고기(고기, 肉)]

35) 李四 : 이사. 장삼이사(張三李四). 신분이 평범한 사람을 이른다. 아무개, 모씨(某氏).

36) 拖爐쾌 : 拖爐ᄒ(타로) + -과(접조) ※ '拖爐ᄒ(타로)'는 대추 모양으로 만든 꿀과자이다.

37) 隨食과를 : 隨食(수식) + -과(접조) + -를(목조) ※ '隨食(수식)'은 밀가루와 기름으로 만든 소병(小餠)이다.

38) 술집들해 : 술집들ᄒ[술집들 : 술(술, 槽) + 집(집, 房) + -들ᄒ(-들 : 복접)] + -애(-에 : 부조, 위치)

39) 져젯 : 져제(저자, 시장, 街市) + -ㅅ(-의 : 관조)

40) 온들 : 오(오다, 來)- + -ㄴ들(연어, 양보 가정)

長春酒<sup>46)</sup> 一桶과 苦酒<sup>47)</sup> 一桶과 豆酒<sup>48)</sup> 一桶을 어더 오고 쏘 대궐릐<sup>49)</sup> 수울<sup>50)</sup> マ含만<sup>51)</sup> 관원들희<sup>52)</sup> 밍근 됴흔 수울 여러믄<sup>53)</sup> 병만 어더 오딕<sup>54)</sup> 엇더ᄒᆞ뇨. 됴탓<sup>55)</sup> 마리사<sup>56)</sup> 니ᄅ려<sup>57)</sup>. 누를<sup>58)</sup> ᄒᆞ야 가 어드라<sup>59)</sup> ᄒᆞ료<sup>60)</sup>. 光祿寺예란<sup>61)</sup> 셩이 니가읫<sup>62)</sup> 舘夫<sup>63)</sup> ᄒᆞ야 어드라<sup>64)</sup> 가게 ᄒᆞ고 대궐릐란<sup>65)</sup> 셩이 최가읫 셔리<sup>66)</sup> ᄒᆞ야 어드라 가게 ᄒᆞ져<sup>67)</sup>.

---

41) 머글고 : 먹(먹다, 喫)- + -을까(-을까 : 의종, 설명, 미시)

42) 光祿寺 : 광록사. 북경의 장안문 동쪽에 있는 관서(官署)이다. 외국 사신들에게 음식과 술을 접대하는 연회장이 마련되어 있다.

43) 남경의셔 : 남경(남경, 南京) + -의(-에 : 부조, 위치) + -셔(-서 : 보조사, 위치 강조)

44) 蜜林檎燒酒 : 밀림금소주. 꿀과 포도를 소주에 담근 술이다.

45) 一桶 : 일통. 한 통(桶)이다.

46) 長春酒 : 장춘주. 춘분일(春分日)에 담근 술이다.

47) 苦酒 : 고주. 쓴 맛이 있는 술이다.

48) 豆酒 : 두주. 녹두로 만든 술이다.

49) 대궐릐 : 대궐(대궐, 大闕) + -의(-에 : 부조, 위치)

50) 수울 : 술. 酒.

51) マ含만 : マ含마[← マ含말다(주관하다, 管) : マ含(재료, 材) + 알(알다, 知)-]- + -∅(과시)- + -ㄴ(관전)

52) 관원들희 : 관원들ㅎ[관원들 : 관원(관원, 官員) + -들ㅎ(-들 : 복접)] + -의(-의 : 관조, 의미상 주격)

53) 여러믄 : [← 여라믄(여남은, 十餘 : 관사, 양수) : 여(← 열 : 열, 十, 수사, 양수) + 럼(← 넘다 : 넘다, 餘)- + -은(관전 ▷ 관접)]

54) 오딕 : 오(오다, 來)- + -딕(← -오딕 : -되, 연어, 설명 계속)

55) 됴탓 : 둏(좋다, 好)- + -∅(현시)- + -다(평종) + -ㅅ(-의 : 관조)

56) 마리사 : 말(말, 言) + -이사(-이야 : 보조사, 한정 강조) ※ 앞선 15세기에는 '-이(주조) + -사 (보조사)'로 분석하였으나, 여기서는 '말'이 목적격으로 쓰이므로 '-이'를 주격 조사로 볼 수 없다. 따라서 여기서는 '-이사'는 자음 뒤에 쓰이는 보조사 '-사'의 변이 형태로 처리한다.

57) 니ᄅ려 : 니ᄅ(이르다, 曰)- + -려(-랴 : 의종, 판정, 미시) ※ '-려'는 미래 시제의 의문형 어미인데, 여기서는 수사적인 용법(反語)으로 쓰였다. '좋다는 말을 굳이 이르랴?'의 뜻이다.

58) 누를 : 누(누구, 誰 : 인대, 미지칭) + -를(목조)

59) 어드라 : 얻(얻다, 得)- + -으라(명종)

60) ᄒᆞ료 : ᄒᆞ(하다, 使)- + -료(-랴 : 의종, 설명, 미시)

61) 光祿寺예란 : 光祿寺(광록사) + -예(←-에 : 부조, 위치) + -란(-는 : 보조사, 대조)

62) 니가읫 : 니가[이가, 李哥 : 李(명사) + -哥(-가 : 접미)] + -의(-에 : 부조, 위치) + -ㅅ(-의 : 관조) ※ '셩이 니가읫'은 '셩(姓)이 이가(李哥)인'으로 의역하여 옮긴다.

63) 舘夫 : 관부. 중국의 각 역(驛)에서 사신들을 접대하는 관청에서 일하는 사람이다.

64) 어드라 : 얻(얻다, 得)- + -으라(-으러 : 연어, 목적)

65) 대궐릐란 : 대궐(대궐, 大闕) + -의(-에 : 부조) + -란(-는 : 보조사, 대조)

술이 서울의 술집들에 비록 많으나 시장의 술을 시키어 온들 (그것을) 어찌 먹겠는가? 우리 光祿寺(광록사)에 가서 물어, 남경(南京)에서 온 蜜林檎燒酒(밀림금소주) 一桶(일통)과 長春酒(장춘주) 一桶(일통)과 苦酒(고주) 一桶(일통)과 豆酒(두주) 一桶(일통)을 얻어 오고, 또 대궐에서 술을 관장하는 관원들이 만든 좋은 술을 여남은 병(瓶)만 얻어 오되, (그것이) 어떠하냐? 좋다는 말이야 (굳이) 이르랴? 누구를 시키어 가서 얻으라고 하랴? 光祿寺(광록사)에는 성(姓)이 이가(李哥)인 舘夫(관부)를 시키어 얻으러 가게 하고, 대궐에는 성(姓)이 최가(崔哥)인 서리(書吏)를 시키어 얻으러 가게 하자.

---

수울 어드라 가더니[68] 다 도라오나다[69]. 勘合[70] 잇ᄂᆞ녀[71]. 몯ᄒᆞ녀[72]. 어더 가져오라[73]. 내 그 마ᄉᆞ래[74] 가 당샹ᄭᅴ[75] 니르니 즉재[76] 빗셔리[77] 블러[78] 勘合 써 즉재 인[79] 텨[80] 날 주더라. 어듸 잇ᄂᆞ뇨. 가져오라[81].

---

66) 셔리 : 서리(書吏, 胥吏). 관아에 속하여 말단 행정 실무에 종사하던 구실아치이다.

67) ᄒᆞ져 : ᄒᆞ(하다, 爲)- + -져(-자 : 청종, 낮춤)

68) 가더니 : 가(가다, 去)- + -더(회상)- + -ㄴ(관전) # 이(이, 人 : 의명) + -∅(←-이 : 주조)

69) 도라오나다 : 도라오[돌아오다, 回來 : 돌(돌다, 回)- + -아(연어) + 오(오다, 來)-]- + -∅(과시)- + -나(확인)- + -다(평종)

70) 勘合 : 감합. 발송할 문서의 한끝을 원본에 겹쳐 대고 그 위에 도장을 찍던 일이나, 그 도장이다. 각 관서에서 발부한 공문서의 진위를 추후에 확인하기 위하여 행하였다.

71) 잇ᄂᆞ녀 : 잇(있다, 有)- + -ᄂᆞ(현시)- + -녀(-느냐 : 의종, 판정)

72) 몯ᄒᆞ녀 : 몯ᄒᆞ[못하다, 不能(보용, 부정) : 몯(못, 不能 : 부사, 부정) + -ᄒᆞ(동접)-]- + -∅(과시)- + -녀(-느냐 : 의종, 판정) ※ '얻디 몯ᄒᆞ녀'에서 본용언인 '얻디'가 생략되었다.

73) 가져오라 : 가져오[가져오다 : 가지(가지다, 持)- + -어(연어) + 오(오다, 來)-]- + -∅(과시)- + -∅(←-오- : 화자)- + -라(←-다 : 평종) ※ 중국어 원문에 '討將來了'로 되어 있으므로, "내가 감합(勘合)을 얻어 가져왔다."로 옮긴다.

74) 마ᄉᆞ래 : 마ᄉᆞᆯ(관청, 衙門) + -애(-에 : 부조, 위치) ※ '마ᄉᆞᆯ(관청, 衙門)'은 'ᄆᆞᄉᆞᆶ(마을, 村)'과 구분해야 한다.

75) 당샹ᄭᅴ : 당샹(당상 : 堂上) + -ᄭᅴ(-께 : 부조, 상대, 높임) ※ '당샹'은 당상관(堂上官), 곧 정삼품(正三品) 상(上) 이상의 품계에 해당하는 벼슬을 통틀어 이르는 말이다.

76) 즉재 : 즉시, 卽(부사)

77) 빗셔리 : [담당 관리, 當該的 : 빗(←빋 : 빗, 일, 事) + 셔리(서리, 胥吏)] ※ '빗셔리'는 소임을 맡고 있는 벼슬아치, 곧 담당 관리이다.

78) 블러 : 블ㄹ(← 브르다 : 부르다, 召)- + -어(연어)

79) 인 : 인(印), 도장.

80) 텨 : 티(치다, 찍다, 印)- + -어(연어)

81) 가져오라 : 가져오[가져오다 : 가지(가지다, 持)- + -어(연어) + 오(오다, 來)-]- + -라(명종) ※ 이 구절에 대응되는 중국어 원문이 '掌來'로 되어 있으므로 명령문으로 옮겼다.

내 보리라<sup>82)</sup>。관원들히 글워를<sup>83)</sup> 수울 ᄀᅀᆞ만 마숂 관원손디<sup>84)</sup> 맛뎌<sup>85)</sup>
竹葉淸酒<sup>86)</sup> 열 다숫 병과 腦兒酒<sup>87)</sup> 다숫 통을 틔오더라<sup>88)</sup>。젼례 다이<sup>89)</sup>
홀 딘댄<sup>90)</sup> 아모만<sup>91)</sup> 줄 거시어늘<sup>92)</sup> 이젠<sup>93)</sup> 엇디 져그니오<sup>94)</sup>。다 관원들히
ᄀᆞᆯ겨<sup>95)</sup> 더도다<sup>96)</sup>。두워<sup>97)</sup>。두워。더로미<sup>98)</sup> 아니 하다<sup>99)</sup>。

술을 얻으러 가던 이가 다 돌아왔다. (너에게) 勘合(감합)이 있느냐? (아니면 감합을
얻지) 못했느냐? (내가 勘合을) 얻어 가져 왔다. 내가 그 관청(衙門)에 가서 당상(堂上)께
이르니, 즉시 담당 관리를 불러서 勘合(감합)을 써서 즉시 도장을 찍어서 나를 주더
라. (감합이) 어디 있느냐? 가져오라. 내가 보리라. 관원들이 글(= 감합)을 술을 주관하
는 관청의 관원에게 맡겨 竹葉淸酒(죽엽청주) 열다섯 병과 腦兒酒(뇌아주) 다섯 통을

---

82) 보리라 : 보(보다, 見)-+-Ø(←-오- : 화자)-+-리(미시)-+-라(←-다 : 평종)
83) 글워를 : 글월[글월, 文書 : 글(글, 文)+-월(접미)]+-을(목조)
84) 관원손디 : 관원(官員)+-손디(-에게 : 부조, 상대) ※ 여기서는 '손디'가 관형격 조사인 '-의'
   가 없이 '관원손디'로 실현되었다. 16세기에서는 '-의 손디'는 부사격 조사인 '-에게'로 굳어
   진 것으로 보아서, '관원에게'로 의역한다.
85) 맛뎌 : 맛디[맡기다, 付 : 맜(맡다, 受 : 타동)-+-이(사접)-]-+-어(연어)
86) 竹葉淸酒 : 죽엽청주. 중국의 산서성 행화천에서 순수 누룩을 발효시켜 증류해 5년 이상 숙
   성시키고, 열 종류 이상의 약초를 넣어서 만든 정통 중국 고급 술이다.
87) 腦兒酒 : 뇌아주. 누룩과 약료를 섞어서 만든 술이다.
88) 틔오더라 : 틔오[타게 하다, 받게 하다 : 튿(타다, 받다, 受 : 타동)-+-ㅣ(←-이- : 사접)-+
   -오(사접)-]-+-더(회상)-+-라(←-다 : 평종)
89) 젼례 다이 : 젼례(전례, 前例) # 다이(대로, 같이 : 의명)
90) 홀 딘댄 : ᄒ(←ᄒᆞ다 : 하다, 爲)-+-오(대상)-+-ㄹ(관전) # ᄃᆞ(것 : 의명)+-이(서조)-+-
   ㄴ댄(-면 : 연어, 조건) ※ '홀 딘댄'은 '한다면'으로 의역하여 옮길 수 있다.
91) 아모만 : 아모(아무 : 지대, 미지칭)+-만(-만큼 : 부조, 비교) ※ '아모만'은 '어느 정도(多
   少)'로 의역한다.
92) 줄 거시어늘 : 주(주다, 與)-+-ㄹ(관전) # 것(것 : 의명)+-이(서조)-+-어늘(←-거늘 : 연
   어, 상황)
93) 이젠 : 이제(이제, 今)+-ㄴ(←-는 : 보조사, 주제)
94) 져그니오 : 젹(적다, 少)-+-Ø(현시)-+-으니오(-으냐 : 의종, 설명)
95) ᄀᆞᆯ겨 : ᄀᆞᆯ기(깎다, 자르다, 剋)-+-어(연어)
96) 더도다 : 더(←덜다, 減)-+-Ø(과시)-+-도(감동)-+-다(평종) ※ 'ᄀᆞᆯ겨 덜다'는 중국어
   원문의 '剋減(극감)'을 옮긴 것인데, '剋減'은 술의 양을 '깎아내어 줄이다'라고 하는 뜻이다.
97) 두워 : 두(그만두다, 罷)-+-워(←-어 : 명종, 낮춤) ※ '두워'는 '두다'의 명령형인 '두어'를
   오각한 형태이다. 『박통사언해』(1677년)에는 '두어(두-+-어)'로 표기되었다.
98) 더로미 : 덜(덜다, 減)-+-옴(명전)+-이(주조)
99) 하다 : 하(많다, 多)-+-Ø(현시)-+-다(평종)

타게 하더라. 전례(前例) 같이 할 것이면 어느 정도(는) 줄 것이거늘 이제는 어찌 (술이) 적으냐? 다 관원들이 (술의 양을) 깎아서 덜었도다. (그냥) 두어라. (그냥) 두어라. (관원들이 술의 양을) 던 것이 많지 않다.

### 〈본사 3〉 잔칫상 차리기

흔 녀고론¹⁾ 상 펴라。엇디 펴료。뭇²⁾ 밧³⁾ 흔 줄란⁴⁾ 열여숫 뎝시예⁵⁾ 처소⁶⁾ 둘잿⁷⁾ 줄 열여숫 뎝시옌⁸⁾ 개옴⁹⁾ 잣 ᄆᄅᆫ 보도¹⁰⁾ 밤 룡안¹¹⁾ 당츄ᄌ¹²⁾ 례지¹³⁾ 세잿 줄 열여숫 뎝시옌 감ᄌ 셕류 뎡향비¹⁴⁾ 이ᄉᆞ랒¹⁵⁾ 슬고¹⁶⁾ 굴근 링금¹⁷⁾ 유황슬고¹⁸⁾ 유황외얏¹⁹⁾ 가온ᄃᆡᄂᆞᆫ 사탕오로²⁰⁾ 즁ᄉᆡᆼ의²¹⁾ 얼굴²²⁾ ᄆᆡᆼᄀᆞ로니²³⁾ 노커나²⁴⁾ 션신이²⁵⁾ ᄉᆞ직²⁶⁾ 탓게²⁷⁾ ᄆᆡᆼᄀᆞᆫ 사탕을 노코

---

1) 녀고론 : 녁(녈, 쪽, 邊) + -오로(← ᄋᆞ로 : -으로, 부조, 방향) + -ㄴ(← -ᄂᆞᆫ : 보조사, 주제)

2) 뭇 : 맨, 最(관사)

3) 밧 : 밧(← 밝 : 밖, 外)

4) 줄란 : 줄(줄, 遭) + -란(-은 : 보조사, 주제)

5) 뎝시예 : 뎝시(접시, 樏子) + -예(← -에 : 부조, 위치)

6) 처소 : 처소(← 치소 : 채소, 菜蔬)

7) 둘잿 : 둘재[둘째(관사, 서수) : 둘(二 : 수사, 양수) + -재(-째, 番 : 접미)] + -ㅅ(-의 : 관전)

8) 뎝시옌 : 뎝시(접시, 樏子) + -예(-에 : 부조, 위치) + -ㄴ(← -ᄂᆞᆫ : 보조사, 주제)

9) 개옴 : 개암(榛子)

10) 보도 : 포도(葡萄)

11) 룡안 : 용안(龍眼), 모감주나무 열매이다.

12) 당츄ᄌ : 당추자(唐楸子), 호두이다.

13) 례지 : 여주의 열매이다.

14) 뎡향비 : 정향배(香水梨). '배'의 한 가지이다.

15) 이ᄉᆞ랒 : 이ᄉᆞ랒(← 이ᄉᆞᆯ앗 : 앵두, 櫻桃)

16) 슬고 : 살구(杏子)

17) 굴근 링금 : 굵(굵다, 大)- + -Ø(현시)- + -은(관전) # 링금(능금) ※ 굵은 능금. '사과'의 하나로서, 굵은 능금(사과)이다.

18) 유황슬고 : 유황살구(王黃子). '살구'의 한 가지이다.

19) 유황외얏 : 외얏(← 외얏 : 오얏, 자두), 호자빈(虎刺賓), 유황자두이다.

20) 사탕오로 : 사탕(糖) + -오로(← -ᄋᆞ로 : 부조, 방편)

21) 즁ᄉᆡᆼ의 : 즁ᄉᆡᆼ(짐승, 獸) + -의(관조)

22) 얼굴 : 형상, 모양, 象.

23) ᄆᆡᆼᄀᆞ로니 : ᄆᆡᆼᄀᆞᆯ(만들다, 製)- + -Ø(과시)- + -오(대상)- + -ㄴ(관전) # 이(것, 者 : 의명)

24) 노커나 : 놓(놓다, 放)- + -거나(연어, 선택)

앏면[28] 흔 주렌[29] 게유[30] 구으니와[31] 므레 슬믄 둙과 제므레[32] 쵸흔[33] 도틱고기와[34] 비두리[35]를 구워 사흐니와[36] 발 므르고으니와[37] 싱션[38] 삐니와[39] 쇠고기[40] 구으니와 도틱 챵즛[41] 봇그니와[42] 안즌 앏핏[43] 웃(첫?)[44] 주레[45] 보비로[46] 쑤민[47] 수늚[48] 노픈 곳[49] 곳고[50] 長三이 흐야 가 敎坊읫[51]

---

25) 션신이 : 션신(션인, 仙人) + -이(주조)

26) ᄉ진 : ᄉ진(← ᄉ즈 : 사자, 獅子)

27) 탓게 : ᄐ(← ᄐ다 : 타다, 乘)- + -앗(완료 지속)- + -게(연어, 사동)

28) 앏면 : 앏면[앞면, 前面 : 앏(← 앒 : 앞, 前) + 면(면, 面)]

29) 주렌 : 줄(줄, 遭) + -에(부조) + -ㄴ(← -는 : 보조사, 주제)

30) 게유 : 게유(← 거유 : 거위, 鵝)

31) 구으니와 : 구으(← 구우 : 굽다, ㅂ불, 燒)- + -Ø(과시)- + -ㄴ(← -은 : 관전) # 이(것, 者 : 의명) + -와(접조) ※ '구은'은 '구운'을 오각한 형태이다.

32) 제믈 : [제물 : 져(저, 己 : 인대, 재귀칭) + -ㅣ(관조, 사잇) + 믈(물, 水)] ※ '제믈'은 군물을 타지 아니하고 제 몸에서 생기거나 또는 물을 쳐서 만드는 물건에 처음 쳤던 물이다.

33) 쵸흔 : 쵸흔[초하다, 炒 : 초(초, 炒 : 불어) + -ᄒ(동접)-] + -Ø(과시)- + -ㄴ(관전) ※ '쵸ᄒ다'는 노릇노릇하게 되도록 불에 약간 볶는 것이다.

34) 도틱고기와 : [돼지고기, 猪肉 : 돝(돼지, 猪) + -익(-의 : 관조, 사잇) + 고기(고기, 肉)] + -와(접조)

35) 비두리 : 비둘기(鴿)

36) 사흐니와 : 사흐(← 사홀다 : 썰다, 切)- + -Ø(과시)- + -ㄴ(관전) # 이(것, 者 : 의명) + -와(접조) ※ 이 부분은 중국어 원문의 '爕鴿子彈'을 옮긴 것인데, 『박통사언해』(1677년)에는 '비들기 알 살믄 이(= 비들기의 알을 삶은 것)'으로 옮겼다.

37) 므르고으니와 : 므르고으[무르게 고다, 爐爛 : 므르(무르다, 爐)- + 고으(고다, 爛)-] + -Ø(과시)- + -ㄴ(관전) # 이(것, 者 : 의명) + -와(접조)

38) 싱션 : 생선(生鮮)

39) 삐니와 : 삐(찌다, 蒸)- + -Ø(과시)- + -ㄴ(관전) # 이(것, 者 : 의명) + -와(접조)

40) 쇠고기 : [쇠고기, 牛肉 : 쇼(소, 牛) + -ㅣ(-의 : 관조, 사잇) + 고기(고기, 肉)]

41) 챵즛 : 창자.

42) 봇그니와 : 봇(볶다, 炮炒)- + -Ø(과시)- + -은(관전) # 이(것, 者 : 의명) + -와(접조)

43) 앏핏 : 앏프(← 앒 : 앞, 前)- + -의(-에 : 부조) + -ㅅ(-의 : 관조) ※ '앏프'은 '앒'의 종성 /ㅍ/을 'ㅂㅍ'으로 거듭 적은(重綴) 형태이다.

44) 첫(웃?) : ※ 이 글자에 대응되는 한자는 '上'인데, 언해문의 글자의 모양으로 보아서는 '첫'이나 '웃'으로 보인다. ① 첫(上 : 관사) ② 우(← 우ㅎ : 위, 上) + -ㅅ(-의 : 관조)

45) 주레 : 줄(줄, 列) + -에(부조, 위치)

46) 보비로 : 보비(보배, 寶) + -로(부조, 방편)

47) 쑤민 : 쑤미(꾸미다, 裝)- + -Ø(과시)- + -ㄴ(관전)

48) 수늚 : 부리, 꽃부리(화관, 花冠 : 꽃 한 개의 꽃잎 전체)이다.

49) 곳 : 곳(← 곶 : 꽃, 花)

50) 곳고 : 곳(← 곶다 : 꽂다, 揷)- + -고(연어, 계기)

여라믄[52] 樂工과 웃듬[53] 뎡ㅈ신과[54] 여러 가짓 로릇바치들[55] 블러 오라.

한 쪽으로는 상을 펴라. 어떻게 펴랴? 맨 바깥의 한 줄은 열여섯 접시에 채소, 둘째의 줄 열여섯 접시엔 개암·잣·마른 포도·밤·용안·호두·여주, 셋째 줄의 열여섯 접시에는 감자·석류·정향배·앵두·살구·굵은 능금·유황살구·유황자두, 가운데는 사탕으로 짐승의 형상을 만든 것을 놓거나, 선인(仙人)이 사자를 타고 있게 만든 사탕을 놓고, 앞면 한 줄에는 거위 구운 것과, 물에 삶은 닭과, 제물에 볶은 돼지고기와, 비둘기를 구워 썬 것과, 발을 무르게 곤 것과, 생선을 찐 것과, 쇠고기를 구운 것과, 돼지의 창자를 볶은 것과, 앉은 (자리) 앞에 있는 첫(윗) 줄에 보배로 꾸민 꽃부리가 높은 꽃을 꽂고, 長三(장삼)이를 시키어 가서 敎坊(교방)에 있는 여남은 樂工(악공)과 으뜸가는 정재인(呈才人)과 여러 가지의 광대들을 불러 오라.

뎌[56] 어름 담는 그릇 우희[57] ᄒᆞᆫ 덩잇[58] 어름 노코 슬고와 이스랏과 여러 가짓 셩ᄒᆞᆫ[59] 과시를[60] 어름 다ᄆᆞᆫ 그릇 안해 ᄃᆞᆷ가 두면[61] ᄀᆞ장[62] 보디[63] 됴ᄒᆞ니라[64]. 이제 ᄇᆞᆯ셔[65] 拳춤[66] ᄑᆞ리[67] 잇거니와[68] 黃춤[69] 업고

---

51) 敎坊윗 : 敎坊(교방) + -의(-에 : 부조, 위치) + -ㅅ(-의 : 관조)
   ※ '敎坊(교방)'은 아악과 속악을 맡은 관서이다.

52) 여라믄 : [여남은, 十餘(관사, 양수) : 여(← 열 : 열, 十, 수사) + 람(← 남다 : 餘)- + -은(관전)]
   ※ '여라믄'은 '[열 + 나믄] → [열 + 라믄] → [여 + 나믄]'의 변동 과정을 거쳤다. 『두시언해 중간본』(1632년)에는 '여나믄'으로 표기되어 있다.

53) 웃듬 : 으뜸, 最高(명사)

54) 뎡ㅈ신과 : 뎡ㅈ신(정재인, 呈才人 : 呈才를 하는 사람) + -과(접조) ※ '정재(呈才)'는 대궐 안의 잔치 때에 벌이던 춤과 노래이다.

55) 로릇바치들 : [← 노릇바치들(광대들, 雜劇人들) : 놀(놀다, 遊 : 동사)- + -옷(명접) + 바치(← 바지 : 기술자, 명사)- + -들(← 들ㅎ : 복접)] ※ '로릇바치들'은 '노릇바치들'을 오각한 형태이다.

56) 뎌 : 저, 彼(관사, 정칭)

57) 우희 : 우ㅎ(위, 上) + -의(-에 : 부조, 위치)

58) 덩잇 : 덩이(덩이, 塊 : 의명) + -ㅅ(-의 : 관조)

59) 셩ᄒᆞᆫ : 셩ᄒᆞᆫ[셩하다 : 셩(셩, 盛 : 불어) + -ᄒᆞ(형접)-] + -Ø(현시)- + -ㄴ(관전) ※ '셩ᄒᆞ다'는 나무나 풀이 싱싱하게 우거진 것이다.

60) 과시를 : 과실(果實, 과일) + -을(목조)

61) ᄃᆞᆷ가 두면 : ᄃᆞᆷ(← ᄃᆞᆷᄀᆞ다 : 담그다, 浸)- + -아(연어) # 두(두다 : 보용, 지속)- + -면(연어, 조건)

62) ᄀᆞ장 : 대단히, 가장, 好(부사)

63) 보디 : 보(보다, 看)- + -디(-기 : 명전) + -Ø(← -이 : 주조) ※ '-디'는 서술어가 평가 형용사일 때에 실현되는 특수한 명사형 전성 어미이다.

大水杏<sup>70)</sup>이 반만 닉고 반만 서니 잇다<sup>71)</sup>。

저 얼음 담는 그릇 위에 한 덩이의 얼음 놓고 살구와 앵두와 여러 가지의 싱싱한 과실을 얼음을 담은 그릇 안에 담가 두면 가장 보기 좋으니라. 이제 벌써 拳杏(권행)을 팔 이가 있거니와 黃杏(황행)이 없고 大水杏(대수행)이 반만 익고 반만 선 것이 있다.

### 〈본사 4〉 회식하고 노래 부르기

관원들히<sup>72)</sup> 다 오나다<sup>73)</sup>。 므른 안쥬 가져 오라。 이믜셔<sup>74)</sup> 그 구은<sup>75)</sup> 고기 가져 오라。 우리 몬져 두 슌만<sup>76)</sup> 슌비<sup>77)</sup> 수울 머거든<sup>78)</sup> 후에 상<sup>79)</sup> 잡소으라<sup>80)</sup>。 풍뉴ᄒ리들히<sup>81)</sup> 풍뉴ᄒ라。 놀애<sup>82)</sup> 브르리란<sup>83)</sup> 블러

---

64) 됴ᄒ니라 : 둏(좋다, 好)-+-∅(현시)-+-ᄋ니(원칙)-+-라(←-다 : 평종)

65) 불셔 : 벌써, 早(부사)

66) 拳杏 : 권행. 살구의 일종이다.

67) 풀리 : 풀(팔다, 賣)-+-ㄹ(관전) # 이(이, 것, 사람, 者 : 의명)+-∅(←-이 : 주조)

68) 잇거니와 : 잇(← 이시다 : 있다, 有)-+-거니와(연어, 대조)

69) 黃杏 : 황행. 누런 살구이다.

70) 大水杏 : 대수행. 살구의 일종으로 굵고 물기가 많은 살구이다.

71) 서니 잇다 : 서(← 셜다 : 설다, 익지 않다, 生)-+-∅(현시)-+-ㄴ(관전) # 이(것, 者 : 의명)+-∅(←-이 : 주조) # 잇(← 이시다 : 있다, 有)-+-∅(현시)-+-다(평종)

72) 관원들히 : 관원들ㅎ[관원들 : 관원(관원, 官員)-+-들ㅎ(-들 : 복접)]+-이(주조)

73) 오나다 : 오(오다, 來)-+-∅(과시)-+-나(확인)-+-다(평종)

74) 이믜셔 : 이믜(이제 막, 이미, 장차, 곧 : 부사)+-셔(-서 : 보조사, 강조)

75) 구은 : 구으(← 굽다, ㅂ불 : 굽다, 燒)-+-∅(과시)-+-ㄴ(관전) ※ '구은'은 '구운'의 오기이다.

76) 슌만 : 슌(슌, 巡 : 의명)+-만(보조사, 한정) ※ '슌(巡)'은 차례로 돌리는 것이나 그 차례이다.

77) 슌비 : 순배(巡杯). 술자리에서 술잔을 차례로 돌리는 것이나 또는 그 술잔을 이른다.

78) 머거든 : 먹(먹다, 喫)-+-어든(-거든 : 연어, 조건)

79) 상 : 상(床), 탁자(卓兒)

80) 잡소으라 : 잡(잡다, 들다, 들어 올리다, 바치다, 擡)-+-소으(?)-+-라(명종) ※ 중국어 원문의 '擡'의 뜻을 감안하여 '잡다'를 '들다, 들어 올리다'로 옮긴다. 그리고 '-소으-'는 객체 높임의 선어말 어미인 '-ᄉᆞᆸ-/-ᄉᆞ오-'의 변이 형태로 추정된다. 이때 '-소으-'의 높임의 대상은 생략된 부사어인 '관원들희게(관원들에게)'로 표현된 '관원'으로 추정해 둔다.

81) 풍뉴ᄒ리들히 : 풍뉴ᄒ[← 풍류ᄒ다(풍류하다, 악기를 연주하다, 動樂器) : 풍뉴(← 풍류 : 풍류, 風流, 명사)+-ᄒ(동접)-]-+-ㄹ(관전) # 이들ㅎ[이들 : 이(이, 人 : 의명)+-들ㅎ(-들 : 복접)]+-이(주조) ※ '풍류'는 관악 합주나 소편성의 관현악을 일상적으로 이르는 말이다.

앏픠[84] 나ᅀᅡ오라[85] ᄒᆞ야 저희[86] ᄒᆞ야 브르게 ᄒᆞ라。

관원들이 다 왔다. 마른안주를 가져 오라. 이제 막 그 구운 고기를 가져 오라. 우리 먼저 두 차례만 순배 술을 먹거든 (그) 후에 상(床)을 잡아라. 풍류할 이들이 풍류하라. 노래를 부를 이는 불러서 앞에 나오라 하여, 저들(노래를 부를 이들)을 시켜 (노래를) 부르게 하라.

이제 상 들라[87]。 탕 받ᄌᆞ오라[88]。 탕 들리[89] 다 오라[90]。 첫 미수에[91] 양 므르고으니와[92] 蒸捲썩[93]과 第二道[94] 金銀豆腐湯[95] 【湯名製法未詳[96] 一說見集覽[97]】 第三道 鮮笋燈龍湯[98] 【湯名製法未詳 一說見集覽】 第四道 三鮮湯[99] 【湯

---

'풍류→풍뉴'의 변동은 /ㄹ/이 /ㄴ/으로 비음화한 형태이다.

82) 놀애 : [노래, 唱(명사) : 놀(놀다, 遊)- + -애(명접)]

83) 브르리란 : 브르(부르다, 唱)- + -ㄹ(관전) # 이(이, 人 : 의명) + -란(-는 : 보조사, 주제)

84) 앏픠 : 앏프(← 앏 : 앞, 前) + -의(-에 : 부조) ※ '앏프'은 '앏'의 /ㅍ/을 'ㅂㅍ'으로 거듭 적은 형태이다.

85) 나ᅀᅡ오라 : 나ᅀᅡ오[나아오다, 來 : 낫(← 낫다, ㅅ불 : 나다, 進)- + -아(연어) + 오(오다, 來)-]- + -라(명종, 낮춤)

86) 저희 : 저희[저희 : 저(저, 己 : 인대, 재귀칭) + -희(복접)] ※ 여기서 '저'는 재귀칭 대명사로서 문맥에서 '노래를 부르는 사람'을 대용한다.

87) 들라 : 들(들다, 擡)- + -라(명종)

88) 받ᄌᆞ오라 : 받(바치다, 上)- + -ᄌᆞ오(← -ᄌᆞᆸ- : 객높)- + -라(명종) ※ 중국어 원문에 '上湯着'으로 표현되어 있으므로, '받다'를 '바치다'로 옮긴다. 그리고 객체 높임의 선어말 어미 '-ᄌᆞ오-'는 생략된 부사어인 '관원들ᄒᆞ'를 높인 것으로 볼 수 있다. 반면에 '-ᄌᆞ오-'가 객체 높임의 기능이 약화되고 공손의 뜻으로 쓰인 것으로 볼 수도 있다.

89) 들리 : 들(들다, 捧)- + -ㄹ(관전) # 이(이, 人 : 의명) + -∅(← -이 : 주조)

90) 오라 : 오(오다, 來)- + -∅(과시)- + -라(← -다: 평종) ※ '탕들리 다 오라'는 중국어 원문인 '捧湯的都來'에 대응되므로 '탕을 들이 이가 다 왔다.'로 옮긴다.

91) 미수에 : 미수(?) + -에(부조) ※ '미수'의 뜻을 알 수 없으나 '첫 미수'에 상응하는 중국어 '第一道'의 구절로 볼 때 '미수'는 순서를 나타내는 의존 명사인 '번(番)'으로 보인다.

92) 므르고으니와 : 므르고으[무르게 고다, 爛燒 : 므르(무르다)- + 고으(고다)-]- + -∅(과시)- + -ㄴ(관전) # 이(의명) + -와(접조)

93) 蒸捲썩 : [증권떡, 찐 주먹떡 : 蒸捲(증권) + 썩(떡, 餠)]

94) 第二道 : 제이도. 두 번째이다.

95) 金銀豆腐湯 : 금은 두부탕. 탕(湯)의 한 종류이다.

96) 湯名製法未詳 : 탕명제법미상. 탕(湯)의 이름과 만드는 법이 알려져 있지 않다.

97) 一說見集覽 : 일설견집람. 한 구절이 '집람(集覽)'에 보인다. ※ '집람(集覽)'은 어휘 풀이집에 해당하는 책이다.(『老朴輯覽』, 최세진 저, 1517년)

名製法未詳 一說見集覽】 第五道　五軟三下鍋[100]【 湯名製法未詳 一說見集覽 】 第六道 鷄脆芙蓉湯[1]【 湯名製法未詳 一說見集覽 】 다 조흔[2] 각식[3] 약[4] 드려 밍근[5] 교토[6] 두라. 닐굽잿[7] 미수엔[8] 스면[9]과 상화[10]. 관신둘히[11] ᄒ마[12] 각산ᄒ 리로소니[13] 샐리[14] 수울 둘어[15] 가져오라. ᄆᆯ 틋실 잔[16] ᄒ나 받ᄌ오리라[17]. 이제 다대[18] 놀애 브르며 뎌[19] 불라.

이제 상(床)을 들라. 탕(湯)을 바쳐라. 탕을 들(바칠) 이가 다 왔다. 첫 번에 양을 무르게 고은 것과 蒸捲떡(증권떡)과 第二道(제이도) 金銀豆腐湯(금은 두부탕)【 탕의 이름과 민드는 법은 알 수 없다. 한 구절이 집람(集覽)에 보인다.】 第三道(제산도) 鮮笋燈龍湯 (선순 등룡탕)【 탕의 이름과 만드는 법은 알 수 없다. 한 구절이 집람(集覽)에 보인다.】 第四道(제사도) 三鮮湯(삼선탕)【 탕의 이름과 만드는 법은 알 수 없다. 한 구절이 집람(集覽)

---

98) 鮮笋燈龍湯 : 선순 등룡탕. 탕(湯)의 한 종류이다.

99) 三鮮湯 : 삼선탕. 탕(湯)의 한 종류이다.

100) 五軟三下鍋 : 오연 삼하과. 음식의 종류가 알려져 있지 않다.

1) 鷄脆芙蓉湯 : 계취 부용탕. 탕(湯)의 한 종류이다.

2) 조흔 : 좋(깨끗하다, 맑다, 淨)- + -Ø(현시)- + -은(관전)

3) 각식 : 각색(各色), 각 가지의 종류.

4) 약 : 양념, 조미료, 料物.

5) 밍근 : 밍그(← 밍굴다 : 만들다, 製)- + -Ø(과시)- + -ㄴ(관전)

6) 교토 : 고명. 음식의 모양과 빛깔을 돋보이게 하고 음식의 맛을 더하기 위하여 음식 위에 얹 거나 뿌리는 것을 통틀어 이르는 말이다.

7) 닐굽잿 : 닐굽재[일곱째(수사) : 닐굽(일곱 : 수사) + -재(-째 : 접미)] + -ㅅ(-의 : 관조)

8) 미수엔 : 미수(번, 番) + -에(부조, 위치) + -ㄴ(← 는 : 보조사, 주제, 대조)

9) 스면과 : 스면(분탕, 粉湯) + -과(접조) ※ '분탕(粉湯)'은 밀가루를 풀어서 끓인 맑은장국이다.

10) 상화 : 만두(饅頭)

11) 관신둘히 : 관신둘ㅎ[관리들 : 관신(官人, 관리) + -둘ㅎ(-들 : 복접)] + -이(주조)

12) ᄒ마 : 곧, 待(부사)

13) 각산ᄒ리로소니 : 각산ᄒ[각산하다, 흩어지다 : 각산(각산, 各散 : 명사) + -ᄒ(동접)-]- + -리 (미시)- + -롯(← -돗- : 감동)- + -오니(← -ᄋ니 : 연어, 이유)

14) 샐리 : [빨리, 快(부사) : 샐ᄅ(← 샌ᄅ다 : 빠르다, 快, 형사)- + -이(부접)]

15) 둘어 : 둘(← 두르다 : 旋)- + -어(연어)

16) ᄆᆯ 틋실 잔 : ᄆᆯ(馬) # 틋(타다, 上)- + -시(주높)- + -ㄹ(관전) # 잔(잔, 盞) ※ 'ᄆᆯ 틋실 잔'은 중국어 원문에는 '上馬盃(상마배)'로 표현되었는데, 말을 탈 때에 마시는 술이다.(上馬飮酒).

17) 받ᄌ오리라 : 받(바치다, 把)- + -ᄌ오(← -ᄌᆸ- : 객높)- + -리(미시)- + -라(← -다 : 평종)

18) 다대 : 달단(達達), 타타르. 나라의 이름이다.

19) 뎌 : 뎌(← 뎌 : 저, 피리, 笛) ※ '뎌'는 '뎌ㅎ(피리, 笛)'의 오기이다.

에 보인다.】 第五道(제오도) 五軟三下鍋(오연 삼하과)【탕의 이름과 만드는 법은 알 수 없다. 한 구절이 집람(集覽)에 보인다.】 第六道(제육도) 鷄脆芙蓉湯(계취 부용탕)【탕의 이름과 만드는 법은 알 수 없다. 한 구절이 집람(集覽)에 보인다.】. (탕에) 다 깨끗한 각종 양념을 들여 만든 고명을 두라. 일곱째의 번에는 분탕(粉湯)과 만두(를 두라). 관인(官人)들이 곧 각기 흩어지겠으니 빨리 술을 둘러서 가져오라. 말을 타실 때에 (술을) 드실 잔(= 上馬盃)을 하나 바치리라. 이제 타타르의 노래를 부르며 피리를 불어라.

### 〈 결사 〉 인생을 즐기자

> 오늘나래 우리 형뎨들히 화슌혼[20] 젼ᄎ로[21] 황뎻[22] 크신 덕부네 수울도 취ᄒ며 차반도[23] 비브르다。넷 사ᄅ미 닐오ᄃᆡ 수울 이시며 고지 퓌여신[24] 저기어든[25] 눈앏픳[26] 즐기기를 홀 거시라。ᄌ셕[27] 업고 손직[28] 업스면 다 ᄂ미 거시 도의리니[29] 우리 이제 즐기디 아니ᄒ고 므스[30] 일 ᄒ리오。

오늘날에 우리 형제들이 화순(和順)한 까닭으로 황제(皇帝)의 크신 덕분(德分)에 술도 취(醉)하며 음식도 배부르다. 옛 사람이 이르되 "술이 있으며 꽃이 피어 있는 때이니, 눈앞에 있는 즐기기를 할 것이다. 자식(子息)이 없고 손자(孫子)가 없으면 다 남의 것이 되겠으니, 우리가 이제 즐기지 아니하고 무슨 일을 하리요?"

---

20) 화슌혼 : 화슌ᄒ[화순하다, 온화하고 양순하다 : 화슌(화순, 和順 : 명사) + -ᄒ(형접)-]- + -∅(현시)- + -ㄴ(관전)

21) 젼ᄎ로 : 젼ᄎ(까닭, 이유, 由) + -로(부조, 이유)

22) 황뎻 : 황뎨(황제, 皇帝) + -ㅅ(-의 : 관조)

23) 차반도 : 차반(음식, 茶飯) + -도(보조사, 첨가)

24) 퓌여신 : 퓌(피다, 開)- + -여시(← -어시- : 완료 지속)- + -ㄴ(관전)

25) 저기어든 : 적(때, 時) + -이(서조)- + -어든(← -거든 : 연어, 조건)

26) 눈앏픳 : 눈앏ᄑ[눈앞, 眼前 : 눈(눈, 眼) + 앏ᄑ(← 앒 : 앞, 前)] + -의(-에 : 부조, 위치) + -ㅅ(-의 : 관조) ※ '앏ᄑ'은 '앒'의 /ㅍ/을 'ㅂㅍ'으로 거듭 적은 형태이다. ※ '눈앏픳'은 '눈앞에 있는'으로 의역하여 옮긴다.

27) ᄌ셕 : 자식(子息)

28) 손직 : 손ᄌ(손자, 孫子) + -ㅣ(← -이 : 주조)

29) 도의리니 : 도의(← 도외다 : 되다, 爲)- + -리(미시)- + -니(연어, 이유, 설명 계속)

30) 므스 : 므스(← 므슷 : 무슨, 何, 관사, 미지칭)

# 3. 번역소학

『번역소학』(飜譯小學)은 1518년(중종 13)에 중국의 『소학』(小學)을 훈민정음으로 번역한 책이다.

[ 번역소학 ]

『소학』(小學)은 중국 남송(南宋)시대 주희(朱熹, 朱子)의 감수 아래 그의 제자인 유청지(劉淸之) 등이 편찬한 책인데, 주희가 58세 때인 1187년에 완성했다. 소학(小學)이란 대학(大學)에 대응시킨 말인데, 아동의 초보 교육을 위해서 아동에게 일상적 예의 범절과 어른을 섬기고 벗과 사귀는 도리를 가르치는 것을 목적으로 한 책이다. 『소학』 6권은 '내편(內篇 : 立敎, 明倫, 敬身, 稽古)'과 '외편(外篇 : 嘉言, 善行)'의 2편으로 나뉘었다. 내편은 경서를 인용한 개론에 해당하고, 외편은 그 실제를 사람들의 언행으로 보여 주고 있다.

『번역소학』은 중국 송나라의 하사신(何士信)이 지은 『소학집성』(小學集成)을 저본으로 하여, 1518년(중종 13)에 김전(金詮)과 최숙생(崔淑生) 등이 왕명으로 번역하여 간행하였다. 목판본, 10권 10책이다. 현재 초간본은 전해지지 않고, 16세기 후반에 간행된 것으로 추정되는 복간본(復刊本)이 전해지고 있다. 현재까지 발견된 복간본은 제6, 7, 8, 9, 10권 등 모두 5권뿐이다.

『번역소학』에 나타난 음운이나 표기법의 특징을 간략히 소개하면 다음과 같다.

첫째, 15세기 중엽까지 쓰였던 'ㅸ'과 'ㆆ' 글자가 전혀 나타나지 않는다.

둘째, 'ㅿ'이 쓰이고 있으나 몇몇 어휘에서는 'ㅿ'이 'ㅇ'으로 대체되어 쓰이고 있다.

셋째, 'ㆁ'은 종성으로만 쓰이고 초성으로는 쓰이지 않았다. 종성으로 쓰인 것도 글자의 모양이 'ㆁ'과 'ㅇ'이 혼용되고 있다.

넷째, 방점이 나타나지만 15세기에 비해서 많이 달라져 있다.

다섯째, 'ㆍ'는 제1 음절에서는 15세기 국어와 거의 동일하게 사용되고 있으나, 제2 음절부터는 대부분 'ㅡ'로 바뀌고 있다.

여섯째, 각자 병서인 'ㄲ, ㄸ, ㅃ, ㅉ, ㆅ' 등이 보이지 않는다.

일곱째, 종성의 'ㅅ'과 'ㄷ'을 구별하여 적고 있어서, 7종성법이 유지되고 있다.

여덟째, 대체로 15세기처럼 이어적기(連綴)로 표기하고 있으나, 끊어적기(分綴)나 거듭적기(重綴)를 한 예가 늘었다.

그런데 이 『번역소학』이 너무 의역에 흘렀다 하여, 선조 19년(1586)에 교정청에서 『소학』을 직역 위주로 다시 번역하여 『소학언해』(小學諺解)를 간행한 바가 있다.

# 飜<sub>번</sub>譯<sub>역</sub> 小<sub>쇼</sub>學<sub>혹</sub> 卷<sub>권</sub>之<sub>지</sub>八<sub>팔</sub> 外<sub>외</sub>篇<sub>편</sub><sup>*</sup>

> ○ 董<sub>동</sub>仲<sub>듕</sub>舒<sub>셔</sub><sup>1)</sup>ㅣ 닐오딕 仁<sub>인</sub><sup>2)</sup> ᄒᆞᄂᆞᆫ 사ᄅᆞ믄 올ᄒᆞᆫ 이ᄅᆞᆯ 정다이<sup>3)</sup> ᄒᆞ고 리케<sup>4)</sup> ᄒᆞ요믈<sup>5)</sup> 쇠ᄒᆞ디<sup>6)</sup> 아니ᄒᆞ며 도리ᄅᆞᆯ ᄇᆞᆯ기고<sup>7)</sup> 공효<sup>8)</sup>ᄅᆞᆯ 혜아리디 아니ᄒᆞᄂᆞ니라

董仲舒(동중서)가 이르되, 仁(인)을 하는 사람은 옳은 일을 정대하게 하고, (자신에 게) 이롭게 함을 꾀하지 아니하며, 도리를 밝히고, 공효(功效)를 헤아리지 아니하느니 라. [8:1]

> ○ 孫<sub>손</sub>思<sub>ᄉᆞ</sub>邈<sub>막</sub>이<sup>9)</sup> 닐오딕 膽<sub>담</sub><sup>10)</sup>은 크고져<sup>11)</sup> ᄒᆞ고 ᄆᆞᅀᆞᆷ은 젹고져 ᄒᆞ며 디혜ᄂᆞᆫ<sup>12)</sup> 두려워<sup>13)</sup> 거틸<sup>14)</sup> 디<sup>15)</sup> 업고져 코<sup>16)</sup> ᄒᆡᆼ뎍은<sup>17)</sup> 모나<sup>18)</sup> 프러디디<sup>19)</sup>

---

* 外篇 : 외편. 『소학』 6권은 '내편(內篇 : 立教, 明倫, 敬身, 稽古)'과 '외편(外篇 : 嘉言, 善行)' 의 2편으로 나뉘었다. 여기서 내편(內篇)은 경서를 인용한 개론에 해당하고, 외편(外篇)은 그 실제를 사람들의 언행으로 보여 주고 있다.

1) 董仲舒 : 동중서. 중국 전한(前漢) 때의 유학자이다. 무제(武帝)가 즉위하여 크게 인재를 구할 때 현량대책(賢良對策)을 올려 인정을 받았다. 전한의 새로운 문교 정책에 참여했으며 오경박 사(五經博士)를 두게 하였고, 국가 문교의 중심을 유가(儒家)로 통일하는 데에 이바지했다.

2) 仁 : 인. 남을 사랑하고 어질게 행동하는 일이다.

3) 정다이 : [정대하게, 正(부사) : 정(정, 正 : 불어) + -다(←-답- : 형접, ㅂ불) + -이(부접)]

4) 리케 : 리ᄒ[← 리ᄒᆞ다(이롭다, 利) : 리(리, 利 : 불어) + -ᄒᆞ(형접)-] + -게(연어, 사동)

5) ᄒᆞ요믈 : ᄒᆞ(하다, 爲)- + -욤(←-옴 : 명전) + -을(목조)

6) 쇠ᄒᆞ디 : 쇠ᄒ[꾀하다, 謀 : 쇠(꾀, 計 : 명사) + -ᄒᆞ(동접)-] + -디(-지 : 연어, 부정)

7) ᄇᆞᆯ기고 : ᄇᆞᆯ기[밝히다, 明 : ᄇᆞᆰ(밝다, 밝아지다, 明 : 형사, 자동)- + -이(사접)-] + -고(연어, 나열)

8) 공효 : 功效. 공을 들인 보람이나 효과이다.

9) 孫思邈 : 손사막. 중국 초당(初唐)의 명의이자 신선가(神仙家)이다. 당나라 시대의 대표적 의 서인 '비급천금요방'과 '천금익방'이 그의 저작으로 전하고 있다.

10) 膽 : 담. 담력(膽力)이다.

11) 크고져 : 크(크다, 커지다, 大 : 형사, 자동)- + -고져(-고자 : 연어, 의도)

12) 디혜ᄂᆞᆫ : 디혜(지혜, 知慧) + -ᄂᆞᆫ(-는 : 보조사, 주제)

13) 두려워 : 두려우(← 두렵다, ㅂ불 : 둥그렇거나 원만하다, 圓)- + -어(연어)

14) 거틸 : 거티(거리끼다, 礙)- + -ㄹ(관전)

15) 딕 : 딕(데, 處) + -Ø(←-이 : 주조)

16) 업고져 코 : 업(← 없다 : 없다, 無)- + -고져(-고자 : 연어, 의도) # 코(← ᄒᆞ다 : 하다, 보용, 의

| 말오져[20] 실븐[21] 거시라 |
| --- |

孫思邈(손사막)이 이르되, 膽(담)은 크고자 하고 마음은 적고자 하며, 지혜(知慧)는 원만하여 거리낄 데가 없고자 하고, 행적(行蹟)은 모가 나서 풀어지지 말고자 싶은 것이다. [8:1]

| 녯 마릭[22] 닐오딕 어딘 일[23] 조초미[24] 노픈 딕 올옴[25] 곧고[26] 사오나온[27] 일 조초미 아래로 믈어딤[28] 곧다 ᄒᆞ니라[29] |
| --- |

옛 말에 이르되 "어진 것을 좇는 것이 높은 데 오름과 같고, 사나운 것을 좇는 것이 아래로 무너짐과 같다." 하였느니라. [8:2]

| 孝효友우 先션生싱 朱쥬仁인軌궤[30] 수머 살며셔[31] 어버싀를[32] 효양ᄒᆞ더니[33] |
| --- |

---

도)- + -고(연어, 나열)

17) 힝뎍은 : 힝뎍(행적, 行績) + -은(보조사, 주제) ※ '행적(行蹟)'은 행위의 실적(實績)이나 자취이다. 그리고 '힝뎍은'은 한자어에서 체언과 조사를 끊어 적은 형태이다.(分綴)

18) 모나 : 모나[모나다 : 모(← 모ᄒᆞ, 方 : 명사) + 나(나다, 出 : 자동)-]- + -∅(←-아 : 연어)

19) 프러디디 : 프러디[풀어지다 : 플(풀다, 解)- + -어(연어) + 디(지다 : 보용, 피동)-]- + -디(-지 : 연어, 부정)

20) 말오져 : 말(말다, 勿 : 보용, 중단)- + -오져(←-고져 : -고자, 연어, 의도)

21) 실븐 : 싵브(← 싵브다 : 싶다, 欲 보용, 희망)- + -∅(현시)- + -ㄴ(관전)

22) 녯 마릭 : 녜(예전, 古 : 명사) + -ㅅ(-의 : 관조) # 말(말, 言) + -익(-에 : 부조, 위치)

23) 어딘 일 : 어디(← 어딜다 : 어질다, 善)- + -∅(현시)- + -ㄴ(관전) # 이(것 : 의명) + -ㄹ(목조)

24) 조초미 : 좇(좇다, 따르다, 從)- + -옴(명전) + -이(주조)

25) 올옴 : 올(← 오르다 : 오르다, 登)- + -옴(명전)

26) 곧고 : 곧(← 곹다 : 같다, 如)- + -고(연어, 나열)

27) 사오나온 : 사오나오(← 사오납다, ㅂ불 : 사납다, 惡)- + -∅(현시)- + -ㄴ(←-은 : 관전)

28) 믈어딤 : 믈어디[무너지다, 崩 : 믈(← 므르다 : 물러나다, 退)- + -어(연어) + 디(지다 : 보용, 피동)-]- + -ㅁ(←-옴 : 명전)

29) 곧다 ᄒᆞ니라 : 곧(← 곹다 : 같다, 如)- + -∅(현시)- + -다(평종) # ᄒᆞ(하다, 云)- + -∅(과시)- + -니(원칙)- + -라(←-다 : 평종)

30) 朱仁軌 : 朱仁軌(주인궤 : 인명) + -∅(←-이 : 주조) ※ '朱仁軌'는 중국 당나라 때의 인물이다.

31) 살며셔 : 살(살다, 居)- + -며셔(-면서 : 연어, 진행) ※ '수머 살다'은 세간에 나서지 않고 은거(隱居) 생활을 한 것을 이른다.

32) 어버싀를 : 어버싀[어버이, 父母 : 업(← 아비 : 아버지, 父) + -싀(← 어싀 : 어머니, 母)] +

일즉<sup>34)</sup> ᄌᆞ데<sup>35)</sup>를 ᄀᆞᄅ쳐 닐오디 모미 죽도록 길흘<sup>36)</sup> ᄉᆞ양ᄒᆞ야도<sup>37)</sup> 일빅 거르미도록<sup>38)</sup> 에디<sup>39)</sup> 아니ᄒᆞ며 모미 죽도록 받 ᄀᆞᅀᆞᆯ<sup>40)</sup> ᄉᆞ양ᄒᆞ야도 ᄒᆞᆫ 글도<sup>41)</sup> 일후미<sup>42)</sup> 업스리니라<sup>43)</sup>

孝友先生(효우 선생) 朱仁軌(주인궤)가 숨어 살면서 어버이를 효양(孝養)하더니, 일찍이 자제(子弟)를 가르쳐 이르되, "몸이 죽도록 (남에게) 길을 사양(辭讓)하여도 일백(一白) 걸음이 되도록 (길을) 둘러서 가지 아니하며, 몸이 죽도록 밭두렁을 사양(辭讓)하여도 (밭의) 한 귀퉁이도 잃음이 없을 것이니라." [8:2]

○ 濂<sub>렴</sub>溪<sub>계</sub> 周<sub>쥬</sub>先<sub>션</sub>生<sub>ᄉᆡᆼ</sub><sup>44)</sup>이 니ᄅᆞ샤디<sup>45)</sup> 셩신<sup>46)</sup>은 하ᄂᆞᆯ흘 ᄇᆞ라고<sup>47)</sup> 현신<sup>48)</sup>은 셩신을 ᄇᆞ라고 ᄉᆞ<sup>49)</sup>ᄂᆞᆫ 현신을 ᄇᆞ라ᄂᆞ니<sup>50)</sup>

---

-를(목조) ※ [아비 + 어ᅀᅵ]] → [어ㅂ + 어ᅀᅵ]] → [어버ᅀᅵ]

33) 효양ᄒᆞ더니 : 효양ᄒᆞ[효양하다, 孝養 : 효양(孝養 : 명사) + -ᄒᆞ(동접)-]- + -더(회상)- + -니(연어, 설명 계속) ※ '효양(孝養)'은 어버이를 효성으로 봉양하는 것이다.

34) 일즉 : 일찍이, 嘗(부사)

35) ᄌᆞ데 : 자제(子弟). 남을 높여 그의 아들을 이르는 말이다.

36) 길흘 : 길ㅎ(길, 路) + -을(목조)

37) ᄉᆞ양ᄒᆞ야도 : ᄉᆞ양ᄒᆞ[사양하다, 辭讓하다 : ᄉᆞ양(辭讓 : 명사) + -ᄒᆞ(동접)-]- + -야도(←-아도 : 연어, 양보)

38) 거르미도록 : 거름[걸음, 步(명사) : 걸(← 걷다, ㄷ불 : 걷다, 步)- + -음(명접)] + -이도록(보조사, 도달, 及) ※ '-이도록'은 [-이(서조)- + -도록(연어 ▷ 조접)]의 방식으로 형성된 파생 보조사이다.

39) 에디 : 에(돌다, 피하다, 枉)- + -디(-지 : 연어, 부정) ※ '에다'를 '(길을) 둘러서 가다'로 옮긴다.

40) 받 ᄀᆞᅀᆞᆯ : 받(← 밭 : 밭, 田) # ᄀᆞᆽ(← ᄀᆞ : 가, 邊) + -ᄋᆞᆯ(목조) ※ '받 ᄀᆞᆽ'을 '밭의 두둑(畔)'이다.

41) 글도 : 글(← 긑 : 끝, 段) + -도(보조사 : 강조) ※ '글'은 '밭의 귀퉁이(段)'로 의역한다.

42) 일후미 : 잃(잃다, 失)- + -움(명전) + -이(주조)

43) 업스리니라 : 없(없다, 無)- + -으리(미시)- + -니(원칙)- + -라(←-다 : 평종)

44) 周先生 : 주 선생. 주돈이(周敦頤)이다. 주돈이는 중국 북송의 유학자로서(1017~1073), 자는 무숙(茂叔), 호는 염계(濂溪)이다. 당대(唐代)의 경전 주석의 경향에서 벗어나 불교와 도교의 이치를 응용한 유교 철학을 창시하였다.

45) 니ᄅᆞ샤디 : 니ᄅᆞ(이르다, 曰)- + -샤(←-시- : 주높)- + -디(←-오디 : -되, 연어, 설명 계속)

46) 셩신 : 성인(聖人). 지혜와 덕이 매우 뛰어나 길이 우러러 본받을 만한 사람이다.

47) ᄇᆞ라고 : ᄇᆞ라(바라다, 동경하다, 숭배하다, 希)- + -고(연어, 나열)

48) 현신 : 현인(賢人). 어질고 총명하여 성인에 다음가는 사람이다.

49) ᄉᆞᄂᆞᆫ : ᄉᆞ(사, 선비, 士) + -ᄂᆞᆫ(보조사, 대조) ※ '士(사)'는 중국 주나라 때에, 사민(四民)의 위

濂溪(염계) 周先生(주 선생)이 이르시되, 성인(聖人)은 하늘을 바라고, 현인(賢人)은 성인(聖人)을 바라고, 사(土)는 현인(賢人)을 바라니 [8:2]

---

伊<sub>이</sub>尹<sub>윤</sub><sup>51)</sup>과 顏<sub>안</sub>淵<sub>연</sub><sup>52)</sup>은 큰 어딘 사르미라 伊<sub>이</sub>尹<sub>윤</sub>는 제 님그미 堯<sub>요</sub>舜<sub>순</sub><sup>53)</sup> 고티<sup>54)</sup> 도이디<sup>55)</sup> 몯호믈 붓그려ᄒᆞ며<sup>56)</sup> ᄒᆞᆫ 사르미나<sup>57)</sup> 제곰<sup>58)</sup> 사롤<sup>59)</sup> 쳐소를 얻디 몯ᄒᆞ엿거든<sup>60)</sup> 져제<sup>61)</sup> 가매<sup>62)</sup> 마줌<sup>63)</sup> 고티 너기고 顏<sub>안</sub>淵<sub>연</sub>은 노흔<sup>64)</sup> ᄆᆞᅀᆞᄆᆞᆯ 옴기디<sup>65)</sup> 아니ᄒᆞ며 허므를<sup>66)</sup> 다시 아니 ᄒᆞ며 석 ᄃᆞᆯ를 仁<sub>인</sub>에 어그릇디<sup>67)</sup> 아니ᄒᆞ니라

---

이며 대부(大夫)의 아래에 있던 신분이다.

50) ᄇᆞ라ᄂᆞ니 : ᄇᆞ라(바라다, 동경하다, 숭배하다, 希)- + -ᄂᆞ(현시)- + -니(연어, 설명 계속)

51) 伊尹 : 이윤. 중국 은(殷)나라의 태종 때의 명신이다. 이름난 재상으로 탕왕을 도와 하(河)나라의 걸왕(桀王)을 멸망시키고 은나라를 세워서 선정을 베풀었다.

52) 顏淵 : 안연. 본명은 안회(顏回)이다. 중국 춘추시대(春秋時代) 노(魯)나라의 현인으로서 공자가 가장 신임하였던 제자였다.

53) 堯舜 : 요순. 고대 중국의 요(堯)임금과 순(舜)임금을 아울러 이르는 말이다.

54) 고티 : [같이, 如(부사) : ᄀᆞᆮ(같다, 如 : 형사)- + -이(부접)]

55) 도이디 : 도이(← ᄃᆞ외다 : 되다, 爲)- + -디(-지 : 연어, 부정)

56) 붓그려ᄒᆞ며 : 붓그려ᄒᆞ[부끄러워하다, 恥 : 붓그리(부끄러워하다, 侮 : 자동)- + -어(연어) + ᄒᆞ(하다 : 보용)-]- + -며(연어, 나열)

57) 사르미나 : 사름(사람, 夫) + -이나(보조사, 선택, 강조)

58) 제곰 : 제곰[← 제여곰(제각기, 제가끔, 各自 : 부사) : 제(← 저 : 인대, 재귀칭) + -곰(-씩 : 보조사▷부접)]

59) 사롤 : 살(살다, 居)- + -오(대상)- + -ㄹ(관전)

60) 몯ᄒᆞ엿거든 : 몯ᄒᆞ[못하다(보용, 부정) : 몯(못 : 부사, 부정) + -ᄒᆞ(형접)-]- + -엿(← -앗- : 완료 지속)- + -거든(연어, 조건) ※ 15세기에는 'ᄒᆞ다'의 어간 뒤에서는 일반적으로 '-얏-'의 형태로 실현되었으나, 여기서는 '-엿-'으로 실현되었다.

61) 져제 : 져제(시장, 市) + -∅(← -에 : 부조, 위치)

62) 가매 : 가(가다, 行)- + -ㅁ(← -옴 : 명전) + -애(-에 : 부조, 위치) ※ '가매'는 '가다가'로 의역할 수 있다.

63) 마줌 : 맞(맞다, 구타당하다, 撻)- + -움(← -옴 : 명전) ※ 15세기에 '-옴'으로 실현되던 명사형 전성 어미의 형태가 '-음'으로 실현되었다.

64) 노흔 : 노흔[노하다, 怒: 노(노, 怒) + -ᄒᆞ(동접)-]- + -∅(과시)- + -ㄴ(관전)

65) 옴기디 : 옴기[옮기다, 遷 : 옴(← 옮다 : 옮다, 遷, 자동)- + -기(사접)-]- + -디(-지 : 연어, 부정)

66) 허므를 : 허물(허물, 過) + -을(목조)

67) 어그릇디 : 어그릇(← 어긔릇다 : 어긋나다, 違)- + -디(-지 : 연어, 부정)

伊尹(이윤)과 顔淵(안연)은 큰 어진 사람이다. 伊尹(이윤)은 제 임금이 堯舜(요순)과 같이 되지 못함을 부끄러워하며, 한 사람이나 제각기 살 처소(處所)를 얻지 못하였거든 시장에 가다가 두들겨 맞음과 같이 여기고, 顔淵(안연)은 노(怒)한 마음을 옮기지 아니하며, 허물을 다시 아니 하며, 석 달을 仁(인)에 어긋나지 아니하였느니라. [8:3]

---

伊<sub>이</sub>尹<sub>윤</sub>의<sup>68)</sup> 먹던 뜨들 내<sup>69)</sup> 뜨들 ᄒᆞ며<sup>70)</sup> 顔<sub>안</sub>淵<sub>연</sub>의 ᄇᆡ호ᄂᆞᆫ<sup>71)</sup> 바를 내 ᄇᆡ호면 너므면 곧 셩신이 되오 미츠면<sup>72)</sup> 현신이 되으<sup>73)</sup> 밋디<sup>74)</sup> 몯ᄒᆞ야도 ᄯᅩ 어딘 일후믈 일티<sup>75)</sup> 아니ᄒᆞ리라

---

伊尹(이윤)이 먹던 뜻을 내가 뜻을 먹으며 顔淵(안연)이 배우는 바를 내가 배우면, 넘으면 곧 성인(成人)이 되고, 미치면 현인(賢人)이 되고, 미치지 못하여도 또 어진 이름을 잃지 아니하리라. [8:3]

---

○ 셩신의 도ᄂᆞᆫ 귀예 들며 ᄆᆞᅀᆞ매 다마 안해<sup>76)</sup> 사핫ᄂᆞᆫ<sup>77)</sup> 거시 德<sub>덕</sub>行<sub>ᄒᆡᆼ</sub>이 되오 밧기<sup>78)</sup> ᄒᆡᆼᄒᆞᄂᆞᆫ<sup>79)</sup> 거시 事<sub>ᄉᆞ</sub>業<sub>업</sub><sup>80)</sup>이 도읠ᄂᆞ니<sup>81)</sup> 뎌<sup>82)</sup> ᄡᅥ곰<sup>83)</sup> 글지싀<sup>84)</sup>

---

68) 伊尹의 : 伊尹(이윤) + -의(관조, 의미상 주격)
69) 내 : 나(我 : 인대, 1인칭) + -ㅣ(←-이 : 주조)
70) 뜨들 ᄒᆞ며 : 뜯(뜻, 志) + -을(목조) # ᄒᆞ(하다, 爲)- + -며(연어, 나열) ※ 이때의 'ᄒᆞ다'는 대동사로 쓰였으므로 문맥상 '뜻을 먹으며'로 옮긴다.
71) ᄇᆡ호ᄂᆞᆫ : ᄇᆡ호(배우다, 學)- + -ᄂᆞ(현시)- + -ㄴ(관전)
72) 미츠면 : 및(미치다, 이르다, 及)- + -으면(연어, 조건)
73) 되으 : 되(되다, 爲)- + -으(←-오←-고 : 연어, 나열) ※ '-으'는 '-고'에서 /ㄱ/이 탈락한 형태인 '-오'를 오각한 형태이다.
74) 밋디 : 밋(← 및다 : 미치다, 이르다, 及)- + -디(-지 : 연어, 부정)
75) 일티 : 잃(잃다, 失)- + -디(-지 : 연어, 부정)
76) 안해 : 안ᄒᆞ(안, 內) + -애(-에 : 부조, 위치)
77) 사핫ᄂᆞᆫ : 샇(쌓다, 蘊)- + -앗(완료 지속)- + -ᄂᆞ(현시)- + -ㄴ(관전)
78) 밧기 : 밝(밖, 外)- + -익(-에 : 부조, 위치)
79) ᄒᆡᆼᄒᆞᄂᆞᆫ : ᄒᆡᆼᄒᆞ[행하다 : ᄒᆡᆼ(행, 行 : 불어) + -ᄒᆞ(동접)-]- + -ᄂᆞ(현시)- + -ㄴ(관전)
80) 事業 : 사업. 어떤 일을 짜임새 있게 지속적으로 경영하는 것이다. 또는 그러한 일이다.
81) 도읠ᄂᆞ니 : 도읠(← ᄃᆞ외다 : 되다, 爲)- + -ᄂᆞ(현시)- + -니(연어, 설명 계속)
82) 뎌 : 저것(저것, 그것, 彼 : 지대, 정칭) ※ '뎌'는 앞선 문맥의 '셩인의 도'를 가리키며, 원래는 '저것'으로 번역해야 하지만 여기서는 문맥을 감안하여 '그것'으로 의역하여 옮긴다.
83) ᄡᅥ곰 : ᄡᅳ(← 쓰다 : 쓰다, 用)- + -어(연어) + -곰(보조사 : 강조)

샏룸<sup>85)</sup> ᄒᆞᄂᆞ니ᄂᆞ<sup>86)</sup> 더러오니라<sup>87)</sup>

성인(聖人)의 도(道)는 귀에 들며, (성인의 도를) 마음에 담아 안에 쌓아 있는 것이
德行(덕행)이 되고, (성인의 도를) 밖에 행(行)하는 것이 事業(사업)이 되니, 그것(= 성인
의 도)을 써서 글짓기만 하는 것은 더러우니라. [8:4]

○ 仲<sub>듕</sub>由<sub>유</sub>ᄂᆞ 허므를 즐겨 듣논 디라<sup>88)</sup> 어딘<sup>89)</sup> 일후미 ᄀᆞᆺ<sup>90)</sup> 업더니
이제 사ᄅᆞᄆᆞ 허믈이<sup>91)</sup> 잇거든<sup>92)</sup> 사ᄅᆞ미 경계호ᄆᆞᆯ 즐겨 아니호미 병을
앗겨<sup>93)</sup> 의원을 ᄭᅴ여<sup>94)</sup> ᄎᆞ하리<sup>95)</sup> 모미 주거도 ᄭᆡᄃᆞᆮ디<sup>96)</sup> 몯 ᄒᆡ욤<sup>97)</sup> ᄀᆞᄐᆞ니
슬프도다<sup>98)</sup>

仲由(중유)는 (자신의) 허물을 즐겨 듣는지라 어진 이름이 끝이 없더니, 이제의 사
람은 허물이 있는데도 사람(= 타인)이 경계(警戒)함을 즐겨 아니 하는 것이, (마치) 병
(病)을 아끼어 의원(醫員)을 꺼리어 차라리 몸이 죽어도 깨닫지 못하게 함과 같으니,
슬프구나. [8:4]

---

84) 글지싀 : [글짓기, 文辭(명사) : 글(글, 文) + 짓(← 짓다, ㅅ불 : 짓다, 作, 타동)- + -이(명접)]
85) ᄯᆞ름 : 따름(-만, 已 : 의명, 한정)
86) ᄒᆞᄂᆞ니ᄂᆞ : ᄒᆞ(하다, 爲)- + -ᄂᆞ(현시)- + -ㄴ(관전) # 이(이, 것 : 의명) + -ᄂᆞ(보조사, 주제)
87) 더러오니라 : 더러오(← 더럽다, ㅂ불 : 더럽다, 陋)- + -Ø(현시)- + -니(← -ᄋᆞ니 : 원칙)-
     + -라(← -다 : 평종)
88) 듣논 디라 : 듣(듣다, 聞)- + -ㄴ(← -ᄂᆞ- : 현시)- + -오(대상)- + -ㄴ(관전) # ᄃᆞ(← ᄃᆞ : 것,
     의명) + -이(서조)- + -라(← -아 : 연어)
89) 어딘 : 어딘(← 어딜다 : 어질다, 賢)- + -Ø(현시)- + -ㄴ(관전) ※ '어딘'은 '어딘'을 오각한
     형태이다.
90) ᄀᆞᆺ : 끝, 가, 한계, 邊.
91) 허믈이 : 허믈(허물, 過) + -이(주조) ※ '허믈이'는 체언과 조사를 끊어 적은(分綴)로 형태다.
92) 잇거든 : 잇(← 이시다 : 있다, 有)- + -거든(연어, 상황)
93) 앗겨 : 앗기(아끼다, 護)- + -어(연어)
94) ᄭᅴ여 : ᄭᅴ(꺼리다, 忌)- + -여(← -어 : 연어)
95) ᄎᆞ하리 : 차라리, 寧(부사)
96) ᄭᆡᄃᆞᆮ디 : ᄭᆡᄃᆞᆮ(깨닫다, 悟)- + -디(-지 : 연어, 부정)
97) 몯 ᄒᆡ욤 : 몯(못, 不能 : 부사, 부정) # ᄒᆡ[하게 하다, 使 : ᄒᆞ(하다, 爲)- + -ㅣ(← -이- : 사
     접)-]- + -욤(← -옴 : 명전)
98) 슬프도다 : 슬프(슬프다, 噫)- + -Ø(현시)- + -도(감동)- + -다(평종)

○ 明<sub>명</sub>道<sub>도</sub>先<sub>션</sub>生<sub>싱</sub><sup>99)</sup>이 니르샤딕 성현의 일천 마리며<sup>1)</sup> 일만 마리 다믄<sup>2)</sup> 사룸으로<sup>3)</sup> 호마<sup>4)</sup> 노화<sup>5)</sup> 브렷는<sup>6)</sup> 무수물 가져다가<sup>7)</sup> 거두워<sup>8)</sup> 다시 모매 드려<sup>9)</sup> 오게 코져<sup>10)</sup> 홀 쓰르미니<sup>11)</sup> 스스로 능히 우후로<sup>12)</sup> 추자가<sup>13)</sup> 쉬운 일브터 빅화셔<sup>14)</sup> 우후로 노픈 리예<sup>15)</sup> 통달홀 거시니라<sup>16)</sup>

明道先生(명도 선생)이 이르시되, 성현(聖賢)의 일천(一千)의 말이며 일만(一萬)의 말이 다만 사람으로 (하여금) 이미 놓아 버린 마음을 가져다가 거두어, 다시 몸에 들이어 오게 하고자 할 따름이니, 스스로 능히 위로 찾아가 쉬운 일부터 배워서 위로 높은 도리에 통달할 것이니라. [8:4]

---

99) 明道先生 : 명도 선생. 본명은 정호(程顥)이며, 북송(北宋) 중기의 유학자이다.(1032년~1085년) 도덕설을 주장하여 우주의 본성과 사람의 성(性)이 본래 동일하다고 보았다.

 1) 마리며 : 말(말, 言) + -이며(접조)

 2) 다믄 : 다만, 只(부사)

 3) 사룸으로 : 사룸(사람, 人) + -으로(부조, 위치) ※ 고유어에서 체언과 조사를 끊어 적은 형태이다.

 4) 호마 : 이미, 已(부사)

 5) 노화 : 놓(놓다, 放)- + -와(← -아 : 연어) ※ '노화'는 '노하'를 오각한 형태이다.

 6) 브렷는 : 브리(버리다 : 보용, 완료)- + -엇(완료 지속)- + -ᄂ(현시)- + -ㄴ(관전)

 7) 가져다가 : 가지(가지다, 持)- + -어(연어) + -다가(보조사, 동작의 유지, 강조)

 8) 거두워 : 거두우(← 거두다 : 거두다, 約)- + -어(연어) ※ '거두워'는 '거두어'의 오각이다.

 9) 드려 : 드리[들게 하다 : 들(들다, 入)- + -이(사접)-]- + -어(연어)

10) 코져 : ᄒ(← ᄒ다 : 하다, 보용, 사동)- + -고져(← -고자 : 연어, 의도)

11) 쓰르미니 : 쓰름(따름 : 의명) + -이(서조)- + -니(연어, 설명 계속)

12) 우후로 : 우ᄒ(위, 上) + -우로(← -으로 : 부조) ※ '우후로'는 '우흐로'를 오각한 형태이다.

13) 추자가 : 추자가[찾아가다, 尋向 : 촟(찾다, 尋)- + -아(연어) + 가(가다, 向)-]- + -아(연어)

14) 빅화셔 : 빅호(배우다, 學)- + -아셔(-아서 : 연어)

15) 리예 : 리(이치, 도리, 理) + -예(← -에 : 부조, 위치)

16) 거시니라 : 것(것 : 의명) + -이(서조)- + -Ø(현시)- + -니(원칙)- + -라(← -다 : 평종)

## 飜譯小學 卷之九 外篇

飜<sub>번</sub>譯<sub>역</sub>小<sub>쇼</sub>學<sub>혹</sub> 卷<sub>권</sub>之<sub>지</sub>九<sub>구</sub> 外<sub>외</sub>篇<sub>편</sub>

> 善<sub>션</sub>行<sub>힝</sub> 第<sub>데</sub>六<sub>륙</sub>
>
> 녯 사름의 어딘 힝뎍[1] 니른[2] 여슷재[3] 편이라

善行(선행) 第六(제육)

옛 사람의 어진 행적(行績)을 말한 여섯째 編(편)이다. [9:1]

> 呂<sub>려</sub>榮<sub>영</sub>公<sub>공</sub>의[4] 일홈은 希<sub>희</sub>哲<sub>텰</sub>이오 字<sub>ᄌ</sub>ᄂᆞᆫ 原<sub>원</sub>明<sub>명</sub>이니 申<sub>신</sub>國<sub>국</sub>[5] 正<sub>졍</sub>獻<sub>헌</sub>
> 公<sub>공</sub>의 믇아들이라[6] 正<sub>졍</sub>獻<sub>헌</sub>公<sub>공</sub>이 집의셔[7] 사ᄅᆞ샤ᄃᆡ[8] 간략ᄒᆞ며 디듕[9]ᄒᆞ며
> 잡일 아니 ᄒᆞ며 잡말 아니 ᄒᆞ야 샹해[10] 셰간ᅴ[11] 일로 ᄆᆞᄉᆞᆷ애 혜아리디[12]
> 아니ᄒᆞ더니 申<sub>신</sub>國<sub>국</sub> 夫<sub>부</sub>人<sub>신</sub>이 셩[13]이 엄졍ᄒᆞ고 법다와[14] 비록 심히[15]
> 呂<sub>려</sub>榮<sub>영</sub>公<sub>공</sub>을 ᄉᆞ랑ᄒᆞ야도 샹해 ᄀᆞᄅᆞ치샤ᄃᆡ 일일마다[16] 법다이[17] ᄒᆞ게

---

1) 힝뎍 : 행적(行績). 행위의 실적(實績)이나 자취이다.
2) 니른 : 니르(이르다, 曰)- + -∅(과시)- + -ㄴ(관전)
3) 여슷재 : [여섯째, 第六(관사) : 여슷(여섯, 六 : 수사, 양수) + -재(-째 : 접미, 서수)]
4) 呂榮公 : 여영공. 북송(北宋) 때의 학자이며 명신(名臣)이다. 이름은 여희철(呂希哲)이며, 저서로는 『여씨잡기』(呂氏雜記)가 있다.
5) 申國 : 신국. 여신국(呂申國)으로, 사람 이름이다.
6) 믇아들이라 : 믇아들[맏아들, 昆 : 믇(맏이, 昆 : 명사) + 아들(아들, 子)] + -이(서조)- + -∅(현시)- + -라(←-다 : 평종)
7) 집의셔 : 집(집, 宅) + -의(-에 : 부조, 위치) + -셔(-서 : 보조사, 위치 강조) ※ '집의셔'는 '지븨셔'를 체언과 조사를 끊어 적은 형태이다.(= 分綴, 분철)
8) 사ᄅᆞ샤ᄃᆡ : 살(살다, 居)- + -ᄋᆞ샤(←-ᄋᆞ시- : 주높)- + -ᄃᆡ(←-오ᄃᆡ : 연어, 설명 계속)
9) 디듕 : 지중(至重). 더할 수 없이 신중하거나, 혹은 더할 수 없이 귀중한 것이다.
10) 샹해 : 늘, 常(부사)
11) 셰간ᅴ : 셰간ㄴ(← 셰간 : 世間, 세간, 세상) + -ᅴ(-의 : 관조) ※ '셰간ㄴ'은 '셰간'의 종성 ㄴ/을 'ㄴㄴ'으로 거듭 적은 형태이다.(중철, 重綴)
12) 혜아리디 : 혜아리(헤아리다, 생각하다, 經)- + -디(-지 : 연어, 부정)
13) 셩 : 性. 성품(性品).
14) 법다와 : 법다오[← 법답다, ㅂ불(법에 맞다) : 법(법, 法 : 명사) + -답(형접)-]- + -아(연어)
15) 심히 : [심히, 심하게, 甚(부사) : 甚(심 : 불어) + -ᄒ(←-ᄒᆞ- : 형접)- + -이(부접)]
16) 일일마다 : 일일(모든 일, 事事) + -마다(보조사, 각자)
17) 법다이 : [법에 맞게, 循蹈規矩(부사) : 법(법, 法 : 명사) + -다(←-답- : 형접, ㅂ불)- + -이

ᄒᆞ시더라<sup>18)</sup> 

呂榮公(여영공)의 이름은 希哲(희철)이고 字(자)는 原明(원명)이니, 中國(신국) 正獻公(정헌공)의 맏아들이다. 正獻公(정헌공)이 집에서 사시되, 간략(簡略)하며 지중(至重)하며 잡일을 아니 하며 잡말을 아니 하여, 늘 세상의 일로 마음에 생각하지 아니하더니, 申國(신국)의 夫人(부인)이 성품(性品)이 엄정(嚴正)하고 법에 맞아서, 비록 심히 呂榮公(여영공)을 사랑하여도, 늘 가르치시되 일마다 법대로 하게 하시더라. [9:1]

계오<sup>19)</sup> 열 설<sup>20)</sup> 머거셔 쇠<sup>21)</sup> 치운<sup>22)</sup> 저기며 덥고 비 오ᄂᆞ 저긔도<sup>23)</sup> 뫼ᅀᆞ와<sup>24)</sup> 져므도록<sup>25)</sup> 셔셔<sup>26)</sup> 안ᄌᆞ라 아니 ᄒᆞ거시든<sup>27)</sup> 안씨<sup>28)</sup> 아니ᄒᆞ시더라<sup>29)</sup> ᄅᆞᆯ마다<sup>30)</sup> 모로매<sup>31)</sup> 冠帶(관ᄃᆡ)ᄒᆞ야<sup>32)</sup> 얼우시늘<sup>33)</sup> 뫼ᅀᆞ오며 샹해 비록

---

(부접)]

18) ᄒᆞ시더라 : ᄒᆞ(하다 : 보용, 사동)- + -시(주높)- + -더(회상)- + -라(←-다 : 평종) ※ 15세기 국어에서는 '-더-'와 '-시-'는 일반적으로 '-더시-'의 순서로 결합하였다. 그러나 여기서는 현대 국어처럼 '-시더-'의 순서로 실현되었는데, 이 시기에 '-더-'와 '-시-'의 실현 순서가 바뀌고 있음을 알 수 있다.

19) 계오 : 계오(← 계우 : 겨우, 甫, 부사)

20) 설 : 살, 歲(의명)

21) 쇠 : 몹시, 祁(부사)

22) 치운 : 치우(← 칩다, ㅂ불 : 춥다, 寒)- + -Ø(현시)- + -ㄴ(←-은 : 관전)

23) 저긔도 : 적(때, 時 : 의명) + -의(-에 : 부조, 위치) + -도(보조사, 마찬가지)

24) 뫼ᅀᆞ와 : 뫼ᅀᆞ오(← 뫼ᅀᆞᆸ다, ㅂ불 : 모시다, 侍)- + -아(연어)

25) 져므도록 : 져므(← 져믈다 : 저물다, 終日)- + -도록(연어, 도달)

26) 셔셔 : 셔(서다, 立)- + -어셔(-어서 : 연어)

27) 아니 ᄒᆞ거시든 : 아니(아니, 不 : 부사, 부정) # ᄒᆞ(하다, 명하다, 命)- + -시(주높)- + -거…든(-거든 : 연어, 조건)

28) 안씨 : 앉(← 앉다 : 앉다, 坐)- + -디(-지 : 연어, 부정)

29) 아니ᄒᆞ시더라 : 아니ᄒᆞ[아니하다(보용, 부정) : 아니(아니, 不 : 부사, 부정) + -ᄒᆞ(동접)-]- + -시(주높)- + -더(회상)- + -라(←-다 : 평종) ※ 선어말 어미가 '-시- + -더-'의 순서로 실현되었다.

30) ᄅᆞᆯ마다 : ᄅᆞᆯ(← 날 : 날, 日) + -마다(보조사) ※ 'ᄅᆞᆯ마다'는 '날마다'를 오각한 형태이다.

31) 모로매 : 모름지기, 반드시, 必(부사)

32) 冠帶(관ᄃᆡ)ᄒᆞ야 : 冠帶ᄒᆞ[관대하다 : 冠帶(관대) + -ᄒᆞ(동접)-]- + -야(←-아 : 연어) ※ '冠帶(관대)'는 관을 쓰고 띠를 매는 것이다

33) 얼우시늘 : 얼우신[어르신, 長者(명사) : 얼(교합하다, 娶)- + -우(사접)- + -시(주높)- + -ㄴ(관전▷명접)] + -을(목조)

ᄀᆞ장 더운 저기라도[34] 부모와 얼우신의 겯틔[35] 이셔ᄂᆞᆫ[36] 곳갈와[37] 보션[38]
과 ᄒᆡᆼ뎐[39]을 밧디 아니ᄒᆞ야 衣의服복ᄒᆞ고[40] 조심ᄒᆞ야 겨시더라

(여영공이) 겨우 열 살 먹어서, 몹시 추운 적이며 덥고 비 오는 적에도 (어르신을)
모셔, 날이 저물도록 서서, (어르신이) "앉아라." 아니 하시거든 앉지 아니하시더라.
날마다 반드시 冠帶(관대)를 하여 어르신을 모시며, 늘 비록 가장 더운 적이라도 부모
와 어르신의 곁에 있을 때는, 고깔과 버선과 행전(行纏)을 벗지 아니하여, 衣服(의복)
를 갖추고 조심하여 계시더라. [9:2]

거름[41] 거러 나드리[42] ᄒᆞᆯ 제 차 ᄑᆞᄂᆞᆫ 듸와 술 ᄑᆞᄂᆞᆫ 듸 드디[43]
아니ᄒᆞ며 져제와[44] ᄆᆞᅀᆞᆯ힛[45] 말와 鄭뎡[46]과 衛위와[47] 두 나랏 음탕ᄒᆞᆫ
풍륫[48] 소리를 ᄒᆞᆫ 번도 구예[49] 디내디[50] 아니ᄒᆞ며 졍티[51] 아니ᄒᆞᆫ 잡글월

---

34) 저기라도 : 적(때, 時 : 의명) + -이라도(보조사, 양보)
35) 겯틔 : 겯ㅌ(← 곁 : 곁, 側) + -의(-에 : 부조) ※ '겯ㅌ'은 '곁'의 종성 /ㅌ/을 'ㄷㅌ'으로 거듭
   적은 형태이다.
36) 이셔ᄂᆞᆫ : 이시(있다, 在)- + -어(연어) + -ᄂᆞᆫ(← -는 : 보조사, 주제) ※ '이셔ᄂᆞᆫ'은 '있을 때는'
   으로 의역하여서 옮긴다.
37) 곳갈와 : 곳갈(고깔, 巾) + -와(← -과 : 접조)
38) 보션 : 버선. 襪.
39) ᄒᆡᆼ뎐 : 행전(行纏). 바지나 고의를 입을 때 정강이에 꿰어 무릎 아래에 매는 물건이다.
40) 衣服ᄒᆞ고 : 衣服ᄒᆞ[의복을 갖추어 입다 : 衣服(의복 : 명사) + -ᄒᆞ(동접)-]- + -고(연어, 계기)
41) 거름 : [걸음, 步(명사) : 걸(← 걷다, ㄷ불 : 걷다, 步)- + -음(명접)]
42) 나드리 : [나들이, 出入(명사) : 나(나다, 出 : 자동)- + 들(들다, 入 : 자동)- + -이(명접)]
43) 드디 : 드(← 들다 : 들다, 入)- + -디(-지 : 연어, 부정)
44) 져제와 : 져제(저자, 시장, 市井) + -와(← -과 : 접조)
45) ᄆᆞᅀᆞᆯ힛 : ᄆᆞᅀᆞᆯㅎ(마을, 里巷) + -익(-에 : 부조, 위치) + -ㅅ(-의 : 관조) ※ 'ᄆᆞᅀᆞᆯ힛'은 '마을에
   서 쓰는'으로 의역하여 옮긴다.
46) 鄭 : 정. 정나라(기원전 806년~기원전 375년). 정나라는 주 왕조와 춘추 시대에 걸친 주나라
   의 제후국(諸侯國)이다. 기원전 375년에 한나라(韓)에 멸망했다.
47) 衛 : 위. 위나라. 중국 주(周)나라 무왕(武王)의 동생 강숙(康叔)을 시조로 하는 제후국(諸侯
   國)이다. BC 209년에 제46대 군각(君角) 때 진나라의 2세 황제에게 멸망했다.
48) 풍륫 : 풍류(풍류, 風流, 音樂) + -ㅅ(-의 : 관조)
49) 구예 : 구(← 귀 : 耳) + -예(← -에 : -에, 부조, 위치) ※ '구예'는 '귀예'를 오각한 형태이다.
50) 디내디 : 디내[지나게 하다 : 디나(지나다, 經 : 자동)- + -ㅣ(← -이- : 사접)-]- + -디(-지 :
   연어, 부정)
51) 졍티 : 졍ᄒᆞ[← 졍ᄒᆞ다(바르다, 正) : 졍(정, 正 : 명사) + -ᄒᆞ(형접)-]- + -디(-지 : 연어, 부정)

> 와<sup>52)</sup> 녜답디<sup>53)</sup> 아니혼 빗출<sup>54)</sup> 혼 번도 누네 브티디<sup>55)</sup> 아니ᄒ더라

걸음을 걸어 나들이 할 적에, 차 파는 데와 술 파는 데 들지 아니하며, 시장과 마을에서 쓰는 말(言)과 鄭(정)과 衛(위)의 두 나라의 淫蕩(음탕)한 風流(풍류)의 소리를 한 번도 귀에 지나게 하지 아니하며, 바르지 아니한 잡글과 예(禮)에 맞지 아니한 빛을 한 번도 눈에 붙이지 아니하더라. [9:3]

> 正<sub>정</sub>獻<sub>헌</sub>公<sub>공</sub>이 潁<sub>영</sub>州<sub>쥬</sub>ㅣㅅ<sup>56)</sup> 고을 通<sub>통</sub>判<sub>판</sub>이랏<sup>57)</sup> 벼슬 히엿거늘<sup>58)</sup> 歐<sub>구</sub>陽<sub>양</sub>
> 文<sub>문</sub>忠<sub>튱</sub>公<sub>공</sub><sup>59)</sup>이 마초아<sup>60)</sup> 그 고을 知<sub>디</sub>州<sub>쥬</sub>ㅣ 事<sub>ᄉ</sub>ㅣ랏<sup>61)</sup> 벼슬 ᄒ엿더니<sup>62)</sup>
> 焦<sub>쵸</sub>先<sub>션</sub>生<sub>ᄉ</sub>의 일홈은 千<sub>쳔</sub>之<sub>지</sub>오<sup>63)</sup> ᄌᄂ 伯<sub>ᄇ</sub>強<sub>강</sub>이랏<sup>64)</sup> 사ᄅ미<sup>65)</sup> 文<sub>문</sub>忠<sub>튱</sub>公<sub>공</sub>

---

52) 잡글월와 : 잡글월[잡글월 : 잡(잡-, 雜 : 접두)- + 글(글, 書) + -월(접미)] + -와(←-과 : 접조)

53) 녜답디 : 녜답[예답다, 예에 맞다(형사) : 녜(← 례, 禮 : 명사) + -답(형접)-] + -디(-지 : 연어, 부정) ※ '례(禮)〉녜'의 변화는 'ㄹ' 두음 법칙이 적용된 결과이다.

54) 빗츨 : 빗ㅊ(← 빛 : 빛, 色) + -을(목조) ※ '빗ㅊ'은 '비ᄎ'의 /ㅊ/을 'ㅅㅊ'으로 거듭 적은 형태이다.

55) 브티디 : 브티[붙이다, 接 : 븥(붙다, 附 : 자동)- + -이(사접)-] + -디(-지 : 연어, 부정)

56) 潁州ㅣㅅ : 潁州(영주, 지명) + -ㅣ(←-이 : 관조) + -ㅅ(관조) ※ '潁州ㅣㅅ'에는 관형격 조사인 '-ㅣ'와 '-ㅅ'이 중복으로 표기되었는데, '潁州ㅣ' 혹은 '潁州ㅅ'를 오각한 형태로 보인다. 『훈몽자회』(1527년)에는 '州'의 한자음을 /쥬/로 표기하고 있다.

57) 通判이랏 : 通判(통판) + -이(서조)- + -Ø(현시)- + -라(←-다 : 평종) + -ㅅ(-의 : 관조) ※ '通判(통판)'은 중국에서, 조정의 신하 가운데 군(郡)에 나아가 정치를 감독하던 벼슬아치이다. 송나라 때에 이 관직을 시작하였으며 명나라와 청나라 때에도 있었다. ※ '-ㅅ'은 문장 전체를 관형어로 기능하게 하는데, 여기서 '-이랏'을 '-이라는'으로 옮긴다.

58) 벼슬 히엿거늘 : 벼슬(벼슬, 官) # 히(← ᄒ다 : 하다, 爲)- + -엿(←-얏- : 완료 지속)- + -거늘(연어, 상황) ※ '벼슬 히엿거늘'은 '벼슬 ᄒ엿거늘'을 오각한 형태이다. ※ 'ᄒ엿거늘'에서 'ᄒ-' 뒤에서 완료 지속의 뜻을 나타내는 선어말 어미인 '-얏-'이 '-엿-'으로 변화되고 있음을 알 수 있다.

59) 歐陽 文忠公 : 구양 문충공. 본명은 구양수(歐陽修, 1007년 ~ 1072년)이다. 북송(北宋)시대 정치가이자 문학가로 활동했고, 벼슬은 한림학사(翰林學士), 추밀부사(樞密副使), 참지정사(參知政事) 등을 역임했다. 시호가 '문충(文忠)'이라 세인들은 '구양 문충공(歐陽文忠公)'이라고 부른다. 시사(詩詞) 각 체(體)에 능해 당시 고문운동(古文運動)의 영수(領袖)가 되었고, 당송 팔대가(唐宋 八大家)의 한 사람으로 손꼽는다.

60) 마초아 : [마침, 適(부사) : 맞(맞다, 的)- + -호(사접)- + -아(연어 ▷ 부접)]

61) 知州ㅣ事ㅣ랏 : 知州ㅣ事(←知州事 : 지주사, 관직명) + -ㅣ(←-이- : 서조)- + -Ø(현시)- + -라(←-다 : 평종) + -ㅅ(-의 : 관조) ※ 문장의 끝에 관형격 조사 '-ㅅ'이 실현되어서, 문장 전체가 관형어로 쓰였다.

62) ᄒ엿더니 : ᄒ(하다, 爲)- + -엿(←-얏- : 완료 지속)- + -더(회상)- + -니(연어, 설명 계속)

의게[66] 손이 도이여셔[67] 싁싁고[68] 거여우며[69] 方방正졍ㅎ거늘 正졍獻헌公공이 블러 마자다가[70] 모든[71] ᄌ식을 ᄀᆞᄅ치라 ᄒ시니 모든 뎨ᄌ들히[72] 죠고매나[73] 그르ᄒᄂᆞ[74] 이리 잇거든 先션生ᄉᆡᆼ이 단정히 안자 블러 더브러[75] 마조[76] 안자셔 져믈며 새도록 이셔도 더브러 말ᄉᆞ믈 아니 ᄒ다가[77] 모든 뎨ᄌ들히 저허[78] 그르ᄒᆞ관댜[79] ᄒ여ᅀᅡ[80] 先션生ᄉᆡᆼ이 그제ᅀᅡ[81] 말ᄉᆞ미며[82] 눗빗츨[83] 잠깐[84] ᄂᆞᄌᆞ기[85] ᄒ더시다[86]

---

63) 千之오 : 千之(천지) + -∅(←-이- : 서조)- + -오(←-고 : 연어, 나열)

64) 伯強이랏 : 伯強(백강) + -이(서조)- + -∅(현시)- + -라(←-다 : 평종) + -ㅅ(-의 : 관조)

65) '焦先生~伯強이랏 사ᄅᆞ미' : 이 구절은 문장의 형태가 중복되어서 꼬여 있다. 곧 '焦先生(초 선생)의 일홈은 千之오 ᄌᆞᄂᆞᆫ 伯強(백강)이라'라는 문장과 '일홈은 千之오 ᄌᆞᄂᆞᆫ 伯強이랏 사 ᄅᆞ미'이 하나의 문장으로 얽혀 있다. 이 문장의 구조를 문법에 맞게 바로잡으면 다음과 같이 된다. '焦先生이랏【焦先生의 일홈은 千之오 ᄌᆞᄂᆞᆫ 伯強이라】사ᄅᆞ미~'

66) 文忠公의게 : 文忠公(문충공) + -의게(-에게 : 부조, 상대)

67) 도이여셔 : 도이(← ᄃᆞ외다 : 되다, 爲)- + -여셔(←-어셔 : 연어)

68) 싁싁고 : 싁싁[← 싁싁ᄒ다(씩씩하다, 엄하다, 嚴) : 싁싁(씩씩 : 불어) + -∅(←-ᄒ- : 형접)-]- + -고(연어, 나열)

69) 거여우며 : 거여우(← 거엽다 ← 게엽다, ㅂ불 : 거하다, 굳세다, 毅)- + -며(←-으며 : 연어, 나열)

70) 마자다가 : 맞(맞다, 招延)- + -아(연어) + -다가(보조사, 동작의 유지, 강조)

71) 모든 : [모든, 諸(관사) : 몯(모이다, 集 : 동사)- + -ᄋᆞᆫ(관전▷관접)]

72) 뎨ᄌ들히 : 뎨ᄌ들ㅎ[제자들, 모든 아들들 : 뎨ᄌ(제자, 諸子) + -들ㅎ(-들 : 복접)] + -이(주조)

73) 죠고매나 : 죠고마[조금, 小(부사) : 죠곰(조금 : 부사) + -아(접미)] + -ㅣ나(←-이나 : 보조사, 선택, 강조)

74) 그르ᄒᄂᆞ : 그르ᄒ[잘못하다(동사) : 그르(그릇 : 부사) + -ᄒ(동접)-]- + -ᄂᆞ(현시)- + -ㄴ (관전)

75) 더브러 : 더블(더불다, 함께하다, 與)- + -어(연어)

76) 마조 : [마주(부사) : 맞(맞다, 迎 : 타동)- + -오(부접)]

77) 아니 ᄒ다가 : 아니(아니, 不 : 부사, 부정) # ᄒ(하다, 爲)- + -다가(연어, 동작의 전환)

78) 저허 : 젛(두려워하다, 恐懼)- + -어(연어)

79) 그르ᄒᆞ관댜 : 그르ᄒ[잘못하다, 誤(동사) : 그르(그릇, 誤 : 부사) + -ᄒ(동접)-]- + -∅(과시)- + -과(←-어- : 확인)- + -∅(←-오- : 화자)- + -ㄴ댜(←-관뎌 : -구나, 감종)

80) ᄒ여ᅀᅡ : ᄒ(하다, 謂)- + -여ᅀᅡ(←-아ᅀᅡ : 연어, 필연적 조건) ※ 15세기 국어에서는 'ᄒ야 ᅀᅡ'로 실현되었는데, 이 시기에 'ᄒ-'의 뒤에서 '-야ᅀᅡ'가 '-여ᅀᅡ'로 바뀌는 과정에 있음을 알 수 있다.

81) 그제ᅀᅡ : [그제, 그때, 彼時(명사) : 그(그, 彼 : 관사, 지시, 정칭) + 제(때, 時 : 의명)] + ᅀᅡ(보조 사, 한정 강조)

82) 말ᄉᆞ미며 : 말ᄉᆞᆷ[← 말ᄊᆞᆷ(말씀) : 말(말, 言) + -ᄊᆞᆷ(-씀 : 접미)] + -이며(접조) ※ '말ᄉᆞᆷ'은 '말ᄊᆞᆷ'의 /ㅁ/을 'ㅁㅁ'으로 거듭 적은 형태이다.

83) 눗빗츨 : 눗빗ㅊ[← 눗빛(낯빛, 顔色) : 눗(← 눛 : 낯, 顔) + 빗ㅊ(← 빛 : 빛, 色)] + -을(목조)

正獻公(정헌공)이 潁州(영주)의 고을 通判(통판)이라는 벼슬하였거늘, 歐陽(구양) 文忠公(문충공)이 마침 그 고을의 '知州事(지주사)'라는 벼슬을 하였더니, 焦先生(초 선생)의 이름은 千之(천지)이고 자(字)는 伯強(백강)이라는 사람이, 文忠公(문충공)에게 손님이 되어서, 엄하고 굳세며 方正(방정)하거늘, 正獻公(정헌공)이 (초선생을) 불러 맞아다가 모든 자식을 가르치라 하시니, 모든 제자(諸子)들이 조금이나 잘못하는 일이 있거든, 선생이 단정히 앉아 (제자들을) 불러 더불어 마주 앉아서, (날이) 저물며 새도록 있어도 더불어 말씀을 아니 하다가, 모든 제자(諸子)들이 두려워하여 "잘못하였구나."라고 하여야, 선생이 그제야 말씀며 낯빛을 잠깐 나직이 하시더라. [9:4]

呂녀榮영公공이 그 저긔<sup>87)</sup> 맛치<sup>88)</sup> 열라믄<sup>89)</sup> 서를 머것더니<sup>90)</sup> 안희셔눈<sup>91)</sup> 正정獻헌公공과 申신國국夫부人신괘<sup>92)</sup> ᄀᄅ츄미<sup>93)</sup> 이러ᄐ시<sup>94)</sup> 엄정ᄒ고 밧긔셔눈<sup>95)</sup> 焦쵸先션生ᅀᅵᆼ이 어딘 일로 혀<sup>96)</sup> 가미<sup>97)</sup> 이러ᄐ시 두터우모로<sup>98)</sup> 公공의 유덕ᄒᆫ 器긔量량<sup>99)</sup>이 이러<sup>1)</sup> 샹넷<sup>2)</sup> 사룸두곤<sup>3)</sup> ᄀ장<sup>4)</sup> 다ᄅ더시다<sup>5)</sup> 呂녀榮영公공

---

※ 'ᄂᆺ빗츨'은 'ᄂᆺ비츨'의 /ㅊ/을 'ㅅㅊ'으로 거듭 적은 형태이다.

84) 잠깐 : [잠간, 暫間(부사) : 잠(잠시, 暫) + -ㅅ(관조, 사잇) + 간(사이, 間)]

85) ᄂᆽ기 : ᄂᆽ기[나직이, 降(부사) : ᄂᆽ(나직 : 불어) + -Ø(←-ᄒ- : 형접) + -이(부접)]

86) ᄒ더시다 : ᄒ(하다, 爲)- + -더(회상)- + -시(주높)- + -다(평종)

87) 저긔 : 적(적, 때, 時 : 의명) + -의(-에 : 부조, 위치)

88) 맛치 : 맛치(← 마치 : 그때에, 때마침, 方, 부사) ※ '맛치'는 '마치'의 /ㅊ/을 'ㅅㅊ'으로 거듭 적은 형태이다.

89) 열라믄 : [여남은, 十餘(관사, 양수) : 열(열, 十 : 관사) + 람(← 남다 : 남다, 餘, 동사)- + -은 (관전▷관접)] ※ '열라믄/여라믄/여라믄/열나믄/여나믄' 등의 변이 형태가 '여남은(十餘)'의 뜻으로 쓰였다.

90) 머것더니 : 먹(먹다, 食)- + -엇(완료 지속)- + -더(회상)- + -니(연어, 설명 계속)

91) 안희셔눈 : 안ᄒ(안, 內)- + -의(-에 : 부조, 위치) + -셔(-서 : 보조사, 위치 강조) + -ᄂᆫ(보조사, 주제)

92) 申國夫人괘 : 申國夫人(신국 부인) + -과(접조) + -ㅣ(←-이 : 주조)

93) ᄀᄅ츄미 : ᄀᄅ치(가르치다, 敎)- + -움(명전) + -이(주조)

94) 이러ᄐ시 : 이러ᄒ(← 이러ᄒ다(이러하다, 如此 : 형사) : 이러(불어, 부사) + -ᄒ(형접)-]- + -ᄃ시(-듯이 : 연어, 비교, 흡사)

95) 밧긔셔눈 : 밝(밖, 外) + -의(-에 : 부조, 위치) + -셔(-서 : 보조사, 위치 강조) + -ᄂᆫ(보조사, 주제)

96) 혀 : 혀(이끌다, 導)- + -Ø(← -어 : 연어)

97) 가미 : 가(가다 : 보용, 진행)- + -ㅁ(←-옴 : 명전) + -이(주조)

98) 두터우모로 : 두터우(← 두텁다, ㅂ 불 : 도탑다, 篤)- + -모로(←-으므로 : 연어, 이유)

이 일즉6) 니르샤딕 사름미7) 나셔8) 안호론9) 어딘 아비와 형과 업스며 밧고른10) 싁싁흔11) 스승과 벋이 업고 릉히12) 어딜에13) 도일14) 사름이 젹그니라15) 흐더시다

呂榮公(여영공)이 그때에 때마침 여남은 살을 먹었더니, 안에서는 正獻公(정헌공)과 申國夫人(신국 부인)이 가르치는 것이 이렇듯이 엄정하고, 밖에서는 焦先生(초 선생)이 어진 일로 이끌어 감이 이렇듯이 도타우므로, 公(공)의 유덕한 器量(기량)이 이루어져, 보통의 사람보다 매우 다르시더라. 呂榮公(여영공)이 일찍이 이르시되, "사람이 나서 안으로는 어진 아버지와 형이 없으며, 밖으로는 엄한 스승과 벗이 없고(서는), 능히 어질게 될 사람이 적으니라." 하시더라. [9:5]

呂녀榮영公공의 안해16) 張댱夫부人신는17) 待딕制졔 벼슬18) 흐엿는19) 일후믄

---

99) 器量 : 기량. 사람의 재능과 도량을 아울러 이르는 말이다.

1) 이러 : 일(이루어지다, 成就)- + -어(연어)

2) 샹녯 : 샹녜(보통, 常例) + -ㅅ(-의 : 관조)

3) 사름두곤 : 사름(사람, 人) + -두곤(-보다 : 부조, 비교)

4) ᄀ장 : 매우, 크게, 大(부사)

5) 다른더시다 : 다른(다르다, 異)- + -더(회상)- + -시(주높)- + -다(평종)

6) 일즉 : 일찍, 일찍이, 嘗(부사)

7) 사름미 : 사름ㅁ(←사름 : 사람, 人) + -이(주조) ※ '사름미'는 '사른미'의 /ㅁ/을 'ㅁㅁ'으로 거듭 적은 형태이다.

8) 나셔 : 나(나다, 出)- + -아셔(-아서 : 연어, 동작의 유지, 강조)

9) 안호론 : 안ㅎ(內) + -오로(←-ㅇ로 : 부조, 방향) + -ㄴ(← 는 : 보조사, 주제)

10) 밧고른 : 밖(밖, 外) + -오르(←-ㅇ로 : 부조, 방향) + -ㄴ(← 는 : 보조사, 주제)

11) 싁싁흔 : 싁싁ㅎ[엄정하다, 엄하다, 씩씩하다, 嚴 : 싁싁(씩씩 : 불어) + -ㅎ(형접)-] + -Ø(현시)- + -ㄴ(관전)

12) 릉히 : 릉히[능히(부사) : 릉(←능 : 능, 能, 불어) + -Ø(←-ㅎ- : 형접)- + -이(부접)] ※ '릉히'는 '능히'의 오기이다.

13) 어딜에 : 어딜(어질다, 賢)- + -에(←-게 : 연어, 피동)

14) 도일 : 도이(← ᄃ외다 : 되다, 爲)- + -ㄹ(관전)

15) 젹그니라 : 젹ㄱ(← 젹다 : 적다, 少)- + -Ø(현시)- + -으니(원칙)- + -라(←-다 : 평종) ※ '젹그니'는 '져그니라'의 /ㄱ/을 'ㄱㄱ'으로 거듭 적은 형태이다.

16) 안해 : [아내, 妻 : 안ㅎ(안, 內) + -애(-에 : 부조▷명접)]

17) 張夫人는 : 張夫人(장 부인) + -는(←-은 : 보조사, 주제)

18) 待制 벼슬 : 待制(대제, 벼슬 이름) + -ㅅ(-의 : 관조) # 벼슬(벼슬, 官職) ※ '待制(대제)'는 중국 당대(唐代)의 관제(官制)이다. 시종고문(侍從顧問)의 직무를 수행하였다.

믾온之지의 아기ᄯ리니[20] ᄀ장 ᄉ랑ᄒ야도 샹해[21] ᄀ장 햐근[22] 이리라도[23] ᄀᄅ츄믈[24] 반ᄃ시 법되[25] 잇더니 飮음食식 ᄀᄐ[26] 일에도 밥과 깅과란[27] 다시 더 주라 ᄒ고 고기란 다시 더 주디 아니ᄒ더니 그 저긔 張댱믾온之지 ᄒ마[28] 待ᄃ制졔 벼슬 ᄒ야 河하北북都도轉뎐運운使ᄉㅣ 도외엇더니라[29]

呂榮公(여영공)의 아내 張夫人(장부인)은 待制(대제)의 벼슬을 한 (이름은) 믾之(온지)의 막내딸이니, (장온지가 막내딸을) 매우 사랑하여도 늘 매우 작은 일이라도 가르치는 것에 반드시 법도(法度)가 있더니, 먹고 마시는 것과 같은 일에도 밥과 국은 다시 더 주라 하고 고기는 다시 더 주지 아니하더니, 그때에 張믾之(장온지)가 이미 待制(대제)의 벼슬을 하여 河北都轉運使(하북도전운사)가 되었더라. [9:6]

夫부人신이 呂려氏시이 집의 며느리 되여 오니 夫부人신의 어머님은[30] 申신國국夫부人신의 형님이니 홀른[31] 자내[32] ᄯᆯ을 보라 와 방 뒤헤[33] 손가마[34] 뉴엣[35] 거시 잇거늘 보고 ᄀ장 즐기디 아니ᄒ여 申신國국夫부人신ᄃ려

---

19) ᄒ엿ᄂ : ᄒ(하다, 爲)- + -엿(완료 지속)- + -ᄂ(현시)- + -ㄴ(관전)

20) 아기ᄯ리니 : 아기ᄯᆯ[막내딸, 幼女 : 아기(아기, 兒) + ᄯᆯ(딸, 女)] + -이(서조)- + -니(연어, 설명 계속)

21) 샹해 : 항상, 평소에, 常(부사)

22) 햐근 : 햑(작다, 微細)- + -Ø(현시)- + -은(관전)

23) 이리라도 : 일(일, 事) + -이라도(보조사, 양보)

24) ᄀᄅ츄믈 : ᄀᄅ치(가르치다, 教)- + -움(명전) + -을(← -에 : 목조, 보조사적 용법, 의미상 부사격)

25) 법되 : 법도(법도, 法度) + -ㅣ(← -이 : 주조)

26) ᄀᄐ : ᄀᇀ(같다, 如)- + -Ø(현시)- + -은(관전)

27) 깅과란 : 깅(국, 羹) + -과(접조) + -란(-는 : 보조사, 주제)

28) ᄒ마 : 이미, 벌써, 已(부사)

29) 도외엇더니라 : 도외(되다, 爲)- + -엇(완료 지속)- + -더(회상)- + -니(원칙)- + -라(← -다 : 평종)

30) 어머님은 : 어머님[어머님, 母 : 어머(← 어미 : 어머니, 母) + -님(높접)] + -은(보조사, 주제)
    ※ 15세기에는 '어마님'의 형태였는데, 이 시기부터 '어머님'의 형태가 나타났다.

31) 홀른 : 홀ㄹ(← ᄒᆞᄅᆞ : 하루, 一日) + -은(보조사, 주제)

32) 자내 : 몸소, 스스로, 自(부사)

33) 뒤헤 : 뒤ㅎ(뒤, 後) + -에(부조, 위치)

34) 손가마 : [가마솥, 鍋釜 : 손(← 솥 : 솥, 鍋) + 가마(가마, 釜)]

널우딕<sup>36)</sup> 엇디<sup>37)</sup> 져믄<sup>38)</sup> 아히들호로<sup>39)</sup> 아룸덧<sup>40)</sup> 飮<sub>음</sub>食<sub>식</sub>을 믄두라<sup>41)</sup> 먹게 ᄒ야 가문 쎕을<sup>42)</sup> 허러 ᄇ리ᄂᆞ뇨<sup>43)</sup> ᄒ니 그 엄정호미<sup>44)</sup> 이러ᄒ더라<sup>45)</sup>

夫人(부인)이 呂氏(여씨)의 집에 며느리가 되어 오니, 夫人(부인)의 어머님은 申國夫人(신국부인)의 형님이니, 하루는 몸소 딸을 보러 와, 방 뒤에 가마솥 따위의 것이 있거늘, 보고 매우 즐기지 아니하여, 申國夫人(신국부인)에게 이르되, "어찌 어린 아이들로 사사로운 飮食(음식)을 만들어 먹게 하여 가문(家門)의 법(法)을 헐어 버리느냐?" 하니, 그 엄정(嚴正)함이 이러하더라. [9:7]

35) 뉴엣 : 뉴(← 류 : 유, 종류, 따위, 類) + -에(부조, 위치) + -ㅅ(-의 : 관조) ※ '류〉뉴'의 변화 는 'ㄹ' 두음 법칙이 적용된 결과이다.

36) 널우딕 : 닐(← 니ᄅ다 : 이르다, 曰)- + -우딕(-되 : 연어, 설명 계속)

37) 엇디 : 어찌, 豈(부사)

38) 져믄 : 졈(젊다, 어리다, 幼)- + -Ø(현시)- + -은(관전)

39) 아히들호로 : 아히들ㅎ[아이들, 兒輩 : 아히(아이, 兒) + -들ㅎ(-들 : 복접)-] + -오로(← -ᄋ 로 : 부조, 방편)

40) 아룸덧 : 아룸뎌[사사로이, 私(부사) : 아룸(사사로움, 私 : 명사) + -뎌(부접)] + -ㅅ(-의 : 관 조) ※ '아룸덧'은 문맥에 맞추어서 '사사로운'으로 의역하여 옮긴다.

41) 믄두라 : 믄들(← 믠들다 : 만들다, 作)- + -아(연어) ※ 이 단어는 '밍글다〉믠글다/믠글다〉믄 들다〉만들다'의 변화 과정을 겪었다.

42) 가문 쎕을 : 가문(가문, 家門) + -ㅅ(-의 : 관조) # 법(법, 法) + -을(목조)

43) 허러 ᄇ리ᄂᆞ뇨 : 헐(헐다, 塊)- + -어(연어) # ᄇ리(버리다 : 보용, 완료)- + -ᄂᆞ(현시)- + -뇨 (-느냐 : 의종, 설명)

44) 엄정호미 : 엄정ᄒ[← 엄정ᄒ다(엄정하다) : 엄정(엄정, 嚴正 : 명사) + -ᄒ(형접)-] + -옴(명 전) + -이(주조)

45) 이러ᄒ더라 : 이러ᄒ[이러하다, 如此 : : 이러(불어, 부사) + -ᄒ(형접)-] + -더(회상)- + - 라(← -다 : 평종)

# 4. 소학언해

1518년(중종 19)에 『번역소학』(飜譯小學)이 간행되었는데, 이 책이 한문본을 지나치게 의역(意譯)했다는 비판을 받았다. 이에 따라서 선조 때에 간행된 『소학언해』(1587년, 선조 20)는 직역을 원칙으로 하여 간행하였다.

[ 소학언해 ]

『번역소학』은 교정청본의 전질(全帙)이 경상북도 안동(安東)의 도산서원(陶山書院)에 수장되어 있는데, 경진자본(庚辰字本)의 6권 4책으로 짜였다. 그 뒤 1744년(영조 20)에 왕명으로 교정청본을 다시 수정한 『어제소학언해』(御製小學諺解)가 간행되었다.

『소학언해』(小學諺解)는 16세기 후반기에 쓰인 국어의 모습을 잘 보여 주는 중요한 자료이다. 곧, 이 책은 중세 국어와 근세 국어의 차이를 이루는 중요한 음운과 문법의 변화 양상을 보여 주어서, 국어사 연구에 대단히 중요한 자료로 평가받고 있다. 특히 16세기 초에 간행된 『번역소학』과 16세기 말에 간행된 『소학언해』의 특징을 비교함으로써 중세 국어 말기에 국어가 변화하는 양상을 잘 이해할 수 있다.

이 책에 나타나는 표기와 음운상의 특징을 요약하면 다음과 같다.

첫째, 이 책에서는 방점이 유지되고 있으나 표기 방법에 심한 혼란을 보인다.

둘째, 'ㆁ'과 'ㅇ'의 글자가 구분되어서 쓰였으나 초성에서 실현되는 'ㆁ' 글자는 쓰임에 15세기 국어보다 제약이 더 많았다. 곧 앞 음절의 종성이 'ㅇ'인 환경에서만, 뒤의 음절에서 'ㆁ'을 초성 글자로 썼다. 이러한 현상을 감안하면 16세기 말에 'ㆁ'과 'ㅇ'의 구분이 잘 되지 않았음을 알 수 있다.

셋째, 'ㅿ'의 글자가 나타나지 않아서 이 시기에 /ㅿ/의 소리가 거의 사라졌음을 알 수 있다.

넷째, 15세기에는 'ㅅ' 받침으로 적히던 곳에 'ㄷ'의 글자가 쓰인 예가 많이 나타난다. 이를 통해서 15세기의 8종성 체계가 16세기 후반에 7종성의 체계로 바뀌고 있음을 알 수 있다.

다섯째, 특히 자음 동화의 한 종류인 비음화 현상이 많이 일어난다.

여섯째, 아주 드물지만 구개음화와 두음법칙의 예가 보인다.

일곱째, 15세기에 '-옴/-움'으로 실현되던 명사형 어미가 이 시기에는 '-음/-ㅁ'으로 실현된 예가 보인다. 그리고 대상 표현과 화자 표현의 선어말 어미인 '-오-/-우-'가 실현되지 않는 경우가 나타난다.

여덟째, '끊어적기(분철, 分綴)'와 '거듭적기(중철, 重綴)'가 함께 많이 나타난다.

이러한 특징 때문에 『소학언해』는 중세 국어와 근세 국어의 차이를 알 수 있는 중요한 문헌으로 평가받는다. 특히 16세기 초에 발행된 『번역소학』과 비교함으로써 이러한 차이를 확인할 수 있다는 점에서, 이 책이 국어의 변화를 살피는 데에 큰 도움이 된다.

# 小쇼學혹書셔題데*

> 져근[1] 아히[2] 비홀[3] 글월의[4] 쓴 거시라

작은 아이가 배울 글에 쓴 것이다.

> 녜[5] 小쇼學혹애 사름을 ᄀᆞᄅ츄듸[6] 믈 쓰리고[7] 쓸며[8] 應응ᄒᆞ며 對대ᄒᆞ며
> 【應응은 블러든[9] 되답홈이오 對되는 무러든[10] 되답홈이라】 나ᇰ며[11] 므르는[12]
> 졀ᄎᆞ와 어버이를 ᄉᆞ랑ᄒᆞ며 얼운을[13] 공경ᄒᆞ며 스승을 존되ᄒᆞ며 벋을
> 親친히[14] 홀 道도로써[15] ᄒᆞ니 다 뼈 몸을 닷ᄀᆞ며[16] 집을 ᄀᆞᄌᆞ기[17]
> ᄒᆞ며 나라흘 다스리며 天텬下하를 平평히[18] 홀 근본을 ᄒᆞ논 배니[19]

---

* 小學書 題 : 소학서 제. 『소학서』(小學書)의 머리말이다.
1) 져근 : 젹(작다, 小)- + -∅(현시)- + -은(관전)
2) 아히 : 아히(아이, 兒) + -∅(←-이 : 주조)
3) 비홀 : 비호(배우다, 學)- + -∅(←-오- : 대상)- + -ㄹ(관전)
4) 글월의 : 글월[글월 : 글(글, 書) + -월(접미)] + -의(-에 : 부조, 위치)
5) 녜 : 예전, 昔(명사)
6) ᄀᆞᄅ츄듸 : ᄀᆞᄅ치(가르치다, 敎)- + -우듸(-되 : 연어, 설명 계속)
7) 쓰리고 : 쓰리(뿌리다, 청소하다, 灑)- + -고(연어, 나열)
8) 쓸며 : 쓸(비로 쓸다, 掃)- + -며(연어, 나열)
9) 블러든 : 블러(← 브르다 : 부르다, 召)- + -어든(-거든 : 연어, 조건)
10) 무러든 : 물(← 묻다, ㄷ불 : 묻다, 問)- + -어든(-거든 : 연어, 조건)
11) 나ᇰ며 : 나(← 낫다, ㅅ불 : 나아가다, 進)- + -ᇰ며(연어, 나열) ※ '나ᅀᆞ며〉나ᇰ며'의 변화를 통해서 /ㅿ/이 사라졌음을 알 수 있다.
12) 므르는 : 므르(물러나다, 退)- + -ᄂᆞ(현시)- + -ㄴ(관전)
13) 얼운을 : 얼운[어른, 長(명사) : 얼(교합하다, 娶)- + -우(사접)- + -ㄴ(관전▷명접)] + -을(목조)
14) 親히 : [친히(부사) : 親(친 : 불어) + -ㅎ(←-ᄒᆞ- : 형접)- + -이(부접)]
15) 뼈 : [그로써, 그것으로써, 以(부사) : ㅄ(← 쓰다 : 쓰다, 사용하다, 用)- + -어(연어▷부접)] ※ '뼈'는 한자 '以(이)'를 직역한 것으로 '그로써'로 의역한다.
16) 닷ᄀᆞ며 : 닭(닦다, 修)- + -ᄋᆞ며(연어, 나열)
17) ᄀᆞᄌᆞ기 : [가지런히(부사) : ᄀᆞ즉(가지런 : 불어) + -∅(←-ᄒᆞ- : 형접)- + -이(부접)] ※ '몸 닷그며 집 ᄀᆞ즉이 ᄒᆞ며'는 소학의 원문에 나오는 '修身齊家(수신제가)'를 언해한 말이다.
18) 平히 : [평평히, 平(부사) : 平(평 : 불어) + -ㅎ(←-ᄒᆞ- : 형접)- + -이(부접)]
19) ᄒᆞ논 배니 : ᄒᆞ(하다, 爲)- + -ㄴ(←-ᄂᆞ- : 현시)- + -오(대상)- + -ㄴ(관전) # 바(바, 것 : 의명) + -ㅣ(←-이- : 서조)- + -니(연어, 설명 계속) ※ '나라흘 다스리며 天下를 平히 ᄒᆞ다'

옛날 小學(소학)에 사람을 가르치되, 물을 뿌리고 쓸며, 應(응)하며 對(대)하며【應 (응)은 부르거든 대답하는 것이요, 對(대)는 묻거든 대답하는 것이다.】, 나아가며 물러나는 절차(節次)와, 어버이를 사랑하며 어른을 공경(恭敬)하며 스승을 존대(尊待)하며 벗을 친(親)히 할 도(道)로써 하니, 다 그로써 몸을 닦으며 집을 가지런히 하며 나라를 다스 리며 天下(천하)를 平(평)히 할 근본(根本)을 하는 바이니

---

반드시 히여곰²⁰⁾ 그 졈어 어려실²¹⁾ 제 講₍강₎ᄒ야²²⁾ 니기게²³⁾ 홈은 그 니교미 디혜로²⁴⁾ 더브러 길며²⁵⁾ 되오미²⁶⁾ ᄆᆞ음과로²⁷⁾ 더브러 이러²⁸⁾ 거슯쁘며²⁹⁾ 막딜이여³⁰⁾ 이긔디³¹⁾ 몯홀 근심이 업과댜³²⁾ 홈이니라

---

반드시 하여금 그 젊어 어려 있을 적에 講(강)하여 익히게 함은, 그 익히는 것이 지혜(智慧)로 더불어 자라며, (그) 되는 것이 마음과 더불어 이루어져, 거슬리며 막질 리어 이기지 못할 근심이 없고자 함이니라.

---

이제 그 오온³³⁾ 글월을 비록 可₍가₎히 보디 몯ᄒ나 傳₍뎐₎記₍긔₎【넷 글월들이

는 소학의 원문에 나오는 '治國平天下(치국평천하)'를 옮긴 말이다.

20) 히여곰 : [하여금, 슈(부사) : ᄒ(하다, 爲)- + -ㅣ(←-이- : 사접)- + -여(←-어 : 연어 ▷ 부접) + -곰(보조사, 강조)]

21) 어려실 : 어리(어리다, 穉)- + -어시(완료 지속)- + -ㄹ(관전) ※ '-어시-'는 '-어 이시-'가 축약되어서 '완료 지속'의 뜻을 나타내는 선어말 어미이다.

22) 講ᄒ야 : 講ᄒ[강하다 : 講(강 : 명사) + -ᄒ(동접)-]- + -야(←-아 : 연어) ※ '講(강)'은 예전 에, 서당이나 글방 같은 데에서, 배운 글을 선생이나 시관 또는 웃어른 앞에서 외는 것이다.

23) 니기게 : 니기[익히다, 習 : 익(익다, 熟)- + -이(사접)-]- + -게(연어, 사동)

24) 디혜로 : 디혜(지혜, 知慧) + -로(부조, 방편)

25) 길며 : 길(길어지다, 자라다, 長 : 동사)- + -며(연어, 나열)

26) 되오미 : 되(되다, 爲)- + -옴(명전) + -이(주조)

27) ᄆᆞ음과로 : ᄆᆞ음(마음, 心)- + -과(접조) + -로(부조, 방편)

28) 이러 : 일(이루어지다, 成)- + -어(연어)

29) 거슯쁘며 : 거슯쁘[거슬리다, 扞 : 거슬(거스르다 : 타동)- + -ㅂ쁘(←-쁘- : 피접)-]- + -며 (연어, 나열) ※ '거슯쁘며'는 '거슬쁘며'의 /ㅂ/을 거듭 적은 형태이다.

30) 막딜이여 : 막딜이[막질리다, 앞질러 가로막히다, 格 : 막(막다 : 타동)- + 디ᄅ(가로막다 : 타 동)- + -이(피접)-]- + -여(←-어 : 연어)

31) 이긔디 : 이긔(이기다, 勝)- + -디(-지 : 연어, 부정)

32) 업과댜 : 업(← 없다 : 없다, 無)- + -과댜(-고자 : 연어, 목적)

33) 오온 : [온, 모든, 온전한, 全(관사) : 오오(← 오ᄋᆞᆯ다 : 온전하다, 全)- + -ㄴ(관전 ▷ 관접)]

라 】예 섯거³⁴⁾ 낱는³⁵⁾ 디³⁶⁾ 쏘 하건마는³⁷⁾ 닐글 이³⁸⁾ 잇다감³⁹⁾ 흔갓⁴⁰⁾ 녜와 이제와 맛당홈이⁴¹⁾ 달름으로⁴²⁾ 뻐 行ᅘ티 아니ᄒᄂ니 ᄌᆞ못⁴³⁾ 그 녜와 이제와 달옴이⁴⁴⁾ 업슨 거시 진실로 비르소⁴⁵⁾ 可ᄀᆞ히 行ᅘ티 몯홀 거시 아닌 줄을 아디 몯ᄒᄂ니라

이제 그 모든 글을 비록 可(가)히 보지 못하나, 傳記(전기)【예전의 글들이다.】에 섞이어 나타나는 데가 또 많건마는, 읽을 이가 이따금 한갓 예전과 이제와 마땅함이 다름으로써 行(행)하지 아니하나니, 자못 그 예전과 이제와 다른 것이 없는 것이, 진실로 비로소 可(가)히 行(행)하지 못할 것이 아닌 줄을 알지 못하느니라.⁴⁶⁾

이제 ᄌᆞ못 어더 모도와⁴⁷⁾ 뻐 이 글을 밍ᄀᆞ라 아히 어리니를⁴⁸⁾ 주어 그 講ᄀᆞᆼᄒᆞ야 니교믈⁴⁹⁾ ᄌᆞ뢰케⁵⁰⁾ ᄒᄂ노니 거의 풍쇽이며 교화의

---

34) 섯거 : 섯(섞이다, 雜)- + -어(연어)
35) 낱는 : 낱(나타나다, 出)- + -ᄂ(현시)- + -ㄴ(관전)
36) 디 : 디(데, 處) + -Ø(← -이 : 주조)
37) 하건마는 : 하(많다, 多)- + -건마는(-건마는 : 연어, 대조)
38) 닐글 이 : 닑(읽다, 讀)- + -을(관전) # 이(이, 者 : 의명) + -Ø(← -이 : 주조)
39) 잇다감 : 이따금, 往往(부사)
40) 흔갓 : [한갓, 直(부사) : 흔(한, 一 : 관사, 양수) + 갓(← 가지 : 가지, 類 : 의명)] ※ '흔갓'은 '고작하여야 다른 것 없이 겨우'의 뜻으로 쓰이는 부사이다.
41) 맛당홈이 : 맛당ᄒᆞ(← 맛당ᄒᆞ다(마땅하다, 宜) : 맛당(마땅 : 불어)- + -ᄒᆞ(형접)-]- + -옴(명전) + -이(주조)
42) 달름으로 : 다ᄅᆞ(← 다ᄅᆞ다 : 다르다, 異)- + -음(← -옴 : 명전) + -으로(부조, 방편) ※ 명사형 전성 어미가 '-옴'에서 '-음'으로 바뀌어서 실현되었다.
43) ᄌᆞ못 : ᄌᆞ못(← ᄌᆞ모 : 자못, 생각보다 매우, 꽤, 頗, 부사)
44) 달옴이 : 달(← 다ᄅᆞ다 : 다르다, 異)- + -옴(명전) + -이(주조)
45) 비르소 : [비로소, 庶幾(부사) : 비릇(비릇하다, 由)- + -오(부접)]
46) 그 녜와 ~ 몯ᄒᄂ니라 : 이 구절은 다음과 같이 의역하여 옮길 수 있다. "그 옛날의 일과 지금의 일이 다르지 않으므로, (글을 읽는 사람이) 진실로 행할 수 있다는 것을 알아야만 하느니라."
47) 모도와 : 모도오[← 모도다(모으다, 集) : 몯(모이다, 集)- + -오(사접)-]- + -아(연어)
48) 어리니를 : 어리(어리석다, 蒙)- + -Ø(현시)- + -ㄴ(관전) # 이(이, 者 : 의명) + -를(-에게 : 목조, 보조사적 용법, 의미상 부사격)
49) 니교믈 : 니기(익히다, 習 : 닉(익다, 熟)- + -이(사접)-]- + -옴(명전) + -을(목조)
50) ᄌᆞ뢰케 : ᄌᆞ뢰ᄒᆞ[← ᄌᆞ뢰ᄒᆞ다(자뢰하다, 밑천으로 삼다, 資) : ᄌᆞ뢰(자뢰, 資賴 : 명사) + -ᄒᆞ(동접)-]- + -게(연어, 사동)

만분에 ㅎ나히나<sup>51)</sup> 보태욤이<sup>52)</sup> 이시리니라

이제 자못 (글들을) 얻어 모아서, (그로써) 이 글을 만들어 아이와 어리석은 이에게
주어서, 그것을 講(강)하여 익히는 것을 자뢰(資賴)하게 하나니, 거의 풍속(風俗)이며
교화(敎化)에 만분(萬分)에 하나나 보태는 것이 있겠니라.

淳<sub>슌</sub>熙<sub>희</sub>【宋<sub>송</sub> 孝<sub>효</sub>宗<sub>종</sub> 년회라<sup>53)</sup>】 丁<sub>뎡</sub>未<sub>미</sub> 三<sub>삼</sub>月<sub>월</sub> 초ㅎ른날<sup>54)</sup> 晦<sub>회</sub>菴<sub>암</sub>
【朱<sub>쥬</sub>子<sub>ᄌ</sub><sup>55)</sup>ㅅ 별회라<sup>56)</sup>】은 쓰노라<sup>57)</sup>

淳熙(순희)【宋(송)나라의 孝宗(효종)의 연호(年號)이다.】 丁未(정미)년 三月(삼월) 초
하룻날 晦菴(회암)【朱子(주자)의 별호(別號)이다.】은 쓴다.

---

51) ㅎ나히나 : ㅎ나ㅎ(하나, 一 : 수사, 양수) + -이나(보조사, 선택)
52) 보태욤이 : 보태(보태다, 補)- + -욤(← -옴 : 명전) + -이(주조)
53) 년회라 : 년호(연호, 年號) + -ㅣ(← -이- : 서조)- + -∅(현시)- + -라(← -다 : 평종)
   ※ '년호(年號)'는 해의 차례를 나타내기 위하여 붙이는 이름이다.
54) 초ㅎ른날 : [초하룻날, 朔旦 : 초(초, 初 : 접두)- + ㅎ른(하루, 一日) + -ㅅ(관조, 사잇) + 날
   (날, 日)] ※ '초ㅎ룻날→초ㅎ른날→초ㅎ른날'처럼 평파열음화와 비음화의 변동을 거쳤다.
55) 朱子 : 주자. 중국 송나라의 유학자이다(1130~1200). 도학(道學)과 이학(理學)을 합친 이른
   바 송학(宋學)을 집대성하였다. '주자(朱子)'라고 높여 이르며, 주자의 정립한 학설을 '주자
   학'이라고 한다. 주요 저서에 『신전』(詩傳), 『사서집주』(四書集註), 『근사록』(近思錄), 『자치
   통감강목』(資治通鑑綱目) 따위가 있다.
56) 별회라 : 별호(별호, 別號) + -ㅣ(← -이- : 서조)- + -∅(현시)- + -라(← -다 : 평종) ※ '별
   호(別號)'는 본명이나 자 이외에 쓰는 이름으로, 허물없이 쓰기 위하여 지은 이름이다.
57) 쓰노라 : 쓰(쓰다, 書)- + -ㄴ(← -ᄂ- : 현시)- + -오(화자)- + -라(← -다 : 평종)

## 小쇼學혹諺언解히  卷권之지一일

### 內뇌篇편*

> 立립教교 第뎨一일이라
> 
> 구르치믈¹⁾ 셰미니²⁾ 추례예³⁾ 혼낫재라⁴⁾

입교(立教) 第一(제일)이다.

가르침을 세움이니 차례(次例)에 첫째이다.

> 子주思ᄉ子ᄌ⁵⁾ 【子ᄌ思ᄉᄂᆞᆫ 주오⁶⁾ 일호믄⁷⁾ 伋급이니 孔공子ᄌᄉ 손주라⁸⁾ 아랟⁹⁾ 子주ㄷ¹⁰⁾
> 
> 주ᄂᆞᆫ¹¹⁾ 존칭ᄒᆞᄂᆞᆫ 말이라】ㅣ 구르샤ᄃᆡ¹²⁾ 하ᄂᆞᆯ히 命명ᄒᆞ신 거슬 닐온¹³⁾ 性셩이오

---

* 內篇 : 내편. 〈소학〉 6권은 '내편(內篇 : 立教, 明倫, 敬身, 稽古)'과 '외편(外篇 : 嘉言, 善行)'의 2편으로 나뉘었다. 여기서 '내편(內篇)'은 경서를 인용한 개론에 해당하고, '외편(外篇)'은 그 실제를 사람들의 언행으로 보여 주고 있다.

1) 구르치믈 : 구르침[가르침(명사) : 구르치(가르치다, 教)-+-ㅁ(명접)]+-을(목조)

2) 셰미니 : 셰[세우다, 立 : 셔(서다, 立)-+-ㅣ(←-이- : 사접)-]-+-ㅁ(←-옴 : 명전)+-이 (서조)-+-니(연어, 설명 계속) ※ 15세기 국어에서 '-옴/-움'의 형태였던 명사형 전성 어미가 이 시기에는 '-옴/-움'과 함께 '-ㅁ/-음/-ㅁ' 등의 형태로 다양하게 실현되었다.

3) 추례예 : 추례(차례, 次例)-+-예(←-에 : 부조, 위치)

4) 혼낫재라 : 혼낫재[첫째, 第一(수사, 서수) : 혼나(← 혼나ㅎ : 하나, 一, 수사, 양수)+-ᄉ(-의 : 관조, 사잇)+-재(-째 : 접미, 서수)]+-Ø(←-이- : 서조)-+-Ø(현시)-+-라(←-다 : 평종) ※ 15세기 국어에서는 '第一'의 뜻을 나타내는 서수사로서 '혼낫재'의 형태가 나타나지 않았는데, '혼낫재'의 형태는 여기서 처음으로 나타난다.

5) 子思子 : 자사자. (子思, BC 483? ~ BC 402?) 중국 고대 노(魯)나라의 학자이다. 공자의 손자이며 4서의 하나인 『중용』(中庸)의 저자로 전한다. 고향인 노나라에 살면서 증자(曾子)의 학문(學問)을 배워 유학을 전승하는 데에 힘썼다. 일상 생활에서는 중용(中庸)을 지향했다.

6) 주오 : 주(자, 字)+-ㅣ(←-이- : 서조)-+-오(←-고 : 연어, 나열) ※ '자(字)'는 본이름 외에 부르는 이름이다. 예전에 이름을 소중히 여겨 함부로 부르지 않았던 관습이 있어서, 흔히 관례(冠禮) 뒤에 본이름 대신으로 불렀다.

7) 일호믄 : 일홈(← 일훔 : 이름, 名)-+-은(보조사, 주제)

8) 손주라 : 손주(손자, 孫子)+-ㅣ(←-이- : 서조)-+-Ø(현시)-+-라(←-다 : 평종)

9) 아랟 : 아래(아래, 下)+-ㄷ(←-ᄉ : -의, 관조) ※ '-ㄷ'은 관형격 조사인 '-ᄉ'을 '-ㄷ'으로 적은 것인데, 이는 종성의 자리에서 'ᄉ'이 /ㄷ/으로 소리난 예이다.(7종성 체계)

10) 子ㄷ : 子(자 : 명사)+-ㄷ(←-ᄉ : -의, 관조)

11) 주ᄂᆞᆫ : 주(자, 글자, 字)+-ᄂᆞᆫ(보조사, 주제)

性<sub>성</sub>을 조초물<sup>14)</sup> 닐온 道<sub>도</sub ㅣ오 道<sub>도</sub>를 닷고물<sup>15)</sup> 닐운 教<sub>교</sub>ㅣ라<sup>16)</sup> ᄒ시니 하ᄂᆞᆯ 불근 거슬 법바드며<sup>17)</sup> 성인ㅅ 法<sub>법</sub>을 조차 이 編<sub>편</sub>을<sup>18)</sup> ᄆᆡᆼᄀᆞ라 ᄒᆡ여곰 스승 되니로<sup>19)</sup> 뻐<sup>20)</sup> ᄀᆞᄅ칠 바롤 알에<sup>21)</sup> ᄒ며 뎨ᄌ로 뻐 비홀 바롤 알에 ᄒ노라

子思子(자사자)【子思(자사)는 자(字)이고 이름은 伋(급)이니, 孔子(공자)의 손자(孫子)이다. 아래의 子(자)의 글자(字)는 존칭하는 말이다.】가 이르시되, "하늘이 命(명)하신 것을 말한 것이 性(성)이고, 性(성)을 좇는 것을 말한 것이 道(도)이고, 道(도)를 닦는 것을 말한 것이 教(교)이다." 하시니, 하늘의 밝은 것을 본받으며 성인(聖人)의 法(법)을 좇아 이 編(편)을 만들어, 스승 된 이로 하여금 그(= 이 編)로써 가르칠 바를 알게 하며 제자(弟子)로써 배울 바를 알게 한다. [1:1]

烈<sub>렬</sub>女<sub>녀</sub>傳<sub>뎐</sub>【녜<sup>22)</sup> 겨지븨 스실<sup>23)</sup> 긔록ᄒᆞᆫ 칙이라】에 ᄀᆞ로ᄃᆡ 녜 겨지비 ᄌᆞ식 ᄇᆡ여실<sup>24)</sup> 제 잘 제 기우리디<sup>25)</sup> 아니ᄒ며 안조매<sup>26)</sup> ᄀᆞᆺ지디<sup>27)</sup> 아니ᄒ며

---

12) ᄀᆞᄅ샤ᄃᆡ : 글(가로다, 말하다, 曰)- + -ᄋᆞ샤(←-ᄋᆞ시- : 주높)- + -되(←-오ᄃᆡ : -되, 연어, 설명 계속)

13) 닐온 : 닐(←니ᄅ다 : 이르다, 謂)- + -∅(과시)- + -오(대상)- + -ㄴ(관전, 명사적 용법) ※ 이 때의 '-ㄴ'은 관형사형 어미가 명사적 용법으로 쓰였으므로, '닐온'을 '말한 것이'로 옮긴다.

14) 조초물 : 좇(좇다, 따르다, 率)- + -옴(←-옴 : 명전) + -ᄋᆞᆯ(목조)

15) 닷고물 : 닭(닦다, 修)- + -옴(명전) + -을(목조)

16) 教ㅣ라 : 教(교, 가르침) + -ㅣ(←-이- : 서조)- + -∅(현시)- + -라(←-다 : 평종)

17) 법바드며 : 법받[본받다, 則(동사) : 법(法, 본 : 명사) + 받(따르다, 좇다, 從 : 동사)-]- + -ᄋᆞ며(연어, 나열)

18) 編 : 편. 책의 내용을 일정한 단락으로 크게 나눈 한 부분을 나타내는 말이다. 여기서는 소학 언해 권지일의 '내편(內篇)'을 이른다.

19) 되니로 : 되(되다, 爲)- + -∅(과시)- + -ㄴ(관전) # 이(이, 人 : 의명) + -로(부조, 방편)

20) 뻐 : [그로써(부사) : ᄡ(← 쓰다 : 쓰다, 用)- + -어(연어▷부접)] ※ '뻐'는 한자 '以'를 직역한 것인데, 국어 문장에서는 군더더기 표현이다.

21) 알에 : 알(알다, 知)- + -에(←-게 : 연어, 사동)

22) 녜 : 예전, 昔(명사)

23) 스실 : 사실(事實). 실제로 있었던 일이나 현재에 있는 일이다.

24) ᄇᆡ여실 : ᄇᆡ(배다, 姙)- + -여시(←-어시- : 완료 지속)- + -ㄹ(관전) ※ '-어시-'는 '-어 이시-'가 축약되어 동작의 '완료 지속'을 나타내는 선어말 어미로 형성되었다.

25) 기우리디 : 기우리[기울이다 : 기울(기울다, 傾 : 자동)- + -이(사접)-]- + -디(-지 : 연어, 부정)

26) 안조매 : 앉(앉다, 坐)- + -옴(명전) + -애(-에 : 부조, 위치)

셔매<sup>28)</sup> 훈 발 최<sup>29)</sup> 디듸디<sup>30)</sup> 아니ᄒ며 샤특ᄒᆫ<sup>31)</sup> 마ᄉᆞᆯ 먹디 아니ᄒ며 버힌<sup>32)</sup> 거시 正<sub>정</sub>티<sup>33)</sup> 아니커든<sup>34)</sup> 먹디 아니ᄒ며 돗끼<sup>35)</sup> 正<sub>정</sub>티 아니커든 안찌<sup>36)</sup> 아니ᄒ며 누네 샤특ᄒᆫ 비ᄎᆞᆯ 보디 아니ᄒ며 귀예 음란ᄒᆫ 소리ᄅᆞᆯ 듣디 아니ᄒ고 바미어든<sup>37)</sup> 쇼경<sup>38)</sup>으로 ᄒ여곰 모시<sup>39)</sup>ᄅᆞᆯ 외오며<sup>40)</sup> 正<sub>정</sub>ᄒᆫ 이ᄅᆞᆯ 니ᄅᆞ더니라<sup>41)</sup> 이러ᄐᆞ시<sup>42)</sup> ᄒ면 나혼<sup>43)</sup> ᄌᆞ식이 얼굴<sup>44)</sup>이 端<sub>단</sub>正<sub>정</sub>ᄒ며 지죄<sup>45)</sup> 사ᄅᆞᆷ의게<sup>46)</sup> 넘ᄋᆞ리라

---

27) ᄀᆞᆯ지디 : ᄀᆞᆯ지[가에 치우치다, 邊 : ᄀᆞᆯ(← ᄀᆞᆺ : 가, 邊, 명사) + −지(동접)−]− + −디(−지 : 연어, 부정) ※ 'ᄀᆞᆯ지디'는 'ᄀᆞᆺ'의 종성 'ㅅ'을 'ㄷ'으로 적었는데, 'ㅅ'이 /ㄷ/으로 소리난 예이다.(7 종성 체계)

28) 셔매 : 셔(서다, 立)− + −ㅁ(←−옴 : 명전) + −애(−에 : 부조, 위치)

29) 최 : [치우치게, 기울게, 躄(부사) : 최(치우치다, 躄)− + −Ø(부접)]

30) 디듸디 : 디듸(디디다, 踏)− + −디(−지 : 연어, 부정)

31) 샤특ᄒᆫ : 샤특ᄒ[사특하다, 邪慝하다 : 샤특(사특, 邪慝 : 명사) + −ᄒ(형접)−]− + −Ø(현시)− + −ㄴ(관전) ※ '邪慝(사특)'은 요사스럽고 간특한 것이다.

32) 버힌 : [베다, 斬 : 벟(베어지다 : 자동)− + −이(사접)−]− + −Ø(과시)− + −ㄴ(관전)

33) 正티 : 正ᄒ[← 正ᄒ다(바르다) : 正(정 : 명사) + −ᄒ(형접)−]− + −디(−지 : 연어, 부정)

34) 아니커든 : 아니ᄒ[← 아니ᄒ다(아니하다, 非 : 보용, 부정) : 아니(아니, 非 : 부사, 부정) + −ᄒ(형접)−]− + −거든(연어, 조건)

35) 돗끼 : 돗시(← 돍 : 자리, 座) + −이(주조) ※ '돗시'는 '돍'의 'ㅅ'을 'ㅅㅅ'으로 거듭 적은 형태다.

36) 안찌 : 앉(← 앉다 : 앉다, 坐)− + −디(−지 : 연어, 부정)

37) 바미어든 : 밤(밤, 夜) + −이(서조)− + −어든(←−거든 : 연어, 조건)

38) 쇼경 : 소경(瞽), 눈이 먼 사람이다.

39) 모시 : 모시(毛詩). '시경(詩經)'을 달리 이르는 말이다. 중국 한나라 때의 '모형(毛亨)'이 전하였다고 하여 이렇게 이른다.

40) 외오며 : 외오[외게 하다 : 외(외다, 誦 : 타동)− + −오(사접)−]− + −며(연어, 나열)

41) 니ᄅᆞ더니라 : 니ᄅᆞ(이르다, 道)− + −더(회상)− + −니(원칙)− + −라(←−다 : 평종)

42) 이러ᄐᆞ시 : 이러ᄒ[← 이러ᄒ다(이러하다, 如此 : 형사) : 이러(불어, 부사) + −ᄒ(형접)−]− + −ᄃᆞ시(−듯이 : 연어, 비교, 흡사)

43) 나혼 : 낳(낳다, 産)− + −Ø(과시)− + −은(관전) ※ '나혼'에서는 대상법의 선어말 어미가 실현되지 않은 것이 특징이다. 15세기의 문헌에서는 '나혼(낳− + −Ø− + −오− + −ㄴ)'으로 표기된다.

44) 얼굴 : 모습, 형용(形容)

45) 지죄 : 지조(재주, 才) + −ㅣ(←−이 : 주조)

46) 사ᄅᆞᆷ의게 : 사ᄅᆞᆷ(사람, 人) + −의게(−에게 : 부조, 위치, 비교) ※ '사ᄅᆞᆷ의게'는 '사ᄅᆞ믜게'를 체언(= 사ᄅᆞᆷ)과 조사(−의게)를 끊어 적은 형태이다.

烈女傳(열녀전)【옛날 여자의 사실(事實)을 기록한 책이다.】에 가로되, 옛날 여자가 자식을 배어 있을 때, 잘 때 (몸을) 기울이지 아니하며, 앉음에 가(邊)에 치우치지 아니하며, 일어섬에 한 발을 기울게 디디지 아니하며, 사특(邪慝)한 맛을 먹지 아니하며, 벤 것이 바르지 아니하거든 먹지 아니하며, 자리가 바르지 아니하거든 앉지 아니하며, 눈에 사특한 빛을 보지 아니하며, 귀에 음란한 소리를 듣지 아니하고, 밤이거든 소경으로 하여금 모시(毛詩)를 외게 하며, 正(정)한 일을 이르더니라. 이렇듯이 하면 낳은 자식이 모습이 端正(단정)하며, 재주가 (딴) 사람에게 넘으리라. [1:2]

---

內ᄂᆡ則측【禮례記긔篇편 일홈이라】에 ᄀᆞ로듸 믈읫[47] ᄌᆞ식 나호매[48] 모든[49] 어미와 다ᄆᆞᆺ[50] 可가ᄒᆞᆫ 이예[51] ᄀᆞᆯᄒᆡ오듸[52] 반ᄃᆞ시 그 어위크고[53] 누그러오며[54] ᄌᆞ샹ᄒᆞ고 인혜로오며[55] 온화ᄒᆞ고 어딜며 공슌ᄒᆞ고 조심ᄒᆞ며 삼가고[56] 말ᄉᆞᆷ 져그니를[57] 구ᄒᆞ야 ᄒᆞ여곰 ᄌᆞ식의 스승을[58] 사몰 디니라[59]

---

內則(내칙)【禮記篇(예기편)의 이름이다.】에 가로되, 무릇 자식을 낳음에 모든 어미와 함께 可(가)한 사람에서 (자식의 스승을) 가리되, 반드시 그 드넓고 크며 너그러우며 자상하고 은혜로우며 온화하고 어질며 공손하고 조심하며 삼가고 말이 적은 이(人)를 구하여, (그로) 하여금 자식의 스승으로 삼을 것이니라. [1:3]

---

47) 믈읫 : 무릇, 凡(부사)

48) 나호매 : 낳(낳다, 生)- + -옴(명전) + -애(-에 : 부조, 위치)

49) 모든 : [모든, 諸(관사) : 몯(모이다, 會 : 자동)- + -은(관전▷관접)]

50) 다ᄆᆞᆺ : 더불어, 함께, 與(부사)

51) 이예 : 이(이, 사람, 者 : 의명) + -예(←-에 : -에, -에서, 부조, 위치)

52) ᄀᆞᆯᄒᆡ오듸 : ᄀᆞᆯᄒᆡ(가리다, 擇)- + -오듸(-되 : 연어, 설명 계속)

53) 어위크고 : 어위크[드넓고 크다, 寬 : 어위(드넓다, 廣 : 형사)- + 크(크다, 大 : 형사)-]- + -고 (연어, 나열)

54) 누그러오며 : 누그러오(← 누그럽다, ㅂ불 : 너그럽다, 裕)- + -며(←-으며 : 연어, 나열)

55) 인혜로오며 : 인혜로오[← 인혜롭다, ㅂ불 : 인혜(仁惠 : 불어) + -롭(형접)-]- + -며(←-ᄋᆞ며 : 연어, 나열) ※ '인혜롭다'는 어질고 은혜로운 것이다.

56) 삼가고 : 삼가(삼가다, 愼)- + -고(연어, 나열)

57) 져그니를 : 젹(적다, 少)- + -Ø(현시)- + -은(관전) # 이(이, 사람, 者 : 의명) + -를(목조)

58) 스승을 : 스승(스승, 師) + -을(-으로 : 목조, 보조사적 용법, 의미상 부사격)

59) 사몰 디니라 : 삼(삼다, 爲)- + -오(대상)- + -ㄹ(관전) # ᄃᆞ(← ᄃᆞ : 것, 者, 의명) + -이(서조)- + -Ø(현시)- + -니(원칙)- + -라(←-다 : 평종)

즈식이 能능히 밥 먹거든 ᄀᆞᄅᆞ츄딕<sup>60)</sup> 올ᄒᆞᆫ손으로<sup>61)</sup> ᄡᅥ ᄒᆞ게 ᄒᆞ며 能능히 말ᄒᆞ거든 스나히ᄂᆞᆫ<sup>62)</sup> ᄲᆞᆯ리 딕답ᄒᆞ고 겨집은 느즈기<sup>63)</sup> 딕답게<sup>64)</sup> ᄒᆞ며 스나히 ᄯᅴᄂᆞᆫ<sup>65)</sup> 갓ᄎᆞ로<sup>66)</sup> ᄒᆞ고 겨집의 ᄯᅴᄂᆞᆫ 실로 홀 디니라

자식이 能(능)히 밥을 먹거든 가르치되 오른손으로써 하게 하며, 能(능)히 말하거든 남자는 빨리 대답하고 여자는 느직이 대답하게 하며, 남자의 띠는 가죽으로 하고 여자의 띠는 실로 할 것이니라. [1:3]

여ᄉᆞᆺ ᄒᆡ어든<sup>67)</sup> 혬과<sup>68)</sup> 다ᄆᆞᆺ 방소<sup>69)</sup> 일후믈 ᄀᆞᄅᆞ칠 디니라

여섯 해이거든 셈(算)과 함께 방소(方所)의 이름을 가르칠 것이니라. [1:4]

닐굽 ᄒᆡ어든 스나히와 겨지비 돗글<sup>70)</sup> ᄒᆞᆫ가지로<sup>71)</sup> 아니 ᄒᆞ며 먹기를 ᄒᆞᆫ딕<sup>72)</sup> 아니 홀 디니라

---

60) ᄀᆞᄅᆞ츄딕 : ᄀᆞᄅᆞ치(가르치다, 敎)- + -우딕(-되 : 연어, 설명 계속)

61) 올ᄒᆞᆫ손으로 : 올ᄒᆞᆫ손[오른손, 右手 : 옳(옳다, 是 : 형사)- + -ᄋᆞᆫ(관전▷관접) + 손(손, 手 : 명사)] + -으로(-으로 : 부조, 방편)

62) 스나히ᄂᆞᆫ : 스나히[사나이, 사내, 男 : 손(장정, 壯丁) + 아히(아이, 童)] + -ᄂᆞᆫ(보조사, 주제)

63) 느즈기 : [느직이, 唯(부사) : 느즉(느직 : 불어) + -Ø(←-ᄒᆞ- : 형접)- + -이(부접)]

64) 딕답게 : 딕답[← 대답ᄒᆞ다(對答하다) : 딕답(대답, 對答 : 명사) + -ᄒᆞ(동접)-]- + -게(연어, 사동)

65) ᄯᅴᄂᆞᆫ : ᄯᅴ(띠, 帶) + -ᄂᆞᆫ(보조사, 대조)

66) 갓ᄎᆞ로 : 갓ᄎᆞ(← 갗 : 가죽, 살갗, 革)- + -ᄋᆞ로(부조, 방편) ※ '갓ᄎᆞ로'는 '가ᄎᆞ로'의 /ᄎ/을 'ᄉᄎ'으로 거듭 적은 형태이다.

67) ᄒᆡ어든 : ᄒᆡ(해, 年 : 의명) + -Ø(←-이- : 서조)- + -어든(←-거든 : 연어, 조건)

68) 혬과 : 혬[셈, 數(명사) : 혜(세다, 계산하다, 算)- + -ㅁ(명접)] + -과(부조, 공동)

69) 방소 : 방소(方所). 방위(方位)이다.

70) 돗글 : 돍(자리, 席) + -을(목조)

71) ᄒᆞᆫ가지로 : ᄒᆞᆫ가지[한가지(명사) : ᄒᆞᆫ(한, 一 : 관사, 양수) + 가지(가지, 種 : 의명)] + -로(부조, 방편) ※ 'ᄒᆞᆫ가지로'는 '함께'의 뜻을 나타낸다.

72) ᄒᆞᆫ딕 : [한데, 한 곳, 함께, 同(명사, 부사) : ᄒᆞᆫ(한, 一 : 관사, 양수)- + 딕(데, 處 : 의명)] ※ 'ᄒᆞᆫ딕'는 명사와 부사로 쓰이는데, 한문 원문의 '不共食'을 감안하여 부사인 '함께'로 해석한다.

일곱 해거든 남자와 여자가 자리를 한가지로(함께) 아니 하며 먹기를 함께 아니할 것이니라. [1:4]

여듧 히어든 門<sub>문</sub>과<sup>73)</sup> 戶<sub>호</sub>애<sup>74)</sup> 나며 드롬과<sup>75)</sup> 밋<sup>76)</sup> 돗쯰<sup>77)</sup> 나아가며 飮<sub>음</sub>食<sub>식</sub>호매<sup>78)</sup> 반ᄃ시<sup>79)</sup> 얼운의게<sup>80)</sup> 후에 ᄒ야 비로소 ᄉ양ᄒ기를 ᄀᄅ칠 디니라

여덟 해이거든 門(문)과 戶(호)에 나며 들어옴과 자리에 나아가며 마시고 먹음에, 반드시 어른의 후(後)에 하여 비로소 사양하기를 가르칠 것이니라. [1:4]

열 히어든 나 밧<sup>81)</sup> 스승의게 나아 가 밧긔셔<sup>82)</sup> 이시며 자며 글쓰기며 산계를<sup>83)</sup> 비호며 오슬 기브로<sup>84)</sup> 핟옷<sup>85)</sup>과 고의<sup>86)</sup>를 아니 ᄒ며 禮<sub>례</sub>를 처엄 ᄀᄅ친 대로 조차<sup>87)</sup> ᄒ며 아춤 나조히<sup>88)</sup> 져머셔<sup>89)</sup> ᄒ욜<sup>90)</sup> 례모<sup>91)</sup>를

---

73) 門과 : 門(문, 두쪽 문) + -과(접조)
74) 戶애 : 戶(호, 한쪽 문) + -애(-에 : 부조, 위치)
75) 드롬과 : 들(들다, 入)- + -옴(명전) + -과(접조)
76) 밋 : 및, 及(부사). 한자 '及'을 직역한 것으로, 접속 조사인 '-과'와 함께 쓰여서 '잉여 표현'이 되었다.
77) 돗쯰 : 돗시(← 돍 : 자리, 席) + -의(-에 : 부조, 위치) ※ '돗시'은 '돍'을 거듭적기(重綴)로 표기한 형태이다.
78) 飮食호매 : 飮食ᄒ[← 飮食ᄒ다(음식하다) : 飮食(음식 : 명사) + -ᄒ(동접)-]- + -옴(명전) + -애(-에 : 부조, 위치) ※ '飮食(음식)'은 마시고 먹는 것이다.
79) 반ᄃ시 : [반드시, 必(부사) : 반ᄃ(반듯, 直 : 불어) + -이(부접)]
80) 얼운의게 : 얼운[어른, 長者(명사) : 얼(← 어르다 : 사랑의 짝으로 삼다, 娶)- + -우(사접)- + -ㄴ(관전▷명접)] + -의게(-에게 : 부조, 상대)
81) 밧 : 밧(← 밝 : 밖, 外)
82) 밧긔셔 : 밝(밖, 外) + -의(-에 : 부조, 위치) + -셔(-서 : 보조사, 위치 강조)
83) 산계를 : 산계(산계, 계산, 算計) + -를(목조)
84) 기브로 : 깁(비단, 帛) + -으로(부조, 방편)
85) 핟옷 : [핫옷, 솜을 둔 옷, 襦 : 핟(핫- : 솜을 둔, 접두)- + 옷(옷, 衣 : 명사)]
86) 고의 : 남자의 여름 홑바지이다. 한자를 빌려 '袴衣'로 적기도 한다.
87) 조차 : 좇(좇다, 따르다, 從)- + -아(연어)
88) 나조히 : 나조ᄒ(저녁, 夕) + -익(-에 : 부조, 위치)
89) 져머셔 : 졈(젊다, 幼)- + -어셔(-어서 : 연어, 상태의 유지, 강조)
90) ᄒ욜 : ᄒ(하다, 爲)- + -요(←-오- : 대상)- + -ㄹ(관전)

비호딕<sup>92)</sup> 간이<sup>93)</sup>ᄒ고 신실ᄒᆞᆫ 일로<sup>94)</sup> 請<sub>쳥</sub>ᄒᆞ야 니길<sup>95)</sup> 디니라

열 해거든 나가서 밖의 스승에게 나아가, 밖에서 있으며, 자며, 글쓰기며 계산을 배우며, 옷을 비단으로 핫옷과 고의를 아니 하며, 禮(예)를 처음 가르친 대로 좇아(따라) 하며, 아침저녁에 젊어서 할 예모(禮貌)를 배우되 간이(簡易)하고 신실(信實)한 일로 請(청)하여 익힐 것이니라. [1:4]

열히오<sup>96)</sup> ᄯᅩ 세 히어든 음악을 비호며 모시<sup>97)</sup> 외오며 勺<sub>쟉</sub>으로 춤츠고<sup>98)</sup> 아히 일어든<sup>99)</sup> 象<sub>샹</sub>【勺<sub>쟉</sub> 象<sub>샹</sub>은 다 樂<sub>악</sub>章<sub>쟝</sub><sup>1)</sup>이라】으로 춤츠며 활ᄡᅩ기와<sup>2)</sup> 어거ᄒᆞ기를<sup>3)</sup> 비홀 디니라

열이고 또 세 해이거든 음악을 배우며 모시(毛詩)를 외우며 勺(작)으로 춤추고, 아이가 다 자라거든 象(상)【勺(작)·象(상)은 다 樂章(악장)이다.】으로 춤추며 활쏘기와 어거하기를 배울 것이니라. [1:5]

스믈 히어든 가관ᄒᆞ야<sup>4)</sup> 비로소<sup>5)</sup> 禮<sub>례</sub>를 비호며 可<sub>가</sub>히 ᄡᅥ 갓옷<sup>6)</sup>과 기블<sup>7)</sup>

---

91) 례모 : 예모(禮貌). 예절에 맞는 몸가짐이다.
92) 비호딕 : 비호(배우다, 學)- + -딕(←-오되 : -딕, 연어, 설명 계속)
93) 간이 : 간이(簡易). 간단하고 편리한 것이다.
94) 일로 : 일(일, 事) + -로(부조, 방편)
95) 니길 : 니기[익히다, 肄 : 닉(익다, 熟 : 자동)- + -이(사접)-]- + -ㄹ(관전)
96) 열히오 : 열ᄒ(열, 十 : 수사, 양수) + -이(서조)- + -오(←-고 : 연어, 나열)
97) 모시 : 모시(毛詩). '시경(詩經)'을 달리 이르는 말이다. 중국 한나라 때의 '모형(毛亨)'이 전하였다고 하여 이렇게 이른다.
98) 춤츠고 : 춤츠[춤추다, 舞(동사) : 츠(← 츠다 : 추다, 舞)- + -움(명접) + 츠(추다, 踊)-]- + -고(연어, 나열)
99) 일어든 : 일(成, 성장하다, 다 자라다)- + -어든(←-거든 : 연어, 조건)
 1) 樂章 : 악장. '악곡(樂曲)'을 이른다.
 2) 활ᄡᅩ기와 : 활ᄡᅩ기[활쏘기, 射 : 활(활, 弓 : 명사) + ᄡᅩ(쏘다, 射 : 타동)- + -기(명접)] + -와(←-과 : 접조)
 3) 어거ᄒᆞ기를 : 어거ᄒᆞ[어거하다 : 어거(馭車 : 명사) + -ᄒᆞ(동접)-]- + -기(명전) + -를(목조)
  ※ '어거(馭車)'는 수레를 메운 소나 말을 부리어 모는 것이다.
 4) 가관ᄒᆞ야 : 가관ᄒᆞ[가관하다 : 가관(가관, 加冠 : 명사) + -ᄒᆞ(동접)-]- + -야(←-아 : 연어)
  ※ '가관(加冠)'은 성년식인 관례를 치르며 갓을 처음 쓰는 것이다.

니브며 大ᄃᆡ夏하【樂ᅟᅡᆨ章쟝이라】로 춤츠며 효도홈과 공슌호믈 도타이[8] 行ᄒᆡᆼ며 너비[9] 빈호고 ᄀᆞᄅ치디 아니ᄒᆞ며[10] 소개 두고 내디 아니홀 디니라

스물 해이거든 가관(加冠)하여 비로소 禮(예)를 배우며, 可(가)히 (그로써) 가죽옷과 비단으로 입으며, 大夏(대하)【樂章(악장)이다.】로 춤추며, 효도함과 공손함을 도타이 行(행)하며, 널리 배우고 가르치지 아니하며 (배운 것을) 속에 두고 (겉으로) 내지 아니 할 것이니라. [1 : 5]

셜흔이어든 안해를[11] 두어 비르소 스나히 이를 다스리며 너비 빈화 곧[12] 업시 ᄒᆞ며 버들 손슌히[13] 호ᄃᆡ ᄠᅳ들 볼 디니라

서른이거든 아내를 두어 비로소 남자의 일을 다스리며, 널리 배워 장소를 가리지 않고 하며, 벗에게 겸손히 하되 그 뜻을 볼 것이니라. [1:6]

마은애[14] 비르소 벼슬ᄒᆞ야 일에 마초와[15] 계교를 내며 스려[16]를 베퍼[17]

---

5) 비로소 : [비로소, 드디어, 始(부사) : 비롯(비롯하다, 始 : 자동)- + -오(부접)]

6) 갓옷 : [가죽옷 : 갓(← 갖 : 가죽, 皮, 명사) + 옷(옷, 衣, 명사)]

7) 기블 : 깁(비단, 帛) + -을(목조)

8) 도타이 : [도타이, 惇(부사) : 도타(← 도탑다, ㅂ불 : 도탑다)- + -이(부접)] ※ '도타이'는 '서로의 관계에 사랑이나 인정이 많고 깊게'의 뜻이다.

9) 너비 : [널리, 廣(부사) : 넙(넓다, 廣 : 형사)- + -이(부접)]

10) 너비 빈호고 ᄀᆞᄅ치디 아니ᄒᆞ며 : 이 구절은 '博學不敎(박학불교)'를 직역한 것으로 '널리 배우되 설익은 지식으로 남을 가르치지 않아야 한다는 것이다.

11) 안해를 : 안해[아내, 妻 : 안ㅎ(안, 內) + -애(-에 : 부조, 명접)] + -룰(목조)

12) 곧 : 곳, 장소, 方.

13) 손슌히 : [손순히, 겸손히(부사) : 손순(손순 : 명사) + -ㅎ(← -ㅎ- : 형접)- + -이(부접)] ※ '손슌히'는 '남을 존중하고 자기를 내세우지 않는 태도로'의 뜻을 나타내는 말이다.

14) 마은애 : 마은(마흔, 40 : 수사, 양수) + -애(-에 : 부조, 위치) ※ '마ᅀᆞᆫ 〉마은'의 변화는 이 시기에 /ㅿ/의 음소가 없어짐에 따라서, 'ㅿ' 글자도 소실되었음을 보여 준다. '마은애'는 '마ᅀ내'를 끊어 적은 형태이다.(分綴)

15) 마초와 : 마초오[← 마초다(맞추다, 方) : 맞(맞다, 當 : 자동)- + -호(사접)-]- + -아(연어) ※ '마초와'는 '마초아'의 오기로 볼 수도 있으나, '맞초와'의 어형도 15세기와 16세기의 문헌에 제법 나타난다. 여기서는 기본적인 형태를 '마초아'로 잡고 '마초와'는 '마초아'가 변형된 꼴로 본다.

16) 스려 : 사려(思慮). 여러 가지 일에 대하여 깊게 생각하는 것이나 또는 그런 생각이다.

> 道<sub>도</sub>ㅣ 맛거든<sup>18)</sup> 일을 ᄒ야 좃고 可<sub>가</sub>티<sup>19)</sup> 아니커든 나갈 디니라

마흔에 비로소 벼슬하여 일에 맞추어 계교(計巧)를 내며, 사려(思慮)를 베풀어서 道(도)가 (일에) 맞거든 일을 하여 좃고, 可(가)하지 아니하거든 (벼슬에서) 나갈 것이니라. [1:6]

> 쉰에 命<sub>명</sub>으로 태위<sup>20)</sup> 되여 구윗<sup>21)</sup> 정ᄉ를<sup>22)</sup> 맛다<sup>23)</sup> ᄒ고 닐흔에 이를<sup>24)</sup> 도로<sup>25)</sup> 드릴<sup>26)</sup> 디니라

쉰에 命(명)으로 대부(大夫)가 되어 관청의 정사를 맡아 하고, 일흔에 일을 도로 (나라에) 드릴 것이니라. [1:6]

---

17) 베퍼 : 베프(← 베프다 : 베풀다, 發)- + -어(연어)

18) 맛거든 : 맛(← 맞다 : 맞다, 合)- + -거든(연어, 조건)

19) 可티 : 可ᄒ[← 可ᄒ다(가하다, 옳다, 좋다) : 可(가 : 불어) + -ᄒ(← -ᄒ- : 형접)-]- + -디(-지 : 연어, 부정)

20) 태위 : 태우(대부, 大夫) + -ㅣ(← -이 : 보조) ※ '大夫(대부, 태우)'는 중국에서 벼슬아치를 세 등급으로 나눈 품계의 하나이다. 주나라 때에는 경(卿)의 아래이며 사(士)의 위였다.

21) 구윗 : 구의(← 그위 : 관청, 官) + -ㅅ(-의 : 관조)

22) 정ᄉ를 : 정ᄉ(정사, 政事) + -를(목조)

23) 맛다 : 맜(맡다, 服)- + -아(연어)

24) 이를 : 일(일, 事) + -을(목조)

25) 도로 : [도로, 反(부사) : 돌(돌다, 回 : 자동)- + -오(부접)]

26) 드릴 : 드리[드리다, 納 : 들(들다, 入 : 자동)- + -이(사접)-]- + -ㄹ(관전) ※ '일를 도로 드리다'는 '致辭'를 직역한 것인데 어떤 일을 그만두는 것이다.

# 小쇼學혹諺언解ᄒᆡ 卷권之지二이

## 內ᄂᆡ篇편

明명倫륜 第뎨二이
ᄇᆞᆯ키미니[1] ᄎᆞ례예[2] 둘재라[3]

인륜을 밝힘이니 차례에 둘째이다. [2:1]

孔공子ᄌᆞㅣ 曾증子ᄌᆞᄃᆞ려[4] 닐러[5] ᄀᆞᆯᄋᆞ샤ᄃᆡ[6] 몸이며 얼굴이며[7] 머리털이며 ᄉᆞᆯᄒᆞᆫ[8] 父부母모ᄭᅴ 받ᄌᆞ온[9] 거시라[10] 敢감히 헐워[11] 샹ᄒᆡ오디[12] 아니홈이 효도ᄋᆡ 비르소미오[13] 몸을 셰워[14] 道도를 行ᄒᆡᆼᄒᆞ야 일홈을 後후世셰예 베퍼[15]

1) ᄇᆞᆯ키미니 : ᄇᆞᆯ키[밝히다 : ᄇᆞᆰ(밝다, 明 : 형사)- + -히(사접)-]- + -ㅁ(← -옴 : 명전) + -이(서조)- + -니(연어, 설명 계속)
2) ᄎᆞ례예 : ᄎᆞ례(차례, 次例) + -예(← -에 : 부조, 위치)
3) 둘재라 : 둘재[둘째(수사, 서수) : 둘(← 둘ㅎ : 둘, 二, 수사, 양수) + -재(-째 : 접미, 서수)] + -∅(← -이- : 서조)- + -∅(현시)- + -라(← -다 : 평종)
4) 曾子ᄃᆞ려 : 曾子(증자) + -ᄃᆞ려(-에게, -더러 : 부조, 상대) ※ '曾子(증자)'는 중국 노나라의 유학자(B.C. 506~?B.C. 436)로서 본명은 증삼(曾參)이다. 공자의 덕행과 사상을 조술(祖述)하여 공자의 손자인 자사(子思)에게 전하였다. 후세 사람이 높여 증자(曾子)라고 일컬었으며, 저서에 『증자』(曾子), 『효경』(孝經) 따위가 있다.
5) 닐러 : 닐ㄹ(← 니르다 : 이르다, 謂)- + -어(연어) ※ 15세기 국어에서는 '닐어'의 형태였으나, 이 시기에 '닐러'의 형태가 나타나기 시작한다. 16세기 후반에 유성 후두 마찰음인 /ɦ/의 음소가 소멸하면서, 그 전 시기에 실현되었던 '닐어'가 '닐러'의 형태로 바뀐 형태이다.
6) ᄀᆞᆯᄋᆞ샤ᄃᆡ : ᄀᆞᆯ(가로다 : 말하다, 曰)- + -ᄋᆞ샤(← -으시- : 주높)- + -ᄃᆡ(← -오ᄃᆡ : -되, 연어, 설명 계속)
7) 얼굴이며 : 얼굴(형체, 體) + -이며(접조)
8) ᄉᆞᆯᄒᆞᆫ : 살ㅎ(살갗, 피부, 膚) + -ᄋᆞᆫ(보조사, 주제)
9) 받ᄌᆞ온 : 받(받다, 受)- + -ᄌᆞ오(← -ᄌᆞᆸ- : 객높)- + -∅(과시)- + -ㄴ(← -은 : 관전)
10) 거시라 : 것(것, 者 : 의명) + -이(서조)- + -∅(현시)- + -라(← -아 : 연어)
11) 헐워 : 헐우[헐게 하다, 毁 : 헐(헐다, 毁 : 자동)- + -우(사접)-]- + -어(연어)
12) 샹ᄒᆡ오디 : 샹ᄒᆡ[상하게 하다 : 샹(상, 傷 : 불어) + -ᄒᆞ(동접)- + -ㅣ(← -이- : 사접) + -오(사접)-]- + -디(-지 : 연어, 부정)
13) 효도ᄋᆡ 비르소미오 : 효도(효도, 孝道) + -ᄋᆡ(관조, 의미상 주격) # 비릇(비롯하다, 시작하다, 始)- + -옴(명전)- + -이(서조)- + -오(← -고 : 연어, 나열) ※ '효도ᄋᆡ'는 명사절 속에서 관

뻐[16] 父부母모를 현뎌케[17] 홈이 효도의 ᄆᆞᄎᆞᆷ이니라[18]

孔子(공자)가 曾子(증자)에게 일러 말씀하시되, 몸과 형체와 머리털과 살은 父母(부모)께 받은 것이라, 敢(감)히 헐게 하여 상하게 하지 아니함이 효도가 비롯하는 것이고, 입신(立身)하여 道(도)를 行(행)하여 이름을 後世(후세)에 베풀어, 그로써 父母(부모)를 드러나게 함이 효도의 마침이니라. [2:28]

효도는 어버이 셤굠애[19] 비릇고[20] 님금 셤굠애 가온듸오[21] 몸 셰옴애[22] ᄆᆞᆺᄂᆞ니라[23]

효도는 어버이를 섬김에(서) 비롯하고, 임금을 섬김에 가운데이고, 몸을 세움(立身)에 마치느니라. [2: 9]

어버이를 ᄉᆞ랑ᄒᆞᄂᆞ니는[24] 敢감히 사름의게 믜여ᄒᆞ디[25] 아니코[26] 어버이를

---

형어가 의미상으로 주어로 기능한 것이다.

14) 셰위 : 셰우[세우다, 立 : 셔(서다, 立)- + -ㅣ (←-이- : 사접)- + -우(사접)-]- + -어(연어)

15) 베퍼 : 베프(← 베프다 : 베풀다, 떨치다, 揚)- + -어(연어)

16) 뻐 : [그로써(부사) : 쓰(쓰다, 用)- + -어(연어▷부접)] ※ '뻐'는 한자 '以'를 직역한 것인데, 군더더기 표현이다.

17) 현뎌케 : 현뎌ᄒᆞ[← 현뎌ᄒᆞ다(현저하다, 드러나다) : 현뎌(顯著, 현저 : 불어) + -ᄒᆞ(형접)-]- + -게(연어, 사동)

18) ᄆᆞᄎᆞᆷ이니라 : ᄆᆞᄎᆞᆷ[마침, 終 : ᄆᆞᆾ(마치다, 終)- + -ᄋᆞᆷ(명접)] + -이(서조)- + -Ø(현시)- + -니(원칙)- + -라(←-다 : 평종)

19) 셤굠애 : 셤기(섬기다, 事)- + -옴(명전) + -애(-에 : 부조, 위치)

20) 비릇고 : 비릇(비롯하다, 始)- + -고(연어, 나열)

21) 가온듸오 : 가온듸(가운데, 中) + -Ø(←-이- : 서조)- + -오(←-고 : 연어, 나열)

22) 셰옴애 : 셰[세우다 : 셔(서다, 立)- + -ㅣ (←-이- : 사접)-]- + -옴(명전) + -애(-에 : 부조, 위치) ※ '몸 셰옴'은 『소학』(小學) 원문의 '立身(입신)'을 언해한 말이데, '立身'은 세상에서 떳떳한 자리를 차지하고 지위를 확고하게 세우는 것이다.

23) ᄆᆞᆺᄂᆞ니라 : ᄆᆞᆺ(← ᄆᆞᆾ다 : 마치다, 끝나다, 終)- + -ᄂᆞ(현시)- + -니(원칙)- + -라(←-다 : 평종) ※ 'ᄆᆞᆾᄂᆞ니라〉ᄆᆞᆺᄂᆞ니라'의 변화는 종성의 음운 체계가 7종성 체계임을 시사한다.

24) ᄉᆞ랑ᄒᆞᄂᆞ니는 : ᄉᆞ랑ᄒᆞ[사랑하다, 愛 : ᄉᆞ랑(사랑, 愛 : 명사) + -ᄒᆞ(동접)-]- + -ᄂᆞ(현시)- + -ㄴ(관전) # 이(이, 사름, 者 : 의명) + -ᄂᆞᆫ(보조사, 주제)

25) 믜여ᄒᆞ디 : 믜여ᄒᆞ[미워하다, 嫉 : 믜(미워하다, 嫉)- + -여(←-어 : 연어) + ᄒᆞ(하다 : 보용)-]- + -디(-지 : 연어, 부정)

공경ᄒᆞᄂᆞ니ᄂᆞᆫ 敢<sub>감</sub>히 사ᄅᆞᆷ의게 거만티<sup>27)</sup> 아니ᄒᆞᄂᆞ니 ᄉᆞ랑ᄒᆞ며 공경홈을 어버이 셤굠애 다ᄒᆞ면 德<sub>덕</sub>으로 ᄀᆞᄅᆞ침이<sup>28)</sup> 百<sub>ᄇᆡᆨ</sub>姓<sub>셩</sub>의게 더어<sup>29)</sup> 四<sub>ᄉᆞ</sub>海<sub>ᄒᆡ</sub>예 法<sub>법</sub>이 되리니 이<sup>30)</sup> 天<sub>텬</sub>子<sub>ᄌᆞ</sub>의 효도ㅣ니라<sup>31)</sup>

어버이를 사랑하는 이는 敢(감)히 사람에게 미워하지 아니하고, 어버이를 공경하는 이는 敢(감)히 사람에게 거만치 아니하나니, 사랑하며 공경함을 어버이를 섬김에 다하면, 德(덕)으로 가르침이 百姓(백성)에게 더하여 四海(사해)에 法(법)이 되겠으니, 이것이 天子(천자)의 효도(孝道)이니라. [2:29]

曲<sub>곡</sub>禮<sub>례</sub><sup>32)</sup>예 글오듸<sup>33)</sup> ᄉᆞ나히와<sup>34)</sup> 겨집이 듕인<sup>35)</sup> 돈니미<sup>36)</sup> 잇디 아니ᄒᆞ얏거든<sup>37)</sup> 서르 일홈을 아디 아니ᄒᆞ며 례믈<sup>38)</sup>을 받디 아니ᄒᆞ얏거든 사괴디<sup>39)</sup> 아니ᄒᆞ며 親<sub>친</sub>히 아니 홀<sup>40)</sup> 디니라<sup>41)</sup>

---

26) 아니코 : 아니ᄒᆞ[← 아니ᄒᆞ다(아니하다, 不 : 보용, 부정) : 아니(아니, 不 : 부사, 부정) + -ᄒᆞ(동접)-]- + -고(연어, 나열)

27) 거만티 : 거만ᄒᆞ[거만ᄒᆞ다(← 거만하다 : 거만하다, 倨慢) : 거만(거만, 倨慢 : 명사) + -ᄒᆞ(형접)-]- + -디(-지 : 연어, 부정)

28) ᄀᆞᄅᆞ침이 : ᄀᆞᄅᆞ치(가르치다, 敎)- + -ㅁ(명전) + -이(주조) ※ 15세기에 '-옴/-움'으로 실현되던 명사형 전성 어미가 이 시기에 '-ㅁ/-음'의 형태로 바뀌었음을 보여 준다.

29) 더어 : 더(← 더으다 : 더하다, 加)- + -어(연어)

30) 이 : 이(이것, 此 : 지대, 정칭) + -∅(←-이 : 주조)

31) 효도ㅣ니라 : 효도(효도, 孝道) + -ㅣ(←-이- : 서조)- + -∅(현시)- + -니(원칙)- + -라(← -다 : 평종)

32) 曲禮 : 곡례. '곡례(曲禮)'의 본래의 뜻은 행사(行事)의 경우 등에 몸가짐을 어떻게 할 것인가를 설명한 예법(禮法)을 말한다. 이러한 예법을 총괄한 것이 『예기』(禮記)이다.

33) 글오듸 : 글(가로다, 말하다, 曰)- + -오듸(-되 : 연어, 설명 계속)

34) ᄉᆞ나히와 : ᄉᆞ나히[사나이, 남자, 男 : ᄉᆞ(남자, 壯丁 : 명사) + 아히(아이, 兒 : 명사)] + -와(←-과 : 접조)

35) 듕인 : 중인(中人). 중매인(中媒人)이다.

36) 돈니미 : 돈니[← 돈니다(다니다, 行) : 돋(닫다, 달리다, 走)- + 니(가다, 行)-]- + -ㅁ(←-옴 : 명전) + -이(주조) ※ '돋니다 → 돈니다'의 변동은 /ㄷ/이 /ㄴ/으로 비음화한 형태이다.

37) 아니ᄒᆞ얏거든 : 아니ᄒᆞ[아니하다(아니하다, 不 : 보용, 부정) : 아니(아니, 不 : 부사, 부정) + -ᄒᆞ(동접)-]- + -얏(← -앗- : 완료 지속)- + -거든(연어, 조건)

38) 례믈 : 예물(禮物)

39) 사괴디 : 사괴(사귀다, 親)- + -디(-지 : 연어, 부정)

40) 아니 홀 : 아니(아니, 不 : 부사, 부정) # ᄒᆞ(← ᄒᆞ다 : 하다, 爲)- + -오(대상)- + -ㄹ(관전)

曲禮(곡례)에 가로되, 남자와 여자가 중매인이 다님이 있지 아니하였거든 서로 이름을 알지 아니하며, 예물을 받지 아니하였거든 사귀지 아니하며 親(친)히 아니 할 것이니라. [2 : 45]

---

그러모로⁴²⁾ 날와⁴³⁾ 들로 뻐 님금끽 告고ᄒ며 지계ᄒ야⁴⁴⁾ 뻐 鬼귀神신【조상⁴⁵⁾을 닐옴이라⁴⁶⁾】끽⁴⁷⁾ 告고ᄒ며 술와 음식을 밍ᄀ라⁴⁸⁾ 뻐 ᄆᆞᄉᆞᆯ과⁴⁹⁾ 동관⁵⁰⁾과 벋을 블으ᄂᆞ니⁵¹⁾ 뻐 그 골히욤을⁵²⁾ 두터이⁵³⁾ 홈이니라⁵⁴⁾

---

그러므로 날과 달로써 임금께 告(고)하며, 재계(齋戒)하여 그로써 鬼神(귀신)【조상(祖上)을 말함이라.】께 告(고)하며, 술과 음식을 만들어, 그로써 마을 사람과 직장 동료와 벗을 부르니, 그렇게 함으로써 그 가림(= 아내를 선택함)을 두텁게 함이니라. [2:45]

---

41) 디니라 : ㄷ(← ᄃᆞ : 것, 의명) + -이(서조)- + -∅(현시)- + -니(원칙)- + -라(← -다 : 평종)

42) 그러모로 : [그러므로(부사, 접속) : 그러(그러 : 불어, 부사) + -∅(← -ᄒᆞ- : 형접)- + -모로(연어▷부접)]

43) 날와 : 날(날, 日) + -와(← -과 : 접조)

44) 지계ᄒ야 : 지계ᄒᆞ[재계하다 : 지계(재계, 齋戒 : 명사) + -ᄒᆞ(동접)-]- + -야(← -아 : 연어)
   ※ '지계(齋戒)'는 종교적 의식 따위를 치르기 위하여, 몸과 마음을 깨끗이 하고 부정(不淨)한 일을 멀리 하는 것이다.

45) 조샹 : 조상(祖上)

46) 닐옴이라 : 닐(← 니ᄅᆞ다 : 이르다, 曰)- + -옴(명전) + -이(서조)- + -∅(현시)- + -라(← -다 : 평종)

47) 鬼神끽 : 鬼神(귀신) + -끽(-께 : 부조, 상대, 높임)

48) 밍ᄀ라 : 밍ᄀᆞᆯ(만들다, 製)- + -아(연어)

49) ᄆᆞᄉᆞᆯ : ᄆᆞᄉᆞᆯ(← ᄆᆞᄉᆞᆶ : 마을, 村) + -과(접조) ※ 여기서 'ᄆᆞᄉᆞᆯ'은 '마을 사람'의 뜻으로 쓰였는데, 이 시기에는 'ㅿ'이 거의 소실되어서 문헌에 쓰인 예가 아주 드물다.

50) 동관 : '同官(동관)'은 한 관아에서 일하는 같은 등급의 관리나 벼슬아치를 이른다. 여기서는 '직장 동료'의 뜻으로 쓰였다.

51) 블으ᄂᆞ니 : 블으(← 브르다 : 부르다, 召)- + -ᄂᆞ(현시)- + -니(연어, 설명 계속) ※ '블으다'는 '브르다'를 오각한 형태이다.(과잉 분철)

52) 골히욤을 : 골히(가리다, 구별하다, 選, 別)- + -욤(← -옴 : 명전) + -을(목조)

53) 두터이 : 두터이[두텁게, 厚(부사) : 두터(← 두텁다, ㅂ불 : 두텁다, 厚, 형사)- + -이(부접)]
   ※ '두터이'는 '신의, 믿음, 관계, 인정 따위가 굳고 깊게'라는 뜻이다.

54) 홈이니라 : ᄒᆞ(← ᄒᆞ다 : 하다, 爲)- + -옴(명전) + -이(서조)- + -∅(현시)- + -니(원칙)- + -라(← -다 : 평종)

안해를<sup>55)</sup> 얻우딕<sup>56)</sup> 同<sub>동</sub>姓<sub>성</sub><sup>57)</sup>을 얻디 아니ᄒᄂ니 그러모로 妾<sub>첩</sub>을 삼애<sup>58)</sup> 그 姓<sub>성</sub>을 아디 몯ᄒ거든 졈복홀<sup>59)</sup> 디니라

아내를 얻되 同姓(동성)을 얻지 아니하나니, 그러므로 妾(첩)을 삼음에 그 姓(성)을 알지 못하거든 점복(占卜)할 것이니라. [2:45]

士<sub>ᄉ</sub>昏<sub>혼</sub>禮<sub>례</sub>【 儀<sub>의</sub>禮<sub>례</sub>篇<sub>편</sub> 일홈이라 】예 글오딕 아비<sup>60)</sup> 아들을 醮<sub>쵸</sub><sup>61)</sup>【 친영<sup>62)</sup>홀 제 술 먹켜<sup>63)</sup> 보내는 례되라<sup>64)</sup> 】홀 제 命<sub>명</sub>ᄒ야 글오딕 가 너 도올<sup>65)</sup> 이를 마자 우리 종묘ᄉ<sup>66)</sup> 일을 니오딕<sup>67)</sup> 힘ᄡᅥ<sup>68)</sup> 공경오로<sup>69)</sup> ᄡᅥ 거느려 어미를 니을 이니<sup>70)</sup> 네 곧 덛덛홈을 두라 아들이 글오딕 그리호링이다<sup>71)</sup> 오직

---

55) 안해를 : 안해[아내, 妻 : 안ᄒ(안, 內) + -애(-에 : 부조▷명접) + -를(목조)

56) 얻우딕 : 얻(얻다, 得)- + -우딕(-되 : 연어, 설명 계속) ※ '얻우딕'는 용언의 어간과 어미를 분철하여 표기한 예인데, 체언과 조사를 분철하여 표기한 예보다 매우 드물게 나타난다.

57) 同姓 : 동성. 같은 성씨(姓氏)이다.

58) 삼애 : 삼(삼다, 爲)- + -ㅁ(←-옴/-음 : 명전) + -애(-에 : 부조, 위치) ※ '삼애'는 '사모매'를 오각한 형태이다.

59) 졈복홀 : 졈복ᄒ[←졈복ᄒ졈복하다, 점을 치다 : 졈복(점복, 占卜 : 명사) + -ᄒ(동접)-]- + -오(대상)- + -ㄹ(관전)

60) 아비 : 아비(아버지, 父) + -∅(←-이 : 주조)

61) 醮 : 초. 관례(冠禮)나 혼례(婚禮)에서 마지막으로 행하는 의식으로, 복건을 쓰고 난삼을 입고 신을 신는 의식인 삼가(三加)가 끝난 뒤에 행하는 축하연을 이른다.

62) 친영 : 친영(親迎). 육례의 하나로서, 신랑이 신부의 집에 가서 신부를 직접 맞이하는 의식이다.

63) 먹켜 : 먹키[← 머키다(먹이다, 먹게 하다) : 먹ㄱ(← 먹다, 食 : 타동)- + -히(사접)-]- + -어(연어) ※ '먹켜'는 '먹-'의 종성인 /ㄱ/을 'ㄱㄱ'으로 거듭 적은 형태이다.

64) 례되라 : 례도(禮度, 예의와 법도) + -ㅣ(←-이- : 서조)- + -∅(현시)- + -라(←-다 : 평종)

65) 도올 : 도(← 돕다, ㅂ불 : 돕다, 助)- + -올(관전) ※ '도올'은 '도올'을 오각한 형태이다.

66) 종묘ᄉ : 종묘(종묘, 宗廟) + -ㅅ(-의 : 관조)

67) 니오딕 : 니(← 닛다, ㅅ불 : 잇다, 承)- + -오딕(-되 : 연어, 설명 계속) ※ 15세기의 '니ᅀᅩ딕〉 니오딕'의 변화는, 이 시기에 /ᅀ/이 소멸되었음을 시사한다.

68) 힘ᄡᅥ : 힘ᄡ[← 힘ᄡᅳ다(힘쓰다, 力) : 힘(힘, 力 : 명사) + ᄡᅳ(쓰다, 用 : 동사)-]- + -어(연어)

69) 공경오로 : 공경(공경, 恭敬) + -오로(←-ᄋ로 : 부조, 방편)

70) 니을 이니 : 니(← 닛다, ㅅ불 : 잇다, 嗣)- + -을(관전) # 이(것, 者 : 의명) + -∅(←-이- : 서조)- + -니(연어, 설명 계속) ※ 15세기의 '니슬〉니을'의 변화는, /ᅀ/이 소멸되었음을 시사한다.

71) 그리호링이다 : 그리ᄒ[그렇게 하다 : 그리(그리 : 부사) + -ᄒ(동접)-]- + -오(화자)- + -리(미시)- + -ㆁ이(←-이- : 상높)- + -다(평종) ※ 상대 높임의 선어말 어미가 '-이-'에서 '-

감당티<sup>72)</sup> 몯훌가<sup>73)</sup> 젓솝거니와<sup>74)</sup> 敢<sub>감</sub>히 命<sub>명</sub>을 닛디<sup>75)</sup> 아니호링이다<sup>76)</sup>

士昏禮(사혼례)【儀禮篇(의례편)의 이름이다.】에 이르되, 아버지가 아들을 醮(초)【친영(親迎)할 때 술을 먹여 보내는 예도(禮度)이다.】할 때에, 命(명)하여 가로되 "가서 너를 도울 이를 맞아 우리 종묘(宗廟)의 일을 잇되, 힘써서 공경(恭敬)으로써 거느려 어머니를 이을 것이니, 네가 곧 떳떳함을 두라." 아들이 이르되 "그리하겠습니다. 오직 감당하지 못할까 두려워하거니와, 敢(감)히 命(명)을 잊지 아니하겠습니다." [2:46]

아비 쏠을 보낼 제 命<sub>명</sub>ᄒ야 굴오디 경계ᄒ며 조심ᄒ야 일졈을이<sup>77)</sup> ᄒ야 命<sub>명</sub>을 어글웃디<sup>78)</sup> 말라

아버지가 딸을 보낼 때에 命(명)하여 가로되, "경계(警戒)하며 조심하여 온종일 하여 命(명)을 어기지 말라." [2:46]

어미 쯰<sup>79)</sup> 쯰이고<sup>80)</sup> 슈건 미오<sup>81)</sup> 굴오디 힘쓰며 조심ᄒ야 일졈을이

---

ㆁ이-'로 바뀌어 표기되었다. 이는 이 시기에 /ㆁ/이 초성에 쓰이지 않기 때문에 생긴 과도기적인 표기이다.

72) 감당티 : 감당ᄒ[← 감당ᄒ다(감당하다) : 감당(감당, 堪當 : 명사) + -ᄒ(동접)-]- + -디(-지 : 연어, 부정)

73) 몯훌가 : 몯ᄒ[못하다(보용, 부정) : 몯(못, 不能 : 부사, 부정) + -ᄒ(동접)-]- + -ㄹ가(-ㄹ까 : 의종, 판정, 미시)

74) 젓솝거니와 : 젓(← 젇다 : 두려워하다, 恐)- + -솝(← -ᅀᆞᆸ- : 공손)- + -거니와(연어, 대조) ※ 이 시긴에는 제2 음절 이하에서 /ㆍ/가 소실됨에 따라서, '-ᅀᆞᆸ-'이 '-솝-'의 형태로 바뀌었다. 그리고 '-솝-'의 의미도 원래의 객체 높임의 뜻이 없고 공손(恭遜)의 뜻으로 바뀌었다.

75) 닛디 : 닛(← 닞다 : 잊다, 忘)- + -디(-지 : 연어, 부정)

76) 아니호링이다 : 아니ᄒ[← 아니ᄒ(아니하다 : 보용, 부정) : 아니(부사, 부정) + -ᄒ(동접)-]- + -오(화자)- + -리(미시)- + -ㆁ이(← -이- : 상높) + -다(평종)

77) 일졈을이 : ① 일졈을이[← 일져므리(온종일, 내내, 夙夜 : 부사) : 일(← 이르다 : 夙, 동사)- + 졈을(← 져믈다 : 저물다, 暮, 동사)- + -이(부접)] ② 일졈을이[← 일져므리(온종일, 내내, 夙夜 : 부사) : 일(일찍, 이르게 : 부사) + 졈을(저물다 : 자동)- + -이(부접)]

78) 어글웃디 : 어글웃(← 으그릇다 : 어긋나다, 어기다, 違)- + -디(-지 : 연어, 부정)

79) 쯰 : 띠, 옷고름, 衿.

80) 쯰이고 : 쯰이[띠게 하다, 매게 하다, 帶 : 쯰(띠다, 매다 : 타동)- + -이(사접)-]- + -고(연어, 계기)

ᄒᆞ야 집일을 어글웃디 말라

어머니가 (딸에게) 띠(= 옷고름)를 띠게 하고, 수건(手巾)을 매고(= 매게 하고) 가로되, "힘쓰며 조심하여 온종일 하여 집일을 어긋나게 하지 말라." [2:47]

유익ᄒᆞᆫ 이[82] 세 가짓 벋이오 해로온 이 세 가짓 벋이니 直딕ᄒᆞᆫ 이를 벋ᄒᆞ며 신실ᄒᆞᆫ 이를 벋ᄒᆞ며 들온[83] 것 한 이를 벋ᄒᆞ면 유익ᄒᆞ고 거동만[84] 니근[85] 이를 벋ᄒᆞ며 아당ᄒᆞ기[86] 잘 ᄒᆞᄂᆞᆫ 이를 벋ᄒᆞ며 말ᄉᆞᆷ만 니근 이를 벋ᄒᆞ면 해로온이리[87]

유익한 것이 세 가지 벗이고 해로운 것이 세 가지 벗이니, 정직한 이를 벗하며 신실(信實)한 이를 벗하며 들은 것이 많은 이를 벗하면 유익하고, 거동(擧動)만 익은 이를 벗하며 아첨하기를 잘하는 이를 벗하며 말만 익은 이를 벗하면 해로우니라. [2:66]

孟밍子ᄌᆞㅣ 글ᄋᆞ샤ᄃᆡ 얼운이로라[88] ᄒᆞ야 ᄢᅵ디[89] 아니ᄒᆞ며 貴귀호라[90]

---

81) 미오 : 미(매다, 結)- + -오(←-고 : 연어, 계기) ※ 사동사인 '씌이고'의 의미와 형태를 미루어 보면, '미오'를 '미이[매게 하다(사동사) : 미(매다, 結 : 타동)- + -∅(←-이- : 사접)-]- + -오(←-고 : 연어, 계기)'로 분석할 수 있다.

82) 이 : 이(것, 이, 者 : 의명) + -∅(←-이 : 주조)

83) 들온 : 들(← 듣다, ㄷ불 : 듣다, 聞)- + -∅(과시)- + -오(대상)- + -ㄴ(관전)

84) 거동만 : 거동(거동, 걸행동, 擧動) + -만(보조사, 한정) ※ '-만'은 15세기 문법에서는 의존 명사로 잡았으나, 16세기 이후에는 현대어처럼 보조사로 처리한다.(허웅 1989 : 123)

85) 니근 : 닉(익다, 익숙하다, 熟)- + -∅(과시)- + -은(관전)

86) 아당ᄒᆞ기 : 아당ᄒᆞ[아첨하다, 佞 : 아당(아첨, 阿諂 : 명사) + -ᄒᆞ(동접)-]- + -기(명전)

87) 해로온이라 : 해로오[← 해롭다, ㅂ불(해롭다, 損 : 형사) : 해(해, 害 : 명사) + -로오(←-롭- : 형접)-]- + -니(←-ᄋᆞ니- : 원칙)- + -라(←-다 : 평종)' ※ '해로온이라'에 대응되는 〈小學〉 원문이 '損矣(= 해롭다)'이고, 그 아래 문단의 문장에서 서술어가 모두 '거시니라'와 'ᄒᆞᄂᆞ니라'로 실현되었다. 이러한 점을 감안하면 '해로온이라'는 '해로오니라'를 오각한 형태인 것으로 보인다.(과잉 분철)

88) 얼운이로라 : 얼운[어른, 長(명사) : 얼(교합하다, 娶)- + -우(사접)- + -ㄴ(관전▷명접)] + -이(서조)- + -∅(현시)- + -로(←-오- : 화자)- + -라(←-다 : 평종)

89) ᄢᅵ디 : ᄢᅵ(끼다, 挾)- + -디(-지 : 연어, 부정) ※ 'ᄢᅵ다'는 한문 원문의 '挾(협)'을 직역한 것으로 '가까이하다, 아끼다, 친하게 지내다' 등으로 의역할 수 있다.

ᄒᆞ야 ᄭᅴ디 아니ᄒᆞ며 兄형弟뎨를 ᄭᅧ<sup>91)</sup> 벋ᄒᆞ디 아닐<sup>92)</sup> 디니<sup>93)</sup> 벋이란<sup>94)</sup> 거슨 그 德덕을 벋삼는 디라<sup>95)</sup> 可가히<sup>96)</sup> ᄡᅥ<sup>97)</sup> ᄭᅵᆷ을<sup>98)</sup> 두디 몯홀 거시니라

孟子(맹자)가 이르시되, (내가) 어른이라고 하여 끼지(挾) 아니하며, 貴(귀)하다고 하여 끼지 아니하며, 兄弟(형제)를 껴서 벗하지 아니할 것이니, 벗이란 것은 그 德(덕)을 벗삼는 것이니, 可(가)히 그로써 끼는 것을 두지 못할 것이니라. [2:67]

曲곡禮례예 ᄀᆞᆯ오ᄃᆡ 君군子ᄌᆞᆺ는 사ᄅᆞᆷ이<sup>99)</sup> 즐겨<sup>1)</sup> 홈을 다ᄒᆞ디<sup>2)</sup> 아니ᄒᆞ며 사ᄅᆞᆷ이 정성<sup>3)</sup>을 다ᄒᆞ디 아니ᄒᆞ야 ᄡᅥ 사괴욤을 오을게<sup>4)</sup> ᄒᆞᄂᆞ니라

曲禮(곡례)에 이르되, 君子(군자)는 (다른) 사람이 (군자 자신을) 즐거함(歡)을 다하지 아니하며, (다른) 사람이 (군자 자신에게) 정성(精誠)을 다하지 아니하여, 그로써 사귐을 온전하게 하느니라.<sup>5)</sup> [2:67]

---

90) 貴ᄒᆞ라 : 貴ᄒᆞ[← 貴ᄒᆞ다(귀하다) : 貴(귀 : 불어) + -ᄒᆞ(형접)-]- + -Ø(현시)- + -오(화자)- + -라(← -다 : 평종)

91) ᄭᅧ : ᄭᅵ(끼다, 挾)- + -어(연어)

92) 아닐 : 아니[← 아니ᄒᆞ다(아니하다 : 보용, 부정) : 아니(부사, 부정) + -ᄒᆞ(동접)-]- + -ㄹ(관전)

93) 디니 : ᄃᆞ(← ᄃᆞ : 것, 의명) + -이(서조)- + -니(연어, 설명 계속)

94) 벋이란 : 벋(벗, 友) + -이(서조)- + -Ø(현시)- + -라(← -다 : 평종) + -ㄴ(관전) ※ '벋이란' 은 '벋이라 ᄒᆞ는'의 준말이다.

95) 디라 : ᄃᆞ(← ᄃᆞ : 것, 의명) + -이(서조)- + -Ø(현시)- + -라(← -아 : 연어, 이유나 근거)

96) 可히 : [가히, 능히, 넉넉히(부사) : 可(가 : 불어) + -ᄒᆞ(← -ᄒᆞ- : 형접)- + -이(부접)]

97) ᄡᅥ : [그것으로써 : ᄡ(← ᄡᅳ다 : 쓰다, 用)- + -어(연어▷부접)] ※ 여기서는 'ᄡᅥ'는 '그것으로 써'로 의역할 수 있는데, 이는 곧 앞에서 제시된 '얼운, 貴홈, 兄弟' 등의 조건을 가리킨다.

98) ᄭᅵᆷ을 : ᄭᅵ(끼다, 挾)- + -ㅁ(← -옴 : 명전) + -을(목조)

99) 사ᄅᆞᆷ이 : 사ᄅᆞᆷ(사람, 人) + -익(-의 : 관조, 의미상 주격)

1) 즐겨홈을 : 즐겨ᄒᆞ[← 즐겨ᄒᆞ다(즐겨하다, 歡) : 즑(즐거워하다, 흠 : 자동)- + -이(사접)- + -어(연어) + ᄒᆞ(하다 : 보용)-]- + -옴(명전) + -을(목조)

2) 다ᄒᆞ디 : 다ᄒᆞ[다하다, 盡, 歇 : 다(다, 悉 : 부사) + ᄒᆞ(동접)-]- + -디(-지 : 연어, 부정)

3) 정성 : 정성(精誠)

4) 오을게 : 오을(온전하다, 全)- + -게(연어, 사동)

5) 曲禮曰 君子不盡人之歡 不竭人之忠 以全交也 : 곡례에 이르되, "군자는 남들이 자신을 극진 하게 환대하여 줄 것을 기대하지 않고, 남들이 정성을 다해 자신에게 대하는 것을 바라지 않음으로써, 벗과 사귀는 것을 온전하게 유지한다."

# 5. 언간과 교서

　우리나라의 여성들은 훈민정음이 창제되기 이전에는 거의 문자 생활을 하지 못하였다. 그러다가 1446년에 훈민정음이 반포된 후에는 궁중 여인들을 중심으로 한문이 아닌 한글(언문, 諺文)으로 글을 쓰기 시작하여서 점차로 일반 양반 사대부의 부인들도 언문으로 글을 쓰게 되었다. 이처럼 한글의 사용이 확대됨에 따라서 편지를 한글로 적어서 서로의 연락을 취하는 일도 생겼는데, 이처럼 조선시대에 한글로 쓰인 편지를 흔히 '언간(諺簡), 내간(內柬), 내찰(內札), 안편지, 언찰(諺札)' 등으로 불렀다.

　지금까지 전하는 언간으로서 가장 이른 것으로는 1977년 충북 청주 순천 김씨의 묘에서 출토된 '순천 김씨 묘 출토 간찰(順天金氏墓出土簡札)' 192편을 들 수 있다. 이들 편지는 대략 1550년 무렵에서 1580년 무렵까지 쓰인 것으로 추정된다. 이 밖에도 송강(松江) 정철(鄭澈)의 자당(慈堂)인 안씨(安氏)가 1571년(선조 4)에 아들들에게 발송한 편지 3장이 남아 있고, 또한 비슷한 시기에 정철이 아내에게 보낸 편지글이 있다. 그리고 1586년(선조 19)에 고성 이씨인 이응태(李應台)가 31세의 나이로 요절하자, 그의 부인이 언문으로 써서 남편의 관 속에 넣어 둔 편지글이 있다. 끝으로 1592년(선조 25) 12월 24일에 김성일(金誠一)이 경상우도감사(慶尙右道監司)로 경상도 산음현(山陰縣, 경남 산청)에 있으면서, 안동 본가에 있는 부인(안동 권씨)에게 보낸 한글 편지가 남아 있다.

　그리고 '교서'(敎書)는 왕이 신하, 백성, 관청 등에 내리던 문서를 이른다. 이러한 교서'는 백성들을 깨우쳐서 교화하려는 정치적인 목적으로 지어져서, 일반 언간과는 글의 목적, 형식, 내용 등에 차이가 있다.

　여기서는 선조가 1593년(선조 26) 9월에 백성들에게 내린 '선조 국문 교서(宣祖國文敎書)'를 소개한다. 선조는 임진왜란으로 의주(義州)에 파천하여 있었는데, 조선의 백성들 중에는 왜군의 포로가 되어 그들에게 협조하면서 살아가는 자가 많았다. 이에 선조는 백성이 쉽게 알 수 있도록 언문으로 교서(敎書)를 내려, 왜군의 포로가 되어 있는 백성들을 회유하여 돌아오도록 하였다. 이 언문 교서는 작자와 저작 연대가 확실하고 원본이 온전하게 보존되어 있다는 점, 그리고 중세 국어에서 근대 국어로 이행되는 과도기의 국어 모습을 반영하고 있다는 점에서 국어사 연구에 가치가 있다.

　이들 글 중에서 '순천 김씨 묘 출토 간찰(順天金氏墓出土簡札)'은 총 192편으로서,

그 자료가 가장 방대하다. 여기서는 '순천 김씨 묘 출토 간찰'의 글에 나타난 국어학적인 특징을 정리하여 제시하면 다음과 같다.(허웅, 1989 : 58 참조.)

첫째, 방점이 쓰이지 않고 'ㆁ'과 'ㅇ'의 구분이 없다.

둘째, 서간이 붓으로 흘려서 쓴 글로 되어 있어서 'ㅿ'이 'ㅇ'과 잘 구분되지 않는다. 다만 일부 편지에 쓰인 'ᄆᆞᅀᆞᆷ'은 'ㅿ'으로 보이는 데 반해서, '날사, 후에사, 우리사, 내사, 주어사' 등에서는 'ㅿ'이 'ㅅ'으로 바뀌어서 적힌 것을 분명히 확인할 수 있다.

셋째, 겹자음이 쓰이는데 'ㅄ'의 두겹 자음은 'ᄡᅳ려, ᄡᅳ고져, ᄎᆞᄡᅡ리나, 뫼ᄡᅡ리나, 가ᄅᆞᄠᅳ더'처럼 쓰였다. 그리고 'ㅴ'과 'ㅵ'과 같은 세겹 자음은 'ㅲ, ㅳ' 또는 'ㅺ'으로 바뀌어서 나타난다. 곧 'ᄣᅢ, ᄢᅴ, 홈ᄢᅴ, ᄭᅮ이고, 츰ᄶᅢ'와 같이 그 이전에는 'ㅴ'과 'ㅵ'처럼 세겹 자음으로 표기되었을 곳에 두겹 자음으로 표기하였다.

넷째, '인ᄂᆞᆫ(←읻ᄂᆞᆫ←잇ᄂᆞᆫ), ᄒᆞ연네(←ᄒᆞ엳네←ᄒᆞ엿네), 인노라(←읻노라←잇노라)' 등의 예를 볼 때, 일곱 끝소리 되기(7종성 되기)가 적용되었음을 짐작할 수 있다.

넷째, 자음동화 특히 비음화가 많이 일어난다. 예를 들어서 '쳔리, 잇ᄂᆞᆫ, ᄒᆞ엿ᄂᆡ, 잇노라'가 비음화되어서 '쳘리, 인ᄂᆞᆫ, ᄒᆞ연ᄂᆡ, 인노라'의 형태로 실현되었다. 그리고 일부 단어에서는 유음화가 생기기도 하는데, '블난(블+나-+-ㄴ)'의 /ㄴ/이 유음화되어서 '블란'으로 실현되기도 한다.

다섯째, 'ㄷ' 구개음화가 확인된다. 곧 '더디-, -ㄹ만뎡, 티일-, 내티-' 등이 구개음화되어서 '더지-, -ㄹ망졍, 치일-, 내티-'와 같은 형태로 실현된 예가 나타난다.

여섯째, 문장의 종결 어미가 'ᄒᆞᄂᆡ', '거시로쇠', '블샹히', 'ᄒᆞ뇌'와 같이 반말의 종결 어미 '-ㅣ'로 실현되는 경우가 많다. 이때 '-ㅣ'는 반말의 평서형 어미로서, 높임과 낮춤의 중간의 등분이거나 예사 높임 정도의 종결 어미인 것으로 추정된다. 그리고 명령문에서 '-소'나 '-오'와 같은 예사 높임 등분의 명령형 종결 어미가 많이 실현되었다.

일곱째, '면화 ᄒᆞᆫ 근 간다(9번 편지)'처럼 평서문에서 나타나는 서술어의 형태로 '간다' 등이 나타나는 경우가 있다. 이는 '가다(行)'의 현재 시제의 평서형인 '가ᄂᆞ다'에서 현재 시제 선어말 어미인 '-ᄂᆞ-'의 /ㆍ/가 탈락하여 '간다'의 형태로 실현된 것이다.

여덟째, '강 셔방손ᄃᆡ 가ᄂᆞᆫ ᄌᆞᆫ 디히롤 엇디 그리 차망되게 ᄒᆞ여 보내시ᄂᆞᆫ고(2번 편지)'처럼 2인칭의 의문문에 '-ㄴ다'가 쓰이지 않고 1·3인칭의 의문형 어미인 '-ㄴ고/-ㄴ가'가 쓰인 것이 나타나는 경우가 있다.

# 順天 金氏 墓 出土 諺簡

## 1번 편지 *

---

ᄆᆞᄅᆞᆫ[1] 예[2] 인는[3] ᄆᆞᄅᆞᆯ 모ᄅᆡ[4] 줄 거시니 모ᄅᆡ 가라 ᄒᆞᄂᆡ[5]。 나죄[6]
가 필죵이ᄃᆞ려[7] 모ᄅᆡ 갈 양으로[8] 일[9] 오라 ᄒᆞ소[10]。 어듸 가 바들고[11]。
숙소늬[12] 집 근체[13] 가 바들가。 은지니를[14] 브리디[15] 아닐디라도[16]
자바다가[17] 교슈ᄒᆞ고[18] 공이나[19] 메워[20] 보낼 거시로쇠[21]。 나도 늬일

---

* **1번 편지** : 남편인 채무이(蔡無易)가 아내인 순천 김씨에게 보낸 편지이다.

1) ᄆᆞᄅᆞᆫ : 물(말, 馬) + -은(보조사, 주제)

2) 예 : 여기, 此(지대, 정칭)

3) 인는 : 인(← 읻다 ← 잇다 : 있다, 有)- + -ᄂᆞ(현시)- + -ㄴ(관전) ※ '잇ᄂᆞᆫ → 읻는 → 인는'의 변동을 겪었다. 7종성 체계가 확립됨에 따라서 음절 말의 /ㅅ/이 평파열음화에 따라서 /ㄷ/으로 변동한 뒤에, 다시 /ㄷ/이 /ㄴ/으로 비음화하였다.

4) 모ᄅᆡ : 모레, 再明日(부사)

5) ᄒᆞᄂᆡ : ᄒᆞ(하다, 謂)- + -ᄂᆡ(-네 : 평종, 현재, 예높의 반말) ※ '-ᄂᆡ'는 '-ᄂᆞ(현시)- + -ㅣ(← -이 : 평종, 반말)'로 분석되는 말의 축약형이다. 이때 '-이'에서 /ᄋᆞ/는 매개 모음이다. 역사적으로 보면, '-ᄂᆡ'는 '-ᄂᆞ- + -이- + -다 〉 -ᄂᆡ- + -이- + -다 〉 -ᄂᆡ'로 바뀐 말이다.(허웅, 1989 : 145 참조.) 현대 국어에서 '-네'는 예사 낮춤의 등분이지만, 이 시기의 '-ᄂᆡ'나 '-ᄂᆈ'는 예사 높임 정도의 반말이다. 현대어로는 예사 높임의 종결 어미인 '-오'나 '-소' 정도로 옮길 수 있다.

6) 나죄 : 나조(← 나조ㅎ : 저녁, 夕) + -이(-에 : 부조, 위치)] ※ '나죄'는 '나조히(나조ㅎ + -이)'가 줄어서 된 말인데, 문맥상 '저녁에'로 옮긴다.(허웅 1975 : 228)

7) 필죵이ᄃᆞ려 : 필죵이[필죵이, 인명 : 팔죵(인명) + -이(접미, 어조 고름)] + -ᄃᆞ려(-에게 : 부조)

8) 양으로 : 양(것, 樣 : 의명) + -으로(부조, 방편) ※ '~할 양으로'는 의향이나 의도를 나타낸다.

9) 일 : [일찍, 이르게, 早(부사) : 일(← 이르다 : 이르다, 早)- + -∅(부접)]

10) ᄒᆞ소 : ᄒᆞ(하다, 謂)- + -소(명종, 예높) ※ 이 시기에 남부 지방에서 예사 높임의 명령형 종결 어미인 '-소/-오'가 쓰였음을 알 수 있다.

11) 바들고 : 받(받다, 受)- + -을고(-을까 : 의종, 설명, 미시)

12) 숙소늬 : 숙손(사람 이름) + -의(-의 : 관조)

13) 근체 : 근체(← 근쳐 : 근처, 近處)

14) 은지니를 : 은지니[은진이, 인명 : 은진(인명) + -이(접미, 어조 고름)] + -를(목조)

15) 브리디 : 브리(부리다, 시키다, 使) + -디(-지 : 연어, 부정)

16) 아닐디라도 : 아니(← 아니ᄒᆞ다 : 아니하다, 보용, 부정)- + -ㄹ디라도(-지라도 : 연어, 양보 가정) ※ '아닐디라도' 어원적으로는 '아니(← 아니ᄒᆞ다 : 아니하다)- + -ㄹ(관전) # ᄃ(← ᄃᆞ : 것, 의명) + -이(서조)- + -라도(←-아도 : 연어, 양보)'로 분석할 수 있다. 그러나 여기서는 '-ㄹ디라도'가 현대어처럼 양보를 나타내는 연결 어미로 굳은 것으로 본다.

나죄<sup>22)</sup>나 모릭나 가리<sup>23)</sup> 커니와<sup>24)</sup> 그리<sup>25)</sup> 아라셔 츠리소<sup>26)</sup>. 댱명이<sup>27)</sup> 밥 머여<sup>28)</sup> 보내소。 뎡 싱워니<sup>29)</sup> 옷도 아니 받고 편지도 아니 ᄒᆞ더라 ᄒᆞ니 블샹히<sup>30)</sup>。

말(馬)은 여기 있는 말을 모레 줄 것이니, (나더러) 모레 (말을 받으러) 가라고 하오. 저녁에 가서 필종이에게 (내가 말을 받으러) 모레 갈 것이니 일찍 (나에게) 오라고 하소. 어디 가서 (말을) 받을까? 숙손의 집 근처에 가서 (말을) 받을까? 은진이를 부리지 아니할지라도 잡아다가 가르치고, (은진이에게) 공물(貢物?)이나 메게 하여 보낼 것이로세. 나도 내일 저녁이나 모레나 (집에) 가려 하거니와, 그리 알아서 쥰비하소. 당명이를 밥을 먹여 보내소. 정 생원(生員)이 (당명이가) 옷도 아니 받고 편지도 아니 하더라 하니, (당명이가) 불쌍하이.

## 2번 편지 *

편티<sup>1)</sup> 아니ᄒᆞᆫ 듸<sup>2)</sup> 엇던고<sup>3)</sup>。 바ᄫᆞᆯ 예셔<sup>4)</sup> 지으려<sup>5)</sup> ᄒᆞ니 양식과 자바나나<sup>6)</sup>

---

17) 자바다가 : 잡(잡다, 捕)- + -아(연어) + -다가(보조사, 동작의 유지, 강조)
18) 교슈ᄒᆞ고 : 교슈ᄒᆞ[敎授ᄒᆞ다, 가르치다 : 교슈(교수, 敎授 : 명사) + -ᄒᆞ(동접)-]- + -고(연어, 계기)
19) 공이나 : 공(貢, 공물, ?) + -이나(보조사, 선택) ※ '공'의 의미와 형태가 미상이다.
20) 메워 : 메우[메우다, 메게 하다 : 메(메다, 負 : 타동)- + -우(사접)-]- + -어(연어)
21) 거시로쇠 : 것(것 : 의명) + -이(서조)- + -Ø(현시)- + -롯(← -돗 : 감동)- + -외(← -이 : 평종, 반말)
22) 나죄나 : 나조(← 나조ᄒᆞ : 저녁, 夕) + -의(-에 : 부조, 위치)] + -나(보조사, 선택)
23) 가리 : 가(가다, 去)- + -리(← -려 : 연어, 의도) ※ '가리'는 어형으로만 보면 '가- + -리(평종, 반말)'로 분석되지만, '커니와'가 쓰인 것을 보면 '가려(가- + -려)'의 오기로 볼 수 있다.
24) 커니와 : ᄒᆞ(← ᄒᆞ다 : 하다, 보용, 의도)- + -거니와(연어, 대조)
25) 그리 : [그리, 그렇게(부사) : 그(그, 彼 : 지대, 정칭) + -리(부접)]
26) 츠리소 : 츠리(차리다, 준비하다, 備)- + -소(명종, 예높)
27) 댱명이 : [당명이, 사람 이름 : 댱명(당명 : 고유 명사) + -이(접미, 어조 고름)]
28) 머여 : 머이[← 머기다(먹이다) : 머(← 먹다 : 食)- + -이(사접)-]- + -어(연어)
29) 뎡 싱워니 : 뎡 싱원(정 생원, 鄭生員 : 고유 명사) + -이(주조)
30) 블샹히 : 블샹ᄒᆞ[불쌍하다 : 블샹(불쌍 : 불어) + -ᄒᆞ(형접)-]- + -Ø(현시)- + -ㅣ(평종, 반말)
 * 2번 편지 : 남편인 채무이(蔡無易)가 아내인 순천 김씨에게 보낸 편지이다.
 1) 편티 : 편ᄒᆞ[← 편ᄒᆞ다(편하다 : 형사) : 편(便 : 불어) + -ᄒᆞ(형접)-]- + -디(-지 : 연어, 부정)

보내소. 힝긔[7] 수져[8] 보내소. 머글 것 어더 둣다가[9] 나죄[10] 보내소. 강 셔방손듸[11] 가느[12] 즌[13] 디히를[14] 엇디 그리 차망되게[15] ᄒᆞ여 보내시ᄂᆞᆫ고[16]. 샹빅지[17] 밧[18] 망의[19] 잇더니 그를 보내소. 이 글히ᄂᆞᆫ[20] 쓰려[21] ᄒᆞ엿더니[22] 보내시도쇠[23]. 강복셩이도[24] ᄒᆞ연ᄂᆡ[25].

---

2) 듸 : 데, 곳(의명) + -∅(← -이 : 주조)

3) 엇던고 : 엇더[← 엇더ᄒᆞ다(어떠하다, 何) : 엇더(어찌 : 불어, 부사)- + -∅(← -ᄒᆞ- : 형접)-]- + -∅(현시)- + -ㄴ고(-ㄴ가 : 의종, 설명)

4) 예셔 : 예(여기, 此 : 지대, 정칭) + -셔(-서 : 보조사, 위치 강조)

5) 지으려 : 지(← 짓다, ㅅ불 : 짓다, 製)- + -으려(-려 : 연어, 의도) ※ 15세기 국어에서는 '-우려'이었던 형태에서, /우/가 탈락하여 '-으려'의 형태로 실현되었다.

6) 자바니나 : 자반(물고기를 소금에 절인 반찬) + -이나(보조사, 선택)

7) 힝긔 : 힝그(← 힝기 : 행기, 인명) + -의(관조)

8) 수져 : 수저, 匙箸.

9) 어더 둣다가 : 얻(얻다, 得)- + -어(연어) # 두(두다 : 보용, 지속)- + -ㅅ(← -엇- : 완료 지속)- + -다가(연어, 전환)

10) 나죄 : 나조(← 나조ᄒᆞ : 저녁, 夕) + -의(-에 : 부조, 위치)]

11) 강셔방손듸 : 강 셔방(강 서방 : 인명) + -손듸(-에게 : 부조, 상대)

12) 가느 : ① 가느(← 가늘다 : 가늘다, 細)- + -ㄴ(관전) ② 가(가다, 行)- + -ᄂᆞ(현시)- + -ㄴ(관전)

13) 즌 : 즈(← 줄다 : 잘다, 細)- + -∅(현시)- + -ㄴ(관전)

14) 디히를 : 디히(짠지, 소금에 절인 김치) + -를(목조)

15) 차망되게 : '차망되다'는 '차망'에 '되다'가 붙어서 된 합성 형용사로 보이나, 정확한 뜻을 알 수 없다. 다만 문맥으로 보아서는 '소홀하게, 무성의하게'라는 뜻으로 해석된다.

16) 보내시ᄂᆞᆫ고 : 보내(보내다, 送)- + -시(주높)- + -ᄂᆞ(현시)- + -ㄴ고(-ㄴ가 : 의종, 설명) ※ 이 시기에는 2인칭 주어에도 의문형 어미가 '-ㄴ다' 대신에 '-ㄴ고'로 실현된 것을 알 수 있다.

17) 샹빅지 : 샹빅지(상백지, 常白紙) + -∅(← -이 : 주조) ※ '샹빅지'는 보통의 백지를 이르는 것 같다.

18) 밧 : 밧(← 밨 : 밖, 바깥)

19) 망의 : 망(큰 망태기) + -의(-에 : 부조, 위치) ※ '망'은 새끼를 그물처럼 얽어 만든 큰 망태기 인데, 갈퀴나무 따위를 담아 짊어진다.

20) 글히ᄂᆞᆫ : 글ᄒᆞ(← 글 : 글, 書) + -의(-에 : 부조, 위치) + -ᄂᆞᆫ(보조사, 주제)

21) 쓰려 : 쓰(쓰다, 사용하다, 用)- + -려(연어, 의도)

22) ᄒᆞ엿더니 : ᄒᆞ(하다, 爲 : 보용)- + -엿(← -엇- : 완료 지속)- + -더(회상)- + -니(연어, 설명 계속)

23) 보내시도쇠 : 보내(보내다, 遣)- + -시(주높)- + -∅(과시)- + -돗(감동)- + -외(← 이 : 평종, 반말) ※ '-외'는 '-ᄋᆡ이다 > -익이다 > -익'의 변화 과정을 거쳐서 형성된 평서형의 종결 어미이다.

24) 강복셩이도 : 강복셩이[강복셩이 : 강복셩(인명) + -이(접미)] + -도(보조사, 마찬가지)

25) ᄒᆞ연ᄂᆡ : ᄒᆞ(하다, 爲)- + -연(← -열- ← -엿- : 완료 지속)- + -ᄂᆡ(←-네 : 평종, 현재, 예높의 반말) ※ 7종성 체계에 따라서 평파열음화가 일어난 뒤에 비음화가 일어난 결과이다.

편치 아니한 데는 어떤가? 밥을 여기서 지으려 하니 양식과 자반이나 보내소. 행기의 수저 보내소. 먹을 것 얻어 두었다가 저녁에 보내소. 강 서방에게 가느다란 잔(細) 김치를 어찌 그리 차망되게 하여 보내시는가? 상백지가 밖의 망태기에 있더니 그것을 보내소. 이 글(편지)에는 (상백지를) 쓰려 하였더니 보내셨소[26]. 강복성이도 하였소.

## 5번 편지 *

셜온[1] 딕녕[2] 보내소。 가ᄂᆞ니[3] 부들[4] 사다가[5] 쓰고져 ᄒᆞ니 ᄎᆞᆺᄡᆞ리나[6] 뫼ᄡᆞ리나[7] 다엿[8] 되만 얻고져 ᄒᆞ뇌[9]。 귿사니란[10] 이제 손 쳠디[11] 지븨 가 약 ᄎᆞ리라[12] ᄒᆞ고 막죵이[13] ᄒᆞ여[14] 벼로예[15] 인ᄂᆞᆫ[16] 황모[17] 붇 보내소。

---

26) 이 문장의 내용을 앞의 문장의 내용과 비교하면 문맥이 통하지 않는다. 앞의 문장과 문맥이 통하려면 '보내시도쇠' 앞에 부정 부사인 '아니'가 탈락한 오기(誤記)로 보아야 하는데, 이렇게 '아니 보내시도쇠'의 오기로 보면 이 구절은 '아니 보내셨구나'로 해석된다.

* 5번 편지 : 남편인 채무이(蔡無易)가 아내인 순천 김씨에게 보낸 편지이다.
1) 셜온 : 셜(빨다, 洗)- + -Ø(과시)- + -오(대상)- + -ㄴ(관전)
2) 딕녕 : 직령(直領). 무관들이 입는 웃옷의 한 가지이다.
3) 가ᄂᆞ니 : 가ᄂᆞ(← 가늘다 : 細)- + -Ø(현시)- + -ㄴ(관전) # 이(것, 者 : 의명)
4) 부들 : 붇(붓, 筆) + -을(목조)
5) 사다가 : 사(사다, 買)- + -Ø(← -아 : 연어) + -다가(보조사 : 강조, 동작의 유지)
6) ᄎᆞᆺᄡᆞ리나 : ᄎᆞᆺᄡᆞᆯ[찹쌀 : ᄎᆞᆺ(← 찰- : 접두)- + ᄡᆞᆯ(쌀, 米)] + -이나(보조사, 접조 : 선택)
7) 뫼ᄡᆞ리나 : 뫼ᄡᆞᆯ[← 멥쌀(멥쌀) : 뫼(메- : 접두)- + ᄡᆞᆯ(쌀, 米)] + -이나(보조사, 접조 : 선택)
8) 다엿 : [대여섯(관사, 양수) : 다슷(다섯, 五 : 관사, 양수) + 여슷(여섯, 六 : 관사, 양수)]
9) ᄒᆞ뇌 : ᄒᆞ(하다, 爲)- + -뇌(-네 : 평종, 예높의 반말, 현시, 화자) ※ '-뇌'는 '-ᄂᆞ(현시)- + -오(화자)- + -ㅣ(평종, 반말)'로 분석할 수 있다.(허웅, 1989 : 145 참조.)
10) 귿사니란 : 귿사니[끝산이, 남자 종의 이름 : 귿(← 긑 : 끝, 末) + 산(← 손 : 장정, 壯丁) + -이(접미, 어조 고름)] + -란(-는 : 보조사, 주제)
11) 손 쳠디 : 손 첨지 ※ '첨지'는 원래 '첨지중추부사'였으나, 나중에는 나이 많은 남자를 낮잡아 이르는 말로 쓰였다.
12) ᄎᆞ리라 : ᄎᆞ리(차리다, 준비하다)- + -라(명종)
13) 막죵이 : 막죵이[사람 이름 : 막죵(막종 : 인명) + -이(접미, 어조 고름)]
14) ᄒᆞ여 : ᄒᆞ이[시키다, 使 : ᄒᆞ(하다, 爲)- + -이(사접)-]- + -어(연어)
15) 벼로예 : 벼로(벼루, 硯) + -예(← -에 : 부조, 위치)
16) 인ᄂᆞᆫ : 인(← 잇다 : 있다)- + -ᄂᆞ(현시)- + -ㄴ(관전) ※ '잇ᄂᆞᆫ → 읻ᄂᆞᆫ → 인ᄂᆞᆫ'의 변동은 /ㅅ/이 /ㄷ/으로 평파열음화한 뒤에, /ㄷ/이 /ㄴ/으로 비음화한 형태이다.
17) 황모(黃毛) : '황모'는 족제비의 꼬리털. 빳빳한 세필(細筆)의 붓을 만드는 데에 쓴다.

안쥭<sup>18)</sup> 뽈 것 업세<sup>19)</sup>。 필죵이 고티<sup>20)</sup> 바ᄃ란<sup>21)</sup> 말 아니신가<sup>22)</sup>。 ᄆᆞᆯ 비럳닉<sup>23)</sup>。

빤(洗濯) 직령(直領)을 보내소. 가는 것 붓을 사다가 쓰고자 하니, 찹쌀이나 멥쌀이나 대엿 되만 얻고자 하오. 끝산이는 이제 손 첨지(孫僉知)의 집에 가서 약을 준비하라 하고, 막종이를 시키어 벼루에 있는 황모(黃毛) 붓을 보내소. 당장 쓸 것(붓)이 없으이. 필종이에게 (누에)고치를 받으라고 하는 말을 아니 하셨는가? 말(馬)은 빌렸소.

---

18) 안쥭 : 아직, 당분간(부사)

19) 업세 : 없(없다, 無)-+-Ø(현시)-+-에(-으이 : 평종, 반말, 예높) ※ '-에'는 '-어(확인)-+ -ㅣ(평종, 예높, 반말)'로 분석된다.

20) 고티 : 고치, 누에고치.

21) 바ᄃ란 : 받(받다, 受)-+-ᄋᆞ라(-으라 : 명종)-+-ㄴ(관전) ※ '바ᄃ란'은 '바ᄃ라 ᄒᆞᄂᆞᆫ'에서 'ᄒᆞᄂᆞ-'나, '바ᄃ라 ᄒᆞᆫ'에서 'ᄒᆞ-'가 줄어진 말이다.

22) 아니신가 : 아니(부사) # ᄒᆞ(하다)-+-시(주높)-+-Ø(과시)-+-ㄴ가(-ㄴ가 : 의종, 판정)

23) 비럳닉 : 빌(빌리다, 借)-+-언(←-엇- : 완료 지속)-+-닉(-네 : 평종, 화자, 예높의 반말) ※ '비럿네 → 비럳네 → 비럳네'의 변동 과정은 평파열음화에 이어서 비음화가 적용된 형태이다.

# 松江의 諺簡 *

가셔[1]

    오월 스므 사흔날[2]                                   계함[3]

유무[4] 보고 편안히 뫼〮와[5] 계시니[6] 깃거ᄒᄂᆡ[7]。우리도 더옥 무ᄉ히[8]
뫼〮와 인ᄂᆡ[9]。나도 이 버닉[10] 가려 ᄒ다가 ᄆᆞᆼ[11] 쳔〮티[12] 아녀[13]
몯 개[14]。

  뉴 셔방 등의 약[15] 각[16] 스므 복식[17] 지어 가닉。즉시 뎐ᄒ소[18]。

---

 * 송강(松江)의 언간(諺簡) : 이 글은 송강 정철이 아내인 문화 유씨(文化 柳氏)에게 보낸 편지글
이다. 편지를 보낸 날짜만 기록되어 있고 육십간지(六十干支)를 적지 않아서, 편지가 쓰인
정확한 연도는 알 수 없다. 다만, 편짓글의 내용에 송강이 아버님의 안부를 묻는 내용이 나
오는 것으로 보아서, 송강의 아버지가 사망하기 전(1570년 이전)에 지은 것으로 추정한다.

1) 가셔 : 가서(家書). 자기 집으로 보내는 편지이다.

2) 사흔날 : [사흔날 : 사ᄒᆞᆯ(사흘, 三日) + -ㅅ(관조, 사잇) + 날(날, 日)] ※ '사ᄒᆞᆺ날 → 사흔날 →
사흔날'은 평파열음화와 비음화가 적용된 형태이다.

3) 계함 : 계함(季涵). 송강 정철의 자(字)이다.

4) 유무 : 편지.

5) 뫼〮와 : 뫼〮오(← 뫼〮ᅀᆞᆸ다, ㅂ불 : 모시다) + -아(연어) ※ 주체인 문화 유씨가 모시는 대상
이 문맥에 드러나 있지 않다.

6) 계시니 : 계시(계시다 : 보용, 완료 지속, 높임) + -니(연어, 이유) ※ '겨시다'가 '계시다'로
그 형태가 바뀌었다.

7) 깃거ᄒᄂᆡ : 깃거ᄒ[기뻐하다, 歡 : 깄(기뻐하다) + -어(연어) + ᄒ(하다 : 보용)-] + -ᄂᆡ(-네
: 평종, 현재, 화자, 예높의 반말)

8) 무ᄉ히 : [무사히(부사) : 무ᄉ(무사, 無事 : 명사) + -ᄒ(← -ᄒᆞ- : 형접)- + -이(부접)]

9) 인ᄂᆡ : 인(← 잇다 : 보용, 완료 지속)- + -ᄂᆡ(-네 : 평종, 현재, 화자, 예높의 반말) ※ '잇ᄂᆡ →
읻ᄂᆡ → 인ᄂᆡ'의 변동 과정은 평파열음화와 비음화가 적용된 형태이다.

10) 버닉 : 번(번, 番 : 의명) + -익(-에 : 부조, 위치)

11) ᄆᆞᆼ : 형태와 의미가 미상이다. 문맥상 '끝내'나 '아주', '마침' 등의 뜻인 것으로 추정된다.
순천 김씨 묘에서 출토된 언간 중에서 85번 편지에도 '역도 하 바려히 되여시니 ᄆᆞᆼ 어히업
서(= 역(驛)도 아주 고달프게 되었으니 ᄆᆞᆼ(?) 어이없어)'라는 구절에 'ᄆᆞᆼ'이 쓰였다.

12) 쳔〮티 : 쳔텬ᄒ[← 쳔텬ᄒ다(여유롭다) : 쳔텬(← 쳔텬 : 쳔텬, 불어) + -ᄒ(형접)-] + -디(-
지 : 연어)

13) 아녀 : 아니[← 아니ᄒ다(아니하다 : 보용, 부정) : 아니(부사, 부정) + -∅(← -ᄒ- : 형접)-]-
+ -어(연어)

14) 개 : 가(가다, 行)- + ∅(과시)- + -∅(← -오- : 화자)- + -ㅣ(평종, 반말) ※ '개'는 '가이다〉
개이다〉개'의 변화 과정을 거쳐서 된 어휘이다. 그리고 문맥상 화자가 주어이므로 화자 표
현의 선어말 어미 '-오-'가 숨어 있는 것으로 볼 수 있다.

순녀니[19] 가니 오래[20] 무기디[21] 마오[22] 즉제[23] 보내소. 드려[24] 둔니리[25]
업스니 쉬이[26] 와여[27] 홀쇠[28].

느미[29] 무명을 서너[30] 피릴[31] 뻐쓰니[32] 아래 게셔[33] 보낸 무명을
그 사름 주디 몯ᄒᆞ여셔[34] 다 다른 듸 뻐[35] ᄇᆞ리니 순녀니 올 제
어더 보내소.

아바님이[36] 블의예[37] 힝츳ᄒᆞ시니[38] 안부 사름[39] 년ᄒᆞ여[40] 즈로[41] ᄇᆞ리

---

15) 약 : 약(藥)

16) 각 : 각(各)

17) 복식 : [복씩 : 복(복 : 의명) + -식(-씩 : 보조사, 접미, 각자)] ※ '복'은 약의 한 번 먹을 분량을 나타내는 단위이다.

18) 뎐ᄒᆞ소 : 뎐ᄒᆞ[전하다 : 뎐(전, 傳 : 불어) + -ᄒᆞ(동접)-]- + -소(명종, 예높) ※ 예사 높임의 명령형 어미인 '-소'는 '-ᄉᆞ오쇼셔〉-ᄉᆞ오〉-소'의 변천 과정을 거친 것으로 추측된다.(허웅 1989 : 172) 여기서 '-ᄉᆞ오-'는 객체 높임의 선어말 어미인 '-ᄉᆞᆸ-'의 이형태이며, '-쇼셔'는 아주 높임의 뜻을 나타내는 명령형의 종결 어미이다.

19) 순녀니 : 순녀니[순녀이 : 순년(순년 : 인명) + -이(접미, 어조 고름)] + -Ø(←-이 : 주조)

20) 오래 : [오래, 久(부사) : 오라(오래다, 久 : 형사)- + -ㅣ(←-이 : 부접)]

21) 무기디 : 무기[묵히다 : 묵(묵다, 宿 : 자동)- + -이(사접)-]- + -디(-지 : 연어, 부정)

22) 마오 : 마(← 말다, 勿 : 보용, 금지)- + -오(←-고 : 연어, 계기)

23) 즉제 : 즉시, 卽(부사)

24) 드려 : 드리(데리다, 伴)- + -어(연어)

25) 둔니리 : 둔니[다니다 : 둔(← 둗다 : 닫다, 走)- + 니(가다, 行)-]- + -ㄹ(관전) # 이(이 : 의명) + -Ø(←-이 : 주조) ※ '둗니리 → 둔니리'의 변동은 /ㄷ/이 /ㄴ/으로 비음화한 형태이다.

26) 쉬이 : [멀지 아니한 가까운 장래에(부사) : 쉬(← 쉽다, ㅂ불 : 쉽다, 易)- + -이(부접)]

27) 와여 : 오(오다, 來)- + -아(연어) + -여(←-사 : -야, 보조사, 한정 강조)

28) 홀쇠 : ᄒᆞ(하다 : 보용, 당위)- + -ㄹ쇠(감종, 예높의 반말) ※ '-ㄹ쇠'는 '-리로소이'가 축약된 형태인데, 이는 'ᅟᅵᆯ(미시)- + -롯(←-돗- : 감동)- + -오(화자)- + -이(평종, 반말)'로 분석된다. 역사적으로 보면 '-리로쇠〉-ㄹ로쇠〉-로쇠〉-ㄹ쇠'로 변했다.(허웅 1989 : 147)

29) 느미 : 눔(남, 他) + -이(-의 : 관조)

30) 서너 : 서너(관사, 양수) : 서(← 세 : 세, 三, 관사, 양수) + 너(← 넉 : 네, 四, 관사, 양수)]

31) 피릴 : 필(필, 疋 : 의명) + -을(목조) ※ '필(疋)'은 일정한 길이로 말아 놓은 피륙을 세는 단위이다.

32) 뻐쓰니 : 쓰(쓰다, 用)- + -엇(완료 지속)- + -드(←-다 : 회상, 화자)- + -니(연어, 설명 계속)

33) 게셔 : 게(거기, 彼 : 지대, 정칭)- + -셔(-서 : 보조사, 위치 강조)

34) 몯ᄒᆞ여셔 : 몯ᄒᆞ[못하다(보용, 부정) : 몯(못, 不能 : 부사, 부정) + -ᄒᆞ(하다 : 동접)-]- + -여셔(←-아셔 : -아서, 연어, 동작의 유지, 강조)

35) 뻐 : ᄡ(← 쓰다 : 쓰다, 用)- + -어(연어)

36) 아바님이 : 아바님[아버님 : 아바(← 아비 : 아버지, 父) + -님(높접)] + -이(주조)

37) 블의예 : 블의(불의, 不意 : 명사) + -예(←-에 : 부조, 위치, 상황)

와<sup>42)</sup> 안부 알오 비록 잠깐<sup>43)</sup> 편티<sup>44)</sup> 아니셔도<sup>45)</sup> 셜리〃 셔울로부터 사름 브리소. 편티 아니셔도 녜〻로<sup>46)</sup> 나를 긔이시니<sup>47)</sup> ᄌ로 사름 브려 아라셔 이리<sup>48)</sup> 알외소<sup>49)</sup>。 얼혀니<sup>50)</sup> 마소<sup>51)</sup>。

밧바<sup>52)</sup> 이만 ᄒ뇌<sup>53)</sup>。

가서(家書)

편지를 보고, (당신이) 편안히 모시고 계시니 기뻐하오. 우리도 더욱 무사히 뫼시어 있소. 나도 이번에 가려고 하다가, ᄆ종(?) 천천하지 못해서 못 갔소.

유 서방 등에게 약(藥)을 각 스무 복씩 지어 가오. 즉시 (약을) 전히소.

순년이가 가니 오래 묵게 하지 말고, (순년이를) 즉시 보내소. (내가) 데리고 다닐 이가 없으니, (순년이가) 쉬 와야 하겠구나.

남의 무명을 서너 필(疋)을 썼더니, 예전에 거기서 보낸 무명을 그 사람에게 주지 못하여서 다 다른 데에 써 버리니, 순년이가 올 때에 얻어 보내소.

아버님이 불의(不意)에 행차(行次)하시니, (아버님의) 안부(安否)를 전하는 사람을 연

---

38) 힝ᄎᄒ시니 : 힝ᄎᄒ[행차하다 : 힝ᄎ(행차, 行次 : 명사) + -ᄒ(동접)-]- + -시(주높)- + -니 (연어, 설명, 이유)

39) 안부 사름 : 안부를 전하는 사람이다.

40) 년ᄒᆞ여 : 년ᄒ[연하다, 잇다르다 : 년(연, 連 : 불어) + -ᄒ(동접)-]- + -여(← -아 : 연어)

41) ᄌ로 : 자주, 頻(부사)

42) 브리와 : 브리오(← 브리다 : 부리다, 使)- + -아(연어) ※ '브리와'는 '브려'의 오기이다.

43) 잠깐 : [잠간, 暫間(부사) : 잠(잠시, 暫) + -ㅅ(관조, 사잇) + 간(사이, 間)]

44) 편티 : 편ᄒ[← 편ᄒ다 : 편(편, 便 : 불어) + -ᄒ(형접)-]- + -디(-지 : 연어, 부정)

45) 아니셔도 : 아니(← 아니ᄒ다 : 아니(부사, 부정) + -∅(← -ᄒ- : 형접)-]- + -시(주높)- + -어도(연어, 양보) ※ 주체 높임의 선어말 어미인 '-시-'에 모음으로 시작하는 어미인 '-어'가 붙을 때에 '-샤-'로 실현되지 않고 '-셔-'로 실현된 것이 특징이다.

46) 녜〻로 : [예사로(부사) : 녜〻(예사, 例事 : 명사) + -로(부조▷부접)]

47) 긔이시니 : 긔이(감추다, 숨기다, 隱)- + -시(주높)- + -니(연어, 이유)

48) 이리 : [이리, 이쪽으로(부사) : 이(이 : 지대) + -리(부접)]

49) 알외소 : 알외[아뢰다, 奏 : 알(알다, 知)- + -오(사접)- + -ㅣ(← -이- : 사접)-]- + -소(명종, 예높)

50) 얼혀니 : [함부로, 소홀히, 忽(부사) : 얼현(불어) + -∅(← -ᄒ- : 형접)- + -이(부접)]

51) 마소 : 마(← 말다 : 말다, 勿)- + -소(명종, 예높)

52) 밧바 : 밧ㅂ[← 밧브다(바쁘다, 忙) : 밧(← 밫다 : 바빠 하다, 동사)- + -ㅂ(형접)-]- + -아(연어)

53) ᄒ뇌 : ᄒ(하다, 謂)- + -뇌(-네 : 평종, 현재, 화자, 예높의 반말)

(連)하여 자주 부려서 (아버님의) 안부(安否)를 알고, 비록 (아버님이) 잠깐 편(便)하지 아니하셔도, 빨리빨리 서울로부터 안부 전하는 사람을 부리소. (아버님이) 편(便)치 아니하셔도 예사(例事)로 (편하다고) 나에게 숨기시니, 자주 사람을 부려서 (아버님의 안부를) 알아서 이리로 아뢰소. 소홀히 마소.

바빠 이만 하오.

---

三月 十二日 **季涵**

긔일이[1] 다ᄃ라[2] 이쇼ᄃ[3] 내졔예[4] 닙ᄂᆞᆫ 관ᄃᆡ[5] 아니 와시니[6] 급ᄼᆞ이[7] 보내오. 얼혀니 마오[8]. 부러[9] 사ᄅᆞᆷ 브리ᄃᆡ[10] ᄉᆞ월 초 다엿쇄[11] 젼으로[12] 들게[13] 보내오. 밧바[14] 이만.

---

삼월 십이일 계함(季涵)

기일(忌日)이 다다라 있되, 내제(內祭)에 입는 관대(冠帶)가 아니 왔으니, 급급(急急)히 보내오. 소홀하게 마오. 일부러 사람을 부리되, 사월 초 대엿새 전(前)으로 (관대가 우리집에) 들게 보내오. 바빠 이만.

---

1) 긔일이 : 긔일(기일, 제삿날, 忌日) + -이(주조)
2) 다ᄃ라 : 다달[← 다ᄃᆞᆮ다, ㄷ불(다다르다, 至) : 다(다, 悉 : 부사) + 돋(닫다, 달리다, 走)-]- + -아(연어)
3) 이쇼ᄃ : 이시(있다 : 보용, 완료 지속)- + -오ᄃ(-되 : 연어, 설명 계속)
4) 내졔예 : ① 내졔(내제, 內祭) + -예(← -에 : 부조, 위치) ※ '내제'는 궁중에서 지내던 제사이다. ② 나(我 : 인대, 1인칭) + -ㅣ(← -이 : 주조) # 졔(제, 祭) + -예(← -에 : 부조, 위치)
5) 관ᄃᆡ : 관ᄃᆡ(관대, 冠帶) + -∅(← -이 : 주조) ※ '관ᄃᆡ'는 벼슬아치들의 공복(公服)이다.
6) 와시니 : 오(오다, 來)- + -아시(완료 지속)- + -니(연어, 이유)
7) 급ᄼᆞ이 : [급급히, 매우 급하게(부사) : 급(급, 急 : 불어) + 급(급, 急 : 불어) + -∅(형접)- + -이(부접)]
8) 마오 : 마(← 말다, 勿 : 보용, 부정)- + -오(명종, 예높)
9) 부러 : 일부러(부사)
10) 브리ᄃᆡ : 브리(부리다, 시키다, 使)- + -ᄃᆡ(-되 : 연어, 설명 계속) ※ 연결 어미의 형태가 '-오ᄃᆡ'에서 '-되'로 바뀌었음을 알 수 있다.
11) 다엿쇄 : [대엿새, 닷새나 엿새 정도 : 다(← 닷쇄 : 닷새, 五日) + 엿쇄(엿새, 六日)]
12) 젼으로 : 젼(전, 앞, 前) + -으로(부조, 방편, 시간)
13) 들게 : 들(들다, 入)- + -게(연어, 도달) ※ 15세기에는 '들에'로 표기되었는데, 이 시기에는 '들게'로 표기되었다. 어간의 끝 종성인 /ㄹ/의 뒤에서 어미의 /ㄱ/이 유지된 예이다.
14) 밧바 : 밧ㅂ[← 밧ㅂ다(바쁘다, 忙) : 밧(← 밫다 : 바빠 하다, 동사)- + -ㅂ(형접)-]- + -아(연어)

# 松江 慈堂 安氏의 諺簡 *

고양이[1]

근봉[2]

아기네[3]  젼  답 샹빅[4]

나는 의심 업시[5]  이대[6]  인노이다[7]。 형뎨부니[8]  이대  겨쇼셔[9]。 나리
하[10]  험ᄒ니  더욱  분별ᄉᄒᅌᆸ노이다[11]。 이  고여릭[12]  조심들[13]  ᄒ쇼셔。
우리  큰  집도  대되[14]  무ᄉ히[15]  인ᄂ이다。 시위[16]  큰  마리도[17]  두  고대셔[18]

---

* 송강의 어머니인 죽산(竹山) 안씨(安氏)의 편지글 : 송강의 나이 삼십 오세 되던 해인 1570년
  (신미년, 선조 3)의 사월에 송강의 아버지가 사망하자, 송강의 형제들이 경기도 고양(高陽)의
  신원(新院)에서 아버지의 묘소에 여막(廬幕)을 지어 놓고 시묘(侍墓)를 했다. 이 글은 송강의
  어머니인 안씨가 신미년(1570년)과 이듬해인 임신년(1571년)에 고양에서 시묘를 하고 있는
  송강의 형제에게 보낸 편지글이다.
1) 고양이 : 고양(고양, 高陽 : 경기도 고양) + -의(-에 : 부조, 위치)
2) 근봉 : 근봉(謹封). 삼가 봉한다는 뜻으로, 편지 겉봉의 봉한 자리에 쓰는 말이다.
3) 아기네 : [자식들 : 아기(아기, 子息) + -네(복접)] ※ '아기'는 부모가 자식을 이르는 말이다.
4) 답샹빅 : 답 상백(答 上白). 답하여 말씀을 드리다. ※ '빅(백, 白)'은 주로 말하는 사람의 이름
  뒤에 붙어서 '말씀을 드리다'는 뜻을 더하는 접미사로 쓰인다.
5) 의심 없이 : '의심(疑心) 없이'는 '분명히'나 '확실히'의 뜻인데, 여기서는 '아주'로 의역한다.
6) 이대 : [잘, 좋이, 善(부사) : 일(좋다, 착하다, 묘하다, 善 : 형사)- + -애(부접)]
7) 인노이다 : 인(← 잇다 ← 잇다 : 있다, 在)- + -ㄴ(←-ᄂ- : 현시)- + -오(화자)- + -이(상높,
  아높)- + -다(평종) ※ '잇노이다 → 읻노이다 → 인노이다'의 변동은 평파열음화와 비음화가
  적용된 형태이다. 화자 표현의 선어말 어미가 유지되고 있다.
8) 형뎨부니 : 형뎨분[형제분 : 형뎨(형제, 兄弟) + -분(접미, 높임)] + -이(주조)
9) 겨쇼셔 : 겨(← 겨시다 : 계시다, 在)- + -쇼셔(-소서 : 명종, 아높)
10) 하 : [아주, 매우, 甚(부사) : 하(많다, 多)- + -Ø(부접)]
11) 분별ᄒᅌᆸ노이다 : 분별ᄒ[염려하다 : 분별(염려, 憂 : 명사) + -ᄒ(동접)]- + -ᅌᆸ(공손)- + -
  ᄂ(현시)- + -오(화자)- + -이(상높, 아높)- + -다(평종) ※ '-ᅌᆸ-'은 15세기에는 객체 높임
  의 선어말 어미로 쓰였으나, 이 시기에는 거의 '공손'이나 '겸양'을 나타내는 선어말 어미로
  쓰였다. '분별ᄉᄒᅌᆸ노이다'는 '분별분별ᄒᅌᆸ노이다'를 줄여서 표기한 것이다.
12) 고여릭 : 고열(고열, 高熱, 苦熱) + -의(-에 : 부조, 위치, 원인)
13) 조심들 : 조심들[조심들 : 조심(조심, 操心) + -들(-들 : 복접)] ※ '조심들'은 명령문에서 복수
  형태의 주어가 생략되면서, 생략된 주어가 복수임을 나타낸다. 이는 주어에 붙어야 할 복수
  접미사 '-들'이 서술어인 '조심ᄒ쇼셔'의 명사 어근인 '조심'에 옮겨서 실현된 것이다.
14) 대되 : [← 대도히(대체로, 통틀어(부사) : 대도(대도 : 불어) + -Ø(←-ᄒ- : 동접)- + -이(부
  접)] ※ '대되'는 '대도히'의 준말이다.
15) 무ᄉ히 : [무사히(부사) : 무ᄉ(무사, 無事 : 명사) + -ᄒ(←-ᄒ- : 형접)- + -이(부접)]

부조로곰<sup>19)</sup> 주려 ᄒᆞ신단 ᄂᆞ이다<sup>20)</sup>。 사디 말라 코<sup>21)</sup> ᄌᆞ연니<sup>22)</sup> 이리 되여ᄂᆞ이다<sup>23)</sup>。

신미<sup>24)</sup> 뉴월 스므 여ᄃᆞ랜날<sup>25)</sup> 모 안<sup>26)</sup>

---

고양(高陽)에

근봉(謹封)

아기들 앞(前)으로 답하여 말씀드림.

나는 아주 잘 있습니다. 형제(兄弟)분이 잘 계시소서. 날이 하도 험(險)하니 더욱 염려합니다. 이 고열(苦熱)에 조심들 하소서. 우리 큰 집도 모두 무사(無事)히 있습니다. 담요(?)의 큰 마리(?)도 두 곳에서 부조로써 주려 하신다고 합니다. (담요를) 사지 말라 하고 자연히 이리 되었습니다.

신미년(辛未年) 유월 스물 여드렛날 모(母) 안(安)

---

16) 시위 : '시위'의 형태와 의미가 미상이다. 문맥으로 보아서 '시욱(담요, 모전, 氈)'에서 /ㄱ/이 탈락하고 관형격 조사 '-ㅣ'가 실현된 것으로 볼 가능성이 있다. '시으'의 형태로 쓰일 수도 있다. ※ '시위'는 송강의 부친이 상(喪)을 당하여 주위에서 '부조'로 들어온 담요이다.

17) 마리도 : 마리(마리 : 의명) + -도(보조사, 마찬가지, 첨가) ※ '마리'의 의미와 형태를 확인할 수 없다. 다만 문맥상 '시욱(시으)'의 단위를 나타내는 의존 명사인 것으로 추정된다. 현대 국어에서는 '시(詩)'의 편수나 실(絲)을 헤아릴 때에 쓰는 의존 명사로 쓰이고 있다.

18) 고대셔 : 곧(곳 : 處) + -애(-에 : 부조, 위치) + -셔(-서 : 보조사, 위치 강조)

19) 부조로곰 : 부조(부조, 扶助) + -로(부조, 방편) + -곰(보조사, 강조)

20) ᄒᆞ신단 ᄂᆞ이다 : ᄒᆞ(하다 : 보용, 의도)- + -시(주높)- + -ㄴ(←-ᄂᆞ- : 현시)- + -다(평종) # Ø(← ᄒᆞ다 : 하다, 曰)- + -ᄂᆞ(현시)- + -이(상높, 아높)- + -다(평종) ※ 'ᄒᆞ시단ᄂᆞ이다'는 문맥상 'ᄒᆞ신다 ᄒᆞᄂᆞ이다'의 오기이다. 현재 시제 선어말 어미 '-ᄂᆞ-'가 모음의 형태소 뒤에서 '-ㄴ-'으로 실현된 것이 특징이다. 이는 현재 시제 선어말 어미인 '-ᄂᆞ-'가 '-ㄴ-'으로 이행되는 과정을 보여 준다.

21) 코 : ᄒᆞ(← ᄒᆞ다 : 하다, 謂)- + -고(연어, 나열)

22) ᄌᆞ여니 : [자연히(부사) : ᄌᆞ연(자연, 自然 : 명사) + -Ø(←-ᄒᆞ- : 형접)- + -이(부접)]

23) 되여ᄂᆞ이다 : 되(되다, 爲)- + -여(←연←-열←-엿- : 완료 지속)- + -ᄂᆞ(현시)- + -이(상높, 아높)- + -다(평종) ※ '되여ᄂᆞ이다'는 '되연ᄂᆞ이다'를 오기한 형태이다.

24) 신미 : 신미년(辛未年). 1570년(선조 3).

25) 여ᄃᆞ랜날 : [여드렛날 : 여둛(여덟, 八) + -애(-에 : 부조, 위치) + -ㄴ(←-ㅅ : 관조, 사잇) + 날(날, 日)] ※ 관형격 조사 '-ㅅ'이 평파열음화와 비음화가 적용되어 'ㄴ'으로 변동했다.

26) 모 안(母安) : 어머니 안씨.

## 아기 젼늬<sup>1)</sup> 샹빅 답샹

녀그시(니)<sup>2)</sup> 년신ᄒᆞ여<sup>3)</sup> 보ᅀᆞᆸ노이다<sup>4)</sup>。아ᄆᆞ려나<sup>5)</sup> 펴니<sup>6)</sup> 겨시며 □□□

효되<sup>7)</sup> 어듸<sup>8)</sup> 어듸 잇ᄉᆞ올(고)<sup>9)</sup>。 근일<sup>10)</sup> 크게 혜샤<sup>11)</sup> 슬흔<sup>12)</sup> 뫼도<sup>13)</sup>

고달파<sup>14)</sup> 자쇼셔<sup>15)</sup>。 내 각싁<sup>16)</sup> 혜미<sup>17)</sup> 다 이스와<sup>18)</sup> 슬클<sup>19)</sup> 먹노이다。

ᄯᅩ 요ᄉᆞ이 붕어ᄂᆞᆫ 년신ᄒᆞ여 먹노이다。 졔졔도<sup>20)</sup> 산 거슬 다 푸니

사다가 지이지이<sup>21)</sup> 머기ᄂᆞ이다<sup>22)</sup>。 아ᄆᆞ려나 펴니곰<sup>23)</sup> 겨시면 내 히미

---

1) 젼늬 : 젼ㄴ(← 젼 : 전, 前) + -의(-에 : 부조, 위치) ※ '젼ㄴ'은 '젼(前)'의 /ㄴ/을 'ㄴㄴ'으로 거듭 적은 형태이다.

2) 녀그시(니) : 뎍(적다, 書)- + -으시(주높)- + -∅(과시)- + -ㄴ(관전) # 이(것, 者 : 의명) ※ 원 편지글에는 '녀그시'로 표기되어 있는데, 문맥을 감안하면 이는 '녀그시니'의 오기로 보인다.

3) 년신ᄒᆞ여 : 년신ᄒᆞ[연신하다, 잇다르다 : 년신(연신 : 명사) + -ᄒᆞ(동접)-]- + -여(← -아 : 연어)

4) 보ᅀᆞᆸ노이다 : 보(보다, 見)- + -ᅀᆞᆸ(객높, 공손)- + -ᄂᆞ(현시)- + -오(화자)- + -이(상높, 아높)- + -다(평종)

5) 아ᄆᆞ려나 : [아무쪼록, 될 수 있는 대로(부사) : 아ᄆᆞ려(← 아ᄆᆞ레 : 부사) + -나(보조사, 강조)]

6) 펴니 : [편히(부사) : 편(便 : 불어) + -∅(← -ᄒᆞ- : 형접)- + -이(부접)]

7) 효되 : 효도(효도, 孝道) + -ㅣ(← -이 : 주조)

8) 어듸 : 어디, 어찌, 何(부사)

9) 잇ᄉᆞ올(고) : 잇(← 이시다 : 있다, 在)- + -ᄉᆞ오(공손)- + -ㄹ고(의종, 설명, 미시) ※ 의문사 인 '어듸'가 실현된 것을 보면 '잇ᄉᆞ올고'의 오기로 보인다.

10) 근일 : 근일(近日). 지금부터 여러 날 동안. 앞으로(부사)

11) 혜샤 : 혜(헤아리다, 생각하다, 量)- + -샤(← -시- : 주높)- + -∅(← -아 : 연어)

12) 슬흔 : 슳(싫다, 厭)- + -∅(현시)- + -은(관전)

13) 뫼도 : 뫼('밥'의 높임말, 飯) + -도(보조사, 마찬가지, 첨가)

14) 고달파 : 고달ᄑᆞ(← 고달ᄑᆞ다 : 고달프다, 苦)- + -아(연어) ※ '고달파'는 문맥상 '고달파도' 로 의역한다.

15) 자쇼셔 : 자(← 좌ᄒᆞ다 : 자시다, 드시다, 食)- + -쇼셔(-소서 : 명종, 아높)

16) 각싁 : 각색(各色), 각종(各種).

17) 혜미 : 혬[생각, 헤아림 : 혜(헤아리다, 생각하다)- + -ㅁ(명접)] + -이(주조)

18) 이스와 : 잇(있다, 有)- + -ᄉᆞ오(← -ᄉᆞ오- : 공손)- + -아(연어)

19) 슬클 : [실컷, 한껏(부사) : 슳(싫다, 厭)- + -ㄹ(← -것 : 접미)]

20) 졔졔도 : 졔졔(← 져졔 : 저자, 시장, 市) + -도(보조사, 마찬가지, 첨가)

21) 지이 지이 : 지이(← 지히 : 되도록, 부사) # 지이(← 지히 : 되도록, 부사) ※ '지이 지이(← 지히 지히)'는 '되도록'을 강조하는 말로 쓰였다.

22) 머기ᄂᆞ이다 : 머기[먹이다 : 먹(먹다, 食)- + -이(사접)-]- + -ᄂᆞ(현시)- + -이(상높, 아높)- + -다(평종) ※ 앞선 문맥을 감안하면 '머기ᄂᆞ이다'는 '먹ᄂᆞ이다'의 오기로 보인다.

23) 펴니곰 : 펴니[편히, 편하게(부사) : 편(편, 便 : 불어) + -∅(← -ᄒᆞ- : 형접)- + -이(부접)] + -곰(보조사, 강조)

저어²⁴⁾ 더욱(?)²⁵⁾ 우여²⁶⁾ 펴니 이시리잇까²⁷⁾. 냥쳔도²⁸⁾ 아조 몯뻐²⁹⁾ 도여셔³⁰⁾ ᄯᅩ 셰ᄉ³¹⁾ 근심을 ᄒᆞ니 보디³²⁾ 안심티³³⁾ 아니ᄒᆞᄋᆞ오이다³⁴⁾. 신미 칠월 스므 ᄒᆞᄅᆞᆫ날³⁵⁾ 모 안

자식 앞으로 말씀드림. 답(答)을 올림.

적으신 것을 잇달아서 봅니다. 아무쪼록 편히 계시며 □□□ 효도(孝道)가 어찌 어찌 있사올까? 근일(近日) 크게 헤아려서 싫은 밥도 고달파(도) 드소서. 내가 여러 가지 생각이 다 있어서 싫컷 먹습니다. 또 요사이에 붕어는 잇달아서 먹습니다. 시장에도 산 것을 다 파니 사다가 되도록이면 먹습니다. 아무쪼록 (자식들이) 편히 계시면 내가 힘이 되어 더욱(?) 우여(?) 편히 있겠습니까? 세간붙이도 아주 못쓰게 되어서, 또 세사(世事, 細事)의 근심을 하니, 보기가 안심치 아니합니다.

신미년 칠월 스물 하룻날 모(母) 안(安)

---

24) 히미 저어 : 힘(힘, 力) + -이(주조) # 저(← 젓다, ㅅ불 : 되다)- + -어(연어) ※ 일반적으로는 '힘젓다'의 형태의 합성어로 쓰여서 '힘이 되다'의 뜻을 나타낸다.

25) 더욱(?) : 언간 원문의 글자 형태를 판독하기가 어렵다.

26) 우여 : 형태와 의미가 미상이다.

27) 이시리잇까 : 이시(있다, 在)- + -리(미시)- + -잇ㅅ(←-잇- : 상높, 아높)- + -가(의종, 판정) ※ '이시리잇까'는 '이시리잇가'의 'ㅅ'을 'ㅅㅅ'으로 거듭 적은 형태이다.

28) 냥쳔 : 형태와 의미가 미상이다. 다만 15~16세기의 중세 국어에서 '개인 살림 살이의 재산(財産)'의 뜻으로 '쳔량(錢糧)'이라는 단어가 널리 쓰인 것을 감안하면, '냥쳔'은 '쳔량'의 오기로 보인다. 여기서는 '세간(世間)'이나 '세간붙이'로 옮긴다.

29) 몯뻐 : 몯뻐[← 몯쓰다(못쓰다) : 몯(못, 不能 : 부사, 부정) + 쓰(쓰다, 用)]- + -어(연어)

30) 도여셔 : 도이(← 되다 : 되다, 爲)- + -여셔(← -어셔 : -어서, 연어, 동작의 유지, 강조)

31) 셰사(세사, 世事, 細事) : ① '세사(世事)'는 세상에 일어나는 온갖 일이다. ② '세사(細事)'는 작고 자질구레한 일이다.

32) 보디 : 보(보다, 見)- + -디(-기 : 명전) + -Ø(←-이 : 주조) ※ '-디'는 특수한 형태의 명사형 전성 어미이다.

33) 안심티 : 안심ᄒᆞ[← 안심ᄒᆞ다(안심하다) : 안심(안심, 安心 : 명사) + -ᄒᆞ(동접)-]- + -디(-지 : 연어)

34) 아니ᄒᆞᄋᆞ오이다 : 아니ᄒᆞ[아니하다(보용, 부정) : 아니(아니, 不 : 부사, 부정) + -ᄒᆞ(동접)-]- + -ᄋᆞ오(공손)- + -이(상높, 아높)- + -다(평종) ※ '-ᄋᆞ오-'는 객체 높임의 선어말 어미인 '-ᅀᆞ오-'가 변한 형태인데, 이 시기에는 공손한 뜻을 나타내는 선어말 어미로 변했다.

35) ᄒᆞᄅᆞᆫ날 : [하룻날, 一日 : ᄒᆞᄅᆞ(하루, 一日) + -ㄴ(←-ㄷ ←-ㅅ : 관조, 사잇) + 날(날, 日)] ※ 'ᄒᆞᄅᆞᆫ날'은 종성의 자리에서 /ㅅ/이 /ㄴ/으로 바뀐 것은 7종성의 체계에 따라서 평파열음화와 비음화가 적용된 형태이다.

> **두 아기네 젼 샹빅 고양이 뎐송[1]**
>
> 아므려나[2] 펴니곰[3] 겨쇼셔[4]。 나도 무ᄉ히 인노이다[5]。 분별[6] 마ᄅ쇼셔。
> ᄯ 대궐[7]도 무ᄉᄒᄋ오이다[8]。 ᄯ 아기[9] 밧씽의[10] 자ᄃ니[11] 블 다혀[12]
> 주라[13] ᄒ니 죵들히[14] 하 모디러[15] 아니 다히고 다히이다[16] 코[17] 소겨셔[18]
> 츤 구ᄃ릐[19] 자니 빈가[20] 셰니러셔[21] ᄌ로[22] ᄃ니니[23] 내 가디 말라

---

1) 뎐송 : 전송(傳送). 전하여 보내는 것이다.
2) 아므려나 : [아무렇게나, 아무려나(부사) : 아므(아무, 某 : 지대, 부정칭) + -리(부접) + -어나 (보조사, 선택)]
3) 펴니곰 : [편히(부사) : 편(便 : 불어) + -∅(←-ᄒ- : 형접)- + -이(부접) + -곰(보조사, 강조)]
4) 겨쇼셔 : 겨(← 겨시다 : 계시다, 在)- + -쇼셔(-소셔 : 명종, 아높)
5) 인노이다 : 인(← 읻다 ← 잇다 : 있다, 在)- + -ᄂ(현시)- + -오(화자)- + -이(상높, 아높)- + -다(평종)
6) 분별 : 염려, 憂.
7) 대궐 : 송강 정철의 큰 누나가 인종(仁宗) 임금의 귀인(貴人)이었고 작은 누나가 계림군(桂林君)의 부인이었다. 여기서 언급한 '대궐'은 대궐에 거처했던 정철의 누나들의 안부를 이르는 말이다.
8) 무ᄉᄒᄋ오이다 : 무ᄉᄒ[무사하다 : 무ᄉ(무사, 無事 : 명사) + -ᄒ(형접)-]- + -ᄋ오(공손)- + -∅(현시)- + -이(상높, 아높)- + -다(평종)
9) 아기 : 아기(아이, 兒) + -∅(←-이 : 주조)
10) 밧씽의 : 밧씽[바깥채에 딸린 방 : 밧(← 밝 : 밖, 外) + -ㅅ(관조, 사잇) + 방(방, 房)] + -의(-에 : 부조, 위치)
11) 자ᄃ니 : 자(자다, 眠)- + -ᄃ((←-더- : 회상)- + -니(연어, 이유)
12) 다혀 : 다히(때다, 燒)- + -어(연어)
13) 주라 : 주(주다 : 보용, 봉사)- + -라(명종, 아낮)
14) 죵들히 : 죵들ᄒ[종들 : 죵(종, 僕) + -들ᄒ(-들 : 복접)] + -이(주조)
15) 모디러 : 모딜(모질다, 惡)- + -어(연어)
16) 다히이다 : 다히(때다, 燒)- + -∅(과시)- + -이(상높, 아높)- + -다(평종)
17) 코 : ᄒ(← ᄒ다 : 하다, 謂)- + -고(연어, 계기)
18) 소겨셔 : 소기[속이다, 欺 : 속(속다 : 자동)- + -이(사접)-]- + -어셔(-어서 : 연어, 동작의 유지, 강조)
19) 구ᄃ릐 : 구들(구들, 溫突) + -의(-에 : 부조, 위치)
20) 빈가 : 빈(배, 腹) + -가(주조, ?) ※ 이기문(1998 : 166)에서는 주격 조사의 변이 형태로 '-가'가 실현된 최초의 예인 것으로 추정한다. 그러나 허웅(1989 : 73)에서는 어절 경계를 '빈 가식 니러셔(= 배가 다시 일어나서)'로 보아서 주격 조사 '-가'의 존재를 부정하였다. 이때에 '가식'는 '다시(復)'의 뜻을 나타내는 부사이다. 여기서 '가식'는 [ᄀᅀᅵᆨ(변하다, 달라지다, 고치다 : 자동) + -∅(부접)]'로 분석되는 파생 부사로 처리된다.
21) 셰니러셔 : 셰닐[세게 일어나다 : 셰(세, 勢 : 접두) + 닐(일어나다, 起)-]- + -어셔(-어서 : 연어, 동작의 유지, 강조)

니르니 스므 날 가라 니르니 아니 가느이다。 그거시24) 하 파려히25) 도여시니26) 민호이다27)。 져믄28) 거시 모미 미셩히29) 되여아만뎡30) 아므려나 펴니곰 겨쇼셔 그려아31) 내 편히 잇스오리다32)。

정월 임신년33) 열닐웬날34) 모 안

두 아기네 앞(前)으로 말씀드림(上白). 고양(高陽)에 전송(傳送)

아무쪼록 편히 계시소서. 나도 무사(無事)히 있습니다. 염려 마소서. 또 대궐(大闕)도 무사(無事)하오이다. 또 아기가 바깥방에 자더니, (종들에게 바깥방에) "불을 때어 주라." 하니, 종들이 하 모질어서 (불을) 아니 때고, "때었습니다." 하고 속여서, (아기가) 찬 구들에 자니, 배가 세게 일어나서 (뒷간에) 자주 다니니, 내가 (아기에게) "가지 말라." 이르니, (내가 아기에게) "스무날에 가라." 이르니, (아기가) 아니 갑니다. 그것(= 아기)이 아주 고달프게 되었으니 민망합니다. 어린 것이 몸이 성히 되어야 만정(되어야 좋겠는데), 아무쪼록 편히 계시소서. 그리하여야 내가 편히 있겠사옵니다.

정월 임신년(壬申年) 열이렛날 모(母) 안(安).

---

22) 즈로 : 자주, 頻(부사)

23) 둔니니 : 둔니[다니다, 行 : 둔(← 둘다 : 닫다, 走)- + -니(가다, 行)-]- + -니(연어, 이유)

24) 그거시 : [그것(지대, 정칭) : 그(그, 彼 : 관사, 지시, 정칭) + 것(것 : 의명)] + -이(주조)

25) 파려히 : [← 프려히(고달프게 : 부사) : 파려(바려 : 불어) + -ㅎ(←-ㅎ- : 형접)- + -이(부접)] ※ '파려히'는 형용사인 '파려ᄒᆞ다(← 바려ᄒᆞ다 : 고달프다, 頓乏)'에서 파생된 부사이다.

26) 도여시니 : 도이(← 되다 : 되다, 爲)- + -어시(완료 지속)- + -니(연어, 설명, 이유)

27) 민호이다 : 민호[민망하다 : 민(민, 憫 : 불어) + -ㅎ(형접)-]- + -Ø(현시)- + -이(상높, 아높)- + -다(평종)

28) 져믄 : 졈(어리다, 젊다, 幼)- + -Ø(현시)- + -은(관전)

29) 미셩히 : [셩히(부사) : 셩(성, 成 : 불어) + -ㅎ(형접)- + -이(부접)] ※ '미셩히'의 형태와 의미가 미상이다. 단어의 음을 보면 한자말인 '未成'과 관련이 있을 듯하나, 이는 전체적인 문맥에 맞지 않는다. 문맥을 감안하면 '미셩히'는 '셩히(성히, 몸에 병이나 탈이 없이 : 부사)'의 오기로 보인다. 곧 앞선 단어인 '모미'의 '미'자를 한 번 더 적은 것으로 보인다.

30) 되여아 만뎡 : 되(되다, 爲)- + -여아(-어야 : 연어, 필연적 조건) # 만뎡(만이라도 : 의명) ※ '만뎡'은 '-만이라도 괜찮거나 잘된 일'이라는 뜻을 나타내는 말이다. 연결 어미 다음에 의존 명사 '만뎡'이 실현된 특수한 용법이다.

31) 그려아 : 그리(← 그리ᄒᆞ다 : 그리하다)- + -어아(-어야 : 연어, 필연적 조건)

32) 잇스오리다 : 잇(있다, 在)- + -스오(공손)- + -리(미시)- + -다(평종)

33) 임신년 : 1571년(선조 4년)

34) 열닐웬날 : [열이렛날 : 열(열, 十) + 닐웨(이레, 칠일) + -ㄴ(←-ㄷ←-ㅅ : 관조, 사잇) + 날(날, 日)]

# 李應台 婦人의 諺簡 *

> 워니[1] 아바님끠 샹빅[2]
>
> 자내[3] 샹해[4] 날두려[5] 닐오듸[6] 둘히[7] 머리 셰도록[8] 사다가[9] 홈끠[10]
> 죽쟈[11] 호시더니[12] 엇디호야[13] 나를 두고 자내 몬져 가시ᄂᆞ□[14]。 날호고[15]
> ᄌᆞ식호며[16] 뉘[17] 긔걸호야[18] 엇디호야 살라 호야 다 더디고[19] 자내

---

* 이 편지는 1586년(선조 19년)에 고성 이씨인 이응태(李應台)가 31세의 나이로 요절하자, 그의 부인이 언문으로 써서 남편의 관 속에 넣어 둔 것이다. 편지는 내면과 외면으로 나누어져 있다. 편지의 외면에는 '원이 아버님께'라는 편지를 받는 사람 이름을 알리는 글이 적혀 있었고, 내면에는 편지의 내용과 함께 편지를 쓴 사람의 이름과 편지를 쓴 날짜가 적혀 있다. 이 편지는 1998년 경상북도 안동시 정상동에서 이응태의 묘를 이장하는 과정에서 발견되었다.

1) 워니 : [원이 : 원(인명, 이응태의 아들) + -이(접미, 어조 고름)]
2) 샹빅 : 상백(上白), 말씀을 드림.
3) 자내 : 자네(← 자ᄂᆡ : 자네, 당신, 인대, 예높) + -∅(← -이 : 주조) ※ 현대어의 '자네'는 예사 낮춤의 2인칭 대명사이다. 그러나 여기에 쓰인 '자내'는 아내가 남편을 이르는 말로 쓰였고, 서술어인 '호시더니'에 주체 높임의 선어말 어미인 '-시-'가 실현되었다. 이러한 점을 보면 16세기 말에 쓰인 '자내'를 예사 높임의 2인칭 대명사로 보고, '당신'으로 옮긴다.
4) 샹해 : 항상, 평소에, 常(부사)
5) 날두려 : 날(← 나, 我 : 인대, 1인칭) + -두려(-더러, -에게 : 부조, 상대)
6) 닐오듸 : 닐(← 니ᄅᆞ다 : 이르다, 曰)- + -오듸(← -오ᄃᆡ : -되, 연어, 설명 계속)
7) 둘히 : 둘ㅎ(둘, 二 : 수사, 양수) + -이(주조)
8) 셰도록 : 셰(세다, 白)- + -도록(연어, 도달)
9) 사다가 : 사(← 살다 : 살다, 生)- + -다가(연어, 동작의 전환)
10) 홈끠 : [함께, 伴(부사) : 홈(← ᄒᆞᆫ : 한, 一, 관사, 양수) + 시(← ᄢᅴ : 때, 時) + -의(-에 : 부조, 위치)] ※ 'ᄒᆞᆫᄢᅴ(ᄒᆞᆫ + ᄢᅴ) 〉 ᄒᆞᆫᄢᅴ 〉 홈ᄢᅴ 〉 홈끠 〉 함께'의 변화 과정을 거친다.
11) 죽쟈 : 죽(죽다, 死)- + -쟈(-자 : 청종, 낮춤)
12) 호시더니 : 호(하다, 謂)- + -시(주높)- + -더(회상)- + -니(연어, 설명 계속) ※ '-시-'와 '-더-'의 어순이 현대어처럼 실현되었다.
13) 엇디호야 : 엇디호[어찌하다(동사) : 엇디(어찌, 何 : 부사) + -호(동접)-]- + -야(← -아 : 연어)
14) 가시ᄂᆞ□ : 가(가다, 去)- + -시(주높)- + -ᄂᆞ(현시)- + -ㄴ고(-는가 : 의종, 설명) ※ 편지글의 원문에는 '가시ᄂᆞ'으로 표기되어 있다. 이 문장의 주어가 2인칭인 '자내'인 것을 감안하면 원칙적으로 서술어가 '가시ᄂᆞ다'로 실현되어야 한다. 그러나 동일한 통사 구조로 된 뒤 문장의 서술어가 '가시ᄂᆞ고'로 실현되어 있고, 원래의 문장에 의문사인 '엇디호야'가 실현된 것을 감안하여 '가시ᄂᆞ'에서 의문형 어미 '-고'가 빠진 것으로 본다.
15) 날호고 : 날(← 나 : 我, 인대, 1인칭) + -호고(-하고 : 접조)
16) ᄌᆞ식호며 : ᄌᆞ식(자식, 子息) + -호며(-하며 : 접조)
17) 뉘 : 누(누구, 誰 : 인대, 미지칭) + -ㅣ(← -이 : 주조)
18) 긔걸호야 : 긔걸호[분부하다, 시키다 : 긔걸(분부 : 명사) + -호(동접)-]- + -야(← -아 : 연어)

| 몬져 가시ᄂᆞᆫ고[20]。

원이 아버님께 상백(上白).

당신이 평소에 나에게 이르되, 둘이 머리가 세도록 살다가 함께 죽자고 하시더니, 어찌하여 나를 두고 당신 먼저 가시는가? 나하고 자식이 누가 분부하여 어떻게 하여 살라고 하여 다 던지고 당신 먼저 가시는가?

| 자내 날 향히[21] ᄆᆞᄋᆞ믈 엇디 가지며 나ᄂᆞᆫ 자내 향히 ᄆᆞᄋᆞ믈 엇디 가지던고[22]。 믜양[23] 자내ᄃᆞ려 내 닐오ᄃᆡ ᄒᆞᆫ듸[24] 누어셔[25] 이 보소[26] ᄂᆞᆷ도 우리 ᄀᆞ티 서ᄅᆞ 에엿ᄲᅦ[27] 녀겨 ᄉᆞ랑ᄒᆞ리[28]。 ᄂᆞᆷ도 우리 ᄀᆞᄐᆞᆫ가[29]。 ᄒᆞ야 자내ᄃᆞ려 니ᄅᆞ더니 엇디 그런 이를 ᄉᆡᆼ각디[30] 아녀[31] 나를 ᄇᆞ리고 몬져 가시ᄂᆞᆫ고。 |
|---|

19) 더디고 : 더디(던지다, 버리다, 投, 棄)- + -고(연어, 계기)

20) 가시ᄂᆞᆫ고 : 주어가 청자이므로 의문형 어미로서 2인칭의 의문형 어미인 '-ㄴ다'가 실현되는 것이 원칙인데, 이 편지에서는 1·3인칭의 의문형 어미인 '-ㄴ고'로 실현되었다. 따라서 이 시기에는 2인칭의 의문문에서 실현되는 의문형 어미가 '-ㄴ다'로 실현되지 않고, '-ㄴ고'나 '-ㄴ가'로 바뀌었음을 알 수 있다.

21) 향히 : 향ᄒᆞ[향하다, 向 : 향(향, 向 : 불어) + -ᄒᆞ(동접)-]- + -ㅣ(← -아 : 연어) ※ 문맥으로 볼 때, '향히'는 '향ᄒᆞ야'나 '향ᄒᆞ여'의 준말인 것으로 보인다. 현대 국어에서 '향하여'가 '향해'로 축약되는 현상과 유사하다.

22) 가지던고 : 가지(가지다, 持)- + -더(회상)- + -ㄴ고(-ㄴ가 : 의종, 설명)

23) 믜양 : 믜양(← ᄆᆡ양 : 매양, 늘, 每, 부사)

24) ᄒᆞᆫ듸 : [← ᄒᆞᆫᄃᆡ(한데, 함께 : 부사, 명사) : ᄒᆞᆫ(한, 一 : 관사, 양수) + 듸(← ᄃᆡ : 데, 處, 의명)]

25) 누어셔 : 누(↚ 눕다, ㅂ불 : 눕다, 臥)- + -어셔(-어서 : 연어, 동작의 유지, 강조) ※ '눕다'가 ㅂ 불규칙 용언이므로, 원문의 '누어셔'는 '누워셔'로 표기해야 옳다. 그러나 실제로는 '누워셔'보다는 '누어서'로 표기된 예가 더 많다. 그리고 '자내ᄃᆞ려'와 'ᄒᆞᆫ듸 누어셔'의 어순이 도치되어 있다.

26) 보소 : 보(보다, 見)- + -소(명종, 예높)

27) 에엿ᄲᅦ : [↚ 어엿비(예쁘게, 慈, 愛 : 부사) : 에엿ᄲᅳ(↚ 어엿브다 : 예쁘다)- + -이(부접)] ※ '에엿ᄲᅦ'는 '가엾이(憫)'나 '사랑스럽게(慈)'의 두 가지 뜻을 나타낸다. 여기서는 '사랑스럽게'의 뜻으로 쓰인 것으로 보아서 '예쁘게'로 옮긴다.

28) ᄉᆞ랑ᄒᆞ리 : ᄉᆞ랑ᄒᆞ[사랑하다, 愛 : ᄉᆞ랑(사랑, 愛 : 명사) + -ᄒᆞ(동접)-]- + -리(평종, 반말, 미시)

29) ᄀᆞᄐᆞᆫ가 : ᄀᆞᇀ(같다, 如)- + -Ø(현시)- + -ᄋᆞᆫ가(-은가 : 의종, 판정)

30) ᄉᆡᆼ각디 : ᄉᆡᆼ각[← ᄉᆡᆼ각ᄒᆞ다(생각하다, 思) : ᄉᆡᆼ각(생각, 思 : 명사) + -ᄒᆞ( 동접)-]- + -디(-지 : 연어, 부정)

31) 아녀 : 아니(← 아니ᄒᆞ다 : 아니하다, 不, 보용, 부정)- + -어(연어)

당신이 나를 향해 마음을 어찌 가지며, 나는 당신을 향해 마음을 어찌 가지던가?
늘 당신에게 내가 이르되, 함께 누워서, "이 보소, 남도 우리 같이 서로 예쁘게 여겨
서 사랑하리? 남도 우리 같은가?" 하여 당신에게 이르더니, 어찌 그런 일을 생각지
아니하여 나를 버리고 먼저 가시는가?

---

자내 여히고³²⁾ 아ᄆ려³³⁾ 내 살 셰³⁴⁾ 업스니 수이³⁵⁾ 자내 ᄒ듸 가고져³⁶⁾
ᄒ니 날 ᄃ려³⁷⁾ 가소. 자내 향히 ᄆᄋᄆᄅ ᄎᄉᆼ³⁸⁾ 니즐 줄리³⁹⁾ 업스니
아ᄆ려 셜운 ᄠ디 ᄀᄋ이업스니⁴⁰⁾ 이내⁴¹⁾ 안ᄒ⁴²⁾ 어듸다가⁴³⁾ 두고 ᄌᄉᆨ
ᄃ리고 자내를 그려 살려뇨⁴⁴⁾ ᄒ노이다⁴⁵⁾。

---

당신을 여의고 아무래도 내가 살 힘이 없으니, 쉬이(빨리) 당신과 함께 가고자 하
니 나를 데려 가소. 당신을 향해 마음을 차생(此生)에서까지 잊을 줄이 없으니, 아무
래도 서러운 뜻이 끝이 없으니, 나의 마음 속은 어디다가 두고 자식을 데리고 당신을
그리워하며 살겠느냐 (생각)합니다.

---

이내 유무 보시고 내 ᄭᅮ메⁴⁶⁾ ᄌᄉ셰⁴⁷⁾ 와 니르소。내 ᄭᅮ메 이⁴⁸⁾ 보신

---

32) 여히고 : 여히(← 여회다 : 여의다, 이별하다, 別)- + -고(연어, 계기)
33) 아ᄆ려 : [아무래도, 아무렇게, 어떻게(부사) : 아ᄆ(아무 : 지대, 미지칭) + -려(← -례 : 부접)]
    ※ '아ᄆ려'는 '아ᄆ례'의 변이 형태인데, 문맥상 '아무래도'나 '아무렇게'의 뜻으로 옮긴다.
34) 셰 : 셔(세, 勢 : 힘, 형세) + -ㅣ(← -이 : 주조)
35) 수이 : [쉬이, 빨리, 易(부사) : 수(← 숩다, ㅂ불 : 쉽다, 易)- + -이(부접)]
36) 가고져 : 가(가다, 去)- + -고져(-고자 : 연어, 의도)
37) ᄃ려 : ᄃ리(데리다, 伴)- + -어(연어)
38) ᄎᄉᆼ : ᄎᄉᆼ(차생, 이승, 此生)
39) 줄리 : 줄ㄹ(← 줄 : 바, 의명) + -이(주조) ※ '줄리'은 '줄'의 /ㄹ/을 'ㄹㄹ'로 거듭 적은 형태다.
40) ᄀᄋ이업스니 : ᄀᄋ이없[가없다, 끝이없다 : ᄀ(가, 끝, 邊) + -이(주조) + 없(없다, 無)-]- + -ᄋ
    니(연어, 설명 계속, 이유)
41) 이내 : [이내, '나의'의 강조(관사) : 이(이, 此 : 관사) # 나(나, 我 : 인대) + -ㅣ(← -이 : 관조)]
42) 안ᄒ : 안ᄒ(마음 속, 心中) + -은(보조사, 주제)
43) 어듸다가 : 어듸(어디, 何處 : 지대, 미지칭) + -다가(보조사, 강조)
44) 살려뇨 : 살(살다, 生)- + -리(미시)- + -어(확인)- + -뇨(-느냐 : 의종, 설명)
45) ᄒ노이다 : ᄒ(하다, 생각하다, 思)- + -ㄴ(← -ᄂ- : 현시)- + -오(화자)- + -이(상높, 아높)-
    + -다(평종)
46) ᄭᅮ메 : 쑴[꿈, 夢 : ᄭᅮ(꾸다, 夢 : 동사)- + -ㅁ(명접)] + -에(부조, 위치)

말 ᄌᆞ셰 듣고져 ᄒᆞ야 이리 서⁴⁹⁾ 년뇌⁵⁰⁾ ᄌᆞ셰 보시고 날ᄃᆞ려⁵¹⁾ 니ᄅᆞ소。

이내 편지를 보시고 내 꿈에 와서 자세히 이르소. 내 꿈에 이(이 편지)를 보신 말을 자세히 듣고자 하여 이렇게 (편지를) 써 넣으오. (편지를) 자세히 보시고 나에게 이르소.

자내 내 빈⁵²⁾ ᄌᆞ식 나거든 보고 사롤일ᄒᆞ고⁵³⁾ 그리 가시ᄃᆡ⁵⁴⁾ 빈 ᄌᆞ식 나거든 누를 아바⁵⁵⁾ ᄒᆞ라 ᄒᆞ시ᄂᆞᆫ고。아ᄆᆞ려 ᄒᆞᆫ들⁵⁶⁾ 내 안 ᄀᆞᄐᆞᆯ가⁵⁷⁾ 이런 텬디⁵⁸⁾ ᄌᆞ온ᄒᆞᆫ⁵⁹⁾ 이리 하ᄂᆞᆯ 아래 ᄯᅩ 이실가。자내ᄂᆞᆫ ᄒᆞᆫ갓⁶⁰⁾ 그리 가 겨실 ᄲᅮᆫ거니와⁶¹⁾ 아ᄆᆞ려 ᄒᆞᆫ들 내 안 ᄀᆞᄐᆡ⁶²⁾ 셜울가⁶³⁾。그지⁶⁴⁾

---

47) ᄌᆞ셰 : [자셰히(부사) : ᄌᆞ셰(자세, 仔細 : 불어) + -Ø(←-ᄒᆞ- : 형접)- + -Ø(부접)] ※ 'ᄌᆞ셰'는 'ᄌᆞ셰ᄒᆞ다'의 어근인 'ᄌᆞ셰'에 무형의 접미사가 붙어서 된 파생 부사이다. ※ 'ᄌᆞ셰 와 니ᄅᆞ소'는 문맥상 "와서 자세히 이르소"로 의역하여 옮긴다.

48) 이 : 이것, 此(지대, 정칭) ※ '이'는 남편의 관 속에 적어 넣은 이 편지를 가리킨다.

49) 서 : 스(쓰다, 書)- + -어(연어)

50) 년뇌 : 년(← 넏다 ← 넣다 : 넣다, 숨) + -뇌(-네 : 평종, 현재, 화자, 예높의 반말) ※ '넣네 → 넏네 → 년네'의 변동 과정을 거쳤다.(평파열음화, 비음화)

51) 날ᄃᆞ려 : 날(← 나 : 我, 인대) + -ᄃᆞ려(-더러, -에게 : 부조, 상대)

52) 빈 : 비(배다, 孕)- + -Ø(과시)- + -ㄴ(관전)

53) 사롤일ᄒᆞ고 : '사롤일ᄒᆞ고'의 형태와 의미를 알 수 없다. 참고로 '사롤일'은 15·16세기의 문헌에서 '살 일'이나 '생계(生計)'의 뜻으로 쓰였는데, 이는 [살(살다)- + -오(사접)- + -ㄹ(관전) + 일(일, 事)]로 분석된다. 이러한 점을 감안하여 원문의 '사롤일ᄒᆞ고'를 '살(살다, 生)- + -오(사접)- + -ㄹ(관전) # 일(일, 事) # ᄒᆞ(하다, 爲)- + -고(연어, 나열, 계기)'로 분석할 가능성을 제시해 둔다. 이렇게 분석하면 '사롤 일 ᄒᆞ고'는 '살게 할 일을 하고'로 옮길 수 있다.

54) 가시ᄃᆡ : 가(가다, 去)- + -시(주높)- + -ᄃᆡ(←-오ᄃᆡ : 연어, 설명 계속) ※ 15세기 때에는 '가샤ᄃᆡ'로 실현되었다.

55) 아바 : 압(← 아비 : 아버지, 父) + -아(호조, 낮춤)

56) ᄒᆞᆫ들 : ᄒᆞ(하다, 爲)- + -ㄴ들(연어, 양보)

57) ᄀᆞᄐᆞᆯ가 : ᄀᆞᇀ(같다, 如)- + -ᄋᆞᆯ가(-을까 : 의종, 판정, 미시)

58) 텬디 : 텬디(천지, 天地) + -Ø(←-이 : 주조)

59) ᄌᆞ온ᄒᆞᆫ : ᄌᆞ온ᄒᆞᆫ[←ᄌᆞ옥ᄒᆞ다(자욱하다, 磅, 礴) : ᄌᆞ온(←ᄌᆞ옥 : 자욱, 불어) + -ᄒᆞ(형접)-]- + -Ø(현시)- + -ㄴ(관전) ※ 'ᄌᆞ온ᄒᆞᆫ'의 형태와 의미가 미상인데, 문맥으로 보아서 'ᄌᆞ옥ᄒᆞᆫ'의 오기인 듯하다.

60) ᄒᆞᆫ갓 : [다른 것 없이 겨우, 단지(부사) : ᄒᆞᆫ(한, 一 : 관사, 양수) + 갓(← 갖 : 가지, 類, 의명)]

61) ᄲᅮᆫ거니와 : ᄲᅮᆫ(←ᄲᅮᆫ : 뿐, 의명) + -Ø(←-이- : 서조)- + -어니와(←-거니와 : -거니와, -지만, 연어, 대조) ※ 'ᄲᅮᆫ거니와'는 'ᄲᅮᆫ니어니와'를 오기한 형태이다.

62) ᄀᆞᄐᆡ : [같이, 如(부사) : ᄀᆞᇀ(같다, 如 : 형사)- + -이(부접)]

63) 셜울가 : 셜우(← 셟다, ㅂ불 : 섧다, 哀)- + -ㄹ가(←-을가 : -을까, 의종, 판정, 미시)

> 그지 ᄀᆞ이업서<sup>65)</sup> 다 몯 서<sup>66)</sup> 대강만 뎍뇌<sup>67)</sup>

    당신이 내가 밴 자식이 나거든 보고 사롤일ᄒᆞ고(?) 그리 가시되, (내가) 밴 자식이 나거든 누구를 '아버지야'라고 하라고 하시는가? 아무리 한들 내 마음 속 같을까? 이런 천지가 아득한 일이 하늘 아래 또 있을까? 당신은 한갓 그리 가 계실 뿐이거니와 아무리 한들 내 마음 속 같이 서러울까? (사연이) 끝이 없어 다 못 쓰고 대강만 적으오.

---

>     이 유무 ᄌᆞ셰 보시고 내 ᄭᅮ메 ᄌᆞ셰 와 뵈고<sup>68)</sup> ᄌᆞ셰 니ᄅᆞ소。 나는 ᄭᅮ믈<sup>69)</sup> 자내 보려 믿고 인뇌이다<sup>70)</sup>。 몰□<sup>71)</sup> 뵈쇼셔<sup>72)</sup> 하<sup>73)</sup> 그지 그지업서 이만 뎍뇌이다<sup>74)</sup>。
>     병슐<sup>75)</sup> 뉴월 초ᄒᆞ른날<sup>76)</sup> 지븨셔<sup>77)</sup>

    이 편지를 자세히 보시고, 내 꿈에 자세히 와서 (당신의 모습을) 보이고, 자세히

---

64) 그지 : 그지(끝, 한도, 限) + -∅(←-이 : 주조)
65) ᄀᆞ이업서 : ᄀᆞ이없[가없다, 끝이없다 : ᄀᆞ(가, 끝, 邊) + -이(주조) + 없(없다, 無)-]- + -어(연어)
66) 서 : 스(쓰다, 書)- + -어(연어)
67) 뎍뇌 : 뎍(적다, 書)- + -뇌(-네 : 평종, 현재, 화자, 예높의 반말)
68) 뵈고 : 뵈[보이다 : 보(보다, 見)- + -ㅣ(←-이- : 사접)-]- + -고(연어, 계기)
69) ᄭᅮ믈 : 쑴(꿈, 夢) + -을(-에서 : 목조, 보조사적 용법)
70) 인뇌이다 : 인(← 읻다 ← 잇다 : 보용, 진행)- + -ㄴ(←-ᄂᆞ- : 현시)- + -외(←-오- : 화자)- + -이(상높)- + -다(평종) ※ '인뇌이다'는 '잇노이다'가 평파열음화, 비음화, 'ㅣ' 모음 역행동화를 겪어서 된 형태이다.
71) 몰□ : 의미와 형태가 미상이다. '몰래(秘)'의 뜻으로 쓰이는 '몰라(← 모르- + -아)'로 추정된다. ※ 부사인 '몰래(秘)'는 15세기와 16세기의 문헌에서는 발견되지 않는다. 1769년에 간행된 『무목왕정충록』(武穆王貞忠錄)의 卷五에 '몰래'가 나타난다.
72) 뵈쇼셔 : 뵈[보이다 : 보(보다, 見) + -ㅣ(←-이- : 사접)-]- + -쇼셔(-소서 : 명종, 아높)
73) 하 : [하, 아주, 몹씨(부사) : 하(크다, 많다, 大, 多 : 형사)- + -∅(부접)]
74) 뎍뇌이다 : 뎍(적다, 書)- + -ㄴ(←-ᄂᆞ- : 현시)- + -외(←-오- : 화자)- + -이(상높, 아높)- + -다(평종)
75) 병슐 : 병술(병술, 丙戌, 1586년)
76) 초ᄒᆞ른날 : [← 초ᄒᆞ롯날(초하룻날 : 명사) : 초(초, 初 : 접두)- + ᄒᆞᄅᆞ(하루, 一日) + -ㅅ(관조, 사잇) + 날(날, 日)] ※ '초ᄒᆞ롯날 → 초ᄒᆞ른날 → 초ᄒᆞ른날'로 변동했는데, 평파열음화와 비음화가 적용된 형태이다.
77) 지븨셔 : 집(집, 家) + -의(-에 : 부조, 위치) + -셔(-서 : 보조사, 위치 강조)

이르소. 나는 꿈에서 당신을 보려고 믿고 있습니다. 몰□ 보이소서. (사연이) 아주 그지 그지없어서 이만 적습니다.

병술년 유월 초하룻날 집에서.

# 鶴峯의 諺簡 *

요스이[1] 치위여[2] 대되[3] 엇디 계신고[4]。 고장[5] 스럼ᄒᄂᆡ[6]。 나는 산음[7]
고올 와셔 모른 무스히 잇거니와[8] 봄 내드ᄅᆞ면[9] 도즈기 글월[10] 거시니
아ᄆᆞ려[11] 홀 주늘[12] 몰나[13] ᄒᄂᆡ。 ᄯᅩ 직산[14] 잇던 오소 다 와시니[15]
치이[16] ᄒ고 이ᄂᆞ가[17] 분별[18] 마소[19]。 댱모[20] 뫼습고[21] 과셰[22] 됴히[23]

---

\* 이 편지는 학봉(鶴峯) 김성일(金誠一)이 임진왜란이 발발한 1592년(선조 25)의 겨울에 경상
우도감사(慶尙右道監司)로 경상도 신음현(山陰縣, 경남 신청)에 있으면서, 안동 본기에 있는
부인(안동 권씨)에게 보낸 한글 편지 글이다. 전란이 발발하여 어려운 형편에 집안 사람들의
안부를 걱정하는 김성일 선생의 애틋하는 마음이 이 편지에 고스란히 담겨 있다.

1) 요스이 : [요사이, 近 : 요(요, 此 : 관사, 지시, 정칭) + 스이(사이, 間)]

2) 치위여 : 치위[추위 : 치우(← 칩다,  ㅂ불 : 춥다, 寒)- + -ㅣ(명접)] + -여(← -예 ← -에 : 부
조, 위치, 원인)

3) 대되 : [모두, 통틀어, 대체로(부사) : 대도(불어) + Ø(← -ㅎ- : 동접)- + -ㅣ(← -이 : 부접)]

4) 계신고 : 계시(← 겨시다 : 계시다)- + -Ø(현시)- + -ㄴ고(의종, 설명) ※ '겨시다'가 16세기
말에 '계시다'로 바뀌었음을 알 수 있다.

5) 고장 : 매우, 심히, 深(부사).

6) 스럼ᄒᄂᆡ : 스럼ᄒ[← 스념ᄒ다(사념하다) : 스념(사념, 思念 : 명사) + -ᄒ(동접)-]- + -ᄂᆡ(-네
: 평종, 현재, 화자, 예높의 반말) ※ '스념(思念)'은 근심하고 염려하는 것이다.

7) 산음 : 山陰. 경상도 산음현(山陰縣), 현재의 경남 산청이다.

8) 잇거니와 : 잇(← 이시다 : 있다, 在)- + -거니와(-거니와, -지만 : 연어, 대조)

9) 내드ᄅᆞ면 : 내들[← 내돋다, ㄷ불(내닫다, 走) : 나(나다, 出)- + -ㅣ(← -이- : 사접)- + 돋(닫
다, 走)-]- + -ᄋᆞ면(연어, 조건) ※ '내돋다'는 '(봄이) 빨리 오면'이나 '닥치다'의 뜻으로 쓰였다.

10) 글월 : 글외(침범하다, 덤비다, 侵)- + -ㄹ(관전)

11) 아ᄆᆞ려 : [어떻게, 아무렇게(부사) : 아ᄆᆞ(아무 : 지대) + -려(← -례 : 부접)] ※ '아ᄆᆞ려'는 '아
ᄆᆞ례'의 변이 형태로 짐작되는데, 문맥상 '어떻게'로 옮긴다.

12) 주늘 : 준(← 줄 : 줄, 의명) + -을(목조) ※ '주늘'은 '주를'의 오기한 형태로 보인다.

13) 몰나 : '몰나'는 '몰라'의 'ㄹㄹ'을 'ㄹㄴ'으로 표기한 형태이다. 이는 근대 국어 시기에 흔히
나타나는 표기법상의 특징인데, 16세기 말에 언간문에서 이미 쓰였음을 알 수 있다.

14) 직산 : 稷山. 충청남도 천안 지역의 옛 지명이다.

15) 와시니 : 오(오다, 來)- + -아시(완료 지속)- + -니(연어, 이유)

16) 치이 : [춥게, 寒(부사) : 치(← 칩다, ㅂ불 : 춥다, 寒) + -이(부접)] ※ '치이'는 '춥게'의 뜻으로
쓰이는 파생 부사인 것으로 보인다. 다른 곳에서는 '치이'가 사용된 예를 발견하지 못했다.

17) 이ᄂᆞ가 : 이(← 잇다 : 있다, 보용, 완료 지속)- + -ᄂ(현시)- + -ㄴ가(-ㄴ가 : 의종, 판정) ※
'이ᄂᆞ가'는 '인ᄂᆞ가(← 잇ᄂᆞ가)'의 오기이다.

18) 분별 : 分別. 염려, 걱정.

19) 마소 : 마(← 말다 : 말다, 勿, 보용, 금지)- + -소(명종, 예높)

20) 댱모 : 장모(丈母)

ᄒᆞ소. ᄌᆞ식들게[24] 우무[25] 스디 몯ᄒᆞ여 몯 ᄒᆞ뇌[26]. 됴히 이시나[27] ᄒᆞ소[28].
감ᄉᆞ나[29] ᄒᆞ여도 음시글 갓가ᄉᆞ로[30] 먹고 ᄃᆞ니〃[31] 아ᄆᆞ것도 보내디
몯ᄒᆞ뇌. 사라셔 서ᄂᆞ[32] 다시 보면 그지늘[33] ᄒᆞᆯ가마ᄂᆞᆫ[34] 긔필[35] 몯
ᄒᆞᆯ쇠[36]. 그리디[37] 말오 편안히 겨소[38]. 그지 업서 이만.
　 서ᄯᆞᆯ[39] 스믈 나흔날[40]

요사이 추위에 모두 어찌 계시는가 매우 걱정이 되오. 나는 산음(山陰)의 고을에
와서 몸은 무사히 있지만, 봄이 닥치면 도적들이 다시 침범할 것이니 어떻게 할 줄을
모르겠소. 또 직산(稷山)에 있던 옷은 다 여기에 왔으니, '추위하고 있는가?' 하고
걱정하지 마오. 장모님 모시고 과세(過歲)를 잘 하시오. 자식들에게는 편지를 따로

---

21) 뫼ᅀᆞᆸ고 : 뫼ᅀᆞᆸ(모시다, 待)- + -고(연어, 계기)

22) 과세 : 과세(過歲). 설을 쇠는 것이다.

23) 됴히 : [좋게, 잘, 善(부사) : 둏(좋다, 好 : 형사)- + -이(부접)]

24) ᄌᆞ식들게 : ᄌᆞ식들ㅎ[← ᄌᆞ식들ㅎ : ᄌᆞ식(자식, 子息) + -들ㅎ(-들 : 복접)] + -게(← -의게 : -
에게, 부조, 상대) ※ 'ᄌᆞ식들게'는 'ᄌᆞ식들희게'나 'ᄌᆞ식ᄃᆞ릐게'의 오기이다.

25) 우무 : 우무(← 유무 : 편지) ※ '우무'는 '유무'를 오기한 형태이다.

26) 몯 ᄒᆞ뇌 : 몯(못, 不能 : 부사, 부정) + ᄒᆞ(하다, 爲)- + -네(평종, 현재, 화자, 예높의 반말)

27) 이시나 : 이시(있다, 在)- + -나(← -라 : 명종) ※ '이시나'는 '이시라'를 오기한 형태이다.

28) ᄒᆞ소 : ᄒᆞ(하다, 謂)- + -소(명종, 예높)

29) 감ᄉᆞ나 : 감ᄉᆞ(감사, 관찰사, 監司) + -ㅣ(← -이- : 서조)- + -나(← -라 ← -다 : 평종)

30) 갓가ᄉᆞ로 : [가까스로, 겨우, 僅(부사) : 갓갓(여러가지, 種種 : 명사) + -ᄋᆞ로(부조▷부접)]

31) ᄃᆞ니니 : ᄃᆞ니[다니다, 行 : ᄃᆞᆫ(← ᄃᆞᆮ다 : 닫다, 走)- + 니(가다, 行)-]- + -니(연어, 이유)
※ 'ᄃᆞᆮ니다 → ᄃᆞ니다'의 변동은 /ㄷ/이 /ㄴ/으로 비음화한 형태이다.

32) 서ᄂᆞ : 서ᄂᆞ(← 서르 ← 서ᄅᆞ : 서로, 相, 부사)

33) 그지늘 : 그지(끝, 한도, 限 : 명사) + -늘(← -를 : 목조) ※ '그지'를 '기약(期約)'으로 의역한다.

34) ᄒᆞᆯ가마ᄂᆞᆫ : ᄒᆞ(하다, 爲)- + -ㄹ가(-ㄹ까 : 의종, 판정, 미시) + -마ᄂᆞᆫ(-마는 : 보조사, 종결,
대조)

35) 긔필 : 기필(期必). 어떤 일이 꼭 이루어지기를 기약하는 것이다.

36) 몯 ᄒᆞᆯ쇠 : 몯(못 : 부사, 부정) # ᄒᆞ(하다, 爲)- + -ㄹ쇠(감종, 예높의 반말) ※ '-ㄹ쇠'는 '-리
로소이'가 축약된 형태인데, 이는 '-리(미시)- + -롯(← -돗- : 감동)- + -오(화자)- + -이
(평종, 반말)'로 분석된다. 역사적으로 보면 '-리로쇠 〉 -ㄹ로쇠 〉 -로쇠 〉 -ㄹ쇠'로 변했다.
(허웅, 1989 : 147)

37) 그리디 : 그리(그리워하다, 戀)- + -디(-지 : 연어, 부정)

38) 겨소 : 겨(← 겨시다 : 계시다, 在)- + -소(명종, 예높)

39) 서ᄯᆞᆯ : [섣달, 음력 12월 : 서(← 설 : 설, 元旦) + -ㅅ(관조, 사잇) + ᄃᆞᆯ(달, 月)]

40) 나흔날 : [나흗날 : 나ᄒᆞ(← 나ᄒᆞᆯ : 나흘, 四日) + -ㄴ(← -ㄷ ← -ㅅ : 관조, 사잇) + 날(날, 日)]

쓰지 못하여 (편지) 못 하오. 잘 있으라 하오. (내가 비록) 감사(監司)라 하여도 음식을 가까스로 먹고 다니니, 아무 것도 (집에) 보내지 못하오. 살아서 서로 다시 보면 기약을 할까마는 기필(期必)을 못 하겠소. 그리워하지 말고 편안히 계시오. 끝이 없어 이만 (줄이네).

섣달 스무 나흗날.

# 宣祖의 國文 敎書 *

빅셩의게¹⁾ 니르는 글이라.

백성에게 이르는 글이다.

님금이 니르샤디 너희 처엄의²⁾ 예손디³⁾ 후리여셔⁴⁾ 인호여⁵⁾ 든니기는⁶⁾
네 본무움이⁷⁾ 아니라⁸⁾ 나오다가 예손디 들려⁹⁾ 주글가도¹⁰⁾ 너기며
도르혀¹¹⁾ 의심호디 예손디 드럿던¹²⁾ 거시니 나라히¹³⁾ 주길가도¹⁴⁾ 두려¹⁵⁾
이제 드리¹⁶⁾ 나오디 아니호니 이제란¹⁷⁾ 너희 그런 의심을 먹디 말오¹⁸⁾

---

* 이 글은 선조가 임진왜란을 당하여 의주(義州)에 파천(播遷)하여 있으면서, 1593년(선조 26) 9월에 백성들에게 내린 '국문 교서(國文敎書)'이다. 일반 백성이 쉽게 알 수 있도록 언문으로 교서(敎書)를 지어서, 왜군의 포로가 되어 있는 백성들을 회유하여서 돌아오도록 하였다.

1) 빅셩의게 : 빅셩(백성, 百姓) + -의게(-에게 : 부조, 상대)

2) 처엄의 : 처음[처음, 始 : 처(← 첫 : 첫, 관사) + -엄(명접)] + -의(-에 : 부조, 위치)

3) 예손디 : 예(왜, 일본의 옛 이름, 倭) + -손디(-에게 : 부조, 상대)

4) 후리여셔 : 후리이[후림을 당하다, 붙잡히다 : 후리(붙잡다, 捕)- + -이(피접)-]- + -여셔(← -어셔 : -어서, 연어, 동작의 유지, 강조)

5) 인호여 : 인호[인하다, 因 : 인(인, 因 : 불어) + -호(동접)-]- + -여(←-아 : 연어)

6) 든니기는 : 든니[다니다, 行 : 든(← 돈다 : 닫다, 走)- + 니(가다, 行)-]- + -기(명전) + -는(보조사, 주제) ※ '돈니다 → 든니다'의 변동은 /ㄷ/이 /ㄴ/으로 비음화한 형태이다.

7) 본무움이 : 본무움[본마음, 本心 : 본(본, 本 : 접두) + 무움(마음, 心)] + -이(보조)

8) 아니라 : 아니(아니다, 非)- + -라(←-아 : 연어)

9) 들려 : 들리[← 들이다(잡히다) : 들(잡다, 捕)- + -리(피접)-]- + -어(연어) ※ 15세기에는 '들이다'처럼 /ㄹ/로 끝나는 어근 뒤에서 피동 접미사가 '-이-'로 실현되었는데, 이 시기에 '들리다'처럼 피동 접미사 '-리-'의 형태가 나타난다.

10) 주글가도 : 죽(죽다, 死)- + -을가(의종, 판정, 미시) + -도(보조사, 마찬가지)

11) 도르혀 : [도리어, 逆(부사) : 돌(돌다, 回 : 자동)- + -오(사접)- + -혀(강접)- + -Ø(←-어 : 연어▷부접)]

12) 드럿던 : 들(들다, 入)- + -엇(완료 지속)- + -더(회상)- + -ㄴ(관전)

13) 나라히 : 나라ㅎ(나라, 國) + -이(주조)

14) 주길가도 : 주기[죽이다, 殺 : 죽(죽다, 死)- + -이(사접)-]- + -ㄹ가(의종, 판정, 미시) + -도(보조사, 마찬가지)

15) 두려 : 두리(두려워하다, 畏)- + -어(연어)

16) 드리 : ① [들어서(부사) : 들(들다, 入)- + -이(부접)] ② 들(들다, 入)- + -이(←-어 : 연어) ※ '드리'는 원래 '들도록'이나 '들게'의 뜻을 나타내는 부사인데, 여기서는 문맥을 감안하여

서ᄅ 권ᄒᆞ여 다 나오면 너희를 각별이[19] 죄 주디 아닐 ᄲᆞᆫ니[20] 아니라 그 듕에 예를 자바 나오거나 예 ᄒᆞᄂᆞᆫ 이를 ᄌᆞ셰[21] 아라 나오거나 후리인 사ᄅᆞᆷ을 만히 더브러[22] 나오거나 아ᄆᆞ란[23] 공 이시면 냥쳔[24] 믈론ᄒᆞ여[25] 벼슬도 ᄒᆡ일[26] 거시니 너희 싱심도[27] 젼의[28] 먹던 ᄆᆞᄋᆞᆷᄆᆞᆯ[29] 먹디 말오 ᄲᆞᆯ리[30] 나오라。

임금이 이르시되, "너희가 처음에 왜(倭)에게 붙잡혀서, 그로 인(因)하여 (왜와 함께) 다니는 것은 너희의 본마음이 아니라, '(왜에게 도망쳐) 나오다가 왜적에게 붙들려 죽을까?'도 여기며, 도리어 의심(疑心)하되 '(너희가) 왜에게 들었던 것이니 나라에서 (너희를) 죽일까?'도 두려하여, (너희들이) 이제 (왜에게) 들어서 나오지 아니하니, 이 제는 너희가 그런 의심을 먹지 말고 서로 권(勸)하여 다 (왜에서) 나오면, 너희를 각별 (各別)히 죄를 주지 아니할 뿐이 아니라, 그 중에 왜를 잡아 나오거나, 왜가 하는 일을 자세히 알아 나오거나, 붙잡힌 사람을 많이 데리고 나오거나, 아무런 공(功)이 있으 면, 양천(良賤)을 막론하고 벼슬을 하게 할 것이니, 너희가 조금도 전에 먹던 마음을

---

'들어서'로 옮긴다. 혹은 '드리'를 '드러'의 오기로 보아서 '들어서'로 옮길 수도 있다.

17) 이제란 : 이제(이제, 今 : 부사) + -란(보조사, 주제)

18) 말오 : 말(말다, 勿 : 보용, 부정)- + -오(← -고 : 연어, 계기)

19) 각별이 : [각별히, 특별이(부사) : 각별(각별, 各別 : 명사) + -Ø(← -ᄒᆞ- : 형접)- + -이(부접)]

20) 아닐 ᄲᆞᆫ니 : 아니(← 아니ᄒᆞ다 : 아니하다, 보용, 부정)- + -ㄹ(관전) # ᄲᆞᆫ니(← ᄲᆞᆫ : 뿐, 의명) + -이(보조) ※ 'ᄲᆞᆫ니'는 'ᄲᆞᆫ'의 /ㄴ/을 'ㄴㄴ'으로 거듭 적은 형태이다.

21) ᄌᆞ셰 : [자세히(부사) : ᄌᆞ셰(자세, 仔細 : 불어) + -Ø(← -ᄒᆞ- : 형접)- + -Ø(부접)]

22) 더브러 : 더블(더불다, 데리다, 伴)- + -어(연어)

23) 아ᄆᆞ란 : 아ᄆᆞ라(← 아ᄆᆞ랗다 : 아무렇다, 某)- + -Ø(현시)- + -ㄴ(관전)

24) 냥쳔 : 양천(良賤). 양민과 천민을 통틀어 이르는 말이다.

25) 믈론ᄒᆞ여 : 믈론ᄒᆞ[물론하다, 막론하다, 따지지 않다 : 믈론(물론, 勿論 : 명사) + -ᄒᆞ(동접)-]- + -여(← -아 : 연어)

26) ᄒᆡ일 : ᄒᆡ이[하게 하다, 시키다, 使 : ᄒᆞ(하다, 爲)- + -이(사접)-]- + -ㄹ(관전)

27) 싱심도 : 싱심(조금 : 부사) + -도(보조사, 강조) ※ '싱심(生心)'은 '벼 이삭의 씨눈이 줄기 속에 생기는 것'을 이르는 말이다. 여기서는 '아주 적은 분량'을 이르는 말로 쓰였으므로, '싱심도'를 '조금도'로 옮긴다.

28) 젼의 : 젼(전, 前) + -의(-에 : 부조, 위치)

29) ᄆᆞᄋᆞᆷᄆᆞᆯ : ᄆᆞᄋᆞᆷᄆ(← ᄆᆞᄋᆞᆷ : 마음, 心) + -ᄋᆞᆯ(목조) ※ 'ᄆᆞᄋᆞᆷᄆᆞᆯ'은 'ᄆᆞᄋᆞᆷ'의 종성 /ㅁ/을 'ㅁㅁ'으로 거듭 적은 형태이다.

30) ᄲᆞᆯ리 : [빨리(부사) : ᄲᆞᆯ르(← ᄲᆞᄅᆞ다 : 빠르다, 速)- + -이(부접)]

먹지 말고 빨리 나오라.

---

이 뜨들 각쳐<sup>31)</sup> 쟝슈의 손디<sup>32)</sup> 다 알외여시니<sup>33)</sup> 싱심도 의심 말고 모다<sup>34)</sup> 나오라. 너희 듕의<sup>35)</sup> 혈마<sup>36)</sup> 다 어버이 쳐즈<sup>37)</sup> 업슨 사람일다<sup>38)</sup>. 네 사던<sup>39)</sup> 디 도라와 녜 대로<sup>40)</sup> 도로<sup>41)</sup> 살면 우연ᄒ랴<sup>42)</sup>.

---

이 뜻을 각처의 장수에게 다 알렸으니 조금도 의심 말고 모두 나오라. 너희 중에 설마 다 어버이나 처자가 없는 사람이겠느냐? 네가 살던 데에 돌아와 예전 대로 도로 살면 좋지 않겠느냐?

---

이제 곧 아니 나오면 예게도<sup>43)</sup> 주글 거시오 나라히 평뎡ᄒ<sup>44)</sup> 휘면<sup>45)</sup> 너흰들<sup>46)</sup> 아니 뉘오ᄎ랴<sup>47)</sup>. ᄒ믈며 당병이<sup>48)</sup> 황ᄒ도와 평안도애 ᄀ득ᄒ엿

---

31) 각쳐 : 각처(各處)

32) 쟝슈의 손디 : 쟝슈(장수, 將帥) + -의(관조) # 손디(거기에 : 의명, 위치) ※ 이 시기에는 '손 디'가 체언 뒤에 바로 붙어서 부사격 조사로 쓰이는 예가 많았다. 그런데 여기서는 고형으로 '손디'가 관형격 조사인 '-의'의 뒤에 붙어서 의존 명사로 쓰였다.

33) 알외여시니 : 알외[알리다, 告 : 알(알다, 知)- + 오(사접)- + ㅣ(←-이- : 사접)-]- + -여시 (←-어시- : 완료 지속)- + -니(연어, 설명 계속, 이유)

34) 모다 : [모두, 皆(부사) : 몯(모이다, 集 : 동사)- + -아(연어 ▷부접)]

35) 듕의 : 듕(중, 中) + -의(-에 : 부조, 위치)

36) 혈마 : 설마(부사)

37) 쳐즈 : 처자(妻子). 처와 자식이다.

38) 사람일다 : 사람(사람, 人) + -이(서조)- + -ㄹ다(-겠는가 : 의종, 2인칭, 미시)

39) 사던 : 사(← 살다 : 살다, 居)- + -더(회상)- + -ㄴ(관전)

40) 녜 대로 : 녜(옛날, 昔) # 대로(의명)

41) 도로 : [도로, 逆(부사) : 돌(돌다, 回)- + -오(부접)]

42) 우연ᄒ랴 : 우연ᄒ[좋다, 뛰어나고 훌륭하다 : 우연(우연, 偶然 : 명사) + -ᄒ(형접)-]- + -랴 (의종, 판정, 미시) ※ 문맥에 맞추어서 '좋지 않겠느냐?'로 옮긴다.

43) 예게도 : 예(왜, 倭) + -게(-에게 : 부조, 상대) + -도(보조사, 마찬가지)

44) 평뎡ᄒ : 평뎡ᄒ[평정하다 : 평뎡(평정, 平定 : 명사) + -ᄒ(동접)-]- + -∅(현시)- + -ㄴ(관전) ※ '평뎡(平定)'은 반란이나 소요를 누르고 평온하게 진정하는 것이다.

45) 휘면 : 후(후, 後) + -ㅣ(←-이- : 서조)- + -면(연어, 조건)

46) 너흰들 : 너희[너희 : 너(너, 汝 : 인대, 2인칭) + -희(복접)] + -ㄴ들(←-인들 : 보조사, 양보)

47) 뉘오ᄎ랴 : 뉘옻[← 뉘욷다 : 뉘우치다, 悔]- + -ᄋ랴(의종, 판정, 미시, 설의)

48) 당병이 : 당병(당병, 당나라 병사, 唐兵) + -이(주조) ※ 여기서 '당병(唐兵)'은 조선을 구하기 위하여 파견된 명나라 군대의 병사이다.

고<sup>49)</sup> 경샹 젼라도애 ᄀᆞᄃᆞ기<sup>50)</sup> 이셔 예 곧 과글리<sup>51)</sup> 제<sup>52)</sup> 싸히<sup>53)</sup> 곧 아니 건너가면 요ᄉᆞ이<sup>54)</sup> 합병ᄒᆞ여<sup>55)</sup> 부산 동ᄂᆡ<sup>56)</sup> 인ᄂᆞᆫ<sup>57)</sup> 예ᄃᆞᆯᄒᆞᆯ<sup>58)</sup> 다 틸 ᄲᅮᆫ이<sup>59)</sup> 아니라 강남<sup>60)</sup> 비와 우리나라 비를 합ᄒᆞ여 바ᄅᆞ<sup>61)</sup> 예 나라희<sup>62)</sup> 드러가 다 분탕ᄒᆞᆯ<sup>63)</sup> 거시니 그 저기면<sup>64)</sup> 너희조차<sup>65)</sup> ᄡᅳ러<sup>66)</sup> 주글 거시니 너희 서르 닐러<sup>67)</sup> 그 젼으로<sup>68)</sup> 수이<sup>69)</sup> 나오라。

만력<sup>70)</sup> 이십일 련<sup>71)</sup> 구월 일

---

49) ᄀᆞ득ᄒᆞ엿고 : ᄀᆞ득ᄒᆞ[가득하다, 滿 : ᄀᆞ득(가득 : 불어) + −ᄒᆞ(형접)−]− + −엿(완료 지속)− + −고(연어, 나열)

50) ᄀᆞᄃᆞ기 : [가득히, 滿(부사) : ᄀᆞ득(가득 : 불어) + Ø(←−ᄒᆞ− : 형접)− + −이(부접)]

51) 과글리 : [급히, 急(부사) : 과글르(← 과그르다 : 급작스럽다, 괄괄하다, 急)− + −이(부접)]

52) 제 : 저(저, 자기, 己 : 인대, 재귀칭) + −ㅣ(−의 : 관조)

53) 싸히 : 싸ㅎ(땅, 地) + −ᄋᆡ(−에 : 부조, 위치)

54) 요ᄉᆞ이 : [요사이, 近 : 요(요, 此 : 관사, 지시, 정칭) + ᄉᆞ이(사이, 間)] ※ '요ᄉᆞ이'는 문맥상 '곧'으로 옮긴다.

55) 합병ᄒᆞ여 : 합병ᄒᆞ[합병하다 : 합병(合兵) + −ᄒᆞ(동접)−]− + −여(←−아 : 연어) ※ '합병(合兵)'은 둘 이상의 부대를 합쳐서 한 부대로 편성하는 것이나 또는 그런 일이다.

56) 동ᄂᆡ : 동ᄂᆡ(← 동래 : 동래, 東來) ※ '동래→ 동ᄂᆡ'의 변동은 /ㄹ/이 /ㄴ/으로 비음화한 형태다.

57) 인ᄂᆞᆫ : 인(← 읻다 : 잇다 : 있다, 在)− + −ᄂᆞ(현시)− + −ㄴ(관전) ※ 평파열음화, 비음화된 형태다.

58) 예ᄃᆞᆯᄒᆞᆯ : 예ᄃᆞᆯᄒᆞ[왜들 : 예(왜, 倭) + −ᄃᆞᆯᄒᆞ(복접)] + −을(목조)

59) 틸 ᄲᅮᆫ이 : 티(치다, 토벌하다, 伐)− + −ㄹ(관전) # ᄲᅮᆫ(뿐 : 의명) + −이(보조)

60) 강남 : 강남(江南) ※ '강남'은 중국을 뜻한다.

61) 바ᄅᆞ : [바로, 直(부사) : 바ᄅᆞ(바르다, 直 : 형사)− + −Ø(부접)]

62) 나라희 : 나라ㅎ(나라, 國) + −의(−에 : 부조, 위치)

63) 분탕ᄒᆞᆯ : 분탕ᄒᆞ[분탕하다 : 분탕(분탕, 焚蕩 : 명사) + −ᄒᆞ(동접)−]− + −ㄹ(관전) ※ '분탕(焚蕩)'은 남의 물건 따위를 약탈하거나 노략질하는 것이다. 여기서는 '토벌(討伐)'로 옮긴다.

64) 저기면 : 적(적, 때, 時 : 의명) + −이(서조)− + −면(연어, 조건)

65) 너희조차 : 너희[너희 : 너(너, 汝 : 인대) + −희(복접)] + −조차(보조사, 첨가) ※ '−조차'는 [좇(좇다, 從 : 동사)− + −아(연어▷조접)]의 방식으로 형성된 파생 보조사이다.

66) ᄡᅳ러 : ᄡᅳᆯ(쓸다, 掃)− + −어(연어)

67) 닐러 : 닐ㄹ(← 니르다 : 이르다, 말하다, 曰)− + −어(연어) ※ 15세기 국어에서는 '닐어'의 형태였으나, 이 시기에 '닐러'의 형태도 나타난다.

68) 젼으로 : 젼(전, 前) + −으로(부조, 방향)

69) 수이 : [쉬이, 당장, 易(부사) : 수(← 쉽다, ㅂ불 : 쉽다, 易)− + −이(부접)] ※ '수이'는 '쉽게'나 '멀지 아니한 가까운 장래에'라는 뜻으로 쓰이는 부사이다. 여기서는 '당장'으로 옮긴다.

70) 만력 : 만력(萬曆). 중국 명나라 신종의 연호(1573~1619)이다.

71) 만력 이십일 련 : 이십일(이십일 : 二十一, 관사) 련(← 년 : 년, 年, 의명) ※ '만력 이십일 년'은 1593년이다. '이십일 련'은 '이십일 년'을 오기한 형태이다.

이제 곧 아니 나오면 왜(倭)에게도 죽을 것이요, 나라가 (왜를) 평정(平定)한 후(後)이면 너희인들 아니 뉘우치랴? 하물며 명나라 군사가 황해도와 평안도에 가득하였고, (명나라 군사가) 경상, 전라도에 가득히 있어, 왜가 곧 급히 자기의 땅에 곧 아니 건너가면, 곧 (조선 군사와 명나라 군사가) 합병(合兵)하여, 부산(釜山)과 동래(東來)에 있는 왜들을 다 칠 뿐이 아니라, 중국 배와 우리나라 배를 합하여 바로 왜 나라에 들어가 다 분탕(焚蕩)할 것이니, 그때이면 (우리가) 너희조차 쓸어서 (너희가) 죽을 것이니, 너희가 서로 일러서 그 전(前)으로 당장 나오라.

만력(萬曆) 이십일 년 구월 일.

# 6. 악장가사

『악장가사』(樂章歌詞)는 고려 이후 조선 전기에 걸친 악장(樂章)과 속요(俗謠)를 모은 시가집이다.

[ 악장가사 ]

『악장가사』의 편찬자와 편찬 연대는 미상이다. 다만 조선 중종(中宗)과 명종(明宗) 사이(1506년~1567년)에 밀양 사람인 박준(朴浚)이 엮었다는 설이 있으나 확실하지 않다. 그리고 김명준(2004 : 16)에서는 『악장가사』가 대략 17세기 중반 이후의 편찬물이라고 주장하였다. 이는 『악장가사』에 수록된 작품 중에서 뒤에 지어진 것으로 것으로 보이는 '重光(중광)' 악장이, 1626년(인조 4년)에 제작된 것으로 확인된 데에 근거한다.

『악장가사』는 현재 전하는 순수한 가집(歌集)으로는 가장 오래된 것으로서, 이 책에는 오랫동안 구전되어 오다가 훈민정음이 창제된 후 기록된 시가들이 실려 있다. 『악장가사』에 수록된 가사의 창작 시기가 고려에서 조선 초에 걸쳐 광범위할 뿐만 아니라, 이 책에서만 발견된 가사도 14종에 달하여 국어학사나 국문학사적 가치가 매우 높다.

현재 국내에는 간행 연대를 알 수 없는 활자본의 유일본(唯一本) 1책이 장서각(藏書 閣)에 전해지고 있다. 그리고 일본의 호사문고(蓬左文庫)에도 1책이 있는데, 이를 영 인(影印)한 것과 '국어국문학' 36~38호에 '속악가사(俗樂歌詞)'를 영인하여 게재한 것 이 있다.

내용은 첫머리에서 18면까지는 궁중 연례(宮中宴禮) 때에 쓰인 노래가 한문 내지 한문에 한글 토를 붙인 형식으로 실려 있다. 특히 '가사(歌詞) 상(上)'이라고 하여 '여민 락(與民樂), 보허자(步虛子), 감군은(感君恩), 서경별곡(西京別曲), 어부가(漁父歌), 화산별 곡(華山別曲), 풍입송(風入松), 야심사(夜深詞), 한림별곡(翰林別曲), 처용가(處容歌), 정석 가(鄭石歌), 청산별곡(靑山別曲), 사모곡(思母曲), 능엄찬(楞嚴讚), 영산회상(靈山會相), 쌍 화점(雙花店), 이상곡(履霜曲), 가시리, 유림가(儒林歌), 신도가(新都歌), 만전춘별사(滿殿 春別詞), 오륜가(五倫歌), 연형제곡(宴兄弟曲), 상대별곡(霜臺別曲)' 등 24곡이 실려 있다.

『악장가사』의 편찬 연대가 명확하지 않아서 표기상의 특징을 설명하기 어렵다. 다만 이 책이 편찬되었으리라고 추정되는 17세기 중후반에는 음절의 첫소리에 'ㆁ' 이 쓰이지 않는 것이 원칙이다. 하지만 이 책에는 'ㅎ쇼셔체'의 평서형이나 의문형의 표기에 분명히 'ㅇ'으로 적어야 할 곳에 'ㆁ'으로 적은 곳이 더러 나타난다. 이러한 현상은 중세 시대나 그 이전에도 『악장가사』에 수록된 작품이 존재하였으므로, 중 세 시대의 표기 방법이 『악장가사』의 작품을 표기하는 데에 반영된 것으로 보인다.

# 感君恩*

四ᄉ海ᅙᅵ  바닷¹⁾  기픠ᄂᆞᆫ²⁾  닫줄로³⁾  자히리어니와⁴⁾

님의  德덕澤ᄐᆡᆨ  기픠ᄂᆞᆫ  어니⁵⁾  줄로  자히리잇고⁶⁾

享향福복無무彊강ᄒᆞ샤⁷⁾  萬만歲셰를  누리쇼셔⁸⁾

享향福복無무彊강ᄒᆞ샤  萬만歲셰를  누리쇼셔

一일竿간  明명月월⁹⁾이  亦역君군恩은이샷다¹⁰⁾

四海(사해)의 바다의 깊이는 닻줄로 재겠거니와

임의 德澤(덕택) 깊이는 어느 줄로 재겠습니까?

享福無疆(향복무강)하시어 萬歲(만세)를 누리소서.

享福無疆(향복무강)하시어 萬歲(만세)를 누리소서.

一竿明月(일간 명월)이 亦君恩(역군은)이시구나.

泰태山산이  놉다컨마ᄅᆞᄂᆞᆫ¹¹⁾  하ᄅᆞᆯ해¹²⁾  몯¹³⁾  밋거니와¹⁴⁾

---

* **感君恩(감군은)** : 임금의 은덕이 무한함을 칭송한 노래로서, 조선 성종 때부터 명종 사이에 살았던 문신인 '상진(尙震)'이 지었다는 설이 있다. 그러나 『조선왕조실록』 세종 24년의 기록에 '감군은'이라는 작품명이 이미 나오므로, 성종 이후의 시기에 상진이 지었다는 설은 신빙성이 떨어진다. 작품의 형식으로 볼 때, 연장체로 되어 있고 후렴구가 있다는 점에서는 고려 가요의 형식과 비슷하다.

1) 바닷 : 바다(바다, 海) + -ㅅ(-의 : 관조)

2) 기픠ᄂᆞᆫ : 기픠[깊이, 深(명사) : 깊(깊다, 深)- + -의(명접)] + -ᄂᆞᆫ(보조사, 주제)

3) 닫줄로 : 닫줄[닻줄 : 닫(← 닻 : 닻, 纜) + 줄(줄, 線)] + -로(부조, 방편)

4) 자히리어니와 : 자히(재다, 測)- + -리(미시)- + -어니와(-거니와, -지만 : 연어, 대조)

5) 어니 : (← 어느 : 어느, 何, 관사, 지시, 미지칭)

6) 자히리잇고 : 자히(재다, 測)- + -리(미시)- + -잇←-이- : 상높, 아높)- + -고(-느냐 : 의종, 설명)

7) 享福無疆ᄒᆞ샤 : 享福無疆ᄒᆞ[향복 무강 : 享福無疆(향복무강 : 명사구) + -ᄒᆞ(동접)-]- + -샤(← -시- : 주높)- + -Ø(← -아 : 연어) ※ '享福無疆(향복무강)'은 복을 한없이 누리는 것이다.

8) 누리쇼셔 : 누리(누리다, 享)- + -쇼셔(-소서 : 명종, 아높)

9) 一竿明月 : 일간 명월. 밝은 달빛 아래에서 낚시를 즐기는 것이다.

10) 亦君恩이샷다 : 亦君恩(역군은) + -이(서조)- + -샤(← -시- : 주높)- + -Ø(현시)- + -ㅅ(← -옷- : 감동)- + -다(평종) ※ '亦君恩(역군은)'은 '그 또한 임금님의 은혜이다.'라는 뜻이다.

님의 놉프샨<sup>15)</sup> 恩<sub>은</sub>과 德<sub>덕</sub>과는 하늘 ㄱ티 노프샷다<sup>16)</sup>

享<sub>향</sub>福<sub>복</sub>無<sub>무</sub>疆<sub>강</sub>ᄒ샤 萬<sub>만</sub>歲<sub>셰</sub>를 누리쇼셔

享<sub>향</sub>福<sub>복</sub>無<sub>무</sub>疆<sub>강</sub>ᄒ샤 萬<sub>만</sub>歲<sub>셰</sub>를 누리쇼셔

一<sub>일</sub>竿<sub>간</sub> 明<sub>명</sub>月<sub>월</sub>이 亦<sub>역</sub>君<sub>군</sub>恩<sub>은</sub>이샷다

泰山(태산)이 높다하건마는 하늘에 못 미치거니와

임의 높으신 恩惠(은혜)와 德(덕)은 하늘같이 높으시구나.

享福無疆(향복 무강)하시어 萬歲(만세)를 누리소서.

享福無疆(향복 무강)하시어 萬歲(만세)를 누리소서.

一竿明月(일간 명월)이 亦君恩(역군은)이시구나.

四<sub>ᄉ</sub>海<sub>ᄒᆡ</sub> 넙다 흔<sup>17)</sup> 바다흔<sup>18)</sup> 舟<sub>쥬</sub>楫<sub>즙</sub><sup>19)</sup>이면 건너리어니와<sup>20)</sup>

님의 너브샨<sup>21)</sup> 恩<sub>은</sub>澤<sub>튁</sub><sup>22)</sup>을 此<sub>ᄎ</sub>生<sub>ᄉᆡᆼ</sub><sup>23)</sup>애 갑소오릿가<sup>24)</sup>

---

11) 놉다컨마ᄅᆞᄂᆞᆫ : 놉(← 높다 : 높다, 高)- + -Ø(현시)- + -다(평종) # ᄒ(← ᄒ다 : 하다, 謂)- + -건마ᄅᆞᄂᆞᆫ(-건마는 : 연어, 대조)

12) 하ᄅᆞᆯ해 : 하ᄅᆞᆯᄒ(← 하늘ᄒ : 하늘, 天) + -애(-에 : 부조, 위치) ※ '하ᄅᆞᆯᄒ'은 '하늘ᄒ'을 오각한 형태이다.

13) 몬 : 몬(← 몯 : 못, 부사) ※ '몯 → 몬'의 변동은 /ㄷ/이 /ㄴ/으로 비음화한 형태이다.

14) 밋거니와 : 밋(← 및다 : 미치다, 이르다, 及)- + -거니와(-거니와, -지만 : 연어, 대조)

15) 놉프샨 : 놉프(← 높다 : 높다, 高)- + -ᄋ샤(← -ᄋ시- : 주높)- + -Ø(현시)- + -Ø(← -오- : 대상)- + -ㄴ(관전) ※ '놉프샨'은 '노파샨'의 /ㅍ/을 'ㅂㅍ'으로 거듭 적은 형태이다. 그리고 '놉프샨'은 '노프신'의 오기이다. 관형사절의 수식을 받는 '恩과 德'이 관사절의 서술어인 '높다'와 주격의 관계에 있으므로, '높다'에 대상법 선어말 어미가 실현될 이유가 없다.

16) 노프샷다 : 높(높다, 高)- + -ᄋ샤(← -ᄋ시- : 주높)- + -Ø(현시)- + -ㅅ(← -옷- : 감동)- + -다(평종)

17) 흔 : ᄒ(하다, 謂)- + -ㄴ들(-ㄴ들 : 연어, 양보) ※ '흔'은 문맥으로 보아서는 'ᄒ다'의 연결형인 '흔들'에서 '들'이 탈락되었을 가능성이 높다.

18) 바다흔 : 바다ᄒ(바다, 海) + -은(보조사, 주제)

19) 舟楫 : 쥬즙. '배(舟)'와 '삿대(楫)'라는 뜻으로, 배 전체를 이르는 말이다.

20) 건너리어니와 : 건너(건너다, 渡)- + -리(미시)- + -어니와(-거니와, -지만 : 연어, 대조)

21) 너브샨 : 넙(넓다, 廣)- + -으샤(← -으시- : 주높)- + -Ø(현시)- + -Ø(← -오- : 대상)- + -ㄴ(관전) ※ '너브샨'은 '너브신'의 오기이다. '恩澤'과 '넙다'는 '주어―서술어'의 관계를 맺고 있으므로 대상법 선어말 어미가 실현될 이유가 없다.

22) 恩澤 : 은택. '은혜(恩惠)'와 '덕택(德澤)'을 아울러서 이르는 말이다.

23) 此生 : 차생. 지금 살고 있는 세상, 곧 이승이다.

享향福복無무疆강ᄒᆞ샤 萬만歲셰를 누리쇼셔
享향福복無무疆강ᄒᆞ샤 萬만歲셰를 누리쇼셔
一일竿간明명月월이 亦역君군恩은이샷다

四海(사해)가 넓다 한들 바다는 舟楫(주즙)이면 건너겠거니와
임의 넓으신 恩惠(은혜)와 德澤(덕택)을 此生(차생)에 갚겠습니까?
享福無疆(향복 무강)하시어 萬歲(만세)를 누리소서.
享福無疆(향복 무강)하시어 萬歲(만세)를 누리소서.
一竿明月(일간 명월)이 亦君恩(역군은)이시구나.

一일片편丹단心심ᄲᆞᆫ을[25] 하ᄂᆞᆯ하[26] 아ᄅᆞ쇼셔[27]
白ᄇᆡᆨ骨골糜미粉분인ᄃᆞᆯ[28] 丹단心심이ᄯᆞᆫ[29] 가ᄉᆡ리잇가[30]
享향福복無무疆강ᄒᆞ샤 萬만歲셰를 누리쇼셔
享향福복無무疆강ᄒᆞ샤 萬만歲셰를 누리쇼셔

---

24) 갑소오릿가 : 갑(← 갚다 : 갚다, 報)- + -소오(← -ᄉᆞ오- : 객높)- + -∅(← -오- : 화자)- + -리(미시)- + -ㅅ(상높, 예높)- + -가(-니까 : 의종, 판정)

25) 一片丹心ᄲᆞᆫ을 : 一片丹心(일편단심) + -ᄲᆞᆫ(-만, -뿐 : 보조사, 한정) + -을(목조)

26) 하ᄂᆞᆯ하 : 하ᄂᆞᆯ(← 하ᄂᆞᆶ : 하늘, 天) + -하(-이시여 : 호조, 아높) ※ 서술어로 쓰인 '알다'에 아주 높임의 명령형 종결 어미인 '-ᄋᆞ쇼셔'가 실현된 것을 보면 호격 조사의 형태가 아주 높임의 '-하'임을 알 수 있다.

27) 아ᄅᆞ쇼셔 : 알(알다, 知)- + -ᄋᆞ쇼셔(-으소서 : 명종, 아높)

28) 白骨糜粉인ᄃᆞᆯ : 白骨糜粉(백골미분 : 명사구)- + -이(서조)- + -ㄴᄃᆞᆯ(-ㄴ들 : 연어, 양보) ※ '白骨糜粉(백골미분)'은 백골이 가루가 되는 것이다. '白骨糜粉'의 명사구 속에서 '白骨'이 주어 역할을 하며, '糜粉이다'가 서술어로 쓰였으므로 '-ㄴᄃᆞᆯ'을 연결 어미로 처리한다.

29) 丹心이ᄯᆞᆫ : 丹心(단심) + -이ᄯᆞᆫ(-이야 : 보조사, 한정 강조) ※ '丹心(단심)'은 속에서 우러나오는 정성스러운 마음이다. ※ 15세기 국어를 연구 대상으로 한 허웅(1975 : 385)과 고영근(2010 : 102)에서는 '-이ᄯᆞᆫ'을 하나의 보조사로 처리하였다. 이렇게 '-이ᄯᆞᆫ'을 하나의 보조사로 처리한 것은 15세기 문헌에서 '-이ᄯᆞᆫ'의 형태로 실현되는 예들만 발견되었기 때문이다. 그러나 허웅(1989 : 118)에서는 16세기 문헌 자료에서 '-ᄯᆞᆫ'이 부사격 조사와 '-애/-에'와 결합한 '-애ᄯᆞᆫ, -에ᄯᆞᆫ' 등의 예가 나타남을 지적하고 '-이ᄯᆞᆫ'을 주격 조사 '-이'와 보조사 '-ᄯᆞᆫ'이 결합한 형태로 처리하였다.(허웅, 1989 : 71, 78, 119쪽의 내용 참조.) 허웅의 견해를 따르면 '丹心이ᄯᆞᆫ'의 '이'를 주격 조사로 처리할 수도 있다.

30) 가ᄉᆡ리잇가 : 가ᄉᆡ(변하다, 달라지다, 變)- + -리(미시)- + -잇(← -이- : 상높, 아높)- + -가(-니까 : 의종, 판정)

一<sub>일</sub>竿<sub>간</sub> 明<sub>명</sub>月<sub>월</sub>이　亦<sub>역</sub>君<sub>군</sub>恩<sub>은</sub>이샷다

一片丹心(일편 단심)뿐임을 하늘이시여 아소서.
白骨糜粉(백골 미분)인들 丹心(단심)이야 변하겠습니까?
享福無疆(향복 무강)하시어 萬歲(만세)를 누리소서.
享福無疆(향복 무강)하시어 萬歲(만세)를 누리소서.
一竿明月(일간 명월)이 亦君恩(역군은)이시구나.

# 鄭石歌 *

---

딩아[1] 돌하[2] 當<sub>당</sub>今<sub>금</sub>에[3] 계샹이다[4]

딩아 돌하 當<sub>당</sub>今<sub>금</sub>에 계샹이다

先<sub>션</sub>王<sub>왕</sub>[5] 聖<sub>셩</sub>代<sub>딕</sub>[6]예 노니ᅌᅡ와[7] 지이다[8]

---

징(鉦)아, 돌(石)아, 當今(당금)에 계십니다.

징(鉦)아, 돌(石)아, 當今(당금)에 계십니다.

先王(선왕)의 聖代(성대)에 (임과) 노닐고 싶습니다.

---

삭삭기[9] 셰몰애[10] 별헤[11] 나는

---

* **鄭石歌(정석가)** : 작자와 연대 미상의 고려 속요이다. 노래의 이름인 '정석(鄭石)'은 이 노래 첫머리에 나오는 '딩아 돌하'의 '딩(鄭)'과 '돌(石)'을 차자(借字)한 것으로서 타악기를 의인화한 것으로 보인다. 『악장가사』에 전편이, 『시용향악보』에 첫 연이 실려 전한다. 이 노래의 끝 연(제6연)은 서경별곡(西京別曲)의 제2연과 같은 가사로 되어 있다. 이 노래는 그 명칭이나 내용에 대한 배경적 자료가 문헌에 없기 때문에 고려 속요로 단정할 수는 없지만, 그 형식이나 내용, 표현상의 특색 등이 고려 속요와 일치하므로 고려 속요로 본다. 노래의 내용은 임금의 만수무강을 빌고 아울러 남녀간의 끝없는 애정을 읊은 노래로서, 소박하지만 순수한 충성심을 느끼게 한다. 이 노래는 조선조에 와서는 궁중 악장으로 사용되었다.

1) 딩아 : 딩(징, 鄭, 鉦 : 악기의 일종) + -아(호조, 낮춤)

2) 돌하 : 돌ㅎ(돌, 石) + -아(호조, 낮춤) ※ '돌ㅎ'은 타악기의 일종인 '경쇠'인 것으로 보인다.

3) 當今 : 당금. 일이 있는 지금이다.

4) 계샹이다 : 계시(계시다, 在)- + -아(확인)- + -ㅇ이(←-이- : 상높)- + -다(평종) ※ 〈시용향악보〉에는 '계샤이다'로 표기되어 있다.

5) 先王 : 선왕. 선대의 임금, 여기서는 옛날의 어진 임금이다.

6) 聖代 : 성대. 국운이 번창하고 태평한 시대이다.

7) 노니ᅌᅡ와 : 노니[노닐다 : 노(←놀다 : 놀다, 遊)- + 니(가다, 다니다, 行)-]- + -ᅌᅩ오(객높)- + -∅(←-오- : 화자)- + -아(연어) ※ 주어가 화자이기 때문에 문맥에서 화자 표현의 선어말 어미인 '-오-'가 생략된 것으로 처리했다. 그리고 객체 높임의 선어말 어미인 '-ᅌᅩ오-'는 생략된 부사어인 '님'을 높인 것이다. 그리고 『시용향악보』에는 '노니ᅀᅡ와 지이다'로 표기되어 있다.

8) 지이다 : 지(싶다 : 보용, 희망)- + -∅(현시)- + -이(상높, 아높)- + -다(평종)

9) 삭삭기 : [← 삭사기(사각사각 : 부사) : 삭삭ㄱ(← 삭삭 : 사각사각) + -∅(←-ㅎ- : 형접)- + -이(부접)] ※ '삭삭기'는 '삭사기'의 종성인 /ㄱ/을 'ㄱㄱ'으로 거듭 적은 형태이다.

10) 셰몰애 : 셰몰애[가는 모래 : 셰(세, 細 : 접두)- + 몰애(모래, 沙)] ※ '셰몰애'는 '가는 모래(細沙)'이다.

삭삭기 세몰애 별헤 나는

구은¹²⁾ 밤 닷 되를 심고이다¹³⁾

그 바미 우미¹⁴⁾ 도다 삭 나거시아¹⁵⁾

그 바미 우미 도다 삭 나거시아

有유德덕ᄒ신 님믈 여히ᄋ와¹⁶⁾ 지이다¹⁷⁾


사각사각 가는 모래 벼랑에 〈나난〉

사각사각 가는 모래 벼랑에 〈나난〉

구운 밤 닷 되를 심었습니다.

그 밤이 움이 돋아 싹이 나 있어야

그 밤이 움이 돋아 싹이 나 있어야

有德(유덕)하신 임을 여의고 싶습니다.


玉옥으로 蓮련ㅅ고즐¹⁸⁾ 사교이다¹⁹⁾

玉옥으로 蓮련ㅅ고즐 사교이다

바회²⁰⁾ 우희²¹⁾ 接접柱듀ᄒ요이다²²⁾

---

11) 별헤 : 별ㅎ(벼랑, 崖) + -에(부조, 위치)

12) 구은 : 구(←굽다, ㅂ불, 燒)- + -∅(과시)- + -ㄴ(←-은 : 과전) ※ '구은'은 '구운'을 오기한 형태이다.

13) 심고이다 : 쉼(심다, 植)- + -∅(과시)- + -오(화자)- + -이(상높, 아높)- + -다(평종)

14) 우미 : 움(움, 芽) + -이(주조) ※ '움'은 풀이나 나무에 새로 돋아 나오는 싹이다.

15) 나거시아 : 나(나다, 出)- + -거(확인)- + -어(연어) # 시(← 이시다 : 있다, 보용)- + -아(← -아아←-아ᅀᅡ : 연어, 필연적 조건) ※ 이 책에서는 '-거'를 확인법 선어말 어미인 '-거-'에 연결 어미인 '-어'가 축약된 형태로 본다.(선어말 어미 '-거-'와 연결 어미 '-어'의 축약에 대하여는 나찬연(2016)의 내용 참조.) 그리고 '시'는 보조 용언인 '이시다'의 축약형으로 처리하고, '-아'는 '-아ᅀᅡ'의 /ᅀ/이 탈락하여 '-아아'의 형태로 된 뒤에 다시 '-아'로 축약된 형태로 본다. 이러한 점을 종합적으로 고려하여 '삭 나거시아'를 '싹이 나 있어야'로 옮긴다.

16) 여히ᄋ와 : 여히(여의다, 이별하다, 別)- + -ᄋ오(객높)- + -∅(← -오- : 화자)- + -아(연어)

17) 지이다 : 지(싶다 : 보용, 희망)- + -∅(현시)- + -이(상높, 아높)- + -다(평종)

18) 蓮ㅅ고즐 : 蓮ㅅ곳[연꽃 : 蓮(연) + -ㅅ(관조, 사잇) + 곳(꽃, 花)] + -을(목조)

19) 사교이다 : 사기(새기다, 刻)- + -∅(과시)- + -오(화자)- + -이(상높, 아높)- + -다(평종)

20) 바회 : 바위. 巖.

21) 우희 : 우ㅎ(위, 上) + -의(-에 : 부조, 위치)

그 고지 三<sub>삼</sub>同<sub>동</sub><sup>23)</sup>이 퓌거시아<sup>24)</sup>

그 고지 三<sub>삼</sub>同<sub>동</sub>이 퓌거시아

有<sub>유</sub>德<sub>덕</sub>ᄒ신 님 여희ᄋᆞ와 지이다

---

玉(옥)으로 연꽃을 새겼습니다.

玉(옥)으로 연꽃을 새겼습니다.

바위 위에 접붙였습니다.

그 꽃이 세 묶음이 피어 있어야

그 꽃이 세 묶음이 피어 있어야

有德(유덕)하신 임을 여의고 싶습니다.

---

믜쇠로<sup>25)</sup> 텰릭을<sup>26)</sup> ᄆᆞᆯ아<sup>27)</sup> 나ᄂᆞ

므쇠로 텰릭을 ᄆᆞᆯ아 나ᄂᆞ

鐵<sub>텰</sub>絲<sub>ᄉᆞ</sub><sup>28)</sup>로 주롬<sup>29)</sup> 바고이다<sup>30)</sup>

그 오시 다 헐어시아<sup>31)</sup>

그 오시 다 헐어시아

有<sub>유</sub>德<sub>덕</sub>ᄒ신 님 여희ᄋᆞ와 지이다

---

22) 接柱ᄒ요이다 : 接柱ᄒ[접주하다, 접붙이다 : 接柱(접주 : 명사) + -ᄒ(동접)-]- + -∅(과시)- + -요(←-오- : 화자) + -이(상높, 아높) + -다(평종)

23) 三同 : 삼동. 세 묶음이다. ※ '同'에는 '무리'라는 뜻이 있으므로, '三同'을 세 묶음으로 옮긴다.

24) 퓌거시아 : 퓌(피다, 發)- + -거(확인)- + -어(연어) # 시(← 이시다 : 있다, 보용)- + -아(← -아아 ← -아ᄉᆞ : 연어, 필연적 조건)

25) 믜쇠로 : 믜쇠[← 므쇠(무쇠) : 므(← 믈 : 물, 水) + 쇠(쇠, 鐵)] + -로(부조, 방편)

26) 텰릭 : 철릭, 무관이 입던 공복(公服)이다.

27) ᄆᆞᆯ아 : ᄆᆞᆯ(← ᄆᆞᄅᆞ다 : 마르다, 재단하다, 裁)- + -아(←-아 : 연어) ※ '-아'는 '-아'의 오기이다. ※ 이 작품에는 'ㆁ'와 'ㅇ'이 혼기되었다. 이러한 사실을 감안하면 이 작품이 적어도 16세기 후반 이후에 기재되었다는 점을 시사한다.

28) 鐵絲 : 철사.

29) 주롬 : [주름, 紋 : 줄(줄다, 縮)- + -움(명접)]

30) 바고이다 : 박(박다)- + -∅(과시)- + -오(화자)- + -이(상높, 아높) + -다(평종)

31) 헐어시아 : 헐(헐다, 毁)- + -어(← -어- ← -거- : 확인)- + -어(연어) # 시(← 이시다 : 있다, 보용, 완료 지속)- + -아(← -아아 ← -아ᄉᆞ : 연어, 필연적 조건) ※ '-어-'는 확인 표현의 선어말 어미인 '-어-'의 오기이다.

무쇠로 철릭을 재단하여 〈나난〉

무쇠로 철릭을 재단하여 〈나난〉

鐵絲(철사)로 주름을 박았습니다.

그 옷이 다 헐어 있어야

그 옷이 다 헐어 있어야

有德(유덕)하신 임을 여의고 싶습니다.

---

므쇠로 한쇼를<sup>32)</sup> 디여다가<sup>33)</sup>

므쇠로 한쇼를 디어다가<sup>34)</sup>

鐵<sub>텰</sub>樹<sub>슈</sub>山<sub>산</sub><sup>35)</sup>애 노호이다<sup>36)</sup>

그 쇠<sup>37)</sup> 鐵<sub>텰</sub>草<sub>초</sub><sup>38)</sup>를 머거아<sup>39)</sup>

그 쇠 鐵<sub>텰</sub>草<sub>초</sub>를 머거아

有<sub>유</sub>德<sub>덕</sub>ᄒ신 님 여희ᅌᅳ와 지이다

---

무쇠로 황소를 만들어다가

무쇠로 황소를 만들어다가

鐵樹山(철수산)에 놓았습니다.

그 소가 鐵草(철초)를 먹어야

그 소가 鐵草(철초)를 먹어야

有德(유덕)하신 임을 여의고 싶습니다.

---

구스리<sup>40)</sup> 바회예<sup>41)</sup> 디신들<sup>42)</sup>

---

32) 한쇼를 : 한쇼[황소 : 하(크다, 大)- + -ㄴ(관전) + 쇼(소, 牛)] + -를(목조)

33) 디여다가 : 디(만들다, 주조하다, 鑄)- + -여(← -어 : 연어) + -다가(보조사, 동작의 유지, 강조)

34) 디어다가 : '디어다가'는 '디여다가'를 오각한 형태이다.

35) 鐵樹山 : 철수산. 쇠로 된 나무가 심어져 있는 산이다.

36) 노호이다 : 놓(놓다, 置)- + -Ø(과시)- + -오(화자)- + -이(상높, 아높)- + -다(평종)

37) 쇠 : 쇼(소, 牛) + -ㅣ(← -이 : 주조)

38) 鐵草 : 철초. 쇠로 된 풀이다.

39) 머거아 : 먹(먹다, 食)- + -어아(← -어ᅀᅡ : -어야, 연어, 필연적 조건)

40) 구스리 : 구슬(구슬, 珠) + -이(주조)

구스리 바회예 디신들
긴힛돈<sup>43)</sup> 그츠리잇가<sup>44)</sup>
즈믄 히를<sup>45)</sup> 외오곰<sup>46)</sup> 녀신들<sup>47)</sup>
즈믄 히를 외오곰 녀신들
信<sub>신</sub>잇돈<sup>48)</sup> 그츠리잇가

구슬이 바위에 떨어지신들
구슬이 바위에 떨어지신들
끈이야 끊어지겠습니까?
천 년을 외따로 가신들
천 년을 외따로 가신들
信(신)이야 끊어지겠습니까?

---

41) 바회예 : 바회(바위, 巖) + -예(←-에 : 부조, 위치)

42) 디신들 : 디(떨어지다, 落)- + -시(주높)- + -ㄴ들(-ㄴ들 : 연어, 양보)

43) 긴힛돈 : 긴ㅎ(끈, 絃) + -잇돈(←-이쏜 : -이야, 보조사, 한정 강조)

44) 그츠리잇가 : 궂(끊어지다, 그치다, 斷)- + -으리(미시)- + -잇(←-이- : 상높, 아높)- + -가 (-니까 : 의종, 판정)

45) 즈믄 히를 : 즈믄(천, 千 : 관사, 양수) # 히(해, 年) + -를(목조)

46) 외오곰 : 외오[외따로, 홀로, 獨(부사) : 외(외, 孤 : 관사) + -오(부접)] + -곰(보조사, 강조)

47) 녀신들 : 녀(가다, 다니다, 行)- + -시(주높)- + -ㄴ들(-ㄴ들 : 연어, 양보)

48) 信잇돈 : 信(신, 믿음 : 명사) + -잇돈(←-이쏜 : -이야, 보조사, 한정 강조)

# 靑山別曲*

살어리<sup>1)</sup> 살어리랏다<sup>2)</sup>

靑<sub>청</sub>山<sub>산</sub>애 살어리랏다

멀위랑<sup>3)</sup> 다래랑 먹고

靑<sub>청</sub>山<sub>산</sub>애 살어리랏다

얄리얄리 얄랑셩 얄라리얄라


살겠더구나, 살겠더구나.

靑山(청산)에 살겠더구나.

머루랑 달래랑 먹고

靑山(청산)에 살겠더구나.

얄리얄리 얄랑셩 얄라리얄라.


우러라<sup>4)</sup> 우러라 새여

---

* **靑山別曲(청산별곡)**:『악장가사』에 전문이 수록되어 있고,『시용향악보』에는 제1연 및 곡조
  가 실려 있다. 그러나 옛 문헌에서 그 제목이나 해설을 찾을 수 없어서 고려 때의 노래라는
  확증은 없다. 그러나 그 형식이 '서경별곡(西京別曲)'이나 '쌍화점(雙花店)'과 유사하고, 언어
  구사나 상념·정조가 조선 초기 가요에서 나타나는 관념적이고 교술적 성격과는 다르다. 이
  러한 특징을 감안하여 〈청산별곡〉을 고려시대의 가요로 본다. 전편이 8연으로, 매연(每聯)
  은 4구씩이고, 후렴구가 붙었으며, 매구(每句)는 3·3·2(3)조(調)의 정형으로 되어 있다.
1) 살어리 : '살어리랏다'에서 '-랏다'가 생략된 형태이다.
2) 살어리랏다 : 살(살다, 住)- + -어(←-거- : 확인)- + -리(미시)- + -라(←-다-←-더- : 회
   상)- + -∅(←-오- : 화자)- + -ㅅ(←-옷- : 감동)- + -다(평종) ※ '살어리랏다'를 일반적으
   로 '살겠노라'로 옮기고 있다. 그러나 문법 형태소를 그대로 반영하여 현대어로 직역하면 "살겠더
   구나"로 옮겨야 한다. 회상의 선어말 어미 '-더-'는 주어가 화자이므로 '-다-'로 바뀐 뒤에,
   다시 미래 시제의 선어말 어미 '-리-' 뒤에서 '-라-'로 바뀌었다.
3) 멀위랑 : 멀위(머루) + -랑(-랑 : 접조)
4) 우러라 : ① 울(울다, 鳴)- + -∅(과시)- + -어(←-에- : 감동)- + -라(평종) ② 울(울다, 鳴)-
   + -어(←-거- : 확인)- + -라(명종) ※ '우러라'를 명령형으로 보지 않고 '울다'의 감탄형으
   로 보는 견해가 설득력이 있다. 이처럼 '우러라'를 '울다'의 감탄형으로 보면 ①처럼 분석하
   여야 한다. 곧, 동사에 특정한 시제 형태소가 실현되지 않으면 부정법의 과거 시제 선어말
   어미가 들어간 것으로 분석해야 하므로, '울었구나'로 해석해야 한다. 그리고 이처럼 이 문장
   을 감탄문으로 처리하기 위해서는 중세 국어에 쓰였던 감동 표현의 선어말 어미인 '-에-'가

자고 니러<sup>5)</sup> 우러라 새여
널라와<sup>6)</sup> 시름 한<sup>7)</sup> 나도
자고 니러 우니로라<sup>8)</sup>
얄리얄리 얄랑셩 얄라리얄라

울었구나. 울었구나. 새여.
자고 일어나 울었구나. 새여.
너보다 시름이 많은 나도
자고 일어나 울며 다니노라.
얄리얄리 얄랑셩 얄라리얄라.

가던 새<sup>9)</sup> 가던 새 본다<sup>10)</sup>
믈<sup>11)</sup> 아래 가던 새 본다
잉<sup>12)</sup> 무든 장글란<sup>13)</sup> 가지고
믈 아래 가던 새 본다
얄리얄리 얄랑셩 얄라리얄라

---

'-어-'의 형태로 바뀐 것으로 처리해야 한다.
5) 니러 : 닐(일어나다, 起)- + -어(연어)
6) 널라와 : 널(← 너 : 너, 汝, 인대, 2인칭) + -라와(← -보다 : 부조, 비교)
7) 한 : 하(많다, 크다, 多, 大)- + -∅(현시)- + -ㄴ(관전)
8) 우니로라 : 우니[울며 다니다 : 우(← 울다, 泣)- + 니(가다, 다니다, 行)-]- + -ㄴ(← -ᄂ- : 현시)- + -로(← -오- : 화자)- + -라(← -다 : 평종) ※ '우니로라'는 '우니노라'를 오각한 형태이다.
9) 가던 새 : 가(가다, 行)- + -더(회상)- + -ㄴ(관전) # 새(새, 鳥) ※ 서재극은 '가던 새'를 '갈던 사래'로 풀이하기도 하였는데, '사래'는 묘지기나 마름이 수고의 대가로 부쳐 먹는 논밭이다.
10) 본다 : 보(보다, 見)- + -∅(과시)- + -ㄴ다(-는가 : 의종, 2인칭)
11) 믈 : 물. 水.
12) 잉 : 잉(← 잇 : 이끼, 苔) ※ '잇 무든 → 읻 무든 → 익 무든 → 잉 무든'의 변동은 '평파열음화', '자음의 위치 동화', '비음화'가 순차적으로 적용된 결과이다.
13) 장글란 : 장ㄱ(← 장기, 잠기, 잠개 : 쟁기) + -을란(← -으란 : 보조사, 주제) ※ '장ㄱ'이나 '장글'은 그 어형이나 의미가 정확하게 규명되지 않았다. '장ㄱ'을 '날이 무딘 병기'나 '이끼가 묻은 은장도'로 해석하는 이도 있다. 여기서는 형태적 유사성을 근거로 '잠기(쟁기)'로 처리한다.

가던 새를 가던 새를 보았는가?

물 아래로 가던 새를 보았는가?

이끼 묻는 쟁기를 가지고

물 아래 가던 새를 보았는가?

얄리얄리 얄랑셩 얄라리얄라.

---

이링공 뎌링공¹⁴⁾ ᄒᆞ야

나즈란¹⁵⁾ 디내 와손뎌¹⁶⁾

오리도¹⁷⁾ 가리도 업슨

바므란¹⁸⁾ ᄯᅩ 엇디 호리라¹⁹⁾

얄리얄리 얄랑셩 얄라리얄라

---

이럭저럭 하여

낮은 지내어 왔구나.

올 사람도 갈 사람도 없는

밤은 또 어찌 하리라.(하랴?)

얄리얄리 얄랑셩 얄라리얄라

---

14) 이링공 뎌링공 : 이렁저렁, 이럭저럭(부사)

15) 나즈란 : 낮(낮, 日) + -으란(-은 : 보조사, 주제, 대조)

16) 디내 와손뎌 : 디내(지내다, 過)- + -∅(←-아 : 연어) # 오(오다, 來)- + -앗(완료 지속)- + -오(화자)- + -ㄴ뎌(-구나 : 감종) ※ '오다'의 활용 형태인 '와손뎌'는 다른 곳에서는 용례를 발견할 수 없어서 그 의미와 문법적인 성격을 밝히기 어렵다. 여기서는 '-아ㅅ-(←-앗-)'을 완료 지속의 뜻을 나타내는 선어말 어미로 처리한다. 그리고 문맥과 '디내 오다'와 화자 표현의 선어말 어미 '-오-', 감탄형 종결 어미 '-ㄴ뎌'의 형태를 감안하여 '지내 왔구나' 정도로 풀이한다.

17) 오리도 : 오(오다, 來)- + -ㄹ(관전) # 이(이, 사람 : 의명) + -도(보조사, 마찬가지)

18) 바므란 : 밤(밤, 夜) + -으란(-은 : 보조사, 주제, 대조)

19) 엇디 호리라 : 엇디(어찌, 何 : 부사, 지시, 부정칭) # ᄒᆞ(하다, 爲)- + -오(화자)- + -리(미시)- + -라(←-다 : 평종) ※ '엇디 호리라'를 문법적인 형태 그대로 '어찌 하리라'로 해석한다. 이렇게 되면 '밤므란 또 엇디 호리라'를 '밤은 또 어찌어찌해서 보내겠다'로 풀이해야 한다. 그러나 의문 부사인 '엇디'가 쓰인 것과 전체적인 문맥을 고려하면, 'ᄒᆞ다'의 활용 형태가 평서형인 '호리라'가 아니라 의문형인 '호료(ᄒᆞ- + -오- + -료)'로 실현되어야 한다. 이러한 점을 종합적으로 판단하면 '엇디 호리라'는 '어찌하랴?'로 의역하여 옮겨야 자연스럽다.

어듸라[20] 더디던[21] 돌코[22]

누리라[23] 마치던[24] 돌코

믜리도[25] 괴리도[26] 업시

마자셔[27] 우니노라[28]

얄리얄리 얄랑셩 얄라리얄라

어디라 던지던 돌인가?

누구라 맞히던 돌인가?

미워할 사람도 사랑할 사람도 없이

맞아서 울며 다니노라.

얄리얄리 얄랑셩 얄라리얄라

살어리 살어리랏다

바ᄅ래[29] 살어리랏다

ᄂᄆ자기[30] 구조개랑[31] 먹고

바ᄅ래 살어리랏다

얄리얄리 얄랑셩 얄라리얄라

---

20) 어듸라 : 어듸(어디, 何處 : 지대) + -∅(← -이- : 서조)- + -라(← -아 : 연어, 이유, 근거) ※ '-라'는 연결 어미인 '-아'가 서술격 조사 뒤에서 '-라'로 변동한 형태이다.

21) 더디던 : 더디(던지다, 投)- + -더(회상)- + -ㄴ(관전)

22) 돌코 : 돌ㅎ(돌, 石) + -고(-인가 : 보조사, 의문)

23) 누리라 : 눌(← 누 : 누구, 誰, 인대, 미지칭) + -이(서조)- + -라(← -아 : 연어, 이유, 근거)

24) 마치던 : 마치[맞히다 : 맞(맞다, 的中 : 자동)- + -히(사접)-]- + -더(회상)- + -ㄴ(관전)

25) 믜리도 : 믜(미워하다, 嫉)- + -ㄹ(관전) # 이(이, 사람 : 의명) + -도(보조사, 마찬가지)

26) 괴리도 : 괴(사랑하다, 愛)- + -ㄹ(관전) # 이(이, 사람 : 의명) + -도(보조사, 마찬가지)

27) 마자셔 : 맞(맞다, 的中)- + -아셔(-아서 : 연어, 동작의 유지, 강조)

28) 우니노라 : 우니[울고 다니다 : 우(← 울다, 泣)- + 니(가다, 다니다, 行)-]- + -ㄴ(← -ᄂᆞ- : 현시)- + -오(화자)- + -라(← -다 : 평종)

29) 바ᄅ래 : 바ᄅᆯ(바다, 海) + -애(-에 : 부조, 위치)

30) ᄂᄆ자기 : 나문재. 바닷가 모래땅에서 자라는 명아줏과의 한해살이풀이다.

31) 구조개랑 : 구조개[구조개, 굴과 조개 : 구(← 굴 : 굴, 石花) + 조개(조개, 貝)] + -랑(-랑 : 접조)

살겠더구나, 살겠더구나.

바다에 살겠더구나.

나문재(와) 구조개랑 먹고

바다에 살겠더구나.

얄리얄리 얄랑셩 얄라리얄라.

---

가다가　가다가　드로라[32]

에정지[33]　가다가　드로라

사스미[34]　짒대예[35]　올아셔[36]

奚<sub>히</sub>琴<sub>금</sub>을　혀거를[37]　드로라

얄리얄리　얄랑셩　얄라리얄라

---

가다가 가다가 들었다.

에정지(부엌에 ?) 가다가 들었다.

사슴이 짐대에 올라서

奚琴(해금)을 켜거늘 (그 소리를) 들었다.

얄리얄리 얄랑셩 얄라리얄라.

---

가다니[38]　빅브른[39]　도긔[40]

설진[41]　강수를[42]　비조라[43]

---

32) 드로라 : 들(← 듣다, ㄷ불 : 듣다, 聞)- + -∅(과시)- + -오(화자)- + -라(← -다 : 평종)

33) 에정지 : '에정지'는 현재로서는 해석이 불가능하다. 일부에서는 경상도 방언에서 '부엌'의 뜻으로 쓰이는 '정지'로 해석하기도 하는데, '정지'를 '정지(부엌)'로 해석하면 그 앞에 실현된 '에'의 문법적 성격이 문제가 된다. 여기서는 그냥 '에정지'를 그대로 번역해 둔다.

34) 사스미 : 사슴(사슴, 鹿) + -이(주조)

35) 짒대예 : 짒대(짐대 : 당간, 幢竿) + -예(← -에 : 부조, 위치) ※ '짒대'는 '당(幢)'을 이른다. '당(幢)'은 절에서 법회 따위의 의식이 있을 때에, 절의 문 앞에 세우는 기(旗)이다.

36) 올아셔 : 올(← 오르다 : 오르다, 登)- + -아셔(-아서 : 연어, 동작의 유지, 강조)

37) 혀거를 : 혀(켜다, 奏)- + -거를(← -거늘 : 연어, 상황) ※ '혀거를'은 '혀거늘'의 오기이다.

38) 가다니 : 가(가다, 去)- + -다(← -더- : 회상)- + -∅(← -오- : 화자)- + -니(연어, 설명 계속)

39) 빅브른 : 빅브르[배부르다 : 빅(배, 腹) + 브르(부르다, 飽)-]- + -∅(과시)- + -ㄴ(관전)

40) 도긔 : 독(독, 甕) + -의(-에 : 부조, 위치)

조롱곳<sup>44)</sup>  누로기<sup>45)</sup>  민와<sup>46)</sup>

잡스와니<sup>47)</sup>  내  엇디 ᄒ리잇고<sup>48)</sup>

얄리얄리  얄랑셩  얄라리얄라

(내가) 가더니 배가 부른 독에

(내가) 기름진 강술을 빚었다.

조롱박꽃 누룩이 매워

붙잡으니 내가 어찌 하겠습니까?

얄리얄리 얄랑셩 얄라리얄라

---

41) 설진 : 설지(← 살지다 : 기름지다, 肥 : 형사)- + -Ø(현시)- + -ㄴ(관전)

42) 강수를 : 강술(진한 술, 독한 술) + -을(목조) ※ 현대 국어에서 '강술'은 안주 없이 마시는 술이라는 뜻으로 쓰인다. 여기서는 '독한 술'의 뜻으로 쓰인 것으로 본다.

43) 비조라 : 빚(빚다, 釀)- + -Ø(과시)- + -오(화자)- + -라(← -다 : 평종)

44) 조롱곳 : [조롱박꽃 : 조롱(조롱박) + 곳(← 곶 : 꽃, 花)] ※ '조롱곳'을 '조롱(조롱박) + -곳(보조사, 한정 강조)'으로 분석할 수도 있다.

45) 누로기 : 누록(누룩, 술, 麴) + -이(주조)

46) 민와 : 민오(← 밉다, ㅂ불 : 맵다, 辛)- + -아(연어)

47) 잡스와니 : 잡(잡다, 붙잡다, 獲)- + -스오(← -ᄉᆞᆸ- : 공손, 상높)- + -아(확인)- + -니(연어, 설명 계속) ※ '잡스와니'에 대한 이설이 대단히 많은데, 두 가지 견해를 소개하면 다음과 같다. ① 객체 높임의 선어말 어미는 16세기 중엽부터 상대 높임이나 공손의 뜻을 가지기도 한다.(허웅, 1989 : 302 참조.) 이 구절의 '-스오-'를 상대 높임이나 공손의 뜻을 나타내는 선어말 어미로 보면, '잡다(獲)'의 행위 주체는 '술'이며 객체는 '나'가 된다. 따라서 '술이 나를 붙잡으니'로 해석할 수 있다. ② 김완진은 '-스오-'를 객체 높임의 선어말 어미로 보았는데, 주체를 '술'로 설정하고 객체 높임의 대상을 '임'으로 잡아서 '술이 임을 잡으니'로 해석하였다.

48) 엇디 ᄒ리잇고 : 엇디(어찌, 何 : 부사, 지시, 미지칭) # ᄒ(하다, 爲)- + -리(미시)- + -잇(← -이- : 상높, 아높)- + -고(-니까 : 의종, 설명)

# 西京別曲<sup>*</sup>

西<sub>셔</sub>京<sub>경</sub><sup>1)</sup>이  아즐가<sup>2)</sup>  西<sub>셔</sub>京<sub>경</sub>이  셔울히마르는<sup>3)</sup>

위  두어렁셩  두어렁셩  다링디리

닷곤<sup>4)</sup>  디  아즐가  닷곤  디  쇼셩경<sup>5)</sup>  고외마른<sup>6)</sup>

위  두어렁셩  두어렁셩  다링디리

여히므론<sup>7)</sup>  아즐가  여히므논<sup>8)</sup>  질삼  뵈<sup>9)</sup>  브리시고<sup>10)</sup>

위  두어렁셩  두어렁셩  다링디리

괴시란디<sup>11)</sup>  아즐가  괴시란디  우러곰<sup>12)</sup>  좃니노이다<sup>13)</sup>

---

* **西京別曲(서경별곡)** : 고려시대에 지어진 작자 미상의 속요이다. 『악장가사』, 『대악후보』(大樂後譜), 『시용향악보』(時用鄉樂譜)에 실려 있어 악곡 구조를 알 수 있다. '청산별곡(靑山別曲)'과 더불어 궁중 악장 가운데 대표적인 속악의 하나로서 조선 전기까지 궁중에서 애창되었다. 모두 14절로 서경(西京, 평양)에 사는 여인이 대동강(大同江)에서 애인을 송별하는 이별의 내용이다. 조선 성종(成宗) 때에 구악(舊樂)을 정리하면서 유학자들이 '남녀상열지사(男女相悅之詞)'라 하여 일부 글귀를 지워 버리기도 하였다. 강렬하고도 애절한 남녀의 애정이 유려한 운율로 절실하게 나타나 있다.

1) 西京 : 서경. 평양을 이르는 말이다.
2) 아즐가 : 율격을 맞추기 위한 여음으로 별다른 뜻이 없이 쓰인 말이다.
3) 셔울히마르는 : 셔울ㅎ(서울, 京) + -이(서조) - + -마르는(← -건마른 : -건마는, 연어, 대조)
4) 닷곤 : 닭(닦다, 修) - + -Ø(과시) - + -오(대상) - + -ㄴ(관전)
5) 쇼셩경 : '小城京'을 한글로 적은 말이다. '작은 성의 서울'의 뜻으로 서경(西京)을 이른다.
6) 고외마른 : 고외(← 괴오다 ⊂ 괴다 : 사랑하다, 愛) - + -마른(← -건마른 : -건마는, 연어, 대조)
7) 여히므론 : 여히(← 여희다 : 이별하다, 別) - + -ㅁ(← -옴 : 명전) + -으론(-보다는 : 부조, 비교)
8) 여히므논 : '여히므론'을 오각한 형태이다.
9) 질삼 뵈 : 질삼(길쌈) # 뵈(베, 布)
10) 브리시고 : 브리(버리다, 棄) - + -시(주높, 공손) - + -고(연어, 계기) ※ 문맥을 보면 '브리다'의 주체가 화자 자신으로 보이는데, 주체 높임의 선어말 어미 '-시-'가 실현된 것이 문제이다. 이 문제와 관련해서 다음과 같은 가능성이 있다. ① '브리다'의 주체를 임으로 볼 가능성, ② '-시-'의 기능을 주체 높임 표현의 기능보다는 공손 표현의 기능으로 볼 가능성, ③ '-시-'를 악곡의 음보의 길이를 조절하기 위하여 한 음보 안의 음절 수를 늘이는 방법으로 볼 가능성 등이 있다.
11) 괴시란디 : 괴(사랑하다, 愛) - + -시(주높) - + -란디(-면 : 연어, 조건)
12) 우러곰 : 울(울다, 泣) - + -어(연어) + -곰(보조사, 강조)
13) 좃니노이다 : 좃니[쫓아가다, 쫓아 다니다 : 좃(← 좇다 : 쫓다, 따르다, 從) - + 니(가다, 다니다, 行) -] - + -ᄂ(← -ᄂᆞ- : 현시) - + -오(화자) - + -이(상높, 아높) - + -다(평종)

위  두어렁셩  두어렁셩  다링디리

西京(서경)이 〈아즐가〉 西京(서경)이 서울이건마는
　　위 두어렁셩  두어렁셩  다링디리
닦은 데 〈아즐가〉 닦은 데 소성경(小城京)을 사랑하건마는
　　위 두어렁셩  두어렁셩  다링디리
이별하기보다는 〈아즐가〉 이별하기보다는 길쌈 베를 버리시고
　　위 두어렁셩  두어렁셩  다링디리
(임이 나를) 사랑하신다면 〈아즐가〉 사랑하신다면 (내가) 울며 (임을) 쫓아갑니다.
　　위 두어렁셩  두어렁셩  다링디리

구스리[14) 아즐가 구스리 바회예[15) 디신들[16)
　　위  두어렁셩  두어렁셩  다링디리
긴힛돈[17) 아즐가 긴힛돈 그츠리잇가[18) 나는[19)
　　위  두어렁셩  두어렁셩  다링디리
즈믄[20) 히를 아즐가 즈믄 히를 외오곰[21) 녀신들[22)
　　위  두어렁셩  두어렁셩  다링디리
信신잇돈[23) 아즐가 信신잇돈 그츠리잇가 나는
　　위  두어렁셩  두어렁셩  다링디리

---

14) 구스리 : 구슬(구슬, 珠) + -이(주조)
15) 바회예 : 바회(바위, 巖) + -예(←-에 : 부조, 위치)
16) 디신들 : 디(떨어지다, 落)- + -시(주높, 공손)- + -ㄴ들(-ㄴ들(-ㄴ들 : 연어, 양보)
17) 긴힛돈 : 긴ㅎ(끈, 絃)- + -잇돈(← -이쯘 : -이야, 보조사, 한정 강조)
18) 그츠리잇가 : 긏(끊어지다, 그치다, 斷)- + -으리(미시)- + -잇(← -이- : 상높, 아높)- + -가
(-니까 : 의종, 판정)
19) 나는 : 음보율을 맞추기 위하여 표현한 조흥구이다.
20) 즈믄 히를 : 즈믄(천, 千 : 관사, 양수) # 히(해, 年 : 의명) + -를(목조)
21) 외오곰 : 외오[홀로, 외따로(부사) : 외(외, 孤 : 관사)- + -오(부접)] + -곰(보조사, 강조)
22) 녀신들 : 녀(가다, 다니다, 行)- + -시(주높, 공손)- + -ㄴ들(-ㄴ들 : 연어, 양보)
23) 信잇돈 : 信(신, 믿음) + -잇돈(← 이쯘 : -이야, 보조사, 한정 강조)

구슬이 〈아즐가〉 구슬이 바위에 떨어지신들

　　위 두어렁셩 두어렁셩 다링디리

끈이야 〈아즐가〉 끈이야 끊어지겠습니까? 〈나난〉

　　위 두어렁셩 두어렁셩 다링디리

천 년을 〈아즐가〉 천 년을 외따로 살아간들

　　위 두어렁셩 두어렁셩 다링디리

信(신)이야 〈아즐가〉 信(신)이야 끊어지겠습니까? 〈나난〉

　　위 두어렁셩 두어렁셩 다링디리

---

大대同동江강 아즐가 大대同동江강 너븐 디[24] 몰라셔[25]

　　위 두어렁셩 두어렁셩 다링디리

비[26] 내여[27] 아즐가 비 내여 노흔다[28] 샤공아

　　위 두어렁셩 두어렁셩 다링디리

네 가시[29] 아즐가 네 가시 럼난 디[30] 몰라셔

　　위 두어렁셩 두어렁셩 다링디리

녈[31] 비에[32] 아즐가 녈 비예 연즌다[33] 샤공아

　　위 두어렁셩 두어렁셩 다링디리

---

24) 너븐 디 : 넙(넓다, 廣)- + -Ø(현시)- + -은(관전) # 디(지 : 의명, 의문)

25) 몰라셔 : 몰ㄹ(← 모ㄹ다 : 모르다, 不知)- + -아셔(-아서 : 연어, 이유, 강조)

26) 비 : 배, 舟.

27) 내여 : 내[내다 : 나다(나다, 出)- + -ㅣ(←-이- : 사접)-]- + -여(←-어 : 연어)

28) 노흔다 : 놓(놓다 : 보용, 완료 지속)- + -Ø(과시)- + -은다(-는가 : 의종, 2인칭)

29) 가시 : 갓(아내, 妻) + -이(주조)

30) 럼난 디 : 럼나(← 넘나다 : 정욕을 느끼다, 바람나다)- + -Ø(과시)- + -ㄴ(관전) # 디(지 : 의명, 의문) ※ '넘나다'는 '성적(性的)으로 흥분하다'의 뜻이다. 이와 같은 해석은 월인석보 2권 5장에 나타난 다음의 내용을 근거로 추정하였다. "夫人이 … ㄱ장 빌어 됴흔 양 ㅎ고 조심ㅎ야 돈녀 王이 맞드러 갓가비 ㅎ거시늘 솔보ᄃᆡ 情慾앳 이른 ᄆᆞᅀᆞ미 즐거버사 ㅎᄂᆞ니 나는 이제 시르미 기퍼 넘난 ᄆᆞᅀᆞ미 업스니 흔 願을 일우면 져그나 기튼 즐거부미 이시려니와…" 이 구절에서 '넘난 ᄆᆞᅀᆞᆷ'은 '성적(性的)으로 이끌리는 마음'으로 해석된다.

31) 녈 : 녀(가다, 行)- + -ㄹ(관전)

32) 비에 : 비(배, 舟) + -에(←-예 ←-에 : 부조, 위치) ※ '-에'는 '-예'를 오각한 형태이다.

33) 연즌다 : 엱(얹다, 태우다, 寘)- + -Ø(과시)- + -은다(-는가 : 의종, 2인칭)

大同江(대동강)이 〈아즐가〉 大同江(대동강)이 넓은지 몰라서
　　위 두어렁셩　두어렁셩　다링디리
배 내어 〈아즐가〉 배를 내어 놓았는가? 사공아.
　　위 두어렁셩　두어렁셩　다링디리
네 아내가 〈아즐가〉 네 아내가 바람난지 몰라서
　　위 두어렁셩　두어렁셩　다링디리
가는 배에 〈아즐가〉 가는 배에 얹었는가? 사공아.
　　위 두어렁셩　두어렁셩　다링디리

---

大<sub>대</sub>同<sub>동</sub>江<sub>강</sub> 아즐가 大<sub>대</sub>同<sub>동</sub>江<sub>강</sub> 건너편[34] 고즐여[35]
　　위　두어렁셩　두어렁셩　다링디리
빅 타[36] 들면[37] 아즐가 빅 타 들면 것고리이다[38] 나는
　　위　두어렁셩　두어렁셩　다링디리

---

大同江(대동강) 〈아즐가〉 大同江(대동강)의 건너편(에 있는) 꽃을요
　　위 두어렁셩　두어렁셩　다링디리
(그 꽃이) 배에 타서 들면 〈아즐가〉 배에 타서 들면 (내가 그 꽃을) 꺾겠습니다. 〈나난〉
　　위 두어렁셩　두어렁셩　다링디리

---

34) 건너편 : [건너편 : 건너(건너다, 渡)- + -ㄴ(관전) + 편(편, 쪽, 便 : 의명)]
35) 고즐여 : 곶(꽃, 花) + -을(목조) + -여(보조사, 영탄) ※ 여기서 '꽃'은 여인을 상징적으로 표
　　현한 말이다. '고즐여'는 서술어인 '것고리이다'에 대해서 목적어로 기능한다.
36) 타 : ㅌ(← 틋다 : 타다, 乘)- + -아(연어)
37) 들면 : 들(들다, 入)- + -면(연어, 조건)
38) 것고리이다 : 젗(꺾다, 折)- + -오(화자)- + -리(미시)- + -이(상높, 아높)- + -다(평종)

# 思母曲*

호미도<sup>1)</sup> 눌히언마   <sup>2)</sup>

낟<sup>3)</sup>   티<sup>4)</sup> 들 리도<sup>5)</sup> 업스니이다<sup>6)</sup>

아바님도<sup>7)</sup> 어이어신마   <sup>8)</sup>

위 덩더둥셩

어마님   티 괴시리<sup>9)</sup> 업세라<sup>10)</sup>

아소<sup>11)</sup> 님하<sup>12)</sup> 어마님   티 괴시리 업세라

호미도 날이건마는

낫같이 들 리도 없습니다.

아버님도 어버이시건마는

위 덩더둥셩

어머님같이 사랑하실 이가 없어라.

마소서, 임이시여. 어머님같이 사랑하실 이가 없어라.

---

* **思母曲(사모곡)** : 어머니의 사랑이 아버지보다 더 크고 지극함을 낫(= 어머님의 사랑)과 호미(
= 아버지의 사랑)에 비유하여 읊은 노래이다. 육구체(六句體) 단련(單聯)으로 되어 있다. 『악
장가사』, 『시용향악보』, 『안상금보』(安瑺琴譜)' 등에 실려 전해진다. 이 노래를 백제 시대의
'목주가(木州歌)'로 추정하기도 한다.

1) 호미도 : 호미(호미, 鋤) + -도(보조사, 마찬가지)

2) 눌히언마   : 눌ㅎ(날, 刃) + -이(서조)- + -언마   (← -건마   : -건마는, 연어, 대조)

3) 낟 : 낫, 鎌.

4)   티 : [같이, 如(부사) : 곹(같다, 如 : 형사)- + -이(부접)]

5) 들리도 : 들(들다)- + -ㄹ(관전) # 리(의명 : 까닭, 이유) + -도(보조사, 강조) ※ '들다'는 연장
의 날(刃)이 날카로워서 물건이 잘 베어지는 것이다

6) 업스니이다 : 없(없다, 無)- + -Ø(현시)- + -으니(원칙)- + -이(상높, 아높)- + -다(평종)

7) 아바님도 : [아버님, 父親 : 아바(← 아비 : 아버지, 父) + -님(높접)] + -도(보조사, 마찬가지)

8) 어이어신마   : 어이(어버이, 父母) + -Ø(← -이- : 서조)- + -시(주높)- + -어…ㄴ마
(← -건마   : -건마는, 연어, 대조)

9) 괴시리 : 괴(사랑하다, 愛)- + -시(주높)- + -ㄹ(관전) # 이(이, 사람 : 의명) + -Ø(← -이 : 주조)

10) 업세라 : 없(없다, 無)- + -Ø(현시)- + -에(감동)- + -라(← -다 : 평종)

11) 아소 : 아서, 아서라, 마오(감사)

12) 님하 : 님(임, 主) + -하(호조, 아높)

# 雙花店*

雙<sub>썅</sub>花<sub>화</sub>店<sub>뎜</sub><sup>1)</sup>에  雙<sub>썅</sub>花<sub>화</sub> 사라 가고신던<sup>2)</sup>

回<sub>휘</sub>回<sub>휘</sub>아비<sup>3)</sup> 내 손모글 주여이다<sup>4)</sup>

이 말숨이 이 店<sub>뎜</sub> 밧긔<sup>5)</sup> 나명 들명<sup>6)</sup>

　다로러거디러<sup>7)</sup>

죠고맛감<sup>8)</sup> 삿기<sup>9)</sup> 광대 네<sup>10)</sup> 마리라<sup>11)</sup> 호리라<sup>12)</sup>

　더러둥셩다리러디러다리러디러다로러거디러다로러

---

* 雙花店(쌍화점) : 고려 충렬왕(忠烈王, 재위 기간 : 1274년~1308년) 때에 오잠(吳潛), 김원상 (金元祥), 석천보(石天輔), 석천경(石天卿) 등이 지은 노래라고 알려져 있다. 처음에는 작자, 연대 미상으로 알려졌으나, 『고려사』(高麗史)의 '악지(樂志)'에 한역(漢譯)되어 실려 있는 '삼장(三藏)'이라는 노래의 내용이 '쌍화점(雙花店)'의 제2연과 똑같아서 그 창작 연대가 밝혀졌다. 4연으로 된 이 노래는 당시의 퇴폐적인 성윤리(性倫理)가 잘 나타나 있다. 조선 성종 (成宗) 때에는 이 노래가 남녀상열지사(男女相悅之詞)나 음사(淫辭)라 하여 비판을 받았다.

1) 雙花店 : 쌍화점, '쌍화(雙花)'란 '상화(霜花)'의 음역으로서 '만두'라는 뜻이므로, 쌍화점은 만두를 만들어 파는 가게이다.

2) 가고신던 : 가(가다, 去)- + -고(연어) + 시(← 이시다 : 있다, 보용, 동작의 지속)- + -ㄴ던(- 는데, -니 : 연어, 반응) ※ '-고 + 시-'는 연결 어미 '-고'에 보조 용언인 '이시다'의 어간 '이시-'가 축약된 형태인데, '-고시-'는 '동작의 지속'의 뜻을 나타낸다.

3) 回回아비 : 回回아비[회회아비 : 회회(回回) + 아비(남자, 아버지)] + -Ø(← -이 : 주조) ※ 여기에 쓰인 '아비'는 남자를 나타내는 명사이다. '回回아비'는 '서역인, 色目人 늙은이, 북방인' 등으로 추정한다. 여기서는 문맥 그대로 '回回아비'로 옮기기로 한다.

4) 주여이다 : 주이(← 쥐다 : 쥐다, 執)- + -어(확인)- + -Ø(과시)- + -이(상높, 아높)- + -다 (평종)

5) 밧긔 : 밖(밖, 外) + -의(-에 : 부조, 위치)

6) 나명 들명 : 나(나다, 出)- + -명(-며 : 연어, 나열) # 들(들다, 入)- + -명(-며 : 연어, 동작의 반복) ※ '-명'의 의미와 형태가 확실하지 않다. 형태상으로 보면 '-명'은 '-며'와 가까운데, 여기서는 '-명'을 '동작을 역방향으로 전환함'을 나타내는 연결 어미로 처리한다.

7) 다로러거디러 : 조흥구.

8) 죠고맛감 : 죠고맛감[← 죠고맛간(조그마한, 小 : 관사) : 쟉(← 젹다, 少)- + -오마(명접) + - ㅅ(관조, 사잇) + -감(?)] ※ '죠고맛감'은 이 노래의 제2연에서는 '죠고맛간'으로 표기되어 있다. 그리고 '감(간)'의 형태와 의미를 알 수 없다.

9) 삿기 : 새끼, 子(명사)

10) 네 : 너(너, 汝 : 인대, 2인칭) + -ㅣ (-의 : 관조)

11) 마리라 : 말(말, 言) + -이(서조)- + -Ø(현시)- + -라(← -다 : 평종)

12) 호리라 : ㅎ(← ㅎ다 : 하다, 曰)- + -오(화자)- + -리(미시)- + -라(← -다 : 평종)

긔[13] 자리예 나도 자라[14] 가리라[15]

　위위다로러거디러다로러

긔 잔 딕 ᄀ티[16] 덦거츠니[17] 업다[18]

---

雙花店(쌍화점)에 雙花(쌍화) 사러 가고 있는데
回回(회회) 아비가 내 손목을 쥐었습니다.
이 말이 이 店(점) 밖에 나며 들며.
　다로러거디러
조그마한 새끼 광대(廣大) 네 말이라 하리라.
　더러둥셩다리러디러다리러디러다로러거디러다로러
거기(의) 자리에 나도 자러 가리라.
　위위다로러거디러다로러
거기(의) 잔 데같이 덩거친 것이 없다.

---

三삼藏장寺ㅅ애 블 혀라[19] 가고신딘
그 뎔[20] 社샤主쥬ㅣ[21] 내 손모글 주여이다
이 말숨이 이 뎔 밧긔 나명 들명
　다로러거디러
죠고맛간 삿기 上座ㅣ[22] 네 마리라 호리라

---

13) 긔 : 그(거기, 彼 : 지대, 정칭) + ㅣ(의 : 관조)
14) 자라 : 자(자다, 寢) + 라(러 : 연어, 목적)
15) 가리라 : 가(가다, 去) + ∅(←오 : 화자) + 리(미시) + 라(←나 : 평종)
16) ᄀ티 : [같이, 如(부사) : ᄀ(같다, 如) + 이(부접)]
17) 덦거츠니 : 덦거츠(← 덦거츨다 : 덩거칠다) + ∅(현시) + ㄴ(관전) # 이(것 : 의명) + ∅
(←이 : 주조) ※ '덦거츨다'는 '풀이나 나무의 덩굴이 뒤엉켜 거친 것이다'
18) 업다 : 업(← 없다 : 없다, 無) + ∅(현시) + 다(평종)
19) 혀라 : 혀(켜다, 點火) + 라(러 : 연어, 목적)
20) 뎔 : 절, 寺.
21) 社主ㅣ : 社主(사주, 절의 주지, 寺主) + ㅣ(←이 : 주조) ※ 고려시대의 '社'는 '寺'보다 등급이 낮은 절이었다.
22) 上座ㅣ : 上座(상좌) + ㅣ(의 : 관조) ※ '上座(상좌)'는 한 사찰 안에서 덕(德)이 제일 높은 스님을 말한다. 여기서는 문맥상 '上佐(상좌)'를 이르는 것 같은데, '上佐(상좌)'는 승려가 되

더러둥셩다리러디러다리러디러다로러거디러다로러

그 자리예 나도 자라 가리라

　워워다로러거디러다로러

그 잔 듸 ᄀ티 덦거츠니 업다

三藏寺(삼장사)에 불을 켜러 가고 있는데

그 절의 寺主(사주)가 내 손목을 쥐었습니다.

이 말이 이 절의 밖에 나며 들며.

　다로러거디러

조그마한 새끼 上座(상좌)의 네 말이라 하리라.

　더러둥셩다리러디러다리러디러다로러거디러다로러

거기(의) 자리에 나도 자러 가리라.

　워워다로러거디러다로러

거기(의) 잔 데같이 덩거친 것이 없다.

드레[23] 우므레[24] 므를 길라[25] 가고신딘

우믓[26] 龍룡이 내 손모글 주여이다

이 말ᄉ미 이 우믈 밧긔 나명 들명

　다로러거디러

죠고맛간 드레바가[27] 네 마리라 호리라

　더러둥셩다리러디러다리러디러다로러거디러다로러

---

기 위하여 출가한 사람으로서 아직 계를 받지 못한 사람을 이른다. 혹은 문맥상 절의 큰 스
님을 모시는 제자 스님을 이른다.

23) 드레 : 두레, 罐. ※ '드레(罐)'는 논에 물을 퍼붓기 위하여 나무로 만든 기구이다. 단단한 판
자로 밑바닥은 좁고 위는 넓게 하여 두서너 말 들도록 만들고, 네 귀에 줄을 달거나 장대에
매단 모양이다. 낮은 곳에 있는 물을 높은 곳의 논으로 퍼 올리는 데 쓴다.

24) 우므레 : 우믈[우물, 井 : 움(움, 穴) + 믈(물, 水)] + -에(부조, 위치)

25) 길라 : 길(← 긷다, ᄃ불 : 긷다, 汲)- + -라(← -으라 : -러, 연어, 목적)

26) 우믓 : 우므[← 우믈(우물, 井) : 움(움, 穴) + 믈(물, 水)] + -ㅅ(-의 : 관조)

27) 드레바가 : 드레박[두레박 : 드레(두레) + 박(박)] + -아(호조, 낮춤) ※ '드레박'은 줄을 길게
달아 우물물을 퍼 올리는 데 쓰는 도구이다. 바가지나 판자 또는 양철 따위로 만든다.

긔 자리예 나도 자라 가리라

  워워다로러거디러다로러

긔 잔 딕 フ티 덦거츠니 업다

두레 우물에 물을 길러 가고 있는데
우물의 龍(용)이 내 손목을 쥐었습니다.
이 말이 이 우물 밖에 나고 들면
다로러거디러
조그마한 두레박아, 네 말이라 하리라.
더러둥셩다리러디러다리러디러다로러거디러다로러
거기(의) 자리에 나도 자러 가리라.
워워다로러거디러다로러
거기(의) 잔 데같이 덩거친 것이 없다.

술 폴 지븨 수를 사라 가고신딘

그 짓²⁸⁾ 아비²⁹⁾ 내 손모글 주여이다

이 말스미 이 店뎜 밧긔³⁰⁾ 나명 들명

  다로러거디러

죠고맛간 싀구비가³¹⁾ 네 마리라 호리라

  더러둥셩다리러디러다리러디러다로러거디러다로러

긔 자리예 나도 자라 가리라

  워워다로러거디러다로러

---

28) 짓 : 지(←집 : 집, 家) + -ㅅ(-의 : 관조) ※ '짓'은 '집'의 /ㅂ/이 관형격 조사인 '-ㅅ' 앞에서 불규칙하게 탈락한 형태이다.
29) 아비 : 아비(아버지, 주인 남자, 父) + -∅(←-이 : 주조) ※ 여기서 '아비'는 술집의 남자 주인으로 추정한다.
30) 밧긔 : 밧ㄱ(←밝 : 밖, 外) + -의(-에 : 부조, 위치) ※ '밧긔'는 '밧긔'의 'ㅅ'을 'ㅅㅅ'으로 거듭 적은 형태이다.
31) 싀구비가 : 싀구빅(?) + -아(호조, 낮춤) ※ '싀구빅'의 의미와 형태가 미상이다. 문맥상 '술을 푸는 바가지'나 '술을 거르는 체' 등으로 해석할 수 있다.

그 잔 딕 ㄱ티 덦거츠니 업다

술을 팔 집에 술을 사러 가는데,
그 집의 아비가 내 손목을 쥐었습니다.
이 말이 이 집 밖에 나고 들면,
다로러거디러
조그마한 싀구박(술바가지?)아, 네 말이라 하리라.
더러둥셩다리러디러다리러디러다로러거디러다로러
거기(의) 자리에 나도 자러 가리라.
위워다로러거디러다로러
거기(의) 잔 데같이 덩거친 것이 없다.

# 滿殿春 別詞*

어름 우희[1] 댓닙[2] 자리 보와[3] 님과 나와 어러 주글만뎡[4]

어름 우희 댓닙 자리 보와 님과 나와 어러 주글만뎡

情정 둔 오놄범[5] 더듸[6] 새오시라[7] 더듸 새오시라

얼음 위에 댓잎 자리 보아, 임과 내가 얼어 죽을망정

얼음 위에 댓잎 자리 보아, 임과 내가 얼어 죽을망정

情(정)을 둔 오늘밤 더디 새고 있어라. 더디 새고 있어라

耿경耿경[8] 孤고枕침上샹[9]애 어느[10] 즈미 오리오

西셔窓창을 여러 ᄒ니[11] 桃도花화ㅣ[12] 發발ᄒ두다[13]

桃도花화ᄂ 시름[14] 업서

---

* 滿殿春 別詞(만전춘 별사) : 『악장가사』와 『시용향악보』에 수록되는 고려 가요이다. 5연으로 된 이 노래는 남녀간의 사랑을 대담하고 솔직하게 읊고 있다. 조선 성종 때는 이 노래의 내 용이 음란하다 하여 유학자들 사이에서 말썽을 빚기도 하였다. '만전춘별사(滿殿春別詞)'에 서 '별사(別詞)'는 조선 시대에 윤회(尹准)가 지은 '만전춘'과 구별하기 위하여 붙인 듯하다.

1) 우희 : 우ᄒ(위, 上) + -의(-에 : 부조, 위치)

2) 댓닙 : [댓잎, 竹葉 : 대(대나무, 竹) + -ㅅ(관조, 사잇) + 닙(← 닢 : 입, 葉)]

3) 보와 : 보(보다, 마련하다, 備)- + -오(화자) + -아(연어)

4) 주글만뎡 : 죽(죽다, 死)- + -을만뎡(-을망정 : 연어, 양보)

5) 오놄범 : [오늘밤, 今夜 : 오늘(오늘, 今日) + -ㅅ(관조, 사잇) + 범(← 밤 : 밤, 夜)] ※ '오놄범' 은 '오놄밤'을 오각한 형태이다.

6) 더듸 : [더디, 더디게, 遲(부사) : 더듸(더디다, 늦다, 遲 : 형사)- + -Ø(부접)]

7) 새오시라 : 새(새다, 밝아지다, 明)- + -오(← -고 : 연어) + 시(← 이시다 : 있다, 보용, 동작의 지속)- + -라(명종) ※ '새오시라'는 '새고 이시라'가 축약된 형태이다.

8) 耿耿 : 경경. 마음에서 사라지지 않고 염려가 되는 것이다. ※ 여기서는 걱정이 되어서 잠을 못 이루고 뒤척이는 모양을 표현하였다.

9) 孤枕上 : 고침상. 외로운 침상이다.

10) 어느 : 어찌, 何(부사, 지시, 미지칭).

11) 여러 ᄒ니 : 열(열다, 開)- + -어(연어) # ᄒ(하다)- + -니(연어, 설명 계속)

12) 桃花 : 도화. 복사꽃이다.

13) 發ᄒ두다 : 發ᄒ[피다 : 發(발 : 불어) + -ᄒ(동접)-]- + -Ø(과시)- + -두(← -도- : 감동)- + -다(평종) ※ '發ᄒ두다'는 '發ᄒ도다'를 오각한 형태이다.

笑<sub>쇼</sub>春<sub>츈</sub>風<sub>풍</sub>ᄒᄂ다<sup>15)</sup>　笑<sub>쇼</sub>春<sub>츈</sub>風<sub>풍</sub>ᄒᄂ다

뒤척뒤척 외로운 枕上(침상)에 어찌 잠이 오리요.
서쪽 창을 여니 桃花(도화)가 發(발)하였도다.
桃花(도화)는 시름 없어
笑春風한다. 笑春風한다.

넉시라도<sup>16)</sup>　님을<sup>17)</sup>　ᄒᆞᆫᄃᆡ<sup>18)</sup>　녀닛　景<sub>경</sub><sup>19)</sup>　너기다니<sup>20)</sup>

넉시라도　님을　ᄒᆞᆫᄃᆡ　녀닛　景<sub>경</sub>　너기다니

벼기더시니<sup>21)</sup>　뉘러시니잇가<sup>22)</sup>　뉘러시니잇가

넋이라도 임과 함께 돌아다닌 景(경, 풍경)을 생각하더니,
넋이라도 임과 함께 돌아다닌 景(경, 풍경)을 생각하더니,
(그렇게) 다짐하시던 이가 누구시더이까? 누구시더이까?

---

14) 시럼 : 시럼(← 시름 : 시름, 근심, 愁)

15) 笑春風ᄒᄂ다 : 笑春風ᄒ[소춘풍하다 : 笑春風(소춘풍 : 명사) + -ᄒ(동접)-]- + -ᄂ(현시)- + -다(평종) ※ '笑春風(소춘풍)'은 봄바람에 웃는 것이다.

16) 넉시라도 : 넋(넋, 魂) + -이라도(보조사, 양보) ※ '넉시라도'는 서술어인 '너기다니'에 대하여 주어로 쓰였다.

17) 님을 : 님(임, 主) + -을(-과 : 목조, 보조사적 용법, 의미상 부사격) ※ '-을'은 '강조'의 뜻을 나타내는 보조사적인 용법으로 쓰였으므로 여기서 '님을'은 '님과'로 풀이한다.

18) ᄒᆞᆫᄃᆡ : [함께, 한데(부사) : ᄒᆞᆫ(한, 一 : 관사, 양수) + ᄃᆡ(데, 處 : 의명)]

19) 녀 닛 景 : 녀(다니다, 行)- + -어(연어) # 니(지내다, 行 : 지속의 의미)-]- + -ㅅ(-의 : 관조) # 景(경, 경치) ※ '녀니다'는 '녀(다니다)- + -어 # 니(다니다) + -다'로 분석되는데, '돌아다니다'의 뜻으로 옮긴다. '녀 닛'에서 관형격 조사인 '-ㅅ'은 관형사형 어미인 '-은'처럼 기능한다. '景'은 경치(모습)이므로, '녀 닛 景'은 '돌아다니는 경치(모습)'로 옮길 수 있다.

20) 너기다니 : 너기(여기다, 그리다, 念)- + -다(← -더- : 회상)- + -Ø(← -오- : 화자)- + -니(연어, 설명 계속)

21) 벼기더시니 : 벼기(다짐하다, 우기다, 고집하다)- + -더(회상)- + -시(주높)- + -ㄴ(관전) # 이(의명) + -Ø(← -이 : 주조) ※ 여기서는 '벼기다'를 '다짐하다'로 옮기는데, 이러한 해석의 근거는 이 책 163쪽의 각주 14)에 제시된 '정과정곡'에 대한 해설과 최철·박재민(2003 : 264)을 참조.

22) 뉘러시니잇가 : 누(누구, 誰 : 인대, 미지칭) + -ㅣ(← -이- : 서조)- + -러(← -더- : 회상)- + -시(주높)- + -잇(← -이- : 상높, 아높)- + -니…가(-니까 : 의종, 판정) ※ '뉘러시니잇가'에 의문 대명사 '누'가 실현되었기 때문에 '뉘러시니잇고'로 실현되는 것이 일반적이다. 그러나 이 문장은 원망을 나타내는 수사 의문문으로 쓰였기 때문에 '뉘러시니잇<u>가</u>'로 실현되었다.

올하²³⁾ 올하 아련²⁴⁾ 비올하²⁵⁾

여흘란²⁶⁾ 어듸 두고 소해²⁷⁾ 자라 온다²⁸⁾

소콧²⁹⁾ 얼면 여흘도 됴ㅎ니³⁰⁾ 여흘도 됴ㅎ니

오리야 오리야, 어린(?) 비오리야.

여울은 어디 두고 소(沼)에 자러 왔는가?

소만 얼면 여울도 좋으니. 여울도 좋으니.

南남山산애 자리 보와 玉옥山산³¹⁾을 벼혀³²⁾ 누어

錦금繡슈山산 니블 안해 麝샤香향³³⁾ 각시³⁴⁾를 아나 누어

南남山산애 자리 보와 玉옥山산을 벼혀 누어

錦금繡슈山산 니블 안해 麝샤香향 각시를 아나 누어

藥약 든 가슴을³⁵⁾ 맛초읍사이다³⁶⁾ 맛초읍사이다

---

23) 올하 : 올ㅎ(← 올히 : 오리, 鴨) + -아(호조, 낮춤)

24) 아련 : 형태와 의미가 모두 미상이다. 양주동은 '어린'으로, 박병채는 '연약한'으로 해석하였다.

25) 비올하 : 비올ㅎ(← 빗올히 : 비오리) + -아(호조, 낮춤) ※ '비올ㅎ'은 오릿과의 물새로서 주로 연못에서 산다.

26) 여흘란 : 여흘(여울, 川) + -란(-은 : 보조사, 대조) ※ '여흘'은 강이나 바다의 바닥이 얕거나 폭이 좁아 물살이 세게 흐르는 곳이다.

27) 소해 : 소ㅎ(소, 늪, 沼) + -애(-에 : 부조, 위치) ※ '소ㅎ'는 호수보다 물이 얕고 진흙이 많으며 침수(沈水) 식물이 무성한 곳이다.

28) 온다 : 오(오다, 來)- + -Ø(과시)- + -ㄴ다(-는가 : 의종, 2인칭)

29) 소콧 : 소ㅎ(소, 潭, 淵) + -곳(보조사, 한정 강조)

30) 됴ㅎ니 : 둏(좋다, 好)- + -Ø(현시)- + -ᄋ니(평종, 반말)

31) 玉山 : 옥산. 미인의 아름다운 자태를 비유적으로 이르는 말이다.

32) 벼혀 : 벼히(← 베다 : 베다, 枕)- + -어(연어)

33) 麝香 : 사향. 사향노루의 사향샘을 건조하여 얻는 향료이다. 어두운 갈색 가루로 향기가 매우 강하다. 강심제, 각성제 따위의 약재로 쓴다.

34) 각시 : 각시, 젊은 여자. 姬. ※ '麝香 각시'는 '사향으로 만든 약이 들어 있는 도구'라는 뜻으로 쓰였다.

35) 가슴을 : 가슴(가슴, 胸) + -을(목조)

36) 맛초읍사이다 : 맛초[맛추다 : 맛ㅈ(← 맞다 : 맞다, 接, 자동)- + -호(사접)-]- + -읍(공손)- + -사이다(←-ㅅ이다 : 청종, 아높) ※ '-읍-'은 15세기에는 객체 높임의 선어말 어미인 '-ᅀᆞᆸ-'이었으나, 여기서는 객체 높임의 의미를 잃고 듣는 사람에게 공손하게 표현하는 '공손의

南山(남산)에 자리를 보아, 玉山(옥산)을 베어 누워

錦繡山(금수산)의 이불 안에 麝香(사향) 각시를 안아 누워

南山(남산)에 자리를 보아, 玉山(옥산)을 베어 누워

錦繡山(금수산)의 이불 안에 麝香(사향) 각시를 안아 누워

藥(약)이 든 가슴을 맞추십시다. 맞추십시다.

---

아소 님하 遠<sub>원</sub>代<sub>대</sub>平<sub>평</sub>生<sub>생</sub><sup>37)</sup>애 여힐<sup>38)</sup> 슬<sup>39)</sup> 모ᄅᆞᆸ새<sup>40)</sup>

---

마소서, 임이시여. 遠代平生(원대평생)에 이별할 줄 모르세.

---

선어말 어미'로 쓰였다.(허웅, 1989 : 300 참조.) '맞초ᅌᆞᆸ사이다'는 '마초ᅌᆞᆸ사이다'의 /ㅊ/을 'ㅅㅊ'으로 거듭 적은 형태이다.

37) 遠代平生 : 원대 평생. '遠代(원대)'는 '시간상으로 먼 시대'이며, '平生(평생)'은 '一生(일생)' 이다. 따라서 '원대 평생에'을 '평생토록'으로 옮긴다.

38) 여힐 : 여히(← 여희다 : 여의다, 別)-+-ㄹ(관전) ※ '여힐'은 '여흴'을 오각한 형태이다.

39) 슬 : 스(줄, 것 : 의명)+-ㄹ(←-를 : 목조)

40) 모ᄅᆞᆸ새 : 모ᄅᆞ(모르다, 不知)-+-ᅌᆞᆸ(공손)-+-새(-세 : 청종, 반말) ※ '-새'는 '-사-+-ㅣ'로 분석되는데, 이는 반말의 청유형 종결 어미이다.(허웅, 1989 : 178 참조.) 그리고 '-새'는 '사이다〉새이다〉새'의 변화 과정을 거쳐서 된 청유형 종결 어미이다.

# 가시리<sup>*</sup>

가시리<sup>1)</sup> 가시리잇고<sup>2)</sup> 나는<sup>3)</sup> ᄇ리고 가시리잇고 나는

위<sup>4)</sup> 증즐가<sup>5)</sup> 大<sub>대</sub>平<sub>평</sub>盛<sub>셩</sub>代<sub>딩</sub>

날러는<sup>6)</sup> 엇디 살라 ᄒ고 ᄇ리고 가시리잇고 나는

위 증즐가 大<sub>대</sub>平<sub>평</sub>盛<sub>셩</sub>代<sub>딩</sub>

잡ᄉ와<sup>7)</sup> 두어리마ᄂᆞᄂᆞᆫ<sup>8)</sup> 선ᄒ면<sup>9)</sup> 아니 올셰라<sup>10)</sup>

위 증즐가 大<sub>대</sub>平<sub>평</sub>盛<sub>셩</sub>代<sub>딩</sub>

셜온<sup>11)</sup> 님 보내ᄋᆞ노니<sup>12)</sup> 나는 가시는 듯<sup>13)</sup> 도셔<sup>14)</sup> 오쇼셔<sup>15)</sup> 나는

---

* **가시리** : 작자와 제작 연대가 미상인 고려가요로서 임을 떠나보내는 이별의 안타까움을 노래했다. 전체 4연으로 이루어져 있으며, 후렴구를 제외한 각 절은 2행으로 나뉘며 각 행은 대개 3음보의 운율을 유지하고 있다. 고려가요라는 확증은 없으나, 가풍(歌風)이나 시정(詩情)으로 보아 고려가요로 추정한다. 이별의 정한(情恨)을 노래한 서정시로, 가사가 애절하고 간결하여서 순박한 맛이 역대 이별가 중에서 으뜸으로 꼽힌다. 『악장가사』에는 전편이, 『시용향악보』에는 '귀호곡(歸乎曲)'이라 하여 1연만 수록되어 전한다.

1) 가시리 : ① 가(가다, 去)-＋-시(주높)-＋-리(미시)-＋-(잇고) ② 가(가다, 去)-＋-시(주높)-＋-리(의종, 반말) ※ '가시리'를 '가다'에 의문형 종결 어미의 반말인 '-리'가 붙은 것으로 볼 수도 있다. 그러나 그 뒤에 이어서 실현되는 '가시리잇고'의 형태를 감안하면 '-잇고'가 생략된 형태로 보는 것이 더 타당하다. 제2행의 '날러는'과 음수율을 맞추기 위하여 '-잇고'를 생략한 것으로 보인다.

2) 가시리잇고 : 가(가다, 去)-＋-시(주높)-＋-리(미시)-＋-잇(←-이-: 상높, 아높)-＋-고(-니까 : 의종, 설명) ※ 의문사가 실현되지 않았으므로 '가시리잇가'로 표현되는 것이 원칙이다. 이 시기에는 설명 의문문과 판정 의문문의 문법적 구분이 엄격하지 않았다.

3) 나는 : 조흥구(助興句)

4) 위 : 아(감탄사)

5) 증즐가 : 악기의 소리를 나타내는 의성어이다.

6) 날러는 : 날(←나 : 我, 인대, 1인칭)＋-러는(←-라는 : -는, 보조사, 주제)

7) 잡ᄉ와 : 잡(잡다, 붙잡다)-＋-ᄉ오(←-ᄉᆞᆸ-: 객높)-＋-아(연어) ※ '-ᄉᆞᆸ-'은 목적어인 '님'을 높였다.

8) 두어리마ᄂᆞᄂᆞᆫ : 두(두다 : 보용, 지속)-＋-어(확인)-＋-리(평종, 반말)＋-마ᄂᆞᄂᆞᆫ(←-마는 : -마는, 보조사, 대조)

9) 선ᄒ면 : 선ᄒ(←서어ᄒ다 : 마땅하지 않다, 서운하다)-＋-면(연어, 조건)

10) 올셰라 : 오(오다, 來)-＋-ㄹ셰라(-ㄹ세라 : 평종, 경계)

11) 셜온 : 셜오(←셟다, ㅂ불 : 셟다, 哀)-＋-Ø(현시)-＋-ㄴ(←-은 : 관전)

12) 보내ᄋᆞ노니 : 보내(보내다, 遣)-＋-ᄋᆞ(객높)-＋-ㄴ(←-ᄂᆞ-: 현시)-＋-오(화자)-＋-니(연어, 설명 계속)

위 증즐가 大<sub>대</sub>平<sub>평</sub>盛<sub>셩</sub>代<sub>딩</sub>

가시렵니까? 가시렵니까? 〈나난〉 버리고 가시렵니까? 〈나난〉

　　위 증즐가 大平盛代(대평성대)

나는 어찌 살라 하고 버리고 가시렵니까? 〈나난〉

　　위 증즐가 大平盛代(대평성대)

붙잡아 두리마는 (임이) 서운하면 아니 올세라.

　　위 증즐가 大平盛代(대평성대)

서러운 임을 보내오니 〈나난〉 가시는 듯이 돌아서서 오소서. 〈나난〉

　　위 증즐가 大平盛代(대평성대)

---

13) 가시는 듯 : 가(가다, 去)- + -시(주높)- + -ᄂ(현시)- + -ㄴ(관전) # 듯(듯 : 의명, 흡사)
14) 도셔 : 도셔[돌아서다 : 도(← 돌다 : 回)- + 셔(서다, 立)-]- + -어(연어)
15) 오쇼셔 : 오(오다, 來)- + -쇼셔(-소셔 : 명종, 아높)

# 新 都 歌 *

> 네는[1] 楊洲ㅣ[2] 스올히여[3] 디위예[4] 新都形勝이샷다[5]
>
> 開國聖王[6]이 聖代[7]를 니르어샷다[8]
>
> 잣다온뎌[9] 當今景[10] 잣다온더[11]
>
> 聖壽萬年ᄒ샤[12] 萬民의 咸樂[13]이샷다
>
> 아으 다롱다리
>
> 알픈[14] 漢江水여[15] 뒤흔[16] 三角山이여[17]

---

* **新都歌(신도가)** : 조선 초기에 정도전(鄭道傳)이 지은 송도가(頌禱歌)이다. 노래의 가사는 『악장가사』에 실려서 전하고 있는데, 새 도읍지인 한양(漢陽)의 형세를 찬양하고 국운의 번성과 임금의 덕을 칭송한 내용이다. 창작 연대는 확실하지 않으나 대략 개경에서 한양으로 천도한 태조 2년(1393)에서 태조 3년 사이에 지은 작품으로 추정한다.

1) 네는 : 네(옛날, 昔) + -는(보조사, 주제)

2) 楊洲ㅣ : 楊洲(양주) + -ㅣ(-의 : 관조)

3) 스올히여 : 스올ㅎ(← ᄀ올ㅎ : 고을, 村) + -이(서조)- + -여(← -어 : 연어, 설명 계속) ※ '스올ㅎ'은 'ᄀ올ㅎ'의 오기이다. 혹은 '-ㅅ'을 관형격 조사로 보아서 관형격 조사 '-ㅣ'와 '-ㅅ'이 거듭 표현된 형태인 것으로도 볼 수 있다.

4) 디위예 : 디위(자리, 지위, 경계) + -예(← -에 : 부조, 위치)

5) 新都形勝이샷다 : 新都形勝(신도형승 : 명사구) + -이(서조)- + -샤(← -시- : 주높)- + -Ø(현시)- + -ㅅ(← -옷- : 감동)- + -다(평종) ※ '新都形勝(신도형승)'은 '새로운 도시가 지세나 풍경이 뛰어남'의 뜻이다.

6) 開國聖王 : 개국 성왕. 개국 성왕인 태조 이성계(李成桂)이다.

7) 聖代 : 성대. 어진 임금이 다스리는 세상이다.

8) 니르어샷다 : 니르[일으키다, 起 : 닐(일어나다, 起 : 자동)- + -으(사접)-]- + -어(확인)- + -샤(← -시- : 주높)- + -Ø(과시)- + -ㅅ(← -옷- : 감동)- + -다(평종)

9) 잣다온뎌 : 잣다오[← 잣답다(성답다, ㅂ불) : 잣(성, 城)ㅣ -답(형집)-]- + -Ø(현시)- + -ㄴ뎌(← -은뎌 : -구나 : 감종)

10) 當今景 : 당금경. 지금의 경치. ※ 當今景[당금경 : 當今(당금, 지금) + -ㅅ(관조) + 景(경, 경치)]으로 분석된다.

11) 잣다온더 : '잣다온더'는 '잣다온뎌'의 오기이다.

12) 聖壽萬年ᄒ샤 : 聖壽萬年ᄒ[성수만년하다 : 聖壽萬年(성수만년 : 명사구) + -ᄒ(형접)-]- + -샤(← -시- : 주높)- + -Ø(← -아 : 연어) ※ '聖壽萬年(성수만년)'은 '임금의 나이 또는 임금의 수명이 영원하다'라는 뜻으로 쓰였다.

13) 咸樂 : 함락. 모든 사람의 즐거움이나, 온 백성이 함께 하는 즐거움을 이른다.

14) 알픈 : 앒(앞, 前) + -은(보조사, 대조)

15) 漢江水여 : 漢江水(한강수 : 한강물) + -Ø(← -이- : 서조)- + -여(← -어 : 연어, 설명 계속)

德<sub>덕</sub>重<sub>듕</sub>ᄒ신<sup>18)</sup>  江<sub>강</sub>山<sub>산</sub>  즈으메<sup>19)</sup>  萬<sub>만</sub>歲<sub>셰</sub><sup>20)</sup>를  누리쇼셔<sup>21)</sup>

옛날은 楊洲(양주) 고을인데, (이) 자리에 新都形勝(신도 형승)이시구나.

開國聖王(개국 성왕)이 聖代(성대)를 일으키셨구나.

도성(都城)답구나. 當今景(당금경), 도성(都城)답구나.

聖壽萬年(성수 만년)하시어 萬民(만민)의 咸樂(함락)이시구나.

아으 다롱다리

앞은 漢江水(한강수)여, 뒤는 三角山(삼각산)이여.

德重(덕중)하신 (이) 江山(강산) 즈음에서 萬歲(만세)를 누리소서.

---

16) 뒤혼 : 뒤ㅎ(뒤, 後) + -은(보조사, 대조)

17) 三角山이여 : 三角山(삼각산) + -이(서조)- + -여(← -어 : 연어, 설명 계속)

18) 德重ᄒ신 : 德重ᄒ[덕중하다, 덕이 많다 : 德重(덕중 : 불어) + -ᄒ(형접)-]- + -시(주높)- + -∅(현시)- + -ㄴ(관전)

19) 즈으메 : 즈음(즈음, 사이, 틈, 間) + -에(부조, 위치)

20) 萬歲 : 만세. 영원한 생명 또는 영원한 번영이다.

21) 누리쇼셔 : 누리(누리다, 享)- + -쇼셔(-소서 : 명종, 아높)

# 翰林別曲 *

## 高宗時諸儒所作 **

元원淳슌文문1)　仁인老노詩시2)　公공老노四ᄉ六륙3)

李니正졍言언4)　陳딘翰한林림5)　雙솽韻운走주筆필6)

沖튱基긔對딕策ᄎᆡᆨ7)　光광鈞균經경義의8)　良량鏡경詩시賦부9)

위10)　試시場댱ᄉ　景경11)　긔12)　엇더ᄒ니잇고13)

---

* 翰林別曲(한림별곡) : 고려 고종(高宗 : 1192~1259) 때 한림학사(翰林學士)들이 합작한 경기체가(景幾體歌)의 시초 작품이다. 당시 무관들이 정권을 잡자, 벼슬 자리에서 물러난 문인들이 풍류적이며 향락적인 생활 감정을 현실 도피적으로 읊은 노래이다. 모두 8장(章)으로 이루어졌으며, '시부(詩賦), 서적(書籍), 명필(名筆), 명주(名酒), 화훼(花卉), 음악(音樂), 누각(樓閣), 추천(鞦韆)'의 순서로 읊어서 당시 한림의 생활상을 묘사하였다. 여기서 '한림(翰林)'은 유학자의 모임을 뜻한다. 여기서는 전체 8장 가운데 제1장과 제8장을 싣는다.

** 高宗時 諸儒所作 : 고종시 제유소작. 고종 때에 여러 유생들이 지은 작품이다.

1) 元淳文 : 원순 문. 유원순(兪元淳)의 문장이다. ※ 유원순은 경서(經書)와 사기(事記)에 조예가 깊고 문장에 뛰어 났다고 한다.

2) 仁老詩 : 인로 시. 이인로(李仁老)의 시이다. ※ 이인로의 저서로는 파한집(破閑集)이 있다.

3) 公老四六 : 공로 사륙. 이공로(李公老)의 사륙변려문(四六騈儷文)이다. ※ 이공로는 국자감의 대사성(大司成)을 지냈다. 사륙변려문은 4자 혹은 6자의 대구로 된 시문 형식의 하나이다.

4) 李正言 : 이 정언. 정언(正言)의 벼슬을 한 이규보(李奎報)이다. ※ 이규보는 동국이상국집(東國李相國集), 백운소설(白雲小說) 등의 작품을 남겼다.

5) 陳翰林 : 진 한림. 한림인 진화(陳華)를 이르는 말로, 진화는 시문에 능했다고 한다.

6) 雙韻走筆 : 쌍운주필. '쌍운(雙韻)'은 쌍성첩운(雙聲疊韻)으로서, 두 자씩으로 된 글귀의 운(韻)이 다 같은 것이다. '주필(走筆)'은 흘림 글씨로 빨리 쓰는 것이다. 따라서 '쌍운주필'은 쌍운으로 운자를 내어 빨리 시를 지어 갈겨 쓰는 일이다.

7) 沖基對策 : 충기 대책. 유충기(劉沖基)의 대책문(對策文)이다. ※ 유충기는 고려 고종 때 벼슬이 국자감 대사성에 이르렀다. 그리고 '대책문'은 높은 사람의 물음에 대답하는 글을 이른다.

8) 光鈞經義 : 광균 경의. 민광균(閔光鈞)의 경전 해석이다. ※ 민광균은 고려 고종 때 경서를 해독하는 일에 뛰어났던 사람이다.

9) 良鏡詩賦 : 양경 시부. 김양경(金良鏡)의 시부(詩賦)이다. ※ 김양경은 고종 때 중서시랑평장사를 지낸 사람이다. 시부(詩賦)는 시(詩)와 부(賦)로서, 모두 한시의 체(體)이다.

10) 위 : 아(감탄사)

11) 試場ᄉ 景 : 試場(시장, 시험장) + -ᄉ(-의 : 관조) # 景(경, 풍경)

12) 긔 : 그(그것, 彼 : 지대, 정칭) + -ㅣ(←-이 : 주조)

13) 엇더ᄒ니잇고 : 엇더ᄒ[어떠하다 : 엇더(어찌 : 불어,　부사) + -ᄒ(형접)-]- + -잇(←-이- : 상높, 아높)- + -니…고(-니까 : 의종, 설명)

琴금學흑士ᄉ<sup>14)</sup>의  玉옥笋슌門문生싱<sup>15)</sup>

琴금學흑士ᄉ의  玉옥笋슌門문生싱

위  날조차<sup>16)</sup>  몃  부니잇고<sup>17)</sup>　　　　　　　　　[제1장]

유원순(兪元淳)의 문장, 이인로(李仁老)의 시, 이공로(李公老)의 사륙변려문(四六騈儷文).

이규보(李奎報)와 진화(陳澕)의 雙韻走筆(쌍운 주필).

유충기(劉沖基)의 대책문(對策文), 민광균(閔光鈞)의 경서(經書) 해설, 김양경(金良鏡)의 시(詩)와 부(賦).

아, 시험장의 광경, 그것이 어떠합니까?

금의(琴儀) 학사(學士)의 玉笋門生(옥순 문생).

금의(琴儀) 학사(學士)의 玉笋門生(옥순 문생).

아, 나를 따라서 몇 분입니까?

唐당唐당唐당<sup>18)</sup>  唐당楸츄子ᄌ<sup>19)</sup>  皂조莢협<sup>20)</sup>  남긔<sup>21)</sup>

紅홍실로<sup>22)</sup>  紅홍글위<sup>23)</sup>  미오이다<sup>24)</sup>

혀고시라<sup>25)</sup>  밀오시라<sup>26)</sup>  鄭뎡少쇼年년하<sup>27)</sup>

---

14) 琴學士 : 금 학사. 금 학사는 '금의(琴儀)'를 가리킨다. '금의'는 고려 시대의 문신으로서 왕의 즉위에 대한 책명사의 접대에 공을 세워 첨서추밀원사, 좌산기상시, 한림학사승지에 올랐다. '학사(學士)'는 고려 시대에, 뛰어난 학자로 뽑혀서 왕에게 시종하였던 문관이다.

15) 玉笋門生 : 옥순 문생. '금의(琴儀)'가 배출한 죽순(竹筍)처럼 많은 제자들이다.

16) 날조차 : ① 나(나, 我 : 인대, 1인칭) + -ㄹ(← -를 : 목조) # 좇(좇다 : 좇다, 따르다, 從)- + -아(연어) ② 날(← 나 : 나, 我, 인대, 1인칭) + -조차(-조차, -까지 : 보조사) ※ 의미를 고려하면 ②와 같이 분석하는 것이 자연스러우나, ②처럼 분석한다면 인칭 대명사인 '나'가 '날'로 변동하는 음운론적 환경이 아니다. 따라서 이 어절은 ①처럼 분석하는 것이 타당하다.

17) 몃 부니잇고 : 몃(← 몇 : 몇, 관사) # 분(분 : 의명) + -이(서조)- + -잇(← -이- : 상높, 아높)- + -고(-니까 : 의종, 설명)

18) 唐唐唐 : 당당당. 唐唐唐은 3·3·4조의 율격에 맞추기 위하여 '唐楸子(호도나무)'의 '당' 첫 마디를 따서 반복한 것이다.

19) 唐楸子 : 당추자. 호두이다.

20) 皂莢 : 조협. 쥐엄나무의 열매를 말린 한약재이다.

21) 남긔 : 났(← 나모 : 나무, 木) + -의(-에 : 부조, 위치)

22) 紅실로 : 紅실(붉은 실, 붉은 줄) + -로(부조, 방편)

23) 글위 : 그네. 鞦韆(추천)

24) 미오이다 : 미(매다)- + -∅(과시)- + -오(화자)- + -이(상높, 아높)- + -다(평종)

위 내[28] 가논 듸[29] 눔 갈셰라[30]

削삭玉옥纖셤纖셤[31] 雙솽手슈ㅅ[32] 길헤

削삭玉옥纖셤纖셤 雙솽手슈ㅅ 길헤

위 携휴手슈同동遊유ㅅ[33] 景경 긔 엇더ᄒ니잇고          [제8장]

唐唐唐(당당당) 唐楸子(당추자) 皁莢(조협) 나무에

紅(홍) 실로 紅(홍) 그네를 매었습니다.

당기시구려. 미시구려. 鄭少年(정 소년)이여.

아, 내가 가는 데에 남이 갈세라.

削玉纖纖(삭옥섬섬) 雙手(쌍수)의 길에[34]

削玉纖纖(삭옥섬섬) 雙手(쌍수)의 길에

아, 携手同遊(휴수동유)의 景(경)[35], 그것이 어떠합니까?

---

25) 혀고시라 : ① 혀(끌다, 引)- + -시(주높)- + -고…라(-구려 : 명종, 반말) ※ 김영욱(1995 : 103)에서는 주체 높임의 선어말 어미인 '-시-'가 반말의 명령형 어미인 '-고라'의 내부에 개입하여 실현된 것으로 보았다. ② 혀(끌다, 引)- + -고(연어) + 시(← 이시다 : 있다, 보용, 동작의 지속)- + -라(명종) ※ 이때 '-고 + 시-'는 '-고 이시다'의 축약형으로서 동작의 지속을 뜻한다.

26) 밀오시라 : 밀(밀다, 擠)- + -고(연어) + 시(← 이시다 : 있다, 보용, 동작의 지속)- + -라(-구려 : 명종, 반말)

27) 鄭少年하 : 鄭少年(정 소년) ㅣ 하(호조, 아높) ※ '鄭少年'은 정씨의 성을 한 소년이다.

28) 내 : 나(나, 我 : 인대, 1인칭) + -ㅣ(← -이 : 주조)

29) 가논 듸 : 가(가다, 去)- + -ㄴ(← -ᄂᆞ- : 현시)- + -오(대상)- + -ㄴ(관전) # 듸(데 : 의명)

30) 갈셰라 : 가(가다, 去)- + -ㄹ셰라(-ㄹ세라 : 평종, 경계)

31) 削玉纖纖 : 삭옥섬섬. 옥을 깎은 듯이 가냘프고 섬세한 모양이다.

32) 雙手ㅅ : 雙手(쌍수, 두 손) + -ㅅ(-의 : 관조)

33) 携手同遊ㅅ : 携手同遊(휴수동유 : 명사구) + -ㅅ(-의 : 관조) ※ '携手同遊(휴수동유)'는 손을 잡고 함께 노는 것이다.

34) 削玉纖纖 雙手의 길에 : 삭옥섬섬 쌍수의 길에, 옥을 깎은 듯한 가냘픈 두 손길에

35) 携手同遊의 景(경) : 휴수동유의 경. 마주 손잡고 노는 경치이다.

# 훈민정음 해례본

부록

# 훈민정음 해례본

　해례본(解例本)의 〈훈민정음〉은 훈민정음 글자의 '종류 · 음가 · 사용법'과 제자 원리 및 창제의 경위를 종합적으로 서술한 '훈민정음의 해설서'이다. 이 책은 소장자의 이름을 따서 〈간송 전형필본〉이라고도 한다.[1]

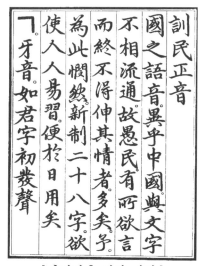

[훈민정음 해례]　　　　　　　　　[훈민정음 어제 예의]

　『훈민정음 해례본』의 편찬 작업이 언제부터 시작되었는지는 정확하게 알 수는 없다. 그러나 '정인지 서'의 앞뒤 내용을 참고할 때에, 훈민정음의 글자를 창제한 직후(1443년 12월, 세종 25)나 최소한 최만리 등이 상소문을 올린 후(1444년 2월, 세종 26) 즈음에 편찬 작업이 시작된 것으로 생각된다.
　그리고 『훈민정음 해례본』이 간행되어서 반포된 것은 명확하게 기술되어 있다.

---

1) 이 책은 1940년에 경상북도 안동군에 있는 이한걸 씨 집안의 고가에서 발견되어, 현재 '간송 미술관'에 소장되어 있다. 이 책은 현재 국보 70호로 지정되어 있으며, 유네스코에서는 1997년에 이 책을 '세계 기록 유산'에 등재하였다. 간송(全鎣弼)은 전형필((1906 ~ 1962) 씨의 호이다.

이 책의 끝에 붙어 있는 '정인지 서'의 내용에 따르면, 『훈민정음 해례본』은 1446년 (세종 28) 음력 9월 상순(正統 十一年 九月 上澣)에 간행되었다.

『훈민정음 해례본』의 편찬에 참여한 학자는 '정인지 서'에 명시되어 있다. 곧, 당시에 집현전(集賢殿)에 소속된 정인지(鄭麟趾), 최항(崔恒), 박팽년(朴彭年), 신숙주(申叔舟), 성삼문(成三問), 강희안(姜希顔), 이개(李塏), 이선로(李善老) 등 모두 8명의 학사가 참여했다.

『훈민정음 해례본』의 내용은 '어제 훈민정음', '훈민정음 해례', '정인지 서'의 세 부분으로 짜여 있다.

---

1. (어제) 훈민정음
   ① (어제 서) : 훈민정음 창제의 동기와 목적 소개
   ② (예   의) : − 자모의 형태와 음가 소개
                − 글자의 운용법 소개
2. 훈민정음 해례 : 제자해, 초성해, 중성해, 종성해, 합자해; 용자례
3. (정인지 서) : 창제의 동기와 목적, 정음의 우수성, 정음 창제의 경위

〈표 1〉 훈민정음 해례본의 내용 체제

---

첫째, '어제 훈민정음(御製 訓民正音)'은 세종대왕의 '어제 서'와 '예의'로 구성되어 있다. 먼저 '어제 서(御製 序)'에서는 세종대왕이 훈민정음을 창제한 동기와 목적을 밝혔고, 다음으로 '예의(例義)'에서는 훈민정음의 글자 형태와 음가에 대한 예시와 '종성법, 연서법, 병서법, 부서법, 성음법, 사성법' 등 글자의 운용법을 소개했다.

둘째, '해례(解例)'에는 다섯 가지의 '해(解)'와 '용자례(用字例)'로 짜여 있는데, 이 글은 정인지(鄭麟趾)를 비롯한 여덟 명의 집현전 학자들이 편찬했다. 먼저 '해(解)'에는 글자를 만든 기본 원리를 성운학과 역학에 바탕을 두고 설명한 '제자해(制字解)'와, 초성·중성·종성과 관련한 풀이를 보충하여 제시한 '초성해(初聲解)·중성해(中聲解)·종성해(終聲解)'와, '초성, 중성, 종성'을 합하여 음절 단위의 글자로 합치는 원리를 설명한 '합자해(合字解)'가 있다. 끝으로 '용자례(用字例)'에서는 훈민정음의 글자로 적은 순우리말의 단어를 예로 들고 그 뜻을 한자로 풀이하였다.

셋째, '정인지 서(鄭麟趾 序)'에서는 세종대왕의 훈민정음 창제의 동기와 목적을 자세히 밝히고, 한글의 우수성을 설명하였으며, 세종의 명에 따라서 집현전 학사들이 해례를 짓게 된 경위를 밝혔다.

# 1. (御製) 訓民正音

## 1.1. 어제 서(御製 序)

國之語音。異乎中國。與文字不相流通。故愚民。有所欲言。而終不得伸
국 지 어 음    이 호 중 국    여 문 자 불 상 류 통    고 우 민    유 소 욕 언    이 종 부 득 신

其情者。多矣。予。爲此憫然。新制二十八字。欲使人人易習。便於日用耳[1]
기 정 자    다 의    여    위 차 민 연    신 제 이 십 팔 자    욕 사 인 인 이 습    편 어 일 용 이

나라의 말(語音, 입말)이 중국과 달라서 문자(文字, 한문)와 서로 통하지 아니하므로,
어리석은 백성이 말하고자 할 바가 있어도, 끝내 그 뜻을 능히 펴지 못하는 사람이
많다. 내가 이를 불쌍히 여겨 새로 스물여덟 글자를 만드니, 사람마다 쉽게 익혀서
날마다 쓰는 데에 편하게 하고자 할 따름이다.

## 1.2. 예의(例義)

### 1.2.1. 글자의 모양과 음가

ㄱ。牙音。 如君字初發聲        竝書。 如虯字初發聲
　　아음    여 군 자 초 발 성    　병서    여 규 자 초 발 성

ㅋ。牙音。 如快字初發聲
　　아음    여 쾌 자 초 발 성

ㆁ。牙音。 如業字初發聲
　　아음    여 업 자 초 발 성

ㄷ。舌音。 如斗字初發聲        竝書。 如覃字初發聲
　　설음    여 두 자 초 발 성    　병서    여 담 자 초 발 성

ㅌ。舌音。 如呑字初發聲
　　설음    여 탄 자 초 발 성

ㄴ。舌音。 如那字初發聲
　　설음    여 나 자 초 발 성

---

1) 『훈민정음 해례본』에는 '矣'로 잘못 기록되어 있으나, 이를 '耳'로 바로잡았다.

ㅂ。脣音。如彆字初發聲　　並書。如步字初發聲
　　순음　여 별 자 초 발 성　　병서　여 모 자 초 발 성

ㅍ。脣音。如漂字初發聲
　　순음　여 표 자 초 발 성

ㅁ。脣音。如彌字初發聲
　　순음　여 미 자 초 발 성

ㅈ。齒音。如卽字初發聲　　並書。如慈字初發聲
　　치음　여 즉 자 초 발 성　　병서　여 자 자 초 발 성

ㅊ。齒音。如侵字初發聲
　　치음　여 침 자 초 발 성

ㅅ。齒音。如戌字初發聲　　並書。如邪字初發聲
　　치음　여 술 자 초 발 성　　병서　여 사 자 초 발 성

ㆆ。喉音。如挹字初發聲
　　후음　여 읍 자 초 발 성

ㅎ。喉音。如虛字初發聲
　　후음　여 허 자 초 발 성

　　並書。如洪字初發聲
　　병서　여 홍 자 초 발 성

ㅇ。喉音。如欲字初發聲
　　후음　여 욕 자 초 발 성

ㄹ。半舌音。如閭字初發聲
　　반설음　여 려 자 초 발 성

ㅿ。半齒音。如穰字初發聲
　　반치음　여 양 자 초 발 성

ㄱ은 어금닛소리(牙音)2)니 '군(君)자'의 처음에 나는 소리(初發聲)3)와 같다.

나란히 쓰면(並書)4) '끃(虯)자'5)의 처음에 나는 소리와 같다.

ㅋ은 어금닛소리니 '쾡(快)자'의 처음에 나는 소리와 같다.

ㆁ은 어금닛소리니 '업(業)자'의 처음에 나는 소리와 같다.

---

2) 아음(牙音) : 어금닛소리. '연구개음(軟口蓋音)'으로서 혀의 뒷부분(후설)을 연구개에 대어서 내는 소리이다.

3) 초발성(初發聲) : 음절의 구성에서 처음 소리인 자음이다. 예를 들어 '님'에서 'ㄴ' 따위이다.

4) 병서(並書) : 두 개 이상의 홑 글자를 옆으로 나란히 적는 것이다.

5) 여기서 한자음을 훈민정음의 글자로 표기할 때에는, 〈훈민정음 언해본〉에서 취한 방식으로 '동국정운식 한자음'의 표기 방식을 따른다. 곧, '虯'를 '끃'로, '戌'을 '슗'로 적는다.

ㄷ은 혓소리(舌音)6)니 '둫(斗)자'의 처음에 나는 소리와 같다.

　　나란히 쓰면 '땀(覃)자'의 처음에 나는 소리와 같다.

ㅌ은 혓소리니 '튼(呑)자'의 처음에 나는 소리와 같다.

ㄴ은 혓소리니 '낭(那)자'의 처음에 나는 소리와 같다.


ㅂ은 입술소리(脣音)7)니 '볋(彆)자'의 처음에 나는 소리와 같다.

　　나란히 쓰면 '뽕(步)자'의 처음에 나는 소리와 같다.

ㅍ은 입술소리니 '푤(漂)자'의 처음에 나는 소리와 같다.

ㅁ은 입술소리니 '밍(彌)자'의 처음에 나는 소리와 같다.


ㅈ은 잇소리(齒音)8)니 '즉(卽)자'의 처음에 나는 소리와 같다.

　　나란히 쓰면 '쫑(慈)자'의 처음에 나는 소리와 같다.

ㅊ은 잇소리니 '침(侵)자'의 처음에 나는 소리와 같다.

ㅅ은 잇소리니 '슗(戌)자'의 처음에 나는 소리와 같다.

　　나란히 쓰면 '쌍(邪)자'의 처음에 나는 소리와 같다.


ㆆ은 목소리(喉音)9)니 '흡(挹)자'의 처음에 나는 소리와 같다.

ㅎ은 목소리니 '헝(虛)자'의 처음에 나는 소리와 같다.

　　나란히 쓰면 '홍(洪)자'의 처음에 나는 소리와 같다.

ㅇ은 목소리니 '욕(欲)자'의 처음에 나는 소리와 같다.


ㄹ은 반혓소리(半舌音)10)니 '령(閭)자'의 처음에 나는 소리와 같다.

ㅿ은 반잇소리(半齒音)11)니 '샹(穰)자'의 처음에 나는 소리와 같다.

---

6) 설음(舌音) : 혓소리. '치조음(齒槽音)'으로서, 혀끝을 윗잇몸에 대어서 내는 소리이다.

7) 순음(脣音) : 입술소리. '양순음(兩脣音)'으로서, 아랫입술을 윗입술에 대어서 내는 소리이다.

8) 치음(齒音) : 잇소리. '설단음(舌端音)'으로서, 혀끝을 윗니의 뒷부분이나 윗잇몸에 대어서 내
　는 소리이다.

9) 후음(喉音) : 목(구멍)소리. 곧 인두의 벽과 혀뿌리를 마찰하여 내는 소리이다.

10) 반설음(半舌音) : 유음(流音). 혀끝을 잇몸에 가볍게 대었다가 떼거나([ɾ]), 잇몸에 댄 채
　공기를 그 양옆으로 흘려 보내면서 내는 소리([l])이다.

11) 반치음(半齒音) : '유성 치조 마찰음(有聲齒槽摩擦音)'이다. 무성의 치조 마찰음인 /ㅅ/ 소리
　를 낼 때에 목청을 떨어 울려서 내는 유성음인 /z/이다.

· 。 如吞字中聲
여 탄 자 중 성

ㅡ。 如卽字中聲
여 즉 자 중 성

ㅣ。 如侵字中聲
여 침 자 중 성

ㅗ。 如洪字中聲
여 홍 자 중 성

ㅏ。 如覃字中聲
여 담 자 중 성

ㅜ。 如君字中聲
여 군 자 중 성

ㅓ。 如業字中聲
여 업 자 중 성

ㅛ。 如欲字中聲
여 욕 자 중 성

ㅑ。 如穰字中聲
여 양 자 중 성

ㅠ。 如戌字中聲
여 술 자 중 성

ㅕ。 如彆字中聲
여 별 자 중 성

·는 '튼(呑)자'의 가운뎃소리(中聲)[12]와 같다.

ㅡ는 '즉(卽)자'의 가운뎃소리와 같다.

ㅣ는 '침(侵)자'의 가운뎃소리와 같다.

ㅗ는 '홍(洪)자'의 가운뎃소리와 같다.

ㅏ는 '땀(覃)자'의 가운뎃소리와 같다.

ㅜ는 '군(君)자'의 가운뎃소리와 같다.

ㅓ는 '업(業)자'의 가운뎃소리와 같다.

---

12) 중성(中聲): 음절의 구성에서 중간 소리인 모음이다. '땅'에서 'ㅏ'와 '들'에서 'ㅡ' 따위이다.

ㅛ는 '욕(欲)자'의 가운뎃소리와 같다.

ㅑ는 '샹(穰)자'의 가운뎃소리와 같다.

ㅠ는 '슗(戌)자'의 가운뎃소리와 같다.

ㅕ는 '볋(彆)자'의 가운뎃소리와 같다.

## 1.2.2. 글자의 운용법

終聲<sub>종성</sub> 復用初聲<sub>부용초성</sub>。ㅇ連書脣音之下<sub>련서순음지하</sub> 則爲脣輕音<sub>즉위순경음</sub>。初聲合用則並書<sub>초성합용즉병서</sub> 終聲同<sub>종성동</sub>。· ㅡ ㅗ ㅜ ㅛ ㅠ 附書初聲之下<sub>부서초성지하</sub>。ㅣ ㅏ ㅓ ㅑ ㅕ 附書於右<sub>부서어우</sub>。凡字必合<sub>범자필합</sub> 而成音<sub>이성음</sub>。左加一點則去聲<sub>좌가일점즉거성</sub> 二則上聲<sub>이즉상성</sub> 無則平聲<sub>무즉평성</sub>。入聲加點同而促急<sub>입성가점동이촉급</sub>。

종성(終聲)은 초성(初聲)을 다시 쓴다. ㅇ를 입술소리(脣音)[13]의 아래에 이어 쓰면(連書) 입술가벼운소리(脣輕音)[14]가 된다.

초성을 합쳐서 사용(合用)하려면 나란히 쓴다(並書). 종성도 같다.

· ㅡ ㅗ ㅜ ㅛ ㅠ는 초성의 아래에 붙여 쓰고(附書), ㅣ ㅏ ㅓ ㅑ ㅕ는 (초성의) 오른쪽에 붙여 쓴다.

무릇 글자는 반드시 합쳐져야 소리(音)[15]를 이룬다.

왼쪽에 한 점(點)을 찍으면 거성(去聲)[16]이요, 둘이면 상성(上聲)[17]이요, (점이) 없으면 평성(平聲)[18]이다. 입성(入聲)[19]은 점을 찍는 것은 같으나 촉급(促急)[20]하다.

---

13) 순음(脣音) : 입술소리. 두 입술 사이에서 나는 소리인데, 국어의 /ㅂ, ㅃ, ㅍ, ㅁ/이다.

14) 순경음(脣輕音) : 입술가벼운소리. 옛말에서 입술을 거쳐 나오는 가벼운 소리인데, 〈훈민정음〉에서 순음 아래 'ㅇ'을 연서(連書)하여 표시한 소리인 /ㅸ, (ㆄ, ㅃ), ㅱ/이 순경음이다.

15) 음(音) : 하나의 음절(音節)을 이른다.

16) 거성(去聲) : 높은 음절의 소리로서, 글자에 표시할 때에 왼쪽에 점 하나를 찍는다.

17) 상성(上聲) : 처음이 낮고 나중이 높은 음절의 소리로서, 글자에 표시할 때 왼쪽에 점 두 개를 찍는다.

18) 평성(平聲) : 낮은 음절의 소리로서, 글자에 점을 찍지 않았다.

19) 입성(入聲) : 소리의 높낮이와는 관계없이, 빨리 끝나는 음절의 소리이다. 종성이 /ㄱ, ㄷ, ㅂ/의 소리로 끝나는 음절의 성조가 입성에 해당한다.

20) 촉급(促急) : 촉박하여 매우 급한 것이다.

# 2. 訓民正音 解例

## 2.1. 제자해(制字解)

### 2.1.1. 제자의 철학적 배경

天地之道　一陰陽五行而已。　坤復之間爲太極　而動靜之後爲陰陽。　凡
천지지도　일음양오행이이　　곤복지간위태극　이동정지후위음양　　범

有生類在天地之間者　捨陰陽而何之。　故人之聲音　皆有陰陽之理　顧人
유생류재천지지간자　사음양이하지　　고인지성음　개유음양지리　고인

不察耳。　今正音之作　初非智營而力索　但因其聲音而極其理而已。　理旣
불찰이　금정음지작　초비지영이력색　단인기성음이극기리이이　　이기

不二　則何得不與天地鬼神同其用也。
불이　즉하득불여천지귀신동기용야

천지(天地)의 도(道)는 하나의 음양(陰陽)1)과 오행(五行)2)뿐이다. 곤(坤)과 복(復)의 사이3)가 태극(太極)4)이 되고, (태극이) 움직이거나(動) 멈춘(靜) 다음에 음(陰)과 양(陽)이 된다. 무릇 천지(天地)의 사이에 살아 있는 것들이 음과 양을 버리고서 어디로 가겠는가? 그러므로 사람의 소리(성음, 聲音)는 모두 음과 양의 이치가 있는데, 생각건대 사람이 살피지 못할 따름이다.

이제 정음(正音)을 만드는 것도 처음부터 지식(智)으로 계획하거나(營) 힘(力)을 들여서 찾은(索) 것이 아니라, 다만 그 소리(聲音)에 바탕을 두어서 그 이치(理)를 다했을 따름이다. 이치는 이미 둘이 아니니, 어찌 능히 천지(天地) 귀신(鬼神)과 함께 그 쓰임(用)을 같이하지 않겠는가?

---

1) 음양(陰陽) : 우주 만물의 서로 반대되는 두 가지 기운으로서 이원적 대립 관계를 나타내는 것. 달과 해, 겨울과 여름, 북과 남, 여자와 남자 등은 모두 음과 양으로 구분된다.
2) 오행(五行) : 우주 만물을 이루는 다섯 가지 원소, 곧 '쇠(金), 물(水), 나무(木), 불(火), 흙(土)'이다.
3) 곤복지간(坤復之間) : 주역에서 '곤괘(坤卦)'와 '복괘(復卦)'의 사이이다. 주역에서는 '곤복지간'을 '무극(無極)'이라고도 하고 '태극(太極)'이라고도 한다.
4) 태극(太極) : 중국 철학에서, 우주 만물의 근원이 되는 실체이다.

## 2.1.2. 제자의 원리

### (가) 제자의 일반 원리

> 正音二十八字　各象其形而制之。
> 정음이십팔자　각상기형이제지

훈민정음(訓民正音)의 스물여덟 글자는 각기 그 모양을 본떠서(象形) 만들었다.

### (나) 초성 글자의 제자 원리

#### ① 상형, 가획, 이체

> 初聲凡十七字。　牙音ㄱ象舌根閉喉之形。　舌音ㄴ象舌附上腭之形。　脣
> 초성범십칠자　　아음　상설근폐후지형　　설음　상설부상악지형　　순
>
> 音ㅁ象口形。　齒音ㅅ象齒形。　喉音ㅇ象喉形。　ㅋ比ㄱ　聲出稍厲　故加
> 음　상구형　치음　상치형　후음　상후형　비　성출초려　고가
>
> 畫。ㄴ而ㄷ　ㄷ而ㅌ　ㅁ而ㅂ　ㅂ而ㅍ　ㅅ而ㅈ　ㅈ而ㅊ　ㅇ而ㆆ　ㆆ而ㅎ　其因
> 획　이　　　이　　　이　　　이　　　이　　　이　　　이　　　이　　기인
>
> 聲加畫之義皆同　而唯ㆁ爲異。　半舌音ㄹ　半齒音ㅿ　亦象舌齒之形而異
> 성가획지의개동　이유　위이　반설음　반치음　역상설치지형이이
>
> 其體　無加畫之義焉。
> 기체　무가획지의언

초성(첫소리, 初聲)은 모두 열일곱 글자이다.

아음(어금닛소리, 牙音)인 'ㄱ'은 혀의 뿌리가 목을 막는 모양을 본떴다. 설음(혓소리, 舌音)인 'ㄴ'은 혀가 윗잇몸에 붙는 모양을 본떴다. 순음(입술소리, 脣音)인 'ㅁ'은 입의 모양을 본떴다. 치음(잇소리, 齒音)인 'ㅅ'은 이의 모양을 본떴다.

'ㅋ'은 'ㄱ'에 비하여 소리가 약간 세게 나오므로 획(畫)을 더하였다. ㄴ과 ㄷ, ㄷ과 ㅌ, ㅁ과 ㅂ, ㅂ과 ㅍ, ㅅ과 ㅈ, ㅈ과 ㅊ, ㅇ과 ㆆ, ㆆ과 ㅎ은 그 소리를 말미암아서 획을 더하는 뜻은 모두 같으나, 그러나 오직 'ㆁ'만은 다르다.

반설음(半舌音)인 'ㄹ', 반치음(半齒音)인 'ㅿ'는 역시 혀와 이의 모양을 본떴으나, 그 체(體)가 ('ㄴ', 'ㅅ'과) 다를 뿐이고 획을 더하는 뜻은 없다.

## ② 초성 글자의 소리

又以聲音淸濁而言之。 ㄱㄷㅂㅈㅅㆆ 爲全淸。 ㅋㅌㅍㅊㅎ 爲次淸。
우이성음청탁이언지 위전청 위차청

ㄲㄸㅃㅉㅆㆅ 爲全濁。 ㆁㄴㅁㅇㄹㅿ 爲不淸不濁。 ㄴㅁㅇ 其聲最不
위전탁 위불청불탁 기성최불

屬 故次序雖在於後 而象形制字則爲之始。 ㅅㅈ 雖皆爲全淸 而ㅅ比ㅈ
려 고차서수재어후 이상형제자즉위지시 수개위전청 이비

聲不屬 故亦爲制字之始。 唯牙之ㆁ 雖舌根閉喉聲氣出鼻 而其聲與ㅇ
성불려 고역위제자지시 유아지 수설근폐후성기출비 이기성여

相似 故韻書疑與喩多相混用 今亦取象於喉 而不爲牙音制字之始。 盖
상사 고운서의여유다상혼용 금역취상어후 이불위아음제자지시 개

喉屬水而牙屬木 ㆁ 雖在牙而ㅇ 相似 猶木之萌芽生於水而柔軟 尙多水
후속수이아속목 수재아이 상사 유목지맹아생어수이유연 상다수

氣也。 ㄱ木之成質 ㅋ木之盛長 ㄲ木之老壯 故至此乃皆取象於牙也。
기야 목지성질 목지성장 목지로장 고지차내개취상어아야

또 성음(聲音)[5]과 청탁(淸濁)[6]으로써 말한다. 'ㄱㄷㅂㅈㅅㆆ'은 전청(全淸)이다.
'ㅋㅌㅍㅊㅎ'은 차청(次淸)이다. 'ㄲㄸㅃㅉㅆㆅ'은 전탁(全濁)이다. 'ㆁㄴㅁㅇㄹ
ㅿ'은 불청불탁(不淸不濁)이다.

'ㄴㅁㅇ'은 그 소리가 가장 세지 않으므로(不屬) (운서의 자모 표에 있는) 차례는
비록 뒤에 있으나, 상형(象形)하여서 글자를 만들 때는 으뜸(始, 처음)으로 삼는다. 'ㅅ
ㅈ'은 비록 모두 전청(全淸)이지만, 'ㅅ'은 'ㅈ'에 비하여 소리가 세지 않으므로 역시
글자를 만드는 으뜸으로 삼는다.

오직 어금닛소리(牙)의 'ㆁ'은 비록 혀의 뿌리(舌根)가 목을 막아서 소리가 코로
나오지만, 그 소리가 'ㅇ'과 서로 비슷하므로, 운서(韻書)[7]에서도 의모(疑母)와 유모
(喩母)[8]를 흔히 서로 섞어서 시용한다. 이세 또한 (ㆁ은) 목구멍에서 상형하고 어금닛

---

5) 성음(聲音) : 성음은 초성을 조음되는 위치에 따라 나눈 다섯 종류의 소리(五聲)이다. 곧 '아
음, 설음, 순음, 치음, 후음'이 있다.

6) 청탁(淸濁) : 초성 소리의 대립 관계를 설명하는 음성적 특징의 한 가지로서, '조음의 방법'에
따른 소리의 분류 체계이다. 곧 초성의 소리는 청탁에 따라서 '전청음(예사소리, 全淸), 차청음
(거센소리, 次淸), 전탁음(된소리, 全濁), 불청불탁음(울림소리, 不淸不濁)'으로 분류된다.

7) 운서(韻書) : 한자(漢字)의 운(韻)을 분류하여 일정한 순서로 배열한 서적을 통틀어 이르는
말이다. 중국 수나라 때의 〈절운〉, 송나라의 〈광운〉, 명나라의 〈홍무정운〉 따위가 있다.

8) 의모(疑母)와 유모(喩母) : '의(疑)'와 '유(喩)'는 모두 자모(字母)의 하나이다. 여기서 '자모'란

소리(牙音)를 글자를 만드는 시초(始)로 삼지 않는다. 대개 목은 물(水)에 속하며 어금니는 나무(木)에 속한다. 'ㆁ'이 비록 아음(牙音)에 속하나 'ㅇ'과 서로 비슷한 것은, 비유하면 나무의 움이 물에서 나서 부드러우며 아직 물기(水氣)가 많은 것과 같다. 'ㄱ'은 나무가 바탕을 이루는 것이요, 'ㅋ'은 나무가 무성하게 자라는 것이요, 'ㄲ'은 나무가 늙어서 굳건하게 되는 것이므로, 여기까지는 모두 어금니(牙)에서 본떠서 취한 것이다.

### ③ 전탁음과 병서

| 全淸竝書則爲全濁 | 以其全淸之聲凝則爲全濁也。 | 唯喉音次淸爲全濁者 |
|---|---|---|
| 전청병서즉위전탁 | 이기전청지성응즉위전탁야 | 유후음차청위전탁자 |
| 蓋以ㆆ聲深不爲之凝 | ㅎ比ㆆ聲淺 | 故凝而爲全濁也。 |
| 개이 성심불위지응 | 비 성천 | 고응이위전탁야 |

전청(全淸)을 나란히 쓰면(竝書) 전탁(全濁)이 되는 것은 전청(全淸)의 소리가 엉기면 전탁(全濁)이 되기 때문이다. 오직 목구멍소리(喉音)에서는 차청(次淸)이 전탁(全濁)이 되는 것은, 대개 'ㆆ'은 소리가 깊어서 엉기지 않으나 'ㅎ'은 'ㆆ'에 비하여 소리가 얕아서 엉기어서 전탁(全濁)이 되기 때문이다.

### ④ 순경음과 연서

| ㅇ連書脣音之下 | 則爲脣輕音者 | 以輕音脣乍合而喉聲多也。 |
|---|---|---|
| 련서순음지하 | 즉위순경음자 | 이경음순사합이후성다야 |

'ㅇ'을 입술소리(脣音)의 아래에 이어서 쓰면 '입술 가벼운 소리(脣輕音)'가 되는 것은, 소리를 가볍게 냄(輕音)으로써 입술이 가볍게 합쳐지고(乍合) 목소리(喉聲)가 많기 때문이다.

---

중국 음운학에서 동일한 성모(聲母, 자음)를 가진 글자들 가운데에서 한 글자를 골라 그 대표로 삼은 글자를 이른다. 여기서 '疑(의)'는 아음의 불청불탁인 'ㆁ'에 대응하는 자모이며 '喩(유)'는 후음의 불청불탁인 'ㅇ'에 대응하는 자모이다.

## (다) 중성 글자의 제자 원리

### ① 상형자

中聲凡十一字。　・舌縮而聲深　天開於子也。　形之圓　象乎天也。　一
舌小縮而聲不深不淺　地闢於丑也。　形之平　象乎地也。　丨舌不縮而聲
淺。　人生於寅也。　形之立　象乎人也。

중성(中聲)은 모두 열한 자이다. '・'는 혀가 오그라들고(縮) 소리는 깊으니(深), 하늘(天)이 자시(子時)9)에 열리는 것이다. '・'의 꼴이 둥근 것은 하늘(天)을 본떴다. '一'는 혀가 조금 오그라들고(小縮) 소리는 깊지도 않고 얕지도 않으니(不深不淺), 땅(地)이 축시(丑時)10)에 열리는 것이다. '一'의 꼴이 평평한 것은 땅(地)을 본떴다. '丨'는 혀가 오그라들지 않고(不縮) 소리는 얕으니(淺), 사람(人)이 인시(寅時)11)에 태어나는 것이다. '丨'의 꼴이 서 있는 것은 사람(人)을 본떴다.

### ② 초출자와 재출자

此下八聲　一闔一闢。　ㅗ與・同而口蹙　其形則・與一合而成　取天地
初交之義也。　ㅏ與・同而口張　其形則丨與・合而成　取天地之用發於事
物待人而成也。　ㅜ與一同而口蹙　其形則一與・合而成　亦取天地初交之
義也。　ㅓ與一同而口張　其形則・與丨合而成　亦取天地之用發於事物待
人而成也。　ㅛ與ㅗ同而起於丨。　ㅑ與ㅏ同而起於丨。　ㅠ與ㅜ同而起於丨

---

9) 자시(子時): 십이시(十二時)의 첫째 시. 밤 열한 시부터 오전 한 시까지이다.
10) 축시(丑時): 십이시(十二時)의 둘째 시. 오전 한 시부터 세 시까지이다.
11) 인시(寅時): 십이시(十二時)의 셋째 시. 오전 세 시에서 다섯 시까지이다.

。 ㅕ與ㅓ同而起於ㅣ。 ㅗㅏㅜㅓ始於天地　爲初出也。 ㅛㅑㅠㅕ起於ㅣ
　　　이 동 이 기 어　　　　　　　시 어 천 지　위 초 출 야　　　　　　　기 어

而兼乎人　爲再出也。 ㅗㅏㅜㅓ之一其圓者　取其初生之義也。 ㅛㅑㅠ
이 겸 호 인　위 재 출 야　　　　　　지 일 기 원 자　취 기 초 생 지 의 야

ㅕ之二其圓者　取其再生之義也。 ㅗㅏㅛㅑ之圓居上與外者　以其出於天
지 이 기 원 자　취 기 재 생 지 의 야　　　　　지 원 거 상 여 외 자　이 기 출 어 천

而爲陽也。 ㅜㅓㅠㅕ之圓居下與內者　以其出於地而爲陰也。 •之貫於
이 위 양 야　　　　　지 원 거 하 여 내 자　이 기 출 어 지 이 위 음 야　　지 관 어

八聲者　猶陽之統陰而周流萬物也。 ㅛㅑㅠㅕ之皆兼乎人者　以人爲萬物
팔 성 자　유 양 지 통 음 이 주 류 만 물 야　　　　지 개 겸 호 인 자　이 인 위 만 물

之靈而能參兩儀也。　取象於天地人　而三才之道備矣。　然三才爲萬物之
지 령 이 능 참 량 의 야　　취 상 어 천 지 인　이 삼 재 지 도 비 의　　연 삼 재 위 만 물 지

先　而天又爲三才之始　猶•ㅡㅣ三字爲八聲之首　而•又爲三字之冠也。
선　이 천 우 위 삼 재 지 시　유　　삼 자 위 팔 성 지 수　이　우 위 삼 자 지 관 야

　　이 아래의 여덟 소리는, 하나가 '합(闔)'이면 하나는 '벽(闢)'[12]이다. 'ㅗ'는 '•'와 같으나 입이 오므라진다(口蹙). 그 꼴은 '•'와 'ㅡ'가 합쳐져서 이루어졌는데, 이는 천지(天地)가 처음으로 만나는(交) 뜻을 취했다. 'ㅏ'는 '•'와 같으나 입이 펴진다(口張). 그 꼴은 'ㅣ'와 '•'가 합쳐져서 이루어졌는데, 이는 천지의 운용(用)이 사물에서 나타나되 사람을 기다려서 이루어지는 것을 취했다. 'ㅜ'와 'ㅡ'는 같으나 입이 오므라진다. 그 꼴은 'ㅡ'와 '•'가 합쳐져서 이루어졌는데, 이는 역시 천지가 처음으로 만나는 뜻을 취했다. 'ㅓ'와 'ㅡ'는 같으나 입이 펴진다. 그 꼴은 '•'와 'ㅣ'가 합쳐져서 이루어졌는데, 이는 역시 천지의 운용(用)이 사물에서 나타나되 사람을 기다려서 이루어지는 것을 취했다.

　　'ㅛ'는 'ㅗ'와 같으나 (소리가) 'ㅣ'에서 시작한다(起). 'ㅑ'는 'ㅏ'와 같으나 'ㅣ'에서 시작한다. 'ㅠ'는 'ㅜ'와 같으나 'ㅣ'에서 시작한다. 'ㅕ'는 'ㅓ'와 같으나 'ㅣ'에서 시작한다.

　　'ㅗ, ㅏ, ㅜ, ㅓ'는 천지에서 시작하므로 초출(初出, 처음 나옴)이다. 'ㅛ, ㅑ, ㅠ, ㅕ'는 (소리가) 'ㅣ'에서 시작하여 사람(人)을 겸하였으므로 재출(再出, 다시 나옴)이다. 'ㅗ, ㅏ, ㅜ, ㅓ'의 원(圓)이 하나인 것은 그것이 처음 생겨난(初生) 뜻을 취했다. 'ㅛ, ㅑ, ㅠ, ㅕ'의 원이 둘인 것은 다시 생겨난(再生) 뜻을 취했다. 'ㅗ, ㅏ, ㅛ, ㅑ'의 원이 위와

---

12) 합(闔)과 벽(闢) : '합(闔)'은 입이 닫히는 것(폐모음, 고모음, 閉母音, 高母音)이고, '벽(闢)'은 입이 열리는 것(개모음, 저모음, 開母音, 底母音)이다.

밖에 있는 것은 그것이 하늘에서 나와서 양(陽)이 되기 때문이다. 'ㅜ, ㅓ, ㅠ, ㅕ'의 원이 아래와 안에 있는 것은 그것이 땅(地)에서 나와서 음(陰)이 되기 때문이다.

'·'가 여덟 소리에 다 꿰여 있는 것(貫)은 양(陽)이 음(陰)을 거느리고(統) 만물에 두루 미치는(周流) 것과 같다. 'ㅛ, ㅑ, ㅠ, ㅕ'가 모두 사람(人)을 겸한 것은 사람이 만물의 영장(靈長)이 되어 양의(兩儀, 양과 음, 하늘과 땅)[13]에 참여할 수 있기 때문이다. 하늘과 땅과 사람을 본뜸으로써 삼재(三才)의 도(道)를 갖추었다. 그러나 삼재가 만물의 으뜸(先)이요 하늘은 또 삼재의 처음(始)이니, (이는) '·, ㅡ, ㅣ'의 세 글자가 여덟 소리의 우두머리(首)이고 '·'가 (·ㅡㅣ) 세 글자의 으뜸(冠)인 것과 같다.

### 2.1.3. 초성과 중성의 비교

以初聲對中聲而言之。 陰陽 天道也。 剛柔 地道也。 中聲者 一深一
이초성대중성이언지 음양 천도야 강유 지도야 중성자 일심일

淺一闔一闢 是則陰陽分而五行之氣具焉 天之用也。 初聲者 或虛或實
천일합일벽 시즉음양분이오행지기구언 천지용야 초성자 혹허혹실

或颺或滯或重若輕 是則剛柔著而五行之質成焉 地之功也。 中聲以深淺
혹양혹체혹중약경 시즉강유저이오행지질성언 지지공야 중성이심천

闔闢唱之於前 初聲以五音淸濁和之於後 而爲初亦爲終。 亦可見萬物初
합벽창지어전 초성이오음청탁화지어후 이위초역위종 역가견만물초

生於地 復歸於地也。
생어지 복귀어지야

초성을 중성에 대비하여 말한다. 음(陰)과 양(陽)은 하늘의 도(道)이다. 강(剛)과 유(柔)는 땅의 도이다.

중성은 (그 소리가) 하나가 '심(深, 깊다)'이면 하나는 '천(淺, 얕다)'이고, 하나가 '합(闔, 닫음)'이면 하나는 '벽(闢, 엶)'이다. 이는 음(陰)과 양(陽)이 나뉘어서 오행(五行)의 기(氣)가 갖추어진 것이니, 곧 하늘의 용(쓰임, 用)이다.

초성은 어떤 것(= 喉音)은 '허(虛, 비다)'하며, 어떤 것(= 牙音)은 '실(實, 튼튼하다)'하며, 어떤 것(= 舌音)은 '양(颺, 날리다)'하며, 어떤 것(= 齒音)은 '체(滯, 막히다)'하며, 어떤 것(= 脣音)은 '중(重, 무겁다 = 순중음)'하거나 '경(輕, 가볍다 = 순경음)'하다. 이는 강(剛)과 柔(유)가 드러나서 오행의 바탕을 이루는 것이니, 곧 땅의 공(업적, 功)이다.

---

13) 양의(兩儀) : 하늘(天)과 땅(地), 혹은 양(陽)과 음(陰)을 이른다.

중성이 심천(深淺)과 합벽(闔闢)으로써 앞에서 부르면, 초성은 오음(五音)과 청탁(淸濁)으로써 뒤에서 화답하여 (음절의) 초성(初)이나 종성(終)이 된다. 역시 만물이 땅에서 처음 생겨나서 땅으로 다시 돌아가는 것을 볼 수 있다.

### 2.1.4. 초성·중성·종성의 합자

以初中終合成之字言之　亦有動靜互根陰陽交變之義焉。　動者　天也。
이 초 중 종 합 성 지 자 언 지　역 유 동 정 호 근 음 양 교 변 지 의 언　동 자　천 야

靜者　地也。　兼互動靜者　人也。　蓋五行在天則神之運也　在地則質之成也
정 자　지 야　겸 호 동 정 자　인 야　개 오 행 재 천 즉 신 지 운 야　재 지 즉 질 지 성 야

在人則仁禮信義智神之運也　肝心脾肺腎質之成也。　初聲有發動之義　天
재 인 즉 인 례 신 의 지 신 지 운 야　간 심 비 폐 신 질 지 성 야　초 성 유 발 동 지 의　천

之事也。　終聲有止定之義　地之事也。　中聲承初之生　接終之成　人之事也
지 사 야　종 성 유 지 정 지 의　지 지 사 야　중 성 승 초 지 생　접 종 지 성　인 지 사 야

。　蓋字韻之要　在於中聲　初終合而成音。　亦猶天地生成萬物　而其財成輔
개 자 운 지 요　재 어 중 성　초 종 합 이 성 음　역 유 천 지 생 성 만 물　이 기 재 성 보

相則必賴乎人也。　終聲之復用初聲者　以其動而陽者乾也　靜而陰者亦乾
상 즉 필 뢰 호 인 야　종 성 지 부 용 초 성 자　이 기 동 이 양 자 건 야　정 이 음 자 역 건

也　乾實分陰陽而無不君宰也。　一元之氣　周流不窮　四時之運　循環無端
야　건 실 분 음 양 이 무 불 군 재 야　일 원 지 기　주 류 불 궁　사 시 지 운　순 환 무 단

故貞而復元　冬而復春。　初聲之復爲終　終聲之復爲初　亦此義也。
고 정 이 부 원　동 이 부 춘　초 성 지 부 위 종　종 성 지 부 위 초　역 차 의 야

초성, 중성, 종성이 합쳐져서 이루어진 (음절의) 글자에 대하여 말하자면, 역시 동(動, 움직이는 것)과 정(靜, 머물러 있는 것)이 서로 뿌리(根)가 되고, 음(陰)과 양(陽)이 서로 만나서(交) 변(變)하는 뜻이 있다. 동(動)은 하늘(天)이며, 정(靜)은 땅(地)이며, 동과 정을 겸한 것이 사람(人)이다. 대개 오행(五行)이 하늘에 있으면 신(神)이 부리는 것(運)이며, 땅에 있으면 바탕(質)이 이루어지는(成) 것이며, 사람에게 있으면 '인(仁), 예(禮), 신(信), 의(義), 지(智)'가 신(神)이 부리는 것이며, 간장(肝), 심장(心), 비장(脾), 폐장(肺), 신장(腎)이 바탕(質)을 이루는 것이다.

초성에는 발동(發動, 움직이기 시작함)의 뜻이 있으니, (이는) 하늘의 일(事)이다. 종성에는 지정(止定, 멈추어서 정착함)의 뜻이 있으니, (이는) 땅의 일이다. 중성은 초성의 생겨남(生)을 이어서 종성의 이룸(成)을 이어 주니, (이는) 사람의 일이다.

대개 자운(字韻)14)의 중심은 중성에 있으니 초성과 종성이 (중성에) 어울려서 소리(음절, 音)를 이룬다. 이는 역시 하늘과 땅이 만물을 생성하여도 그 재성(財成)과 보상

(輔相)15)은 반드시 사람(人)에게 힘입는 것(賴)과 같다.

종성(終聲)에 초성(初聲)을 다시 쓰는 것은, 동(動)하여서 양(陽)인 것도 건(乾 = 초성 글자)이며, 정(靜)하여서 음(陰)인 것도 역시 건(乾 = 초성 글자)이니, 건(乾)이 실제로 음과 양으로 나뉘어도 임금(君 = 주된 것)과 신하(宰 = 종속된 것)16)가 아닌 것이 없기 때문이다. 일원(一元, 큰 근본)의 기운이 두루 흘러서 다하지(窮) 아니하고, 사시(四時)의 운행(運)이 돌고 돌아서 끝(端)이 없으므로, 정(貞)이 다시 원(元)이 되고, 겨울(冬)이 다시 봄(春)이 된다. 초성이 다시 종성이 되며, 종성이 다시 초성이 되는 것은 역시 이와 같은 뜻이다.

## 2.2. 초성해(初聲解)

正音初聲　卽韻書之字母也。　聲音由此而生　故曰母。　如牙音君字初聲
정음초성　　즉운서지자모야　　　성음유차이생　　　고왈모　　　여아음군자초성

是ㄱ　ㄱ與ㅜㄴ而爲군。　快字初聲是ㅋ　ㅋ與ㅙ而爲쾌。　虯字初聲是ㄲ　ㄲ與
시ㄱ　ㄱ여　　이위군　　　쾌자초성시ㅋ　ㅋ여　　이위쾌　　　규자초성시ㄲ　ㄲ여

ㅠ而爲뀨。　業字初聲是ㅇ　ㅇ與ㅓ而爲업之類。　舌之斗呑覃那　脣之彆漂
　이위뀨　　　업자초성시ㅇ　ㅇ여　　이위업지류　　　설지두탄담나　　순지별표

步彌　齒之卽侵慈戌邪　喉之挹虛洪欲　半舌半齒之閭穰　皆倣此。
보미　치지즉침자술사　　후지읍허홍욕　　반설반치지려양　　개방차

정음(正音)의 초성은 운서(韻書)의 '자모(字母)'이다. 성음(聲音, 말소리)이 이로부터 생기므로 '모(母)'라고 한다. 아음(牙音)인 '군(君)자'의 초성은 곧 'ㄱ'인데 'ㄱ'과 'ㅜㄴ'이 (합쳐서) '군'이 된다. '쾌(快)자'의 초성은 곧 'ㅋ'인데 'ㅋ'과 'ㅙ'가 (합쳐서) '쾌'가 된다. '뀨(虯)자'의 초성은 곧 'ㄲ'인데 'ㄲ'과 'ㅠ'가 (합쳐서) '뀨'가 된다. '업(業)자'의 초성은 곧 'ㅇ'인데 'ㅇ'과 'ㅓ'이 (합쳐서) '업'이 되는 따위와 같다. 설음(舌音)의 'ㄷ(斗), ㅌ(呑), ㄸ(覃), ㄴ(那)'과 순음(脣音)의 'ㅂ(彆), ㅍ(漂), ㅃ(步), ㅁ(彌)'과 치음(齒音)의 'ㅈ(卽), ㅊ(侵), ㅉ(慈), ㅅ(戌), ㅆ(邪)'과, 후음(喉音)의 'ㆆ(挹), ㅎ(虛), ㆅ(洪), ㅇ(欲)'과, 반설(半舌), 반치(半齒)의 'ㄹ(閭), ㅿ(穰)'은 모두 이와 같다.

---

14) 자운(字韻): 글자의 소리(음, 音)이다. 여기서는 '음절(音節)'을 이른다.

15) 재성(財成) 보상(輔相): 재성(財成)은 다듬어서 이루는 것이며, 보상(輔相)은 보완하는 것이다.

16) 군재(君宰): 임금(君)과 신하(宰)이다. 여기서 '君'은 주된 것으로서 초성의 지위를 뜻하며, '宰'는 종속된 것으로서 종성의 지위를 뜻한다.

## 2.3. 중성해(中聲解)

### 2.3.1. 중성의 개념과 중성 글자의 소리

> 中聲者　居字韻之中　合初終而成音。如吞字中聲是‧　‧居ㅌㄴ之間而
> 중성자　거자운지중　합초종이성음　여탄자중성시　거　지간이
>
> 爲툰。即字中聲是ㅡ　ㅡ居ㅈㄱ之間而爲즉。侵字中聲是ㅣ　ㅣ居ㅊㅁ之
> 위툰　즉자중성시　거　지간이위즉　침자중성시　거　지
>
> 間而爲침之類。洪覃君業欲穰戌彆　皆倣此。
> 간이위침지류　홍담군업욕양술별　개방차

중성(中聲)은 자운(字韻)[17]의 가운데에 있어서 초성(初聲)과 종성(終聲)을 합하여 소리(音)를 이룬다. '툰(呑)자'의 중성은 곧 '‧'인데, '‧'가 'ㅌ'과 'ㄴ'의 사이에 있어서 '툰'이 된다. '즉(卽)자'의 중성은 곧 'ㅡ'인데, 'ㅡ'가 'ㅈ'과 'ㄱ'의 사이에 있어서 '즉'이 된다. '침(侵)자'의 중성은 곧 'ㅣ'인데, 'ㅣ'가 'ㅊ'과 'ㅁ'의 사이에 있어서 '침'이 되는 따위와 같다. 'ㅗ(洪), ㅏ(覃), ㅜ(君), ㅓ(業), ㅛ(欲), ㅑ(穰), ㅠ(戌), ㅕ(彆)'도 모두 이와 같다.

### 2.3.2. 중성 글자의 합용

> 二字合用者　ㅗ與ㅏ同出於‧　故合而爲ㅘ。ㅛ與ㅑ又同出於ㅣ　故合而
> 이자합용자　여　동출어　고합이위　여　우동출어　고합이
>
> 爲ㆇ。ㅜ與ㅓ同出於ㅡ　故合而爲ㅝ。ㅠ與ㅕ又同出於ㅣ　故合而爲ㆌ。以
> 위　여　동출어　고합이위　여　우동출어　고합이위　이
>
> 其同出而爲類　故相合而不悖也。一字中聲之與ㅣ相合者十　‧ㅣㅢㅚㅐㅟ
> 기동출이위류　고상합이불패야　일자중성지여　상합자십
>
> ㅔㅚㅐㅝㅖ是也。二字中聲之與ㅣ相合者四　ㅙㅞㆈㆌ是也。ㅣ於深淺
> 　시야　이자중성지여　상합자사　　시야　어심천
>
> 闔闢之聲　並能相隨者　以其舌展聲淺而便於開口也。亦可見人之參贊開
> 합벽지성　병능상수자　이기설전성천이편어개구야　역가견인지참찬개

---

17) 자운(字韻) : '자운(字韻)'은 '하나의 음절을 구성하는 한자의 음(소리)'이라는 뜻으로 쓰이는 말이다. 여기서는 훈민정음 글자의 초성, 중성, 종성이 모여서 나타내는 음절의 소리 단위를 뜻한다.

[부록] 훈민정음 해례본　331

物而無所不通也。
물 이 무 소 불 통 야

　'두 글자(二字)를 합하여 사용하는 것(合用)'은, 'ㅗ'와 'ㅏ'가 'ㆍ'에서 같이 나왔으므로(同出) 합쳐져서 'ㅘ'가 된다. 'ㅛ'와 'ㅑ'가 또한 'ㅣ'에서 같이 나왔으므로 합쳐져서 'ㆇ'가 된다. 'ㅜ'와 'ㅓ'가 'ㅡ'에서 같이 나왔으므로 합쳐져서 'ㅝ'가 된다. 'ㅠ'와 'ㅕ'가 또한 'ㅣ'에서 같이 나왔으므로 합쳐져서 'ㆊ'가 된다. (두 글자가) 같이 나와서 짝(類)이 됨으로써 서로 합쳐져서 어긋나지 않았다.

　'한 글자로 된 중성(一字 中聲)'이 'ㅣ'와 서로 합쳐진 것은 열(十)이니, 'ㆎ, ㅢ, ㅚ, ㅐ, ㅟ, ㅔ, ㆉ, ㆌ, ㅒ, ㆋ, ㅖ'가 그것이다. '두 글자로 된 중성(二字 中聲)'이 'ㅣ'와 서로 합쳐진 것은 넷(四)이니, 'ㅙ, ㅞ, ㆇ, ㆋ'가 그것이다. 'ㅣ'가 깊거나(深) 얕거나(淺), 닫거나(闔) 열거나(闢) 하는 소리에 어울려서 능히 서로 따를 수 있는 것은, 그것이 혀가 펴지고 소리가 얕아서 입을 여는 데(開口)에 편하기 때문이다. 또한 사람(人)이 만물(物)을 여는(開) 데에 참여하여 통하지 않는 것이 없음을 가히 볼 수 있다.

## 2.4. 종성해(終聲解)

　'종성해(終聲解)'는 먼저 종성 글자의 개념과 그 소리를 한자로써 풀이하였다. 아울러 종성 소리의 완급(緩急), 팔종성법(八終聲法), 오음(五音)에 따른 종성 소리의 대립 관계 등, 종성에서 나타나는 음운학적 특징도 풀이하였다.

### 2.4.1. 종성의 개념과 종성 글자의 소리

終聲者　承初中而成字韻。　如卽字終聲是ㄱ　ㄱ居ㅈ終而爲즉。　洪字終
종 성 자　승 초 중 이 성 자 운　　여 즉 자 종 성 시 ㄱ　　ㄱ 거　종 이 위　　홍 자 종

聲是ㆁ　ㆁ居ퟛ終而爲ퟛ之類。　舌脣齒喉皆同。
성 시　　거　종 이 위　지 류　　설 순 치 후 개 동

　종성은 초성과 중성에 이어서 자운(字韻)을 이룬다. '즉자(卽字)'의 종성은 'ㄱ'인데, 'ㄱ'이 'ㅈ'의 끝에 있어서 '즉'이 된다. '홍자(洪字)'의 종성은 'ㆁ'인데 'ㆁ'이 '호'의 끝에 있어서 '홍'이 되는 따위이다. 설음, 순음, 치음, 후음도 모두 같다.

## 2.4.2. 종성의 특징

'종성 소리의 완급(緩急)', '종성의 표기법', '완급(緩急)에 따른 종성의 대립', '반설음 ㄹ의 종성 표기 방법' 등으로, 종성의 음운론적인 특징을 설명했다.

### (가) 종성의 완급

聲有緩急之殊　故平上去其終聲不類入聲之促急。　不淸不濁之字　其聲
성유완급지수　고평상거기종성불류입성지촉급　　불청불탁지자　기성

不屬　故用於終則宜於平上去　全淸次淸全濁之字　其聲爲屬　故用於終
불려　고용어종즉의어평상거　전청차청전탁지자　기성위려　고용어종

則宜於入。　所以ㆁㄴㅁㅇㄹㅿ六字爲平上去聲之終　而餘皆爲入聲之終也。
즉의어입　소이　　　　　　육자위평상거성지종　이여개위입성지종야

소리에는 느리고(緩) 빠른(急) 차이가 있으므로, 평성(平聲), 상성(上聲), 거성(去聲)은 그 종성이 입성(入聲)의 빠름(促急)과 같지 않다. 불청불탁(不淸不濁)의 글자는 그 소리가 세지 않으므로(不屬), 종성의 자리에 쓰이면 평성(平聲), 상성(上聲), 거성(去聲)에 알맞다. 전청(全淸), 차청(次淸), 전탁(全濁)의 글자는 그 소리가 세므로(屬), 종성에 쓰이면 입성(入聲)에 알맞다. 그러므로 'ㆁ, ㄴ, ㅁ, ㅇ, ㄹ, ㅿ'의 여섯 글자가 평성, 상성, 거성의 종성이 되고, 나머지 모두는 입성의 종성이 된다.

### (나) 종성 표기의 방법

然ㄱㆁㄷㄴㅂㅁㅅㄹ八字可足用也。　如빗곶爲梨花　영의갗爲狐皮　而ㅅ字
연　　　　　　　　팔자가족용야　　　여　　　위리화　　　　위호피　　이　자

可以通用　故只用ㅅ字。且ㅇ聲淡而虛　不必用於終　而中聲可得成音也。
가이통용　고지용자　차　성담이허　불필용어종　이중성가득성음야

ㄷ如ㅤㅂㅕㄷ爲彆　ㄴ如군爲君　ㅂ如업爲業　ㅁ如땀爲覃　ㅅ如諺語옷爲衣　ㄹ如
여　위별　　　여　위군　　여　위업　　여　위담　　여언어　위의　　여

諺語실爲絲之類。
언어　위사지류

그러나 'ㄱ, ㆁ, ㄷ, ㄴ, ㅂ, ㅁ, ㅅ, ㄹ'의 여덟 글자로 (종성에) 쓰는 데에 충분하다.

'빗곶(배꽃, 梨花)'과 '엿의갗(여우 가죽, 狐皮)'처럼 ('ㅈ, ㅿ, ㅊ'을) 'ㅅ'의 글자(字)로 통용할
수 있으므로 다만 'ㅅ'의 글자(字)를 사용한다. 또 'ㅇ'은 소리가 맑고(淡) 비어서(虛)[18],
('ㅇ'이) 반드시 종성에 쓰지 않아도 중성만으로도 가히 소리(음절, 音)를 이룰 수 있다.
'ㄷ'은 '볃'(彆)과 같으며, 'ㄴ'은 '군'(君)과 같으며, 'ㅂ'은 '업'(業)과 같으며, 'ㅁ'은 '땀'(覃)과
같으며, 'ㅅ'은 우리말인 '옷'(衣)과 같고, 'ㄹ'은 우리말인 '실'(絲)과 같은 따위이다.

### (다) 완급에 따른 종성의 대립

五音之緩急　亦各自爲對　如牙之ㆁ與ㄱ爲對　而ㆁ促呼則變爲ㄱ而急
오음지완급　역각자위대　여아지　여　위대　이　촉호즉변위　이급

ㄱ舒出則變爲ㆁ而緩　舌之ㄴㄷ　脣之ㅁㅂ　齒之ㅿㅅ　喉之ㅇㆆ　其緩急相
서출즉변위　이완　설지　순지　치지　후지　기완급상

對　亦猶是也。
대　역유시야

　　오음(五音)의 느리고 빠름(緩急)이 역시 각기 저절로 짝(對)을 이룬다. 아음(牙)의
'ㆁ'과 'ㄱ'이 짝을 이루는데, 'ㆁ'을 빨리 발음하면(促乎) ('ㆁ'이) 변하여 'ㄱ'이 되어
서 급(急)하고, 'ㄱ'을 천천히 내면(舒出) ('ㄱ'이) 변하여 'ㆁ'이 되어 느린(緩) 것과 같
다. 설음의 'ㄴ'과 'ㄷ', 순음의 'ㅁ'과 'ㅂ', 치음의 'ㅿ'과 'ㅅ', 후음의 'ㅇ'과 'ㆆ'은,
그 느리고(緩) 빠름(急)이 서로 짝이 되는 것이 역시 이와 같다.

### (라) 반설음 'ㄹ'의 종성 표기

且半舌之ㄹ　當用於諺　而不可用於文。　如入聲之彆字　終聲當用ㄷ　而
차반설지　당용어언　이불가용어문　여입성지별자　종성당용　이

俗習讀爲ㄹ　盖ㄷ變而爲輕也。　若用ㄹ爲彆之終　則其聲舒緩不爲入也。
속습독위　개　변이위경야　약용　위별지종　즉기성서완불위입야

　　또 반설음(半舌音)의 'ㄹ'은 우리말(諺)에만 (종성으로) 써야 하고 한문(文)에는 (종성
으로) 쓰지 못한다. 입성(入聲)인 '彆자'와 같은 것도 종성에 마땅히 'ㄷ'을 써야 하나

---

18) 담(淡), 허(虛) : '담(淡)'의 뜻은 '(빛깔이)엷다'나 '맑다'의 뜻으로 쓰이며, '허(虛)'는 '비다', '없
　　다'의 뜻으로 쓰인다. 따라서 '담(淡)'과 '허(虛)'는 음가(소릿값)가 없는 것을 이른 말이다.

속간(俗)의 습관(習)으로는 'ㄹ'로 읽는데, 대개 'ㄷ'이 변하여 가볍게(輕) 된 것이다. 만약 ㄹ을 '彆자'의 종성으로 쓴다면 그 소리가 느려서(舒緩) 입성이 되지 못한다.

## 2.5. 합자해(合字解)

'합자해(合字解)'에서는 '초성·중성·종성'을 합하여 음절 단위의 글자로 합치는 방법을 풀이하였다. 그리고 '초성·중성·종성'의 글자를 병서하는 방법과, 성조(聲調)와 방점(傍點)에 대하여 설명하였다.

### 2.5.1. 합자의 개념

初中終三聲　合而成字。
초　중　종　삼　성　　합　이　성　자

초성, 중성, 종성의 세 소리가 합쳐져서 글자를 이룬다.

### 2.5.2. 합자의 방법

初聲或在中聲之上　或在中聲之左。如君字ㄱ在ㅜ上　業字ㆁ在ㅓ左之類
초성혹재중성지상　혹재중성지좌　　여군자　재　　상　업자　재　좌지류
。中聲則圓者橫者在初聲之下　ㆍ ㅡ ㅗ ㅛ ㅜ ㅠ是也。縱者在初聲之右
　중성즉원자횡자재초성지하　　　　　　　　　　　시야　종자재초성지우
ㅣ ㅏ ㅑ ㅓ ㅕ是也。如吞字ㆍ在ㅌ下　卽字ㅡ在ㅈ下　侵字ㅣ在ㅊ右之類。
시야　　여탄자　재　하　즉자　재　하　침자　재　우지류
終聲在初中之下　如君字ㄴ在구下　業字ㅂ在어下之類。
종성재초중지하　여군자　재　하　업자　재　하지류

초성은 어떤 것은 중성의 위에 있고 어떤 것은 중성의 왼쪽에 있는데, '君(군)字'의 'ㄱ'이 'ㅜ'의 위에 있고 '業(업)字'의 'ㆁ'이 'ㅓ'의 왼쪽에 있는 따위와 같다.
　중성은, 둥근 것(圓者)과 가로로 그은 것(橫者)은 초성의 아래에 있는데, 'ㆍ, ㅡ, ㅗ, ㅛ, ㅜ, ㅠ'가 그것이다. 세로로 그은 것(縱者)은 초성의 오른쪽에 있는데, 'ㅣ, ㅏ, ㅑ, ㅓ, ㅕ'가 그것이다. '呑(탄)字'의 'ㆍ'가 'ㅌ'의 아래에 있으며, '卽(즉)字'의 'ㅡ'가

‘ㅈ’의 아래에 있으며, ‘侵(침)자’의 ‘ㅣ’가 ‘ㅊ’의 오른쪽에 있는 따위와 같다.

종성은 초성과 중성의 아래에 있는데, ‘君(군)자’의 ‘ㄴ’이 ‘구’의 아래에 있으며 ‘業(업)자’의 ‘ㅂ’이 ‘어’의 아래에 있는 따위와 같다.

### 2.5.3. 합용 병서와 각자 병서

初聲二字三字合用竝書 如諺語 ·싸爲地 딱爲隻 ·뜸爲隙之類。 各自
초성이자삼자합용병서 여언어 위지 위척 위극지류 각자

竝書 如諺語 ·혀爲舌而 ·햐爲引 괴·여爲我愛人而 괴·ᅇᅧ爲人愛我 소·
병서 여언어 위설이 위인 위아애인이 위인애아

다爲覆物而 ·쏘·다爲射之之類。 中聲二字三字合用 如諺語 ·과爲琴柱
위복물이 위사지지류 중성이자삼자합용 여언어 위금주

·홰爲炬之類。 終聲二字三字合用 如諺語 흙爲土 ·낛爲釣 돐·빼爲酉
위거지류 종성이자삼자합용 여언어 위토 위조 위유

時之類。 其合用竝書 自左而右 初中終三聲皆同。
시지류 기합용병서 자좌이우 초중종삼성개동

초성으로서 두 자나 세 자를 합쳐서 사용하여 나란히 쓰는 것(합용 병서, 合用竝書)은, 우리말(諺語)의 ‘·싸(땅, 地), 딱(짝, 隻), ·뜸(틈, 隙)’ 따위와 같다. 낱낱의 글자를 나란히 쓰는 것(각자 병서, 各自竝書)은 우리말(諺語)의 ‘·혀(혀, 舌)’에서 ‘·햐(끌다, 引)’[19], ‘괴·여(我愛人)’[20]에서 ‘괴·ᅇᅧ(人愛我)’[21]’, ‘소·다(쏟다, 覆物)’[22]에서 ‘·쏘·다(쏘다, 射之)’[23] 따위와 같다. 중성으로서 두 자나 석 자를 합쳐서 사용하는 것(合用)은, 우리말의 ‘·과(琴柱)’[24]나 ‘·홰(炬)’[25] 따위와 같다. 종성으로서 두 자나 석 자를 합쳐서 사용하는 것(合用)은, 우리말의 ‘흙(흙, 土), ·낛(낚시, 釣), 돐·빼(닭때, 酉時)’ 따위와 같다.

---

19) 햐 : ‘햐(끌다, 引)- + -어(연어)’로 분석되는 타동사이다.
20) 괴여(我愛人) : ‘괴(사랑하다, 愛)- + -여(← -어 : 연어)’로 분석되는 타동사이다. 그리고 ‘我愛人’은 ‘내가 남을 사랑하다’라는 뜻으로 쓰였는데, 이는 ‘괴여’가 능동사(= 타동사)로 쓰였음을 나타낸다.
21) 괴ᅇᅧ(人愛我) : ‘[괴(사랑하다, 愛)- + -Ø(← -이- : 피접)-]- + -ᅇᅧ(← -어 : 연어)’로 분석되는 피동사이다. 그리고 ‘人愛我’은 ‘남이 나를 사랑하다(= 내가 남에게 사랑을 받다)’의 뜻으로 쓰였는데, 이는 ‘괴ᅇᅧ’가 피동사로 쓰였음을 나타낸다.
22) 소다 : ‘솓(쏟다, 覆物)- + -아(연어)’로 분석되는 타동사이다.
23) 쏘다 : ‘쏘(쏘다, 射之)- + -다(평종)’으로 분석되는 타동사이다.
24) 금주(琴柱) : 거문고, 가야금 따위 현악기의 현(絃)을 괴는 작은 받침이다.
25) 홰(炬) : 횃불. ‘홰에 켠 불’이다.

왼쪽에서 오른쪽으로 글자를 합쳐서 사용하여 나란히 쓰는 것(合用竝書)은 초성·중성·종성의 세 소리(三聲)가 모두 같다.

### 2.5.4. 낱글자가 홀로 쓰이는 예

> 文與諺雜用則有因字音而補以中終聲者　如孔子ㅣ魯ㅅ:사룜之類。
> 문 여 언 잡 용 즉 유 인 자 음 이 보 이 중 종 성 자　여 공 자　로　지 류

한자(文)와 우리말(諺)이 섞여 쓰이면, 글자의 소리(字音)에 따라서 중성이나 종성을 보태는(補) 경우가 있는데, '孔子ㅣ 魯ㅅ:사룜' 따위와 같다.

### 2.5.5. 방점

> 諺語平上去入　如활爲弓而其聲平　:돌爲石而其聲上　·갈爲刀而其聲去
> 언 어 평 상 거 입　여 위 궁 이 기 성 평　위 석 이 기 성 상　위 도 이 기 성 거
>
> ·붇爲筆而其聲入之類。　凡字之左　加一點爲去聲　二點爲上聲　無點爲平
> 위 필 이 기 성 입 지 류　범 자 지 좌　가 일 점 위 거 성　이 점 위 상 성　무 점 위 평
>
> 聲。　而文之入聲　與去聲相似。　諺之入聲無定　或似平聲　如긷爲柱　녑
> 성　이 문 지 입 성　여 거 성 상 사　언 지 입 성 무 정　혹 사 평 성　여 위 주
>
> 爲脅。　或似上聲　如:낟 爲穀　:깁爲繒。　或似去聲　如·몯爲釘　·입爲口之
> 위 협　혹 사 상 성　여 위 곡　위 증　혹 사 거 성　여 위 정　위 구 지
>
> 類。　其加點則與平上去同。　平聲安而和　春也　萬物舒泰　上聲和而舉
> 류　기 가 점 즉 여 평 상 거 동　평 성 안 이 화　춘 야　만 물 서 태　상 성 화 이 거
>
> 夏也　萬物漸盛。　去聲舉而壯　秋也　萬物成熟。　入聲促而塞　冬也　萬
> 하 야　만 물 점 성　거 성 거 이 장　추 야　만 물 성 숙　입 성 촉 이 색　동 야　만
>
> 物閉藏。
> 물 폐 장

우리말(諺語)의 평성(平聲), 상성(上聲), 거성(去聲), 입성(入聲)은, '활(활, 弓)'은 그 성(聲)이 평성(平聲)이며, ':돌(돌, 石)'은 그 성(聲)이 상성(上聲)이며, '·갈(칼, 刀)'은 그 성(聲)이 거성(去聲)이며, '·붇(붓, 筆)'은 그 성(聲)이 입성(入聲)인 따위와 같다. 무릇 글자의 왼쪽에 한 점(點)을 찍으면(加) 거성이요, 두 점이면 상성이요, 점이 없으면 평성이다.

한자(文)의 입성은 거성과 서로 비슷하지만(相似), 우리말의 입성은 정해지지 않았다.(無定) (우리말의 입성은) 어떤 것은 평성과 비슷하여 '긷(기둥, 柱)'이나 '녑(옆구리,

脅)'과 같다. 어떤 것은 상성과 비슷하여 ':낟(곡식, 穀)'이나 ':깁(비단, 繒)'과 같다. 어떤 것은 거성과 비슷하여 '·몯(못, 釘)'이나 '·입(입, 口)'과 같은 따위이다. (입성에) 그 점을 찍는 방법은 평성, 상성, 거성과 같다.

평성은 편안하고 부드러워서(安而和) (계절로는) 봄(春)이며, 만물이 서서히 피어난다(舒泰). 상성은 부드럽고 높아서(和而去) (계절로는) 여름(夏)이며, 만물이 점점 무성하다(漸盛). 거성은 높고 씩씩해서(去而壯) (계절로는) 가을(秋)이며, 만물이 무르익는다(成熟). 입성은 빠르고 막히니(促而塞) (계절로는) 겨울(冬)이며, 만물이 드러나지 않게 감추어진다(閉藏).

## 2.5.6. 합자해의 붙임 규정

여기서는 합자해에 첨부한 기타의 규정을 소개하였다. 곧, 'ㆆ'과 'ㅇ'의 음가가 유사함, 'ㄹ' 소리가 '반설 경음'과 '반설 중음'으로 구분됨, 그리고 '기'와 '긔' 따위의 글자의 특수한 글자의 사용에 대하여 설명하였다.

### (가) 'ㆆ'과 'ㅇ'의 통용

初聲之ㆆ與ㅇ相似　於諺可以通用也。
초 성 지 여 상 사 　어 언 가 이 롱 용 야

초성의 'ㆆ'과 'ㅇ'은 서로 비슷해서(相似), 우리말에서 통용(通用)할 수 있다.

### (나) '반설 경음(半舌輕音)'과 '반설 중음(半舌重音)'

半舌有輕重二音。　然韻書字母唯一　且國語雖不分輕重　皆得成音。　若
반 설 유 경 중 이 음 　연 운 서 자 모 유 일 　차 국 어 수 불 분 경 중 　개 득 성 음 　약

欲備用　則依脣輕例　ㅇ連書ㄹ下　爲半舌輕音　舌乍附上腭。
욕 비 용 　즉 의 순 경 례 　련 서 　하 　위 반 설 경 음 　설 사 부 상 악

반설음(半舌音)은 가볍고(輕) 무거운(重) 두 가지의 소리가 있다. 그러나 운서(韻書)의 자모(字母)에서는 (반설음이) 오직 하나이고, 또 우리말(國語)에서도 비록 가벼움과 무거움을 구분하지 않더라도 모두 소리를 이룰 수가 있다. 만일 (우리말에서 가벼운

반설음과 무거운 반설음을) 갖추어서 쓰려면, 순경음(脣輕音)의 예에 따라서 'ㅇ'을 'ㄹ'의 아래에 이어서 쓰면(連書) 반설경음(半舌輕音, ·ᄛ·)이 되는데, (·ᄛ·은 발음할 때에) 혀가 윗잇몸(上腭)에 잠깐(乍) 닿는다(附).

### (다) 'ㄱㅣ'와 'ㄱㅡ' 따위의 글자

·ㅡ起ㅣ聲 於國語無用。 兒童之言 邊野之語 或有之 當合二字而用
기 성 어국어무용    아동지언   변야지어    혹유지   당합이자이용

如ㄱㅣㄱㅡ之類。 其先縱後橫 與他不同。
여    지류    기선종후횡   여타부동

'ㅣ'에서 일어나는 '·'와 'ㅡ'의 소리는 우리말(國語)에는 쓰이지 않는다. 그러나 아이(兒童)의 말이나 변두리(邊野)의 말에 간혹 (이들 소리가) 있으며, 이 경우에는 두 글자를 합하여 쓰는데, 'ㄱㅣ'와 'ㄱㅡ'의 따위와 같다. (이들 글자를 적을 때에) 먼저 세로(縱)로 그은 다음에 가로(橫)로 긋는 것은 다른 글자와는 다르다.

## 2.6. 용자례(用字例)

용자례(用字例)에서는 초성, 중성, 종성의 글자가 쓰인 94개 단어의 예를 제시했다.

### 2.6.1. 초성의 용자례

初聲 ㄱ 如:감爲柿 ·골爲蘆。 ㅋ 如우·케爲未春稻 콩 爲大豆。 ㆁ 如
초성      여   위시   위로        여        위미용도          위대두            여

러·울爲獺 서·에爲流澌。 ㄷ 如·뒤爲茅 ·담爲墻。 ㅌ 如고·티爲繭 두텁
    위달      위류시       여   위모   위장        여        위견        

爲蟾蜍。 ㄴ 如노로爲獐 납爲猿。 ㅂ 如ᄫ·ㅣ爲臂 :벌爲蜂。 ㅍ ·如파爲葱
위섬서      여     위장   위원        여       위비   위봉        여     위총

·풀爲蠅。 ㅁ 如:뫼爲山 ·마爲薯蕷。 ㅸ 如사·ᄫㅣ爲蝦 드·ᄫㅣ爲瓠。 ㅈ 如·
위승      여   위산     위서여        여        위하          위호        여

자爲尺 죠·ㅎㅣ爲紙。 ㅊ 如·체爲籭 ·채爲鞭。 ㅅ 如·손爲手 :셤爲島。
위척       위지        여   위록   위편        여   위수    위도

ㆆ 如·ᄫ형爲鵂鶹 ·힘爲筋。 ㅇ 如·비육爲鷄雛 ·ᄇ얌爲蛇。 ㄹ 如·무뤼
여          위휴류    위근        여        위계추        위사        여

爲雹 어·름爲氷。 △ 如아스爲弟 :너시爲鴇。
위 박 　 위 빙 　 　 여 아스 위 제 　 　 위 보

초성(初聲) 'ㄱ'은 '·감(柿), ·골(蘆)'과 같다. 'ㅋ'은 '우·케(未春稻), 콩(大豆)'과 같다. 'ㆁ'은 '러·울(獺), 서·에(流澌)'와 같다. 'ㄷ'은 '·뒤(茅), ·담(墻)'과 같다. 'ㅌ'은 '고·티(繭), 두텁(蟾蜍)'과 같다. 'ㄴ'은 '노로(獐), 납(猿)'과 같다. 'ㅂ'은 '블(臂), :벌(蜂)'과 같다. 'ㅍ'은 '·파(葱), ·폴(蠅)'과 같다. 'ㅁ'은 ':뫼(山), ·마(薯藇)'와 같다. 'ㅸ'은 '사·비(蝦), 드·븨(瓠)'와 같다. 'ㅈ'은 '·자(尺), 죠·히(紙)'와 같다. 'ㅊ'은 '·체(籭), ·채(鞭)'와 같다. 'ㅅ'은 '·손(手), :셤(島)'과 같다. 'ㆆ'은 '·부헝(鵂鶹), ·힘(筋)'과 같다. 'ㅇ'은 '·비육(鷄雛), ·ㅂ얌(蛇)'과 같다. 'ㄹ'은 '·무뤼(雹), 어·름(氷)'과 같다. 'ㅿ'은 '아스(弟), :너시(爲鴇)'와 같다.

## 2.6.2. 중성의 용자례

中聲 ·　如·툭爲頤 ·풋爲小豆 ᄃᆞ리爲橋 ·ᄀ래爲楸。 ━ 如·믈爲水
중성 　 여 위 이 　 위 소두 　 위 교 　 　 위 추 　 　 여 위 수
·발·측爲跟 그력爲鴈 드·레爲汲器。 ㅣ 如·깃爲巢 :밀爲蠟 ·피爲稷 ·
위 근 　 위 안 　 위 급기 　 　 여 위 소 　 위 랍 　 위 직
키爲箕。 ㅗ 如·논爲水田 ·톱爲鉅 호·미爲鉏 벼·로爲硯 。 ㅏ 如·밥爲
위 기 　 여 위 수전 　 위 거 　 위 서 　 위 연 　 　 여 위
飯 ·낟爲鎌 이·아爲綜 사·슴爲鹿。 ㅜ 如숫爲炭 ·울爲籬 누·에爲蚕
반 　 위 겸 　 위 종 　 위 록 　 　 여 위 탄 　 위 리 　 위 잠
구·리爲銅。 ㅓ 如브섭爲竈 :널爲板 서·리爲霜 버·들爲柳。 ㅛ 如:죵爲
위 동 　 여 위 조 　 위 판 　 위 상 　 위 류 　 　 여 위
奴 ·고욤爲梬 ·쇼爲牛 삽됴爲蒼朮菜。 ㅑ 如남샹爲龜 약爲鼆鼊 다·야
노 　 위 영 　 위 우 　 위 창출채 　 　 여 위 구 　 위 구벽 　 　
爲匜 자감爲蕎麥皮。 ㅠ 如율믜爲薏苡 쥭爲飯棗 슈·룹爲雨繖 쥬련爲帨。
위 　 위 교맥피 　 여 위 의이 　 위 반 　 위 우산 　 위 세
ㅕ 如·엿爲飴餹 ·뎔爲佛寺 ·벼爲稻 :져비爲燕。
여 위 이당 　 위 불사 　 위 도 　 위 연

중성(中聲)인 '·'는 '·툭(頤), ·풋(小豆), ᄃᆞ리(橋), ·ᄀ래(楸)'와 같다. '━'는 '·믈(水), ·발·측(跟), 그력(鴈), 드·레(汲器)'와 같다. 'ㅣ'는 '·깃(巢), :밀(蠟), ·피(稷), ·키(箕)'와 같다. 'ㅗ'는 '·논(水田), ·톱(鉅), 호·미(鉏), 벼·로(硯)'와 같다. 'ㅏ'는 '·밥(飯), ·낟(鎌), 이·아(綜), 사·슴(鹿)'과 같다. 'ㅜ'는 '숫(炭), ·울(籬), 누·에(蚕), 구·리(銅)'와 같다. 'ㅓ'는 '브섭

340　[부록] 훈민정음 해례본

(竈), :널(板), 서·리(霜), 버·들(柳)'과 같다. 'ㅛ'는 ':죵(奴), ·고욤(梬), ·쇼(牛), 삽됴(蒼朮菜)'와 같다. 'ㅑ'는 '남샹(龜), 약(鼊龜), 다·야(匜), 쟈감(蕎麥皮)'과 같다. 'ㅠ'는 '율믜(薏苡), 쥭(飯東), 슈·룹(雨繖), 쥬런(帨)'과 같다. 'ㅕ'는 '·엿(飴餹), ·뎔(佛寺), ·벼(稻), :져비(燕)'와 같다.

### 2.6.3. 종성의 용자례

종성(終聲) 'ㄱ'은 '닥(楮), 독(甕)'과 같다. 'ㆁ'은 ':굼벙(蠐螬), ·올챵(蝌蚪)'과 같다. 'ㄷ'은 '·갇(笠), 싣(楓)'과 같다. 'ㄴ'은 '·신(屨), ·반되(螢)'와 같다. 'ㅂ'은 '섭(薪), ·굽(蹄)'과 같다. 'ㅁ'은 ':범(虎), :심(泉)'과 같다. 'ㅅ'은 ':잣(海松), ·못(池)'과 같다. 'ㄹ'은 '·돌(月), :별(星)' 따위와 같다.


# 3. (鄭麟趾 序)


'정인지 서(鄭麟趾 序)'에서는 세종대왕이 훈민정음을 창제한 동기와 목적을 자세히 밝히고, 한글의 우수성을 설명하였다. 아울러 세종의 명에 따라서 집현전 학사들이 해례를 짓게 된 경위를 밝혔다.

### (가) 말과 글의 관련성

焉。　蓋外國之語　有其聲而無其字　假中國之字以通其用　是猶枘鑿之鉏
언　　개외국지어　유기성이무기자　　가중국지자이통기용　　시유예조지서

鋙也。　豈能達而無礙乎。　要皆各隨所處而安　不可强之使同也。
어야　　기능달이무애호　　요개각수소처이안　　불가강지사동야

　　천지 자연의 소리(聲)가 있으면 천지 자연의 글(文)이 있습니다. 그러므로 옛 사람
들은 소리(聲)를 바탕으로(因) 글자를 만들어, 글자로써 만물의 정(情)을 통하고, 글자
로써 (天地人) 삼재(三才)의 도(道)를 (책에) 실음으로써, 후세 사람들(後世)이 (글자를)
바꿀(易) 수 없었습니다.

　　그러나 사방의 풍토(風土)가 다르고, 소리(聲)의 기운(氣)도 역시 풍토를 따라서 다
릅니다. 대개 (중국 외의) 외국의 말은 그 소리가 있으나 글자가 없어서 중국의 글자
를 빌려 와서 그 쓰임(用)을 통(通)하였는데, 이것은 마치 모난 자루(枘)와 둥근 구멍
(鑿)[1]처럼 (서로) 틀어져서 어긋나는(鉏鋙) 것과 같습니다. 어찌 능히 통달(達)하는 데
에 막힘(礙)이 없겠습니까? 요컨대 모두 각기 그 처(處)해 있는 바를 좇아서 편리하게
(安) 할 것이요, 억지로 같게 할 수가 없는 것입니다.

### (나) 한문과 이두 사용의 불편함

吾東方禮樂文章　侔擬華夏。　但方言俚語　不與之同。　學書者患其旨趣
오동방례악문장　모의화하　　단방언리어　　불여지동　　학서자환기지취

之難曉　治獄者病其曲折之難通。　昔新羅薛聰　始作吏讀　官府民間　至今
지난효　치옥자병기곡절지난통　　석신라설총　　시작리두　　관부민간　　지금

行之。　然皆假字而用　或澁或窒。　非但鄙陋無稽而已　至於言語之間　則
행지　　연개가자이용　　혹삽혹질　　비단비루무계이이　　지어언어지간　　즉

不能達其萬一焉。
불능달기만일언

　　우리 동방(東方)의 예악(禮樂)과 문장(文章)은 중국(華夏)에 비해서(擬) 비슷합니다
(侔). 오직 방언(方言)[2]과 이어(俚語)[3]만은 (중국과) 같지 않습니다. (그러므로) 글을 배

---

1) 枘鑿之鉏鋙(예조지서어) : '예조(枘鑿)'는 '방예원조(方枘圓鑿)'의 준말인데, '모난 자루와 둥
　　근 구멍이라는 뜻으로, 사물이 서로 맞지 않음을 이르는 말이다. '서어(鉏鋙)'는 서로 어긋남
　　을 이른다. 枘(자루 예), 鑿(구멍 조), 鉏(어긋날 서), 鋙(어긋날 어).
2) 방언(方言) : 우리말. 중국인들이 자신들이 쓰는 중국어 이외에 다른 지역에서 쓰는 외국말을

우는 사람은 그 뜻(旨趣)을 깨닫기(曉)가 어려운 것을 걱정하고, 옥사(獄事)를 다스리는 사람은 그 곡절(曲折)을 통하기 어려운 것을 괴로워합니다.

옛날에 신라의 설총(薛聰)4)이 처음으로 이두(吏讀)5)를 만들어서 관청(官府)과 민간(民間)에서 지금까지 사용했습니다. 그러나 모두 (한자에서) 글자를 빌려 와서 사용했으므로, 껄끄럽거나 막혔습니다. 그리고 (이두는) 단지 비루(鄙陋)하고 근거가 없을(無稽) 뿐이어서, 언어를 실제로 사용하는 데(言語之間)에 이르러서는 그 만분의 일도 통달하지 못했습니다.

### (다) 훈민정음 글자의 창제 과정과 우수성

> 癸亥冬　我殿下創制正音二十八字　略揭例義以示之　名曰訓民正音。
> 계해동　아전하창제정음이십팔자　략게례의이시지　명왈훈민정음
>
> 象形而字倣古篆　因聲而音叶七調。　三極之義　二氣之妙　莫不該括。　以
> 상형이자방고전　인성이음협칠조　삼극지의　이기지묘　막불해괄　이
>
> 二十八字而轉換無窮　簡而要　精而通。　故智者不終朝而會　愚者可浹旬
> 이십팔자이전환무궁　간이요　정이통　고지자부종조이회　우자가협순
>
> 而學。　以是解書　可以知其義。　以是聽訟　可以得其情。　字韻則清濁之
> 이학　이시해서　가이지기의　이시청송　가이득기정　자운즉청탁지
>
> 能辨　樂歌則律呂之克諧。　無所用而不備　無所往而不達。　雖風聲鶴唳
> 능변　악가즉률려지극해　무소용이불비　무소왕이부달　수풍성학려
>
> 鷄鳴狗吠　皆可得而書矣。
> 계명구폐　개가득이서의

---

이르던 말이다. 여기서는 우리말로 번역한다.

3) 이어(俚語) : 사투리. 원래는 항간(巷間)에 떠돌며 쓰이는 속된 말을 가리키는데, 여기서는 중국어를 높이고 우리말을 낮추어서 표현한 것이다.

4) 설총(薛聰) : 신라 경덕왕 때의 학자(655~?)이다. 국학(國學)에서 학생들을 가르쳐 유학의 발전에 공헌하였으며, 이두(吏讀)를 정리하고 집대성하였다.

5) 이두(吏讀) : 한자의 음과 뜻을 빌려 우리말을 적는 표기법이다. 신라 때에 발달한 것으로, 넓은 의미로는 향찰, 구결 및 삼국 시대의 고유 명사 표기 따위의 한자 차용 표기법들을 통틀어 이르는 말로 쓴다. 그러나 일반적으로는 한문의 어순을 국어의 문장 구성법에 따라 고치고 이에 토를 붙인 것을 이른다. 『대명률직해』(大明律直解)나 최만리(崔萬理)의 '훈민정음 창제 반대 상소문', 『훈민정음』(해례본)의 '정인지 서' 등 여러 문헌에도 설총이 이두를 만든 것으로 기록하고 있다. 그러나 실제로는 이두의 표기가 보이는 경주의 '남산 신성비(南山新城碑)'가 591년에 건립된 사실 등의 사실로 미루어 보아서 설총이 이두를 처음으로 만들었다는 것은 인정할 수 없게 되었다. 다만, 설총이 기존의 한자 차용 표기법을 집대성하여서 그 이후에 있었던 한자 차용 표기법의 발달에 크게 기여한 것으로 보인다.

계해년(癸亥年) 겨울6)에 우리 전하(殿下)께서 정음(正音) 스물 여덟 글자를 창제하시고, 간략하게 그 '예의(例義)7)'를 들어 보이시고, 이름을 지어 이르되 '훈민정음(訓民正音)'이라고 하셨습니다.

(사물을) 상형(象形)하되, 글자는 고전(古篆)8)을 본떴고(倣), 소리(聲)를 바탕으로 하였으므로, 그 음(音)은 칠조(七調)9)에 맞습니다. 그리고 삼극(三極)10)의 뜻과 이기(二氣)11)의 묘(妙)가 다 포함되지(該括) 않은 것이 없습니다. 스물 여덟 글자로써 전환(轉換)이 무궁(無窮)하며, 간략하면서도 요긴(要)하고, 정밀(精)하고도 두루 통(通)합니다.

[ 小篆 ]

따라서 지혜로운 사람은 아침이 끝나기 전에 이해하며(會), 어리석은 사람이라도 열흘(浹旬)12)이면 배울 수 있습니다. 이 (글)로써 글(한문, 書)을 풀이하면, 그 뜻(義)을 알 수 있습니다. 이 (글)로써 송사(訟事)를 들으면, 가히 그 사정(情)을 알 수 있습니다.

자운(字韻)13)에서는 곧 청탁(淸濁)14)이 능히 변별되고, 악가(樂歌)15)에서는 율려(律

---

6) 계해년 동(癸亥年 冬): 세종 25년의 음력 12월이다.(양력으로 환산하면 1444년 1월이다.) 그 동안 세종이 측근들과 함께 비공개적으로 창제하여 완성한 훈민정음의 글자와 사용법을 이 때에 세상에 공개한 것을 이른다.

7) 예의(例義): '예(例)'는 훈민정음 글자의 모양을 제시하고 글자의 소리를 한자로 예시한 것을 뜻한다. 그리고 '의(義)'는 훈민정음 글자의 사용법인 '종성법, 연서법, 병서법, 부서법, 성음법, 사성법' 등에 대한 규정을 이른다.

8) 고전(古篆): '옛날의 전자(篆字)'를 이른다. '전자(篆字)'는 한자(漢字) 서체의 하나로서 '예서(隷書)' 이후에 여러 체가 발명되기 전에 있었던 가장 오랜 서체이다. '전자(篆字)'는 좌우가 한결같이 고르고 자형이 방정(方正)하고 필획이 균등하게 되어 있어서 흔히 '방형자(方形字)'라고 한다. 참고로 '전자(篆字)'에는 '대전(大篆)'과 '소전(小篆)'의 두 가지가 있는데, 대전(大篆)은 주(周)나라 때에 행(行)해진 것이고, 소전(小篆)은 진(秦)나라 시황제(始皇帝) 때에 이사(李斯)가 대전(大篆)을 간략화한 것이라고 한다. 일반적으로 '전서(篆書)'라고 하면 흔히 '소전(小篆)'을 이른다.(본문의 '皇'의 그림 참조.) 여기서 훈민정음의 글자가 '전자'를 모방했다는 것은 훈민정음의 자형이 '전자'처럼 네모 반듯함을 이른 것으로 보인다.

9) 칠조(七調): 음악의 칠조(七調)를 이른 것이다. 곧 음악의 가락은 '궁(宮), 상(商), 각(角), 치(徵), 우(羽)'의 오음(五音)에다가 '반상(半商)'과 '반치(半徵)'를 포함시킨 것이다. 훈민정음의 글자 체계의 기반이 되는 음운 체계는 '아음(牙音), 설음(舌音), 순음(脣音), 치음(齒音), 후음(喉音)'의 오음(五音)에다가 '반설음(半舌音), 반치음(半齒音)'의 이음(二音)이 추가된 것이다. 여기서 '칠조에 맞다'라는 것은 훈민정음의 글자 체계가 음악의 칠조(七調)와 잘 어울린다는 것이다.

10) 삼극(三極): '천지인(天地人)', 곧 '하늘, 땅, 사람'을 이른다.

11) 이기(二氣): '음(陰)'과 '양(陽)'을 이른다.

12) 협순(挾旬/浹旬): 열흘 동안. 십간(十干)을 날짜에 배당하여 갑(甲)에서부터 마지막 계(癸)에 이르는 날수를 뜻한다

13) 자운(字韻): '자운(字韻)'은 원래 '하나의 음절을 구성하는 한자의 음(소리)'이다. 여기서는 훈민정음 글자의 초성, 중성, 종성이 모여서 나타내는 음절의 소리 단위를 뜻한다.

呂)16)가 잘 어울립니다(諧). (글자를) 쓰는 데에 갖추어지지 않는 것이 없고, 나아가서 (往) 통달하지 않는 바가 없습니다. 비록 바람 소리(風聲)와 학(鶴)의 울음(唳), 닭이 홰를 치면서 우는 소리(鳴)와 개가 짖는 소리(吠)일지라도 모두 적을 수 있습니다.

### (라) 『훈민정음』의 편찬자 소개

遂命詳加解釋 以喩諸人。 於是臣與集賢殿 應敎臣崔恒 副校理臣朴彭年
수명상가해석 이유제인 어시신여집현전 응교신최항 부교리신박팽년

臣申叔舟 修撰臣成三問 敦寧府注簿姜希顔 行集賢殿副修撰臣李塏 臣李善
신신숙주 수찬신성삼문 돈녕부주부신강희안 행집현전부수찬신이개 신이선

老等 謹作諸解及例 以敍其梗槪。 庶使觀者不師而自悟。 若其淵源精義
로등 근작제해급례 이서기경개 서사관자불사이자오 약기연원정의

之妙 則非臣等之所能發揮也。
지묘 즉비신등지소능발휘야

드디어 (전하께서) 상세하게 해석을 붙이어 여러 사람을 깨우치라고 명하셨습니다. 이에 신(臣)17)이 집현전(集賢殿)의 응교(應敎)18)인 최항(崔恒)19), 부교리(副校理)20)인 박팽년(朴彭年)21)과 신숙주(申叔舟)22), 수찬(修撰)23)인 성삼문(成三問)24), 돈령부(敦寧

---

14) 청탁(淸濁) : 초성(닿소리)의 청음(淸音)과 탁음(濁音)을 아울러서 이르는 말이다. 운서(韻書)에서는 초성을 소리내는 방법에 따라서 '전청(全淸), 차청(次淸), 전탁(全濁), 불청불탁(不淸不濁)'으로 분류하였는데, 훈민정음의 글자에서는 이러한 청탁의 특징이 잘 구분되고 있다는 것이다.

15) 악가(樂歌) : 악곡(樂曲) 또는 악장(樂章)에 따라 부르는 노래이다.

16) 율려(律呂) : 국악에서, 음악이나 음성의 가락을 이르는 말이다. '율(律)의 음'과 '여(呂)의 음'이라는 뜻에서 나온 말이다. 곧 십이율(十二律)의 양률(陽律)인 육률(六律)과 음려(陰呂)인 육려(六呂)를 통틀어 율려(律呂)라고 일컫는다. 육률은 황종(黃鐘), 태주(太簇), 고선(姑洗), 유빈(蕤賓), 이칙(夷則), 무역(無射)이고, 육려는 대려(大呂), 협종(夾鐘), 중려(中呂), 임종(林鐘), 남려(南呂), 응종(應鐘)인데, 십이율의 기수번(奇數番)이 율(律)이고, 우수번(偶數番)이 여(呂)가 된다.

17) 신(臣) : '해례'의 대표 저술자인 '정인지(鄭麟趾)'가 자기를 낮추어 일컫는 말이다.

18) 응교(應敎) : 조선 시대에, 홍문관에 속하여 학문 연구와 교명(敎命) 제찬(制撰)에 관한 일을 맡아보던 정사품 벼슬이다. 경연관의 일원이 되기도 하였는데, 홍문관 직제학 이하 교리 가운데서 겸하였다.

19) 최항(崔恒) : 조선 전기의 문신·학자로서(1409~1474), 영의정을 지냈다. 훈민정음 창제에 공을 세웠으며 실록 편찬에 참여하고 『경국대전』(經國大典), 『동국통감』(東國通鑑)을 찬정(撰定)하였다.

20) 부교리(副校理) : 조선 시대에, 홍문관에 속한 종오품 벼슬. 또는 그 벼슬아치이다.

府)25)의 주부(主簿)26)인 강희안(姜希顔)27), 행집현전 부수찬(行集賢殿副修撰)28)인 이개
(李塏)29)와 이선로(李善老)30) 등과 삼가 여러 가지 '해(解, 풀이)'31)와 '예(例, 보기)32)'를
지어서, 그 (글자에 대한) 줄거리(梗槪)를 서술하였습니다.

　　보는 사람으로 하여금 스승이 없어도 스스로 깨우치게 하고 싶었습니다(庶). 만약
그 연원(淵源)과 정밀한 뜻(精義)이 오묘하다면, (그것은) 신(臣) 등이 발휘(發揮)할 수
있는 것이 아니었습니다.

---

21) 박팽년(朴彭年) : 조선 세종 때의 집현전 학자이다(1417~1456). 사육신의 한 사람으로, 세조
　　가 단종을 내쫓고 왕위를 빼앗자 상왕(上王)의 복위를 꾀하다 처형되었다.
22) 신숙주(申叔舟) : 조선 초기의 문신이다(1417~1475). 훈민정음 창제에 공을 세웠으며, 〈세
　　조실록〉의 편찬에 참여하고 『동국통감』(東國通鑑)과 『오례의』(五禮儀)를 편찬하였다.
23) 수찬(修撰) : 조선시대에 홍문관(弘文館)에 두었던 정육품(正六品) 관직으로 정원은 2원이다.
　　문한(文翰)을 편수(編修)하는 일을 맡았고, 부수찬(副修撰, 從六品)과 함께 지제교(知製敎,
　　왕이 내리는 교서(敎書)의 글을 짓는 사람)를 겸임하였다.
24) 성삼문(成三問) : 조선 세종 때의 문신이다(1418~1456). 집현전 학사로 세종을 도와 〈훈민
　　정음〉을 창제하였다. 사육신(死六臣)의 한 사람으로, 세조 원년에 단종의 복위를 꾀하다가
　　실패하여 처형되었다. 저서에 『성근보집』(成謹甫集)이 있다.
25) 돈령부(敦寧府) : 조선 시대에, 왕실 친척들의 친목을 위한 사무를 맡아보던 관아이다. 태종
　　14년(1414년)에 처음 설치하였다가 고종 31년(1894년)에 종정부(宗正府)에 합쳤다.
26) 주부(主簿) : 조선시대 관서의 문서와 부적(符籍)을 주관하던 종6품 관직이다.
27) 강희안(姜希顔) : 조선 세조 때의 문신 · 서화가이다(1418~1465). 집현전 직제학, 인수 부윤
　　(仁壽府尹) 따위를 지냈다. 당시에 시(詩) · 서(書) · 화(畫)의 삼절(三絶)로 이름이 높았으며,
　　북송의 화풍을 이어받았다. 작품에 『산수인물도』(山水人物圖) 따위가 있다.
28) 행집현전 부수찬(行集賢殿副修撰) : '행(行)-'은 조선 시대에, 관계(官階)가 높고 관직이 낮은
　　경우에 벼슬 이름 앞에 붙여 이르던 말이다. 따라서 '행집현전 부수찬(行集賢殿副修撰)'은
　　'이개'가 자신의 품계보다 낮은 관직인 '집현전 부수찬'에 종사했음을 나타낸다.
29) 이개(李塏) : 조선 전기의 문신(1417~1456). 직제학(直提學)을 지냈으며, 시문이 청절(淸節)
　　하고 글씨를 잘 썼다. 사육신의 한 사람으로, 세조 2년(1456년)에 단종의 복위를 꾀하다 발
　　각되어 처형되었다.
30) 이선로(李善老) : 조선 전기의 문신(?~1453)이다. 나중의 이름은 이현로(李賢老)이다. 1438
　　년(세종 20) 식년문과에 을과로 급제, 집현전 교리가 되었으며, 언문청에서 활동하면서 『동
　　국정운』(東國正韻)의 편찬에도 참여하였다. 안평대군의 책사로 활동하면서 수양대군과 대립
　　하였다. 1453년(단종 1) 벼슬을 그만두고 고향으로 내려 가 있던 중 수양대군이 일으킨 계유
　　정란으로 참형되었다.
31) 해(解) : 〈훈민정음〉의 제자해(制字解), 초성해(初聲解), 중성해(中聲解), 종성해(終聲解), 합
　　자해(合字解) 등 다섯 가지 풀이(解)를 이른다.
32) 예(例) : 〈훈민정음〉의 용자례(用字例)를 이른다. '해(解)'와 '례(例)'를 합쳐서 '해례(解例)'라
　　고 일컫는다.

## (마) 세종이 창제한 훈민정음이 자연과 지극한 이치에 부합함

> 恭惟我殿下　天縱之聖　制度施爲超越百王。　正音之作　無所祖述　而
> 공유아전하　천종지성　제도시위초월백왕　정음지작　무소조술　이
>
> 成於自然。　豈以其至理之無所不在　而非人爲之私也。　夫東方有國　不爲
> 성어자연　기이기지리지무소부재　이비인위지사야　부동방유국　불위
>
> 不久　而開物成務之大智　蓋有待於今日也歟。
> 불구　이개물성무지대지　개유대어금일야여

공손히 생각건대, 오직 우리 전하(殿下)께옵서는 하늘이 내리신 성인(聖人)으로서, 법도를 만들어서 시행하는 것이 백왕(百王)을 넘어섰습니다(超越). 정음(正音)을 지으신 것도 앞선 사람(祖)이 설명한(述) 바가 없이 자연(自然)으로 이루어졌습니다. 참으로 그 지극한 이치(理)가 있지 않은 바가 없으며, 인위(人爲)의 사사(私私)로움이 아닌 것입니다. 무릇 동방(東方)에 나라가 있는 것이 오래 되지 않은 것이 아니지만, 개물성무(開物成務)[33]의 큰 지혜는 대개 오늘을 기다리고 있었구나!

## (바) 『훈민정음』의 간행일과 서문 작성자

> 正統十一年九月上澣。　資憲大夫禮曺判書集賢殿大提學知春秋館事　世
> 정통십일년구월상한　자헌대부예조판서집현전대제학지춘추관사　세
>
> 子右賓客臣鄭麟趾拜手稽首謹書
> 자우빈객신정인지배수제수근서

정통(正統) 십일 년[34] 구월 상한(上澣)[35]. 자헌대부(資憲大夫)[36] 예조판서(禮曺判書)[37] 집현전 대제학(集賢殿大提學)[38] 지춘추관사(知春秋館事)[39] 세자우빈객(世子右賓客)[40]인

---

33) 개물성무(開物成務) : 만물의 뜻을 깨달아 모든 일을 이루는 것이다.

34) 정통(正統) 십일 년 : '正統(정통)'은 중국 명(明)나라 영종(英宗) 때의 연호(1436˜1449)이며, 정통 십일 년은 1446년(세종 28)이다.

35) 상한(上澣) : 한 달 가운데 1일에서 10일까지의 동안이다.(= 상순, 上旬) 당시의 음력으로 9월 상순은 양력으로 환산하면 10월 9일까지가 된다. 이 기록을 기준으로 하여 상순의 맨 마지막 날인 10월 9일을 한글날로 정했다.

36) 자헌대부(資憲大夫) : 조선시대 정이품(正二品) 동반(東班)과 서반(西班)의 문무관(文武官)에게 주던 품계(品階)이다. 정이품의 하계(下階)로서 정헌대부(正憲大夫)보다 아래 자리이다.

37) 예조판서(禮曹判書) : 조선 시대에 둔 예조의 으뜸 벼슬이다. 공양왕 원년(1389)에 예의판서를 고친 것으로 정이품 문관의 벼슬이다

정인지(鄭麟趾)41)가 손을 모아 절을 올리고 삼가 씁니다.

---

38) 대제학(大提學) : 조선 시대에 둔, 홍문관과 예문관의 으뜸 벼슬이다. 정이품으로, 태종 1년
    (1401년)에 그 이전의 관직인 '태학사(太學士)'를 고친 것이다.
39) 지춘추관사(知春秋館事) : 조선 시대에 둔 춘추관(春秋館)의 정이품 벼슬이다.
40) 세자우빈객(世子右賓客) : 조선 시대에, 왕세자의 교육을 맡아보던 관아인 '세자시강원(世子
    侍講院)'에 속한 정이품의 문관 벼슬이다.
41) 정인지(鄭麟趾) : 조선 전기의 문신, 학자로서 대제학, 영의정을 지냈다.(1396~1478) 대통력
    (大統曆)과 역법(曆法)을 개정하였으며, 〈고려사, 高麗史〉를 찬수하였다. 훈민정음 창제에
    크게 공헌하였으며, 안지(安止), 최항(崔恒) 등과 『용비어천가』(龍飛御天歌)를 지었다. 저서
    에 『자치통감훈의』(資治通鑑訓義), 『치평요람』(治平要覽〉 따위가 있다.

[ '훈민정음 해례본'의 내용 체계 ]

참고 문헌

강규선(1992), 「17세기 국어의 경어법 연구」, 『인문과학논집』 11(청주대).

강신항(1990), 『훈민정음 연구(증보판)』, 성균관대학교 출판부.

고명균(1992), 「번역박통사와 박통사언해에 대하여—문장의 종결어미를 중심으로」, 『한국어문학연구』 4집, 한국외국어대학교 한국어문학연구회.

고영근(2010), 『제3판 표준 중세 국어 문법론』, 집문당.

교육인적자원부(2010), 『고등학교 교사용 지도서 문법』, (주)교학사.

교육인적자원부(2010), 『고등학교 문법』, (주)교학사.

국립국어연구원(1997), 『국어의 시대별 변천 연구—근대국어』 2.

국립국어원, 『표준 국어 대사전』, 인터넷판.

권영환(1992), 「우리말 도움풀이씨 연구」, 부산대학교 석사학위 논문.

권인영(1991), 「18세기 국어의 형태 통어적 연구」, 연세대학교 박사학위 논문.

기주연(1994), 『근대국어 조어론 연구(1)』, 태학사.

김명호(1983), 『한국 시가 문학 연구』, 신구문화사.

김문웅(1987), 「근대국어 문법형태의 변천—노걸대언해와 중간노걸대언해의 비교를 통하여」, 『한국어학과 알타이어학』, 효성여대출판부.

김상억(1982), 「정석가고」, 『고려시대의 가요문학』, 새문사.

김열규·신동욱(공편)(1982), 『고려시대의 가요 문학』, 새문사.

김영욱(1995), 『문법형태의 역사적 연구』, 박이정.

김유범(2007), 『중세국어 문법형태소의 형태론과 음운론』, 월인.

김완진(1975), 「번역박통사와 박통사언해의 비교연구」, 『동양학』 5집. 단국대 동양학 연구소.

김완진(1976), 『노걸대의 언해에 대한 비교연구』, 한국연구원.

김완진(1985), 「高麗歌謠 語義 탐색의 몇 경우」, 『歷史言語學』, 전예원.

김일근(1988), 『언간의 연구』, 건국대 출판부.

김정수(1979), 「17세기 초기 국어의 때매김법과 강조·영탄법을 나타내는 안맺음씨끝에 대한 연구」, 『언어학』 4.

김정수(1984), 『17세기 한국말의 높임법과 그 15세기로부터의 변천』, 정음사.

김정수(1985), 「17세기 한국말의 느낌법과 그 15세기로부터의 변천」, 『한국학논집』 8(한양대).

김정시(1994), 「17세기 국어 종결어미 연구」, 『우리말의 연구』, 우골탑.

김창섭(1997), 「합성법의 변화」, 『국어사 연구』(국어사연구회 편), 태학사.

김철남(1992), 「근대국어 이름씨 파생접미법 연구」, 동아대학교 석사학위 논문.

김충회(1990), 「겸양법」, 『국어연구 어디까지 왔나』, 동아출판사.

김형수(1967), 「주격 '이'의 어원에 대하여」, 『어문학』 17.

김형철(1984), 「19세기 말엽의 국어에 대하여—독립신문을 중심으로」, 『어문논집』 1집.

나벼리(2020), 「중세 국어의 '니'와 '리' 종결문의 어미 생략 현상」, 『우리말연구』 61집, 우리말학회.

나벼리(2021), 「중세 한국어 '이사'의 문법적 성격과 실현 양상 –『법화경언해』를 중심으로-, 『우리말연구』 67집, 우리말학회.

나벼리(2024), 「중세국어 문법상 체계의 변화 연구」, 박사학위논문, 부산대학교 대학원.

나진석(1971), 『우리말 때매김 연구』, 과학사.

나찬연(2011), 『수정판 옛글 읽기』, 월인.

나찬연(2013), 제2판 『훈민정음의 이해』, 월인.

나찬연(2016), 「15세기 국어에 쓰인 '–아 지다'의 문법적 성격」, 『우리말연구』 47집, 우리말학회.

나찬연(2018), 『제2판 학교 문법의 이해』 2, 경진출판.

나찬연(2020), 『국어 교사를 위한 고등학교 문법』, 경진출판.

나찬연(2020), 『중세 국어의 이해』, 경진출판.

나찬연(2020), 『근대 국어 강독』, 경진출판.

나찬연(2022), 『숭세 국어 서답형 문제집』, 경진출판.

나찬연(2023), 『현대 국어 문법』, 도서출판 경진.

나찬연(2024), 『국어 교사를 위한 학교문법 1, 2』, 경진출판.

남광우(1957), 「주격조사 '가'에 대하여」, 『문경』 4(중앙대).

남광우(1971), 『근세어 연구』, 아세아연구41.

남광우(2009), 『교학 고어 사전』, 교학사.

류성기(1984), 「18세기 국어의 피동문과 사동문에 대한 연구」, 한국정신문화연구원 부속대학교 석사학위 논문.

류성기(1988), 「19세기 국어의 피동문과 사동문에 관한 연구」, 『새국어교육』 43·44, 한국국어교육학회.

류성기(1992), 「17C 국어 사동문 연구」, 이규창박사 정년기념 국어국문학논문집.

류성기(1997), 「근대 국어 형태」, 『국어의 시대별 변천 연구 2—근대국어』, 국립국어연구원.

명지연(1995), 「18세기 국어의 파생어형성에 대한 연구—명사파생과 형용사파생을 중심으로」, 『성심어문논집』 17.

민병도(1949), 『의유당집』(조선역사여류문집), 을유문화사.

민현식(1984), 「개화기 국어의 경어법에 대하여」, 『관악어문연구』 9(서울대).

박노준(1990), 『고려가요의 연구』, 새문사.

박병채(1994), 『새로 고친 고려가요 어석연구』, 국학자료원.

박양규(1991), 「국어 경어법의 변천」, 『새국어생활』 1~3.

박영준(1994), 『명령문의 국어사적 연구』, 국학자료원.

박종은(1984), 「18세기 전반기의 안맺음씨끝 연구—오륜전비언해(오륜전비언해)를 중심으로」, 한양대학교 석사학위 논문.

박진완(1998), 「17세기 국어의 의문형 종결어미 연구—역학서 자과를 중심으로」, 고려대학교 석사학위 논문.

박진호(1994), 「중세국어 피동적 -어 잇- 구문」, 『주시경학보』 13(주시경연구소), 탑출판사.

박태영(1993), 「사동사 사동법의 변화와 사동사 소멸」, 『국어학』 22.

백두현(1997), 「17세기 초의 한글 편지에 나타난 생활상 자료, 책, 교육—경북 현풍의 진주 하씨묘에서 출토된 곽씨언간을 대상으로」, 『문헌과 해석』 1, 태학사.

서재극(1969), 「주격 '가'의 생성기반에 대한 연구」, 『신태식박사송수기념논총』.

성기철(1990), 「공손법」, 『국어연구 어디까지 왔나』, 동아출판사.

안주호(1991), 「후기 근대 국어의 인용문 연구」, 『자하어문논집』 8.

양명희(1993), 「내훈」, 『국어사 자료와 국어학의 연구』(안병희 선생 회갑기념 논총), 문학과지성사.

양주동(1954), 『여요전주』, 을유문화사.

양태순(1992), 「정과정의 종합적 고찰」, 『백영 정병욱 선생 10주기 추모논문집 한국고전시가작품론』, 집문당.

여증동(1973), 「서경별곡 고구」, 『청계 김사엽박사 송수기념 논총』, 학문사.

여증동(1982), 「쌍화점 노래 연구」, 김열규·신동욱 편, 『고려시대의 가요문학』, 새문사.

염광호(1998), 『종결어미의 통시적 연구』, 박이정.

오승세(1984), 「18세기 국어의 종지법 어미 연구」, 한양대학교 석사학위 논문.

유경종(1995), 「근대국어 피동과 사동 표현의 연구」, 한양대학교 박사학위 논문.

유성기(1984), 「18세기 국어의 피동문과 사동문에 대한 연구」, 한국정신문화연구원 석사학위 논문.

육진경(1990), 「19세기 후기 국어의 형태론적 연구―예수셩교 전서를 중심으로」, 건국대학교 석사학위 논문.

윤용선(1993), 「두시언해」, 『국어사 자료와 국어학의 연구』(안병희 선생 회갑기념 논총), 문학과지성사.

윤철중(1982), 「정석가연구」, 『논문집』 10, 상명여대.

이  용(1992), 「18세기 국어의 시상에 관한 연구」, 서울시립대학교 석사학위 논문.

이경우(1990), 「최근세 국어에 나타난 경어법 연구」, 이화여자대학교 박사학위 논문.

이기갑(1987), 「미정의 씨끝 '-으리-'와 '-겠-'의 역사적 교체」, 『말』 12(연세대 한국어 학당).

이기문(1979), 「19세기 말엽의 국어에 대하여」.

이기문(1998), 『국어사개설―신정판』, 태학사.

이동림(1959), 『주해 석보상절』, 동국대학교 출판부(권6·9·13·19).

이등룡(1985), 「청산별곡 후렴구의 어휘적 의미 연구」, 『대동문화연구』 19, 성균관대 대동문화연구소.

이병기(1948), 『의유당일기』, 백양당.

이병기·김동욱(1961), 『한중록―閑中漫錄』(한국 고전 문학 대계 14).

이숭녕(1972), 「17세기 초기 국어의 형태론적 고찰」, 『동양학』 2.

이승욱(1971), 「18세기 국어의 형태론적 특징―노걸대류의 국어 관계 자료를 중심으로 하여」, 『동양학』 1.

이영경(1992), 「17세기 국어의 종결어미에 대한 연구」, 서울대학교 석사학위 논문.

이주행(1993), 「후기 중세 국어의 사동법」, 『국어학』 23.

이진환(1984), 「18세기 국어의 조어법 연구」, 단국대학교 석사학위 논문.

이태영(1985), 「주격조사 {가}의 변화기에 대하여」, 『국어문학』 25(전북대).

이태영(1991), 「근대국어 -씌셔, -겨셔의 변천과정 재론」, 『주시경학보』 8.

이현규(1978), 「국어 물음법의 변천」, 『한글』 162호.

이현희(1982), 「국어 종결어미의 발달에 대한 관견」, 『국어학』 11, 국어학회

이현희(1982), 「국어의 의문법에 대한 통시적 연구」, 『국어연구』 52.

이현희(1993), 「19세기 국어의 문법사적 고찰, 근대이행기의 사회와 사상」, 『서울대 한국문화연구소 제5회 학술토론회』.

임기중(1979), 「고려가요 동동고」, 『고려가요 연구』, 정음사.

임동권(1982), 「동동의 해석」, 『고려가요 연구』, 새문사.

임주탁(1996), 「정석가의 문학적 성격」, 『고전문학연구』 10.

장경희(1977), 「17세기 국어의 종결어미 연구」, 『논문집』 16집(서울대학교 사범대학).

장경희(1993), 「노걸대·박통사의 언해본」, 『국어사 자료와 국어학의 연구』(안병희 선생 회갑기념 논총), 문학과지성사.

장사훈(1955), 「서경별곡」, 『한글』 113, 한글학회.

장사훈(1959), 「정읍사의 음악적 고찰」, 『자유문학』 27, 자유문학사.

장지영(1955), 「옛노래 읽기(정읍사)」, 『한글』 111, 한글학회

전광현(1967), 「17세기국어의 연구」, 『국어연구』 19.

전광현(1978), 「17세기 국어의 접미파생어에 대하여」, 『동양학』 18.

전광현(1978), 「18세기 전기 국어의 일고찰」, 『어학』 5(전북대).

전광현(1988), 「근대국어연구의 현황과 과제」, 『제21회 동양학학술회의강연초』(단국대학교 동양학연구소).

정　광(1992), 「근대국어 연구에 대한 반성과 새로운 연구방법의 모색」, 『어문논집』 31(고려대).

정길남(1992), 「19세기 성서의 우리말 연구」, 서광학술자료사.

정병욱(1979), 「쌍화점고」, 『한국고전시가론』, 신구문화사.

정수혜(1992), 「'역어류해'의 조어법 연구」, 덕성여자대학교 석사학위 논문.

정재호(1982), 「鄭瓜亭에 대하여」, 김열규·신동욱 편, 『고려시대의 가요문학』, 새문사.

정호성(1988), 「17세기 국어의 파생접미사에 대한 연구」, 성균관대학교 석사학위 논문.

조일규(1997), 『파생법의 변천』 1, 박이정.

주경미(1990), 「근대국어의 선어말어미에 대한 연구—18세기 국어를 중심으로-」, 단국대학교 석사학위 논문.

차재은(1992), 「선어말어미 {-거-}의 변천 연구」, 고려대학교 석사학위 논문.

최기호(1978), 「17세기 국어의 마침법(종지법) 연구」, 『논문집』 2(목원대).

최기호(1981), 「청자존대법 체계의 변천양상」, 『자하어문논집』 1, 상명여대.

최동주(1994), 「선어말 {-더-}의 통시적 변화」, 『주시경학보』 14.

최철·박재민(2003), 『석주 고려가요』, 이회출판사.

최현배(1961), 『고친 한글갈』, 정음사.

한국어문학회(편)(1975), 『고려시대의 언어와 문학』, 형설출판사.

한동완(1986), 「과거시제 '었'의 통시론적 고찰」, 『국어학』 15.

허웅 외(1991), 『역주 석보상절』(2책), 세종대왕 기념사업회(권6·9·11·13·19)

허웅(1967), 「서기 18세기 후반기의 국어사에 관한 약간의 자료에 대하여」, 『아세아
　　　학보』 3집(영남대).
허웅(1975=1981), 『우리 옛말본』, 샘문화사.
허웅(1977), 『용비어천가』(어문총서 201), 형설출판사.
허웅(1986), 『국어 음운학』, 샘문화사.
허웅(1989), 『16세기 우리 옛말본』, 샘문화사.
허웅·이강로(1999), 『주해 월인천강지곡』, 신구문화사.
현종애(1991), 「근대국어 명령형 어미 연구」, 서강대학교 석사학위 논문.
홍사성(1996), 『불교 상식 백과』, 불교시대사.
홍윤표(1975), 「주격어미 가에 대하여」, 『국어학』 3(국어학회).
홍윤표(1976), 「19세기 국어의 격현상」, 『국어국문학』 72·73.
홍윤표(1981), 「근대국어의 처소표시와 방향표시의 격」, 『동양학』 11(단국대).
홍종선(1987), 「국어 시제의 발달」, 『어문논집』 27(고려대).
황문환(1996), 「16·17세기 언간의 상대경어법 연구」, 한국정신문화연구원 박사학위
　　　논문.
황병순(1980), 「국어 부정법의 통시적 고찰」, 『어문학』 40, 한국어문학회.

지은이 **나찬연**은 1960년 부산에서 태어났다. 부산대학교 국어국문학과를 나오고(1986), 같은 학교 대학원에서 문학 석사(1993)와 문학 박사(1997)의 학위를 받았다. 지금은 경성대학교 국어국문학과에서 교수로 재직하고 있으면서 국어학과 국어교육학을 강의하고 있다.

## 주요 논저

우리말 이음에서의 삭제와 생략 현상 연구(1993), 우리말 의미중복 표현의 통어·의미 연구(1997), 우리말 잉여 표현 연구(2004), 옛글 읽기(2011), 벼리 한국어 회화 초급 1, 2(2011), 벼리 한국어 읽기 초급 1, 2(2011), 제2판 언어·국어·문화(2013), 제2판 훈민정음의 이해(2013), 근대 국어 문법의 이해-강독편(2013), 표준 발음법의 이해(2013), 제5판 현대 국어 문법의 이해(2017), 쉽게 읽는 월인석보 서, 1, 2, 4, 7, 8, 9, 10, 11, 12(2017~2023), 쉽게 읽는 석보상절 3, 6, 9, 11, 13, 19(2017~2019), 제2판 학교 문법의 이해 1, 2(2018), 한국 시사 읽기(2019), 한국 문화 읽기(2019), 국어 어문 규정의 이해(2019), 현대 국어 의미론의 이해(2019), 국어 교사를 위한 고등학교 문법(2020), 중세 국어의 이해(2020), 중세 국어 강독(2020), 근대 국어 강독(2020), 길라잡이 현대 국어 문법(2021), 길라잡이 국어 어문 규정(2021), 중세 국어 서답형 문제집(2022), 현대 국어 문법(2023), 국어 교육을 위한 학교문법 1, 2(2024)

*전자메일 : ncy@ks.ac.kr
*전화번호 : 051-663-4212, 010-4635-4212
*홈페이지 : 학교문법교실(http:/scammar.com)

* '학교문법교실(http://scammar.com)'에서는 이 책의 내용과 관련하여 다양한 학습용 콘텐츠를 제공합니다. 첫째, '강의실'에서는 나찬연 교수가 중세 국어의 이론과 강독 자료를 풀이하는 동영상 강좌를 '유튜브(youtube)'를 통해서 제공합니다. 둘째, '자료실'에서는 중세 국어의 학습에 도움이 되는 다양한 자료를 제공합니다. 셋째, '문답방'에서는 독자들이 중세 국어에 대하여 제기하는 질문에 대하여, 이 책의 저자인 나찬연 교수가 직접 피드백합니다.

**제3판 중세 국어 강독**

©나찬연, 2025

**1판 1쇄 발행**__2020년 03월 15일
**2판 1쇄 발행**__2022년 08월 30일
**3판 1쇄 발행**__2025년 01월 30일

**지은이**__나찬연
**펴낸이**__양정섭

**펴낸곳**__경진출판
　　　　**등록**__제2010-000004호
　　　　**이메일**__mykyungjin@daum.net
　　　　**스마트스토어**__https://smartstore.naver.com/kyungjinpub/
　　　　**사업장주소**__서울특별시 금천구 시흥대로 57길 17(시흥동, 영광빌딩), 203호
　　　　**전화**__070-7550-7776　**팩스**__02-806-7282

**값** 22,000원
ISBN 979-11-93985-45-8 93710